Von Michael Grant sind bereits
bei BASTEI-LÜBBE erschienen:

Michael Grant

Die Geschichte Roms

Von den Etruskern bis zum Untergang des Römischen Reiches

Aus dem Englischen übersetzt von
Hans Jürgen Baron von Koskull

BASTEI-LÜBBE-TASCHENBUCH
Band 64 084

Titel der Originalausgabe:
HISTORY OF ROME
© 1978 by Michael Grant Publications Ltd.
© 1986 für die deutsche Ausgabe bei Gustav Lübbe
Verlag GmbH, Bergisch Gladbach
Printed in West Germany, März 1989
Einbandgestaltung: Roland Winkler
Titelbild: Brian Brake, © John Hillelson Agency Ltd., London
Satz: Druckerei Koenig, Köln
Druck und Bindung: Ebner Ulm
ISBN 3-404-64084-5

Der Preis dieses Bandes versteht sich einschließlich der gesetzlichen Mehrwertsteuer

Inhalt

Vorwort

Es ist heute schwer, die Römer gerecht zu beurteilen. Sie gebrauchten Gewalt, aber was sie dadurch erreichten, ist ohnegleichen geblieben. Sie zwangen den Mittelmeerraum und weite angrenzende Gebiete auf drei Kontinenten zu einer Einheit, die es nie zuvor gab, und ob sie sich jemals wiederherstellen läßt, ist fraglich. Bisher ist sie nie wieder zustande gekommen.

Aber das ist keineswegs alles; denn wenn die Geschichte Roms auch in den großen Rahmen der griechisch-römischen Geschichte gehört, war Rom doch durchaus eigenständig. Die Vorstellung, auf die wir manchmal treffen, daß die römische Kultur nur eine Nachahmung griechischer Vorbilder gewesen sei, ist überholt und fast auf jedem Gebiet irreführend. Die Leistungen Roms in der Literatur und der bildenden Kunst sowie in der Rechtsprechung und der Verwaltung sind vielmehr von einzigartiger Originalität und Qualität.

Das klassische Rom zeichnet sich unter den großen Gemeinwesen der westlichen Welt auch durch seine Dauerhaftigkeit aus. Keine andere westliche Zivilisation oder bedeutende politische Einheit kann, wie das Römische Reich, auf eine jahrtausendealte Geschichte zurückblicken. Für den Historiker ist es unendlich wertvoll, daß er diese Gesellschaft, die sich ständig weiterentwickelte, in jeder Phase ihres Wachstums, ihrer Lebensinteressen und schließlich ihrer Wandlung untersuchen kann.

Die geschichtlichen Erfahrungen Roms sind aus zwei Gründen von Interesse. Erstens ist es einfach reizvoll und lohnend, dieses einzigartige Phänomen so zu untersuchen, wie es wirklich war, ohne dabei die eigenen, modernen Maßstäbe anzulegen. Das Studium eines so erregenden und außerordentlichen geschichtlichen Vorgangs ist schon allein um seiner selbst willen gerechtfertigt. Zweitens aber nimmt das Interesse daran eine neue Dimension an, wenn man bedenkt, daß wir selbst, ob wir es wollen oder nicht, Erben Roms sind. Auf tausenderlei Weise sind die Römer noch heute in unserem täglichen Leben spürbar gegenwärtig. Ungezählte Ereignisse und Entwicklungen der römischen Geschichte stellen die Voraussetzung dar für das, was geschehen ist, was geschieht und was in unserer Gesellschaft und mit uns selbst noch geschehen mag.

Natürlich haben sich die äußeren Umstände in mancher Hinsicht radikal geändert. Es wäre aber falsch, deshalb zu glauben, die Geschichte des alten Roms habe den Menschen heute nichts mehr zu sagen, und wir könnten nichts aus ihr lernen. Im Gegenteil, wir sind mit unserem eigenen Leben tief in der Vergangenheit verwurzelt, und es ist daher nur vernünftig, diesen unveräußerlichen Besitz zum eigenen Vorteil zu nutzen, denn hier zeigen sich die guten, die schlechten und die oft unbegreiflichen Seiten des menschlichen Wesens; es zeigt sich alles, dessen der Mensch auch heute noch fähig ist. Und der Philosoph George Santayana hat recht, wenn er sagt, daß diejenigen, die sich an die Vergangenheit nicht erinnern könnten, dazu verdammt seien, sie zu wiederholen. – Wenn wir uns im persönlichen Leben vor eine Entscheidung gestellt sehen, dann erinnern wir uns der eigenen Handlungen oder Erfahrungen und lassen uns von ihnen leiten. Doch weshalb sollten wir uns nur auf unsere eigene Lebenszeit beschränken, weshalb nicht auch aus den Erfahrungen,

Entscheidungen und Leistungen sowie den Fehlern derjenigen lernen, die vor uns gelebt haben?

Zunächst sollten wir uns deshalb mit Rom um seiner selbst willen beschäftigen und jede Anstrengung unternehmen, seine besondere Eigenart zu begreifen ohne Rücksicht darauf, was wir aus der römischen Geschichte lernen können. Darüber hinaus aber wird es nicht schaden, sondern vielmehr Gewinn bringen, wenn wir auch nach Analogien zu den eigenen Erfahrungen suchen. Das Bemühen, möglichst viel über diesen einzigartigen Abschnitt der Weltgeschichte zu erfahren, bedarf daher keiner weiteren Rechtfertigung.

Das ist jedoch keine leichte Aufgabe, und zwar aus zwei Gründen, die auf den ersten Blick einander zu widersprechen scheinen. Die literarischen und archäologischen Quellen sind oft schmerzhaft unangemessen und lückenhaft. Viele Dokumente sind im Laufe der Zeit verlorengegangen, und die noch erhaltenen geben oft Rätsel auf, sind tendenziös und sagen gerade über die Dinge nichts aus, über die wir unbedingt etwas wissen wollen. Andererseits ist die Menge des Materials, sowenig der Inhalt uns auch befriedigen mag, gewaltig, ein Umstand, der nicht überrascht, bedenkt man den Zeitraum, der tausend ereignisreiche Jahre umfaßt.

Es gibt natürlich schon unzählige moderne Darstellungen der römischen Geschichte, denen ich zum Teil sehr viel verdanke. Dieser Umstand hat mich jedoch nicht davon abgehalten, auf einem erneuten Versuch zu beharren, sowenig ich auch der Größe des Themas gerecht werden mag. Ich glaube nämlich, daß gegenwärtig das Bedürfnis für ein Buch besteht, das dieses Thema zum Gegenstand hat und ungefähr den Umfang und den Überblick des vorliegenden bietet und das soweit wie möglich die von den Gelehrten in den letzten Jahren gemachten Entdeckungen und gewonnenen Einsichten berücksichtigt.

Doch nach welchen Grundsätzen mußte die Auswahl aus der Fülle des vorliegenden Materials getroffen werden? Sollte das Buch in der Form einer zusammenhängenden, fortlaufenden Erzählung geschrieben oder nach bestimmten Themen eingeteilt werden? Eigentlich darf auf keine dieser beiden Methoden verzichtet werden. Die erzählende Geschichtsschreibung mag aus der Mode gekommen sein, aber eine römische Geschichte ist anders kaum denkbar. Beschränkt man sich jedoch auf das rein Erzählerische, dann müssen bestimmte wichtige Entwicklungen vernachlässigt werden. Deshalb war es notwendig, die Erzählung hin und wieder zu unterbrechen und bestimmte Probleme eingehender zu behandeln. Dazu gehören Themen der Sozial- und Wirtschaftsgeschichte, der literarischen und der künstlerischen Entwicklung. Ich habe mich außerdem darum bemüht, diese Gegenstände der Betrachtung zu den vielen Rassen und Völkern des Römischen Reiches und zu Rom selbst in Beziehung zu setzen. Für diejenigen, die sich für zusätzliche Namen, Einzelheiten und Gesichtspunkte interessieren, habe ich in den Anmerkungen ergänzendes Material hinzugefügt. Die schwierigste Aufgabe besteht jedoch darin, die notwendige Ausgewogenheit zwischen den verschiedenen Epochen herzustellen. Dabei ist es besonders wichtig, die Perioden am Rande nicht zu vernachlässigen, die für das Wachstum oder die sich in Rom vollziehenden Veränderungen wesentlich gewesen sind, obwohl wir gerade über sie manchmal nur relativ wenige zuverlässige Quellen besitzen.

Und wie steht es nun mit unserem moralischen Urteil? Sind die Römer »gut«, weil sie großartige Leistungen vollbracht haben, oder sind sie wegen ihrer unbestreitbaren Brutalität »schlecht«? Man kann auf ein moralisches Urteil nicht ganz verzichten, weil es – wie Cicero sagt – *objektiv wahr* bleibt, daß bestimmte Verhaltensweisen, wenn es auch Grenzfälle gibt, gut und andere schlecht sind; und daran ändern weder der Wandel in den Grundauffassungen noch die äußeren Umstände etwas. Wenn wir aber noch einen Schritt weiter gehen und zum Beispiel das Handeln einzelner Personen rational danach beurteilen wollen, ob es politisch klug oder töricht gewesen ist, dann wird die Aufgabe des Historikers noch schwieriger. Es ist sehr einfach, nur am Schreibtisch zu sitzen und zu erklären, Scipio, Caesar oder Marc Aurel hätten vernünftig gehandelt oder auch nicht; doch solche Beurteilungen im nachhinein können sich nie auf alle damals wirksamen Begleitumstände und Tatsachen stützen. Trotzdem schuldet der moderne Historiker seinen Lesern, zu bestimmten Problemen klar und verantwortungsbewußt Stellung zu nehmen. Wenn er sich dabei der Tatsache bewußt bleibt, daß es Vorurteile sein können, um so besser; denn das garantiert die sorgfältige Überprüfung seiner Aussagen. Doch trotz aller Wachsamkeit wird es sich nicht vermeiden lassen, daß sich unbewußt Vorurteile einschleichen.

Mit anderen Worten, wir dürfen nicht behaupten, so objektiv zu sein, wie wir es gerne sein wollten. Ich habe das wie andere vor mir versucht, und es ist mir zweifellos nicht in dem gewünschten Maß gelungen. Doch bin ich bei diesem Versuch wenigstens zu dem Schluß gekommen, daß ich mich keiner einheitlichen, alles erklärenden Darstellung der römischen Geschichte verschreiben kann, und ich glaube, das ist gut. Das Thema ist zu weit gespannt und hat zu viele Varianten, als daß ein alles beherrschender Gesichtspunkt herausgearbeitet werden könnte. Ebenso wie jeder Versuch scheitern muß, eine einzige Ursache für den sogenannten Verfall und Untergang des Römischen Reiches zu finden – was man auch nicht erwarten darf angesichts eines so komplexen Sachverhaltes –, so gibt es auch keine allgemeingültige oder einfache Erklärung für frühere Entwicklungen und angeblich unvermeidbare Zyklen, denn der heutigen Forschung fehlen für solche

Erkenntnisse zu viele konkrete Grundlagen. Wenn man sich nur mit der politischen Geschichte beschäftigen würde, könnte man sie vielleicht unter dem Leitfaden der imperialen Einheit betrachten und die Wege beschreiben, die zu dieser Einheit führten und sie letzten Endes doch verfehlten. Auf dem weiteren Feld der gesamten römischen Zivilisation dagegen gibt es keine gemeinsame Formel für Gestalten wie Fabius Maximus, Catull und Plotin; sie sind zu verschieden – Manifestationen einer unglaublichen Vielfalt und Fülle.

Wenn es mir in diesem Buch gelungen sein sollte, auch nur ein wenig von diesem Reichtum zu vermitteln, dann würde ich mich aufrichtig freuen.

Mein besonderer Dank gilt Professor Fergus Millar und dem Verlag Duckworth and Co. Ltd., Professor R. M. Ogilvie, Fontana Paperbacks und Harvester Press, die mir erlaubt haben, vor der Veröffentlichung Einblick in die Bücher *The Emperor in the Roman World* und *Early Rome and the Etruscans* zu nehmen. Ebenso danke ich Mr. Edward de Bono und dem Verlag Weidenfeld and Nicolson für die Erlaubnis, einen Abschnitt aus dem Buch *The Greatest Thinkers* zu zitieren. Danken möchte ich auch Miss Christine Sandeman und Mrs. Susan Loden vom gleichen Verlag für die große Mühe bei der Durchsicht meines Buches vor der Drucklegung. Meinen aufrichtigen Dank sage ich auch Mr. Charles Scribner jr. für seine konstruktiven Anregungen, Miss Edith Poor und Miss Helen McInnis vom Verlag Charles Scribner's Sons für ihre Hilfe bei der Redaktion und Mr. Palmer Bovie für zahlreiche wertvolle Anregungen. Schließlich danke ich besonders herzlich meiner Frau Anne-Sophie, die mich bei meiner Arbeit so tatkräftig unterstützt hat.

Gattaiola, 1986   Michael Grant

I Das etruskische Rom

1 Rom und Etrurien

Italien und Rom

Ungefähr drei Viertel der Fläche Italiens bestehen aus Gebirgen. Sie erheben sich bis zu dem zerklüfteten Höhenzug der Apenninen, die das ganze Land beherrschen und sich von der Küste im Nordwesten bis zur Adria im Osten und dann wieder zurück zur Stiefelspitze der italienischen Halbinsel erstrecken. In den Ebenen zu Füßen dieser Gebirgsmassive herrscht ein relativ gemäßigtes und feuchtes Klima, das von Anfang an den Ackerbau in einem Maß begünstigte wie in keinem anderen Gebiet des gesamten Mittelmeerraumes. Dazu kommt, daß gerade in Italien die landwirtschaftlich nutzbaren Gebiete sich ideal für die Besiedlung eigneten.

Der Tiber, der mit seinen Nebenflüssen ein ausgedehntes Flußsystem bildet, entspringt im Etruskischen Apennin und wird erst im Unterlauf schiffbar. Etwa 20 Kilometer von der Mündung des Flusses landeinwärts, also genau in der Höhe der Stadt Rom, lag die letzte brauchbare Furt. Diese Furt hatte eine besondere Bedeutung, weil sie an dem günstigsten Verkehrsweg lag, der parallel zur Küste durch den westlichen und dichter besiedelten Teil des Lan-

13

des führte. Hier war es nicht nur möglich, den Fluß ohne Schwierigkeiten zu überschreiten, sondern von dieser Stelle aus konnte man auch dem Flußlauf in beiden Richtungen zu Lande folgen. Flußabwärts gelangte man zu den wertvollen, natürlichen Salzpfannen an der Küste, und flußaufwärts kam man, wenn man der Straße im Tibertal landeinwärts folgte, über leicht zu überschreitende Gebirgspässe in die zentralen Gebiete des Landes.

Als Rom an Bedeutung gewonnen hatte, beherrschte es diese wichtigen Zugänge nach allen Richtungen. Aber dies war nicht nur ein Vorteil, sondern es stellte auch eine Gefahr dar. Denn die Bewohner der Stadt konnten von allen Seiten angegriffen werden und mußten für den Verteidigungsfall jede nur denkbare Vorsorge treffen.

Den notwendigen Schutz vor möglichen Angriffen, zugleich aber auch vor den alljährlichen Überschwemmungen, gewährten ihnen die Klippen, auf denen sie sich angesiedelt hatten und die zwischen 30 und 90 Metern über dem Meeresspiegel aufragten. Von ehemaligen Nebenflüssen des Tiber gebildete Schluchten trennten die einzelnen Hügel voneinander und auch vom Hauptplateau des Hinterlandes.

An der Stelle, wo später die Stadt Rom erbaut wurde, gab es zu allen Jahreszeiten genügend Wasser, und der Boden in dieser Gegend war fruchtbar. Hier hatten – zumindest zeitweise – schon in sehr früher Zeit Menschen gewohnt. Im Schwemmsand des Tiber kam der mit einem Stoßzahn bewehrte Schädel eines Elefanten zum Vorschein, der hier vor etwa zwei Millionen Jahren gelebt hatte, und in einem Vorort Roms grub man den Schädel eines Neandertalers aus, dessen Alter auf mehr als 30 000 Jahre geschätzt wird. Bei anderen Ausgrabungen wurden Geräte aus Feuerstein und Kupfer gefunden, die dem Beginn des zweiten Jahrtausends v. Chr. angehören.

Etwa 1600 v. Chr. tauchten Einwanderer mit bisher

unbekannten Sitten und Gebräuchen in Italien auf. Sie begruben ihre Toten, führten das Leben halbnomadischer Hirten und stellten feingearbeitete Bronzegeräte und Keramiken her. Diese Siedler bezeichnet man als Vertreter der »Apenninenkultur«, weil sie beiderseits dieses Gebirgszuges lebten: im Norden in der Poebene und im Süden in Etrurien, der heutigen Toskana. Nach neuesten Erkenntnissen hat sich die zu diesem Kulturkreis gehörende etruskische Zivilisation offenbar rascher entwickelt als die der übrigen Stämme. Darüber hinaus gewann diese Kultur seit etwa 1400 v. Chr. auch am Südufer des Tiber an Bedeutung und hat sogar in Rom selbst Spuren hinterlassen: Am Flußufer und am Forum Boarium, dem Viehmarkt, kamen Gegenstände aus dieser Zeit zum Vorschein.

Möglicherweise wurde in dieser Gegend schon damals jene indoeuropäische Sprache gesprochen, aus der sich später das Latinische und die anderen italischen Dialekte entwickelten. Mit ziemlicher Sicherheit ist das Gebiet um Rom schon seit der Bronzezeit ununterbrochen bewohnt gewesen. Mit anderen Worten, das heutige Rom ist wahrscheinlich um die Mitte des zweiten Jahrtausends v. Chr. gegründet worden.

Eine archäologisch besser dokumentierte Phase begann Anfang des letzten Jahrtausends v. Chr., als neue Gruppen von Einwanderern das Gebiet um Rom in Besitz nahmen. Es waren die Abkömmlinge von Volksgruppen, die wahrscheinlich schon seit einigen Generationen im späteren Latium ansässig waren, dem Südteil des heutigen Lazio, einem gut bewässerten Gebiet mit sanften Hügeln und Tälern. Das etwa 50 Kilometer breite und 60 Kilometer lange Latium erstreckte sich von den Grenzen der Campania nach Norden bis zum Tiber und nach Rom. Noch vor der Jahrtausendwende stießen weitere Einwanderer hinzu. Sie stammten aus dem Balkan und waren in kleinen Gruppen als Pioniere über das Meer gekommen. Diese Siedler sprachen wahrscheinlich einen primitiven, mit dem Latinischen verwandten Dialekt. Sie verfügten über die besondere Fertigkeit, Bronze zu gravieren, und stellten auch schon Gerätschaften aus Eisen her, ein handwerkliches Können, das sie sich wahrscheinlich auf dem Wege von der Ägäis her angeeignet hatten. Im Gegensatz zu ihren Vorgängern, die meist Hirten gewesen waren, bearbeiteten sie den Boden mit leichten Pflügen und verbrannten ihre Toten. Sie gehörten zu den wichtigsten Vertretern der Kultur der Eisenzeit. Aber noch eine weitere Gruppe gewann an Bedeutung: Latium wurde nämlich auch von Menschen bewohnt, die vielleicht aus Süditalien stammten und ebenso wie die Angehörigen der bronzezeitlichen Kultur im vorangegangenen Jahrtausend ihre Toten nicht verbrannten, sondern beerdigten. Diese Gruppe gewann in Latium allmählich die Vorherrschaft und trug wesentlich dazu bei, daß sich dort ein beachtlicher Wohlstand entwikkelte.

Einer der Mittelpunkte dieser latinischen Gemeinwesen war der etwa 20 Kilometer südöstlich von Rom gelegene *Albanerberg* (Monte Cavo). Der 940 Meter hohe Gipfel bildete eine natürliche Festung und beherrschte eine halbkreisförmige Hügelkette. Der *Albanerberg* war ein etwa im 4. Jahrtausend v. Chr. erloschener Vulkan. Bei seinen Eruptionen hatte er das umliegende, aus sumpfigem Lehmboden bestehende Tiefland mit einer aus Phosphaten und Pottasche bestehenden Schicht bedeckt und fruchtbar gemacht. Diese Fruchtbarkeit zeigte sich, als der Boden, eine Mischung aus Waldhumus und Lava, entwässert wurde.

Am Anfang des 1. Jahrtausends war die Besiedlung der Albanerberge und Latiums fast abgeschlossen. Die Nomaden wurden seßhaft und begannen, Ackerbau zu treiben. Gruppen von Hirten und Ackerbauern breiteten sich nach und nach bis zum Tiber aus und errichteten auf den römischen Hügeln ihre Hütten. Nach den jüngsten archäologischen Entdeckungen ließen sich diese Siedler zuerst auf dem flachen Gipfel des alleinstehenden und gut geschützten Palatium, dem mittleren der »sieben Hügel« Roms, nieder und nahmen auch das sumpfige, tief eingeschnittene Tal in Besitz, in dem später das Forum errichtet wurde. Es lag zwischen dem Palatium, dem Quirinal, dem Esquilin und dem Kapitolinischen Hügel. Im 9. und 8. Jahrhundert v. Chr. trafen neue Einwanderer ein und besiedelten den Quirinal, der auf drei Seiten durch tiefe Schluchten geschützt war; später errichteten abermals weitere Siedler ihre Wohnstätten auf dem Esquilin. Auch der steile Kapitolinische Hügel und der Caelius, die sich nordwestlich bzw. östlich des Palatium erheben, wurden schon zu einer sehr frühen Zeit besiedelt, die sich jedoch nicht genau datieren läßt.

Die Menschen, die sich hier niedergelassen hatten, bestatteten ihre Toten in der Nähe ihrer Wohnstätten. Man findet hier sowohl die Erd- als auch die Feuerbestattung, die für die beiden Siedlergruppen aus der Eisenzeit charakteristisch sind. Für die Feuerbestattung wurden tiefe, kreisförmige Gruben ausgehoben, in die man bauchige Gefäße mit Deckeln aus Steinplatten versenkte. In den Gefäßen standen die Urnen mit der Asche der Toten. Oft war die Urne das kleine Modell der Hütte, in der der Verstorbene gelebt hatte, ein Brauch, der wahrscheinlich in Latium entstanden ist. Bei der Erdbestattung wurden die Leichen in ausgehöhlten Baumstämmen oder einfachen Steinsarkophagen beigesetzt, und zwar in länglichen, rechteckigen Gräbern, die man häufig mit Steinen auslegte. Man findet in Rom zuweilen Urnengräber und Gräber erdbestatteter Toten unmittelbar nebeneinander. Gelegentlich überschneiden sich die Gräber sogar. Insgesamt lassen die Funde auf den römischen Friedhöfen der Eisenzeit den Schluß zu, daß beide Gruppen, woher sie auch gekommen sein mochten, sich allmählich vermischten und daß sie die bei ihrer Ankunft auf den Hügeln angetroffenen Bewohner in diesen Prozeß einbezogen haben.

Nach der Überlieferung ist Rom 753 v. Chr. gegründet worden. Das ist jedoch eine rein mythische Datierung. Der Zeitpunkt liegt zu spät für die Anlage der ersten dauerhaften Siedlungen und zu früh für die Zeit der wirklichen Urbanisierung. Es ist aber interessant, wie es zur Festlegung dieses fiktiven Datums gekommen ist. Man nahm an, wahrscheinlich sogar mit Recht, daß die Stadt bis ins 6. Jahrhundert v. Chr. monarchisch regiert worden sei. Für den davor liegenden Zeitraum konnten die Römer später aber nur sieben Könige angeben, und diese Angaben sind nicht unbedingt als zuverlässig anzusehen. Um diese sieben Könige und die mehr oder weniger legendären Ereignisse, die mit ihnen in Verbindung gebracht werden, historisch einordnen zu können, mußte man einen Zeitraum von zwei oder drei Jahrhunderten zugrunde legen. So kam man zu der Annahme, daß Rom im 9. oder 8. Jahrhundert v. Chr. gegründet worden sei, und setzte 753 v. Chr. als Gründungsdatum fest.

Wenn wir daher die frühe Geschichte Roms rekonstruieren wollen, dann dürfen wir den zahlreichen patriotischen Mythen und Legenden keinen Glauben schenken. Sie sind jedoch leider die einzige literarische Quelle, die uns für diese ersten Jahrhunderte, über die wir keine belegten geschichtlichen Daten besitzen, zur Verfügung steht. Die Mythen vermitteln uns zwar tiefe Einblicke in die Gedankenwelt der damaligen Menschen, doch um festzustellen, was zu dieser frühen Zeit wirklich geschehen ist, sind wir gezwungen, uns an die Ergebnisse der archäologischen Forschung zu halten. Die Schlußfolgerungen, zu denen uns die Ausgrabungen zwingen, stehen häufig sogar in direktem Gegensatz zur mythischen Überlieferung.

Die etruskischen Stadtstaaten

Die etruskische Periode Roms stellt uns vor die gleiche Schwierigkeit. Wie die archäologischen Forschungsergebnisse zeigen, war Rom zeitweise eine weitgehend etruskisch geprägte Stadt. Die Mythen bestreiten dies nicht, aber die seltsame Haßliebe, die spätere Römer gegenüber den Etruskern zeigten (und die zum Beispiel in vielen Passagen der Lyrik Vergils zum Ausdruck kommt), spiegelt ein solches Unbehagen im Hinblick auf diese Periode der Fremdherrschaft wider, daß oft die entscheidenden Fakten verschleiert werden und sich nur noch zum Teil durch sorgfältigste archäologische Forschung rekonstruieren lassen. Der Ursprung der Etrusker, von Herodet irrtümlich nach Kleinasien verlegt, bleibt dennoch im Dunkeln. In Italien blühten ihre Stadtstaaten im 7. und 6. Jahrhundert v. Chr. in einem Gebiet, das etwa die südliche heutige Toskana und das nördliche heutige Lazio umfaßte, eine sehr abwechslungsreiche Landschaft, die sich über 320 Kilometer vom Arno bis zum Tiber und landeinwärts bis zu den Apenninen ausdehnte. Die dieses Gebiet bewohnenden Etrusker nannten sich »Rasenna« und zeigten in ihrer Kunst ausgesprochen orientalische Merkmale. So erinnern zum Beispiel der von ihnen hergestellte prächtige Goldschmuck, die Architektur und die dabei angewandten Techniken, wie wir sie von den eindrucksvollen Felsengräbern mit den ausgehauenen Fassaden her kennen, stark an die Kunst des Nahen Ostens: an die Kulturen in den Küstenländern Syrien und Phönizien sowie in Mesopotamien und Assyrien.

Ähnliche Merkmale zeigten sich auch in der Kunst Griechenlands, und zwar in der Periode des sogenannten »orientalisierenden« Stils, die genau in die Zeit fällt, in der die etruskische Kunst ihren Höhepunkt erreichte. Die orientalisierenden Einflüsse begannen gegen Ende des 8.

19

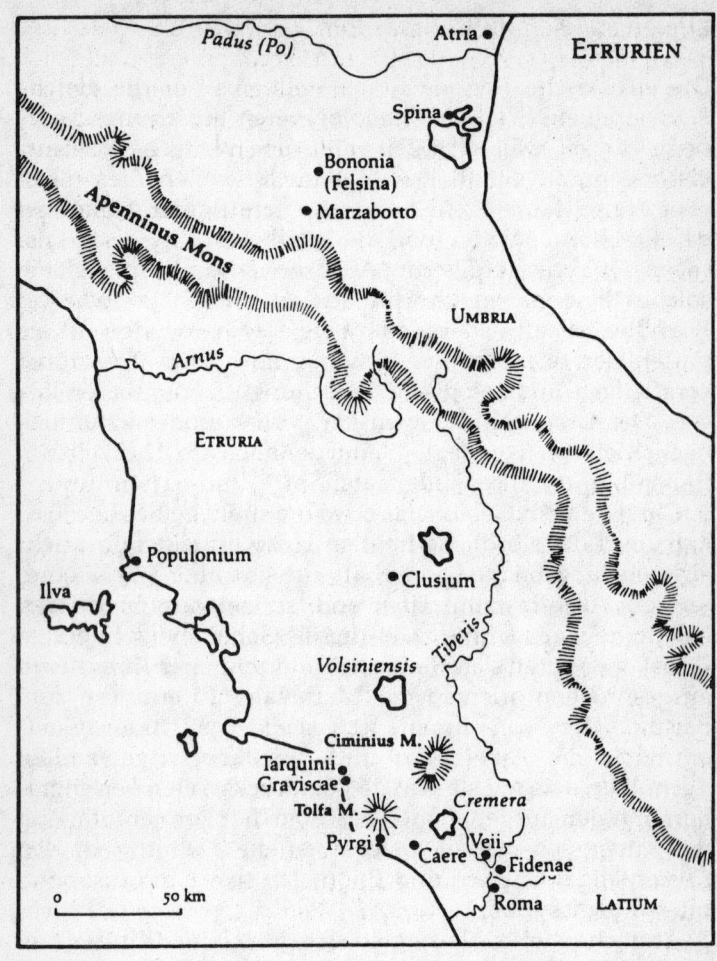

Jahrhunderts v. Chr. in Griechenland spürbar zu werden, als das Land nach dem sogenannten dunklen Zeitalter während der Umwälzungen zu Anfang des Jahrtausends allmählich wieder seine Isolation überwand. Um diese Zeit begannen die Griechen das Handelsmonopol im östlichen Mittelmeerraum zurückzugewinnen, das in der vergangenen chaotischen Periode von Mykene und den anderen Orten in Griechenland an die semitischen Städte Tyros und Sidon in Phönizien übergegangen war.

Nun brachten auch griechische Schiffe Handelswaren und handwerkliche Erzeugnisse aus dem Nahen Osten ins Land und veranlaßten damit eine Bereicherung der griechischen Kunst durch orientalische Motive. Die Führung übernahm dabei die am Isthmus gelegene Hafenstadt Korinth mit ihren Kolonien beiderseits des Adriatischen Meeres, deren Künstler ihre Vasen häufig mit orientalischen Motiven bemalten. Bei dieser polychromen Vasenmalerei tauchten Darstellungen von Tieren und geflügelten Ungeheuern auf, die an die Stelle der bisherigen geometrischen Muster traten. Dieser markante und sehr dekorative Stil war in Syrien, Ägypten und Assyrien schon lange bekannt. Aber in Griechenland erwies sich die Einführung der neuen Kunstrichtung als epochemachend. Es wurden neue, kreative Kräfte geweckt, die der entstehenden Zivilisation eine völlig eigenständige und unverwechselbare Prägung gaben.

Griechenland seinerseits war maßgeblich daran beteiligt, daß die neuen orientalisierenden Einflüsse in Etrurien spürbar wurden, und zwar besonders durch die griechischen Siedlungen in Süditalien, wobei in erster Linie die Insel Pithekusa (das römische Aenaria und heutige Ischia) und Cumae eine Rolle spielten, die sich für das etruskische Kupfer und Eisen interessierten. Dieses Interesse ließ Etrurien allmählich zum wichtigsten Exportmarkt der Griechen werden, deren bemalte Vasen und Luxusgüter im Austausch gegen die etruskischen Rohstoffe gehandelt wurden. Die Etrusker beschäftigten Handwerker aus Korinth und dessen Kolonien; etruskisch-korinthische Keramiken beherrschten seit etwa 600 v. Chr. die örtlichen Märkte, und zwar nach dem Entstehen eines griechisch sprechenden Gemeinwesens in Graviscae (Porto Clementino), dem Hafen der etruskischen Stadt Tarquinii (Tarquinia).

Die etruskische Kunst hat diesen griechischen Einfluß völlig absorbiert. Das Resultat erscheint daher als etwas ganz Eigenständiges, wie auch die etruskische Gesellschaft sich in vieler Hinsicht von der griechischen unterscheidet (zum Beispiel in ihrer seltsamen Mischung aus inbrünstiger Religiosität und äußerster Grausamkeit sowie in der Vorrangstellung der Frau, die es in westlichen Ländern bis in unser Jahrhundert fast nirgends in ähnlicher Form gegeben hat). Wenn man sie nur an ihren primitivsten Erzeugnissen mißt, ist die etruskische Kunst kaum mehr als eine provinzielle Abart der griechischen, wie man sie in anderen Randgebieten der hellenistischen Kultur in Europa und Asien antrifft; in ihren hervorragendsten Werken jedoch erreicht sie eine beeindruckende Originalität.

Die typischen Merkmale der etruskischen Tempel – ihre erhöhten Plattformen und geräumigen, mit Säulengängen geschmückten Vorhallen – sind ausgesprochen ungriechisch. Eine etruskische Statue wie die des Apollo von Veii (etwa 500 v. Chr.) erinnert zwar in Form und Auffassung stark an griechische Vorbilder, weist aber daneben Züge auf, die der griechischen Kunst völlig fremd waren; z.B. rohe und kraftvolle Vitalität sowie eine von ihr abweichende Behandlung des Details.

Wir können heute die 26 Lettern des von den Etruskern verwendeten Alphabets lesen; ihre Schriftzeichen gehen nämlich auf das von den griechischen Kolonisten in Südwestitalien benutzte Alphabet zurück. Doch ist es nach wie vor unmöglich, aus den 50 erhaltenen zweisprachigen Inschriften, die jeweils den gleichen Text in der etruskischen und einer anderen Sprache wiedergeben, zu erkennen, welcher Art die etruskische Sprache gewesen ist; offenbar gehörte sie aber ebensowenig zur indoeuropäischen Sprachgruppe wie Sprachen, die von kleineren Gruppen in Norditalien und auf Sizilien gesprochen wurden.

Die Etrusker verdankten den Griechen, mit denen sie in der Folgezeit zusammentrafen, neben großem Reichtum auch die Impulse zur Urbanisierung, und diese wurden noch beschleunigt durch die geographischen Gegebenheiten, die sie zwangen, räumlich eng zusammenzurücken. So gründeten die Etrusker ihre Städte zuerst in der Nähe der Küste und später auch tiefer im Landesinneren.

Nach der Überlieferung hat es in Etrurien zwölf solcher Gemeinwesen gegeben. Es ist allerdings kaum möglich, für eine bestimmte Zeit eine vollständige Liste derartiger Siedlungen aufzustellen, und die Zahl der Städte, die die Archäologie inzwischen entdeckt hat, übersteigt bei weitem die überlieferte. Es hat aber in der Tat etwa zwölf größere Stadtstaaten gegeben.

Obwohl es Überlieferungen gibt, denen zufolge Etrurien zu einem bestimmten Zeitpunkt ein einheitliches Königreich gewesen sein soll, scheinen die einzelnen Stadtstaaten doch – soweit sich erkennen läßt – völlige Autonomie besessen zu haben. Einmal im Jahr aber schickten sie ihre Abgeordneten zu einer Art Landtag am Heiligtum der Gottheit Voltumna, das sich wahrscheinlich unweit des heutigen Bolsener Sees befand. Aber die politischen Entscheidungen, die die Teilnehmer auf diesen Versammlungen ergriffen, waren im allgemeinen unwirksam. Zwar haben die hier vertretenen Stadtstaaten auch Bündnisse miteinander geschlossen; doch in der Praxis handelten sie völlig selbständig und unabhängig voneinander.

Die Stadtstaaten waren nicht nur politisch völlig autonom, sondern hatten auch jeweils ihre ganze besondere Eigenart; kulturell wie in ihrer Gesellschaftsstruktur waren sie deutlich voneinander unterschieden, so wie vergleichsweise etwa Athen, Korinth und Sparta in Griechenland. Diese oft so wenig beachtete Tatsache ist für die römische Frühgeschichte von größter Bedeutung, denn Rom wurde in seinen entscheidenden Entwicklungsphasen nicht von den Etruskern als einer homogenen Einheit beeinflußt, sondern nur von diesem oder jenem Stadtstaat. Da wir nur sehr lückenhafte Quellen besitzen, können wir nicht immer sagen, welche dieser Städte zu welchem Zeitpunkt einen solchen Einfluß ausgeübt hat. Am stärksten ist Rom zweifellos von den im Süden und in Tibernähe gelegenen etruskischen Gemeinwesen Tarquinii (Tarquinia), Caere und Veii (Veio) beeinflußt worden. Diese südlichen, auf Anhöhen in unmittelbarer Nähe der Küste errichteten etruskischen Städte waren lebendiger, offener und empfänglicher für griechische und andere fremde Kontakte als die im Landesinneren und weiter nördlich gelegenen etruskischen Gemeinwesen, die kaum eine Verbindung zur Außenwelt hatten. Und so waren es Tarquinii, Caere und Veii, die um die Jahre 670-630 v. Chr. eine besonders glanzvolle städtische Kultur entwickelten und damit auch Rom jene Anstöße gaben, dank derer sie sich selbst zuvor aus einer Ansammlung einfacher Hütten in Städte verwandelt hatten.

Das frühe Rom

Anfang des 7. Jahrhunderts v. Chr. hatte sich die auf dem Palatium, Esquilin und Caelius angesiedelte Bevölkerung zumindest in religiöser Hinsicht, vielleicht aber auch schon politisch vereint. Dieser Zusammenschluß trug den Namen *Septimontium* (der Name bezieht sich nicht auf die sieben Hügel) und diente primär der Abhaltung gemeinsamer kultischer Begehungen.

Etwa 625 bis 620 v. Chr. wurde das tiefer gelegene sogenannte Forum systematisch entwässert und vermutlich auch das große römische Entwässerungssystem, die *cloaca maxima*, angelegt – zunächst als Graben. Damit begann die Geschichte des Forums als Versammlungsplatz und Markt für die miteinander vereinten Hügel Roms. Nach einem weiteren Vierteljahrhundert beschleunigte sich die Entwicklung; das Forum und die Via Sacra, die es mit den anderen Stadtteilen verband, wurden mit einem dauerhaften Pflaster versehen, und zugleich wurde das Forum Boarium in der Nähe des Flusses eingerichtet.

Etwa um die gleiche Zeit folgte ein weiterer entscheidender Schritt zur Vereinigung der Stadt. Denn nun schlossen sich die am weitesten nördlich gelegenen Hügel, der Quirinal und der Viminal dem stetig wachsenden Gemeinwesen an. Sehr bald wurde auch der felsige Kapitolinische Hügel als gemeinsame Festung für die erweiterte Gesamtstadt ausgebaut.

Diese neue und größere Vierregionenstadt, wie man sie nun nannte, war eine geschlossene Einheit, deren Grenzen durch eine von einem weißen Stier und einer weißen Kuh mit einem Bronzepflug gezogene heilige Furche markiert wurden.

Offenbar standen bei diesen Entwicklungen die etruskischen Nachbarn Roms Pate, auch wenn das Beweismaterial dafür noch fehlt. Es sind aber Kontakte zwischen den Kulturen der Eisenzeit in Latium und im südlichen Etrurien bekannt. Es hatte sie schon seit Mitte des 8. Jahrhunderts v. Chr. gegeben, woraus wir schließen dürfen, daß Rom an diesen Entwicklungen fast von Anfang an teilgenommen und seine Zivilisation in zunehmendem Maße derjenigen von Etrurien angepaßt hat. Im letzten Viertel des 7. Jahrhunderts v. Chr., zur gleichen Zeit, als das Forum entwässert wurde, kamen auch die ersten Keramiken und Metallarbeiten aus den in der Nähe gelegenen etruskischen Städten Caere und Veii nach Rom: Rom war auf dem besten Wege, eine etruskische Stadt zu werden.

2 Die etruskische Monarchie

Das etruskische Rom

Es war die Lage der Stadt am Wege nach Süden in das reiche Land der Campania, die Rom für die Etrusker so attraktiv machte: Denn 150 Kilometer von Rom entfernt lag die von der Natur in einzigartiger Weise begünstigte kampanische Ebene. Diese Landschaft mit ihrem lockeren vulkanischen Boden erfreute sich relativ milder und kurzer Winter. Die reichlichen Niederschläge hielten den Boden feucht, so daß ihm auch die drei Monate dauernde Trokkenperiode im Sommer nichts anhaben konnte. In manchen Gegenden erzielte man sogar drei Getreideernten pro Jahr, und der Boden eignete sich vorzüglich für den Anbau von Obst und Gemüse.

Aber die Griechen waren noch vor den Etruskern in die Campania gekommen, denn im 8. Jahrhundert v. Chr. hatten griechische Siedler aus Chalkis und Eretria auf der Insel Euböa (vor der Ostküste Mittelgriechenlands) die außerordentliche Fruchtbarkeit dieses Landstriches erkannt sowie die Möglichkeit, von dort aus mit den Etruskern Handel zu treiben. So richteten sie in Italien ihre ersten Handelsniederlassungen und Märkte auf kampanischem Boden ein. Cumae wurde zu einem bedeutenden Umschlagplatz für Getreide, und von dort aus verbreitete sich der griechische Einfluß über den größten Teil Süditaliens und Siziliens, das Gebiet, das im Altertum mit dem Sammelnamen *Graecia Magna* bezeichnet wurde. Aber vor 600 v. Chr. (oder, wie einige meinen, vielleicht noch erheblich früher) gelangten Eroberer aus etruskischen Stadtstaaten in die Campania und nahmen die alte, bedeutende Stadt Capua (Santa Maria di Capua vetere), etwa 27 Kilometer nördlich von Neapolis (Neapel), in Besitz oder gründeten sie neu. Von Capua dehnten die Etrusker ihren Einfluß schließlich auf den größten Teil des kampanischen Tieflandes aus, wenn es ihnen auch nicht gelang, Cumae selbst unter ihre Herrschaft zu bringen.

Es läßt sich heute nicht mehr sagen, ob die ersten Etrusker auf dem Land- oder auf dem Seeweg in die Campania gelangten. Jedenfalls erkannten sie sehr bald, daß es nützlich wäre, eine Landverbindung zwischen Etrurien und den neuen, von ihnen politisch abhängigen Gebieten zu schaffen. Das brachte sie in das zwischen ihnen und der Campania gelegene Latium, womit viele führende latinische Städte im 7. Jahrhundert v. Chr. von den etruskischen Stadtstaaten wenigstens so weit abhängig wurden, daß diese Stadtstaaten ihre Verkehrswege kontrollierten und die Etrusker nunmehr die herrschende Schicht in Latium bildeten. Vor allem aber waren es die Etrusker, die dafür sorgten, daß sich der Ackerbau in Latium mächtig entwikkelte. Sie führten nach dem Vorbild ihrer eigenen Einrichtungen ein Bewässerungssystem ein und durchzogen den bebauten Boden mit Entwässerungskanälen (*cuniculi*). Da nämlich die sehr wertvolle Humusschicht des Bodens unbedingt erhalten werden mußte, wurde das Regenwasser möglichst rasch in die Kanäle geleitet. So konnte der vulkanische Boden, der fast die ganze latinische Ebene bedeckt, sehr intensiv bebaut und sogar die Sumpfgebiete konnten urbar gemacht werden.

Es war für die Etrusker nicht möglich, Latium zu halten, ohne auch Rom in Besitz zu nehmen, das zwischen ihrem ursprünglichen Siedlungsgebiet und Latium lag. Die Stadt befand sich unmittelbar an der Grenze ihres Gebietes, und die Tiberfurt bildete den einzigen Übergang in das latinische Tiefland. Außerdem war Rom wegen seiner Salzpfannen an der Tibermündung, die zunächst nur am Norduferdes Flusses ausgebeutet wurden, für die Etrusker interessant, denn dies waren die einzigen Salzvorkommen weit und breit.

Das sind die Gründe, weshalb Rom unter den Einfluß der Etrusker geriet. Und es dauerte nicht lange, bis aus dem Einfluß die klare politische Vorherrschaft wurde und ein etruskischer Monarch die Herrschaft in Rom übernahm – eine Tatsache, die auch spätere römische Geschichtsschreiber bestätigt haben.

Die Religion in der römischen Frühzeit

Wie sah nun die Stadt aus, in der dieser Herrscher zur Macht gelangte? Es war vor allem ein religiöses Gemeinwesen. Schon seit frühester Zeit waren die Römer Anhänger einer machtvollen Religion, die ihre sämtlichen Lebensbereiche durchdrang. Noch Jahrhunderte später schrieb Cicero voller Bewunderung über seine Landsleute, sie seien nach wie vor zutiefst davon überzeugt, daß alles in der Welt der Herrschaft und Führung der Götter unterworfen sei. Die römische Religion gründete sich auf das gegenseitige Vertrauen (*fides*) zwischen den himmlischen Mächten und Göttern einerseits und den Menschen andererseits. Das Vertrauen, das man den Göttern gegenüber hatte, fand seinen unmittelbarsten Ausdruck im Glauben an den sogenannten Gottesfrieden (*pax deorum*), einem in der Natur bestehenden Gleichgewicht, an dessen Aufrechterhaltung die himmlischen Mächte und die menschlichen Wesen harmonisch zusammenwirkten. Dieser Friede ließ sich vor allem durch den gewissenhaften Vollzug des Rituals errei-

chen und nicht so sehr durch die Befolgung eines Sittenge-
setzes, wie es die Religionen des Christentums oder des
Islam fordern, denn jahrhundertelang gab es in der römischen Religion kein spezifisch moralisches Element. Die
Idee vom Gottesfrieden übte jedoch indirekt einen moralischen Einfluß aus, denn die darin geforderte Einhaltung
der den Göttern geleisteten Gelübde dehnte sich im Laufe
der Zeit auch auf Verpflichtungen gegenüber den Menschen aus.

Und doch kam es in der Religion der Römer nicht in
erster Linie auf den einzelnen an, denn man betrachtete die
Religion als eine Angelegenheit der Gemeinschaft und
nicht des Individuums. Das aber galt für das Leben der
Römer überhaupt, da bei ihnen das Individuum der Familie, der Sippe und dem Staat untergeordnet war. Wie in
anderen indoeuropäischen Gesellschaften hatten die Familie und die Sippe (*gens*) übergeordnete Bedeutung. Das
Familienoberhaupt (*pater familias*), der Sippenälteste, besaß die absolute Autorität, das heißt: Die römische Gesellschaft wurde durch ein ausgeprägtes Patriarchat charakte-
risiert. Zwar konnte der *pater familias* traditionsgemäß
einen aus den männlichen Familienmitgliedern bestehenden Rat zusammenrufen, und er überließ im allgemeinen
die Verwaltung des Haushalts der Frau, doch er allein
besaß alle Vorrechte und die ausschließliche Entschei-
dungsgewalt. Im Haus war sein Wort Gesetz, und solange
er lebte, galten seine Söhne als unmündig.

Neben vielen anderen Pflichten war es seine Aufgabe,
den Kult der Hausgötter zu versehen, der im alltäglichen
Leben eine sehr große Rolle spielte. Die Hausgötter wurden
täglich und bei jeder Mahlzeit angerufen, und kein wichtiges familiäres Ereignis konnte stattfinden, ohne daß man
sich der Zustimmung der Götter versichert hätte. Es läßt
sich heute nicht mehr feststellen, ob sich zuerst die Verehrung der Götter im Hause oder der öffentliche Gottesdienst

entwickelt hat; auf jeden Fall waren beide Kulturformen einander sehr ähnlich.

Die römische Göttin des Herdes war Vesta. Sie wurde unmittelbar neben dem Forum, und zwar ursprünglich in einer runden Strohhütte, später in einem Rundtempel, verehrt. Den Kult der Göttin versahen die vestalischen Jungfrauen. Doch auch im Familienkult nahm Vesta einen bedeutenden Platz ein. Ihre Verehrung symbolisierte sowohl den Zusammenhalt innerhalb der Familie als auch innerhalb der Nation.

Abgesehen von bestimmten Anrufungen und Gebeten gab es in der römischen Religion keine heiligen Texte; auch gehörten ihre Priester keiner besonderen gesellschaftlichen Schicht an, sondern waren Männer, die als Bürger den verschiedensten Berufen nachgingen. Das tat der tiefverwurzelten römischen Frömmigkeit keinen Abbruch. »Um den Erfolg der Römer zu verstehen«, erklärte der griechische Historiker Dionysios aus Halikarnassos zu Beginn unserer Zeitrechnung, »muß man ihre Frömmigkeit begreifen.«

Die Mächte, die diese Ehrfurcht und Verehrung weckten – das ist die Bedeutung des Wortes *religio* –, betrachtete man als unfaßbar und unergründlich; lange Zeit wurden sie nicht einmal in personifizierter Form dargestellt. Im Unterschied zu den Griechen, doch im Einklang mit den meisten anderen italienischen Völkern, verehrten die Römer in der Frühzeit ihre Gottheiten nicht in menschlicher Gestalt, deshalb gab es im Tempel der Vesta auch kein Götterbild. Ebensowenig verspürten die Römer in jenen frühen Zeiten den Wunsch, ihre Gottheiten mit Mythen zu umgeben. Vielmehr neigten sie dazu, die göttliche Kraft von ihrer Wirkungsmacht her zu verstehen, als ein Eingreifen von außermenschlichen Kräften in menschliche Aktivitäten: Diese Mächte waren es, die beispielsweise Türen öffneten, an der Geburt eines Kindes beteiligt waren und sich in natürlichen Phänomenen wie der Bewegung der Sonne und der Gestirne, in den Jahreszeiten und in der Fruchtbarkeit des Ackers manifestierten.

Doch diese unpersönlichen Gottesvorstellungen wurden schon sehr früh allmählich modifiziert, als griechische Ideen direkt und durch die Etrusker Einfluß zu gewinnen begannen. So entsprach zum Beispiel die Göttin Vesta, auch wenn es von ihr keine Statue gab, sowohl von ihrer Funktion her als auch etymologisch der griechischen Göttin Hestia. Und Mars, den die Römer (wie auch andere italienische Volksstämme) zunächst als ihren obersten Gott anerkannten, wurde mit dem griechischen Gott Ares identifiziert. Dennoch bewahrte sich die römische Religion auch weiterhin ihre Eigenständigkeit. Mars etwa war nicht nur ein Kriegsgott wie Ares, sondern vielmehr der Beschützer des ganzen Volkes, und zwar sowohl im Hinblick auf den Ackerbau als auch auf den Krieg. Er teilte sich sogar ein altes Heiligtum auf dem Forum, die Regia, mit der uralten Gottheit Ops Consiva, die auch die Macht der Fruchtbarkeit repräsentierte.

Der erste dort errichtete Kultbau aus Stein geht auf das Ende des 7. Jahrhunderts v. Chr. zurück. Er enthielt ein Kultmal, dessen Bedeutung wir nicht kennen; es ist anzunehmen, daß es dem Mars geweiht war. Wie aus dem Namen Regia hervorgeht, wurde das frühe Rom von Königen regiert, denn Regia ist von *rex* (König) abgeleitet und bedeutet offensichtlich »Königliche Residenz«.

Die Struktur des ersten römischen Staates

Alle späteren Historiker erklärten einstimmig, daß Rom zunächst von Königen regiert wurde. Der Überlieferung nach hat es, bevor die etruskische Dynastie auf den Thron kam, vier nichtetruskische Monarchen gegeben. Ihre Namen sind jedoch historisch nicht nachweisbar, sondern fiktiv, und das gilt vor allem für den angeblichen Gründer der Stadt, Romulus. Es gilt aber als gesichert, daß Rom zunächst von Königen regiert wurde. Das wird unter anderem dadurch bestätigt, daß sich der Titel *rex* erhalten hat, denn nach der Abschaffung der Monarchie übernahm ein Opferpriester den Titel *rex sacrorum* (Erster unter den Priestern).

Wir wissen praktisch nichts über die Frühzeit des Königtums und können dem Titel *rex sacrorum* nur entnehmen, daß das Herrscheramt auch religiöse Pflichten beinhaltete. Vielleicht war das Königtum keine erbliche Monarchie, sondern wurde der König – ähnlich wie es in den frühen griechischen Stadtstaaten der Brauch war – gewählt.

Nach späterer Überlieferung war das römische Bürgergebiet zunächst in drei Bezirke unterteilt, und ein solcher Bezirk wurde als *tribus* bezeichnet. Nach Meinung verschiedener Gelehrter soll diese Dreiteilung drei verschiedenen ethnischen Gruppen entsprochen haben, aus denen sich die Bevölkerung zusammensetzte. Das erscheint jedoch fraglich, und es kann sich dabei genausogut um drei verschiedene Sippenverbände ein und derselben ethnischen Gruppe gehandelt haben. Wahrscheinlicher jedoch ist die Dreiteilung nur erfolgt, um die Aushebung für den Militärdienst und die Eintreibung der Steuern zu erleichtern. Die Namen der drei *tribus* sind etruskisch.

Die drei *tribus* waren wiederum in zehn *curiae* (entstanden aus *co-viria*, Männerversammlung) unterteilt, die jeweils aus einer bestimmten Anzahl von Familienverbänden bestanden – eine ähnliche Organisation scheint es auch in anderen latinischen Städten gegeben zu haben, vielleicht sogar auch in etruskischen Gemeinwesen. Auf diese *curiae* und die *tribus* gründete sich der erste feststellbare Senat. Er bestand aus 300 Mitgliedern, das heißt: Jede *curia* stellte 10 oder jeder *tribus* 100 von ihnen. Die Senatoren wurden von den Königen ernannt, und zwar aus den

Reihen der *patres familias*, den Oberhäuptern der Sippen und Familien. Sie hießen *patres conscripti*. Die *curiae* traten auch in der ersten Volksversammlung zusammen, die es in Rom gegeben hat, in der *comitia curiata*. Wahrscheinlich bestätigte diese Versammlung die schon vom König nach einer Beratung im Senat getroffenen Entscheidungen. Nach dem Tode eines Königs dürfte die Volksversammlung auch bei der Wahl seines Nachfolgers mitgewirkt haben. Auf der Kurienordnung scheint außerdem die älteste Heeresordnung Roms beruht zu haben. Das Heer bestand aus einer Legion (*legio*) mit 3000 Fußsoldaten und 300 Berittenen. Das heißt, jeder *tribus* stellte 1100 Wehrpflichtige, jede *curia* 110.

Die, wie bereits erwähnt, etruskischen Namen der *tribus* lassen einen Zusammenhang mit dem fünften Monarchen nach der überlieferten römischen Königsliste vermuten, denn dieser war der Begründer der etruskischen Dynastie.

Die römische Legende berichtet, daß der erste etruskische König die Herrschaft in der Stadt auf friedlichem Wege übernommen habe. Dies kann allerdings auch eine pure Propagandalüge sein, mit der man demonstrieren wollte, daß Rom niemals von einer fremden Macht unterjocht worden sei. Angeblich trug dieser König den Namen Tarquinius Priscus (das heißt Tarquinius der Ältere, im Unterschied zu seinem Sohn Tarquinius Superbus, der ihm als König folgte) und stammte aus einer der ältesten etruskischen Städte, nämlich Tarquinii, das etwa 70 Kilometer nordwestlich von Rom unweit der Küste auf einem Hochplateau lag. Manche glauben, spätere Historiker hätten ihm diese Heimat zugeschrieben, weil sich sein Name von diesem Ort ableiten läßt; in Wahrheit jedoch seien die Tarquinier ursprünglich in Caere beheimatet gewesen, das noch näher bei Rom lag und enge Beziehungen zu Rom unterhielt. Tatsächlich entdeckte man dort sogar die Begräbnisstätte der Familie, wobei der Name »Tarchna«, wie er etruskisch lautet, dort in latinisierter Form, nämlich »Tarquitius«, geschrieben steht.

Der Überlieferung zufolge hat Priscus von 616-579 v. Chr. regiert, und dies stimmt zum ersten Mal mit den Ergebnissen der archäologischen Forschung überein, die besagen, daß die ersten entscheidenden Schritte zur Urbanisierung Roms im letzten Viertel des 7. Jahrhunderts v. Chr. erfolgten. So haben die Etrusker vielleicht auch zu dieser Zeit die politische Herrschaft in der Stadt übernommen, wenngleich einige Historiker die Auffassung vertreten, die etruskische Monarchie habe erst um das Jahr 575 v. Chr. begonnen. Noch keinen Beweis gibt es allerdings für die von der Überlieferung behauptete Aussage, *zwei* der etruskischen Monarchen hätten den Namen Tarquinius getragen. Vielleicht haben spätere Historiker die Regentschaft eines einzigen Königs dieses Namens auf zwei Personen verteilt, um der einen die guten und der anderen die schlechten und tyrannischen Eigenschaften zuzuschreiben (Superbus bedeutet »der Hochmütige«). Mit Tarquinius Superbus jedenfalls soll die Königsherrschaft in Rom ihr Ende gefunden haben.

Während der etruskischen Periode haben die Beherrscher Roms die erste königliche Residenz in der Regia aufgegeben und eine Festung auf dem steilen und gut zu verteidigenden Kapitolinischen Hügel gebaut. Ihre Nachfolger ließen sich später zwischen dem Kapitolinischen Hügel und dem Palatium, an der »Etruskischen Straße«, dem Vicus Tuscus, nieder. Die Tatsache, daß aus archäologischen Funden die Zerstörung kleinerer Städte 16 Kilometer südlich von Rom, zu denen auch Politorium (Castel di Decima) gehörte, einwandfrei hervorgeht, könnte zu dem Schluß führen, daß die etruskisch-römische Monarchie ihr Herrschaftsgebiet in dieser Richtung ausgeweitet hat.

Wie etruskisch ist Rom nun zu jener Zeit geworden? Die Meinungen darüber gehen auseinander. Wie Inschriften zeigen, hat es unter einer etruskisch sprechenden Oberschicht eine lateinisch sprechende Bevölkerung gegeben. In neuerer Zeit ist die Theorie aufgestellt worden, daß sich die beiden ethnisch und sprachlich so unterschiedlichen Gruppen stark vermischt hätten und sich Rom zu einer mehr oder weniger homogenen, unter etruskischem Einfluß stehenden Stadt entwickelt habe. Man darf nicht erwarten, daß spätere römische Historiker diese Auffassung vertreten, denn sie hätte sich nicht mit dem römischen Nationalstolz vereinbaren lassen. Und doch muß damals der Einfluß der Etrusker auf Rom stark gewesen sein, denn die späteren Einrichtungen der Römer weisen einige ausgesprochen etruskische Züge auf. Die römische Religion und der römische Kalender zeigten typisch etruskische Merkmale. Auch die Mythen schöpften, als sie sich allmählich entwickelten, aus diesen Quellen. Daß etwa Äneas als Stammvater der Römer angesehen wurde und daß Vergil, der selbst etruskische Vorfahren hatte, diesen mythologischen Stoff in seiner Äneis bearbeitete, deutet ebenfalls darauf hin, daß Rom eine Zeitlang von jenem Volk beherrscht wurde, das Äneas als einen der ihren verehrte.

Während die Etrusker ihr Alphabet mit gewissen Abwandlungen von den Griechen übernommen hatten, entwickelten die Römer ihres aus dem ihrer etruskischen Nachbarn und Oberherren. Deshalb gibt es in ihrem Alphabet ebenso wie im etruskischen nur wenige Vokale, aber viele Konsonanten in der C-, K- und Q-Gruppe. Auch die Buchstaben der frühesten lateinischen Inschriften sind in ihrer Form mit den etruskischen verwandt.

Ebenfalls aus dem Etruskischen lassen sich zahlreiche römische Riten und Familien- und Ortsnamen ableiten. Viele Errungenschaften in der Baukunst (Brücken, Torbögen und Häuser) sowie Themen und Gestaltung von Wandgemälden als auch der hochentwickelte Ackerbau lassen die gleichen Einflüsse erkennen.

Allerdings hatte sich der größte Teil dieser etruskischen Einflüsse – mit Ausnahme des intensiven Ackerbaus – auf die Mehrheit der Bevölkerung, die ungebildet war und in äußerster Armut lebte, kaum ausgewirkt. Bei den höheren Schichten dagegen war der etruskische Einfluß auf allen Lebensgebieten deutlich spürbar, was kaum überrascht, denn nur den Etruskern war es zu verdanken, daß aus Rom eine Stadt wurde.

»Servius Tullius«

Zwischen Tarquinius Priscus und Tarquinius Superbus soll der Legende nach Servius Tullius von 578-535 v. Chr. regiert haben. Sein Leben ist noch sagenumwobener als das der Könige, die ihm angeblich vorangegangen bzw. gefolgt sind. Servius Tullius soll latinischer Herkunft gewesen sein, obwohl er nach einer anderen Überlieferung als Etrusker bezeichnet wird. Sein Name ist jedoch lateinisch, so daß man annehmen kann, daß er ein Sproß der latinischen Bevölkerung Roms aus voretruskischer Zeit gewesen ist. Er hat jedoch die Entwicklung und Ausdehnung Roms im gleichen Sinne vorangetrieben wie seine etruskischen Vorgänger. Ihm schreibt man zum Beispiel die gründliche Reform des römischen Bürgergebietes zu. Viele behaupten allerdings, daß diese Reformen erst zweihundert Jahre später, als die Monarchie nicht mehr bestand, anzusetzen sind. Dennoch entsprechen sie der Entwicklung, die das Gemeinwesen in der Mitte des 6. Jahrhunderts v. Chr. erreicht hatte, weshalb wir an dieser Stelle näher darauf eingehen wollen.

Die römische Bürgerschaft wurde neu gegliedert. Statt der drei *tribus* wurden 21 gebildet, und zwar vier im Stadtgebiet selbst und 17 in den ländlichen Außenbezirken. Die neuen *tribus* entsprachen einer geographischen Einteilung, die *tribus* des Stadtgebietes aber den Bezirken, die wohl schon um das Jahr 600 v. Chr. eingerichtet worden waren. Auch wenn es nicht sicher ist, daß die drei ersten *tribus* entstanden sind, um die Besteuerung und Aushebung von Soldaten zu erleichtern, so ist das mit Sicherheit der Zweck der 21 neuen gewesen; sie waren die Grundeinheiten, die jeweils die Dienstpflichtigen zu stellen und die Steuern zu entrichten hatten. Von 16 der 17 ländlichen *tribus*, deren geographische Bezirke sich nicht mehr mit Sicherheit feststellen lassen, sind – wenigstens für die spätere historische Zeit – die Namen bekannt. Es sind die Namen der Familien, die in Rom eine bedeutende Rolle spielten, und es kann durchaus sein, daß diese Namen aus der Zeit des Servius Tullius stammen. Wenn das zutrifft, dann bedeutete die Übertragung von Familiennamen auf die *tribus* eine Beschwichtigung der Aristokratie, denn die neue Einteilung nach bestimmten Wohngebieten hatte ja gerade eine Lockerung der familiären Bindungen zur Folge und ermöglichte die Gewährung der Stadtprivilegien an etruskische und andere Einwanderer, denen es an solchen Bindungen fehlte; sie fühlten sich als Bürger Roms nicht mehr einer Familie, sondern allein dem Monarchen gegenüber verpflichtet.

Unter Servius Tullius oder wenigstens in der ihm zugeschriebenen Epoche wurde auch das Heer neu geordnet und die Stärke der Armee auf 6000 Mann verdoppelt. Sie beruhte nicht mehr auf den *curiae* oder *tribus*, sondern auf 60 Zenturien (eine *centuria* stellte eine Einheit von 100 Mann dar).

Diese Umstrukturierung hatte sowohl auf politischem als auch auf militärischem Gebiet bedeutende Auswirkungen. Politisch bedeutete sie, daß die Kurienversammlung, die *comitia curiata*, von der Versammlung der Zenturien, der *comitia centuriata*, abgelöst wurde. Das Kuriensystem eignete sich nicht mehr für die Stadt, die sich ständig ausdehnte, da die einzelnen Kurien unveränderlich für die alten, bestehenden Stadtteile festgelegt waren. Es gab zum Beispiel Schwierigkeiten, wenn Bürger ihren Wohnsitz verlegten oder andere von auswärts zuzogen, weil sie dann nach dem alten System nicht mehr erfaßt werden konnten. In der nachmonarchischen Zeit war es die Aufgabe der *comitia centuriata*, die obersten Beamten zu wählen und über Krieg oder Frieden abzustimmen. Wir wissen nicht, welche Vollmachten sie schon unter den Königen hatte, nur daß sie weiter reichten als die der früheren *comitia curiata*, wahrscheinlich aber nicht sehr umfassend waren. Vermutlich konnte nur der König entscheiden, worüber die *comitia centuriata* beschließen sollte, und die Versammlung hatte nur das Recht zuzustimmen oder (was vermutlich seltener geschah) abzulehnen. Das heißt, die *comitia centuriata* war ein nützliches Organ für die Machtentfaltung des Königs, aber keine demokratische Einrichtung. Außerdem versuchte der König zu verhindern, daß die Mitglieder der Versammlung sich gegen ihn stellten, indem sie als Soldaten auf ihn persönlich vereidigt wurden.

Es galt auch noch nicht der Grundsatz »ein Mann, eine Stimme«. Es wurde nach Gruppen abgestimmt, die so organisiert waren, daß die meisten von den Besitzenden gebildet wurden. Die neue Armee, auf die sich die *comitia centuriata* gründete, setzte sich nämlich aus Besitzenden zusammen, deren Rang sich nach der Höhe ihres Vermögens richtete. So war die Infanterie in fünf Klassen eingeteilt. Die wohlhabendste stellte nicht weniger als 80 der 193 Zenturien (nach Mehrheitsbildung innerhalb einer Zenturie wurde nur eine Stimme abgegeben), während die noch reicheren, die sich Pferde leisten konnten, weitere 18 Zenturien stellten. Damit bestanden mehr als die Hälfte aller Zenturien aus Wohlhabenden. Es kam also nicht mehr auf die Abstammung an, um politischen Einfluß nehmen zu können, wohl aber auf das Vermögen.

Die Organisation des Heerwesens, nach der die Besitzenden selbst für ihre Ausrüstung und Waffen aufkommen mußten, spiegelt die militärische Entwicklung wider, die sich zuerst in Griechenland und dann in Etrurien vollzogen hatte. Seit etwa 750 v. Chr. entstand in Griechenland die schwerbewaffnete Infanterie, zum Teil nach assyrischem Vorbild und zum Teil als Folge der Kontakte mit dem metallverarbeitenden Handwerk in Mitteleuropa. Etwa ab 675 v. Chr. kann man in der Geschichte des griechischen Heeres das stetige Vordringen des Rundschilds, der metallenen Rüstung und des Wurfspeers verfolgen und der sich daraus ergebenden Formation der Phalanx, einer geschlossenen Reihe schwerbewaffneter Soldaten. Die Hopliten (*hoplitai* bedeutet schwerbewaffnetes Fußvolk) waren Männer, die reich genug waren, diese schwere Ausrüstung selbst anzuschaffen. Nach 650 v. Chr. tauchte der Schild der Hopliten auch in Etrurien auf, was sich durch archäologische Funde und Vasenmalereien nachweisen läßt, und im Laufe des 6. Jahrhunderts v. Chr. stellte die Ausrüstung der Hopliten die Standardausrüstung der Etrusker dar.

So gelangten diese militärischen Neuerungen auch nach Rom. Daß man sie dem Servius Tullius oder wenigstens seiner Zeit zuschreibt, folgt aus einem Grabfund aus dem frühen 6. Jahrhundert v. Chr., der auf dem Esquilin gemacht wurde und ein Bronzeschild ist, wie er in Griechenland und Etrurien von den Hopliten verwendet wurde. Wie die Hopliten, so waren auch die Soldaten der römischen Armee ausgerüstet, die in den kommenden Jahren so erstaunliche militärische Triumphe erringen sollten. In jedem Frühjahr, bevor sie in den Krieg zogen, versammelten sie sich in der *comitia centuriata* zum Kriegsrat und entwickelten dabei den für militärische Operationen notwendigen Korpsgeist. In der Versammlung der römischen Armee wurden Ordnungssinn und Gehorsam zur zweiten Natur der Soldaten. Die Armee war also zum größten Teil eine Bürgerarmee, in der allerdings der landbesitzende Adel als reichste Bevölkerungsschicht einen wesentlichen Teil der Infanterie stellte. Die 18 Zenturien Kavallerie (*equites*, Ritter), die aus den Reichsten gebildet wurden, bestanden zweifellos aus Adligen. Doch die Entstehung der Hopliteninfanterie aus dem bürgerlichen Mittelstand hatte zur Folge, daß die Kavallerie bei den militärischen Operationen ihren Vorrang verlor. Allerdings hat sie wohl weiterhin die Leibwache des Königs gestellt.

Mindestens den nördlichen Teil der Stadt hat Servius Tullius befestigt, aber nicht mit der Mauer, die unter seinem Namen bekannt ist (Servianische Mauer) und die den größten Teil des späteren Rom umschließt und frühestens im 4. Jahrhundert v. Chr. entstanden ist. Es gibt noch andere Wallreste aus einer erheblich früheren Zeit, die zum Teil über Gräbern aus dem 6. Jahrhundert v. Chr. liegen. In diesen Wallresten wurde das Bruchstück einer Keramik aus Athen gefunden, das aus der Zeit um 470 v. Chr. stammt und vielleicht sogar 50 Jahre älter ist. Nach der Überlieferung ist Servius Tullius, wie schon berichtet, 535 v. Chr. gestorben. Die aus Erdwällen bestehenden Verteidigungsanlagen könnten also unter Umständen von ihm angelegt worden sein. Nach der Überlieferung soll er ja auch einen solchen Wall gebaut und Maßnahmen zur besseren Verteidigung Roms ergriffen haben. Es ist aber bekannt, daß in anderen latinischen und etruskischen Städten um die gleiche Zeit ähnliche Befestigungsanlagen entstanden sind. Der Wall um Rom war mehr als sechs Meter hoch, und vor ihm lag ein Graben. Er war auf dem gegen feindliche Angriffe offenen Plateau an der Nordseite der Stadt angelegt und verlief vom Quirinal am Hang des Viminal entlang in Richtung Esquilin, um die Täler zu blockieren, die aus dem Inneren Latiums nach Rom führten.

Ein sich so schnell entwickelnder Stadtstaat wie Rom schuf sich natürlich auch Feinde. Hinzu kommt, daß Servius Tullius, der wahrscheinlich latinischer Abstammung war, die Thronfolge der etruskischen Könige unterbrochen hatte und deshalb einigen Nachbarn ein Dorn im Auge war. Außerdem war er wie sie ein Eroberer. Obwohl die Quellen dunkel und tendenziös sind, ist anzunehmen, daß Rom in jener Zeit zur führenden Macht im nordwestlichen Latium aufgestiegen ist.

Auf dem Albanerberg befand sich das religiöse Heiligtum für die umliegenden latinischen Gemeinwesen. Es war der Himmelsgottheit Jupiter – *dieu-pater*, »dem Leuchtenden« – geweiht. Diese Gottheit war zunächst nur eine unpersönliche Himmelsmacht, die sich auf verschiedene Weise manifestierte: eine Macht, die von allen indoeuropäischen Völkern und einigen ihrer Vorfahren verehrt wurde. Am Berghang lag die Stadt Alba Longa (Castel Gandolfo), von Vergil als Mutterstadt Roms bezeichnet, was sich allerdings archäologisch nicht nachweisen läßt. Ob von Alba Longa aus andere latinische Städte gegründet worden sind, wie Legenden behaupten, und wie viele, ist nicht feststellbar. Es darf jedoch angenommen werden, daß Alba Longa in einem etwa nach dem 10. Jahrhundert v. Chr. bestehenden lockeren latinischen Städtebund die Führung übernommen hatte, denn es beherrschte die wichtigste Straße nach Süden. Die Städte in Latium bildeten einen Bogen um eine Ebene und hatten sich, entsprechend dieser Lage, miteinander verbündet. Es gab damals mehrere solche Städtebünde.

Alba Longa, am Albanersee, war nur 20 Kilometer von Rom entfernt. Angesichts der Angriffslust der römischen Könige mußte es zur Konfrontation kommen. Dabei behielt Rom die Oberhand, und nach der Legende war der Sieger ein voretruskischer römischer König. Archäologische Funde bestätigen, daß sich das Gleichgewicht der Kräfte zwischen Albanern und Römern schon im 9. oder 8. Jahrhundert v. Chr. zu verschieben begann. Endgültig läßt sich

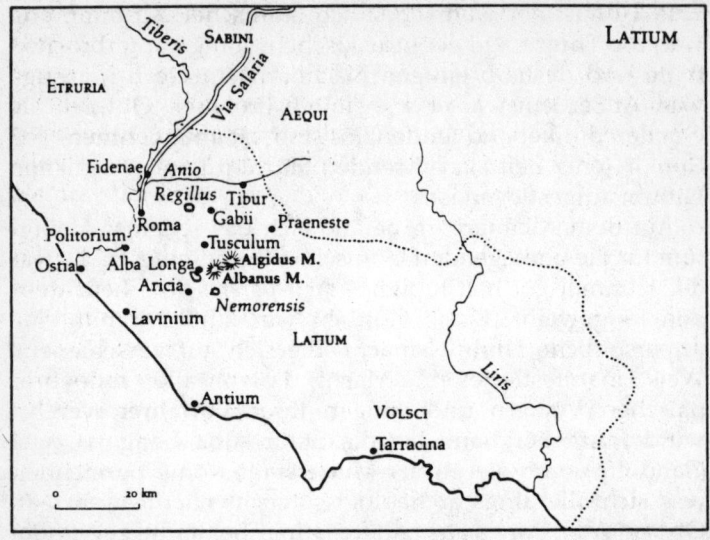

jedoch die Entmachtung Alba Longas und anderer Städte im nordwestlichen Latium als Folge einer römischen Expansion um die Regierungszeit des Servius Tullius im 6. Jahrhundert v. Chr. erkennen. Zweifellos kann man annehmen, daß nach der entscheidenden Konfrontation einige führende Familien aus Alba Longa nach Rom übersiedelten und in die römische Aristokratie aufgenommen worden sind. Außerdem scheinen die Berichte zuzutreffen, die von der Ansiedlung anderer Albaner auf dem Caelius sprechen.

So wie die Römer dieser Epoche ihren Herrschaftsbereich nach Nordwesten erweiterten, scheinen sie ihn auch nach Südwesten bis an die Küste ausgedehnt zu haben, um an der Tibermündung jenseits des schon unterworfenen Politorium den Hafen Ostia zu bauen und die in der Nähe gelegenen Salzpfannen auszubeuten. Ob das, wie überliefert wird, bereits unter einem früheren König geschah oder aber zur Zeit des Servius Tullius, ist ungeklärt, denn archäologisch lassen sich in Ostia zur Zeit der Könige keine Siedlungen nachweisen. Das kann aber auch daran liegen, daß solche Siedlungen außerhalb der späteren römischen Hafenstadt in einem Gelände lagen, das noch nicht vollständig erforscht ist. Das »königliche« Ostia hat damals wahrscheinlich schon bestanden.

Die erste römische Holzbrücke, der *pons sublicius* an der Stelle der Tiberfurt, ist vielleicht zur Zeit der Gründung Ostias gebaut worden. Es war außerordentlich mühsam, das an der Flußmündung gewonnene Salz stromaufwärts in die Stadt zu bringen. Das geschah entweder mit Hilfe von zwei Schleppseilen auf dem Wasserweg oder am linken Flußufer entlang auf dem Landweg. Um das Salz auch über den Tiber zu den etruskischen Handelspartnern und weiter ins Landesinnere zu bringen, brauchten die Römer eine Brücke.

Wenn man annimmt, daß solche Neuerungen auf Servius Tullius zurückgehen, dann muß man auch annehmen, daß er an Roms Ausstrahlung nach außen dachte, als er einen bedeutenden Tempel auf dem Aventin, unmittelbar außerhalb der bisherigen Stadtgrenze im Süden erbauen ließ. Er war der Diana geweiht, »der Erleuchterin«, zugleich aber auch der Göttin der Wälder und der Beschützerin weiblichen Lebens. Bis vor kurzem hatte man geglaubt, daß Servius Tullius mit dem Bau dieses Tempels einen anderen bedeutenden Dianakult in der Nähe der latinischen Stadt Aricia in einem alten vulkanischen Krater am Fuß des Albanerberges, etwa 25 Kilometer südostwärts von Rom, verdrängen wollte. Heute ist diese Auffassung jedoch fragwürdig, denn obwohl es den Archäologen noch nicht gelungen ist, das aventinische Heiligtum zu rekonstruieren, gibt es doch Hinweise dafür, daß das Heiligtum bei Aricia später entstanden ist. Ein Grund für die Einrichtung des aventinischen Heiligtums könnte auch die Absicht gewesen sein, besitzlose Einwanderer aus der Gegend von Aricia und anderen Teilen Latiums dorthin zu locken. So ließe sich auch die Lage unmittelbar außerhalb der Stadtgrenze Roms erklären. Dieses Heiligtum erlangte offenbar große Bedeutung, denn die dort geltenden Regeln wurden, wie man weiß, von anderen latinischen Städten übernommen, zum Beispiel von Tibur (Tivoli).

Die Ursprünge des aventinischen Kults können statt in Latium auch in griechischen Städten zu suchen sein, deren gemeinschaftsstiftende Kultformen Servius Tullius nachzuahmen versuchte. Das Vorbild könnte Massilia gewesen sein. Dieser große und bedeutende Hafen an der Südküste Frankreichs, der etwa 600 v. Chr. als Massalia von griechischen Seefahrern aus Kleinasien gegründet worden war, beherrschte die Mittelmeerküste von Südspanien bis dorthin, wo heute Frankreich an Italien grenzt. Die Bewohner Massilias hatten den Artemiskult aus seinem Zentrum in der alten griechischen Stadt Ephesos an der kleinasiatischen Küste mitgebracht. Zwischen diesem Heiligtum in Ephesos und dem römischen Kult der Diana, die schon sehr früh mit Artemis identifiziert wurde, läßt sich ein direkter Bezug nachweisen. Das bedeutet, daß das frühe Rom nicht nur indirekt über Etrurien unter hellenistischen Einfluß geraten ist, sondern auch direkt durch die Griechen selbst, die mit den Etruskern um die Vorherrschaft im westlichen Mittelmeer kämpften. Das wird durch die Lage des Tempels auf dem Aventin bestätigt, oberhalb der Landeplätze am Tiber, die schon zu sehr früher Zeit ein wichtiges Zentrum für griechische und andere Händler aus dem Osten waren.

Unterhalb des Nordwestausläufers des Aventins stand ein sehr alter Altar (*ara maxima*), der die gleiche Geschichte erzählt. Er war dem Herkules geweiht, den man mit dem griechischen Gott der Händler, Herakles, gleichsetzte. Daß der Altar an dieser Stelle stand, deutet darauf hin, daß der Gott seine schützende Hand über die Tätigkeit der Händler hielt.

Ein anderes, noch bedeutenderes neues römisches Heiligtum war wiederum mehr etruskischen als griechischen Ursprungs. Es war der Tempel des Jupiter Optimus Maximus und der Juno und Minerva auf dem Kapitol neben der Festung, in der die etruskischen Könige residierten. Nach der Überlieferung spielten die beiden etruskischen Könige Tarquinius Priscus und sein Sohn Tarquinius Superbus, die vor und nach Servius Tullius regierten, beim Bau des Tempels eine Rolle. Unter Priscus soll das Heiligtum geweiht und der Tempelbau begonnen, unter Superbus vollendet worden sein. Aber die Beteiligung des Priscus ist möglicherweise nur eine nachträgliche Erfindung, mit der die Idee zur Verwirklichung dieses großartigen Projekts dem »guten« Monarchen zugeschrieben wird und nicht seinem »bösen« Sohn; in Wirklichkeit hat wahrscheinlich Superbus mit dem Tempelbau begonnen. Wenn das zutrifft, dann wurde mit der Errichtung des Heiligtums erst gegen Ende der etruskischen Monarchie begonnen, das nach der Überlieferung in die letzten Jahre des 6. Jahrhunderts v. Chr. fällt.

Cicero berichtet, daß der Himmelsgott Jupiter als der beste und größte bezeichnet wurde, weil er für das Wohlergehen der Menschen sorgte, aber auch weil er unter etruskischem Einfluß Mars als obersten Gott der Römer abgelöst hatte. Als ihm diese Bedeutung zukam, hatte er bereits mit Mars und Quirinus, dem Gott der ältesten Siedler des nach ihm genannten *collis Quirinalis*, eine Triade gebildet. Nun bestand die Triade aus Jupiter, Juno und Minerva. Diese Namen sind italisch, sie haben aber etruskische (und auch griechische) Entsprechungen. Die Verbindung dieser drei Gottheiten zu einer Triade ist etruskisch. Man kann annehmen, daß es sie bereits in anderen Teilen Roms gab, doch

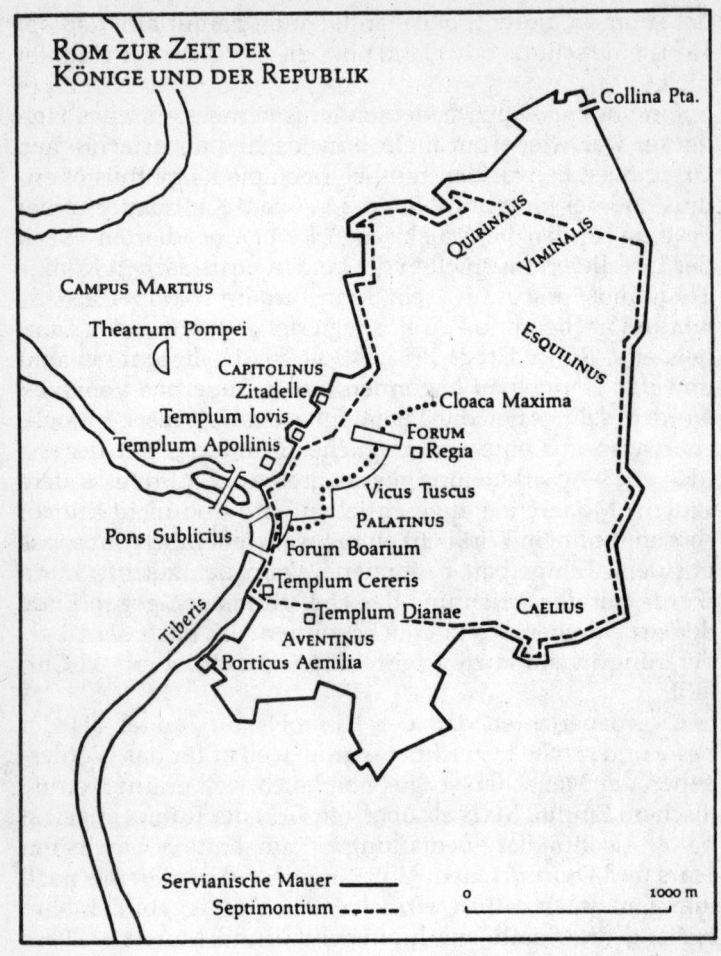

ROM ZUR ZEIT DER
KÖNIGE UND DER REPUBLIK

Collina Pta.

QUIRINALIS

VIMINALIS

CAMPUS MARTIUS

ESQUILINUS

Theatrum Pompei

CAPITOLINUS
Zitadelle
Cloaca Maxima
Templum Iovis
FORUM
Templum Apollinis
Regia

Vicus Tuscus
PALATINUS
Pons Sublicius
Forum Boarium
Templum Cereris
Templum Dianae
CAELIUS
Tiberis
AVENTINUS
Porticus Aemilia

Servianische Mauer ——
Septimontium ----

0   1000 m

erst auf dem Kapitol wurden sie berühmt, wo sie in einem
Heiligtum verehrt wurde, das in drei Zellen (*cellae*) aufge-

teilt war, wie es sie auch in anderen etruskischen Tempeln gab.

Besonders auffallend an dem Kapitolinischen Tempel war seine ungewöhnliche Größe und Pracht. Er hatte eine tiefe etruskische Vorhalle mit drei Säulenreihen, die aus jeweils sechs Säulen bestanden, und eine Reihe freistehender Säulen entlang den Seiten (die wir bei kleineren etruskischen Tempeln nicht finden). Der Tempel war 54 Meter breit und mehr als 60 Meter lang, wie man an der 48 Meter hohen steinernen Plattform sehen kann, die für die italischen Tempel charakteristisch ist. Die Plattform ist zum großen Teil erhalten, vom Tempel selbst jedoch ist kaum etwas übriggeblieben. Soweit man erkennen kann, war der Tempel mit diesen gewaltigen Ausmaßen der größte seiner Zeit im gesamten etruskischen Raum, und auch in den von Griechen besiedelten Gebieten wird es nicht viele größere gegeben haben. Obwohl der Überbau nach etruskischer Art nur aus Holz bestand, war es ein überaus prächtiges Gebäude, mit farbigen Malereien und zahlreichen Monumenten geschmückt, zu denen auch eine Götterstatue des Bildhauers Vulca aus Veii gehörte.

Der Untergang der Monarchie

Vielleicht wurde schon unmittelbar nach der Einweihung dieses prachtvollen Tempels die etruskische Monarchie mit Tarquinius Superbus abgeschafft. Superbus hatte mit dem 16 Kilometer ostwärts von Rom gelegenen, strategisch wichtigen Gabii (Castiglione) einen Vertrag geschlossen. Hier haben archäologische Ausgrabungen in jüngster Zeit reiche Funde zutage gefördert. Offenbar hatte Superbus auch im Landesinneren militärische Standorte eingerichtet. Trotzdem wurde er zur Abdankung gezwungen. Der überlieferte Zeitpunkt, 510 v. Chr., ist allerdings nur mit Vorbehalten zu betrachten, denn im selben Jahr wurde auch der letzte Tyrann aus Athen verbannt, und griechische Historiker konnten der Versuchung nicht widerstehen, diese Ereignisse zeitlich aufeinander abzustimmen. Die Zeittafel auf Seite 515 zeigt einige Ereignisse, die in Rom und Griechenland gleichzeitig stattgefunden haben. Tarquinius Superbus hat wahrscheinlich drei oder vier Jahre später abdanken müssen. Eine andere Theorie, nach der die etruskische Monarchie in Rom bis um 450 v. Chr. bestanden hat, läßt sich kaum stützen.

Auch in anderen Teilen Italiens, zum Beispiel in Etrurien, verfielen die Monarchien und hörten gegen Ende des 6. Jahrhunderts v. Chr. auf zu bestehen. Das war die Zeit, in der auch die etruskischen Stadtstaaten in Latium und der Campania allgemein an Einfluß verloren und von den Griechen stark unter Druck gesetzt wurden. Besonders Aristodemos aus der griechischen Stadt Cumae, der erbitterten Rivalin der etruskischen Stadtstaaten, hatte 529 v. Chr. etruskische und andere Angreifer in den Sümpfen und Wäldern nördlich seiner Heimatstadt zurückgeschlagen. Fast 20 Jahre später hat er wahrscheinlich die Latiner dabei unterstützt, die Etrusker noch einmal niederzuwerfen, und zwar diesmal bei Aricia. Es gibt eine Geschichtsdeutung, der zufolge er nach diesem Sieg die Alleinherrschaft in Cumae übernahm. Bei der ersten dieser Konfrontationen wurde die Macht der Etrusker geschwächt, und das hat wahrscheinlich zum Sturz von Tarquinius Superbus geführt. Der zweite Zusammenstoß könnte sich sehr bald nach der Absetzung von Superbus ereignet haben, wodurch es für ihn (wie für jeden anderen Etrusker) noch schwieriger geworden war, in Rom wieder an die Macht zu kommen.

Nach dieser zweiten Schlacht, an deren Erfolg die Stadt Aricia beteiligt war, übernahm sie vorübergehend die Führung in einem lockeren religiösen und vielleicht auch politischen Bündnis, ähnlich wie früher Alba Longa. Aricia blühte auf, weil die Vormachtstellung der Etrusker gebrochen war.

Ihre Niederlage bei Aricia war nur ein Teil ihres allgemeinen Machtverlustes in weiten Gebieten Latiums. Die Latiner und einige Bergstämme nutzten die Schwierigkeiten der Etrusker aus und rückten über die bisher von ihnen benutzten Handels- und Verkehrswege heran; außer Aricia sollen auch andere latinische Städte erfolgreich rebelliert haben. Archäologen haben nachweisen können, daß um diese Zeit einige Städte Etruriens sogar ganz ausgestorben sind.

Trotz der allgemein ungünstigen Lage betrachteten Etrusker ihre Vertreibung aus Rom noch nicht als tig. Zunächst versuchte Tarquinius Superbus, vergeblich, seine Rückkehr zu erzwingen. U senna aus dem nun führenden und au bedachten, im Inneren des Landes gelege Stadtstaat Clusium (Chiusi) marschierte un Tarquinius – denn er war keineswegs sein F Kilometer in südlicher Richtung nach Rom einen Überraschungsangriff gegen die Stadt. E Stadt eingenommen und auch eine Zeitlang g haben, bis sein Sohn bei Aricia eine Niederlage erlitt den Vater zwang, Rom aufzugeben.

Porsenna war nicht der einzige etruskische Abenteurer, dem es gelang, für kurze Zeit in eine der desorganisierten Städte einzudringen; einige Angreifer nahmen sogar den Caelius ein, und Rom hatte gute Gründe, seine Verteidigungsbereitschaft gegen Überfälle aus dem benachbarten Etrurien zu erhöhen. In der Folgezeit kam es immer wieder zu ähnlichen Überfällen, während der etruskische Einfluß in der Stadt selbst durchaus noch spürbar blieb. Aber wirklich energische Versuche, Rom und Latium oder sogar die noch wichtigere, aber weiter entfernt gelegene Campania

zurückzuerobern, haben die etruskischen Stadtstaaten nie wieder unternommen. Die Campania wurde sogar noch uneinnehmbarer, nachdem Syrakus, die größte griechische Stadt auf Sizilien, die Etrusker (und ihre karthagischen Verbündeten) 474 v. Chr. bei Cumae ein weiteres Mal besiegt hatte.

Daß die Etrusker sich im Süden nicht durchsetzen konnten, war aber keineswegs ein Zeichen dafür, daß dieses bemerkenswerte Volk seine Kräfte erschöpft hatte. Sie verzichteten damals auf weitere Eroberungsversuche in der Campania und in Latium, weil einige ihrer Stadtstaaten einen wirtschaftlichen und vielleicht auch politischen Vorstoß gegen die in den nördlichen Apenninen gelegene Region, die die Römer später als *Gallia Cisalpina* bezeichneten, unternahmen. Den Anstoß gab der etruskische Stadtstaat Clusium, und das wichtigste Zentrum dieser nördlichen Einflußsphäre war Felsina (Bologna), eine Neugründung an der Stelle einer alten Stadt; das etwa 25 Kilometer südwestlich davon gelegene Marzabotto vermittelt uns einen einzigartigen Eindruck davon, wie eine alte etruskische Stadt ausgesehen hat; Vergil hatte etruskische Vorfahren, die Mantua gegründet haben, und die griechischen Häfen Atria (Adria) und Spina an der Po-Mündung beherbergten, wie Ausgrabungen beweisen, bedeutende etruskische Handelsniederlassungen.

II Die Einheit von Italien und Rom

3 Die Einigung Italiens

Roms feindliche Nachbarn

Obwohl die Bedrohung durch die Etrusker zunächst nachließ, mußte sich Rom weiterhin vieler Feinde erwehren, die versuchten, aus seiner Schwäche nach der Entmachtung der Tarquinier Vorteile zu ziehen. Während der folgenden 200 Jahre kam es zu ständigen, kräftezehrenden Kämpfen, die entweder gegen einzelne oder mehrere miteinander verbündete Gegner ausgetragen werden mußten; gelegentlich drohte dabei sogar die völlige Vernichtung Roms und seiner Bewohner.

Zunächst erhoben sich die in der unmittelbaren Nachbarschaft lebenden und mit den Römern verwandten Latiner. Um die Zeit etwa, als die Macht der etruskischen Tarquinier gebrochen war, entledigte sich die sagenumwobene, etwa 25 Kilometer von Rom entfernte, an der Küste gelegene Stadt Lavinium der Bindung an Rom und erneuerte als Besitzerin eines gemeinsamen Heiligtums ihren Führungsanspruch unter mehreren latinischen Küstenstädten. Dieser Städtebund geriet in einen Interessenkonflikt mit Rom, und etwa 496 v. Chr. kam es in der Nähe des in einer vulkanischen Senke gelegenen Sees Regillus zu einer

Entscheidungsschlacht. Der See gehörte zum Gebiet der Stadt Tusculum (bei Frascati), die, zum Aricianischen Städtebund gehörend, die militärische Führung gegen die Römer übernommen hatte. Doch bei dem entscheidenden Gefecht erwies sich die von der Reiterei unterstützte, schwerbewaffnete römische Infanterie gegenüber der mit veralteten Waffen ausgerüsteten latinischen Kavallerie überlegen und siegte. Daraufhin nahmen die Römer zwei schon seit sehr früher Zeit in Tusculum verehrte Gottheiten in die Schar ihrer Götter auf. Das gehörte zu ihren religiösen Gewohnheiten, denn sie glaubten, so die Macht der Götter besiegter Feinde für sich gewinnen zu können. Die auf diese Weise neu hinzugewonnenen Zwillingsgötter waren Kastor und Pollux, die griechischen Dioskuren, das unzertrennliche ritterliche Paar, von dem angenommen wurde, es habe den Römern auf wunderbare Weise zum Sieg verholfen, und das von nun an zur Schutzgottheit der römischen Reiterei wurde.

Aber vielleicht ist die Schlacht gar nicht so entscheidend gewesen, wie es die römische Legende später behauptet hat, denn schon sehr bald schloß Rom mit den latinischen Städten einen Vertrag auf der Grundlage der Gleichberechtigung und nicht der Überlegenheit. Im Rahmen dieses Abkommens stellte Rom turnusmäßig den die gemeinsame Armee befehligenden Feldherrn, und die Vertragspartner verpflichteten sich zur gegenseitigen Unterstützung bei Kämpfen gegen gemeinsame Feinde aus dem benachbarten Bergland. Wahrscheinlich einigte man sich auch über die gegenseitige Anerkennung eigener Rechte, die Vorstufe maßvollen und staatsmännisch klugen Verhaltens, mit dem Rom später Schritt für Schritt zur Weltmacht wurde. Aber von einer solchen Macht konnte damals noch keine Rede sein, denn sonst hätten die Römer ihren Vertragspartnern nicht so weitgehende Gleichberechtigung zugestanden. Dieser Vertrag galt allerdings nicht für jede einzelne latinische Stadt, sondern er war mit ihnen als einer Städtegemeinschaft geschlossen worden. Dadurch erschien Rom, das die Vorrangstellung in Latium verloren hatte, gegenüber der Gesamtheit der latinischen Städte immer noch stark.

Die einigermaßen ausgewogenen Beziehungen zu den Latinern waren lebensnotwendig, denn sowohl die Latiner als auch die Römer wurden von den Apenninen her ernsthaft bedroht. Die abgelegenen Täler, die tiefen Schluchten und die Hochplateaus wurden von Hirtenvölkern bewohnt, die eine dem Lateinischen verwandte indoeuropäische Sprache sprachen, nämlich Oskisch. Diese Hirtenvölker, die ein hartes und entbehrungsreiches Leben führten, drängten zu den Häfen Latiums und in seine fruchtbaren Ebenen mit den Winterweiden. So kam es 100 Jahre nach dem Sturz der Tarquinier immer wieder zu Überfällen und zahlreichen unentschiedenen Gefechten zwischen ihnen, Latinern und Römern.

Die in diesen Kämpfen mächtigsten Stämme waren die Volsker und Äquer. Die Hauptbedrohung stellten die Volsker dar, die im 6. Jahrhundert v. Chr. aus den dicht bewaldeten mittelitalienischen Gebirgen gekommen waren und sich am Mittellauf des Liris (Garigliano) im südöstlichen Latium angesiedelt hatten. Das Flußtal war zugleich der wichtigste inländische Verbindungsweg zur Campania. Von der Küstenebene angelockt, wanderten sie weiter bis in die Gegend südöstlich des Albanerbergs, unmittelbar an die Gebietsgrenze Roms und seiner latinischen Bundesgenossen. Beginnend mit dem Jahre 494 v. Chr. fielen die Volsker fast jedes Jahr in latinisches und römisches Gebiet ein. Sie wurden erst etwa 377 v. Chr. wesentlich geschwächt, nachdem Rom die von ihnen besetzte Küstenfeste Antium (Anzio) eingenommen hatte, den einzigen brauchbaren Hafen in Latium, den ein Vorgebirge vor den Nordweststürmen schützte. Die Römer mußten Antium jedoch wieder aufgeben und konnten es erst 338 v. Chr. zurückerobern, als sie die im Hafen liegenden Schiffe der Volsker gekapert hatten. Damit endete die Unabhängigkeit der Volsker. Sie wurden im Laufe der Zeit vollständig romanisiert und schließlich ausgelöscht.

Auch die Äquer kamen aus dem Gebirge. Sie wurden gezwungen, die nordostwärts von Rom gelegenen unfruchtbaren Berghänge zu verlassen, weil ihre Bevölkerung ständig zunahm. Um das Jahr 484 v. Chr. eroberten und befestigten sie Algidus. Die Stadt lag an einem engen, strategisch wichtigen Paß an der Ostseite des Albanerbergs, über den die durch das Binnenland führende Via Latina ging, viele Jahre die einzige Straße, die Rom mit dem Süden verband. In den anschließenden 50 oder mehr Jahren bekämpften sie – manchmal im Bündnis mit den Volskern oder anderen Stämmen – unermüdlich die Latiner und Römer. Um 431 v. Chr. gelang es diesen schließlich, die Äquer aus Algidus zu vertreiben. Daraufhin zogen sie sich allmählich auf ihre Befestigungen in Mittelitalien zurück, wo sie im Laufe des folgenden Jahrhunderts romanisiert und praktisch ausgerottet wurden.

Mit den begrenzten, sich ständig wiederholenden und über viele Jahre andauernden, keine endgültige Entscheidung bringenden Kämpfen gegen die Volsker und die Äquer verfolgte der latinische Städtebund um 490 v. Chr. unter anderem das Ziel, einen *Verband latinischer Kolonien* zu schaffen. Das waren keine zusammenhängenden Territorien, sondern Städte mit Landstreifen für den Ackerbau in ihrer unmittelbaren Umgebung. Es waren Siedlungen von Bauernsoldaten, denen neu erobertes oder zurückerobertes Land zur Pacht oder als freier Grundbesitz gegeben wurde. Die Kolonien, die in dieser Hinsicht etwa den *Kibbuzim* im modernen Israel glichen, sollten latinische Basen zum Schutz vor äußeren Feinden darstellen und die Bewohner dieser Landstriche zu friedlichen Ackerbauern machen. Zuerst entstanden sie an der Ostgrenze Latiums. Aus den folgenden anderthalb Jahrhunderten gibt es Zeugnisse für die Gründung von 14 solcher Siedlungen in dieser und anderen Gegenden. Obwohl der latinische Städtebund die strategischen Punkte, an denen solche Kolonien gegründet wurden, zweifellos nur im Einverständnis mit Rom ausgewählt hatte, waren es latinische und nicht römische Gründungen. Die römischen Bürger unter den Siedlern mußten das römische Bürgerrecht aufgeben und wurden Bürger des latinischen Städtebundes. Erst viel später übernahmen die Römer diese praktische Idee der Kolonisation, die bei der künftigen Entwicklung des Römischen Reiches eine wichtige Rolle gespielt hat.

Zu den Feinden, gegen die sich Latiner und Römer verbündeten, gehörten auch die oskisch sprechenden Sabiner, die auf den Apenninen nordöstlich von Rom unabhängige Dorfgemeinschaften bildeten. Auch sie hatten schon seit langem begierig nach den fruchtbaren Ebenen Latiums geblickt. Nach späterer römischer Überlieferung zeichneten sie sich durch Mut, strenge Sittengesetze und eine tiefe Religiosität aus. Im Laufe der Zeit sind Anfänge städtischen Lebens bei ihnen vor allem an den Orten zu beobachten, deren Lage ihrer Absicht entsprach, sich den Zugang zu dem Salz bei Ostia zu sichern. Das wiederum führte seitens Roms zu einem Bündnis mit Gabii, um die Sabiner fernzuhalten. Doch nur wenige Jahre nach der Gründung der römischen Republik wurde der Sabinerführer Attus Clausus so von den Annehmlichkeiten des Lebens in Rom angezogen, daß er mit Zustimmung der römischen Regierung und wahrscheinlich auch der latinischen Verbündeten mit seinem ganzen aus 4000 oder mehr Verwandten und Gefolgsleuten bestehenden Familienverband auf römisches Gebiet zog, sich dort mit ihnen ansiedelte und zum Begründer des großen römischen Geschlechts der Claudier wurde (um 505 v. Chr.). Auch andere römische

Fürstenhäuser haben später behauptet, sabinischen Ursprungs zu sein. Doch die Bedrohung durch die Sabiner dauerte an, bis ihnen Rom endlich 449 v. Chr. eine schwere Niederlage beibrachte und wie üblich den sabinischen Gott Sancus unter dem Namen Deus Fidius übernahm. Diese Gottheit war für die Einhaltung der Verträge und Verpflichtungen zwischen den Völkern verantwortlich. In ihrem Dienst standen Priesterbeamte, *fetiales*, die dadurch, daß sie alle römischen Kriege durch ihren Spruch rechtfertigten, von dieser Zeit an einen sehr wohltuenden Einfluß auf die römische Moral ausübten. Während der folgenden 150 Jahre wurden die Feindseligkeiten gegenüber den Sabinern immer seltener und hörten schließlich ganz auf. Allmählich kam es zur vollständigen Verschmelzung beider Völker, eine Entwicklung, die zum großen Teil dem Umstand zu verdanken war, daß beide ihre Schafherden gemeinsam während des Sommers in den Sabinerbergen und während des Winters in den Tälern weideten.

Für Latium und Rom war es ein außergewöhnlich glücklicher Umstand (eine geschickte Diplomatie hatte die Entwicklung gefördert), daß die feindlichen Stämme der Volsker, Äquer und Sabiner zu schlecht organisiert waren, um sich wirkungsvoll gegen sie zu vereinen. Wäre ihnen das gelungen, hätten sie mit Sicherheit die Macht der Römer und Latiner brechen können, und zwar, als zur gleichen Zeit Rom aus einer ihm nur allzu vertrauten Richtung am schwersten bedroht wurde – aus Etrurien auf der anderen Tiberseite.

Der Sieg über Veii

In Rom war auf die Abschaffung der etruskischen Monarchie eine Periode großer Unruhe gefolgt, in der zu allen anderen Bedrohungen auch noch die durch etruskische

Abenteurer kam, die die Stadt gelegentlich sogar mit Erfolg überfielen. Auch nach dem Ende des etruskischen Königtums war der Einfluß der Etrusker weiter spürbar. Diese Gefahr war aber nicht so groß wie jene, die Rom von Veii drohte, dem etruskischen Stadtstaat, nur 19 Kilometer von Rom entfernt. Die sehr geringe Entfernung zwischen den beiden Städten bedeutete, daß sich keine vor der anderen sicher fühlte. Veii war mächtig, und seine geographische Lage war außerordentlich günstig. Es lag auf einem hohen, steil abfallenden Plateau und war an drei Seiten von fließendem Wasser umgeben. An der Ostseite der Zitadelle floß der Bach Cremera (Valchetta) vorüber, der acht Kilometer nördlich von Rom in den Tiber mündete.

Ursprünglich hatte Veii ebenso wie Rom aus kleinen Weilern bestanden, die sich in der Eisenzeit zu einer Siedlung zusammengeschlossen hatten. Aber Veii hatte sich nicht, wie offensichtlich Rom, um 600 v. Chr. zu einem italisch-etruskischen Gemeinwesen entwickelt, sondern dort war eine rein etruskische Stadt entstanden. Ihr Reichtum und ihre Kultur trugen im folgenden Jahrhundert wesentlich zum Aufblühen des unter etruskischem Einfluß stehenden Roms bei, das durch den Pons Sublicius mit dem Gebiet um Veii verbunden war. Die ausgedehnten Besitzungen von Veii waren durch einen Ring befestigter Kolonien und davor liegender Außenposten geschützt, von denen aus für schwere Fahrzeuge geeignete Straßen in alle Richtungen liefen, auch nach Rom. Außerdem übertraf Veii alle anderen etruskischen Siedlungen durch seine fortschrittlichen Techniken im Ackerbau und in der Bodenbewässerung und versorgte ein weites Gebiet mit landwirtschaftlichen Erzeugnissen.

Verglichen mit den verschiedenen Bergstämmen, die Rom durch ihre Überfälle beunruhigten, stellten diese viel höher entwickelten Nachbarn eine weitaus größere Gefahr für Rom dar. Angesichts der unmittelbaren Nachbarschaft mußte der Wettbewerb auf den Märkten, bei der Beschaffung landwirtschaftlich nutzbaren Bodens und der Ausbeutung der Salzpfannen an der Küste zu ernsten Zusammenstößen führen, was vermutlich schon im 7. Jahrhundert v. Chr. geschah. Der Tiber war ein Verkehrsweg, der entweder nur von Veii oder nur von Rom beherrscht werden konnte; ein Kompromiß war auf die Dauer nicht möglich.

Um 480 v. Chr. wurde die junge römische Republik vor allem von der Familie der Fabier beherrscht. Sie war nach ihrer Familientradition mit Etrurien verbunden und besaß Ländereien zwischen Rom und Veii. Die Fabier galten daher bei den Römern als die Verteidiger der Grenze zu Etrurien, die sie mit einer eigenen Privatarmee schützten. Diese halbfeudale Streitmacht setzten die Fabier nun gegen die Bedrohung aus Veii ein. Zunächst beschränkten sich die Feindseligkeiten auf Raubzüge beider Seiten, bei denen es zunächst hauptsächlich um Viehbeute ging. Als die Fabier aber am Fluß Cremera ein Blockhaus errichteten, das den Strom und die hier zusammenführenden Straßen beherrschte, wurde aus dem relativ harmlosen Geplänkel ein regelrechter Krieg. In der verlustreichen Schlacht am Cremera (um 476-475 v. Chr.) kamen 300 Angehörige und Gefolgsleute der Fabier ums Leben, und der Feind zerstörte das Blockhaus. Das Westufer des Tiber befand sich nun fest in der Hand der Bewohner von Veii, die vielleicht sogar den Janiculum besetzten, den über dem Tiberufer gelegenen Hügel unmittelbar gegenüber der Stadt Rom.

Doch nachdem die Etrusker 474 v. Chr. von den Griechen empfindlich geschlagen worden waren, hielt es Veii für ratsam, mit seinen römischen Nachbarn jenseits des Flusses einen Waffenstillstand zu schließen und sich zur Lieferung von Getreide und Geldzahlungen bereit zu erklären. In der zweiten Hälfte des Jahrhunderts verschob sich das Gleichgewicht der Kräfte noch weiter zugunsten

Roms, das diese Lage ausnutzte und sich auf eine Entscheidungsschlacht vorbereitete. Einer der Hauptstreitpunkte war die Stadt Fidenae (Castel Giubileo) am latinischen Südufer des Tiber gegenüber der Stelle, wo der Cremera in den Strom mündet. Dieser Ort war die erste Station an der Salzstraße (*via Salaria*) und beherrschte die am weitesten stromabwärts gelegene Furt oberhalb Roms. Damit war Fidenae ein strategisch sehr wichtiger Außenposten, der sowohl von Veii als auch von Rom begehrt wurde. Offensichtlich ist der Ort mehrmals erobert worden.

Um 444 v. Chr. kamen die Römer offenbar zu der Überzeugung, daß sich ein entscheidender Krieg gegen Veii nicht mehr vermeiden ließ. Daraufhin nahmen sie wesentliche Veränderungen in ihrem Regierungssystem vor und lösten die bei der Gründung der Republik eingesetzten, jährlich gewählten beiden Konsuln durch drei (später sechs) Oberbefehlshaber des Heeres ab, die sie mit konsularischen Vollmachten (*tribuni militum consulari potestate*) ausstatteten. Diese Einrichtung behielten sie während des größten Teils der folgenden 80 Jahre bei.* Aufgaben und Rang dieser Beamten zeigen, daß militärische Überlegungen im Vordergrund standen. Im folgenden Jahr wurde im Rahmen der Magistratur das neue Doppelamt der Zensoren geschaffen. Diese beiden hohen Beamten wurden alle vier Jahre für 18 Monate gewählt. Ihre Aufgabe war es, eine Liste aller römischen Bürger zu erstellen. Dadurch sollte die Aushebung der Wehrpflichtigen, eine komplizierte Angelegenheit, weil der Dienst in der Armee vom Vermögensstand des einzelnen abhängig war, erleichtert werden.

Gestärkt durch diese Neuerungen fühlten sich die Römer in der Lage, gegen Veii Krieg zu führen. Das war für sie um so notwendiger, als ihre Stadt von Hunger und

---

* Etwas früher waren die Konsuln schon einmal vorübergehend von den Decemviri abgelöst worden; siehe S. 92

Seuchen heimgesucht wurde und dringend neue landwirtschaftliche Anbauflächen brauchte. So kam es um 435 oder 425 v. Chr. erneut zu Angriffen, in deren Verlauf Fidenae besetzt wurde. Veii wandte sich hilfesuchend an den etruskischen Städtebund, der jedoch nicht reagierte. Hier zeigte sich der typische Mangel an Zusammenhalt, der später noch katastrophale Auswirkungen haben sollte. Die Bewohner von Veii versuchten zunächst, ihre Befestigungsanlagen gegen die zu erwartenden Angriffe der Römer zu verstärken. Wo es möglich war, wurden die Felsenklippen, auf denen die Stadt stand, abgeschlagen, um sie noch steiler und unzugänglicher zu machen, und an anderen Stellen wurden Erdwälle mit Brustwehren aus Stein errichtet.

Die Besetzung von Fidenae durch die Römer hatte den Ausbruch eines regelrechten Krieges zur Folge. Es war wahrscheinlich der entscheidendste Krieg, den die Römer je geführt haben, denn es ging tatsächlich um Roms Überleben. Die angreifenden Römer schlossen Veii ein und belagerten es. Bei diesen Kämpfen wurden so starke Kräfte eingesetzt, wie dies bis dahin noch nie geschehen war. Der Krieg hat wohl ohne Unterbrechung mindestens sechs bis sieben Jahre gedauert. Am Ende gelang es den Römern, die Wälle an der Nordseite der Stadt zu erstürmen und eine Stelle zu erobern, von der aus sie über ebenes Gelände in die Stadt eindringen konnten. Dort befand sich ein Bewässerungstunnel, der aus dem offenen Land unter der Stadtmauer hindurch bis nach Veii hineinführte. Die Römer erweiterten ihn und drangen mit einer kleinen Abteilung Soldaten in die feindliche Stadt ein und eroberten sie. Der Held des Tages war Camillus. Zwar gehören viele seiner angeblichen Heldentaten der Legende an, wir müssen ihn aber doch als eine historische Figur ansehen, und zwar als die erste aus der Zeit der römischen Republik. Kurz vor Beginn der Belagerung hatter er den ununterbrochenen

Militärdienst durchgesetzt; das bedeutete, daß Soldaten zur Erntezeit nicht nach Hause entlassen wurden. Er sorgte auch für die regelmäßige Besoldung der Wehrpflichtigen und brachte so den Krieg zum siegreichen Abschluß.

Die Römer richteten in der erstürmten Festung schwere Verwüstungen an, schleiften die Befestigungsanlagen und vertrieben die Bewohner. Diese Vernichtung eines selbständigen Stadtstaates war in der Militärgeschichte Roms neu und ein Zeichen dafür, mit welcher Rücksichtslosigkeit dieser Krieg geführt worden war. Ihren religiösen Traditionen folgend übernahmen die siegreichen Römer den Kult der Schutzgöttin des unterlegenen Feindes und errichteten ihr ein Heiligtum auf dem Aventin unmittelbar außerhalb der eigenen Stadtmauern. Die Göttin war Juno, die auf dem römischen Kapitol schon als Gefährtin Jupiters verehrt wurde; aber in Veii hatte man ihr als göttlicher Königin (Regina) einen besonders prächtigen Tempel geweiht. Wie in anderen Gegenden Italiens verkörperte Juno auch dort Vitalität und Jugendlichkeit und damit auch politische und militärische Stärke. Von nun an wachte sie aber nicht mehr über Veii, sondern über Rom.

Die Unterwerfung dieser ersten großen etruskischen Stadt durch die Römer war ein Wendepunkt, denn es wurde nicht nur ein Hindernis beseitigt, das sich der Weiterentwicklung Roms in den Weg gestellt hatte, sondern die Römer verdoppelten nach diesem Sieg auch den Umfang ihres Territoriums. Das neugewonnene Gebiet, das von einem ausgezeichneten etruskischen Straßennetz durchzogen war, wurde an römische Bauern verteilt. Die mit Rom verbündeten latinischen Städte gewannen dabei kaum etwas, denn der Sieg der Römer hatte bewiesen, daß diese ihren Bundesgenossen weit überlegen waren. Das Ansehen Roms wuchs.

Nach dem Sieg weihte Camillus dem delphischen Orakel des Apollo in Griechenland eine goldene Trinkschale als Opfergabe. Dabei übernahm wahrscheinlich die etruskische Stadt Caere die Vermittlerrolle, denn von allen benachbarten Städten hatte sie allein enge Beziehungen zu Delphi. Caere war auch seiner etruskischen Nachbarstadt Veii im Krieg gegen die Römer nicht zu Hilfe gekommen. So begann Rom über Italien hinaus auch unter anderen Völkern als Siegermacht bekannt zu werden.

Der Einfall der Gallier und seine Folgen

Doch sehr bald sollten die keltischen Gallier dieser Entwicklung Einhalt gebieten und den Römern eine schwere Niederlage bereiten. Keltisch sprechende Völker waren im 8. und 7. Jahrhundert v. Chr. aus Mitteleuropa bis nach Spanien und Britannien vorgedrungen und begannen im 5. Jahrhundert die Alpen zu überqueren, um die Etrusker fast vollständig aus Norditalien zu verdrängen, das von nun an *Gallia Cisalpina* hieß. Die sich über ganz Europa ausbreitenden Kelten waren verhältnismäßig wohlhabend und zum Teil recht friedfertig. Ihre Kunst war reich an lebensnahen Bildern und bewegten Formen. Sie wurde von den Griechen und den Etruskern beeinflußt, aber auch von den Skythen im Südosten Europas.

Die in die Po-Ebene vordringenden Gallier dagegen waren weniger friedliebend. Ihre Kampfverbände waren furchterregend, barbarisch. Die Pferde ihrer Reiterei waren mit Hufeisen beschlagen, eine damals ganz neue Erfindung, und die Fußsoldaten waren mit fein geschmiedeten, scharfen und breiten Schwertern ausgerüstet.

Etwa 387-386 v. Chr. drangen 30 000 dieser Einwanderer unter ihrem König Brennus von der Po-Ebene in südlicher Richtung vor, um Land und Beute zu gewinnen. Als die Römer davon erfuhren, schickten sie wahrscheinlich einen Aufklärungsverband bis zu der im Binnenland gelegenen etruskischen Stadt Clusium (Chiusi), die von der gallischen Streitmacht bedroht wurde. Die Gallier ließen jedenfalls von Clusium ab und wandten sich gegen Rom selbst. Nur 18 Kilometer von Rom entfernt, an einem kleinen Nebenfluß des Tiber, der Allia (Fossa della Regina), stellte sich ihnen ein 10 000 bis 15 000 Mann starkes römisches Heer entgegen. Ob unter ihnen auch Latiner waren, ist ungewiß. Es war immerhin die stärkste Streitmacht, die Rom bisher angeführt hatte. Trotzdem wurde die römische Phalanx mit ihren schwerbewaffneten und Lanzen tragenden Soldaten von der viel wendigeren Kavallerie und Infanterie der Gallier überrannt, deren längere Schwerter den römischen Waffen überlegen waren. Die römische Armee wurde in die Flucht geschlagen, und die meisten Soldaten stürzten in den nahen Fluß und ertranken. Es war der schwärzeste Tag in der Geschichte Roms, das nun kaum noch Männer zu seiner Verteidigung hatte.

Nach einem drei Tage dauernden Marsch gelangten Brennus und seine Soldaten nach Rom, das sie, vermutlich mit Ausnahme des Kapitols, einnahmen und niederbrannten, wie eine Schicht angekohlter Scherben, zerbrochener Ziegel und verkohlten Holzes am Rand des Forums erkennen läßt. Rom war zum ersten Mal in die Hände barbarischer Eroberer gefallen, was sich in den folgenden 800 Jahren nicht wiederholen sollte. Die Römer haben dieses schreckliche und demütigende Ereignis nie vergessen. Dabei erregte Rom, ebenso wie nach seinem Sieg über Veii, wieder die Aufmerksamkeit der Außenwelt, denn griechische Historiker haben über diese Niederlage berichtet. Die Gallier wandten sich jedoch bald von Rom ab, weil sie Nachricht erhalten hatten, daß ihr eigenes Gebiet im Norden von Feinden bedroht wurde. In Zukunft hat es den gallischen Völkern an innerer Stabilität gemangelt, so daß sie nur noch in kurzen Kriegszügen nach Italien vorstießen, aber keine dauernde Bedrohung mehr darstellten.

In dieser Krise waren die Römer auf ihre etruskischen Nachbarn, den Stadtstaat Caere, angewiesen. Die Stadt lag am Rand einer offenen Tiefebene, etwa 32 Kilometer von Rom entfernt, an der Küste, wo sie drei kleine Häfen besaß. Ihre Bewohner waren als Metallhandwerker und durch ihre guten Beziehungen zu Griechenland und dem Orient zu Wohlstand und Ansehen gelangt. Daher waren sie auch in der Lage, Rom zur Zeit der Königsherrschaft wesentliche wirtschaftliche Vorteile und kulturelle Anregungen zu verschaffen. Rom durfte zum Beispiel die Häfen von Caere benutzen. Wie beim Sieg über Veii, so war Rom auch während des Galliereinfalls von diesen etruskischen Nachbarn unterstützt worden, die nicht nur die Heiligtümer aus den Tempeln in ihren Schutz genommen hatten, sondern auch auf Brennus militärischen Druck ausübten und seinen Abzug beschleunigten. Caere unterstützte die Römer, weil es an der Küste von den Griechen bedroht wurde und zu seiner Verteidigung der Hilfe Roms bedurfte.

Als Gegenleistung für die freundliche Haltung hat Rom dem etruskischen Caere das öffentliche Gastrecht gewährt (etwa 386 v. Chr.), das sogenannte *hospitium publicum*. Es räumte den Bürgern von Caere, wenn sie in Rom weilten, die gleichen Privatrechte ein wie den römischen Bürgern. Sie waren – ebenso wie die Römer in Caere – unter anderem von der Zahlung der örtlichen Steuern befreit. Diese Maßnahme erlangte historische Bedeutung, denn Rom verlieh später noch vielen anderen Städten die gleichen Privilegien. Zunächst sollte diese Maßnahme jedoch nur dazu dienen, den Einflußbereich zu sichern, den die Römer nach der Eroberung von Veii weiter ins Innere Etruriens ausgedehnt hatten. Dennoch erkühnte sich Caere um 353 v. Chr., die freundschaftliche Politik gegenüber Rom aufzugeben und sich mit der Schwesterstadt Tarquinii zu vereinigen, um sich mit Gewalt der inzwischen als schmerzlich empfundenen offensichtlichen Unterlegenheit gegenüber Rom zu widersetzen. Die Erhebung wurde jedoch rasch niedergeschlagen, und die Römer schlossen mit Caere einen hundertjährigen Waffenstillstand.

Nach dem Einfall der Gallier fühlten sich die Römer hinter dem durch Servius Tullius errichteten Schutzwall nicht mehr sicher genug. Deshalb bauten sie 378 v. Chr. eine neue, starke Schutzmauer, die zu den bedeutendsten Verteidigungsanlagen jener Zeit gehört. Ein großer Teil ist bis heute erhalten geblieben und trägt die irreführende Bezeichnung »Servianische Mauer«. Diese Mauerreste bestehen aus vulkanischem Gestein des eroberten Veii. Die auf einigen dieser Steine eingemeißelten Zeichen lassen erkennen, daß griechische Baumeister am Werk waren. Die knapp vier Meter dicke und acht Meter hohe Mauer umschloß ein größeres Gebiet als der alte Erdwall. In ihrem Inneren lagen die historischen sieben Hügel Roms, das Palatium, der Caelius, der benachbarte, besonders befestigte Capitolinus, der Esquilin, der Quirinal und der Viminal im Norden, der nur teilweise zur alten Stadtanlage gehört hatte, und der neu hinzugefügte Aventin im Süden mit dem daneben liegenden Circus Maximus. Diese im 4. Jahrhundert errichtete Mauer umgab eine Fläche von mehr als 400 Hektar. Damit war das neue Rom die bei weitem größte Stadt in Italien, mehr als doppelt so groß wie das kürzlich zerstörte Veii und mehr als viermal so groß wie Caere. Beim Bau dieser Mauer hat wahrscheinlich Camillus entscheidend mitgewirkt, der Held von Veii, der nach der schweren Niederlage im Krieg gegen die Gallier wesentlich dazu beigetragen hat, daß sich Rom rasch erholte und eine neue Blütezeit erlebte.

Die Römer in Latium und der Campania

Das größte Problem für Rom stellten nun seine latinischen Bundesgenossen dar. Schon um die Mitte des 5. Jahrhunderts v. Chr. hatte sich das Gleichgewicht zwischen diesen anscheinend gleich starken Partnern zugunsten der Römer verlagert. Nach der Eroberung von Veii zeigten sie ihre Überlegenheit sehr deutlich, als sie das neu hinzugewonnene Ackerland für sich allein in Anspruch nahmen. Deshalb begannen einige der größten latinischen Städte, die Unabhängigkeit gegenüber Rom anzustreben. So standen die Bürger von Tusculum, das rings von römischem Gebiet umgeben war, 381 v. Chr. kurz davor, sich gegen die Römer zu erheben. Es gelang jedoch, sie dadurch zu beschwichtigen, daß Rom ihnen die Aufnahme als vollberechtigte Bürger in sein Staatswesen anbot. Diese Politik sollte in Zukunft reiche Früchte tragen – einer latinischen Stadt waren alle römischen Rechte gewährt worden, wodurch sie zu einem römischen Gemeinwesen wurde, ohne dadurch ihre eigene Struktur und Selbstverwaltung aufgeben zu müssen.

Es war ein bedeutender Schritt nach vorn, daß die römischen Bürgerrechte auf diese Weise den Bewohnern anderer Städte gewährt werden konnten. Athen, Sparta und Korinth hatten niemals etwas Ähnliches getan, und ein griechischer Monarch hat später erklärt, daß diese Einrichtung eine besondere Quelle der Stärke Roms und seiner zahlenmäßigen Überlegenheit über seine späteren Feinde gewesen sei. 100 Jahre früher hätte es weder eine dieser Städte noch einer ihrer Bürger für vorteilhaft gehalten, die latinischen Bürgerrechte gegen die römischen zu tauschen. Doch nun, da die Römer stärker waren als die Latiner, hatte sich das geändert. Zum einen waren die römischen Bürgerrechte ein Schutz gegen Willkürmaßnahmen römischer Beamter, zum anderen hatte der latinische Adel nichts gegen diese Verschmelzung, weil in vielen Fällen schon enge Beziehungen zu den römischen Standesgenossen bestanden. Die Adeligen aus Tusculum begrüßten diese Neuerung so begeistert, daß aus ihren Reihen sogar zahlreiche römische Konsuln hervorgingen – im Laufe der Jahre waren es mehr als aus irgendeiner anderen Stadt außerhalb Roms.

366 v. Chr. wurde den Konsuln, deren Amt nach einer achtzigjährigen Militärregierung wieder auflebte, ein ihnen nachgeordneter Beamter, der Prätor, beigegeben, der die Gerichtsbarkeit für sie ausübte und ihnen dadurch die Möglichkeit gab, sich mehr mit militärischen Fragen zu beschäftigen. Denn viele latinische Gemeinwesen nahmen eine zunehmend feindliche Haltung gegenüber Rom ein.

Unter den unzufriedenen latinischen Städten war Praeneste (Palestrina) eine der führenden. Diese alte Fürstenstadt auf dem Apenninenhöhenzug mit der wichtigsten in die Campania führenden Straße war früher ein bedeutender Außenposten der Etrusker gewesen, und sie hatte es zu einem Wohlstand gebracht, der sich mit dem der Städte im etruskischen Kernland vergleichen ließ. Außerdem beherbergte sie ein großes Heiligtum und Orakel der Fors Fortuna, der Göttin des Überflusses, deren Kult die Römer von hier übernommen hatten. Ob Praeneste schon im 4. Jahrhundert v. Chr. dem latinischen Städtebund angehört hat, ist unklar. Jedenfalls gefiel ihm das Aufblühen Roms so wenig, daß es sich den Volskern anschloß und sogar gallische Söldner anwarb, um gegen die Römer Krieg zu führen.

Eine zweite latinische Stadt, die sich den Wünschen Roms nicht fügen wollte, war das nicht weniger alte, 28 Kilometer von Rom entfernt gelegene Tibur (Tivoli). Wie Praeneste, so beherrschte auch diese auf einer Erhebung oberhalb eines Nebenflusses des Tiber gelegene Stadt eine wichtige Straße und gehörte als einflußreiches Mitglied dem latinischen Städtebund an. In der Umgebung von Tibur lag eine Reihe von ihm abhängiger kleinerer Gemeinwesen. Während des 4. Jahrhunderts v. Chr. muß es immer wieder zu Plänkeleien mit den Römern gekommen sein, und im Verlauf dieser Ereignisse sind vielleicht die Beziehungen zwischen Tibur und Rom ganz abgebrochen worden. Doch 358 v. Chr. konnte Rom Tibur und anderen latinischen Städten wieder den alten Vertrag aufzwingen, und zwar wahrscheinlich zu schlechteren Bedingungen, die auch eine gewisse militärische Kontrolle einschlossen.

Einen weiteren entscheidenden Schritt unternahmen die Römer, als sie ihre Einflußsphäre bis in die Campania ausdehnten. Die bedeutendste Stadt in diesem Gebiet war Capua (Santa Maria Capua Vetere), etwa 21 Kilometer landeinwärts gelegen. Es war die zweitgrößte Stadt Italiens. Sie lag in einem sehr fruchtbaren Gebiet und sollte später dafür berühmt werden, daß hier die tüchtigsten Bronzegießer beheimatet waren. Capua war im 7. und 6. Jahrhundert v. Chr. der Mittelpunkt etruskischen Einflusses in der Campania, der aber später von dem der Samniten abgelöst wurde. Diese rauhen Bergbewohner, von denen bald mehr zu berichten sein wird, stammten von den Sabinern ab und sprachen einen eigenen, dem Oskischen ähnlichen Dialekt. Sie kamen ursprünglich aus dem Innern der italienischen Halbinsel, wo sie stark befestigte Gebirgsorte bewohnten. Als ihre Bevölkerung zunahm, fühlten sie sich von der fruchtbaren kampanischen Tiefebene angezogen, und nicht nur das etruskische Capua, sondern auch das griechische Cumae fiel ihnen in die Hände (um 438-421 v. Chr.). Sehr bald beherrschten diese samnitischen Einwanderer einen kampanischen Städtebund, ließen sich von dem griechischen und etruskischen Geschäftssinn beeinflussen und entwickelten sich zu einer politischen Einheit, die jedoch weniger kriegerisch war, als es ihre Vorfahren zur Zeit des Eindringens in die Campania waren. Um 343 v. Chr. fühlten sich diese Samniten durch neue Einwandererwellen aus Samnium bedroht und entschlossen sich zu einem folgenschweren Schritt. Unter der Führung von Capua ersuchten sie die Römer, sie zu unterstützen. In der Hoffnung, landwirtschaftliche Nutzfläche zu gewinnen, beschlossen die Römer, in dieses weite, fruchtbare Gebiet vorzudringen, und kamen damit dem Ersuchen der kampanischen Städte entgegen. Doch dadurch entstand eine weitreichende Kettenreaktion.

Capua bereute sehr bald seinen Entschluß und stellte sich auf die Seite der Latiner – die sich ihrerseits gegen Rom wandten. Sie hatten die römische Intervention in der Campania als einen bedrohlichen Einkreisungsversuch empfunden, und als das Unternehmen zu scheitern schien, fühlten sie sich dazu ermutigt, von der römischen Regierung die volle Wiederherstellung der latinischen Gleichberechtigung zu verlangen.

Dieses Ansinnen wurde in aller Schärfe zurückgewiesen, und daraufhin kam es zum Krieg zwischen Rom und den Latinern.

Es war einer der verlustreichsten Kriege, die die Römer im Verlauf ihrer Geschichte bestehen mußten, und der erste, den sie sorgfältig geplant hatten. Das führte schließlich zur Katastrophe für die Latiner und ihre kampanischen Verbündeten, deren Reiterei sich nicht bewährte und bei Trifanum, unweit von Capua, eine schwere Niederlage hinnehmen mußte. Darauf schlossen die Kampaner einen Separatfrieden mit Rom, durch den Rom die Vorherrschaft im nördlichen Teil des Landes gewann. Im Verlauf der folgenden zwei Jahre wurden die latinischen Städte eine nach der anderen von Rom unterworfen.

Als der Krieg beendet war, wurde der latinische Städtebund aufgelöst (338 v. Chr.). Er war unterlegen, weil seine Mitglieder sich nicht einigen konnten. Die Latiner hörten

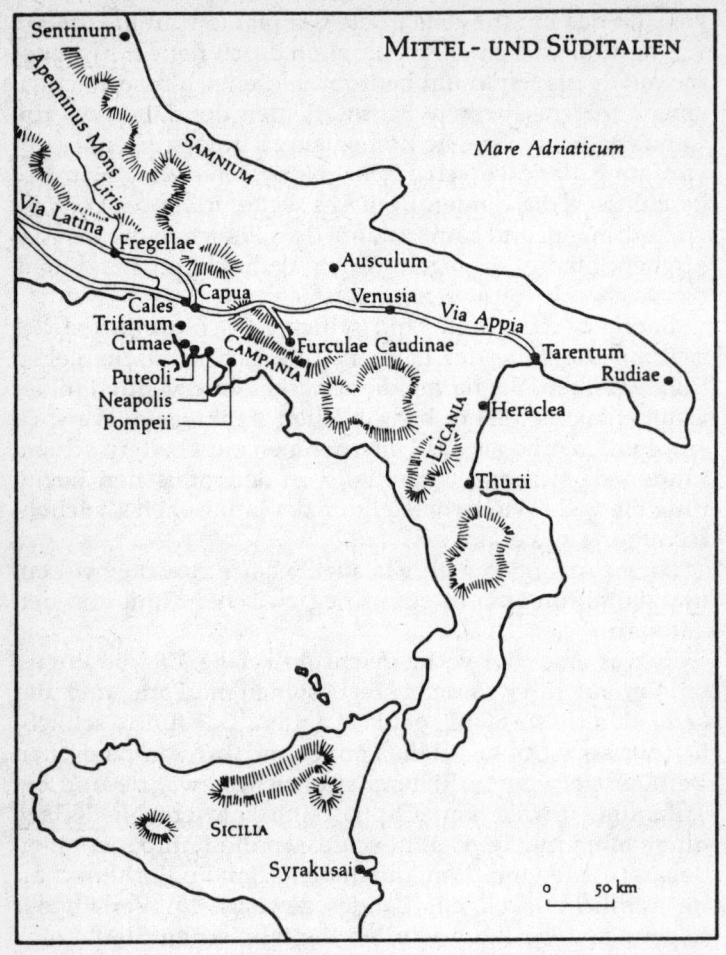

MITTEL- UND SÜDITALIEN

Sentinum

Apenninus Mons

SAMNIUM

Mare Adriaticum

Liris

Via Latina

Fregellae

Ausculum

Capua

Venusia

Cales

Via Appia

Trifanum

Cumae

CAMPANIA

Furculae Caudinae

Tarentum

Puteoli

Rudiae

Neapolis

Heraclea

Pompeii

LUCANIA

Thurii

SICILIA

Syrakusai

0   50 km

praktisch auf, als politische Einheit zu bestehen, und damit
war eine lange Epoche ihrer Geschichte zu Ende gegangen.

70

Nun zeigten die Römer ihre besondere Begabung, den geschlagenen Gegner zu versöhnen. Darin waren sie allen bedeutenden Staaten der Alten Welt, auch denen der in mancher Hinsicht klügeren Griechen, überlegen. Die Römer übten an den unterlegenen Latinern keine Vergeltung, denn das hätte sie an der Verwirklichung ihrer politischen Ziele gehindert, sondern sie ließen sich bei den Verhandlungen mit ihnen von ihrem gesunden Menschenverstand leiten. Sie zwangen ihnen keine einheitliche, für alle gleichermaßen gültige Verwaltung auf, sondern paßten sie einer jeden Stadt ihren Verhältnissen entsprechend an.

Aricia und drei andere in der Nachbarschaft Roms gelegene Städte erhielten das volle römische Bürgerrecht nach dem Vorbild von Tusculum. Damit nahm das römische Staatsgebiet eine Fläche von 11 655 Quadratkilometern mit einer Bevölkerung von mindestens einer Million ein. Tibur und Praeneste, die zwar einen Teil ihres Gebietes abtreten mußten, erhielten die formale Unabhängigkeit, und ihre alten Bündnisverträge mit Rom wurden bestätigt. Die anderen latinischen Städte durften ihren ehemaligen Status behalten, konnten aber Verträge nur mit Rom, nicht aber untereinander schließen, außerdem gewährte Rom den männlichen Einwohnern dieser Gemeinwesen ein ganz neues Recht: nämlich das Bürgerrecht ohne Wahlrecht (*civitas sine suffragio*). Das war praktisch ein eingeschränktes römisches Bürgerrecht, nach dem die Männer in diesen Städten zwar nicht das »öffentliche« Recht hatten, bei den römischen Wahlen ihre Stimme abzugeben (das sie ohnedies kaum hätten wahrnehmen können, weil sie viel zu weit von Rom entfernt waren), aber doch »private« Rechte besaßen, besonders das Recht, mit einem Römer Handelsverträge nach römischem Recht (*commercium*) zu schließen, und das Recht, eine Römerin zu heiraten (*conubium*).

Das war eine geniale und für die Betroffenen durchaus

günstige Einrichtung. Sie war allerdings einseitig, denn die Römer genossen, anders als ihre Partner, in allen mit ihnen verbündeten Städten uneingeschränkt ihre eigenen Bürgerrechte. Darüber hinaus mußten diese Gemeinwesen der außenpolitischen Führung Roms folgen und waren im Kriegsfall verpflichtet, für die »gemeinsame Verteidigung« Truppen auszuheben und zu bezahlen. Praktisch bedeutete das die absolute Wahrung der römischen Interessen. Sie wurden aber dadurch gemildert, daß die Soldaten innerhalb der von den einzelnen Städten aufgestellten Truppen dienen durften und die Hälfte der Befehlshaber ihre eigenen Landsleute waren. Die Römer vermieden auch den Fehler, den die Griechen gemacht hatten, und richteten in den fremden Städten keine eigenen militärischen Standorte ein. Sogar in Krisenzeiten hatten sie kaum Veranlassung, Forderungen zu stellen oder sich einzumischen, denn sie wußten, daß die latinischen Städte von einem Landadel beherrscht wurden, der zu dem römischen Adel enge Beziehungen unterhielt. Die latinischen Gemeinwesen brauchten auch die Vermögenssteuer (*tributum*) nicht zu zahlen, die den römischen Bürgern in Notzeiten auferlegt wurde.

Über lange Zeit wurde das eingeschränkte römische Bürgerrecht nicht als ein Nachteil empfunden, sondern wirkte sich günstig auf das gesamte politische Gefüge aus. Die ungewöhnliche politische Begabung der Römer ermöglichte es ihnen, die Kräfte im Gleichgewicht zu halten. Ihnen kam es vor allem darauf an, die Latiner und übrigen Bundesgenossen zu beherrschen, ohne ihren Nationalstolz zu beleidigen; und wie die relative Zufriedenheit dieser Verbündeten deutlich zeigte, ist das auch über einen verhältnismäßig langen Zeitraum gelungen. Latium war nun so eng und unauflöslich mit Rom verbunden, daß Vergil später von den Latinern schreiben konnte, sie seien neben den Römern die Beherrscher der Welt.

Sieben der in den zurückliegenden 150 Jahren gegründeten *latinischen Kolonien* hatte Rom besondere Privilegien zugestanden, den anderen wurde, wie den latinischen Städten, das eingeschränkte römische Bürgerrecht gewährt. Die Zahl dieser Kolonien wuchs ständig. Sie waren Bollwerke römischer Macht, und ihre geographische Lage war so ausgewählt, daß sie die Besitzungen Roms und seiner Verbündeten vor Angriffen äußerer Feinde schützen und als Basen für ein weiteres Vordringen benutzt werden konnten.

Typisch für diese neuen latinischen Kolonien war Cales (Calvi bei Capua), ein römisches Machtzentrum in der Campania. Mehr als 2000 Familien waren hier angesiedelt worden – Latiner, Römer und Bewohner der Campania. Nach damaligen kolonialen Maßstäben weit von der Hauptstadt entfernt, wurde Cales zum Muster für eine weitere Ausbreitung der »Latinität« – nun gleichbedeutend mit der Macht Roms. Eine etwas spätere Gründung der gleichen Art, Cosa (Ansedonia) an der mitteletrurischen Küste (273 v. Chr.), zeigt nicht nur den ersten bekannten römischen Hafen, sondern dort befinden sich auch die Reste geräumiger Zisternen, ein rechtwinklig angelegtes Straßennetz nach dem Vorbild griechischer Städte in Süditalien und Sizilien, die Ruinen eines Wahllokals für die alljährlich abgehaltenen Wahlen der örtlichen Beamten und starke polygonale Mauern mit achtzehn Türmen und drei Haupttoren. Die Aufgabe der Verteidigung fiel vor allem diesen latinischen Kolonien zu. Deshalb waren sie so angelegt, daß sie einen eisernen Ring gegenüber den in Italien noch verbliebenen Feinden Roms bildeten.

Ein weiteres, zunächst zweitrangiges, aber auf die Dauer noch wirksameres Machtinstrument, das in der zweiten Hälfte des 4. Jahrhunderts v. Chr. entstand, war die rein *römische Kolonie*, deren Siedler keine Verbündeten, sondern nur römische Bürger waren. Auch diese Kolonien wurden an strategisch wichtigen Punkten angelegt; die ersten Gründungen dieser Art lagen zum Beispiel ausschließlich an der Küste und waren Küstenwachposten. Diese römischen Kolonien besaßen immer eine direkte Verbindung nach Rom, die nur über römisches Territorium führte. Deshalb kamen sie mit einer schwächeren Besatzung und weniger Siedlern als die latinischen aus. Rom wollte nicht zu viele eigene Soldaten so weit hinausschikken. Es gab auch nicht viele Familien, die bereit waren, sich an so entfernten Orten niederzulassen, wo ihre Bürgerrechte ihnen kaum noch etwas nützten. Es gab daher in jeder dieser römischen Kolonien nur 300 Familien. Das war nur ein Siebentel der Einwohnerzahl so großer latinischer Städte wie etwa Cales.

Eine der allerersten römischen Kolonien, die etwa zehn Jahre vor dem Zerfall des latinischen Städtebundes gegründet wurde, befand sich in Ostia an der Tibermündung. Die Römer hatten Ostia wahrscheinlich schon 200 Jahre früher in Besitz genommen, aber nun erst unternahmen sie größere Anstrengungen, um es fest in ihre Hand zu bekommen. Man schickte auch dorthin 300 römische Familien, die sich an einem rechtwinkligen, befestigten Platz mit einer Fläche von etwa 20 000 Quadratmetern ansiedelten. Die Anlage entsprach einem Militärlager mit zwei sich rechtwinklig kreuzenden Hauptstraßen und einer festen Steinmauer, die von 300 Siedlern bemannt werden konnte, wenn sie sich mit einem Seitenabstand von 1,80 Metern dahinter aufstellten. Die wichtigste Aufgabe dieser Kolonie war die Verteidigung der Tibermündung gegen von der See kommende Feinde und Piraten. Das enthob Rom der Notwendigkeit, eine Flotte zu unterhalten, was die Römer damals immer noch vermieden. Obwohl es im Flußdelta der Tibermündung kaum einen Hafen gab, war Ostia ein wichtiger Handelsplatz. Hier wurde das in den Salzpfannen gewonnene Salz gelagert, man richtete eine Zollstation ein, und es gab Getreide- und Lebensmittellager, von denen aus diese Waren auf dem Landweg oder per Schiff tiberaufwärts nach Rom gebracht wurden.

Nur wenig später wurden neue Kolonien weiter südlich an der Küste in den ehemaligen Volskerstädten Antium (Anzio) und Tarracina gegründet. 218 v. Chr. gab es bereits zwölf römische Küstenkolonien, und um die gleiche Zeit hatte man weitere Kolonien zur Sicherung von Flußübergängen, Gebirgspässen und Straßenkreuzungen angelegt. Es war möglich, an all diesen Orten militärische Standorte einzurichten, und deshalb waren diese Einrichtungen bei ihren Nachbarn wenig beliebt. So hatten die Kolonisten jede Veranlassung, Rom die Treue zu halten. Wenn man nicht nur die beiden eben beschriebenen Typen von Kolonien berücksichtigt, sondern auch die Landzuteilungen an einzelne Siedler außerhalb solcher Kolonien, dann sind in der Zeit von 343 bis 264 v. Chr. 60 000 Siedlerstellen eingerichtet worden. Damit verdreifachte sich die von den Kolonisten in Besitz genommene Fläche auf insgesamt 150 000 Quadratkilometer, und die dort angesiedelten Menschen leisteten nicht nur einen beachtlichen Beitrag für die Landwirtschaft, sondern auch zur Verteidigung – und zur künftigen offensiven Machtausbreitung Roms.

Die Samniterkriege

Zu den gefährlichsten Feinden der Kolonisten gehörten die Samniten, kriegerische Bauern und Hirten, die in nicht befestigten Dörfern die Täler und die grauen, kalksteinreichen Hochebenen der Apenninen bewohnten. Die Samniten im Landesinneren bildeten vier große Stämme, die in einem lockeren Bund zusammengeschlossen waren, der auch militärischen Zwecken diente. Um die Mitte des 4. Jahrhunderts v. Chr. waren die Samniten die zahlenmäßig stärkste politische Einheit in Italien und besaßen mit einer doppelt so starken Bevölkerung auch ein doppelt so großes Gebiet wie die Römer.

Unter dem Druck einer zunehmenden Bevölkerung und aus Mangel an landwirtschaftlicher Anbaufläche war ein Teil von ihnen in die Campania abgewandert, wo sie eine neue Föderation gebildet hatten, die jedoch von den Römern besiegt wurde. Das wollten die noch in Mittelitalien lebenden Samniten nicht hinnehmen. Die latinische Kolonie Cales bedeutete für sie ebenso eine Herausforderung, und das gleiche galt für Fregellae (Opri), das 328-327 v. Chr. am Fluß Liris (Garigliano) gegründet worden war, der ihre Grenze zum römischen Gebiet bildete. Die Samniten nutzten deshalb innere Streitigkeiten in einer der wichtigsten Städte in der Campania, der alten griechischen Gründung Neapolis, aus, um sie zu besetzen. Sie wurden aber von den Römern vertrieben, und diese Kämpfe lösten den langen und komplizierten Zweiten oder großen Samniterkrieg aus (327-304 v. Chr.).

Während des ersten großen Feldzugs 321 v. Chr. erlebten die Römer eine schwere Niederlage. Eine ganze Armee wurde bei der Forche Caudine, östlich von Capua, eingeschlossen und zu schmachvoller Kapitulation gezwungen. Nach dieser Katastrophe mußten die Römer Cales und Fregellae räumen und während der folgenden fünf Jahre auf jedes weitere militärische Vorgehen verzichten. Als die Kämpfe wieder auflebten, errangen die Samniten weitere Siege, die schließlich in dem für Rom höchst bedrohlichen Einfall in Latium gipfelten. Am Schluß konnten sie die Römer aber nicht daran hindern, die beiden latinischen Kolonien, die sie verloren hatten, wieder aufzubauen und außerdem fünf andere zu besiedeln, um ein weiteres Vordringen der Samniten zu verhindern.

Mit dem Bau der Via Appia, die durch die Küstenebene etwa 220 Kilometer von Rom nach Capua führte, schuf

Rom ein neues wichtiges Instrument der Kriegsführung. Die ältere Via Latina durch das Binnenland war den Angriffen der Samniten zu sehr ausgesetzt, was für die neue Via Appia nicht zutraf. Die Vorläuferin so vieler anderer Römerstraßen auf drei Kontinenten, die in Krieg und Frieden eine entscheidende Rolle spielen sollten, diese »Königin der Straßen« verlief, soweit das möglich war, ganz gerade, überwand Flußläufe mittels Brücken oder gepflasterter Furten und breite Sumpfgebiete mittels Viadukten. Wahrscheinlich dank der so geschaffenen besseren Verbindungsmöglichkeiten konnten die Römer die Samniten im Zweiten Samnitischen Krieg besiegen. Mit diesem Erfolg verwehrten sie dem Gegner das weitere Vordringen nach Süditalien, und in Zukunft blieb Rom seinen Feinden sowohl zahlenmäßig als auch im Hinblick auf die Größe des von ihm beherrschten Gebietes überlegen.

Aber ein Dritter Samnitischer Krieg ließ sich trotzdem nicht vermeiden (298-290 v. Chr.). 296 v. Chr. marschierten die Samniten nach Norden, um sich mit den Galliern, Etruskern und Umbriern zu vereinigen, die sich gegen die Römer erhoben hatten. Während die Etrusker durch ein Ablenkungsmanöver auf ihrem Gebiet festgehalten wurden, gewann die römische Armee eine wichtige Schlacht bei Sentinum (Sassoferrato) in den Apenninen. Die römischen Soldaten waren noch nie so weit nach Norden gekommen und hatten auch noch nie mit einer derartigen Truppenstärke an einer Schlacht teilgenommen. Aber der Sieg brachte keine Entscheidung, und die Feindseligkeiten dauerten noch weitere sechs Jahre an. Die Armeen kämpften mit wechselndem Erfolg, bis schließlich die Römer in das samnitische Gebiet eindrangen, es vollständig verwüsteten und den Gegner zur Aufgabe des Widerstandes zwangen.

Der für Rom siegreiche Abschluß des Krieges entschied das künftige Schicksal Italiens. Es war ein verlustreicher, mit großer Audauer geführter Kampf, bei dem die Samniten hartnäckig jedes einzelne Gebirgstal verteidigt hatten. Aber die Römer konnten sich dabei immer wieder auf die neu gegründeten latinischen Kolonien stützen und so die im Innern Italiens ansässigen Stämme spalten, so daß die Verbindung zwischen ihnen verlorenging. Daher erschöpften sich die Kräfte des Gegners, der ins Gebirge hinaufgetrieben wurde und seine Winterweiden im Tiefland verlor.

Während des Krieges hatte die römische Armee erheblich an Stärke gewonnen. Sie bestand nun aus zwei Legionen. Diese Legionen waren hervorragend organisiert und beweglicher als die griechische Phalanx, nach deren Vorbild sie zunächst aufgestellt worden waren. Eine Legion bestand nun aus 30 kleineren taktischen Einheiten (*Manipeln*), die selbständig manövrieren und kämpfen konnten, und zwar im unwegsamen Gebirge ebenso wie im ebenen Gelände; und da die Soldaten im Rahmen dieser neuen Kampfordnung sowohl in der geschlossenen Schlachtreihe als auch in den einzelnen kleineren Einheiten der Manipel eingesetzt werden konnten, vereinigte die römische Armee Stoßkraft mit Flexibilität. Jeder Manipel kämpfte in drei Kolonnen, wobei jede Kolonne die vor ihr kämpfende ablösen konnte, die sich, wenn sie erschöpft war, hinter die in vorderster Reihe kämpfenden Soldaten zurückziehen konnte, um sich zu erholen und um wieder aufgefüllt zu werden. Diese neue Manipelordnung bewährte sich in den Kämpfen gegen die Samniten hervorragend und wurde zum Garanten künftiger römischer Erfolge auf dem Schlachtfeld.

Zu Beginn des Jahrhunderts hatte der römische Staat damit begonnen, seine Armee mit Standardwaffen auszurüsten. Das war ein wichtiger Schritt auf dem Wege zur Berufsarmee. So trugen alle Legionäre Helme, Brustpanzer, Beinschienen und Schwerter. An die Stelle der Stoßlanzen waren mehr als zwei Meter lange, aus Holz und Eisen

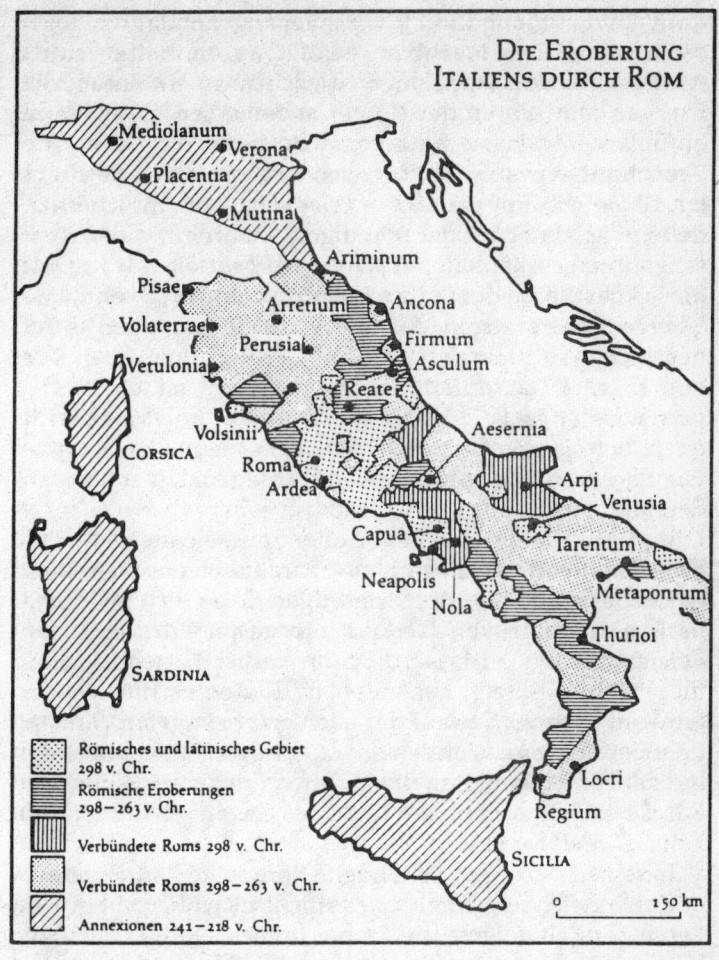

DIE EROBERUNG
ITALIENS DURCH ROM

Mediolanum
Verona
Placentia
Mutina
Ariminum
Pisae
Arretium
Ancona
Volaterrae
Perusia
Firmum
Vetulonia
Asculum
Reate
Volsinii
Aesernia
CORSICA
Roma
Arpi
Ardea
Venusia
Capua
Tarentum
Neapolis
Nola
Metapontum
Thurioi
SARDINIA
Locri
Regium
SICILIA

Römisches und latinisches Gebiet
298 v. Chr.
Römische Eroberungen
298–263 v. Chr.
Verbündete Roms 298 v. Chr.
Verbündete Roms 298–263 v. Chr.
Annexionen 241–218 v. Chr.

0   150 km

bestehende Wurfspeere getreten. Diese neue Waffe hatte
man wahrscheinlich während der samnitischen Kriege entwickelt. In diesen Feldzügen, die den ständigen Kämpfen

79

Roms in den mehr als 200 vorangegangenen Jahren gegen seine zahlreichen Nachbarn gefolgt waren, hatte sich die Armee zu einem wirksamen Kriegsinstrument entwickelt. Sie war dem Wesen der Römer angemessen, ihrer Standhaftigkeit und Härte, und versetzte sie in die Lage, jeder Bedrohung von außen erfolgreich zu begegnen – gleichgültig, ob es sich um eine echte oder nur vermeintliche handelte, was als Folge der ständigen Ausweitung der römischen Interessensphäre oft schwer zu beurteilen war. Doch die Römer waren durch ihre religiösen Führer so sehr in der Überzeugung erzogen, daß alles, was sie taten, gerechtfertigt sei, daß sie niemals Zweifel an der Rechtmäßigkeit ihrer militärischen Unternehmungen hegten. Und da dies so war, wie der große griechische Historiker Polybios berichtet, haben sie sich auch nicht davor gescheut, Gewalt anzuwenden, wenn sie es für notwendig hielten. Unter Umständen konnten sie sogar sehr grausam sein.

Was die Römer jedoch vor allem auszeichnete, war die Kombination dieser negativen Charaktereigenschaften mit der in der antiken Welt einzigartigen Gabe, sich beim politischen Handeln von Geduld und gesundem Menschenverstand leiten zu lassen. Schon früher hatten sie nach diesen Grundsätzen gehandelt und taten es nun wieder. Obwohl Rom im Verlauf der eben erst beendeten Feindseligkeiten schwere Wunden davongetragen hatte, bot es den geschlagenen Samniten die gleichen Friedensbedingungen an, die es ihnen schon am Ende des Zweiten Samnitischen Krieges gewährt hatte.

In seinen Verträgen behandelte Rom seine Partner entweder als »gleichberechtigt« oder »nicht gleichberechtigt«. Im Laufe der Zeit neigten die Römer immer häufiger dazu, die Verträge in letzterem Sinne abzuschließen, und das betraf auch die Verträge mit den geschlagenen Samniten. 280 v. Chr. schlossen die Römer auch mit sieben etruskischen Städten Bündnisverträge, um sie in das gegen die Gallier errichtete Verteidigungssystem einzugliedern, und ebenso mit in entfernteren Teilen Italiens lebenden Stämmen.

Derartige Verträge mit Völkern, die nicht eng genug mit Rom verbunden oder nicht zuverlässig genug waren, um ihnen das eingeschränkte römische Bürgerrecht zu gewähren, bildeten einen integrierenden und wesentlichen Bestandteil des römischen Herrschaftssystems. Die Vertragspartner wurden als Verbündete (*socii*) bezeichnet. Sie waren jedoch de facto nicht gleichberechtigt, weil sie in der Regel keine Bündnisse untereinander eingehen konnten. Die Verbündeten mußten auf Anforderung Roms ebenso wie die Latiner Truppen stellen, und wenn ihnen in den Verträgen mit Rom nicht ausdrücklich die Gleichberechtigung zugestanden war, dann gab es kaum eine Möglichkeit, sich einer solchen Anforderung zu widersetzen. Der Adel der *socii* unterhielt zwar keine so engen Beziehungen zu den Patriziern in Rom wie der latinische Adel, aber die Beziehungen waren doch so freundschaftlich, daß sie die Grundlage für die spätere Entwicklung des römischen Imperiums darstellten. Die Römer sorgten dafür, daß die herrschende Klasse in den mit ihnen verbündeten Städten nicht durch innere Unruhen entmachtet wurde, und erlaubten ihr, ihre Gemeinwesen nach eigenen Gesetzen zu regieren, ohne sich den in Rom gültigen Regeln anpassen zu müssen. Dabei wurde diesen Verbündeten sehr deutlich gesagt, daß sie zwar keine Steuern an Rom zu entrichten hätten, aber ihm trotzdem Sicherheit und Frieden verdankten.

Etwa 289 v. Chr. begannen die Römer, die schon früher ähnliche Versuche unternommen hatten, aus der nun in großer Menge hergestellten Bronze Münzen zu prägen. Sie befriedigten damit ein allgemeines wirtschaftliches Bedürfnis und förderten zugleich die industrielle Entwicklung. Auch hier erwies sich die Zusammenarbeit mit den Verbündeten als vorteilhaft und gewinnbringend.

Nach der Beendigung der Samniterkriege hatten die Römer ein Netz von Verträgen über ganz Mittelitalien ausgebreitet. Sie ließen sich dabei von der Erfahrung leiten, behandelten jeden einzelnen Fall für sich und gestalteten die Beziehung zu jedem fremden Gemeinwesen nach den jeweils gegebenen Umständen. Die Vielfalt unterschiedlicher Verträge und Vereinbarungen erweckt den Eindruck, daß es sich um das klassische Beispiel für die Anwendung des zynischen Grundsatzes »teile und herrsche« handelte. In der Tat war das der Fall. Aber dieses Vertragssystem war, ebenso wie das in früherer Zeit mit den Latinern vereinbarte, in sich ausgewogen und mit der kühlen, pragmatischen und genialen staatsmännischen Vernunft der Römer gestaltet, so daß es, anders als es in Griechenland der Fall war, über viele Generationen intakt blieb. Auf diese Weise vollbrachten die Römer ihre erste große historische Leistung, die Einigung Italiens. Sie waren in der Tat berechtigt, für dieses Land zu sprechen und es zu vertreten, wie vor ihnen kein anderer antiker Stadtstaat die Gebiete repräsentieren konnte, die von ihm unterworfen worden waren. Als es gegen Ende des Jahrhunderts zu einer gefährlichen militärischen Krise kam, gelang es Rom, wie wir sehen werden, fast 400 000 römische und verbündete Soldaten ins Feld zu führen, die Rom auch in bedrängter Lage die Treue hielten.

4 Der Klassenkampf

Die frühe römische Republik

Während dieser fast ohne Unterbrechung über 170 Jahre andauernden kriegerischen Auseinandersetzungen wurde das römische Gemeinwesen von so schweren inneren Unruhen erschüttert, wie es sie viele Jahrhunderte nicht mehr erleben sollte.

Als die etruskische Dynastie der Tarquinier Ende des 6. Jahrhunderts v. Chr. gestürzt worden war, übernahmen nach der Legende sofort zwei jährlich gewählte Konsuln die Führung des Staates. Im Gegensatz zu einigen modernen, anders lautenden Meinungen müssen wir uns streng an die Überlieferung, d.h. an die Amtskalender (*fasti*) halten, in denen alle Beamtennamen verzeichnet sind und die besagen, daß es vom Beginn der Republik an immer zwei höchste Beamte gegeben hat. Allerdings bezeichnete man diese beiden Beamten in den ersten 150 Jahren oder noch länger nicht als Konsuln, sondern als Prätoren (von *praeire*, vorausmarschieren oder vorangehen).

Aber der Einfachheit halber wollen wir die beiden Kollegen von Anfang an Kosuln nennen. Das Konsulat hatte zwar überragende Bedeutung, in der Praxis jedoch gab es große Widersprüche, denn es vereinte höchste Staatsgewalt mit deutlichen Einschränkungen. Jeder der beiden Konsuln war mit allumfassender Regierungsvollmacht (*imperium*) ausgestattet. Dazu gehörten der Oberbefehl über das Heer und die Gerichtsbarkeit. Der oberste Magistrat, wie die beiden Konsuln genannt wurden, war weder der Bürgerschaft noch dem Senat oder der Volksversammlung für seine Entscheidungen verantwortlich, seine Vollmacht wurde nur durch das Recht beschränkt.

Diese Machtfülle ermöglichte es offensichtlich dem

obersten Magistrat, seinen politischen Willen durchzusetzen und die Ereignisse in der von ihm gewünschten Richtung zu beeinflussen. Aber auf der anderen Seite behinderte diese Einrichtung auch die Entwicklung einer Demokratie im modernen westlichen Sinne, wenn auch zugegebenermaßen die Kritik an den Konsuln nicht zum Schweigen kam.

Obwohl die Konsuln niemandem persönlich verantwortlich waren und bei der Ausübung ihrer Pflichten nur die Grenzen des Rechtes einhalten mußten, war ihr Amt doch praktisch zwei Einschränkungen unterworfen. Erstens wurden sie nur für ein einziges Jahr gewählt. Und zweitens war die Handlungsfreiheit jedes einzelnen von ihnen durch das Vetorecht des anderen eingeschränkt. Da jeder von ihnen die absolute Vollmacht besaß, konnte keiner stärker sein als der andere. Wenn sie verschiedener Meinung waren, dann konnte der Kollege, der eine Maßnahme mißbilligte, gegen sie Einspruch erheben. Ein solches negatives Vetorecht war durchaus nicht unpraktisch, denn die jährlich gewählten Konsuln konnten unter Umständen dumm, unfähig oder starrsinnig sein. Sie verfügten allerdings in der Regel über die ihrer sozialen Herkunft entsprechende Bildung, was oft zu einer bemerkenswerten Übereinstimmung führte und zu selbstloser Opferbereitschaft zum Wohle des ganzen Gemeinwesens. Die Konsuln hatten auch die Möglichkeit – was im allgemeinen, wenn auch nicht immer, positiv war –, Vertreter ihres in der Politik erfahrenen Standes, nämlich die Senatoren, zu denen sie auch gehörten, um Rat zu fragen.

Der Senat, dessen Mitgliederzahl mit 300 über fast ein halbes Jahrtausend die gleiche blieb, hatte nach Abschaffung der Monarchie, bei der er bestimmt eine entscheidende Rolle gespielt hatte, seinen Einfluß erheblich verstärkt. Seine Zusammensetzung änderte sich wesentlich, weil nun auch Beamte und andere angesehene Bürger in die herrschende Gesellschaftsschicht aufsteigen konnten, die die Senatoren stellte. Der Senat besaß keine Exekutivgewalt. Aber er beriet die gewählten Amtsträger (*Magistrate*) in Fragen der Innen-, Außen- und Finanzpolitik und der Religion, und er hatte auch in der Gesetzgebung ein Mitspracherecht. Allerdings war er im allgemeinen bereit, den Beamten freie Hand zu lassen, denn sie waren ebenso Angehörige des Senats und gehörten zur gleichen Gesellschaftsschicht wie die übrigen Senatoren. Die Konsuln ihrerseits neigten trotz ihrer weitgehenden Machtbefugnisse aus den gleichen Gründen dazu, die Ratschläge der Senatoren zu befolgen. Sie taten das auch, weil sie jeweils nur für ein Jahr gewählt waren und danach auf das Wohlwollen ihrer Kollegen im Senat angewiesen waren. Außerdem genossen die Senatoren auf Grund ihrer Stellung, ihrer Herkunft und ihrer Leistungen ein hohes Ansehen. Das lateinische Wort dafür, *auctoritas*, bedeutet Achtung und Ehrerbietung; und die *auctoritas*, über die jeder Senator für sich verfügte, verlieh der ganzen Körperschaft in einem Land, das in außergewöhnlich hohem Maß von der Leistungsfähigkeit des Kollektivs abhängig war, einen so starken Einfluß, daß sie alle Krisenzeiten überlebte, die die Republik durchmachen mußte, und durch Jahrhunderte maßgebend an der Gestaltung der Politik beteiligt war.

Das bedeutet natürlich nicht, daß es innerhalb des Senats keine Meinungsverschiedenheiten gab. Zweifellos hat es sie zu allen Zeiten gegeben, aber über eine sehr lange Periode hinweg ist es nicht zu Spaltungen gekommen, wie wir sie heute als Folge einander widersprechender Parteiprogramme kennen. Vielmehr gab es gewisse Verschiebungen innerhalb der persönlichen und kollektiven Bindungen, wenn sich Familien oder manchmal einzelne Persönlichkeiten zeitweilig zu rivalisierenden Gruppen zusammenschlossen. Aber die dabei entstehenden Differenzen haben den Einfluß des Senats in der frühen römischen

Republik kaum geschmälert, ja nicht einmal angesichts erheblicher innen- und außenpolitischer Schwierigkeiten.

Da der Senat nach dem Gesetz nur beratende Funktion hatte, wurden auch die Konsuln nicht von den Senatoren, sondern von der Versammlung der römischen Bürger, der *comitia centuriata*, gewählt, die der Überlieferung nach eine von Servius Tullius geschaffene Einrichtung war. Diese Volksversammlung war jedoch von Anfang an so zusammengesetzt, daß die aus den Wohlhabenden bestehenden Zenturien über die Mehrheit der Stimmen verfügten. Die Kandidaten für das Konsulat wurden der Volksversammlung aus den Reihen der Senatoren vom Senat vorgeschlagen. Die Volksversammlung setzte außerdem Gesetze in Kraft, entschied über Krieg und Frieden und führte Gerichtsverfahren durch, aber die Senatoren haben in jedem wichtigen Fall auf Grund ihres hohen Ansehens und Reichtums das Abstimmungsergebnis maßgeblich beeinflussen können. Auf diese Weise ist der nach dem Gesetz demokratische Entscheidungsprozeß in der Praxis sehr oft durch das Eingreifen der Senatoren autoritativ bestimmt worden.

Der griechische Historiker Polybios hat im 2. Jahrhundert v. Chr. mit einem gewissen Abstand auf die Ereignisse zurückgeblickt und diesen Staat wegen des dort herrschenden innenpolitischen Gleichgewichts bewundert, das trotz aller Schwierigkeiten über so viele Jahrhunderte bewahrt werden konnte. Nach seiner Auffassung war das dem römischen System zu verdanken, innerhalb dessen sich die Legislative, die Exekutive und die Rechtsprechung automatisch gegenseitig kontrollierten und dafür sorgten, daß niemand die Grenzen seiner Befugnisse überschritt. Aber das von ihm so hochgepriesene Gleichgewicht beruhte auf einem seltsamen Zusammenspiel unspezifischer, schwer faßbarer, logisch nicht erklärbarer Gewohnheiten und Überlieferungen, die je nach den Erfordernissen der Lage pragmatisch ins Spiel gebracht wurden.

Polybios selbst hat das durchaus begriffen und darauf hingewiesen, daß sich das System »nicht nach einer Theorie, sondern im Verlauf häufiger Konflikte und akuter Krisen« entwickelt habe. In Wirklichkeit gab es gar kein »Gleichgewicht«, denn die Befugnisse der Volksversammlung gingen formal weit über das hinaus, was sie in der Praxis bewirken konnte.

Diese Kluft zwischen Theorie und Praxis war durch einen der wichtigsten Faktoren im römischen Leben entstanden, der es über Jahrhunderte entscheidend beeinflußt hat, nämlich die Klientel (*clientes*). Die römische Gesellschaft war so strukturiert, daß sie sich aus einflußreichen *patroni* und den von ihnen abhängigen *clientes* zusammensetzte. Der Klient war ein freier Mann, der sich dem Patronat eines anderen unterstellte und dafür dessen Schutz genoß. Der Klient half seinem Patron, im öffentlichen Leben voranzukommen, und förderte die Interessen des Patrons überall, wo es ihm möglich war. Dafür unterstützte der Patron seinen Klienten in privaten Angelegenheiten und half ihm finanziell und in Rechtsfragen.

Es hat auch in anderen Gesellschaften ähnliche Abhängigkeitsverhältnisse gegeben, aber in Rom haben sie wie nirgends sonst in alle Lebensbereiche hineingewirkt und bedeuteten eine feste, unauflösliche Bindung. Die Klienten waren für den Patron sogar wichtiger als seine angeheirateten Verwandten. Ein um die Mitte des 5. Jahrhunderts v. Chr. erlassenes Gesetz verurteilt jeden Patron, der seinen Klienten betrügt. Die Verpflichtungen gegenüber der Klientel ließen sich wahrscheinlich nicht vor Gericht einklagen, aber das war kaum von Bedeutung, denn sie wurzelten im Sakralrecht, das auf einer alten Tradition beruhte. Die Grundwerte, die diese Beziehung bestimmten, waren *fides*, das gegenseitige Vertrauen, verkörpert durch die seit frühester Zeit unter diesem Namen verehrte Göttin, und *pietas*, die dem Patron geschuldete Achtung, die ebenso den Eltern, dem Vaterland und den Göttern entgegengebracht wurde.

Patrizier und Plebejer

Dieses Verhältnis zwischen Patron und Klient war Ausdruck der Aufteilung der römischen Gesellschaft in Patrizier und Plebejer (*plebs*), die es schon in den ersten Anfängen der Republik oder sogar noch früher gegeben hatte. Nach der Gründung der Republik gehörten dem Senat, obwohl sich seine Mitgliederzahl offenbar nicht vergrößerte, nicht nur Familienoberhäupter (*patres familias*), sondern auch andere angesehene Personen an. Da sie sehr oft Nachfahren der *patres familias* waren, hießen sie Patrizier (*patricii*).

Diese Patrizier stellten nur ein Zehntel, wahrscheinlich nicht mehr als ein Vierzehntel der Gesamtbevölkerung Roms dar. Die große Mehrheit der Einwohner bildeten (abgesehen von den Sklaven, die eine normale Erscheinung waren) die Plebejer. Das besondere Kennzeichen der Gesellschaftsstruktur der frühen Republik waren die scharfen politischen und sozialen Gegensätze zwischen diesen beiden Gruppen.

Ein Plebejer konnte niemals ein einflußreiches Amt übernehmen. Er durfte nicht Konsul werden und zunächst auch nicht dem Senat angehören. Das empörte die zu Wohlstand und Ansehen gelangten Angehörigen dieses Standes, die es sich hätten leisten können, ein Amt zu übernehmen. Aus ihren Reihen kamen daher auch die Männer, die sich an die Spitze der plebejischen Protestbewegung stellten. Die wiederholten Versuche, in Rom soziale Reformen oder gar eine Revolution herbeizuführen, waren daher die Folge des Machtstrebens der einflußreichen Männer an der Spitze der Plebejer, die gelegentlich von diesem oder jenem opportunistischen Patrizier unterstützt wurden.

Es gab aber auch noch andere Ursachen für die inneren Unruhen, zu denen es in der Frühzeit der Republik gekommen ist. Daß es nicht möglich war, ein hohes Staatsamt zu übernehmen, weckte nur die Unzufriedenheit der einflußreichen Plebejer, während die anderen, die auf der sozialen Stufenleiter der »Freien« ein breites Spektrum bildeten, nicht so sehr nach der Macht strebten als vielmehr danach, vor dem Mißbrauch der Macht geschützt zu werden, unter dem sie zu leiden hatten. Viele von ihnen waren nach der Abschaffung der etruskischen Monarchie in tiefes Elend gestürzt worden, denn Rom hatte im Verlauf der politischen Veränderungen viel von seinem Wohlstand eingebüßt. Das Gemeinwesen war wieder zu einer reinen Agrargesellschaft mit niedrigem Lebensstandard geworden. Hinzu kamen der Wettbewerb mit dem latinischen Städtebund und die ständige Bedrohung durch äußere Feinde sowie die Tatsache, daß es auf dem begrenzten Gebiet der frühen Republik nicht genügend nutzbaren Boden gab, um die Bevölkerung ausreichend zu ernähren. Ein großer Teil dieses Bodens war außerdem Gemeineigentum (*ager publicus*), das den Plebejern nicht zur Verfügung stand. Und selbst wenn einer von ihnen eigenes Land besaß, mußte er sich häufig als Soldat an den ständigen Grenzkriegen beteiligen, so daß sein Hof verkam.

Aus diesen Gründen geschah es immer wieder, daß die Getreidevorräte nicht ausreichten. Um die Hungersnöte abzuwenden, weihten die Römer der Getreidegöttin Ceres einen Tempel (um 496 oder 493 v. Chr.). Die Verehrung der Ceres war im wesentlichen ein Kult der Plebejer. Er kam ursprünglich aus der griechischen Stadt Cumae, in der die der Ceres entsprechende griechische Göttin Demeter eine der führenden Gottheiten darstellte. Der griechische

Ursprung dieses Kults läßt sich auch damit erklären, daß der römische Cerestempel unterhalb des Aventins, nicht weit von dem Viehmarkt und den Landeplätzen am Tiberufer, lag, wo sich griechische Händler niedergelassen hatten. Von den Griechen übernahmen die Armen in Rom, ebenso wie an anderen Orten, auch demokratische Ideen – und manchmal kam von dort auch die Vorstellung, einen einzigen, beim Volk angesehenen, aus den Reihen der Plebejer stammenden Mann an die Spitze des Staates zu stellen. Das soll der Überlieferung nach in den ersten Jahren der römischen Republik dreimal versucht worden sein.

Die wirtschaftliche Lage im 5. Jahrhundert v. Chr. war nicht nur als Folge von Getreideknappheit und Hunger außerordentlich angespannt, sondern sie verschärfte sich noch durch das dadurch begünstigte Auftreten von Seuchen. In der Hoffnung, mit diesen schweren Belastungen fertig zu werden, übernahmen die Römer nun auch den Kult des für die Heilung von Krankheiten zuständigen griechischen Gottes Apollo, dem sie um 431 v. Chr. einen Tempel weihten.

Infolge der katastrophalen landwirtschaftlichen Verhältnisse gerieten viele Plebejer tief in Schulden. Das Schuldrecht in der antiken Welt, das sehr hohe Zinsen vorschrieb, erscheint heute ungewöhnlich streng, und die römischen Gesetze machten hier keine Ausnahme. Am schlimmsten war es jedoch, daß derjenige, der seine Schulden nicht bezahlen konnte und alle Möglichkeiten erschöpft hatte, das benötigte Geld aufzubringen, nur noch sich selbst verpfänden konnte und auf diese Weise zwar nicht direkt zum Sklaven, aber doch zu einem »Mann in Fesseln« (*nexus*) wurde, dessen gesellschaftliche Stellung in der Praxis der eines Sklaven gleichkam. Er wurde zum Bürgen und Gefangenen, zum erblichen Leibeigenen seines Gläubigers, und durfte kaum hoffen, die verlorene Freiheit jemals zurückzugewinnen. Es war die ungerechte und willkürliche Anwendung des Schuldrechts durch den Staat, an der die Plebejer verzweifelten und die sie zum Aufstand trieb.

Die Patrizier konnten jedoch nicht auf die Plebejer verzichten, denn diejenigen, deren Vermögensverhältnisse es erlaubten, wurden als Soldaten gebraucht; im Bewußtsein dieser Unentbehrlichkeit wagten die Plebejer eine gemeinschaftliche Kampfmaßnahme. Sie streikten, indem sie aus Rom auszogen (*secessio*, Auszug).

Wahrscheinlich ist 494 v. Chr. eine Gruppe von Plebejern zum Aventin gezogen, der noch außerhalb der römischen Stadtmauern lag. Dort stießen sie auf griechische Händler und deren demokratische Ideen. Einer alten italischen Gepflogenheit folgend haben die Plebejer sich hier wahrscheinlich gegenseitig mit einem Eid die Treue gelobt. Ihr Auszug und der darauf folgende Eid führten zum Erfolg, weil die Patrizier verhindern wollten, daß das Volk und die Armee auseinanderfielen, und sie deshalb den Hauptforderungen der Plebs nachgaben. Diese forderten vor allem eine kleine Zahl von Vertretern, die ihre Interessen wahrnahmen. Diese Tribunen der Plebs oder des Volkes (*tribuni plebis*) wie man sie bezeichnete, sollten die Pflicht haben, gegen Willkürakte von Staatsbeamten einzuschreiten, um Plebejer vor der Hinrichtung, der Festnahme oder anderen Übergriffen zu schützen, auch vor den Zwangsmaßnahmen der Gläubiger. Die Tribunen, die ebenso wie die Patrone ihre Schutzbefohlenen verteidigen sollten, leiteten ihre Vollmachten nicht vom Gesetz her, denn sie waren keine Staatsbeamte oder Magistrate, sondern die Plebejer verpflichteten sich, auf Grund eines Eides für die Unverletzbarkeit der Tribunen zu sorgen und jeden, der ihre Arbeit behinderte, zu verurteilen und mit dem Tode zu bestrafen. Die ersten Tribunen waren ehrbare, geachtete Plebejer. Ihr Amt war eine seltsame Einrichtung, die es bisher nicht gegeben hatte und die im Rahmen der römischen Geschichte noch eine bedeutende Rolle spielen sollte. Es ist den Tribunen später mehrmals gelungen, die privaten Rechte der Plebs wirksam zu schützen – wenn auch nicht in jedem Fall –, aber auch diese Einrichtung hat nie dazu geführt, daß in Rom eine echte Demokratie entstanden ist.

Das Zwölftafelgesetz

Das alles geschah, während die Stadt von Hungersnöten und Seuchen heimgesucht wurde und gegen zahlreiche Feinde blutige Grenzkriege führte. Die Plebejer, die von allem Elend am härtesten getroffen wurden und bei den Kämpfen die schwersten Verluste erlitten, waren unzufriedener als alle anderen. Sie wußten auch nicht, welche Rechte ihnen zustanden, denn die Gesetze waren nicht schriftlich festgelegt, sondern wurden zu dieser Zeit noch von einem Priesterkollegium (*pontifices*) ausgelegt, das ausschließlich aus Patriziern bestand. Um diese Fragen ging es daher vor allem bei den nächsten Forderungen der Plebs, die ihr Verlangen mit solcher Deutlichkeit und Leidenschaft zum Ausdruck brachten, daß die normale Ernennung der Konsuln 451 v. Chr. verschoben wurde und man ein aus zehn Patriziern bestehendes Kollegium, die *decemviri*, unter dem Vorsitz des Appius Claudius einsetzte, um eine schriftliche Gesetzessammlung zu erstellen. Das Ergebnis ihrer Bemühungen wurde von der *comitia centuriata* zum gültigen Gesetz erklärt und auf zwölf Tafeln niedergeschrieben, die auf dem Forum für jedermann zugänglich aufgestellt wurden. Die Tafeln sind während des Galliereinfalls etwa 60 Jahre später zerstört worden, aber ein großer und offenbar wesentlicher Teil der Texte ist in Form verstreuter und oft überarbeiteter Abschriften erhalten geblieben.

Zu dem Verlangen, die Gesetze auf diese Weise zu fixieren, sind die Plebejer durch griechische Ideen angeregt worden, denen sie auf dem Aventin und an den nahe gelegenen Anlegestellen begegneten. Für die Griechen war die Schaffung einer Gesetzessammlung ein bewährts Mittel, zu einem Kompromiß zu kommen. Nach der Überlieferung haben die *decemviri* sogar eine Reise nach Athen unternommen, bevor sie an die Arbeit gingen. Das ist zwar unwahrscheinlich, doch kann es sehr wohl sein, daß sie griechische Städte in Süditalien und Sizilien besucht oder deren Gesetze studiert haben. Es läßt sich allerdings nicht sagen, ob das Zwölftafelgesetz stark von griechischen Ideen beeinflußt worden ist, da es kein Kodex griechischer Art ist, sondern ein Mosaik aus verschiedensten Vorschriften. Doch vieles kann auf die Kontakte der Römer mit der griechischen Gedankenwelt zurückgeführt werden, die es während der vorangegangenen 100 bis 150 Jahre direkt oder über Etrurien gegeben hat.

Die noch heute erhaltenen Bruchstücke und überarbeiteten Texte des Zwölftafelgesetzes stellen die bei weitem wertvollsten Informationen über das Rom des 5. Jahrhunderts v. Chr. dar. Es handelt sich dabei um das Zivilprozeßrecht, die Gesetze über Rechte und Pflichten der römischen Bürger (*cives Romani*) und um die Beziehungen der Bürger zueinander. Diese Gesetze hatten über viele Jahrhunderte als einzige in Rom Geltung. Der Inhalt der Tafeln stellt eine seltsame Mischung aus umfassenden Grundsätzen und nebensächlichen Kleinigkeiten dar, aus öffentlichem, Privat- und Strafrecht und aus Regeln, die sich mit verschiedenen Themen befassen wie der öffentlichen Gesundheitsfürsorge oder der persönlichen Sicherheit. Die in einem modernen Latein verfaßten, heute noch erhaltenen gesetzlichen Bestimmungen lassen deutlich erkennen, daß die Männer, die diese kurzen und treffenden Sätze formulierten, realistische, praktische Denker waren, die sich in einer spröden, klaren und fast peinlich exakten Sprache auszudrücken wußten und bereits über die unnachahmliche Gabe verfügten, juristische Gedanken klar zu formulieren, eines der wertvollsten Geschenke Roms an die Nachwelt.

Die Auswirkungen des Zwölftafelgesetzes auf spätere Generationen waren gewaltig. Nach der Zerstörung der Tafeln während des Galliereinfalls wurden die Gesetze sehr sorgfältig neu formuliert und blieben auch weiterhin in Kraft. Man betrachtete sie mit fast übertriebenem Respekt als die Quelle der gesamten römischen Gesetzgebung, und über Jahrhunderte hinweg spielten sie bei der Erziehung eines jeden römischen Bürgers eine entscheidende Rolle.

Aus der überragenden Bedeutung des Zwölftafelgesetzes könnte man folgern, daß die Bemühungen der Decemvirn, die die Gesetze abgefaßt hatten, von Erfolg gekrönt gewesen wären. Doch wider Erwarten wurde die erste Veröffentlichung des Zwölftafelgesetzes sehr ungünstig aufgenommen – und zwar gerade von den Plebejern, denen damit geholfen werden sollte. Das lag daran, daß die Decemvirn es nicht für besonders wichtig erachtet hatten, in die Gesetzessammlung Bestimmungen aufzunehmen, durch deren Anwendung sich das Los der Plebs hätte bessern können.

Dennoch sind wir heute bei aufmerksamem Studium des Zwölftafelgesetzes davon beeindruckt, daß ein Volk in einer so frühen Entwicklungsphase in der Lage war, die Gesetzgebung von der Religion zu lösen, wobei sie die Gültigkeit der Rechtsprechung nicht von einem göttlichen oder vorgeschichtlichen Gesetzgeber herleiteten, wie so viele ihrer Vorfahren es anderswo getan hatten, sondern vielmehr von einem Sinn für Gerechtigkeit und Gleichheit, der zwar noch nicht weit gefächert, aber doch schon stark ausgeprägt war. Die Zwölftafelgesetze lassen außerdem ein schon überraschend früh ausgeprägtes, klares Verständnis von Verträgen und Eigentum erkennen. Wie bereits erwähnt, sahen sie zum Beispiel für jeden Patron, der seinen Klienten betrog, die Todesstrafe vor – obwohl das, wie alle anderen Vorschriften, vermutlich nichts Neues war.

In den die Ehe betreffenden Gesetzen werden archaische Grundsätze durch liberale Vorstellungen gemildert. In der römischen Frühzeit verfügte der Ehemann über die Hausgewalt (*manus*). Sie war ein Stück der Vollmachten des *pater familias*, die dieser auch gegenüber seinen Kindern besaß. Im Zwölftafelgesetz wird jedoch die Autorität des Ehemannes in gewisser Weise eingeschränkt, denn der Ehefrau wird nach Erreichen des fünfundzwanzigsten Lebensjahres das Verfügungsrecht über ihren persönlichen Besitz gewährt. Allerdings wird sie bei der Ausübung dieses Rechts offiziell immer noch von ihrem Vater oder einem Vormund beaufsichtigt (dabei kommt es auf den jeweiligen Heiratsvertrag an); und eine Mutter kann nicht das Erbe ihres Sohnes antreten, wenn er, ohne ein Testament zu hinterlassen, stirbt. Aber trotz solcher formalen Einschränkungen erfreute sich die *mater familias* traditionsgemäß einer hohen Achtung und übte einen starken Einfluß in der Familie aus, denn ihre Aufgabe war es zum Beispiel, die Erziehung ihrer unmündigen Kinder zu überwachen. Seitens des Mannes wurde natürlich betont, daß der Ort für die Pflichten der Frau das Haus sei. Trotzdem erfreute sich die Frau einer Freiheit, die weit über das hinausging, was etwa in Griechenland üblich war, und die viel mehr den Freiheiten entsprach, die der Frau in Etrurien zugestanden wurden. Das Zwölftafelgesetz vermittelt uns eine gewisse Vorstellung davon, wie weit die Selbständigkeit der Frau damals schon gediehen war. Nach einem anderen in diesem Kodex enthaltenen Gesetz konnte sich die Frau der Kontrolle ihres Ehemannes zum Beispiel dadurch entziehen, daß sie sich alljährlich drei Nächte außerhalb des Hauses aufhielt. Im Laufe der Zeit wurde auch die freie Eheschließung auf Grund beiderseitiger

Zustimmung immer üblicher, bei der der Ehemann gegenüber seiner Frau keine Vorrechte mehr besaß.

Soziale Entspannung

Die Decemvirn verfehlten, wie wir gesehen haben, die Zustimmung der Plebejer. Das wird auch durch die Legende, allerdings mit vielen Ausschmückungen, bezeugt. Sie blieben noch ein zweites Jahr im Amt, während dessen offensichtlich das Verbot der Eheschließung zwischen Patriziern und Plebejern bestätigt wurde. Doch dann wurden sie wieder von den jährlich gewählten Konsuln abgelöst.

444 v. Chr. wurden abermals keine Konsuln ernannt, sondern an ihrer Stelle übernahm eine Gruppe von Befehlshabern des Heeres die Leitung des Staates. Dafür waren in erster Linie militärische Gründe (S. 59) ausschlaggebend. Aber das neue System, das nicht nur während der nächsten ein oder zwei Jahre beibehalten wurde wie das der Decemvirn, sondern fast 80 Jahre (mit Unterbrechungen), nützte auch der Sache der Plebejer, denen es gelegentlich gelang, einen der führenden Offiziere zu stellen, ein Erfolg, der ihnen während der Regierungszeit der Konsuln nicht beschieden war. Die herausragendste Persönlichkeit in der neuen Führung war der Sieger von Veii, der Patrizier Camillus.

Gegen Ende der politischen Laufbahn des Camillus wurden die Konsuln jedoch wieder in ihr Amt eingesetzt, und nach längerem Tauziehen gelang es den beiden angeblich für eine Amtszeit von zehn Jahren (376-367 v. Chr.) wiedergewählten Volkstribunen Licinius und Sextius, den Vorschlag durchzusetzen, daß einer der Konsuln künftig immer ein Plebejer sein müsse. Sehr bald nahmen einzelne Plebejer Stellungen ein, in denen sie lange Zeit einen starken politischen Einfluß hatten, und nur 25 Jahre nach dem Erfolg von Licinius und Sextius wurde die Ernennung jeweils eines Konsuls aus den Reihen der Plebejer obligatorisch. Spätestens 351 v. Chr. konnten Plebejer auch das Amt des Zensors (S. 59) bekleiden, und 339 v. Chr. trat eine Verfügung in Kraft, nach der ein Zensor immer ein Plebejer sein mußte. Durch diese Veränderungen entstand eine neue herrschende Klasse. Das war kein ausschließlich patrizischer Adel mehr, sondern ein Amtsadel (*nobilitas*), der aus Patriziern und Plebejern bestand, zu deren Vorfahren Konsuln, Zensoren oder Diktatoren gehört hatten. Innerhalb des nächsten Jahrhunderts gelang es plebejischen Geschlechtern wie den Marciern, Deciern und Curiern, neben den aus Tusculum und anderen Orten stammenden Familien in die neue Nobilität aufzusteigen und Männer für den Kreis der Oligarchen zu stellen.

Plebejer niedrigeren Ranges wurden dadurch unterstützt, daß man 366 v. Chr. das neue Amt des Prätors einrichtete. Ein sogenannter »städtischer Prätor« übernahm rechtliche und andere zivile Aufgaben, um die beiden Konsuln zu entlasten und ihnen die Möglichkeit zu geben, sich intensiver mit militärischen Problemen zu beschäftigen. Diese neue Einrichtung kam auch den Plebejern zugute, denn die jährlich von den Prätoren erlassenen *Edikte* berücksichtigten besonders die Interessen der Unterprivilegierten. Die höheren römischen Staatsbeamten pflegten nämlich bei der Übernahme ihres Amtes eine Erklärung über die von ihnen beabsichtigten politischen Maßnahmen in der Form eines Ediktes abzugeben. Von diesen Edikten waren die des Prätors auf Grund seiner Verantwortlichkeit für die Rechtsprechung von besonderer Bedeutung, und sie wurden schließlich noch wichtiger als die Zwölftafelgesetze, denn sie waren die Quelle zahlreicher später erlassener Gesetze. Eigentlich hatten die Prätoren, wie andere höhere Verwaltungsbeamte auch, nur die Aufgabe, für die Einhaltung geltender Verordnungen zu sorgen, nicht aber neue zu schaffen; aber in Wirklichkeit enthielten ihre Edikte eine Vielzahl neuer Bestimmungen und Verbesserungen, die wegen der immer komplexer werdenden Gesellschaftsstruktur notwendig waren.

Doch solche Verbesserungen wirkten sich erst im Laufe der Jahre aus. Zunächst lebten viele Menschen noch in Armut und Schulden, auch wenn nach der Annexion von Veii und dessen Gebiet mehr Land zur Verfügung stand. Licinius und Sextius versuchten an diesem Zustand etwas zu ändern, indem sie bestimmten, daß die Zinsen, die ein Schuldner schon bezahlt hatte, von der gesamten Schuldsumme abgezogen wurden. Obwohl die Tribunen – um die Gläubiger nicht zu verärgern – die Bestimmung hinzufügten, daß die Restsumme anschließend in jährlichen Raten innerhalb von höchstens drei Jahren zurückgezahlt werden müsse, war ihr Vorschlag für damalige Verhältnisse unerhört. Er erinnerte die Konservativen an die alarmierende Forderung nach einem völligen Schuldenerlaß, wie sie in den griechischen Stadtstaaten erhoben worden war. Aus solchen Gründen blieben die Versuche, das Los der Schuldner zu erleichtern, unwirksam, denn wir erfahren aus den folgenden fünfzig Jahren von nicht weniger als vier weiteren Ansätzen, das Schuldrecht erträglicher zu gestalten. Es kam sogar durch die *lex Genucia* zu dem Versuch, die Kreditaufnahme gegen Zinsen gänzlich zu verbieten (um 342 v. Chr.). Damit sollten Härten und Mißbräuche verhindert werden. Dadurch wurde es aber für die Armen, die keinerlei Sicherheit geben konnten, nur noch schwieriger, dringend benötigte Kredite zu bekommen.

Licinius und Sextius schränkten auch die Bodenfläche, die eine einzelne Person besitzen durfte, ein. Auf diese Weise sollte der Landhunger der Armen befriedigt und sichergestellt werden, daß sie den ihnen zustehenden Anteil an erobertem Gebiet bekamen. Aber diese Maßnahme scheint niemals wirklich in die Praxis umgesetzt worden zu sein. Trotzdem waren die Bemühungen dieser beiden Volkstribunen, über die wir wenig wissen, das Leben der Plebejer zu erleichtern, einmalig und beeindruckend; es waren die einschneidendsten innenpolitischen Reformen seit der Gründung der Republik. Und es war folgerichtig – auch wenn es vielleicht nur Ausdruck eines übertriebenen Optimismus war –, daß Camillus im Krisenjahr, in dem er die wichtigsten Reformen durchsetzen konnte, der Göttin Concordia einen Tempel weihte und damit die gleiche Gottheit ehrte, die die griechischen Städte unter dem Namen Homonoia kannten und anriefen, um innenpolitische Spannungen zu beseitigen.

In den folgenden Jahrzehnten machte Rom beachtliche Fortschritte in seiner sozialen Entwicklung, so daß es die Entscheidung in der Aueinandersetzung mit den latinischen Städten (s. 3. Kapitel) mit einem gewissen Maß innenpolitischer Ruhe – wenn auch noch nicht völliger Einigkeit – suchen konnte.

Doch während des zweiten großen samnitischen Krieges (327-304 v. Chr.) war es offenbar immer noch dringend erforderlich, Maßnahmen zum Abbau der sozialen Spannungen zu ergreifen, damit die plebejischen römischen Soldaten dem Staat die Treue hielten und weiter für ihn kämpften. Um 326 v. Chr. brachte der Konsul Gaius Poetelius Libo Visolus ein Gesetz ein, dem zufolge kein Schuldner ohne rechtskräftiges Urteil in die Leibeigenschaft verkauft werden und dem zufolge er mit seinem Hab und Gut anstatt mit seiner Person haften konnte.

Ebenfalls außerordentlich wichtig sind die sozialen Reformen, die bald darauf von der ersten wirklich historischen Persönlichkeit Roms bewirkt wurden, von Appius Claudius, der 312 v. Chr. Zensor war. Appius Claudius, »der Blinde« – er erblindete in hohem Alter –, muß eine bemerkenswerte Persönlichkeit gewesen sein. Er war der

Verfasser einer Spruchsammlung in Versform und damit der erste, dessen Name in die lateinische Literatur eingegangen ist. Doch darüber hinaus geht auf ihn eine lang fortwirkende Tradition im Bauwesen zurück. Er hat die Vorläuferin aller römischen Wasserleitungen, die Aqua Appia, bauen lassen, die das Wasser von den Sabinerbergen durch einen unterirdischen Tunnel und über einen 1,6 Kilometer langen über der Erde angelegten Aquädukt in die Stadt leitete. Außerdem entstand unter seiner Leitung die Via Appia, die im Zweiten Samnitischen Krieg eine wichtige strategische Rolle spielte.

Zwar war Appius Claudius selbst Patrizier, hat aber während seiner Amtszeit als Zensor dafür gesorgt, daß die Plebejer im öffentlichen Leben mehr Einfluß gewannen, vielleicht auch in weiser Voraussicht, daß sie daraufhin bessere Soldaten sein würden. Sein Hauptanliegen war es jedoch, einer Klasse zu helfen, die vom Heeresdienst disqualifiziert war, nämlich der landlosen Stadtbevölkerung, um die sich kein Reformer vor ihm gekümmert hatte. Wahrscheinlich beabsichtigte er, Unzufriedenheit und Unruhe an der Heimatfront zu vermeiden; doch welche seine Motive auch gewesen sein mögen, er hat den Armen in der Stadt tatsächlich geholfen. Er hat dabei auf lange Sicht sogar einigen Erfolg gehabt; seither war sich der plebejische Rat seiner besonderen Verantwortung für diesen Bevölkerungsteil bewußt. Die Reformen des Appius waren freilich nicht sofort spürbar, und einige wurden auch schon acht Jahre später wieder abgeschafft.

Als Zensor ermöglichte Appius Claudius sogar den Söhnen ehemaliger Sklaven (der Freigelassenen) die Aufnahme in den Senat, ein Schritt, der noch viele Jahrhunderte später als revolutionär empfunden worden wäre und daher auch schon im folgenden Jahr von den Konsuln widerrufen wurde.

Länger anhaltende Verbesserungen der Lebensbedingungen der Plebejer konnte Appius 304 v. Chr. offenbar durch eine gezielte Indiskretion einleiten. Sein Sekretär Cnaeus Flavius, selbst ein Staatsbeamter, veröffentlichte eine Schrift über den korrekten Prozeßablauf. Zwar waren die entsprechenden Gesetze schon auf den zwölf Tafeln bekanntgegeben worden, aber die Kenntnis der technischen Einzelheiten war bis dahin allein dem aus Patriziern zusammengesetzten Priesterkollegium (*pontifices*) vorbehalten. Durch diese Veröffentlichung hatten nun auch künftige Generationen von Laienjuristen Zugang zu diesem Wissen. Dieses Ereignis und die Empörung, die es in konservativen Kreisen auslöste, führten zu einer äußerst gespannten Lage, und Flavius, der die mutige Tat vollbracht hatte, weihte, wie Camillus vor ihm, der Göttin Concordia ein Heiligtum.

Wohl kein Zufall, sondern ein Glied in der Reihe fortschrittlicher Ereignisse war das 300 v. Chr. erlassene Gesetz, das allen Bürgern das Recht verlieh, gegen die Todesstrafe Berufung (*provocatio*) einzulegen. Ein zweites Gesetz aus der gleichen Zeit bestimmte, daß die Hälfte der *pontifices* Plebejer sein mußten.

298 v. Chr. begann der dritte und letzte samnitische Krieg. Das erbitterte, acht Jahre lange Ringen endete mit einem Sieg Roms, aber auch mit seiner restlosen finanziellen Erschöpfung. Die Plebejer, die als Soldaten mittleren Ranges in der Armee gedient hatten, mußten dies, wie so viele vor ihnen, mit der Verwahrlosung ihrer Bauernhöfe bezahlen und gerieten tief in Schulden. Die daraus entstehenden Spannungen führten zu so großen Schwierigkeiten, daß 278 v. Chr. Quintus Hortensius verfassungsmäßig zum Diktator ernannt wurde, um dem innenpolitischen Notstand zu begegnen.

Wir wissen heute nicht mehr genau, welche wirtschaftlichen Maßnahmen Hortensius ergriffen hat. Bekanntlich hat er die Verfassung insofern zugunsten der Plebejer geändert, als die Beschlüsse des *concilium plebis* Gesetzeskraft erlangten und für das ganze Volk bindend wurden, sowohl für die Patrizier als auch für die Plebejer, ohne daß die Volksversammlung, die *comitia centuriata*, oder der Senat zustimmen mußte. Damit war eine seit über 150 Jahren immer wieder erhobene Forderung erfüllt. Die Beschlüsse der Plebejer galten fortan genausoviel wie die der Exekutive. Die Ständekämpfe waren endlich beendet. Nach dem Gesetz war das römische Volk, das seinen Willen in der Volksversammlung zum Ausdruck bringen und durchsetzen konnte, schon lange souverän gewesen, nicht aber in der Wirklichkeit. Nun, da die von den Plebejern gefaßten Beschlüsse Gesetzeskraft erlangt hatten – und während der folgenden 150 Jahre wurden die meisten neuen Gesetze in Rom auf diesem Wege erlassen –, könnte man den Eindruck gewinnen, daß die Volkssouveränität vollständig hergestellt worden sei. So hat man auch das nach ihm benannte Gesetz, die *lex Hortensia*, manchmal als Triumph der Demokratie bezeichnet.

Das ist es aber aus drei Gründen nicht gewesen. Erstens erwiesen sich die Maßnahmen der *lex Hortensia* zur Erleichterung der Schuldenlasten auf die Dauer als ebenso unwirksam wie die vorangegangenen, so daß die Demokratie auf wirtschaftlichem und sozialem Gebiet noch lange nicht verwirklicht wurde. Zweitens wurde das *concilium plebis* zwar gelegentlich von Agitatoren veranlaßt, sich mit seinen Beschlüssen gegen die herrschende Schicht zu wenden, es stand aber normalerweise ebenso unter dem Einfluß seiner wohlhabendsten, konservativen Mitglieder wie die *comitia centuriata*. Drittens glang es ihnen, die Volkstribunen, die vornehmlich die Meinung im *concilium plebis* bildeten und das Recht hatten, gegen alle Maßnahmen der römischen Behörden ein Veto einzulegen, schrittweise und geschickt für sich zu gewinnen. Für die Armen war es deshalb noch schwieriger geworden, Männer zu finden, die ihre Interessen vertraten, denn die Tribunen gaben ihre Stimme im Sinne des Senats ab – und der Senat nutzte diesen Umstand, um den Einfluß der Plebejer auszuschalten und ehrgeizige Staatsbeamte in die Schranken zu weisen.

Nach antiken, aber auch nach modernen Maßstäben war der Klassenkampf in Rom bemerkenswert friedlich verlaufen. Zwar ist er keineswegs mit so viel »Einsicht« geführt worden, wie patriotische Historiker des klassischen Altertums später behauptet haben; die Sezessionsdrohungen waren reine Erpressung. Immerhin war es im Verlauf vieler Jahre nur selten zur Anwendung physischer Gewalt gekommen, und die Entwicklung hatte sich im Rahmen der geltenden Gesetze vollzogen. Als der Kampf vorüber war, funktionierte das System, und es versetzte Rom in die Lage, seinen Todfeinden in beeindruckender Weise geschlossen entgegenzutreten, eine Leistung, die heute nur bei sehr wenigen modernen Staaten möglich wäre.

III Rom gegen Karthago

5 Die ersten Kriege gegen außeritalische Mächte

Der Einfall des Pyrrhos

Die griechischen Städte, die es in Süditalien und auf Sizilien in so großer Zahl gab, daß das Gebiet als *Graecia Magna* bezeichnet wurde, hatten bis 300 v. Chr. nicht viel mit Rom zu tun. Doch nach Beendigung der Samniterkriege reichte der römische Einfluß weit nach Süden bis in die unmittelbare Nachbarschaft einiger von ihnen. Die bedeutendste auf dem italienischen Festland gelegene griechische Stadt war Taras, das heutige Tarent. Tarent lag beiderseits einer Landenge in einer flachen, geschützten Bucht mit einer Lagune, und es besaß eine fast uneinnehmbare Zitadelle. Anfang des 3. Jahrhunderts v. Chr. war die Stadt größer als Rom und verdankte ihren Wohlstand der Wolle, weil sie im Landesinneren über Winterweiden verfügte, und dem Purpur zum Färben der Wolle, der aus den Stachelschnecken gewonnen wurde, die es im Hafengebiet gab. Von diesem Hafen aus, dem größten und sichersten an der italienischen Küste, wurde die gefärbte Wolle mit großem Gewinn nach Griechenland und in andere Länder exportiert, ebenso das Getreide, das die

Tarentiner auf dem weiten und fruchtbaren Binnenland anbauten.

Tarent wurde demokratisch regiert. Trotz gewisser Unruhen waren die Verhältnisse nach griechischen Maßstäben relativ stabil. Tarent besaß die größte Flotte in Italien und eine 15 000 Mann starke Armee. Da jedoch der Expansionsdrang der Tarentiner stärker war als ihre militärische Kapazität, warben sie zusätzlich Söldner an. Sie mußten die Grenzen Tarents vor Übergriffen der mit den Samniten verwandten lukanischen Nachbarn schützen und sie in gewisser Abhängigkeit halten.

Zwischen Tarent und Rom bestand seit langer Zeit eine Vereinbarung, nach der sich Rom verpflichtet hatte, keine Schiffe in den Golf von Tarent zu schicken, den Tarent als seine Einflußsphäre betrachtete. Eine Konfrontation schien jedoch unvermeidlich, als Rom 291 v. Chr. in der letzten Phase der Samniterkriege eine besonders große latinische Kolonie in Venusia (Venosa) nahe der Grenze zum besiegten Samnium gegründet hatte. An drei Seiten von tiefen Schluchten umgeben, beherrschte Venusia von der Höhe aus den größten Fluß in Süditalien. Die Römer beabsichtigten, mit dieser Kolonie die Samniten von ihren lukanischen Nachbarn zu trennen. Venusia lag nur etwa 150 Kilometer von Tarent entfernt, dessen herrschende demokratische Partei die Gründung dieser Kolonie als Herausforderung empfand; Rom schien sich damit bewußt gegen die Bestrebungen der Tarentiner zu wenden, ihre Besitzungen in Süditalien zu erweitern.

Die ständig wachsenden Spannungen erreichten 282 v. Chr. ihren Höhepunkt, als die griechische Stadt Thurioi (Terranova di Sibari) an der Südseite des Golfs von Tarent von den Lukanern überfallen wurde und Rom um Hilfe bat. Nach einigem Zögern schickten die Römer eine Flotte nach Thurioi, um es zu besetzen. Tarent sah darin den Bruch seiner Vereinbarungen mit Rom. Die Römer dagegen waren der Auffassung, daß die Vereinbarungen längst verjährt seien. Derartige Mißverständnisse sind von dieser Zeit an immer wieder vorgekommen.

Die Tarentiner versenkten die römische Flotte, deren Oberbefehlshaber dabei den Tod fand. Anschließend vertrieben sie die römische Besatzung aus Thurioi und verhöhnten die römischen Unterhändler wegen ihrer schlechten griechischen Sprachkenntnisse. Auch sie sahen sich, wie es üblich war, nach militärischer Unterstützung um und wandten sich an einen griechischen militärischen Abenteurer, den König Pyrrhos von Epeiros, an der gegenüberliegenden adriatischen Küste. Pyrrhos, der behauptete, von Alexander dem Großen abzustammen, war einer der damals bekanntesten Kleinfürsten und Führer eines Söldnerheeres, die nach dem Tod Alexanders ein halbes Jahrhundert früher wie Pilze aus dem Boden geschossen waren. Er ging auf das Ersuchen der Tarentiner ein und erklärte, die Macht Roms zu brechen, das die Freiheit der Westgriechen bedrohte. Er schiffte sich mit 25 000 Söldnern, den damals tüchtigsten Berufssoldaten mit zum Teil reicher militärischer Erfahrung, nach Süditalien ein. Die Römer hatten nun die erste Schlacht gegen eine griechische Armee und einen griechischen Staat zu bestehen.

Den Kern der Armee des Pyrrhos bildete eine aus 20 000 Mann bestehende Phalanx. Sie war in der Schlacht tief gestaffelt, und die nach vorn ragenden Spitzen der langen Lanzen bildeten ein undurchdringliches Hindernis wie ein Stacheldrahtzaun. Die Aufgabe der Phalanx war es, die römische Armee zu binden, während die Reiterei, die an den Seitenflügeln der Phalanx kämpfte, den Gegner im Rücken oder an den Seiten angriff. Pyrrhos hatte außerdem zwanzig furchterregende indische Kriegselefanten mitgebracht, die er nicht in der üblichen Weise wie Panzer frontal einsetzte, sondern an den Flügeln, so daß sie gemeinsam mit den Reitern die feindlichen Flanken angreifen konnten.

Das erste Gefecht gegen die Römer fand bei Herakleia (Policoro), einer Küstenkolonie westlich von Tarent, statt. Die Legionen leisteten der etwas schwerfälligen Phalanx des Pyrrhos tapferen Widerstand. Doch die Elefanten trieben die römischen Reiter in die Flucht, deren Pferde den Anblick dieser Tiere nicht gewohnt waren, und griffen dann die Seitenflügel des Gegners an, wobei die römischen Soldaten ebenfalls weichen mußten und beide Parteien schwere Verluste erlitten. Anschließend drang Pyrrhos mit den Samniten und Lukanern, die sich ihm angeschlossen hatten, in Latium ein, zog sich aber bald wieder zurück, enttäuscht, daß weitere Überläufer ausblieben. Im folgenden Jahr errang er mit noch stärkeren Kräften erneut einen seiner kostspieligen Siege, einen sogenannten Pyrrhossieg, in der Schlacht bei Ausculum (Ascoli Satriano) in Nordapulien. Anschließend machte er den Römern ein Friedensangebot, in dem er nicht mehr als die Freiheit für Tarent und seine Verbündeten forderte. Doch auf den Rat des greisen Appius Claudius »des Blinden« hin wurde das Angebot zurückgewiesen, denn er sah für die Römer in Süditalien eine große Zukunft voraus. Er hielt es für falsch, mit dem Gegner zu verhandeln, solange dieser noch nicht völlig erschöpft war.

Im Herbst 278 v. Chr. zog Pyrrhos nach Sizilien. Wahrscheinlich war das von Anfang an seine Absicht gewesen, in der Annahme, die Insel könnte eine Basis für weitere Eroberungen im Mittelmeerraum sein. Wieder konnte er militärische Erfolge verzeichnen – und wieder brachten sie keine endgültige Entscheidung. Deshalb kehrte er drei Jahre später noch einmal auf das italienische Festland zurück, wo es zur Schlacht mit einer römischen Armee bei Beneventum (Benevento), einer ehemals sabinischen Stadt im westlichen Apulien, kam. Nach dieser Schlacht hatte Pyrrhos zwei Drittel seines Heeres verloren.Um nicht zwischen zwei römische Armeen zu geraten, mußte er sich nach Tarent zurückziehen. Von dort räumte er sehr bald Italien und kehrte nach Griechenland zurück, wo er zwei Jahre später in Argos von einem Ziegelstein erschlagen wurde, den eine Frau von einem Hausdach warf.

Pyrrhos war ein geschickter Taktiker, hatte aber keine Ausdauer und verstand es nicht, konzentriert auf lange Sicht zu planen. Er beschäftigte sich gleichzeitig mit zu vielen unvereinbaren Vorhaben und schwankte ständig zwischen großer Zuversicht und tiefem Pessimismus hin und her. Obwohl die Römer in Süditalien und Sizilien weiter von ihrer Heimat entfernt gekämpft hatten als er, war seine ausgezeichnete griechische Berufsarmee dem militärischen Potential der Römer und ihren ihm zahlenmäßig weit überlegenen Verbündeten und Kolonien nicht gewachsen. Der Ausgang des Krieges hatte deutlich gezeigt, daß die griechischen Stadtstaaten in Süditalien Rom keinen Widerstand mehr leisten konnten; und 272 v. Chr. nahmen die Tarentiner das Bündnisangebot Roms an. Die Römer wurden sich ihrer aus der Vorherrschaft resultierenden Verantwortung bewußt. Wahrscheinlich sind auch in diesem Jahrzehnt irgendwo in Süditalien im Auftrag Roms die ersten Silbermünzen geschlagen worden, denen um 269 v. Chr. in der Hauptstadt selbstgeprägte folgten.

Nachdem Rom vier Generationen früher auf dem tiefsten Stand seiner Entwicklung angelangt war, wurde nun die ganze italienische Halbinsel bis in die südlichsten Regionen von ihm beherrscht. Darüber hinaus hatte man auch in den östlichen und griechischen Gebieten von diesem Sieg der Republik in ihrem ersten Krieg gegen eine griechische Armee Kenntnis genommen, und aufmerksame Beobachter erkannten in der Niederlage des Pyrrhos mit Recht Anzeichen einer künftigen Entwicklung. Zum ersten Mal wurde diesen Völkern außerhalb Italiens bewußt, daß Rom eine starke Militärmacht war; und eines der großen Diadochenreiche Alexanders, das Ägypten der

Ptolemäer, vereinbarte 273 v. Chr. mit Rom diplomatische Beziehungen.

Karthago

Durch den Krieg gegen Pyrrhos war Rom auch mit der bedeutendsten Macht im westlichen Mittelmeerraum, mit Karthago in Nordafrika, im heutigen Tunesien, in Berührung gekommen. Von nun an mehrten sich die Probleme, welche die friedliche Koexistenz beider Mächte bedrohten.

Gegen Ende des 8. Jahrhunderts v. Chr., als der Handel im Mittelmeerraum zum größten Teil von den semitischen Phöniziern betrieben wurde, die das Küstengebiet des Libanon bewohnten, gründete eine ihrer führenden Städte, Tyros, die »neue Stadt«, Karthago (Kart-Hadasht), weit im Westen an der nordafrikanischen Küste. Wahrscheinlich hatte das Vorkommen von Purpurschnecken in der Nähe zur Wahl dieses Ortes beigetragen. Doch wie andere Gründungen der Phönizier lag auch Karthago zum Schutz der lebenswichtigen phönizischen Seefahrtslinien strategisch günstig. Von allen zu diesem Zweck angelegten Stützpunkten war Karthago am bedeutendsten, weil es dort lag, wo das Mittelmeer zwischen Nordafrika und Sizilien sehr eng ist. Auf einer Halbinsel tief im Golf von Tunis war es gegen das Innere des Landes durch hohe Berge abgeschirmt, und an der Küste lag in einer schmalen Bucht hinter einem kleinen Landvorsprung ein geräumiger, sicherer Hafen, der später durch zwei etwa 800 Meter von der auf einem Hügel gelegenen Festung entfernte künstliche Häfen erweitert wurde.

Während eines Dreivierteljahrhunderts war Karthago nur eine Kolonie von Tyros, aber dann wurde daraus eine unabhängige Republik, und die Bindungen zu Tyros lockerten sich. Anfang des 3. Jahrhunderts v. Chr. hatte Karthago dreimal so viele Einwohner wie Rom. Sie hatten es durch den Handel der Stadt zu Wohlstand gebracht und interessierten sich daher kaum für politische Fragen, während die Regierung ihre Stabilität und Stärke (die von den Griechen sehr bewundert wurde) einer kleinen, strebsamen, vorsichtigen und gut verdienenden Oberschicht verdankte, die, trotz eines scharfen Konkurrenzkampfes untereinander, das Leben in der Stadt beherrschte, so wie ein Direktorium ein Wirtschaftsunternehmen. Ihr standen eine Flotte und eine Armee zur Verfügung, größtenteils aus Afrikanern und Söldnern, weil man es für angebracht hielt, die Karthager selbst vom Militärdienst zu befreien, damit sie sich ganz dem Handel widmen konnten. Unter dieser Regierung hatte Karthago um 650 v. Chr. die alten phönizischen Handelsniederlassungen und Siedlungen um das gesamte westliche Mittelmeer übernommen und wesentlich erweitert. Außerdem war eine ganze Reihe neuer Handelsplätze errichtet worden, wobei man, wie es schon früher geschehen war, günstige Ankerplätze an der Küste vorgelagerten Inseln, an Vorgebirgen oder an Flußmündungen wählte, die zum Landesinnern hin geschützt waren.

Die karthagischen Seefahrer waren wie ihre phönizischen Vorfahren vor allem an Erzen interessiert. Sie waren am einfachsten in Spanien zu haben. Wollte man jedoch nach Westen segeln, ohne Zwischenlandeplätze zu haben, hätte das an der unwirtlichen nordafrikanischen Küste und angesichts widriger Meeresströmungen gefährlich werden können. Deshalb brauchte man Stützpunkte auf den unterwegs liegenden Inseln. In dieser Hinsicht war Westsizilien von besonderer Bedeutung, wo Karthago die Führung der schon bestehenden phönizischen Kolonien übernahm und den Hauptstützpunkt Panormos (Palermo) errichtete, der über einen hervorragenden Hafen und fruchtbares Hinterland verfügte. Griechische Versuche, die Siedler zu vertreiben, waren gescheitert, und in den folgenden 300 Jahren war es einer der wichtigsten politischen Grundsätze der Karthager, diesen Stützpunkt fest in der Hand zu behalten. Auch auf Sardinien übernahmen sie mindestens vier Häfen, bauten sie aus und befestigten ihre Macht in diesem Gebiet durch einen Seesieg über ihre griechischen Rivalen vor Korsika (um 535 v. Chr.). Der Besitz all dieser Inselstützpunkte ermöglichte es ihnen, den Griechen zeitweilig den Zugang nach Spanien, dem für sie wichtigsten Handelsgebiet, zu verwehren, wo Karthago später bedeutende phönizische Siedlungen bei Malaca (Malaga) an der Mittelmeerküste und sogar an der Atlantikküste bei Gades (Cádiz) übernahm und erweiterte, von wo aus man leicht zu den südspanischen Erzminen gelangte.

Außerdem hatten die Karthager von den auf Sardinien gegründeten Stützpunkten aus einen bequemen Zugang zu einem weiteren Erzvorkommen in Etrurien. In der siegreichen Seeschlacht gegen die Griechen vor Korsika hatten sie sich mit den Etruskern verbündet und sogar zwei Häfen nahe der etruskischen Stadt Caere mit ihnen geteilt. In einem dieser Häfen, in Pyrgoi, hat man zweisprachige, etruskische und phönizische Inschriften gefunden. Der andere Hafen hieß Punicum, was auf lateinisch »karthagisch« bedeutet.

Aber auch in Afrika waren die Karthager sehr aktiv. In der karthagischen Führungsschicht gab es seit langer Zeit Meinungsverschiedenheiten darüber, ob der Handel zur See dem zu Lande vorzuziehen sei oder umgekehrt, und zu jeweils verschiedenen Zeiten hat ihre Politik in beiden Richtungen zu erheblicher Machterweiterung in Afrika geführt. Zur See haben sie die Westküste Afrikas bis zum heutigen Sierra Leone erobert. Und das Imperium, das Karthago in Nordafrika errichtete, war mit Ausnahme von Ägypten größer als das irgendeines früheren Mittelmeerstaates. Obwohl das heutige Tunesien von Wüstengebieten umgeben ist, besitzt es große, im Alluvium entstandene Flächen, die reich an natürlichen Phosphaten sind und auf denen Weizen, Wein, Oliven und Obst gedeihen. Wie man aus überlieferten landwirtschaftlichen Handbüchern weiß, haben bereits die Karthager alle diese Erzeugnisse mit großem Geschick und Erfolg angebaut. Im 5. Jahrhundert v. Chr. bewirtschafteten sie eine Gesamtfläche von etwa 52 000 Quadratkilometern – und damit sah sich Karthago in der Lage, in westlicher Richtung nach dem heutigen Algerien und Marokko vorzustoßen und eine Landverbindung in das Innere Afrikas herzustellen.

Der Erste Punische Krieg

Es war nur eine Frage der Zeit, wann dieses Reich mit den neuerdings im Mittelmeerraum immer mächtiger werdenden Römern in Konflikt geriet. Karthago war nur 200 Kilometer von dem jenseits der Meerenge gelegenen Sizilien entfernt, und seine Siedlungen am Hafen des etruskischen Caere lagen knappe 50 Kilometer vor Rom. In Rom selbst gibt es sogar Hinweise dafür, daß die Stadt schon relativ früh Handel mit den Karthagern getrieben hat. Man nimmt sogar an – und vielleicht mit Recht –, daß Karthago um die Zeit, als die römische Republik gegründet wurde, einen Vertrag mit den Römern geschlossen hat, in dem offenbar das Monopol Karthagos auf den Handel im westlichen Mittelmeerraum bestätigt wurde unter der Bedingung, die italischen Küstenstädte nicht anzugreifen. Ein zweiter Vertrag läßt sich auf das Jahr 348 v. Chr. datieren. Er wurde 279 v. Chr. unter dem Eindruck der Gefahr, die Pyrrhos für beide Städte darstellte, erneuert.

Doch nachdem Pyrrhos Italien verlassen hatte, verschlechterten sich die Beziehungen zwischen den beiden Mächten zusehends. Es kam zum Bruch, als die herrschende Schicht in Messana (Messina) – an der Meerenge zwischen Sizilien und dem italienischen Festland – die Karthager aufforderte, ihre Stadt zu besetzen und ihr bei der Niederwerfung der inneren und äußeren Gegner zu helfen. Die Karthager kamen diesem Ersuchen nach, was wiederum die griechischen Städte in Süditalien aufbrachte, die inzwischen mit Rom verbündet oder von ihm abhängig waren, weil sie in der Beherrschung der Meerenge durch die Karthager eine Bedrohung ihrer Sicherheit und ihres Wohlstandes sahen. Als daraufhin die führenden Männer in Messana ihre Meinung änderten und Rom um Unterstützung baten, wozu auch die süditalienischen Städte drängten, nahm die römische Regierung die Herausforderung an (264 v. Chr.). Zunächst hatte der Senat gezögert, wurde aber dann durch die Volksversammlung überstimmt, denn man hoffte auf reiche Beute. So ließ sich der Krieg nicht länger vermeiden. Das angebliche Kriegsziel war, über die Zukunft von Messana zu entscheiden, und niemand konnte voraussehen, welche Feindseligkeiten sich daraus entwickelten.

Als Rom ebenso wie Karthago auf das Hilfeersuchen von Messana einging, setzten zwei römische Legionen erfolgreich nach Sizilien über und nahmen die Stadt ein, worauf der Befehlshaber der Karthager, der das nicht verhindert hatte, von seiner Regierung zum Tode verurteilt und gekreuzigt wurde.

Aber der Brennpunkt in dieser ersten Phase des Ersten Punischen Krieges war der griechische Stadtstaat Syrakus an der Ostküste Siziliens. Als volkreichste Stadt in der griechischen Welt lag Syrakus in einer tiefen Bucht. Diese Bucht wurde zum Teil von der auf einer Insel gelegenen Festung gesichert, die durch eine Mole mit der Stadt selbst verbunden war und die Zufahrten zu den Häfen auf beiden Seiten beherrschte. Syrakus war eine blühende Handelsstadt, in der auch besonders prächtige Silbermünzen geprägt wurden, die den syrakusischen Geschäftsleuten zur Abwicklung ihrer Geschäfte dienten.

Um sich vor Übergriffen des Königs von Syrakus, Hiero II., zu schützen, hatte sich Messana zunächst an die Karthager gewandt, und sie waren dieser Bitte nachgekommen, um Syrakus Einhalt zu gebieten. Es überrascht deshalb, daß Hiero zu Beginn des Ersten Punischen Krieges mit Karthago ein Bündnis gegen Rom geschlossen hat. Denn abgesehen von der Entwicklung in Messana war das eine unverständliche Entscheidung für einen sizilianischen Griechen und Syrakuser, der von Jugend an in Karthago einen Feind sah. Hiero mußte also angenommen haben, daß Rom für seine Stadt letzten Endes eine noch größere Gefahr bedeutete als der karthagische Erzfeind. Als seine Truppen jedoch durch eine Offensive starker römischer Kräfte zurückgeschlagen wurden, änderte er sofort seine Haltung und ersuchte die Römer um Frieden. Sie reagierten diplomatisch klug, verlangten eine Entschädigung und vielleicht auch Tributzahlungen, boten Hiero jedoch ein auf fünfzehn Jahre befristetes Bündnis an und überließen ihm die Kontrolle in einem etwa 50 Kilometer breiten Gebietsstreifen. Bis zu seinem Tode 48 Jahre später hielt er den Römern als zuverlässiger Bundesgenosse die Treue, und damit war eine neue Einrichtung entstanden: der sogenannte Klientelstaat. Das bedeutete, daß Rom die Schutzherrschaft über Staaten jenseits seines Gebietes übernahm – analog zu der in Rom geübten Abhängigkeit des Klienten von seinem Patron.

Obwohl die Römer im folgenden Jahr weitere Siege errangen, kamen sie sehr schnell zu der Überzeugung, daß die ursprünglich geplante Verfolgung von Teilzielen keine Entscheidung bringen würde und sich ein für sie befriedigender Friede nur erreichen ließe, wenn sie die Karthager vollständig aus Sizilien vertrieben. Das ließ sich jedoch nicht ohne Flotte bewerkstelligen, die sie nicht besaßen und auch noch nie in ausreichender Stärke besessen hat-

DIE KRIEGE GEGEN KARTHAGO

ten. So begannen sie, buchstäblich aus dem Nichts, eine Flotte zu bauen, wofür in Italien mehr Bauholz vorhanden war als in Nordafrika.

116

Die kühne Entscheidung, die Überlegenheit Karthagos zur See herauszufordern, das schon Schiffe bis nach Sierra Leone geschickt hatte, bevor die in der Schiffahrt völlig unerfahrenen Römer an solche Möglichkeiten gedacht hatten, war das Bezeichnende an diesem Krieg. Er sollte ganze 23 Jahre dauern, und während des größten Teils dieser Zeit unterhielten die Römer eine aus mehr als 200 Kriegsschiffen bestehende Flotte.

260 v. Chr. begannen sie mit dem Bau einer Flotte von 140 Schiffen. Als Modell diente ihnen eine gekaperte karthagische Quinquereme, ein massiv gebautes Kriegsschiff, das Standardkriegsschiff der damaligen griechischen Staaten. Die Besatzung bestand aus Soldaten und 300 Matrosen, die jeweils zu fünft ein Ruder bedienten, von denen aber nur je einer oder zwei ausgebildete Seeleute sein mußten. Um die überlegene Manövrierfähigkeit der feindlichen Flotte zu vereiteln und die Taktik des Seekrieges möglichst der eines Landkrieges anzugleichen, rüsteten die Römer ihre Schiffe mit »Raben« (corvi) aus. Das waren Enterbrücken, die mit einem Seil am Mast festgebunden wurden und auf das Deck des feindlichen Schiffes hinuntergelassen werden konnten. Am vorderen Ende des corvus war ein schwerer Eisensporn angebracht, der die Planken des karthagischen Schiffes durchschlug und es festhielt, während die römischen Soldaten hinüberliefen.

So ausgerüstet ging die römische Flotte in die zweite Phase des Krieges, bei der es zu so schweren Seegefechten kam, wie sie die griechisch-römische Welt bis dahin nicht erlebt hatte und auch in Zukunft nicht wieder erleben sollte. Das erste fand bei Mylai (Milazzo) vor der Nordostküste Siziliens statt. Die corvi bewährten sich, und 50 feindliche Schiffe wurden zerstört (260 v. Chr.); die Römer waren aber immer noch nicht seegewohnt genug, um ihren Erfolg auszunutzen. Doch vier Jahre später siegten sie in der Nähe des heutigen Licata in der grausamsten Seeschlacht, die jemals in der Antike in westlichen Gewässern stattgefunden hat. Nachdem die römischen Kriegsschiffe aus der Mitte ihres Verbandes vorgestoßen und in gefährlicher Weise vom Gegner eingeschlossen worden waren, gelang es den Schiffen an den Flügeln, sie aus der Umzingelung zu befreien, indem sie zahlreiche feindliche Schiffe enterten und dem Gegner schwere Verluste beibrachten.

Dieser Sieg leitete die dritte Phase des Krieges ein, in der den Römern der Zugang zur nordafrikanischen Küste gelang. Ihr Feldherr Regulus konnte ungehindert landen und gelangte in einem Tagesmarsch bis vor die Mauern Karthagos. Als er feststellte, daß in der Stadt rebelliert wurde, nutzte er die Gelegenheit, dem Feind ein Friedensangebot zu unterbreiten. Aber seine Bedingungen waren so hart, daß die Kämpfe weitergingen, und dabei versicherten sich die Karthager der tatkräftigen Hilfe des spartanischen Söldnerführers Xanthippos. Im Frühjahr 252 v. Chr. stießen beide Armeen im Tal des Bagradas (Medjerda) aufeinander. Dort wurden die Streitkräfte des Regulus, nachdem die Elefanten des Feindes die römischen Reihen durchbrochen hatten und sie von der Reiterei umzingelt worden waren, vernichtet, und er selbst geriet in Gefangenschaft. Eine römische Flotte, die die Lage wiederherstellen sollte, errang zwar einen Sieg, konnte Regulus aber nicht retten. Auf der Heimfahrt geriet sie in einen Sturm und verlor mehr als 250 Schiffe.

Nach diesen Verlusten gaben die Römer den Versuch auf, Nordafrika zu erobern, und der Krieg trat in seine vierte und letzte Phase, wobei die Römer eine Flotte nach der anderen bauten, um den Feind auf Sizilien zu schlagen. Diese letzte Phase nahm einen guten Anfang. Panormos wurde eingenommen, und die Karthager wurden bis auf die Westspitze der Insel zurückgedrängt. Aber die Feindseligkeiten zogen sich noch weitere 13 Jahre hin – vor allem, weil die Römer infolge der Unerfahrenheit ihrer Befehlshaber zur See eine große Zahl von Schiffen in Stürmen verloren. Doch Rom baute, wahrscheinlich mit Hilfe einer Zwangsanleihe bei den reichsten Bürgern der Stadt, noch einmal eine Flotte. Diesmal waren es leichtere Schiffe ohne die *corvi*, denn diese waren ein großer Ballast und erhöhten die Gefahr zu kentern. Rom war erschöpft, und das war seine letzte Flotte, aber sie brachte den langersehnten Erfolg. Mit ihrer Hilfe kreisten die Römer die letzten karthagischen Verbände an der Westspitze Siziliens ein und errangen einen leichten und vollständigen Seesieg in der Nähe der Ägatischen Inseln. Daraufhin sah sich Karthago gezwungen, die römischen Friedensbedingungen anzunehmen (241 v. Chr.). Zum Andenken an diesen Sieg prägten die Römer Bronzemünzen, auf denen ein Schiffsschnabel abgebildet ist.

Der griechische Historiker Polybios bezeichnete diesen langen Krieg als das schwerste und blutigste Ringen, das je ausgetragen worden sei; beide Seiten verzeichneten erschreckende Verluste an Menschen und Schiffen. Obwohl den Römern Seeleute und Schiffsbauer aus dem griechischen Süditalien und Etrurien zur Verfügung standen, waren die Karthager ihnen taktisch und technisch überlegen. Und trotzdem haben sie den Krieg verloren, und zwar zum Teil, weil sie zu Beginn den schweren Fehler begingen, die Römer nicht daran zu hindern, nach Sizilien überzusetzen. Zwar hatte auch das römische Oberkommando Fehler gemacht, weil die Konsuln nichts von der Kriegsführung zur See verstanden, und außerdem wurde alljährlich einer von ihnen nach Hause zurückgerufen, um die Wahlen zu leiten, wobei er üblicherweise die von ihm persönlich befehligten Truppen mitnahm, und das war jeweils die Hälfte der römischen Armee. Aber die karthagischen Feldherrn befanden sich in einer noch viel schwierigeren Lage. Wenn sie eine Schlacht verloren hatten, mußten sie damit rechnen, gekreuzigt zu werden; und wenn sie gesiegt hatten, dann mißtraute man ihren künftigen Absichten so sehr, daß man ihnen oft keine Verstärkung mehr schickte. Außerdem war die Regierung in Karthago innerlich zerstritten, weil ein großer Teil der einflußreichen Grundbesitzer sich weniger für den Krieg als für die Erschließung des Landesinnern interessierte. Und schließlich fehlte den karthagischen Söldnern der kämpferische Patriotismus, der die römischen Legionäre auszeichnete.

Das besiegte Karthago war noch nicht von der Landkarte fortgewischt, durfte aber keine Schiffe mehr in italische Gewässer schicken und mußte während der folgenden zehn Jahre hohe Reparationen zahlen. Vor allem aber mußte es ganz Sizilien räumen. Die Römer hielten es für notwendig, die Insel zu besetzen, um einer Rückkehr der Karthager und einer erneuten Bedrohung Italiens vorzubeugen. Außerdem brauchte Rom das sizilianische Getreide. Deshalb annektierten die Römer die gesamte Insel mit Ausnahme des von Hiero II. regierten Stadtstaates Syrakus und einiger anderer Städte, die offiziell als Verbündete im Klientelverhältnis unabhängig blieben. Um die materiellen Verluste des Krieges auszugleichen und die Verwaltung zu finanzieren, übernahmen sie von Hiero das berühmte und einträgliche Steuersystem für die direkte Besteuerung oder Erhebung des Fruchtzehnten (eines Zehntels der Ernte). Obwohl Sizilien nun fast ganz zum römischen Staatsgebiet gehörte, sollten die Sizilianer als Fremde, die mit der römischen Lebensart nicht vertraut – und schlechtere Soldaten – waren, keinen Militärdienst leisten wie die anderen Angehörigen der von Rom abhängigen oder mit ihm verbündeten Staaten, sondern statt dessen eine Wehrsteuer zahlen.

Die Annexion Siziliens war eine schicksalsschwere Entscheidung, denn mit ihr verließen die Römer das italienische Festland, zu dem die Insel in der Antike nicht gerechnet wurde, und gewannen damit die erste außerhalb Italiens gelegene Provinz. Eine völlig neue und lange dauernde Phase der römischen Geschichte hatte damit begonnen – die Epoche des Imperialismus, in der das Römische Reich sich über die Grenzen des Mutterlandes hinaus ausbreitete. So ist es auch verständlich, daß etwa 40 Jahre später der lateinische Dichter Naevius aus der Gegend von Capua diesen Krieg zum Thema eines epischen Gedichtes machte, in dem er die Macht Roms verherrlichte.

Doch für die Römer war es ungünstig, daß ihre erste Provinz vorher Karthago gehört hatte. Mit der Insel übernahm Rom nämlich auch den wirtschaftspolitischen Gedanken von Karthago, daß solche Besitzungen zugunsten des Mutterlandes ausgebeutet werden konnten, wobei der Verwalter der Provinz am Gewinn beteiligt war. 272 v. Chr. wurde bestimmt, daß dieser Beamte im Rang eines Prätors alljährlich ernannt wurde. Aber der Begriff *provincia* (militärisch verwaltetes Gebiet) deutet an, daß die Römer keine besondere Provinzialverwaltung entwickelt hatten, sondern nur die für den Kriegsfall geltenden Maßnahmen leicht abgewandelt auf die Verwaltung der Provinz übertrugen, wobei sie dem Verwalter nur einen kleinen Stab von Mitarbeitern an die Seite stellten. Die Provinz war für sie in keinem Sinne eine geschlossene Einheit, sondern nur eine Gruppe von Stadtstaaten, die jeweils eigene Beziehungen mit Rom unterhielten und im allgemeinen das Recht hatten, indirekt Steuern von ihren Untertanen zu erheben, obwohl sie selbst direkt besteuert wurden. In der Provinz Sizilien gab es außerdem, wie in den anderen später erworbenen Provinzen, weite Gebiete, die als römischer Staatsbesitz konfisziert worden waren und dann sehr oft an die Städte oder ihre Einwohner verpachtet wurden.

Der Verlust Siziliens war für die Karthager der schwerste Schaden nach ihrer Niederlage. Und doch war dieser große Verlust leichter hinzunehmen als die neuen Gefahren, die den Karthagern schon ein Jahr nach Beendigung des Ersten

Punischen Krieges drohten. Denn nun meuterten die 20 000 Söldner, die nach Nordafrika zurückgekehrt waren, weil Karthago ihnen den Sold schuldig blieb. Im Verlauf dieses Ereignisses riefen die Solaten, die einem halben Dutzend verschiedener Völker angehörten, für sich einen unabhängigen Staat aus und gaben die unterschiedlichsten Sondermünzen heraus. Dann marschierten sie landeinwärts gegen Karthago. Zur gleichen Zeit ergriffen auch die im afrikanischen Hinterland unterworfenen Stämme die Gelegenheit, sich mit Waffengewalt gegen ihre Unterdrücker zu erheben. Erst nach mehr als drei Jahren, wobei es zu den blutigsten Kämpfen und furchtbarsten Grausamkeiten kam, über die je berichtet worden ist, wurden die Söldnerverbände vernichtend geschlagen.

Während dieser schweren Krise kamen die Römer, eben noch Feinde Karthagos, aber nun vertraglich ihm verpflichtet, den Karthagern zu Hilfe. Sie betrachteten die Söldner in Afrika als eine allgemeine Gefahr, durch die es zu einer Anarchie kommen konnte. Doch als unmittelbar nach Beendigung dieses ersten Söldnerkrieges die Kameraden dieser Rebellen auf Sardinien sich gegen die Karthager erhoben und Rom zu Hilfe riefen (238 v. Chr.), hatte sich die Haltung der römischen Regierung radikal geändert. Sie schickte zur Unterstützung der Abtrünnigen Truppen an die Südwestküste der Insel und ließ die karthagischen Festungen besetzen. Karthago war dagegen machtlos, und Rom annektierte Sardinien und Korsika ebenso, wie es vorher Sizilien annektiert hatte. Außerdem schädigten die Römer Karthago noch dadurch, daß sie weitere Reparationszahlungen verlangten.

Wie dieses Vorgehen damals auch begründet worden sein mag, die Annexion von Sardinien und Korsika war die Maßnahme eines nervös gewordenen Tyrannen und zeigte, daß es die berühmte römische Vertragstreue nicht gab oder man zumindest der Auffassung war, sie gelte nicht für außeritalische Vertragspartner. Die Annexion ließ sich auch nicht wirtschaftlich rechtfertigen, denn obwohl die Römer nun auch aus Sardinien Getreide bezogen, taten sie über lange Zeit kaum etwas, um die dort vorhandenen Erzvorkommen zu erschließen. Rom handelte aus reinem Opportunismus und ergriff die Gelegenheit, einer möglicherweise erneuten militärischen Aktion Karthagos zuvorzukommen – eine kurzsichtige Politik, denn der römische Angriff konnte nur dazu führen, die feindlichen Gefühle der Karthager wieder aufleben zu lassen. Die beiden Inseln wurden zu einer römischen Provinz zusammengefaßt, deren Bevölkerung, ebenso wie die Siziliens, den Fruchtzehnten bezahlen mußte. 227 v. Chr. wurde ein weiteres Prätoramt geschaffen, das die Provinz mit einem jährlich ernannten Verwalter versorgte. Der einzige schwache Trost für Karthago war, daß Rom, das die Bevölkerung Sardiniens, die sich aus verschiedenen nichtitalischen Stämmen zusammensetzte, verachtete, mehr als ein Jahrhundert brauchte, um das gebirgige Innere des neu hinzugewonnenen Gebietes zu befrieden.

6 Die Römische Welt verändert sich

Eine Periode der Neuerungen

Um sich beim Volk beliebt zu machen und die Moral zu stärken, hatte die Regierung in Rom zu Beginn des Ersten Punischen Krieges eine erschreckend brutale Einrichtung geschaffen, die sich während der ganzen folgenden Geschichte der Stadt unglaublichen Zuspruchs erfreute, die Gladiatorenkämpfe – Nationalsport und psychologisches Sicherheitsventil. Zweikämpfe, bei denen Kriegsgefangene den Geistern der eigenen gefallenen Krieger geopfert wurden, sind vielleicht schon bei den Etruskern als religiöse Rituale entstanden. Später wurden sie zur Volksbelustigung veranstaltet. Aufzeichnungen darüber sind uns auf Graburnen aus dem 3. Jahrhundert v. Chr. überliefert.

Aber noch älter als die etruskischen Darstellungen solcher Kämpfe sind die der samnitischen Wandbilder aus den ersten Jahren des 4. Jahrhunderts v. Chr. Es kann deshalb durchaus sein, daß die Römer diese Spiele von den Samniten und nicht von den Etruskern übernommen haben. Lange Zeit waren die Ausdrücke »Gladiator« und »Samnite« in Rom auch gleichbedeutend. Wenn das so gewesen ist, dann haben die Römer die Spiele wahrscheinlich aus den samnitischen Siedlungen in der Campania übernommen, denn in Capua, der bedeutendsten dieser Städte, die schon seit langem führend in diesen grausamen Spielen war, hat man frühe Gemälde von bewaffneten und behelmten, aus tiefen Wunden blutenden Gladiatoren gefunden.

Die ersten derartigen Kämpfe fanden jedenfalls 264 v. Chr. in Rom statt. Während einer Totenfeier auf dem Viehmarkt veranstalteten zwei Söhne des Verstorbenen drei Gladiatorenkämpfe gleichzeitig – und diese Zahl wuchs in den folgenden 50 Jahren auf 22 bei einer einzigen Gelegenheit an. Die wilde Grausamkeit dieses Sports verrät uns, daß es im Charakter der Römer und Italiker jener Zeit sehr wohl sadistische Züge gegeben hat.

Doch wenn der Erste Punische Krieg Anlaß zu solchen blutigen, die Zuschauer erregenden Vorführungen gegeben hat, dann ist er zur gleichen Zeit paradoxerweise auch Anlaß zu vielen Neuerungen gewesen, die sich auf den humanisierenden Einfluß der griechischen Welt zurückführen lassen. Die Beziehungen Roms zu dieser Welt waren schon einige Jahrhunderte alt, aber nie sehr ausgeprägt, und die Römer waren ziemlich unempfänglich gegenüber der griechischen Geisteshaltung geblieben. Durch den Krieg kam es jedoch zu neuen Kontakten in Süditalien und auf Sizilien, und viele Griechen aus diesen Gebieten kamen nach Rom und sorgten dafür, daß sich der Einfluß der griechischen Kultur verstärkte.

So wurden zum Beispiel bei den Triumphzügen 272 v. Chr. griechische Kunstwerke mitgeführt. Der Grieche oder Halbgrieche Livius Andronicus, der als Kriegsgefangener aus der größten griechischen Stadt Süditaliens, aus Tarent, nach Rom gekommen war, eröffnete ganz neue Möglichkeiten. Er war augenscheinlich nicht nur der erste oder einer der ersten Lehrer für griechische Literatur in Rom, sondern er hat vermutlich auch – obwohl von seinen Schriften kaum etwas erhalten ist – die römische Dichtkunst geschaffen, indem er die harte lateinische Sprache den griechischen Versformen anpaßte und Tragödien nach klassischen Vorbildern aus Athen schrieb. Eine von ihnen wurde bei den Spielen zur Feier des Sieges im Jahre 240 v. Chr. aufgeführt, eine bemerkenswerte Neuerung. Er verfaßte auch eine lateinische Version der Odyssee des Homer, was trotz des nach späteren Maßstäben etwas unbeholfenen Stils eine beachtliche Leistung war. Mit Livius hatte eine 2000 Jahre dauernde Epoche ausgeprägter lateinischer Literatur begonnen, und zwar auf eine ganz charakteristische Weise, denn es verbanden sich griechische Einflüsse mit der ganz anderen lateinischen Sprache und dem römischen, italischen Ethos, das diese neue Dichtkunst zum Thema hatte. Mit anderen Worten, die griechische Welt hatte ein Klima geschaffen, in dem lateinische Schriftsteller sich ihrem Wesen entsprechend entwickeln konnten.

Die Fortentwicklung des römischen Rechts

Der Erste Punische Krieg setzte auch zwei Marksteine in der Entwicklung des römischen Rechts. Für den ersten ist ein nach außen hin unbedeutendes Ereignis verantwortlich. 253 v. Chr. erlaubte der Oberpriester (*pontifex maximus*) Titus Coruncanius – der erste Plebejer in diesem Amt – seinen Schülern, an den Beratungen über Rechtsfragen teilzunehmen; vielleicht hat er diese Beratungen sogar öffentlich abgehalten. So entwickelte sich weiter, was 51 Jahre früher begonnen hatte, daß die Gerichtsverhandlungen öffentlich geführt und das Monopol des Priesterkollegiums, das allein über juristische Fragen entschied, gebrochen wurde. Die Öffentlichkeit erforderte aber erneut die Auslegung der Gesetze, und deshalb begann Coruncanius mit der Ausbildung der ersten Männer, die als Laienjuristen (*iuris prudentes*) wirken sollten.

Sie waren die ersten einer langen Reihe römischer Rechtsgelehrter. Sie traten gewöhnlich nicht als Anwälte auf, das überließ man Berufsrednern, sondern waren Berater, Lehrer, Schriftsteller und ganz allgemein in der Öffentlichkeit wirkende Männer. Sie beeinflußten das Rechtsverständnis in jeder Hinsicht. Sie berieten die Prätoren, andere Beamte und Richter, unterstützten einzelne Bürger in den verschiedensten Angelegenheiten und gaben Antworten (*responsa prudentium*) auf juristische Fragen. Die besten von ihnen verbanden Gesetzestreue mit liberaler Gerechtigkeit, eine für Rom charakteristische Kombination, die auch in den Gerichtsentscheidungen zum Ausdruck kam, die ihren Stempel trugen. Bei den öffentlichen Gerichten wurde es mit den Jahren zur Gewohnheit, daß Rechtsgrundsätze nicht willkürlich von einem Beamten festgelegt werden konnten, der den Vorsitz solcher Verhandlungen führte. Weil diese Beamten unter Umständen gar keine rechtskundigen Männer waren, deshalb nahmen die Juristen an den Verhandlungen und der Urteilsfindung teil. Sie mußten sich innerhalb und außerhalb des Gerichtes beraten, welche Bedeutung bestimmte Maßnahmen und Geschehnisse im täglichen Leben und welche Folgen sie haben könnten; und nach den so gezogenen Schlüssen gaben sie ihre Beurteilung ab. Die Öffentlichkeit sah ihre Interpretationen allmählich als bindend und gültig an, und das ist einer der unvergänglichen Siege der römischen Zivilisation.

Da diese Juristen keine Anwälte waren und der praktische Ausgang eines Gerichtsverfahrens sie nicht persönlich berührte, war ihre Beurteilung frei von parteilicher Voreingenommenheit. Natürlich arbeiteten sie mit Präzedenzfällen und waren von Gewohnheit und persönlicher Erfahrung geprägt. Deshalb konnte die berühmte Objektivität ebenso wie die anderer nichtrömischer Juristen vor und nach ihnen auch nicht makellos sein. Bewußt oder unbewußt standen sie natürlich unter dem Einfluß der kleinen herrschenden Oberschicht, zu der auch sie gehörten. Darum beschäftigte sich das römische Recht ja auch so ausführlich mit dem Privateigentum. Dennoch haben diese Juristen direkt oder indirekt wesentlich zum römischen Rechtsdenken beigetragen. Ihre Interpretationen, Verbesserungsvorschläge und Erweiterungen des Zwölftafelgesetzes, anderer Bestimmungen und der Edikte der Prätoren sowie die von ihnen vorgenommene Formulierung der Gewohnheitsrechte verbesserten das römische Recht erheblich. So standen die Juristen viele Generationen lang im Mittelpunkt des römischen Rechtslebens und haben viel zu den Lebensgewohnheiten beigetragen, die heute noch in der westlichen Welt gelten.

Der zweite Markstein, der zu weitreichenden Rechtsentwicklungen führte, ist die Errichtung einer zweiten Prätur 242 v. Chr. in Rom zur Ergänzung des viel älteren Amtes des städtischen Prätors, das schon 366 v. Chr. eingerichtet worden war.* Das neue Amt war das des *praetor peregrinus* (um 242 v. Chr.). Dieser Prätor war für die Streitfälle zuständig, bei denen mindestens eine Partei ein Nicht-Römer (*peregrinus*, Fremder) war, das heißt entweder ein Ausländer oder ein Untertan Roms, der nicht das römische Bürgerrecht besaß – die Zahl dieser Personen wuchs mit jeder neuen Gebietseroberung.

Das Rechtsverständnis, das in dem neugeschaffenen Amt des *praetor peregrinus* zum Ausdruck kam, war neu, weil das römische Recht, wie es sich im Zwölftafelgesetz und in anderen juristischen Äußerungen manifestierte, nur Zivilrecht (*ius civile*) war und sich als solches ausschließlich mit den Beziehungen römischer Bürger untereinander beschäftigte. Strenggenommen waren Fremde rechtlos. Das neue Amt des *praetor peregrinus* bedeutete deshalb eine wesentliche Erweiterung des bis dahin nicht ökumenischen römischen Rechtsdenkens, das sich nun auf mehr und auch völlig neue Probleme erstreckte, zu deren Lösung die konstruktiven und auf Ausgleich gerichteten Vorschläge der immer einflußreicher werdenden Laienjuristen Nützliches leisteten.

Die Schaffung dieses neuen Amtes hat viel zur Entwicklung einer der weitreichendsten Ideen beigetragen, die in Rom entstanden sind. Das war das Fremdenrecht (*ius gentium*), dessen geschichtliche Entwicklung mit vielen Veränderungen bis in unsere Zeit reicht. Zur Zeit seiner Entstehung, Ende des 3. und im 2. Jahrhundert v. Chr., bezeichnete man den Teil des römischen Rechts als *ius gentium*, der sowohl für römische Bürger als auch für Personen galt, die nicht das Bürgerrecht besaßen. Das waren die Rechte, für die der *praetor peregrinus* zuständig war. Die Bedeutung seines Amtes und des *ius gentium*, das in diesem Rahmen

---

* Mit der Ernennung der Prätoren für die Verwaltung von Sizilien und Sardinien/ Korsika kamen eine dritte und vierte Prätur hinzu.

entwickelt wurde, nahmen mit der Ausweitung der wirtschaftlichen, sozialen und politischen Beziehungen zwischen Rom und anderen Staaten zu.

Juristische Vorstellungen dieser Art waren allerdings nichts vollkommen Neues. Bereits in der Frühgeschichte hatten Völker zur Förderung des Handels ähnliche Bestimmungen erlassen, obwohl diese ursprünglich nur dem Vorteil der eigenen Bürger dienen sollten. Außerdem hatte man schon zu sehr früher Zeit in den zwischen den griechischen Stadtstaaten geschlossenen Sonderverträgen versucht, sich gegenseitigen Schutz im beiderseitigen Interesse für fruchtbare Handelsbeziehungen zu garantieren. Später war Rom, wenn es sich auch nicht unmittelbar an griechische Vorbilder hielt, ähnlich vorgegangen, als es den von ihm abhängigen Verbündeten eine Art Teil-Bürgerrecht gewährte, das Nicht-Römern Vorrechte im Handel und für die Ehe einräumte. Doch als das Amt des *praetor peregrinus* seine Aufgabenbereiche allmählich erweiterte, wurden viele die Ehe, die Person, die Erbschaft, den Handel sowie die Anwerbung von Arbeitskräften und die Dienstleistungen betreffende Fragen rechtlich geregelt, und zwar auch für die Fremden, die keine Vorrechte als Verbündete besaßen.

Spätere Juristen haben, wenn es darum ging, solche Rechtsansprüche durchzusetzen, sie mit dem *ius gentium* begründet. Sie gingen dabei von der Voraussetzung aus, daß es sich hier um allgemeingültige Rechtsgrundsätze handelte. Im Laufe der Zeit entwickelte sich daher aus dem *ius gentium* die philosophische Idee des »Naturrechts«, das man als eine Summe überall auf der Welt gültiger Gebote verstand. Das *ius gentium*, das immer differenzierter wurde, regelte noch später die Beziehungen zwischen den Völkern, denen heute das internationale Völkerrecht gilt.

Dieses *ius gentium* als unverzichtbarer Bestandteil des römischen Rechts ging auf den *praetor peregrinus* zurück, seine Weiterentwicklung auf die Verwalter der Provinzen. Hier zeigt sich, daß es möglich war, eine Rechtssammlung zu schaffen, die den Bedürfnissen verschiedener Völker und Rassen auf jeder sozialen, wirtschaftlichen und politischen Entwicklungsstufe entsprach. Das römische Recht ist daher der universalen Anwendbarkeit näher gekommen als irgendein anderes, und es offenbart die große gesellschaftspolitische Begabung der Römer. Vor allem aber ist das *ius gentium* Ausdruck des gesunden Menschenverstandes, und das ist für das ganze römische Recht charakteristisch. Die römischen Juristen haben sich, wie englische viel später, nur ungern über die Grundsätze geäußert, von denen sie sich leiten ließen. Ein römischer Jurist war durchaus bereit zu verallgemeinern, und zwar nicht zu seinem eigenen Vorteil, sondern um jedes Problem zu lösen, das anstand, und so das Gleichgewicht möglichst genau zwischen Theorie und Praxis herzustellen und das Beste von beiden zu erhalten. Das römische Recht war bezüglich Umfang und Genauigkeit dem griechischen weit überlegen, obwohl die Griechen eine reiche Rechtskultur besaßen. Und in den folgenden Jahrhunderten schien es oft, als habe die Zivilisation im Angesicht des drohenden Untergangs nur dank der Aufrechterhaltung der von den Römern ererbten Rechtsgrundlagen überlebt.

Die Herausforderung des Flaminius

Im vorigen Kapitel wurde gezeigt, daß der römische Klassenkampf mit dem formalen Sieg der Plebejer endete, daß jedoch diese äußeren Erfolge in der Praxis in einen Sieg des Adels umgemünzt wurden, und zwar nicht des alten Patrizieradels, sondern des neuen, dem Patrizier und Plebejer zugleich angehörten, deren Familien irgendwann einmal einen Konsul gestellt hatten. Im Rahmen dieser neuen

Ordnung spielten die Versammlungen der Plebejer (*concilia plebis*), die inzwischen über die volle Entscheidungsbefugnis verfügten, eine wirksame und wesentliche Rolle. Doch die Armen hatten bei diesen Entscheidungen kaum ein Mitspracherecht, denn sie wurden von den Angehörigen des Adels getroffen. Außerdem wurden die *concilia plebis* ebenso wie die Volksversammlungen (*comitia centuriata*) von den dem Mittelstand angehörenden, wohlhabenden Landbesitzern beherrscht.

Zu diesem Mittelstand gehörten viele, die, ebenso wie die Armen, Klienten einflußreicher, adliger Patrone waren. Es gab aber auch Angehörige dieser Mittelschicht, die unabhängig genug waren, um sich von Zeit zu Zeit öffentlich für die Unterprivilegierten einzusetzen. So forderten sie bei einer besonderen Gelegenheit in den Jahren um 230 v. Chr. den Adel im Interesse der verarmten und landlosen Mitbürger heraus. Der Zusammenstoß war die Folge eines Ereignisses, das schon ein halbes Jahrhundert zurücklag (283 v. Chr.): die Eroberung des Ager Gallicus durch Rom. Das war das an der Adria gelegene Küstengebiet südlich des Po. Dieses Gebiet war jedoch wie das nördlich des Flusses gelegene* niemals ein Teil Italiens gewesen. Abgesehen von der Gründung einer römischen und einer latinischen Kolonie hatte Rom dieses Gebiet kaum beansprucht, weil zunächst kein Bedarf danach bestand. Doch das änderte sich, als die Veteranen des Ersten Punischen Krieges Entschädigung für die während ihres Kriegsdienstes zerfallenen Bauernhöfe verlangten. Während des von Schwierigkeiten gekennzeichneten Jahrzehnts nach dem Ersten Punischen Krieg entstand daher ein starker Bevölkerungsdruck, und man forderte die Aufteilung des Ager Gallicus in kleine Einheiten.

---

* *Gallia Cisalpina* setzte sich aus den beiden Teilgebieten *Gallia Cispadana* und *Gallia Transpadana* zusammen.

Diese Forderung wurde mit besonderer Leidenschaft von dem Volkstribunen Caius Flaminius, einem »neuen Mann« außerhalb des patrizisch-plebejischen Adels, erhoben. Aber die Senatoren, die in diesem Gebiet wertvolle große Flächen gepachtet hatten, widersetzten sich der Landverteilung; daraufhin brachte Flaminius seinen Vorschlag mit Hilfe anderer »neuer Männer«, denen er seine Unterstützung für ihre politische Laufbahn zusagte, in einer Versammlung der Plebejer über die Köpfe des protestierenden Senats hinweg durch. Ein so kühnes Vorgehen hat es angeblich in der ganzen römischen Geschichte nicht ein zweites Mal gegeben; Flaminius hatte das Geheimnis gelüftet, daß es möglich war, gegen jede Überlieferung Politik auch außerhalb des Senats zu machen.

Zu diesem Zeitpunkt bedrohte eine neue Generation von Galliern Rom und wollte sich für die vor einem halben Jahrhundert erlittene Niederlage rächen, die zum Verlust dieser adriatischen Gebiete geführt hatte. Folglich lehnten die Gegner des Flaminius seinen Vorschlag, den Ager Gallicus aufzuteilen, ab als eine nicht gerechtfertigte Provokation der Gallier, weil damit die römische Machtkonzentration in diesem heiklen Grenzgebiet zu groß werden würde.

225 v. Chr. versuchte eine Reihe miteinander verbündeter gallischer Stämme, die ursprünglichen Verhältnisse mit Gewalt wiederherzustellen. Mit einer aus 70 000 Mann, einer starken Kavallerie und zahlreichen Streitwagen bestehenden Armee gingen sie zum Angriff über und drangen weit auf der Halbinsel vor. Aber bei Telamon, auf halbem Wege nach Süden an der etrurischen Küste, gerieten sie, als sie sich auf dem Rückzug befanden, um ihre Beute in Sicherheit zu bringen, zwischen zwei römische Armeen. In dem folgenden Gefecht wurden sie, die schließlich Rücken an Rücken kämpfen mußten, vernichtend geschlagen und fast vollständig aufgerieben. Nie wie-

der hat eine gallische Armee die Apenninen überschritten, und nie wieder haben die Römer den ersten furchterregenden Überfall dieser nackten Krieger mit ihren glänzenden goldenen Halsketten und Armbändern vergessen.

Zwar hatte Flaminius die siegreichen Truppen nicht befehligt, aber 223 v. Chr. wurde er, obwohl er dem Adel nicht angehörte, trotzdem zum Konsul ernannt. Anschließend marschierte er, entgegen dem Befehl des Senats, nach Rom zurückzukehren, nach Norden und überschritt zum ersten Mal mit einer römischen Armee den Po. Damit wurde er zum Vorläufer aller späteren Feldherren, die über diesen Fluß nach Norden vorgestoßen sind, um dieses Gebiet zu einem volkreichen und blühenden Teil Italiens werden zu lassen, zu dem es bis dahin nicht gehört hatte.

7 Der Vorstoß Hannibals nach Italien

Die Karthager in Spanien

Es waren jedoch nicht die Gallier, die in den Jahren um 220 v. Chr. die gefährlichste Bedrohung Italiens darstellten, sondern wieder die Karthager. Diesmal kam die Gefahr von den Armeen, die sie in Spanien unterhielten. Das war neu, obwohl Karthago schon früher einmal ein Kolonialreich an der spanischen Küste besessen hatte. Mitte des 3. Jahrhunderts v. Chr., als Karthago den Ersten Punischen Krieg verloren hatte und aus Sizilien, Sardinien und Korsika vertrieben worden war, hatte es unter dem Druck des griechischen Stadtstaates Massilia (Marseille), das mit Karthago um den Besitz der Häfen im westlichen Mittelmeerraum wetteiferte, fast alle ehemaligen spanischen Besitzungen aufgeben müssen, bis schließlich wenig mehr als

Gades (Cádiz) und die Straße von Gibraltar in karthagischem Besitz geblieben waren. Aber nachdem die Karthager den blutigen Söldneraufstand niedergeschlagen hatten, erstarkten sie wieder und begannen, schrittweise von den Gebieten des heutigen Algerien und Marokko aus, die ihnen untertan waren, ein neues spanisches Kolonialreich aufzubauen. Die treibende Kraft dazu war die tüchtigste Familie, die Karthago jemals hervorgebracht hatte, das Haus der Barkiden. Trotz entschiedener politischer Gegner hatten die Barkiden in Karthago eine sehr einflußreiche Stellung errungen und ließen sich nun für mehrere Jahrzehnte in Spanien nieder, wo sie eine erbliche Hausmacht begründeten.

Der erste, der nach Spanien ging, war Hamilkar Barkas, der sich im Ersten Punischen Krieg ausgezeichnet hatte, als er dem Feind so entschlossenen Widerstand leistete, daß er die Niederlage Karthagos erheblich verzögern konnte. Als er sich nach Kriegsende erneut verdient gemacht hatte, diesmal bei der Niederwerfung des Söldneraufstandes, erhielt er 237 v. Chr. von seiner Regierung die Erlaubnis, in spanische Gewässer auszulaufen. Dabei war es seine Aufgabe, zum Ausgleich für den Verlust Siziliens und der anderen Inseln Land und Bodenschätze in Spanien zurückzugewinnen. Dabei hatte er erstaunliche Erfolge. Von Gades aus eroberte er den größten Teil der südlichen und östlichen Landstriche und gelangte halbwegs die Küste hinauf bis Kap Ifach und Kap Nao. Unweit der Grenzen des eroberten Gebietes in einer Gegend, die an die fruchtbarsten Teile Nordafrikas erinnerte, richtete er bei Acra Leuce, am »weißen Vorgebirge« (Alicante), einen Hafen ein und baute eine Stadt. Die spanischen Territorien, die er besetzt hielt, waren bereits größer und reicher als die früher von den Karthagern beherrschten. Und die spanische Bevölkerung, die sich aus Kelten und Iberern zusammensetzte und wegen ihrer körperlichen Tüchtigkeit berühmt war, stellte

134

ihm eine neue Armee, die beste, über die Karthago während seiner ganzen Geschichte verfügte. Die fein geschmiedeten keltischen Schwerter dieser Soldaten waren die Erzeugnisse der ungeheuer reichen Erzminen, die sich im eroberten Gebiet befanden. Ein Anteil des Gewinns aus diesen Minen ging an die politischen Gegner Hamilkars in Karthago, um sie gefügig zu machen.

Aber 229. v. Chr. ertrank er. Sein Schwiegersohn Hasdrubal, der seine Nachfolge antrat, verlegte sein Hauptquartier weiter nach Süden, um der Heimat näher zu sein. Der Ort, den er dafür wählte, Carthago Nova (Cartagena), lag auf einer Halbinsel, die einen der besten Häfen der Welt beherbergte und gegen das Landesinnere durch eine Lagune geschützt war. Durch ein Tal hatten die Bewohner der Stadt Zugang zu den reichen Silberminen, die sie ausbeuteten. Obwohl Hasdrubal seine Hauptstadt weiter nach Süden verlegt hatte, verschob er die Grenze des neuen karthagischen Spaniens noch weiter nach Norden bis an die Ufer des Iberus (Ebro), fast bis zu den Pyrenäen. Außerdem stieß er tief ins Innere des Landes vor und schloß mit den Bewohnern eine Reihe von Bündnissen und Verträgen, was den Griechen, die hier gesiedelt hatten, nie gelungen war.

221 v. Chr. wurde Hasdrubal ermordet, und die Befehlsgewalt ging an seinen Schwager Hannibal, den Sohn von Hamilkar Barkas, über, der ihn nach Spanien mitgenommen hatte. Hannibal stieß noch weiter bis zum Duero und über den Tajo hinaus in das Landesinnere vor, und sein diplomatisches Geschick verschaffte ihm hohes Ansehen bei den Spaniern. Doch eine Küstenstadt südlich des Ebro, Sagunt, leistete ihm Widerstand. Den Römern andererseits waren die Bewohner dieser Stadt freundlicher gesonnen. Vielleicht haben sie sogar unter dem Einfluß einer karthagerfeindlichen Partei eine Art Bündnis mit Rom geschlossen. Jedenfalls wandte sich Sagunt an Rom, und Rom, des-

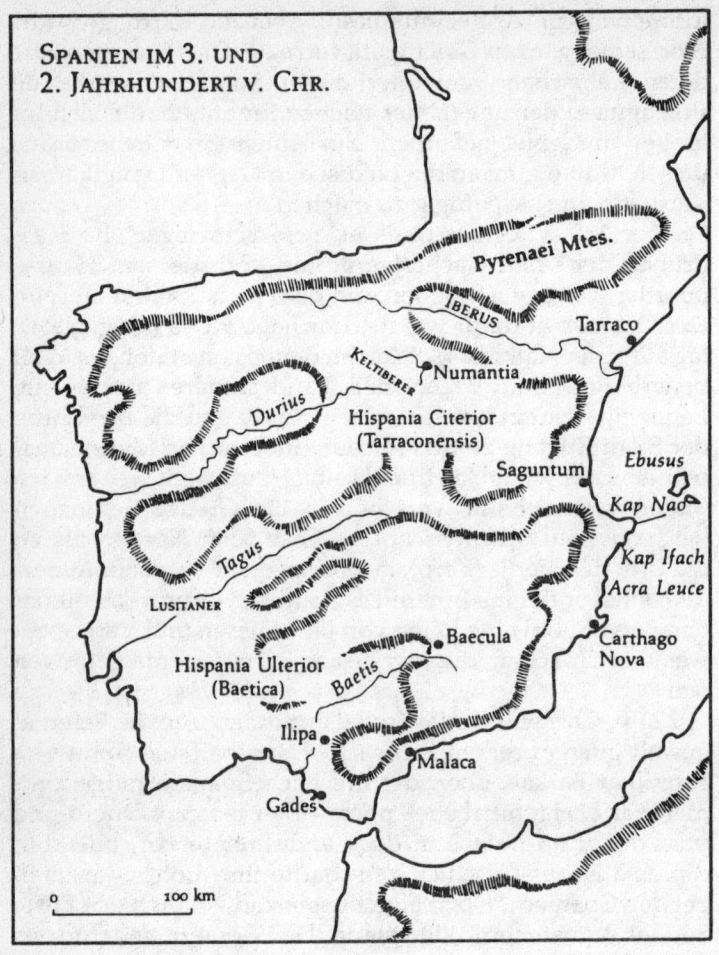

SPANIEN IM 3. UND
2. JAHRHUNDERT V. CHR.

Pyrenaei Mtes.

IBERUS

Tarraco

KELTIBERER
Numantia

Durius

Hispania Citerior
(Tarraconensis)

Saguntum

Ebusus

Kap Nao

Kap Ifach

Acra Leuce

Tagus

LUSITANER

Baecula

Carthago
Nova

Hispania Ulterior
(Baetica)

Baetis

Ilipa

Malaca

Gades

0   100 km

sen Kriegspartei von den Aemiliern und Scipionen angeführt wurde, tat den folgenschweren Schritt, auf das Hilfeersuchen einzugehen. Schon bald war eine römische

136

Abordnung unterwegs zu Hannibal nach Carthago Nova, um ihm den Befehl des Senats zu überbringen, Sagunt nicht anzugreifen. Eine Friedenspartei in Karthago unterstützte das Ersuchen Roms, aber Hannibal lehnte die Forderung Roms ab und setzte die Belagerung von Sagunt fort, das 219 v. Chr. nach acht Monate langen, harten Belagerungskämpfen kapitulierte. Empört verlangte Rom von der karthagischen Regierung die Auslieferung Hannibals, die – wie nicht anders zu erwarten – abgelehnt wurde. Die Senatsdebatten über die zu ergreifenden Maßnahmen waren scharf und erbittert. Schließlich übermittelte der römische Gesandte den Karthagern als Antwort auf die Weigerung, Hannibal auszuliefern, die Kriegserklärung. Daraufhin hob sich der Vorhang vor dem verlustreichsten und folgenschwersten Ringen, das Rom je zu bestehen hatte, dem Zweiten Punischen Krieg (218 v. Chr.).

Über die Kriegsschuld läßt sich nichts Eindeutiges sagen, weil es keine Klarheit über einen Vertrag gibt, den Rom 226 v. Chr. mit Hasdrubal geschlossen hat. Was auch immer sein Inhalt gewesen sein mag, das wahre Motiv für Roms Handeln 218 v. Chr. war wie so oft in der späteren Geschichte ein tiefliegendes Mißtrauen gegenüber Fremden – in diesem Fall gegenüber Hasdrubals Nachfolger Hannibal, den sie verdächtigten, einen größeren Vorstoß über den Ebro zu planen. Was Hannibal betrifft, so muß er gewußt haben, daß die Belagerung Sagunts, ob sie den karthagischen Vertrag mit den Römern formal verletzte oder nicht, das Risiko eines Krieges gegen sie einschloß. Der Überlieferung nach hat sein Vater ihn ewigen Haß gegen die Römer schwören lassen. Jedenfalls war er offenbar entschlossen, die Niederlage seines Landes im Ersten Punischen Krieg und den Vertragsbruch Roms nach seiner Beendigung zu rächen. Zudem war er überzeugt, daß das neue, an Erz und Kriegern reiche spanische Kolonialreich, das seine Familie erworben hatte, ihm die Gelegenheit gäbe, seine Rachepläne zu verwirklichen und das Schicksal zu wenden.

Die Siege Hannibals

Aber auch die Römer setzten auf ihre Reserven und erklärten den Krieg. Sie wollten ihre Streitkräfte auf dem Landweg über Massilia nach Spanien und auf dem Seeweg nach Nordafrika in das Mutterland Karthagos schicken.

Doch Hannibal kam beiden Plänen mit der kühnen Entscheidung zuvor, in Italien einzufallen. Das war eine Überraschung für Rom, das wußte, daß Hannibal keine Flotte gebaut hatte. Er nahm den schwierigen Landweg. Auf dem letzten Abschnitt seines Marsches hatte er etwa 40 000 Mann bei sich. Zu ihnen gehörte eine gut ausgebildete, von karthagischen Offizieren geführte spanische Infanterie und eine hervorragende afrikanische (numidische) Kavallerie mit 37 Elefanten. Außerdem war er überzeugt, seine Armee nach dem Eintreffen in Norditalien durch römerfeindliche Gallier und von Rom abgefallene italische Verbündete stärken zu können; damit würde er in der Lage sein, die Verstärkung der römischen Armee durch Reserven aus Norditalien zu verhindern, noch bevor die Römer darauf zurückgreifen konnten.

Im April 218 v. Chr. überschritt er mit seinen Truppen die Rhône, nachdem er den Widerstand feindlicher Kräfte in Spanien gebrochen hatte, und im Frühherbst die Alpen. Das Gelände im Gebirge war heimtückisch, weil der Schneefall frühzeitig eingesetzt hatte. Aber die Römer täuschten sich, als sie annahmen, seine Armee würde dadurch an der Überschreitung der Alpen gehindert werden. Als Hannibal jedoch die Po-Ebene erreichte, waren ihm nur noch 26 000 Mann geblieben, und die Feldherrn des Senats hofften, die karthagische Armee durch eine

Reihe hinhaltender Gefechte zermürben zu können. Doch sie wurden sehr bald in zwei aufeinander folgenden Schlachten an einem nördlichen und dann an einem südlichen Nebenfluß des Po geschlagen. Das erste Gefecht fand am Ticinus (Ticino) statt, wo die Römer versuchten, Hannibals erschöpfte Armee anzugreifen, bevor sie sich erholen konnte. Ein Geplänkel zwischen den Vorhuten ließ jedoch die Überlegenheit der karthagischen Kavallerie durch Schnelligkeit, Ausrüstung und Ausbildung so deutlich erkennen, daß die Römer sich über den Fluß hinweg bis in die Ausläufer der Apenninen zurückzogen. Dort ließen sich die römischen Feldherrn an einem kalten Dezembertag bei Schneefall dazu verleiten, anstatt in dem sicheren höher gelegenen Gelände zu bleiben, nach einer vorgetäuschten Flucht der Karthager ihren 40 000 Legionären zu befehlen, die angeschwollene Trebia (Trebbia) zu durchwaten und Hannibal anzugreifen. Aber der Kampfgeist der römischen Soldaten, die nicht gefrühstückt hatten, war schwach, und ein im Morgennebel geführter Überraschungsangriff aus dem Hinterhalt traf sie an der Flanke und im Rücken. Sie wurden geschlagen, und nur ein Viertel von ihnen entkam dem anschließenden Gemetzel.

So hatte Hannibal schon nach zwei Monaten ganz Norditalien überrannt, mit Ausnahme von zwei neugegründeten latinischen Kolonien in Placentia (Piacenza) und Cremona, die sich noch hielten. Er hatte allerdings die meisten Elefanten verloren, und die Unterstützung seitens der Gallier entsprach nicht seinen Erwartungen. Doch nach seinen Siegen konnte er die karthagische Armee auf insgesamt 50 000 Mann verstärken, und von seinem norditalischen Lager aus glaubte er, unter den norditalischen Verbündeten Roms einen Aufstand anzetteln zu können. In Rom selbst waren die wohlhabenden Plebejer, die die Versammlungen der Plebs und die Volksversammlung beherrschten, empört über die schlechte militärische Führung, die die norditalischen Gebiete hatte aufgeben müssen, für deren Erwerb sie so schwer gekämpft hatten. Als sie daher den reformfreudigen »neuen Mann« Flaminius 217 v. Chr. zum zweiten Mal zum Konsul ernannten, war das eine Kritik an der Kriegsführung des Senats.

Flaminius versuchte, den Vormarsch der karthagischen Armee nach Süden aufzuhalten, aber Anfang des Jahres wichen die Karthager aus, indem sie einen nicht gesicherten Apenninenpaß und anschließend ein sumpfiges Gelände unter so rauhen Witterungsverhältnissen überquerten, daß Hannibal, der auf dem einzigen überlebenden Elefanten ritt, in der eisigen Kälte auf einem Auge erblindete. Doch während er mit seinen Truppen plündernd durch Etrurien zog und offenbar Rom zum Ziel hatte, folgte ihm Flaminius, dessen Armee an einem nebligen Aprilmorgen in einer Niederung zwischen den Bergen und dem Trasimenischen See eingeschlossen wurde. An drei Seiten von feindlichen Truppen umgeben, wurden zwei römische Legionen fast vollständig aufgerieben, und auch Flaminius selbst fiel. Nach diesem Sieg lag die Straße nach Rom offen und unverteidigt vor Hannibal. Aber er ergriff die Gelegenheit nicht, zum einen, weil eine völlige Vernichtung der römischen Macht nicht im Interesse Karthagos gewesen wäre, weil dann andere ehrgeizige Mächte des östlichen Mittelmeerraumes unter Umständen das Vakuum gefüllt hätten, und zum anderen, weil er nicht über die geeigneten Gerätschaften verfügte, ohne die kein Angreifer eine Bresche in die Mauern Roms hätte schlagen können, besonders, wenn ihm kein Versorgungslager in der Nähe zur Verfügung stand.

Und ein solches Lager gab es nicht, denn zu Hannibals großer Enttäuschung stellte sich keine einzige Stadt in Mittelitalien auf seine Seite. Das von Rom geschaffene Kolonial- und Bündnissystem bestand diese schwere Probe mit bewundernswerter Festigkeit. Deshalb umging Hannibal die Stadt und beschloß, sich im Süden der Halbinsel, der zum größten Teil nichtitalisch und noch nicht romanisiert war, nach Verbündeten umzusehen. Auf dem Marsch durch die Campania und durch Apulien, deren fruchtbare Böden die Armee mit Getreide versorgten und von deren Häfen aus die Verbindung mit Karthago aufgenommen wurde, beschattete ihn ein alter römischer Feldherr, Fabius Maximus, der zum Diktator ernannt worden war. Die Wiederernennung des Fabius war mit Zustimmung des Senats erfolgt, denn er war, wider die Regel, von der Volksversammlung gewählt worden, weil einer der Konsuln, der ihn hätte ernennen müssen, tot war und der andere keine Verbindung zur Hauptstadt hatte. Fabius war ein listenreicher Römer alten Schlags, der es vermied, die in aller Eile ausgehobenen neuen Armeen mit einer weiteren Feldschlacht aufs Spiel zu setzen – eine Taktik, die ihm den Spitznamen *cunctator* (Zögerer) eintrug –, indem er die Versorgung des feindlichen Heeres dadurch vereitelte, daß er die Felder im Umkreis der feindlichen Armee verwüstete. Doch verständlicherweise machte er sich durch diese Politik der Vorsicht und der verbrannten Erde bei den Römern und ihren Verbündeten unbeliebt und verlor so das öffentliche Vertrauen, das ihn an die Macht gebracht hatte.

Im folgenden Jahr wurde er daher seines Amtes enthoben und von zwei unerfahrenen Konsuln abgelöst, die die stärkste Armee befehligten, die Rom je in den Krieg geführt hatte. Sie übernahmen, was noch nie vorgekommen war, das Oberkommando gemeinsam – während es bisher üblich war, daß jeder Konsul eine eigene Armee befehligte. Im verzweifelten Bemühen, den Krieg mit einem Schlag zu beenden, gingen sie auf offenem, ebenem Gelände bei Cannae, einer kleinen Festung im Stiefelabsatz Italiens, in die Schlacht. Hannibal hatte sie dazu herausgefordert, indem er die Festung, in der sich wertvolle Vorräte befanden, besetzte. Anschließend wählte er das offene Gelände zum Schlachtfeld, um den Römern zu zeigen, daß sie nicht mit karthagischen Reserven zu rechnen hätten. In der Überzeugung, dem Feind zahlenmäßig überlegen zu sein, griffen die Römer an, und Hannibals sichelförmige Schlachtordnung gab unter dem Druck des römischen Ansturms nach. Doch der heiße Scirocco blies den Römern dichte Staubwolken ins Gesicht, und bald sahen sie sich von den leichten Truppen des Feindes an beiden Flanken und von seiner Kavallerie im Rücken eingeschlossen. In dieser hoffnungslosen Lage wurde die römische Armee nach heftigem Widerstand fast vollständig aufgerieben. Diese Schlacht, die schwerste Niederlage, die Rom jemals erlitten hatte, ist ein Beispiel dafür, wie ein schwächerer Verband einen stärkeren auf beiden Seiten umgehen, einschließen und vernichtend schlagen kann, ein Beispiel für eine Taktik, die perfekte Koordination erfordert und die der deutsche General von Schlieffen bewundert hat. Sie sollte nach den Plänen des deutschen Generalstabs 1914 im Ersten Weltkrieg angewendet werden.

Einer der Konsuln war in der Schlacht gefallen, aber der andere, der von der Volksversammlung ernannt und deshalb später von konservativen Historikern für die Katastrophe verantwortlich gemacht worden war, wurde in Rom von den Senatoren freundlich empfangen, die ihm dafür dankten, daß er an der Republik nicht verzweifelt sei – denn in der Stadt war die Moral trotz der vernichtenden Niederlage des römischen Heeres nicht erschüttert worden.

Noch vor Jahresende konnten die furchtbaren Verluste, die Rom erlitten hatte, unter einer Regierung, die fest in den Händen des Senats war, durch weitere Aushebungen ausgeglichen werden, so daß der Sieg Hannibals seine zahlenmäßige Unterlegenheit nicht hatte wettmachen können. Man erkannte auch, daß die Strategie des Fabius zur Vermeidung hoher Verluste richtig gewesen war, und man griff wieder auf sie zurück. Die römischen Armeen wurden außerdem in kleinere Verbände aufgeteilt, die man wie Hunde, die einen Löwen in Schach halten sollen, an strategisch wichtigen Punkten aufstellte. Aber Cannae hatte schließlich doch dazu geführt, daß sich einige Verbündete – wie befürchtet – von Rom lossagten. Das waren allerdings nicht die Bundesgenossen in Mittelitalien, sondern die in den entfernteren und kulturell weniger eng mit den Römern verbundenen Gebieten Süditaliens und Siziliens, wo die für Rom außerordentlich wichtigen Städte Capua, Syrakus und Tarent in rascher Folge zum Feind übergingen (216-213 v. Chr.). Der Abfall der römischen Bundesgenossen, vor allem der Capuas, brachte Hannibal die dringend benötigten Soldaten, Waffen und Einrichtungen für den Nachschub. Doch in einer Reihe von mit starken Kräften durchgeführten Belagerungen, bei denen ein doppelter Ring von Truppen um die befestigten Städte gelegt wurde, und mit Hilfe des damals modernsten Belagerungsgerätes konnten die abgefallenen Bundesgenossen wieder zurückgewonnen werden, und zwar Capua und Syrakus 211 v. Chr. und Tarent 209 v. Chr.

213 oder 212 v. Chr. unterstrich Rom trotz all dieser Schwierigkeiten seine Stellung als Großmacht durch die erstmalige Herausgabe einer sehr großen Menge einer historisch bedeutsamen Silbermünze, des Denars (*denarius*), und entsprach damit den Bedürfnissen seiner Wirtschaft.

Es brachte Hannibal auch keinen Vorteil, als er 205 v. Chr. vor den Toren Roms erschien. In Begleitung einer Abteilung Kavallerie ritt er auf einem Rappen langsam um die Stadtmauer, von der aus ihm die Einwohner zusahen. Der Zufall wollte es, daß zur gleichen Zeit der Grund und Boden, auf dem er sein Lager aufgeschlagen hatte, in der Stadt zum Kauf angeboten wurde und einen ganz normalen Preis erzielte. Nichts hätte ihm deutlicher zeigen können, daß die Römer trotz der schweren Niederlage, die er ihnen beigebracht hatte, fest entschlossen waren, zu überleben und den Krieg zu gewinnen.

Die Scipionen in Spanien

Wegen der dramatischen Entwicklungen nach dem Einfall Hannibals in Italien betrachtet man den Zweiten Punischen Krieg oft als einen in erster Linie auf italienischem Boden ausgefochtenen Konflikt mit einem Nebenkriegsschauplatz in Spanien. Aber die spanischen Feldzüge derselben Jahre sind für den Ausgang des Krieges ebenso entscheidend gewesen. Obwohl es den Römern nicht gelungen war, Hannibal an der Überschreitung der Pyrenäen und dem Marsch nach Italien zu hindern, konnten sie seinen Bruder Hasdrubal Barkas, den er zur Verwaltung des karthagischen Kolonialreichs in Spanien zurückgelassen hatte, davon abhalten, ihm Verstärkung zu schicken. Das gelang ihnen, weil sie die folgenschwere Entscheidung getroffen hatten, trotz der Krisen im eigenen Land einen Feldzug in Spanien zu führen.

Die spanischen Armeen der Römer standen in den ersten sieben Kriegsjahren unter dem Kommando zweier Männer namens Scipio, dem Vater und dem Onkel des berühmten Scipio Africanus. Trotz der anfänglich von Hasdrubal Barkas eingeleiteten Offensive errangen die Scipionen eine Reihe von Erfolgen, die es ihnen ermöglichte, die Herrschaft über die Mittelmeerküste zu gewinnen und allmählich weiter nach Süden vorzustoßen, bis sie 211 v. Chr. Sagunt, den eigentlichen Zankapfel, besetzten und die Stadt zum Militärlager für weitere Vorstöße ausbauten. Wegen dieser Rückschläge mißlangen Hasdrubal Barkas mehrere Versuche, auszuweichen und die Pyrenäen zu überschreiten. Außerdem mußten Ersatztruppen aus Nordafrika, die Hannibal in Italien dringend gebraucht hätte, zu seinem Bruder nach Spanien umgeleitet werden. Der Einsatz dieser Truppen in Spanien entlastete die hartbedrängten Römer in Italien wesentlich und führte schließlich zur Niederlage der Scipionen in Spanien. 211 v. Chr. wurden beide Brüder nacheinander geschlagen und tödlich verwundet.

Die Karthager eroberten die Gebiete zurück, die sie südlich des Ebro verloren hatten. Aber sie überquerten den Fluß nicht. Nach dem Verlust von Capua und Syrakus im gleichen Jahr fühlten sie sich nicht stark genug, die Verteidigungsanlagen anzugreifen, die die überlebenden Römer nach den Kämpfen der Scipionen am Flußufer errichtet hatten, obwohl sie diese Befestigungen relativ leicht hätten nehmen können. Es zeigte sich außerdem, daß Rom Spanien durchaus noch nicht aufgeben wollte. 210 v. Chr. hatte sich die Volksversammlung nach den unglücklichen Schlachten gegen Hannibal so weit wieder erholt, daß sie den Senat veranlassen konnte, die Ernennung eines neuen und bisher unbekannten Feldherrn zu akzeptieren, der den Befehl über die spanischen Armeen übernehmen sollte. Das war Publius Cornelius Scipio (der später den Beinamen Africanus trug), der Sohn und Neffe der im Jahr zuvor in Spanien gefallenen Befehlshaber. Publius Scipio war erst 25 Jahre alt, und er hatte deshalb noch kein hohes Staatsamt bekleidet, das die Voraussetzung für eine solche Ernennung gewesen wäre. Aber er besaß schon Kriegserfahrung, und seine Leistungen rechtfertigten die Überzeugung, daß er der richtige Mann für diese Aufgabe sei.

In Spanien angekommen, ging er sofort zur Offensive über, der Strategie, die sein Vater und sein Onkel verfolgt hatten. Sein erstes Ziel war das feindliche Hauptquartier in Carthago Nova. Während er die Stadt von der Landseite aus angriff, begünstigte ein Sturm das Unternehmen. Das

Wasser in der Lagune sank, so daß er seine Soldaten hindurchschicken konnte und sie die nicht besetzten Befestigungsanlagen auf der anderen Seite der Stadt überwanden und Carthago Nova einnahmen (209 v. Chr.). Im folgenden Jahr marschierte er ins Innere des Landes und stellte sich der zahlenmäßig unterlegenen Armee des Hasdrubal Barkas bei Baecula (Bailén) am oberen Baetis (Guadalquivir). Um feindlichen Truppenverstärkungen zuvorzukommen, teilte Scipio seine Streitkräfte und setzte die leichter ausgerüsteten, die den Feind an den Flanken angriffen, zu dessen Ablenkung ein und zeigte damit eine neue, flexible Taktik.

Aber Hasdrubal Barkas entkam aus Spanien. Er wählte dazu die westlichen Ausläufer der Pyrenäen, um sich anschließend nach Italien zu wenden in der Absicht, dort zu seinem Bruder Hannibal vorzustoßen. Sein Entkommen verwandelte den Sieg bei Baecula in eine Niederlage. Und Scipio versuchte nicht, Hasdrubal zu verfolgen. Wahrscheinlich gab es dazu keinen Befehl aus Rom, aber selbst wenn er ihn gehabt hätte, handelte Scipio richtig. Eine Verfolgung hätte ihn zu weit von seinem Lager weg in schwieriges Gelände geführt, und damit hätte er riskiert, ganz Spanien zu verlieren. Er hätte Hasdrubal Barkas auch gar nicht mehr einholen können, dessen Flucht den Römern endgültig den Sieg in Spanien sicherte. Dieser wurde 206 v. Chr. in einer blutigen Schlacht gegen Hasdrubals Nachfolger bei Ilipa (Alcala del Rio bei Sevilla) besiegelt. Hier wendete Scipio eine sinnreiche Variante der Umgehungstaktik an. Er stieß die übliche Schlachtordnung um und ließ seine leichten Verbände in der Hauptkampflinie angreifen. So kämpften seine besten Truppen, die Legionäre, an den Flanken und übernahmen dort die Aufgabe, den Feind einzuschließen. Sie kämpften hervorragend, und der Sieg war endgültig. Viele eingeborene Landesherren lösten daraufhin ihr Bündnis mit Karthago, und am Ende des Jahres hatten die Karthager ihre Besitzungen in Spanien für alle Zeiten verloren.

So hatten die Römer die besten Gebiete der Iberischen Halbinsel erobert und machten zwei neue Provinzen daraus. Aus dem östlichen Küstenstreifen wurde Hispania Citerior (das nähere Spanien), und das jenseits dieses Streifens gelegene Gebiet wurde zu Hispania Ulterior, das »weiter entfernte« (Baetica). Es umfaßte die Südküste und das Tal des Baetis (Guadalquivir). Acht Jahre später ernannte die römische Regierung zwei neue Prätoren zu Statthaltern dieser Provinzen. Dort erhob Rom einen zehnprozentigen Tribut auf Getreide, eine Maßnahme, die der schon früher eingeführten Besteuerung Siziliens entsprach. Aber im übrigen waren die Methoden in Spanien ganz anders. In diesem kriegerischen Land erschien es zum Beispiel angezeigt, die Wehrpflicht einzuführen, um die Legionen durch Hilfstruppen zu verstärken. Außerdem entwickelten die Römer den karthagischen Bergbau weiter. Allein in Carthago Nova, der Hauptstadt von Hispania Citerior, wurden in den Silberminen 40 000 Arbeiter beschäftigt. Neben den Tributzahlungen legten die Römer der Bevölkerung deshalb auch noch die jährliche Abgabe einer bestimmten Menge Silber auf.

206 v. Chr. gründete Scipio die neue Stadt Italica (Santiponce bei Sevilla), wo er seinen Veteranen Land zuteilte. Italica hatte zwar nicht die Rechte einer Kolonie, aber die Gründung eines solchen überseeischen Gemeinwesens nach Vorbildern in Italien war neu und sollte weitreichende Folgen haben. Die Stadt war als Festung zum Schutz gegen die Stämme gebaut, die das Hinterland bewohnten, denn in diesem unwirtlichen Land standen den Römern noch große militärische Aufgaben bevor, die zu bewältigen sie 200 Jahre brauchten. Es ist daher zweifelhaft, ob die hohen Einnahmen, die ihnen zuflossen, genügten, die Besatzungskosten zu tragen. Aber die Karthager

waren wenigstens aus diesem sehr reichen und strategisch wichtigen Gebiet vertrieben.

Der Triumph des Scipio Africanus

Ihre Vertreibung schien zunächst aufgewogen zu werden durch den Gewinn, den die aus Spanien geflohene Armee Hasdrubal Barkas' für Hannibal in Italien bedeutete. Und die Verstärkung kam zur rechten Zeit. Denn trotz ihrer Erfolge in Süditalien waren die Römer fast am Ende ihrer Kräfte. 209 v. Chr. hatten zwölf der dreißig latinischen Kolonien erklärt, sie seien nicht mehr imstande, weitere Truppen zu stellen oder für ihren Unterhalt aufzukommen; sie waren ausgeblutet und konnten nicht weiterkämpfen. Auch die etruskischen Städte wurden unruhig. Mit Hasdrubals Ankunft erfüllten sich die Hoffnungen, die Karthago elf Jahre lang gehegt hatte, und ein Zittern lief durch ganz Italien. Nachdem er, ohne auf Widerstand zu stoßen, Südfrankreich und die Alpen hinter sich gelassen hatte, stieg er in die Po-Ebene hinab, wo gallische Ersatzmannschaften sein Heer auf 30 000 Mann verstärkten. Dann rückten die beiden karthagischen Brüder aufeinander zu, um ihre Streitkräfte zu vereinen.

Die Römer hatten indessen nach einer umfangreichen Mobilmachung trotz ihrer Erschöpfung eine Armee in Nord- und eine zweite in Süditalien aufgestellt. In diesem kritischen Augenblick kam ihnen ein besonderer Glücksfall zu Hilfe. Von abgefangenen Kurieren Hasdrubals erfuhren sie, daß er seine Armee auf umbrischem Gebiet mit der Hannibals vereinen wollte. Als der römische Befehlshaber im Süden, C. Claudius Nero, diese Nachricht erhielt, setzte er sich, nachdem er einen kleineren Truppenverband zur Überwachung der Bewegungen Hannibals zurückgelassen hatte, in Marsch und erreichte in sechs

Tagen die 385 Kilometer entfernte Mündung des umbrischen Flusses Metaurus (Metauro) an der adriatischen Küste. Am folgenden Morgen hörte Hasdrubal ein doppeltes Fanfarensignal aus dem Lager der Römer, das ihm sagte, daß sich die beiden römischen Heere vereinigt hatten. Somit waren ihm die Römer um mindestens 10 000 Mann überlegen. Er versuchte, die Römer zu umgehen und marschierte nach Einbruch der Nacht den Metaurus flußaufwärts, um zu seinem Bruder vorzustoßen. Doch er verirrte sich im Dunkeln. Die Römer holten ihn in den tiefen Schluchten auf felsigem, rutschigem Boden ein und eröffneten den Kampf. Er selbst und fast alle seine Männer wurden getötet.

Zum ersten Mal in der langen Kriegszeit hatten die Römer eine Schlacht im eigenen Land gewonnen, und das Ende der Besetzung Italiens durch Hannibal war nur noch eine Frage der Zeit. Er erfuhr vom Tode seines Bruders, als dessen Haupt in sein Lager geworfen wurde. Darauf zog er sich in das Bergland auf der Stiefelspitze Italiens zurück und blieb dort noch weitere vier Jahre, ohne eine Entscheidung herauszufordern.

Als zwei dieser Jahre verstrichen waren (205 v. Chr.), kehrte der siegreiche Scipio aus Spanien zurück und wurde zum Konsul gewählt. Er bat den Senat um Erlaubnis, nach Afrika übersetzen und Karthago direkt angreifen zu dürfen. Zunächst zögerten die Senatoren, denn die Tatsache, daß Hannibal sich immer noch in Italien befand, beunruhigte sie. Außerdem wollten sie den verbündeten Städten keine weiteren Lasten auferlegen. Als Scipio sich jedoch über die Köpfe der Senatoren hinweg an die Volksversammlung wandte und versprach, an den Karthagern alles Leid zu rächen, das sie den Römern angetan hatten, gab der Senat – wenn auch ungern – nach. Er bewilligte ihm außer einer unbegrenzten Zahl von Freiwilligen, die er anwerben durfte, zwei Legionen. Scipio hob 7000 Mann aus, und damit standen ihm insgesamt 30 000 Soldaten zur Verfügung. Mit dieser Armee landete er 204 v. Chr., etwa 30 Kilometer von Karthago entfernt, an der nordafrikanischen Küste. Dort stieß der Stammesfürst und Herrscher über einen Teil Numidiens (Ostalgerien), Massinissa, der bis dahin mit Karthago verbündet gewesen war, mit seiner ausgezeichneten Reiterei zu ihm.

Im folgenden Jahr kehrte auch Hannibal nach einem 15 Jahre dauernden Feldzug aus Italien in seine Heimat zurück. Seine ersten Siege in Italien hatten seine politischen Gegner zu Hause für gewisse Zeit zum Schweigen gebracht. Doch nach dem Verlust von Capua wurden die Stimmen seiner Feinde wieder lauter. Außerdem hatte Karthago endlich Friedensverhandlungen mit Rom eingeleitet, die schon weit fortgeschritten waren. Trotzdem gelang es Hannibal, seine Regierung zum Abbruch der Verhandlungen zu überreden. Daraufhin stieß Scipio ins Innere des Landes vor, um die feindliche Hauptstadt von der Versorgung mit Nahrungsmitteln abzuschneiden, und 202 v. Chr. wurde bei Zama, 120 Kilometer von Karthago entfernt, die letzte Schlacht des Krieges geschlagen. Das war kein wirklicher Höhepunkt mehr, denn am Ausgang des Ringens gab es keine Zweifel mehr. Es war jedoch eine denkwürdige Schlacht angesichts des hohen Ansehens der beiden Heerführer. Sie hatten sich vor der Schlacht zu einem Gespräch getroffen, von dem aber nur bekannt ist, daß es ergebnislos verlief.

Zu Beginn der Schlacht gelang es keiner der beiden Armeen, der anderen in die Flanke zu kommen, denn beide waren mit der Taktik des Einkreisens vertraut. Die Entscheidung brachten die Reiter des neuen numidischen Verbündeten Roms, die die Verfolgung der an den Flügeln kämpfenden feindlichen Kavallerie aufgaben und dem Gegner in den Rücken fielen, was den totalen Sieg der Römer bedeutete. Nur wenige Karthager überlebten, unter ihnen auch Hannibal. Er empfahl seiner Regierung, sofort Frieden zu schließen, und die Karthager befolgten seinen Rat. Die Friedensbedingungen waren härter als die im Jahr zuvor schon fast ausgehandelten, denn nun mußten die Karthager doppelt so hohe Reparationen zahlen; ihre Flotte durfte nicht mehr – wie zunächst vorgesehen – aus 20, sondern nur noch aus zehn Schiffen bestehen, und Massinissa bekam ganz Numidien als Königreich zugesprochen und wurde außerdem mit einem Teil des westlichen karthagischen Grenzgebietes belohnt. Schließlich wurde es den Karthagern untersagt, künftig ohne vorherige Zustimmung Roms Krieg zu führen.

Spanien hatten sie bereits verloren; nun hörten sie auf, eine Großmacht zu sein, und sollten es auch nie wieder werden. So hatten die Römer die entscheidendste Phase ihres Aufstiegs zur beherrschenden Macht siegreich beendet. Nach dem Zweiten Punischen Krieg war es gewiß, daß Rom auf Jahrhunderte hinaus die Vormachtstellung im ganzen westlichen Mittelmeerraum einnehmen würde. Deshalb ist dieser Krieg für die westliche Welt, die Kriege des 20. Jahrhunderts möglicherweise ausgenommen, der entscheidenste aller Zeiten gewesen.

Aber der Sieg hatte nur mit den allergrößten Anstrengungen und Opfern erkämpft werden können. Trotz anfänglicher katastrophaler Niederlagen haben die staatserhaltenden Eigenschaften vieler Römer und Italiker, die als loyale Partner im Rahmen einer über viele Generationen gewachsenen Tradition zusammenarbeiteten, sich bewährt und schließlich zum Erfolg geführt.

Darüber hinaus haben die Römer den Sieg dem Umstand zu verdanken, daß der persönliche Wohlstand nicht mehr die Voraussetzung für den Eintritt in die Armee war, sondern daß auch ärmere Männer auf Staatskosten zum Heeresdienst eingezogen werden konnten. Diese sogenannten Proletarier (von *proles*, Nachkommenschaft, weil ihre Kinder das einzige waren, was sie dem Staat geben konnten) wurden im Alter zwischen 18 und 46 Jahren verpflichtet und leisteten ihren Dienst in den Legionen durchschnittlich sieben Jahre lang, so daß aus der alten Stadtmiliz so etwas wie eine Berufsarmee geworden war.

Die Offiziere dieser neuen Armee achteten sehr genau auf den letzten Stand der militärischen Entwicklung. Und Scipio Africanus war der erste, der das in Spanien und Nordafrika tat. Seine Leistungen zeigen, daß er die Strategie Hannibals in Italien aufmerksam studiert und verbessert hatte. Außerdem bildete er seine Armee in der Taktik aus, die Rom in den Samniterkriegen bei den Kämpfen im Gebirge mit kleineren Verbänden entwickelt hatte. Das Entscheidende war, daß die drei Kolonnen eines Manipels (jede Legion bestand aus 30 Manipeln) jeweils mehr oder weniger selbständig kämpften. Gelegentlich konnte jedoch der selbständige Einsatz einzelner Kolonnen oder auch eines Manipels zu einer großen Zersplitterung der Kräfte führen, und deshalb experimentierte Scipio in Spanien mit einem Verband, der aus drei Manipeln bestand. Das war die Kohorte, die einen stärkeren Zusammenhalt gewährleistete, aber flexibler war als eine ganze Legion. Auch der Wurfspeer wurde verbessert. Daneben waren die Legionäre mit dem sorgfältig geschmiedeten, handlichen spanischen Kurzschwert ausgerüstet, das zu ihrer wichtigsten Waffe wurde.

An Scipio, auf den alle diese Neuerungen zurückgehen, zeigte sich, daß die Zeiten sich dem Ende neigten, in denen die führenden Persönlichkeiten in Rom als Vertreter einer bestimmten Gruppe und fast anonym während einer kurzen Amtszeit wirkten. Mit Scipio begann eine neue Entwicklung. Die Tatsache, daß er der erste römische Feldherr war, dessen Beiname das Land bezeichnete, in dem er seine entscheidenden Siege gewonnen hatte – Africanus –, war von symbolischer Bedeutung. Er war auch der erste, der –

was bisher noch nie vorgekommen war – auf Wunsch der Volksversammlung zehn Jahre lang Oberbefehlshaber blieb. Nach seinem triumphalen Sieg über Karthago nahm er die mächtigste Stellung ein, in die ein römischer Heerführer jemals aufgerückt war, was, wie spätere Historiker festgestellt haben, schon andeutete, daß dieses Amt zum Aufstieg der Alleinherrschaft mißbraucht werden konnte. Bei Scipio allerdings bestand diese Gefahr noch nicht. Die Zeit war noch nicht reif dafür.

Aber er war eine herausragende Persönlichkeit. Er besaß Phantasie und Initiative und nutzte sie geschickt zur Menschenführung. Er förderte den Einfluß der griechischen Kultur und hegte, was in Rom neu war, eine Vorliebe für Glanz und Pracht. Vielen Senatoren mißfiel das, aber das einfache Volk war beeindruckt. Auf den im besiegten Carthago Nova geprägten Münzen ist wahrscheinlich sein Porträt zu sehen. Das war in Rom bisher nicht üblich, obwohl im gleichen Jahrhundert die ersten römischen Büsten aus Bronze und Marmor entstanden sind. Offenbar hat Scipio auch ein ganz persönliches Verhältnis zu den Göttern für sich in Anspruch genommen, eine Eigenschaft, die Soldaten zu allen Zeiten so furchterregend werden läßt. Die feste Überzeugung, von den Göttern inspiriert zu sein, machte Scipio angesichts der in vieler Hinsicht noch beschränkten Möglichkeiten Roms ungeduldig. Zugleich hatte er aber auch einen ausgeprägten Sinn für Humor, und in einem Krieg, in dem es zum Teil zu furchtbaren Grausamkeiten gekommen war, verhielt er sich ungewöhnlich nachsichtig gegenüber dem geschlagenen Gegner. Er verkörperte einen neuen römischen Geist. An die Stelle der überlieferten Bedachtsamkeit und Klugheit setzte er Individualität und Abenteuerlust.

Sein Gegner Hannibal war ein noch bedeutenderer Heerführer als sein Vater Hamilkar, ja sogar größer als Scipio. Hannibal ist einer der ganz großen Feldherrn der

Weltgeschichte. Das hat er mit seinen Anfangserfolgen in Italien und der dabei angewandten brillanten Taktik bewiesen und mit der fast unglaublich kühnen Leistung, sich in jenem feindlichen, dicht bevölkerten Land weit von der Heimat entfernt 15 Jahre lang zu halten. Während dieser Zeit hat er sich immer wieder als glänzender Truppenführer bei der Planung und Ausführung der von ihm geschlagenen Schlachten erwiesen. Von den Griechen hatte er den Einsatz von Infanterie und Kavallerie zur Umzingelung des Gegners übernommen und dieser Taktik die spanische des Kampfes aus dem Hinterhalt und des Überraschungsangriffes hinzugefügt. Beide Strategien hat er mit dem Stempel seiner Persönlichkeit versehen. Vor allem aber war er eine Führerpersönlichkeit und konnte seine Soldaten so für sich begeistern, daß er während der langen Jahre auf fremdem Boden nicht eine einzige Meuterei erlebte. Das war um so erstaunlicher, da, wie wir gesehen haben, seine Soldaten vielen Völkern angehörten und deswegen auch keine Veranlassung hatten, Karthago die bedingungslose Treue zu halten. Die Soldaten folgten ihm um seinetwillen.

Nur unangemessene Besserwisserei kann Hannibal als Strategen im weiteren Sinne kritisieren. Daß ihm der Erfolg versagt geblieben ist, lag vor allem daran, daß er nicht über das geeignete Belagerungsgerät verfügte, und wenn er es auch zunächst nicht nach Italien hatte mitbringen können, läßt sich nicht erklären, weshalb er es nicht später hat herstellen lassen. Da er zudem dringend Verstärkung von außerhalb brauchte und der Landweg von Spanien viele Jahre lang blockiert war, überrascht es, daß er keine Flotte bauen ließ, um die Überlegenheit der Römer zur See zu brechen – denn schließlich waren die Karthager traditionsgemäß ein seefahrendes Volk. Vielleicht hatte er zu Recht angenommen, daß die Römer zur See unschlagbar wären. Vielleicht aber konnte er seine Regierung auch nicht davon

154

überzeugen, daß es notwendig sei, eine Flotte zu bauen, oder sie hatte ihn bei einem solchen Unternehmen nicht unterstützen wollen. Auch hefteten sich entgegen seinen Hoffnungen die Verbündeten und Untertanen Roms trotz seiner Siege weiter an dessen Fersen.

Als Hannibal nach Italien kam, war er 29 Jahre alt, ein drahtiger, kräftiger Mann, ein guter Läufer und Boxer, gewöhnt, Strapazen zu ertragen, und von eiserner Selbstdisziplin. Wie die meisten seiner Landsleute war er fanatisch und abergläubisch. Doch die Nachwelt hat ihn nicht nur wegen seiner großen Begabungen, sondern auch wegen seines integren Charakters bewundert. Daran hat auch die römische Propaganda, die das Gegenteil behauptete, nichts ändern können. Das der Entscheidungsschlacht gegen Scipio angeblich vorangegangene geheimnisvolle Treffen der beiden Feldherrn hat die Phantasie der Menschen immer wieder angeregt. Aber in diesem Krieg hatte Hannibal es meistens nicht mit Scipio allein zu tun, sondern vor allem auch mit der Stärke und Ausdauer ganz Roms und der seiner Verbündeten. Hannibal ist einer der edelsten Versager der Weltgeschichte, eine ganz außergewöhnliche Persönlichkeit, die in einem Krieg um Leben und Tod einer Nation gegenüberstand, die eisern entschlossen war zu siegen – und diese Nation erwies sich als ein zu starker Gegner. Sie ging gestärkt aus dieser schweren Prüfung hervor, und ironischerweise ist es gerade Hannibal zu verdanken, daß das Selbstvertrauen und die Macht Roms durch den Kampf gegen ihn gefestigt und gestärkt worden sind.

IV Die Republik als Weltreich

8 »Mare Nostrum«

Der Untergang der griechischen Königreiche

Im 3. Jahrhundert v. Chr. hat sich Rom nicht nur mit Karthago auseinandersetzen müssen, sondern auch mit den Griechen in Süditalien und Sizilien und sogar mit den Griechen in Griechenland selbst. Das führte zu Erschütterungen im Mittelmeerraum, der in bemerkenswert kurzer Zeit ganz von Rom beherrscht wurde.

Als der König der Makedonier, Alexander der Große (gest. 323 v. Chr.), riesige Gebiete weit im Osten eroberte, waren die Stadtstaaten in Griechenland – die Alexanders Vater schon unter seine Herrschaft gebracht hatte – zwar formal unabhängig geblieben, jedoch zum großen Teil politisch bedeutungslos geworden. An ihre Stelle traten als wichtige politische Einheiten des beginnenden »hellenistischen« Zeitalters drei große Monarchien, die nach Alexanders Tod aus seinem Reich entstanden waren. Das waren die Königreiche der Antigoniden in Makedonien, der Seleukiden, deren Herrschaftsbereich sich von der Ägäis bis zum Hindukusch erstreckte, und der Ptolemäer, die in Ägypten und den daran angrenzenden Land- und Seegebieten herrschten. Am Rand dieser ausgedehnten Reiche lagen jedoch andere, kleinere Staatswesen. Mit ihnen geriet Rom zunächst in Konflikt – vor allem mit seinen unmittelbaren Nachbarn.

Einer dieser Staaten war Epeiros (im nordwestlichen Griechenland), dessen König Pyrrhos 280-275 v. Chr. vergeblich versucht hatte, in Sizilien und Süditalien einzufallen. Der nächste an der adriatischen Festlandküste gelegene Staat, mit dem die Römer in Konflikt gerieten, war die Monarchie der zum Teil hellenisierten Illyrer, die das Küstengebiet des heutigen Dalmatien beherrschten und sich um 260 v. Chr. nach Süden bis nach Albanien ausgedehnt hatten. Die Illyrer müssen beunruhigt gewesen sein, als die Römer 246 v. Chr. eine befestigte latinische Kolonie ihnen gegenüber in Brundisium (Brindisi) errichteten, und zwar dort, wo zwei Meeresarme tief ins Land einschneiden und sich der beste Hafen an der Ostküste Italiens befand. Das geschah während des Ersten Punischen Krieges. Die Absicht der Römer war, den Karthagern den Zugang zur Adria zu verwehren. Aber diese neue Gründung konnte ebensogut die Illyrer treffen. Als Rom 16 Jahre später die Wiedergutmachung der Überfälle auf seine Gesandten und die Ermordung italischer Kaufleute verlangte, lehnte die illyrische Königin Teuta, eine entschlossene und praktisch denkende Regentin, diese Forderung ab.

Deshalb schickten die Römer Truppen und Schiffe nach Illyrien, um ihren Forderungen Nachdruck zu verleihen. Mit diesem Angriff, dem ersten auf einen an der gegenüberliegenden Küste der Adria gelegenen Staat, geboten sie den Plänen Teutas für eine weitere Ausdehnung ihres Machtbereichs Einhalt und übernahmen an der Ostküste der Adria die Schutzherrschaft über griechische Städte und Stämme, die dafür dankbar waren. 220 bis 219 v. Chr. versuchte der griechische Abenteurer Demetrios aus Pharos im gleichen Gebiet den Umstand, daß Rom im Zweiten

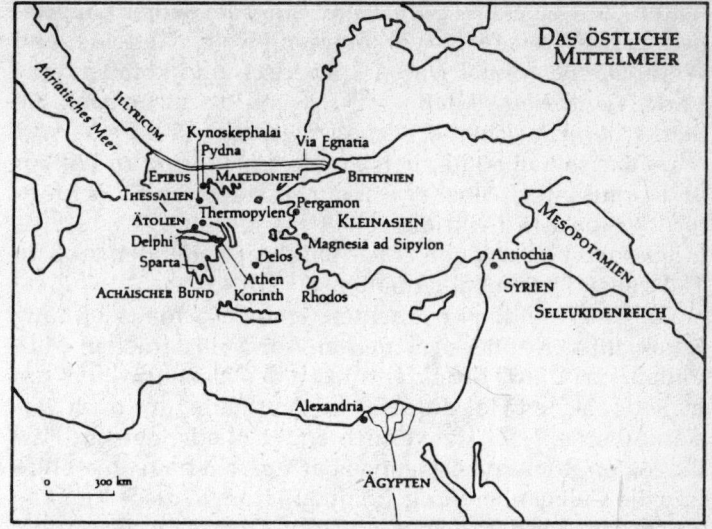

Punischen Krieg ganz in Anspruch genommen war, für sich auszunutzen. Er wurde jedoch durch römische Truppen vetrieben und mußte außer Landes fliehen. Versuche ähnlicher Art sind auch von anderen später immer wieder unternommen worden, die ebenso wie Demetrios glaubten, politisch freie Hand zu haben, während die Römer diese Männer als Klienten betrachteten – analog dem Verhältnis Patron – Klient, das in der römischen Gesellschaft eine wichtige Rolle spielte.

Demetrios floh zu König Philipp V. von Makedonien, der ihn 219 v. Chr. bei sich aufnahm. Damit geriet Rom, als Hannibal in Italien einfiel, in Konflikt mit einer der drei größten griechischen Mächte, und zwar mit der, die Italien am nächsten lag. Und Makedonien verfügte immer noch über viele der Reserven, die etwa 100 Jahre zuvor die erstaunlichen Siege Alexanders des Großen ermöglicht

159

hatten. Auf eigenem Gebiet und auf dem seiner Untertanen gab es reiche Erzvorkommen, Holz, Getreide und
Wein. Die Bewohner waren kriegerisch und konnten eine
starke Armee aufstellen – auch wenn sie nicht ganz die
Stärke der römischen erreichte. Zwar war Philipp V. vor-
schnell in seinen politischen Urteilen und neigte zu Willkür
und Grausamkeit, aber er war ein geschickter Truppenführer, der für sein Land die seit Alexander mächtigste Stellung erobert hatte; denn er beherrschte wieder den größten
Teil der südlichen Balkanhalbinsel.

Selbstverständlich betrachtete er die Machtausdehnung
Roms auf der anderen Seite der Adria mit größtem Mißtrauen, das durch die Erfahrungen des Demetrios, der am
makedonischen Hof Zuflucht gesucht hatte, nur noch verstärkt wurde. Nach der vernichtenden Niederlage, die Karthago den Römern bei Cannae beigebracht hatte, hielt Philipp die Gelegenheit für gekommen, Rom in die Schranken
zu weisen. Deshalb schloß er 215 v. Chr. einen Beistands-
pakt mit Hannibal. Tatsächlich haben die beiden Bündnis-
partner sich aber nicht geholfen, und 205 v. Chr. schloß
Philipp mit Rom Frieden. Doch die Römer provozierten
ihn, indem sie einige seiner ehemaligen Verbündeten, die
von ihm abgefallen waren, besonders die des Ätolischen
Bundes in Mittelgriechenland, auf ihre Seite zogen. Der
Ätolische Bund war einer jener Zusammenschlüsse von
Stadtstaaten, die im Laufe der vergangenen Jahre zustande
gekommen waren, um sich den Machtansprüchen des
einen oder anderen größeren griechischen Königreiches zu
widersetzen. Im vorliegenden Fall war der natürliche Feind
das benachbarte Makedonien. Die Ätoler waren zu dieser
Zeit bereits die stärkste politische Kraft in Mittelgriechenland. Des war das erste offizielle Bündnis, das die Römer
auf griechischem Boden schlossen. Zwar hatte es keine
lange Lebensdauer, aber es genügte den Römern, um in
Griechenland festen Fuß zu fassen.

Das schwierigste Problem für die drei griechischen Königreiche waren die kräftezehrenden Streitigkeiten, die ihre Beziehungen untereinander häufig belasteten. Philipp, der den Römern weiterhin mißtraute, erkannte deutlich die Gefahren dieser innergriechischen Spannungen und schloß daher einen Geheimvertrag mit den Seleukiden. Obwohl das riesige Seleukidenreich, das viele Griechen in seiner syrischen Hauptstadt Antiochia und in anderen Städten beheimatete, nicht straff organisiert war, flößte es von allen drei Diadochenreichen die meiste Furcht ein. Sein gegenwärtiger Herrscher, Antiochos III., trug nach seinen Eroberungszügen, mit denen er seine Grenzen weit nach Norden und Osten ausgedehnt hatte, um dem Beispiel Alexanders zu folgen, den Beinamen »der Große« und hatte in der Tat, was die Schlagkraft seines Heeres und den Schwung seiner militärischen Operationen betraf, manches von seinem berühmten Vorbild übernommen.

203 und 202 v. Chr. vereinigte sich Philipp mit Antiochos, um gemeinsam mit ihm das dritte mächtige Diadochenreich, nämlich das Ägypten der Ptolemäer, das damals von einem Knaben regiert wurde und dessen überseeische Besitzungen die beiden anderen Könige unter sich aufteilen wollten, anzugreifen. Das Reich der Ptolemäer mit der Hauptstadt Alexandria, dem größten Handelshafen und Kulturzentrum der damaligen Welt, wurde nach einem ausgeklügelten zentralistischen System verwaltet, das nicht seinesgleichen besaß, und es war für jeden Angreifer ein überaus lohnendes Ziel, denn hier gab es Getreide, Gold, Kupfer, Eisen, Baumaterial und Marmor im Überfluß. Außerdem besaß Ägypten das Monopol auf den Anbau und Export von Papyrus.

Doch das in so finsterer Absicht geschlossene Bündnis zwischen Makedoniern und Seleukiden, durch das Ägypten vernichtet werden sollte, beunruhigte die griechischen Stadtstaaten in höchstem Maße, denn sie waren überzeugt, daß sie die nächsten Opfer dieser Verschwörung sein würden. Besonders gefährdet fühlten sich die beiden Staaten, die in jener Zeit ebenfalls sehr mächtig waren, Rhodos und Pergamon. Die Insel Rhodos, unmittelbar vor der Südwestküste Kleinasiens gelegen, war eine sehr wohlhabende, Handel treibende Republik mit einer großen und tüchtigen Handelsflotte. Rhodos verfolgte eine eigene Außenpolitik, wobei seine Hauptsorge darin bestand, die Freiheit der Meere gegenüber Piraten und allen anderen Angreifern zu schützen, dabei aber mit jedermann in Frieden zu leben. Weil die Insel dicht vor der Küste Kleinasiens lag, von wo aus sie leicht den Großmächten zum Opfer fallen konnte, hatte es Rhodos begrüßt, daß zwischen den Seleukiden und Antigoniden normalerweise gewisse Spannungen herrschten. Durch das Bündnis zwischen Antiochos und Philipp, den es verabscheute, weil er die Bevölkerung der von ihm unterworfenen Staaten brutal unterdrückte, fühlte sich Rhodos nun bedroht. Es wandte sich deshalb an Rom und versuchte, es für seine politischen Ziele zu gewinnen. Pergamon, die blühende Hauptstadt eines anderen sehr wohlhabenden kleineren Staates, unter dessen Einfluß ein großer Teil des westlichen Kleinasiens stand und das durch die Ausbeutung der dort vorhandenen Bodenschätze zu beachtlichem Wohlstand gelangt war, schloß sich den Bemühungen von Rhodos an. Das Königshaus in Pergamon, die Attaliden, hatte sich ein Jahrhundert zuvor vom Seleukidenreich losgesagt und fürchtete mit Recht, daß dieses eines Tages versuchen könnte, Pergamon wieder unter seine Botmäßigkeit zu bringen. Deshalb nahm der König von Pergamon, Attalos I. Soter, die gleiche Haltung ein wie Rhodos und drängte Rom, die Makedonier und Seleukiden voneinander zu trennen. Zugleich begannen Pergamon und Rhodos militärisch gegen Philipp vorzugehen. Ihre Gründe waren verständlich, aber die Tatsache, daß sie sich an Rom wandten, sollte wenige Jahrzehnte später den Zerfall des gesamten griechischen Staatensystems zur Folge haben, in dem sie eine bedeutende Rolle spielten.

Vielleicht hatte der römische Senat, bevor er die Gesandten dieser Staaten anhörte, nicht gewußt, daß Philipp und Antiochos sich verbündet hatten. Auf jeden Fall fiel es Pergamon und Rhodos nicht schwer, die Römer davon zu überzeugen, daß ein solches Bündnis bestand und ungünstige Folgen haben könnte, denn wenn zwei griechische Großmächte Freundschaft schlossen, um die dritte anzugreifen, dann durfte man durchaus damit rechnen, daß sie sich anschließend zusammenschlossen, um gemeinsam gegen Rom vorzugehen. Rom wurde nervös.

Diese Nervosität war auch in Zukunft für die Haltung Roms bezeichnend und Anlaß für viele spätere militärische Maßnahmen. Dieses Mißtrauen empfand besonders die Oberschicht, der Senat und der Adel, und sie befürwortete auch den Krieg gegen Philipp. Die Mitglieder der Volksversammlung andererseits stimmten angesichts der Erschöpfung des Staates durch den erst kürzlich beendeten Zweiten Punischen Krieg, der 18 Jahre gedauert hatte, geschlossen gegen die Aufnahme des Kampfes gegen einen neuen Feind. Aber die Kriegspolitik des Senats setzte sich durch, und Rom stellte Makedonien ein Ultimatum.

Die Abfassung des Dokuments muß schwierig gewesen sein, besonders da die Römer gewohnt waren, ihre Kriege als gerecht zu bezeichnen, denn Philipp hatte ihre Interessen nicht direkt verletzt. Die römische Regierung forderte daher, Makedonien solle Pergamon und Rhodos vor Übergriffen sichern und sich in Zukunft aller Feindseligkeiten gegen griechische Staaten enthalten. Das war ein bemerkenswerter Fall von Einmischung in fremde Angelegenheiten, der bedeutete, daß Makedonien, ebenso wie Karthago, nicht mehr berechtigt war, eigene Außenpolitik zu treiben; mit anderen Worten, die Römer behandelten Makedonien wie einen Klientelstaat, der seine außenpolitische Freiheit verloren hatte. Ähnliche Tendenzen waren schon früher bei der Behandlung der Illyrer durch die Römer erkennbar gewesen, aber gegenüber einer griechischen Großmacht waren sie noch nie beobachtet worden.

Philipp wies dieses Ansinnen Roms zurück, und damit begann der erste größere Krieg, den Rom auf griechischem Boden führte (200 v. Chr.). Es war ein historisch bedeutsamer Zusammenstoß, weil es sich um die einzigen europäischen Militärmächte handelte. Die Feldzüge während der ersten beiden Kriegsjahre in Makedonien und Thessalien konnten die Lage kaum entscheidend verändern, bis schließlich deutlich wurde, daß der römische Befehlshaber Flamininus, der schon im Alter von 29 Jahren Konsul geworden war, die Makedonier aus ihren drei stärksten Stützpunkten in Griechenland und aus Griechenland selbst vertreiben und sie zwingen wollte, sich in ihr Heimatland zurückzuziehen.

Doch Philipp beschloß, diese Offensive nicht abzuwarten, denn ein Zermürbungskrieg hätte seine zahlenmäßige Unterlegenheit aufgedeckt. Deshalb ging er selbst zur Offensive über und eröffnete am Kynoskephalai (Hundskopf), dem heutigen Karadag in Ostthessalien, die Schlacht. Der rechte Flügel Philipps führte einen erfolgreichen Angriff bergab, wurde dann aber von den Römern im Rücken angegriffen und aufgerieben. Die Makedonier verloren die Schlacht. Bei diesem ersten Zusammenstoß zweier Armeen mit verschiedener militärischer Tradition erwiesen sich die Legionen, die entsprechend der Strategie des Scipio Africanus flexibel operierten, gegenüber der geschlossenen und relativ starren griechischen Phalanx weit überlegen. Nach dieser Niederlage ließ sich die Zukunft des östlichen Mittelmeerraumes ohne Schwierigkeiten voraussehen, obwohl griechische Optimisten die wichtige Frage nach dem militärischen Kräfteverhältnis als

164

noch unentschieden betrachteten, weil die Römer in dieser Schlacht die günstigere Ausgangsposition gehabt hatten.

Doch der Krieg war damit beendet. Nach seiner Niederlage wurde Philipp von den Römern nicht gestürzt, weil sie sich seiner noch im Kampf gegen die Seleukiden bedienen wollten. Er mußte jedoch seine Flotte und Stützpunkte aufgeben und auf jeden Einfluß Makedoniens in Griechenland verzichten. Flamininus füllte das so entstandene Kräftevakuum dadurch aus, daß er bei den Isthmien (Spiele) in der großen Handelsstadt Korinth die griechischen Städte fortan für frei erklärte. Dieser großzügige Akt der Befreiung, der sich mit vielen ähnlichen Erklärungen vergleichen ließe, die griechische Monarchen in früherer Zeit abgegeben haben, entsprach der Hochachtung des jungen und begabten Heerführers für die griechische Kultur, denn ebenso wie Scipio Africanus, dem er nacheiferte, gehörte er zu jener Generation von Römern, die sich für das Griechentum begeisterten. Aber die Freiheit der griechischen Städte bedeutete, mit den Augen der Römer gesehen, nur so weit Freiheit, wie diese sie den Gemeinden zugestanden. Vielleicht interpretierten die Griechen sie als uneingeschränkte Handlungsfreiheit. Für die Römer aber, die Griechenland zwar militärisch räumten und den einzelnen Gemeinwesen das Recht der Selbstverwaltung ließen, bedeutete dieser Begriff nur die Freiheit, die ein Klient gegenüber seinem Patron hat. Das führte später noch zu vielen Mißverständnissen. 167 v. Chr. hat jedoch König Prusias II. von Bithynien im nördlichen Kleinasien gezeigt, daß er den Begriff richtig verstanden hat. Als er das Senatsgebäude in Rom betrat, fiel er vor den versammelten Senatoren nieder und rief aus: »Seid gegrüßt, göttliche Erlöser!«

Doch die Verkündigung der Freiheit soll bei den Griechen zunächst einen solchen Jubel ausgelöst haben, daß angeblich sogar die Vögel, als sie den Begeisterungssturm vernahmen, wie betäubt waren und verstummten. Die

Freude war jedoch nicht allgemein, denn die ehemaligen Verbündeten Roms, der Ätolische Bund, teilten sie nicht. Sie hatten als einzige Griechen die Sache der Römer tatkräftig unterstützt, und doch durften sie zur Belohnung und im Zuge der allgemeinen Befreiung ihr Gebiet nur um ein geringes vergrößern. In ihrer Enttäuschung wandten sie sich an Antiochos und forderten ihn auf, eine seleukidische Armee nach Griechenland zu führen, um mit dem neuen römischen Despotismus aufzuräumen (193 v. Chr.).

Zu dieser Zeit waren die Beziehungen zwischen Antiochos und den Römern schlecht, denn sie hatten ihm sehr deutlich zu verstehen gegeben, daß er sich von Europa fernhalten sollte. Das war eine Wiederholung des überheblichen Verhaltens, das sie auch gegenüber Philipp gezeigt hatten, wenngleich es vielleicht gemildert wurde durch den Hinweis, daß sie, wenn er diesem Ersuchen nachkäme, selbst keinen Fuß auf kleinasiatischen Boden setzen würden. Doch Antiochos mißachtete das Verlangen Roms, drang in Europa ein und besetzte die heutige Halbinsel Gelibolu in Thrakien, die, wie er behauptete, seinen Vorfahren gehört hätte und nun das rechtmäßige Eigentum der Seleukiden als der führenden Macht im östlichen Mittelmeerraum sei.

Außerdem hielt sich der alte Gegner Roms, Hannibal, am Hof der Seleukiden auf. Nach dem Zweiten Punischen Krieg hatte er Karthago zu erstaunlicher Blüte gebracht, aber die Karthager waren seiner starken Führung müde geworden, und Antiochos erlaubte ihm, sich auf seleukidischem Boden niederzulassen. Das erregte großes Mißtrauen auf seiten der Römer, das von dem neuen König von Pergamon, Eumenes II., bewußt geschürt wurde, der ihre Beziehungen zu Antiochos ebenso vergiftete, wie sein Vater Attalos ihr Verhältnis zu Philipp gestört hatte. Diesmal wollte der römische Senat keinen Krieg gegen Antiochos führen. Doch während die Verhandlungen sich in einer Atmosphäre zunehmender Spannungen hinzogen, verlor Antiochos schließlich die Geduld und beschloß, der Aufforderung des Ätolischen Bundes nachzukommen. Unzufrieden mit dem Teil Europas, den er bereits besetzt hatte, marschierte er im März 192 v. Chr. nach Griechenland und zwang so den römischen Senat, der sich lange einem militärischen Vorgehen widersetzt hatte, ihm eine Armee entgegenzuschicken. Das Hilfeersuchen des Ätolischen Bundes war, wie sich herausstellte, sehr unklug gewesen und Antiochos' Eingreifen daraufhin der Höhepunkt der Torheit, denn beides forderte die Römer heraus, ihren Machtbereich noch weiter auszudehnen. Doch vielleicht glaubte Antiochos, dies sei die letzte Gelegenheit, ihnen Einhalt zu gebieten.

Obwohl er über große Soldatenreserven verfügte, waren die Römer ihm taktisch weit überlegen. 191 v. Chr. wurde er bei den berühmten Thermopylen entscheidend geschlagen und mußte Griechenland räumen. Im folgenden Jahr schlugen die Römer ihn noch einmal, und zwar zur See. Das war der letzte große Seesieg, den zu gewinnen Rom herausgefordert war, und die unmittelbare Folge davon war, daß die Römer nun mit ihren Truppen in Kleinasien landen konnten, was bisher noch niemals geschehen war. Das führte zur entscheidenden Begegnung mit Antiochos, zur Landschlacht bei Magnesia im westlichen Kleinasien (190 v. Chr.). Zum Führer des römischen Heeres war der Bruder des Scipio Africanus ernannt worden, aber Africanus stand ihm als Berater zur Seite. Er war politisch einflußreich geblieben und überzeugt, daß die Griechen vor Antiochos geschützt werden müßten. Doch am Tag der Schlacht war Scipio Africanus krank, und der Held des Tages wurde Eumenes von Pergamon. Er war es, der die schwerbewaffneten persischen Reiter an der linken Flanke der gewaltigen Armee des Antiochos schlug; daraufhin wandten sich die Elefanten des Seleukidenheeres, durch

Speerwürfe gereizt, nach rückwärts und durchbrachen die Mitte der eigenen Phalanx. Damit hatten die Römer einen entscheidenden Sieg errungen.

Die Hauptnutznießer dieses Erfolges waren Rhodos und besonders Pergamon, während dem Ätolischen Bund, der den nun besiegten König ins Land gerufen und ihm geholfen hatte, ein Vertrag aufgezwungen wurde, durch den er seine Unabhängigkeit verlor. Antiochos selbst mußte die höchste Entschädigung zahlen, die die Römer jemals von einem besiegten Feind verlangt hatten, und Kleinasien räumen. Das war einer der entscheidendsten Kriege, weil das Seleukidenreich, das im mittleren Osten weiterbestand, seinen Mittelmeerraum räumen mußte und ein Vakuum zurückließ, das Rom nun ausfüllte.

Innerhalb kürzester Zeit hatten die Römer gegen die beiden mächtigsten griechischen Königreiche Kriege geführt, ihre Gebiete besetzt und ihnen ungewöhnlich schwere Niederlagen beigebracht. Doch die Rückschläge, die Philipp V. von Makedonien neun Jahre vorher hatte hinnehmen müssen, hatten sich nicht als tödlich oder endgültig erwiesen. In dem soeben zu Ende gegangenen Krieg hatte er als Verbündeter Roms gegen die ätolischen Bundesgenossen des Antiochos gekämpft. Er behielt so seine bisherige Stellung und konnte sie sogar noch festigen.

179 v. Chr. starb Philipp, und sein fünfunddreißigjähriger Sohn Perseus trat seine Nachfolge an. Er erneuerte den Vertrag, den sein Vater mit den Römern geschlossen hatte und die er nicht verletzen wollte. Zugleich aber ergriff er viele Maßnahmen, um den makedonischen Einfluß bei seinen Nachbarn zu stärken. Darüber hinaus ließ er, als Griechenland in eine schwere Wirtschaftskrise geriet, gegenüber einer großen Zahl von bankrotten Kaufleuten Gnade walten und verkündete einen allgemeinen Schuldenerlaß. Böswillige Kritiker konnten das als eine Maßnahme bezeichnen, die darauf gerichtet war, Unruhe zu stiften

und die Bemühungen der Römer in Griechenland zu hintertreiben. Vor allem Eumenes von Pergamon verbreitete diese gegen die Makedonier gerichtete Propaganda, denn er gab sich nicht damit zufrieden, nur gegen Antiochos Stimmung gemacht zu haben, sondern setzte nun die Streitigkeiten seines Vaters mit den Makedoniern fort. Tatsächlich kam er 172 v. Chr. nach Rom, um Perseus vor dem Senat anzuklagen. Die Römer schenkten ihm Glauben, und im folgenden Jahr schlitterten sie wieder in einen Krieg mit Makedonien. Ein fadenscheiniger Vorwand war, daß Perseus die Anführer einiger Grenzstämme angegriffen hätte, die freundschaftlich mit Rom verbunden waren. Aber der eigentliche Grund war die große Angst der Römer, Perseus könnte etwas unternehmen, um die römischen Siedlungen und die römische Politik in den von Griechen bewohnten Ländern zu gefährden.

Die ersten Feldzüge brachten wie im vorangegangenen makedonischen Krieg keine Entscheidung. Perseus war zwar ein tüchtiger Feldherr, aber er war zu unentschlossen, günstige Gelegenheiten auszunutzen; und die Römer hatten, wie so oft, gewisse Anfangsschwierigkeiten. Im vierten Kriegsjahr sah sich der König schließlich gezwungen, aus dem Grenzgebiet zu weichen, so daß der Konsul Paullus in die makedonische Ebene vorrücken konnte, wo es bei Pydna zur Schlacht kam. Im ersten Ansturm auf die schwere, aus 20 000 Mann bestehende Phalanx des Perseus wurden die römischen Legionäre zurückgeschlagen. Doch während die Phalanx vorrückte, entstanden Lücken, in die kleine römische Einheiten eindrangen, während andere die Makedonier an den Flanken angriffen, wo sie den feindlichen Lanzenträgern mit ihren Kurzschwertern katastrophale Verluste beibrachten. Die Unterlegenheit der Phalanx gegenüber der Legion zeigte sich hier noch deutlicher als früher, und nach der Schlacht war die makedonische Armee vernichtet.

Roms imperialistische Politik

Perseus kapitulierte, und der römische Feldherr Aemilius Paullus führte ihn in seinem Triumphzug mit. Alle makedonischen Beamten wurden des Landes verwiesen. Die Monarchie wurde abgeschafft und das Land in vier Republiken aufgeteilt. Diese Entscheidung, durch die die nationale Einheit Makedoniens rücksichtslos zerschlagen wurde, war von schicksalhafter Bedeutung, weil hier zum ersten Mal eines der drei großen Diadochenreiche Alexanders von den Römern vollständig vernichtet wurde. Das Gleichgewicht der Kräfte zwischen Römern und Griechen hatte sich plötzlich verschoben.

Innerhalb einer einzigen Generation war die griechische Welt, in der drei große Reiche sich das Gleichgewicht hielten, für immer durch die Niederwerfung zweier dieser Reiche zerstört worden, von denen eines überhaupt aufhörte zu existieren. An Stelle der Griechen drängten nun die Römer in die Länder um das Ägäische Meer. Unmittelbar nach der Schlacht bei Pydna befahl außerdem ein römischer Gesandter dem Nachfolger Antiochos' III., Antiochos IV. Epiphanes, der Ägypten erobert hatte, es zu räumen, und deutete damit das Interesse Roms auch für das dritte Diadochenreich an, das mit den beiden anderen aus dem Reich Alexanders des Großen hervorgegangen war.

Das Mißtrauen der Führung in Rom führte zu weiteren harten Maßnahmen als Folge des makedonischen Krieges. Eumenes II. von Pergamon, der zunächst den Krieg Roms gegen Perseus befürwortet hatte, wurde später von der römischen Führung verdächtigt, wahrscheinlich zu Unrecht, Geheimverhandlungen mit Perseus aufgenommen zu haben. Und Rhodos, das fürchtete, daß der Krieg seinen Überseehandel beeinträchtigte, besaß – wie die Römer es empfanden – die Kühnheit, sich beiden Parteien als Vermittler anzubieten, in der Hoffnung, den Frieden wiederherzustellen. Nach Beendigung der Feindseligkeiten bekamen sowohl Pergamon als auch Rhodos den Unwillen des Senats zu spüren. In Pergamon begannen die Römer, die Stellung des Eumenes zugunsten seines Bruders zu untergraben, bestanden aber schließlich doch nicht auf einem Thronwechsel. Auf Rhodos war die Situation gefährlicher, denn Rom richtete auf der Insel Delos einen mit Rhodos rivalisierenden Freihafen ein, der zu einer so starken Konkurrenz wurde, daß Rhodos' Außenhandel praktisch zum Erliegen kam. Außerdem wurde Rhodos der Piraten nicht mehr Herr – ein Zustand, den die Römer verschuldet hatten.

So wurden zwei loyale alte Verbündete behandelt, die für kurze Zeit von der politischen Linie Roms abgewichen waren. Die anderen jedoch, die Makedonien aktiv unterstützt hatten, wurden noch härter bestraft. Die Römer führten zahlreiche Bewohner von Epeiros in die Sklaverei, und auf den Inseln des Ätolischen Bundes kam es zu grausamen Massakern. Der Achäische Bund auf dem Peloponnes, der ebenfalls das Mißtrauen der Römer auf sich gezogen hatte, mußte Tausende von Menschen an die römischen Machthaber ausliefern, die nach Italien deportiert wurden. Zu ihnen gehörte auch der Historiker Polybios. Insgesamt verlor Griechenland in der ersten Hälfte des 2. Jahrhunderts v. Chr. und besonders als Folge dieser Verheerungen ein Viertel seiner Bewohner.

In den folgenden Jahren konzentrierte sich das Interesse der Römer wieder auf Spanien. Noch im selben Jahr, als weitere Prätoren ernannt worden waren, um die beiden neugeschaffenen Provinzen zu verwalten (197 v. Chr.), brachen im Süden und Osten des Landes Unruhen aus. Die Rebellen wurden in beiden Fällen von den kriegerischen, gut bewaffneten Keltiberern unterstützt, die im unzugänglichen Gebirge des nordöstlichen Binnenlandes lebten. Zwei Jahre später übernahm der Konsul Cato das Oberkommando in Spanien. Nach umfangreichen Operationen gelang es ihm, neue Verbindungslinien zwischen den beiden Provinzen auszubauen. Dennoch gaben die Keltiberer ihren Widerstand nicht auf. Ihnen schlossen sich die Lusitaner im heutigen Portugal und Westspanien an. Es kam immer wieder zu offenen Feindseligkeiten, bis der Vater der berühmten Gracchen 179 v. Chr. das Gebiet der Keltiber er befriedete, indem er, was damals ungewöhnlich war, nicht nur Gewalt anwendete, sondern auch mittels Verhandlungen versuchte, das Vertrauen der Bevölkerung zu gewinnen. So blieb es in diesem Teil des Landes während der folgenden 25 Jahre ruhig.

Der Griff, mit dem die römische Verwaltung den »wilden Westen« des Reiches, der sie zu skrupelloser Ausbeutung herausforderte, umklammerte, war so bedrückend, daß sich in den Jahren 154/153 v. Chr. die beiden Stammesverbände abermals erhoben. Die Lage verschlimmerte sich durch eine Reihe unheilvoller Vertrauensbrüche, die in den folgenden Jahren von den römischen Statthaltern begangen wurden. Darüber hinaus entstand sehr bald eine besonders gefährliche Situation, weil die Lusitaner einen genialen Guerillaführer gefunden hatten. Ein Schafhirte namens Viriathus organisierte zum ersten Mal alle Stämme und vereinigte sie zu einem schlagkräftigen Verband. Dann operierte er mit kleinen Guerillabanden, die den Gegner aus dem Hinterhalt überfielen und sofort wieder verschwanden. Dabei errang er beachtliche Erfolge gegen die Römer und drang innerhalb von fünf Jahren wiederholt in ihre Provinzen ein. Sie gaben seinen Friedensforderungen nicht nach, und schließlich fand Viriathus als Folge eines doppelten Verrats des römischen Befehlshabers 140 v. Chr. ein gewaltsames Ende.

Inzwischen hatten sich auch die Keltiberer den Aufständischen wieder angeschlossen. Ihr Hauptquartier war die Bergfeste Numantia am Zusammenfluß von Duero und

Merdancho. Von da aus leisteten die Rebellen den römischen Angreifern fast zehn Jahre lang erfolgreich Widerstand. Schließlich wurden sie 133 v. Chr. nach einer historisch bedeutsamen, acht Monate dauernden Belagerung von 60 000 römischen Soldaten unter dem Kommando des Scipio Aemilianus, dem adoptierten Enkel des Africanus, ausgehungert und zur Kapitulation gezwungen. Damit waren die 85 Jahre lang dauernden Kämpfe in Spanien endlich beendet, und die Grenze des römischen Einflußgebietes wurde bis in das mittelspanische Hochland und den Mittellauf des Duero vorverlegt. Die Römer hatten für dieses Gebiet schon immer Interesse gezeigt, weil sie hier äußerst tüchtige Hilfstruppen ausheben konnten. Nun stand ihnen für diesen Zweck ein noch viel größerer Raum zur Verfügung. Aber die spanischen Feldzüge, die diesen Erfolg ermöglicht hatten, waren von zwei verhängnisvollen Umständen gekennzeichnet. Der eine war die erstaunliche militärische Unfähigkeit, die der römischen Führung Sorgen bereiten mußte. Der andere war die erschreckende Tatsache, daß die römischen Befehlshaber einer nach dem anderen die von ihnen beschworenen Verträge mit den Spaniern gebrochen hatten, ein Vorgang, den auch die fremdenfeindlichsten Senatoren nicht gutheißen konnten. Ein Grund für die anfänglichen Erfolge des Viriathus ist darin zu sehen, daß es ihm gelang, die Krisen, in denen sich Rom in den Jahren um 140 v. Chr. auf dem Balkan und in Nordafrika befand, geschickt auszunutzen.

Nach dem letzten makedonischen Krieg hatten die Römer mit der Aufteilung des makedonischen Reichs in vier autonome, aber doch gefolgschaftsleistende Republiken dafür gesorgt, daß das Land zu schwach war, um Rom noch schaden zu können. Aber diese Republiken waren nun auch zu schwach, um sich selbst zu verteidigen, was sich sehr bald zeigte. 150 v. Chr. gab ein gewisser Andriskos vor, der Sohn des verstorbenen Königs Perseus zu sein, und als er nur auf geringen Widerstand der republikanischen Miliz stieß, gelang es ihm, Makedonien wieder zu vereinigen und sich selbst zum König zu machen. Die Römer sahen sich gezwungen, einzugreifen und ihn aus dem Land zu vertreiben (148 v. Chr.).

Daraufhin hielten sie es für notwendig, ihre Politik zu ändern. Da die Aufteilung Makedoniens in von Rom abhängige Republiken nicht zum Erfolg geführt hatte, schien es an der Zeit, das ganze Konzept, nach dem die griechischen Gemeinwesen zu »freien«, aber abhängigen Klientelstaaten gemacht worden waren, aufzugeben. Man beschloß deshalb, die östlichen Regionen zu annektieren, wie man das im Westen getan und das zur Bildung von vier Provinzen geführt hatte. Diese Maßnahme löste überall Entsetzen aus, wie damals, als 167 v. Chr. Makedonien durch die Aufteilung in Republiken von Rom zerstört worden war. Die Römer bauten in der neuen Provinz eine wichtige Straße, die Via Egnatia, die erste große Römerstraße im Osten. Sie folgte dem Lauf eines alten Verkehrsweges, der von der Adria bis zur nördlichen Ägäis führte, und verband die makedonischen Städte miteinander und mit Italien und bildete einen Teil des Verteidigungssystems gegen die Barbaren aus dem Norden.

150 v. Chr. schickten die Römer die 300 Überlebenden der 17 Jahre zuvor deportierten 1000 Geiseln des Archäischen Bundes in ihre Heimat nach Griechenland zurück. Doch bald darauf forderte Rom erneut den Zorn der Mitglieder dieses Bundes heraus, als es dem Stadtstaat Sparta, den die Achaier zunächst gezwungen hatten, sich dem Bund anzuschließen, die Selbständigkeit gewährte. Das führte in der Hauptstadt des Bundes, in Korinth, einer wichtigen Festung mit einem bedeutenden Handelshafen, zu leidenschaftlichen, gegen Sparta und Rom gerichteten Demonstrationen, und als römische Gesandte in die Stadt kamen, wurden sie mißhandelt. Die Hoffnungen der

174

Achaier, die Römer seien andernorts zu stark gebunden, um diesen Übergriff zu rächen, erfüllten sich nicht.

Der römische Konsul Mummius führte 146 v. Chr. vier Legionen aus Makedonien heran und nahm Korinth ein. Auf Befehl der römischen Regierung wurde die Stadt geschleift. Alle Überlebenden wurden in die Sklaverei verkauft und alle Kunstschätze auf dem Wasserweg nach Rom transportiert.

Auch der Achäische Bund wurde aufgelöst, und Griechenland wurde mit seinen Städten, nachdem man geeignete örtliche Verwaltungen eingesetzt hatte, mit der neuen Provinz Makedonien vereint und zu Tributzahlungen verpflichtet. Viele Jahrhunderte griechischer Unabhängigkeit waren zu einem plötzlichen und gewaltsamen Ende gekommen.

Im selben Jahr nahmen die Römer auch dem karthagischen Staat die Freiheit, und die alte Hauptstadt Karthago erlebte das gleiche Schicksal wie Korinth.

Nach der Niederlage Karthagos 55 Jahre früher hatte dieser Staat zwar seine Bedeutung als Großmacht verloren, doch der Sieg Roms hatte nicht verhindern können, daß die Stadt zunächst unter der Führung Hannibals einen erstaunlichen Aufschwung nahm. Die Karthager hatten einen ganz wesentlichen Teil ihrer Handelsbeziehungen wiederaufgenommen und wandten verbesserte landwirtschaftliche Methoden an, um die Erträge in ihren afrikanischen Territorien zu steigern. Allerdings erwies sich der gewalttätige und ehrgeizige Herrscher im benachbarten Numidien, Massinissa, der als Klient Roms auf dem Thron saß und eifrig darum bemüht war, seinen Machtbereich zu erweitern, als eine tödliche Gefahr für den Wiederaufbau Karthagos. Nach dem Zweiten Punischen Krieg erlaubte sich Massinissa ein halbes Jahrhundert lang immer wieder Übergriffe auf die Küstenkolonien und Agrargebiete Karthagos und verstand es zu verhindern, daß Rom eingriff und ihm Einhalt gebot. In ihrer Verzweiflung griffen die Karthager 150 v. Chr. schließlich zu den Waffen, obwohl ihr Vertrag mit den Römern es ihnen verbot, selbständig Krieg zu führen. Als sich Massinissa hilfesuchend an Rom wandte, verlangte der alternde Cato im Senat immer wieder, Karthago müsse zerstört werden. Die Weigerung der römischen Regierung, etwas gegen die Provokationen Massinissas zu unternehmen, war zwar ebenfalls eine Verletzung des Vertrages mit Karthago, aber die Haltung Catos entsprang irrationalen Rachegefühlen und eifersüchtiger Angst, die auf den Erinnerungen des alten Mannes an seine Erlebnisse im Krieg gegen Hannibal beruhten. Auch im Senat weckte der Name Hannibal so schlimme Vorstellungen, daß die Mehrheit trotz einer starken Opposition dem Drängen Catos nachgab und Karthago den Krieg erklärte.

In der für sie hoffnungslosen Lage sahen sich die Karthager genötigt, um Frieden zu bitten. Doch Rom stellte so unannehmbare Bedingungen, daß sie sich in ihrer Verzweiflung entschlossen, Widerstand zu leisten. Der Krieg dauerte vier Jahre und wurde 146 v. Chr. von Scipio Aemilianus* beendet, der noch vor Erreichen des gesetzlich vorgeschriebenen Alters von der Volksversammlung zum Heerführer ernannt worden war und die Belagerung Karthagos zu einem blutigen Ende brachte. Die überlebenden Karthager wurden in die Sklaverei verkauft, die Stadt wurde dem Erdboden gleichgemacht, und über den Trümmern schüttete man Salz aus, um den verfluchten Ort für alle Zeiten unfruchtbar zu machen. Hier zeigte sich, wie sehr die Siege Hannibals die Gefühle der Römer verletzt hatten. Es erhob sich die Frage, was mit dem afrikanischen Gebiet geschehen sollte, das den Römern in die Hände gefallen war. Massinissa war gestorben, und sie waren nicht gewillt, das Land seinen Söhnen zu überlassen. Man beschloß deshalb, es ebenso wie die Eroberungen in Makedonien und Griechenland zu annektieren. Die neue Provinz Afrika war ein ungewöhnlich fruchtbares Gebiet. Der Dritte Punische Krieg war zwar mehr aus psychologischen als aus wirtschaftlichen Gründen geführt worden, aber die von den Römern in Nordafrika eroberten Landstriche waren so reich an Getreide, daß sie im Laufe der Zeit als Kornkammern Roms an die Stelle von Sizilien traten.

Die rücksichtslose Zerstörung Karthagos, die im gleichen Jahr erfolgte wie die Zerstörung Korinths, ließ die gesamte Welt um das Mittelmeer erschaudern. Der römische Imperialismus zeigte sich hier in seiner unverhüllten und zynischen Rücksichtslosigkeit. Trotz der moralischen Fragwürdigkeit brachte diese Politik, die die Römer als »neue Weisheit« bezeichneten, erstaunliche Erfolge, denn innerhalb weniger Jahre hatte Rom im gesamten Mittelmeerraum die Vorherrschaft gewonnen – und das Mittelmeer selbst war in der Tat zum *mare nostrum*, zu »unserem Meer« geworden.

9 Die neue Gesellschaft

Senat und Adel an der Spitze des Staates

In den entscheidenden ersten Jahrzehnten nach 200 v. Chr., als der absolute Autoritätsanspruch der Regierung sich zunehmend mit Rücksichtslosigkeit paarte, wurde die Außenpolitik mit wenigen Ausnahmen vom römischen Senat und Adel bestimmt, also von den Männern, die – ungeachtet dessen, ob sie Plebejer oder Patrizier waren – Konsuln zu ihren Vorfahren zählten.

In der zweiten Hälfte des vorangegangenen Jahrhun-

---

* Über seine Erfolge in Spanien siehe S. 173.f

derts, während des Zweiten Punischen Krieges, hatte sich die Volksversammlung gelegentlich gegen den Senat durchgesetzt, vor allem bei der Ernennung des Scipio Africanus, der die Senatoren anschließend aus guten Gründen zustimmten. Aber im großen und ganzen lagen während der ersten beiden Punischen Kriege die Regierungsgeschäfte in den Händen einer kleinen Oberschicht. Kurz vor Ausbruch dieser Kriege war die Revolution in Rom schon im Keim erstickt, als die Volkstribunen, statt Vertreter des Volkes zu sein, zu Werkzeugen des Adels wurden. Auch später, nach dem Sieg über Hannibal, war man allgemein der Meinung, Rom habe es dem Adel, der den Senat bildete, zu verdanken, daß es aus höchster Gefahr gerettet worden sei und dabei sogar noch umfangreiche und einträgliche Gebiete jenseits des Mittelmeeres gewonnen habe. Diese neuen Provinzen wurden allein vom Senat verwaltet, der, wie es üblich geworden war, Männer zu Statthaltern ernannte, die vorher in Rom Konsuln oder Prätoren gewesen waren, was eine Verlängerung der Amtsgewalt, *prorogatio*, bedeutete. Daß die Senatoren die Expansionspolitik fest im Griff behielten, war nur ein Teilaspekt einer allgemeinen Erscheinung, denn um die Wende des 3. zum 2. Jahrhundert v. Chr. lagen alle politischen Entscheidungen so fest in der Hand der Senatoren wie nie zuvor, auch wenn die Volksversammlung gelegentlich intervenierte.

Das geht auch aus den Aufzeichnungen zu den Wahlen für die Staatsämter hervor. »Neue Männer«, die keine Konsuln zu ihren Vorfahren zählen konnten, waren außerordentlich selten; es regierte praktisch nur ein kleiner Kreis von etwa 1000 Männern, die weniger als 20 Familien angehörten. Philipp V. von Makedonien war sehr erstaunt und fast neidisch, als er erlebte, wie freundschaftlich diese Adligen und Senatoren miteinander verbunden waren. Die Ernennung des Scipio Africanus hatte allerdings einige Spannungen in diese harmonische Atmosphäre gebracht, die aber nicht lange anhielten, und irgendwelche bedenklichen Zerfallserscheinungen waren noch nicht zu spüren. Die Familie der Scipionen ist sogar ein gutes Beispiel dafür, auf welch schmaler Grundlage das System beruhte. In weniger als 100 Jahren wurde das Amt des Konsuls dreiundzwanzigmal von Angehörigen dieser Familie besetzt. Und die Inschriften auf ihren erhaltenen Grabdenkmälern sprechen nicht nur mit besonderem Nachdruck von den öffentlichen Ämtern der Verstorbenen und ihren militärischen Erfolgen, sondern berichten auch ausführlich von ihrer Abstammung. In den großen Adelshäusern bewahrte man in Schränken die Wachsmasken der Vorfahren auf, die hohe Staatsämter bekleidet hatten. Die Masken waren in Form eines Stammbaums angeordnet und wurden als religiöse Kultgegenstände behandelt. Bei Beisetzungsfeierlichkeiten wurden sie von Schauspielern, die dafür bezahlt wurden, im Trauerzug mitgeführt. Außerdem wurden Lobreden auf den Verstorbenen und seine Vorfahren gehalten, und aus ihnen erfahren wir vieles, allerdings oft tendenziös gefärbt, über die Ereignisse der Zeit.

Die Tradition spielte in der Erziehung der Römer eine besonders wichtige Rolle, wie auch Cicero immer wieder betont. Nicht nur den Menschen vergangener Zeiten gebührte Ehrerbietung, sondern auch den Alten der Gegenwart. So erklärt es sich auch, daß, obwohl die Männer schon in relativ jungen Jahren hohe Staatsämter bekleiden konnten – ein Prätor mit etwa 40 Jahren und ein Konsul zwei oder drei Jahre später –, ehemalige Konsuln bei jeder Senatsdebatte das erste Wort hatten und ihre in den Kriegen im 3. und 2. Jahrhundert v. Chr. gewonnenen Erfahrungen, die sehr wertvoll waren, hoch geachtet wurden.

Unter der Leitung dieser Männer wuchs der Einfluß des Senats immer mehr, und da es keine wirksame Opposition gab, wurde er praktisch im Laufe der Zeit allmächtig. Das drückte sich, wie wir gesehen haben, in einer ständig härter werdenden Außenpolitik aus, wobei die Maßnahmen der Regierung oft unbegründetem, kleinlichem Mißtrauen entsprangen. Auch wenn die Volksversammlung sich gelegentlich bemerkbar machte, überließ die große Mehrheit der Bevölkerung die Politik doch den Politikern.

Dennoch war der Adel sehr wachsam angesichts möglicher Unruhen, wie es im Verlauf einer seltsamen religiösen Krise deutlich wurde. Während der Punischen Kriege, als die Not sehr groß war, hatte der Senat als Ventil für die Unzufriedenheit der Massen bestimmte religiöse Kulte aus dem Osten zugelassen, die besser geeignet waren, die Bevölkerung abzulenken und die Entbehrungen erträglicher zu machen als die nüchternen römischen Rituale. Diese neuen Kulte, so glaubte man, würden, wenn sie erst einmal zugelassen waren, schon abgeschwächt und angepaßt werden. Doch 186 v. Chr. wurden strenge Maßnahmen zur Kontrolle des geheimnisvollen Bacchuskultes (Dionysos) getroffen. Die aus dem Osten heimgekehrten römischen Soldaten hatten von dort die Bacchanalien mitgebracht, die nun in ganz Italien, besonders im Süden der Halbinsel, gefeiert wurden. Die Bacchanalien wurden in Konventen oder Geheimgesellschaften abgehalten, die man für Brutstätten von Verbrechen und öffentlichem Aufruhr hielt. Aber die Menschen hatten sich so an diese Feiern gewöhnt, daß die Regierung sie nicht mehr verbieten konnte. Deshalb verfügte sie, daß nicht mehr als fünf Personen an einem Bacchanal teilnehmen duften, und das auch nur mit Genehmigung des Senats.

Der Adel, der sich der Bedeutung der Religion für seine eigene Machtstellung durchaus bewußt war, hatte sich zu allen Zeiten darum bemüht, auf diesem wichtigen Gebiet des sozialen Lebens seinen Einfluß geltend zu machen. So erklärte er zum Beispiel, daß unerwünschte religiöse Kulte wie die Bacchanalien die Gefahr der Verschwörung und des politischen Umsturzes in sich bärgen. Aber diese Haltung war unheilvoll für die Zukunft, weil sich daraus willkürliche neue Interpretationen des geltenden Rechts ergaben. Bedenklich war es auch, daß sehr strenge polizeiliche Maßnahmen gegen die Ausbreitung des Bacchuskultes nicht nur auf römischem Gebiet, sondern auch auf dem der Verbündeten ergriffen wurden.

Die Entstehung einer römischen Kultur

Auch auf literarischem Gebiet achteten Adel und Senat streng darauf, daß ihre Vormachtstellung nicht angetastet wurde. Zu den Männern, die das zu spüren bekamen, gehörte der vielseitig begabte Dichter Naevius (geb. ca. 270, gest. 201 v. Chr.), ein römischer Bürger aus der Gegend von Capua. Naevius war der Verfasser patriotischer Schriften, von denen nur Bruchstücke erhalten sind. Zu ihnen zählten Tragödien aus der römischen Geschichte und Legende und ein Epos über den Ersten Punischen Krieg, an dem er selbst teilgenommen hatte. Aber um 204 v. Chr. machte er sich irgendeines Vergehens schuldig, wurde eingekerkert und ging anschließend ins Exil. Vielleicht hatte die herrschende Schicht noch nicht vergessen, daß er 30 Jahre früher eine der angesehensten plebejischen Adelsfamilien, die Caecilii Metelli, beleidigt hatte.

Naevius, der einen Sinn für Humor hatte, schrieb auch Komödien. Auf diesem Gebiet wurde er aber von Plautus (geb. etwa 254, gest. 184 v. Chr.) übertroffen. Mit Plautus, der aus dem abgelegenen Sarsina (Mercato Saraceno) in Umbrien stammte, erreichte die in Versen geschriebene lateinische Komödie schon sehr früh ihren Höhepunkt. 20 vollendete Komödien und ein Fragment von ihm sind erhalten. Seine Vorbilder waren ebenso wie diejenigen seiner wenigen lateinischen Vorgänger die feinsinnigen

Stücke der »neuen griechischen Komödie« aus dem Athen des 4. Jahrhunderts v. Chr., die, da die Beziehungen zum griechischen Süditalien und Sizilien enger geworden waren, vielen gebildeten Römern bekannt waren. Plautus schrieb diese Stücke um, so daß sie in der neuen lateinischen Version kaum noch wiederzuerkennen waren. Es gelang ihm nicht nur, unter großen Anstrengungen die noch immer unbeholfene lateinische Sprache in das Versmaß der völlig anderen griechischen zu zwingen, sondern er verzichtete auch auf die Feinheit der griechischen Komödie, um seinem eigenen, viel gröberen und lauteren Humor freien Lauf zu lassen. Mit diesen Stücken hatte er einen gewaltigen Erfolg, der sich auch in den folgenden Jahrhunderten fortsetzte. Schon zu seinen Lebzeiten war das Publikum, das sich aus allen Schichten der Bevölkerung zusammensetzte, bereit, auf Boxkämpfe, Tanzvorführungen und Wagenrennen zu verzichten, um sich seine Komödien auf behelfsmäßig aufgebauten Bühnen anzusehen und darüber zu lachen.

Trotz aller Possenhaftigkeit enthalten seine Stücke zwar versteckte, aber sehr gezielte Gesellschaftskritik in der Form von ins krasse Gegenteil gekehrten moralischen Grundsätzen. Die Ehrfurcht vor den Eltern und die eheliche Wohlanständigkeit werden in übermütiger Weise auf den Kopf gestellt, ebenso die Geringschätzung der Frauen, Klienten und besonders der Sklaven, die Plautus viel mehr in den Vordergrund rückt, als dies bei der griechischen »neuen Komödie« der Fall war. Aber Plautus wurde im Gegensatz zu Naevius von der Oberschicht weder kritisiert noch verfolgt. Er legte großen Wert darauf, daß seine Figuren und die Welt, in der sie lebten, nicht römisch, sondern fremd und griechisch waren. Somit kritisierte er, wenigstens dem Anschein nach, keine römischen Einrichtungen.

Etwa 15 Jahre jünger als Plautus war der Dichter Ennius (230-169 v. Chr.), der sich ebenso hütete, mit der herrschenden Schicht Roms in Konflikt zu geraten – obwohl er nicht nur »moralisierende Satiren« schrieb, sondern es auch wagte, sich rational mit der traditionellen Mythologie und sogar mit Jupiter auseinanderzusetzen, dem Staatsgott der Römer. In Rudiae (bei Lecce in Südostitalien) geboren, wo griechische, latinische und italische Kulturelemente miteinander verschmolzen waren, hatte die Natur ihn, wie er selbst sagte, mit drei Herzen ausgestattet. Gegen Ende des Zweiten Punischen Krieges diente Ennius als Soldat in Sardinien, gehörte im ätolischen Feldzug 189 v. Chr. dem Stab des Heerführers an und wurde nach Kriegsende als Belohnung für seine Leistungen römischer Bürger. Er war ein armer Mann, der die Geselligkeit liebte. Angeblich ist er an der Gicht gestorben; »wenn ich nicht die Gicht habe«, so hatte er geäußert, »dann kann ich nicht dichten«. Doch offenbar ist er viel fleißiger gewesen, als dieser Ausspruch vermuten läßt, dazu warmherzig und begeisterungsfähig. Er war der erste Berufsliterat in Rom und der erste, der das Interesse für die griechische Literatur weckte.

Das erreichte er vor allem mit seinen sehr lebendigen und farbigen *Annalen*, einem epischen Gedicht, das in der Tradition des Naevius geschrieben ist und in dem er die griechischen Hexameter des Homer übernommen hat. Sie sind eine Chronik der ganzen römischen Geschichte bis in die Zeit des Dichters. Heute sind nur noch ein paar hundert Verse erhalten, aber sie zeigen deutlich sein Vermögen, die römische Republik, die damals zum Weltreich wurde, von ihrer besten Seite darzustellen und dem für sie typischen männlichen Stolz, der Kraft und dem alles beherrschenden gesunden Menschenverstand lebendig Ausdruck zu verleihen. Seine Landsleute späterer Generationen haben in ihm den Vater der lateinischen Dichtkunst gesehen, und er übte einen entscheidenden Einfluß auf nachfolgende Historiker und Literaturkritiker aus.

Ennius war 204 v. Chr. mit Cato dem Älteren (234-149

v. Chr.), der um die gleiche Zeit geboren war wie der ältere Scipio (Africanus), von Sardinien nach Rom zurückgekommen. Cato gehörte zwar zu den »neuen Männern«, die keine Konsuln zu Vorfahren hatten, wurde aber zu einem der bedeutendsten Politiker seiner Zeit. Doch Scipio und Cato waren erbitterte Rivalen, denn die Zeit, da das Verhältnis zwischen den Senatoren einigermaßen ausgeglichen war, neigte sich dem Ende zu. Natürlich gab es immer Kämpfe um Ansehen und Ämter, und jeder bedeutende Mann wurde tatkräftig von seinen Klienten unterstützt, doch als es um zwei so verschiedene Persönlichkeiten wie Cato und Scipio ging, verschärften sich die Gegensätze und Spannungen.

Cato war ein Vertreter altehrwürdiger Traditionen und erfreute sich der Unterstützung vieler konservativer Großgrundbesitzer. Er war deshalb empört darüber, daß Scipio, den er für einen opportunistischen Karrieremacher hielt, ein so hohes persönliches Ansehen genoß. Außerdem gefiel ihm die Vorliebe Scipios für griechische Lebensart und Kultur nicht (die auch darin zum Ausdruck kam, daß er sich wie ein Grieche glatt rasierte). Als sich die Beziehungen zwischen Griechenland und Rom im Zweiten Punischen Krieg und besonders danach lockerten, war Cato überzeugt, daß der Hellenismus sich auf allen Ebenen des römischen Lebens nachteilig auswirkte. Er war empört, als Scipios Bruder aus dem Krieg gegen Antiochos die ersten aus Bronze gefertigten Ruhelager, luxuriöse Bettdecken, reich verzierte Tische, feine Speisen und Amüsierdamen mitbrachte, wie man sie in Rom bis dahin nicht gekannt hatte. Und Cato konnte sich durchsetzen, denn schon 184 v. Chr. zwang er die beiden Scipionen, sich aus dem öffentlichen Leben zurückzuziehen. Scipio Africanus starb wenig später.

Daß Cato 184 v. Chr. zum Zensor gewählt wurde, war für einen »neuen Mann« ein beachtlicher Erfolg, der ihm den Beinamen »Censorius« eintrug. In diesem Amt konnte er seine gegen das Griechentum gerichteten Angriffe intensivieren. Er tarnte seine an sich hohe Bildung durch bewußt bäurisches Auftreten und schlechte Manieren gegenüber seinen zunehmend kultivierteren Kollegen im Senat. Als Zensor setzte er viele Maßnahmen zur Aufrechterhaltung der Moral, für den Wiederaufbau der Wirtschaft und die Reinerhaltung der Sitten durch. Unter anderem führte er eine Luxussteuer ein, um dem Wohlleben entgegenzutreten, das er so verachtete. Er wollte damit vor allem seine persönlichen Feinde treffen; er glaubte aber auch – und diese Überzeugung finden wir bei den Gesetzgebern während der folgenden Jahrhunderte immer wieder –, daß der Ausschweifung mit Gesetzen begegnet werden könne.

Cato widersetzte sich auch dem Streben der Frauen nach mehr Unabhängigkeit und behauptete, sie tyrannisierten die Männer. Seit dem vergangenen Jahrhundert nahm die Ehe viel freiere Formen an, und der wachsende Wohlstand hatte zur Folge, daß die Frauen sich luxuriöser kleideten und schmückten. Hinzu kam, daß in einigen einflußreichen Familien alle Männer in den vorangegangenen Kriegen gefallen waren und das Vermögen nun den Frauen gehörte. Das wollte den Traditionalisten durchaus nicht gefallen, und 169 v. Chr. brachte ein Volkstribun mit Catos Unterstützung ein Gesetz ein, durch das das Erbrecht der Frauen wieder abgeschafft werden sollte. Doch dieses Gesetz ließ sich ohne weiteres dadurch umgehen, daß die Verwaltung des Vermögens Treuhändern übergeben wurde, die das Vertrauen der Eigentümer besaßen. Diese Treuhänder, durch die alle Frauen mit Ausnahme der vestalischen Jungfrauen ihre offiziellen Angelegenheiten regeln lassen mußten, arbeiteten oft mit ihnen zusammen, so daß in vielen Fällen alleinstehende Frauen ihr Eigentum auch weiterhin praktisch selbst verwalteten.

Außerdem durften sie an öffentlichen Veranstaltungen

teilnehmen, und in den wohlhabenderen Familien wurden sie nicht nur zu Hausfrauen erzogen, sondern auch geistig gefördert. So verwaltete Cornelia, die Tochter des Scipio Africanus, nicht nur ihre eigenen Güter, sondern führte in ihrem Haus auch eine Art Salon, der Treffpunkt der Gebildeten war. Frauen ihres Ranges spielten von nun an auch im politischen Leben eine wichtige Rolle, denn politische Bündnisse zwischen einzelnen Interessengruppen wurden oft durch Familienbande zusammengehalten, die durch Heirat entstanden, und in den Häusern dieser Frauen trafen sich einflußreiche Politiker zu wichtigen Besprechungen.

Catos Mißfallen gegenüber Cornelias Vater kam nur noch seiner ablehnenden Haltung gegenüber aufgeklärten Frauen ihres Wesens gleich. Sein ganzes Leben zeigte deutlich, daß es ihm ausschließlich darauf ankam, die überlieferten gesellschaftlichen Normen vor weiterer Aushöhlung zu bewahren. Er entstammte zwar einer Bauernfamilie aus Tusculum in Latium, war aber im Lande der Sabiner erzogen worden, deren Disziplin und Härte seiner Auffassung nach die wertvollsten Charaktereigenschaften waren, die ihn selbst und alle echten Römer auszeichneten; dazu gehörten vor allem Mut, Ausdauer und Gehorsamkeit im Staatsdienst. Dieser streitbare, rachsüchtige rothaarige Bauer mit den stechenden grauen Augen war der Inbegriff der puritanischen Reaktion. Doch alle seine Bemühungen waren vergeblich, denn wenn es ihm auch gelungen sein mag, Sitte und Ordnung eine Zeitlang aufrechtzuerhalten und ihren Zerfall hinauszuzögern, so konnten sich seine Vorstellungen auf die Dauer doch nicht durchsetzen.

Mit Ausnahme eines Werkes über den Ackerbau ist von seinen Schriften nur sehr wenig erhalten geblieben. Wir wissen jedoch heute, daß er ein bedeutender Schriftsteller war. Der schwerste Verlust ist der des siebenbändigen Geschichtswerkes *Origines* (Ursprünge). Mit diesem Werk, das er in lateinischer Sprache und nicht wie seine Vorgänger in griechischer geschrieben hatte, war er der Schöpfer der lateinischen Prosa. Doch trotz seiner Ablehnung des griechischen Einflusses empfahl er seinem Sohn, »ein wenig griechische Literatur zu lesen« – warnte ihn aber vor den verdorbenen Griechen –, und ließ sich sogar herab, in seinen eigenen lateinischen Schriften gewisse griechische Stilelemente zu übernehmen. Das war nicht verwunderlich, da er auch den hellenophilen Ennius gefördert hatte.

Dennoch hat Cato immer behauptet, die Römer unterschieden sich grundsätzlich von den Griechen. Insbesondere wies er darauf hin, daß Rom im Gegensatz zu den griechischen Staaten seine Erfolge nicht wenigen einzelnen, sondern vielen verdankte, die in Leben und Arbeit gemeinsam das gleiche Ziel verfolgten. Der Personenkult, etwa bei den Scipionen, war ihm so zuwider, daß er es in seinem Werk *Origines* vermied, bedeutende römische Heerführer beim Namen zu nennen, aber in seiner Darstellung des Zweiten Punischen Krieges den des karthagischen Elefanten Surus erwähnte. Er hatte durchaus recht, wenn er der römischen Geschichtsschreibung vorwarf, die Historiker versuchten, ihre eigenen Familien zu glorifizieren.

Wie das Geschichtsbewußtsein, so spielte auch die öffentlich gehaltene Rede in der Republik eine große Rolle, und darin war Cato ein Meister. Mit seiner Schlagfertigkeit und seinem beißenden Witz gelang es ihm, aus nicht weniger als 50 gegen ihn angestrengten öffentlichen Gerichtsverfahren als Sieger hervorzugehen. Die Kunst der freien Rede war eine der Hauptstützen des öffentlichen Lebens und der Bildung in Rom, und auch hier war Cato ebenso wie als Historiker nicht vollständig gegen griechische Einflüsse gefeit, was die rhetorische »Kunst der Überredung« und die dabei anzuwendende Taktik betraf. Diese Einflüsse und die praktische Notwendigkeit, in der Volksversammlung, dem Senat und vor den Gerichten überzeugend seinen Standpunkt zu vertreten, trugen wesentlich zur Entwicklung der lateinischen Rhetorik bei, jenes so überaus wirksamen Instrumentes, das Cato als einer der ersten römischen Politiker in bewundernswerter Weise beherrschte.

Als Redner, Staatsmann und Verfechter einer strengen Moral nahm Cato in diesen Jahren eine geachtete Stellung ein. Seine außenpolitischen Vorstellungen gingen über einen relativ engen Rahmen nicht hinaus, und unter dem Deckmantel gesunden Menschenverstandes setzte er sich für viele äußerst chauvinistische Maßnahmen jener Epoche ein, ganz besonders mit der Forderung, Karthago müsse zerstört werden. Allerdings war er zu einem früheren Zeitpunkt mit dem ebenso von Rachegefühlen diktierten Vorschlag, Rhodos den Krieg zu erklären, nicht einverstanden*, aber mit Sicherheit nicht, weil er irgendwelche Sympathie für die griechischen Inselbewohner gehabt hätte, sondern weil er (im Gegensatz zu seinem späteren politischen Gegner Scipio Africanus) die schädlichen Einflüsse fürchtete, die aus weiteren römischen Interventionen im Osten folgen würden.

Am makedonischen Feldzug, der dazu geführt hatte, daß die unentschlossenen Rhodesen bei den Römern in Ungnade fielen, nahm als einer der jüngsten römischen Offiziere der Adoptivenkel des Scipio Africanus, Scipio Aemilianus (geb. 185/84, gest. 129 v. Chr.) teil. Er war ein noch größerer Bewunderer des in Rom zur Mode gewordenen Individualismus, den Cato so sehr verabscheute, als der ältere Africanus. In den folgenden Jahren, wenn sie eine Krise zu bestehen hatten, wandten sich die Römer jedoch immer wieder an Aemilianus. Er war es, der den Dritten Punischen Krieg (146 v. Chr.) gewann, als Cato schon ein

---

* Cato hatte ebenfalls getadelt, daß die Spanier von den römischen Befehlshabern immer wieder verraten und betrogen wurden. Siehe S. 170.f

Greis war, und er war es auch, der 133 v. Chr. die Spanier endgültig besiegte. So blieb er fast 20 Jahre lang, wenn auch niemals unangefochten, der wichtigste Mann in Rom. Er vereinigte in sich viele Widersprüche. In seiner Jugend galt er als eitel, doch später zeichneten ihn Energie und Tatkraft aus. Er war selbstverständlich ein ausgezeichneter Redner und besaß, obwohl er als Feldherr nicht so genial wie Africanus war, ungewöhnliches Organisationstalent. Trotz seiner ironischen Art, mit der er sich gelegentlich Feinde schuf, konnte er seine Freunde und auch die Öffentlichkeit sehr für sich einnehmen, wenn er seine Meinung durchsetzen wollte. Was aber besonders an ihm auffiel, obwohl er (wie Africanus) nichts Ungewöhnliches tat, war das Ansehen, das er wegen seines untadeligen Verhaltens genoß: Er war eine integre Persönlichkeit in einer Zeit, in der man sich der Bedeutung solcher Tugenden durchaus bewußt war.

Als Intellektueller, der mit dem Griechentum sympathisierte, war Scipo Aemilianus von verschiedenen griechischen Lehrern erzogen worden und interessierte sich lebhaft für griechische Literatur und Philosophie. Wenn es vielleicht auch keinen »scipionischen Kreis«, von dem Cicero später sprach, gegeben hat, so spielten doch Persönlichkeiten, mit denen er enge Beziehungen unterhielt, in der zum Teil hellenisierten römischen Kultur jener Zeit eine große Rolle. Zu ihnen gehörten nicht nur gebildete Griechen, deren Philosophie so verstanden wurde, daß sie die ideelle Grundlage der ständigen Ausweitung des römischen Machtbereichs werden konnte, sondern auch der bedeutende lateinische Dramatiker Terentius (geb. ca. 190, gest. 159 v. Chr.), ein Nachfolger des Plautus als Komödiendichter. Sein zweiter Name »Afer« läßt vermuten, daß er aus Nordafrika stammte. Eine Zeitlang war er Sklave eines römischen Senators, der ihm aber die Freiheit schenkte. Später gewann er die Freundschaft des Scipio

Aemilianus, und es entstand das wahrscheinlich falsche Gerücht, Scipio sei sogar der Mitautor seiner Stücke gewesen. Alle sechs sind erhalten und so meisterhaft komponiert, daß sie auf das spätere europäische Theater einen entscheidenden Einfluß gehabt haben. Terentius ist nicht nur feinfühliger und beschaulicher als Plautus, sondern er lehnt sich auch mehr an griechische Vorbilder an. Deshalb waren seine Werke auch nicht so publikumswirksam. Terentius zeichnete seine jungen Helden, die sich realistisch und amoralisch verhalten, mit einem damals üblichen Empfinden für Humanität. Dabei spürt man zwischen den Zeilen eine Gesellschaftskritik, die weniger aufdringlich, aber ebenso deutlich ist wie die des Plautus.

Den gleichen Ton finden wir bei Lucilius aus Suessa Aurunca (Sessa) in der Campania (geb. ca. 180, gest. 102 v. Chr.). Auch er war ein Schützling des Scipio Aemilianus und hatte in dessen Kavallerie in Spanien gedient. Lucilius war ein ausnehmend begabter Satiriker, und die moderne Satire geht auf ihn zurück. Schon Ennis hatte leicht satirische, moralisierende Verse geschrieben. Aber wie wir aus den 1300 etwas unbeholfenen Versen, die von seinen 30 Büchern erhalten sind, sehen können, war es Lucilius, der über das zeitgenössische Leben und die damalige gebildete Welt seinen beißenden Spott und Hohn ausschüttete. Als wohlhabender Mann mit guten Beziehungen war er kein Freund der Leute, die die gesellschaftlichen Grundregeln nicht mehr gelten ließ, denen er sich verbunden fühlte. Sein scharfer, durchdringender Verstand und respektloser, sprudelnder Humor legten rücksichtslos alle Schwächen bloß, die er bei seinen Mitmenschen entdeckte. Er spürte das Herannahen einer neuen Zeit und sah die Schatten, die sie vorauswarf.

Wohlstand und Bauwesen

Während dieser Jahre flossen Edelmetalle und Münzen aus den Gebieten jenseits des Mittelmeeres in die Schatzkammern des römischen Staates. Im gleichen Jahr, als der Bruder des Scipio Africanus seine gewaltige Beute aus Kleinasien nach Hause brachte (179 v. Chr.), mußten auch die im mittleren Kleinasien beheimateten Galater einen ungewöhnlich hohen Tribut zahlen. 168 v. Chr. führte der Sieger von Pydna, Paullus, in seinem drei Tage lang durch die Straßen Roms ziehenden Triumphzug 250 mit Beute beladene Wagen und 300 goldene Kronen mit. Nun erlebte Rom zum ersten Mal, daß dieses Metall infolge der ungewöhnlich hohen Reparationen, die die geschlagenen Feinde leisten mußten, in die Stadt floß. Der Hauptteil des neuen Reichtums nahm seinen Weg zu den Senatoren und den mit ihnen verwandten Adelsfamilien.

So entstand eine gewaltige Kluft zwischen Reichen und Armen. Um dieser Entwicklung entgegenzuwirken, entschloß sich der Senat nach der Schlacht von Pydna zu einer eindrucksvollen Geste gegenüber der Öffentlichkeit. Bis dahin war jeder römische Bürger verpflichtet, dem Staat eine direkte Vermögenssteuer, das sogenannte *tributum* zu zahlen. Diese Steuer war in Notzeiten immer wieder erhoben worden, vor allem während der Punischen Kriege. Aber die Römer, die zwar bereit waren, die nicht sehr hohen indirekten Steuern zu bezahlen, sahen nicht ein, daß es zu ihren Bürgerpflichten gehörte, regelmäßig auch hohe direkte Steuern zu entrichten. Sie hätten Cicero zugestimmt, der gesagt hat, »es ist die Pflicht des Staatsmannes, dem Volk keine Vermögenssteuer aufzuerlegen«, woraus mit anderen Worten folgte, nicht die römischen Bürger hätten die Steuern zu zahlen, sondern die Untertanen in den Provinzen. Als daher die reiche Beute aus Galatien in Rom eintraf, zahlte der Senat einzelnen Römern die von ihnen oder ihren Familien im Zweiten Punischen Krieg erhobenen direkten Steuern teilweise oder sogar vollständig zurück. 167 v. Chr., nach Pydna, als die Beute wieder unermeßlich reich ausgefallen war, wurde diese Form der Besteuerung sogar gänzlich abgeschafft und über mehr als 100 Jahre nicht wieder eingeführt. Diese Maßnahme mußte ergriffen werden, um die Unzufriedenheit zu bekämpfen, die sich aus der ungleichen Verteilung des Reichtums ergeben hatte.

Rom war inzwischen größer geworden als alle anderen Städte in der westlichen Welt, und mit der Zunahme des Reichtums nahmen auch die neuen Bauten monumentale Ausmaße an. Der griechische Einfluß zeigte sich in der Vorliebe für freistehende Säulengänge und Basiliken, die an die Stelle der Verkaufsstände am Rande des Forums traten und als Märkte, Versammlungsräume und Gerichtssäle dienten. Das älteste Beispiel in Italien für eine Basilika finden wir nicht in Rom, sondern in der kampanischen Stadt Pompeji (120? v. Chr.). Es ist ein großes, rechtwinklig angelegtes Gebäude mit Säulengängen im Inneren, das wahrscheinlich ursprünglich ein flaches Holzdach trug. Das erste Gebäude der gleichen Art in Rom, das jedoch nicht erhalten ist, war die Basilica Porcia (184 v. Chr.). Trotz seiner Abneigung gegen alles Griechische hatte Cato Censorius sie bauen lassen. Sehr bald entstanden in Rom weitere Basiliken in ähnlichem Stil.

Erst später, im 1. Jahrhundert v. Chr., entstanden Basiliken mit Rundbögen, die an die Stelle der Architrave traten, die für die ersten Basiliken charakteristisch sind. Es hatte zwar schon früher in Griechenland und Etrurien bescheidene Versuche gegeben, Rundbögen zu bauen, aber erst in Rom entwickelte sich der Rundbogen zu einem typischen Bauelement. Er entwickelte sich schließlich, losgelöst von Arkaden und Gebäuden, zum freistehenden, monumentalen, als Denkmal errichteten Torbogen – eine rein römische

Bronzebeschlag eines etruskischen Kriegswagens aus Monteleone, der zwei schwerbewaffnete, gepanzerte Krieger zeigt

Sarkophag des Lucius Cornelius Scipio Barbatus, der 298 v. Chr. Konsul
war und einer der 23 Konsuln aus der Familie der Scipionen ist (die Büste
stammt aus späterer Zeit)

Etruskischer Bronze-
helm, den Hiero I. von
Syrakus zur Feier sei-
nes Sieges über die
Etrusker und Kartha-
ger 474 v. Chr. vor Cu-
mae gestiftet hat

Silberner Doppelschekel aus Carthago Nova (Cartagena) mit Hannibal als Melkart-Herakles (221–218 v. Chr.)

Bronzemünze aus Carthago Nova mit dem Kopf des Scipio Africanus, nachdem er die Stadt 209 v. Chr. erobert hatte; Pferd und Palme im karthagischen Stil

Silberne Tetradrachme des Makedonierkönigs Perseus, der 168 v. Chr. bei Pydna von den Römern besiegt wurde

Pompeius der Große

Cicero

Kopf des Augustus
aus Pergamon

Gemmenporträt des
Antoninus Pius (138–
161)

MCAELIVS
M F
PRIVATVS

MCAELIVS
M F
THIAMINVS

M CAELIO T F LEM BON
O LEG XIIX ANN LIII
IDIT BELLO VARIANO OSSA
NFERRE LICEBIT P CAELIVS T F
LEM FRATER FECIT

RER VM GESTAR VM DIVI AVG
SVBIECIT ET INPENSAR VM QVAS
IN DVABVS AHENEIS PILIS QVAE S ROI

rechts oben: Gipsfigur eines Eseltreibers, der beim Ausbruch des Vesuv 79 n. Chr. verschüttet wurde. (Der durch die Verwesung des Körpers entstandene Hohlraum wurde mit Gips ausgefüllt.)

links oben: Grabstein des Zenturionen Marcus Caelius, der 9 n. Chr. in der Schlacht gegen Arminius im Teutoburger Wald fiel

links unten: Der Anfang des lateinischen Textes der *Res gestae* des Augustus auf der Mauer des Tempels der Roma und des Augustus in Ankyra (Ankara) in Galatien *(Monumentum Ancyranum)*

rechts unten: Trajan (98–117)

Nach Augustus' Tod erschienen Bronzemünzen aus Nikopolis in Epeiros (Sebastou Ktisma) mit einer Darstellung der Isis als *Myrionymos,* der Frau mit den tausend Namen

Große Bronzemünze des Tiberius (14–37) aus einer Veteranenkolonie (Karthago?) in Nordafrika. Auf der Rückseite Tempelbezirk mit der Inschrift PACE AV*Gusta* PER*Petua* – »im ewigen Frieden des Augustus«

Bronzesesterz des Trajan mit der Aufschrift: [dem] »besten Herrscher« (OPTIMO PRINCIPI), zur Erinnerung an seine Fürsorgemaßnahmen für arme Kinder (ALI*Menta* ITAL*iae)*

Bronzesesterz des Trajan mit der von Apollodoros von Damaskus gebauten Donaubrücke

Einer der Bronzesesterzen Hadrians zur Feier der Wiederherstellung der Provinzen, hier seiner Heimat Spanien

Bronzesesterz mit dem Bildnis Vespasians (76 n. Chr.) und dem Tempel des Jupiter, der Juno und der Minerva auf dem Kapitol, der nach den Bürgerkriegen 69 n. Chr. wieder errichtet wurde

Schöpfung. Die ersten beiden Triumphbögen, die es heute nicht mehr gibt, wurden zur Feier von Siegen römischer Truppen in Spanien 196 v. Chr. in Rom errichtet. Ende des 2. Jahrhunderts v. Chr. sind weitere Triumphbögen entstanden. Sie waren die Vorläufer der prächtigen Bauwerke gleicher Art aus der Kaiserzeit, die man noch heute in vielen Städten bewundern kann.

Die Entwicklung bei der Konstruktion von Torbögen und Arkaden, halbrunder Altarnischen und von Gewölben, die ebenso zu den großen architektonischen Leistungen der Römer gehören, wurde erst durch die Erfindung des Mörtels ermöglicht, und damit war die Baukunst in ein ganz neues Stadium getreten. Bisher hat man angenommen, daß der Mörtel zum ersten Mal im letzten Viertel des 2. Jahrhunderts v. Chr. verwendet worden ist, aber nach den jüngsten Ausgrabungen scheint das schon im ersten Jahrzehnt jenes Jahrhunderts geschehen zu sein. Man hat nämlich parallel zum Tiber, am Aventin, bei einer großen Markthalle und einem Getreidespeicher die Verwendung von Mörtel festgestellt. Wahrscheinlich handelt es sich dabei um die 193 v. Chr. erbaute Porticus Aemilia, die 174 v. Chr. restauriert worden ist. An diesem Bau läßt sich die Verwendung von Mörtel nachweisen, wenn dieses Material auch erst eine oder zwei Generationen später in größeren Mengen als Baumaterial benutzt wurde.

Bereits die Griechen kannten ein Jahrhundert früher eine aus Kalk, Wasser und Sand bestehende Mauerspeise, aber diese Materialien wurden erst in größerem Umfang benutzt, nachdem die Römer entdeckt hatten, daß es im Boden eine für solche Zwecke hervorragend geeignete pulverisierte Mischung aus vulkanischer Asche und Lehm gab. Man bezeichnet sie als *pozzolana*, weil es bei Puteoli (Pozzuoli bei Neapel) reiche Vorkommen davon gibt. Man findet das Material aber auch in der Nähe von Rom. Wenn man guten, reinen Kalk in einem Kalkofen damit mischte, erhielt man aus der geschmolzenen Masse einen außerordentlich haltbaren, festen Mörtel. Man goß die Mischung über eine Masse aus zerkleinerten Ziegeln oder zerschlagenem Bims, wobei die Bestandteile gewichtsmäßig genau aufeinander abgestimmt wurden. Daraus entstand eine harte, kompakte und fast unzerstörbare Masse, die allen Belastungen gewachsen war, sich in Wasser nicht löste und in den Mauerfugen nicht ausdehnte. Diese Masse konnte dadurch verdeckt werden, daß man die Mauern mit Marmor oder anderem Gestein verkleidete, was gewöhnlich auch geschah. Diese Verkleidungen hatten mit der Statik der Architektur nichts zu tun. Allmählich entdeckten die römischen Architekten im Laufe von Generationen die atemberaubenden Möglichkeiten, die ihnen dieses neue Baumaterial eröffnete, und verwendeten es, um die noch heute von uns bewunderten monumentalen Bauwerke mit ihren kühnen Bögen und Gewölben zu errichten.

Doch bevor man über solche Mittel verfügte, mußten Bögen viel vorsichtiger, ohne Mörtel, gebaut werden. So entstand 144 v. Chr. auf Veranlassung eines Prätors der erste römische Aquädukt mit weitgeschwungenen Bögen. Das war die Aqua Marcia, die die Stadt aus einer 45 Kilometer entfernten Quelle mit Wasser versorgte. Die Wasserleitung selbst war schon mit Mörtel ausgekleidet, aber erst beim Bau späterer Wasserleitungen wurde das Material auch für die Bögen verwendet. Das war nur die erste Phase einer langen Entwicklung in der Baugeschichte, an deren Ende Rom so reichlich mit Wasser versorgt wurde wie keine andere Stadt. Nirgends sonst wurden diese Möglichkeiten in so vielfältiger Weise für das allgemeine Wohl genutzt wie in Rom, obwohl auch in den Provinzen großartige Aquädukte entstanden sind. Die Aqua Marcia war ein Beispiel dafür, daß die Römer jener Zeit einen ausgeprägten Sinn für dauerhafte und nützliche öffentliche Einrichtungen hatten. Auch die Straßen in Italien wurden zu einem beeindruckenden Netz ausgebaut. Das gleiche geschah mit den Straßen in der Stadt selbst, die zwar nicht verbreitert, aber mit hartem Lavagestein aus dem Albanergebirge gepflastert wurden. An die Stelle der alten Holzbrücke über den Tiber, des Pons Suclicius, trat 179 v. Chr. die Aemilianische Brücke, die auf zwei steinernen Pfeilern ruhte, die 142 v. Chr. überwölbt wurden.

Die ständig wachsende Bevölkerung der Hauptstadt lebte jedoch immer noch zum größten Teil in roh zusammengezimmerten, lichtlosen Holzhäusern ohne geeignete Heizung, Kochgelegenheit oder Wasserversorgung; und diese leichten Gebäude wurden oft ein Raub der Flammen oder des Hochwassers. In den Häusern der Reichen dagegen kamen um die gleiche Zeit die mit flachen Schmucksteinen belegten Innenwände in Mode. Heute sind in Rom keine Gebäude dieser Art mehr erhalten, wir können uns aber eine Vorstellung von ihnen machen, wenn wir die eleganten, luxuriösen Häuser aus dieser und früheren Epochen in Pompeji ansehen. Die jeweils zur Straße gewandten Fassaden waren schmucklos und schlicht oder von Öffnungen unterbrochen, die als Läden dienten. Die Innenräume gruppierten sich um ein zentral gelegenes Atrium, das zugleich Innenhof und Vorhalle war. Die Grundidee dafür ist italischen, angeblich etruskischen Ursprungs. Man gelangte durch einen Eingang in das Atrium, dessen Dach in der Mitte eine rechteckige Öffnung hatte. Dort befanden sich die Statuen und der Familienaltar. Hinter dem Atrium lagen die Wohn- und Schlafräume, gelegentlich auch getrennte Speiseräume für Sommer und Winter. Sie gruppierten sich oft um einen von Säulen umgebenen Hof (*Peristyl*) mit einem kleinen Garten. Ein größerer Garten lag häufig hinter dem Haus. In Wohnhäusern dieser Art, die in einigen Gegenden Italiens noch viele Jahrhunderte im gleichen Stil gebaut worden sind, findet man interessante Wandgemälde, von denen die frühesten aus

195

der Zeit um 100 v. Chr. stammen, obwohl es auch noch frühere gegeben haben muß. Man kannte auch schon Glasfenster, aber in den Wohnhäusern sind sie nur selten anzutreffen. Häufiger verwendete man sie in den erst später entstandenen öffentlichen Bädern. Die Wasserversorgung war zwar in erster Linie für die allgemeine Öffentlichkeit bestimmt und nicht zur Versorgung der Privathäuser. Aber gelegentlich wurden die zu den öffentlichen Bädern und Brunnen in der Stadt führenden Leitungen angezapft und das Wasser durch Bleirohre in die Villen der reichen Bürger geführt.

Landwirtschaft und Sklaverei

Der in den Kriegen erworbene Reichtum, der das Leben in Rom von Grund auf verwandelte, brachte auch in ganz Italien entscheidende Veränderungen mit sich. In einigen Gebieten hatten viele kleine Bauern ihre Höfe während der 15 Jahre, in denen Hannibal mit seinem Heer durch das Land gezogen war, durch Enteignung und Verwüstung verloren. Zu ihrer Verarmung trugen aber auch andere Faktoren bei, die während der Kriege im 2. Jahrhundert v. Chr. im ganzen Mittelmeerraum wirksam waren. Im Verlauf der unaufhörlichen Feldzüge in ferne Länder starben zahlreiche römische Bauern, die als Soldaten dienten; wenn sie aber zurückkamen, brachten sie oft Malaria mit, die ganze Landstriche verseuchte und unbewohnbar machte. Viele wollten auch nicht wieder zur Landwirtschaft zurückkehren und wandten sich statt dessen dem Rüstungshandwerk in den Städten zu. Ob sie nun wieder auf ihre Höfe gingen oder nicht, es waren die ständigen Einberufungen und die lange Abwesenheit bei schlechter Bezahlung, die den Ruin dieser Kleinbauern besiegelten. Jeder taugliche Bürger im Alter von 17 bis 46 Jahren war nämlich verpflichtet, 16 oder notfalls sogar 20 Jahre im römischen Heer zu dienen. Von 200-168 v. Chr. waren jährlich etwa 47 000 Soldaten eingezogen. Und wenn man die übrigen Bewohner Italiens und die in Süditalien lebenden Griechen dazurechnete, kam man auf insgesamt 110 000 oder 130 000 Mann. Auch in der Folgezeit verringerten sich diese Zahlen nicht. Auf alle diese Männer mußte die Landwirtschaft verzichten, und die Bauernhöfe verfielen oft so weit, daß sich der Schaden nicht wieder gutmachen ließ.

Ein großer Teil des auf diese Weise freigewordenen Bodens ging im Laufe der Zeit in den Besitz des römischen Staates über, der so schließlich ein Fünftel der italienischen Halbinsel besaß. Wenn nun die Regierung ein solche Stück Land (*ager publicus*) übernommen hatte, konnte sie es wieder verpachten. Wer auf diese Weise öffentliches Land erhalten hatte, war verpflichtet, dem Staat dafür Pacht zu zahlen. Aber die Eintreibung des Pachtzinses wurde sehr nachlässig gehandhabt, und viele Pächter zahlten überhaupt nichts für das von ihnen bewirtschaftete Land. Zu ihnen gehörten einige Kleinbauern, vor allem aber zahlreiche Großpächter, die riesige zusammenhängende Areale übernommen hatten (die später als *latifundia* bezeichnet wurden) oder die viele mittlere Bauernhöfe zusammenfaßten, wobei sie sich auf Kosten der bedrängten mittleren und kleinen Bauern im Umkreis vergrößerten.

In bestimmten Gegenden Italiens brachte die Entstehung des Großbauerntums auch einen Wandel in der Erzeugung der landwirtschaftlichen Güter mit sich. Das Anwachsen der Einwohnerzahlen in den Städten hatte eine Zunahme des Marktes für landwirtschaftliche Erzeugnisse zur Folge, und die Großbauern reagierten darauf, indem sie die alte, bescheidene, auf die Deckung des Eigenbedarfs ausgerichtete Hofhaltung zugunsten einer großflächigen, intensiven Erzeugung verschiedener Produkte für kommerzielle Zwecke umstellten. Dabei wandten sie neue Methoden an, zum Beispiel die Fruchtfolge, die Düngung, das tiefe Pflügen und die systematische Zucht und Auswahl ertragreichen Saatgutes. Die Stadt Rom, in der die Bevölkerung dazu übergegangen war, anstelle von Getreidebrei gebackenes Brot zu essen, bezog den Weizen zwar immer noch aus der Campania, die auch als Industriegebiet eine größere Bedeutung hatte als Etrurien. Aber in anderen Gegenden der Halbinsel verlor der Getreideanbau, der bisher im Vordergrund gestanden hatte, allmählich seine überragende Bedeutung.

Zu dieser Entwicklung trugen unter anderem die Getreideeinfuhr aus den Provinzen und die Bodenerosion bei. Der Hauptgrund für den Rückgang des Getreideanbaus ist jedoch vor allem darin zu sehen, daß andere landwirtschaftliche Produkte gewinnbringender waren. Um die Mitte des 2. Jahrhunderts v. Chr. wurde mehr Wein als Getreide angebaut, und auch die Nachfrage nach Oliven stieg. Der Untergang Karthagos machte Italien zum größten Wein- und Ölproduzenten im Westen. Auch der Gemüseanbau nahm an Bedeutung zu. Doch die bedeutendste landwirtschaftliche Entwicklung dieser Epoche, besonders in Süditalien, stellte das Aufblühen der Viehzucht dar zur Gewinnung von Fleisch, Käse, Wolle und Leder. Damit konnten sich aber nur die größten landwirtschaftlichen Betriebe beschäftigen, denn nur sie verfügten über Sommer- und Winterweiden, auf denen das Vieh zu allen Jahreszeiten genügend Nahrung fand.

Über die landwirtschaftlichen Methoden jener Zeit erfahren wir etwas aus der Abhandlung *Über die Landwirtschaft* (de agri cultura) von Cato dem Älteren. Sie ist die erste lateinische Prosaschrift, die vollständig auf uns überkommen ist. Dieser kühl denkende, realistische Bauernpolitiker behauptet, der Besitz eines gemischten Betriebes, der nach wissenschaftlichen Methoden bewirtschaftet wird, garantiere am sichersten einen guten Gewinn. In seinem allerdings schlecht gegliederten Werk zeichnet er ein lebendiges Bild von den neu entstandenen Unternehmen jener Tage, in denen sich die Landwirtschaft mit dem Handel, dem Kreditgewerbe und den verschiedensten Industriezweigen vereinigte. Cato erklärt weiter, um solche Betriebe entsprechend zu verwalten, müsse man den richtigen Gebrauch von seinen Sklaven machen. Und Sklaven standen in jener Zeit in großer Zahl zur Verfügung.

Die Sklaverei war seit frühester Zeit eine allgemein anerkannte Einrichtung. Die Beschäftigung von Sklaven in großem Stil war schon sehr früh von den Phöniziern in Europa eingeführt worden und wurde dann von den Griechen übernommen. Nach den siegreichen Feldzügen im 3. und 2. Jahrhundert v. Chr. strömten Sklaven in großer Zahl nach Rom. Im Ersten Punischen Krieg waren es 75 000 Kriegsgefangene, unter ihnen 25 000 aus Agrigent; von den zahlreichen Kriegsgefangenen aus den Kriegen gegen Hannibal kamen allein 30 000 aus Tarent. Zu ihnen gesellten sich nach dem Sieg über Antiochos III. viele Asiaten, und 167 v. Chr. brachten die Römer 50 000 Gefangene aus Epeiros mit. Sie wurden auf den großen Sklavenmärkten in Capua und Delos verkauft. In den dort angelegten, eingezäunten Lagern konnten täglich 20 000 Sklaven abgefertigt werden. Einen Mangel an solchen Arbeitskräften hat es niemals gegeben, denn die Sklavenmärkte wurden nicht nur mit Kriegsgefangenen versorgt, sondern auch mit den Opfern der Piraten. Nachdem Rom die Torheit begangen hatte, das militärische Potential von Rhodos zu vernichten, hatten die Piraten im ganzen östlichen Mittelmeer freie Hand. Einflußreiche Römer unterstützten sie sogar, weil sie einträgliche Geschäfte mit ihnen machten.

Die Sklaven waren vollkommen rechtlos, und der Dramatiker Plautus, der sich zwar nicht offen zu diesem Thema äußert, zeigt doch eine gewisse Sympathie für diese

Menschen, die innerhalb des herrschenden Gesellschaftssystems keinerlei Schutz genossen. Immerhin wurden die Haussklaven oft recht human behandelt, und auf diesem Wege hat unter anderem die griechische Kultur auch Einzug in Rom gehalten, denn griechische Sklaven wirkten als Sekretäre, Lehrer und Ärzte.

Auf dem Lande ging es den Sklaven allerdings sehr viel schlechter. Cato vertrat die Auffassung, daß sie im allgemeinen ebenso behandelt werden sollten wie die Haustiere, wobei er allerdings meint, für einen Ochsen sollte der Besitzer besser sorgen, weil dieser nicht für sich selbst sorgen könnte wie ein Mensch. Die in der Landwirtschaft arbeitenden Sklaven wurden oft in Ketten gehalten, und Cato hielt es durchaus für richtig, sie umkommen zu lassen, wenn sie alt und arbeitsunfähig geworden waren. Er meinte jedoch, man sollte sowohl die Haustiere als auch die Sklaven so behandeln, daß sie so hart und so lange wie nur eben möglich arbeiten könnten – man sollte ihnen daher mehr zu essen geben, als zum Beispiel einem ägyptischen Freibauern zur Verfügung stand. Außerdem war Cato großzügig genug, seinen männlichen und weiblichen Sklaven Geschlechtsverkehr zu erlauben, vorausgesetzt, sie zahlten ihm etwas dafür. Er lieh ihnen auch Geld, damit sie sich ihrerseits Sklaven kaufen konnten, um sie auf seine Kosten auszubilden und dann weiterzuverkaufen – sehr oft wieder an Cato selbst. Die Sklavenkinder in seinem Haus ließ er sogar von seiner eigenen Frau stillen. Andere Sklavenhalter auf den großen Betrieben waren ebenso hart wie Cato, aber sie waren weniger vernünftig und behandelten ihre Sklaven entsetzlich grausam. Deshalb flohen viele Sklaven ungeachtet der darauf stehenden Todesstrafe und gingen in den Untergrund.

Im gesamten Mittelmeerraum gab es also akute soziale Spannungen. Besonders in Italien kam es seit 198 v. Chr. immer wieder zu Sklavenaufständen. Die erste größere

Krise brach auf den Latifundien in Sizilien aus. In den Sklavenunterkünften auf der Insel hatte man unvorsichtigerweise eine große Anzahl von Sklaven untergebracht, die aus der gleichen Gegend stammten und die sich 135 v. Chr. in einem Aufstand erhoben. Ein begabter, rätselhafter Syrer mit Namen Eunus übernahm die Führung, versammelte eine Armee von 70 000 Sklaven um sich, ließ sogar Münzen prägen, auf denen er sich als König Antiochos bezeichnete, und besetzte einen großen Teil der Insel, den er nicht weniger als drei Jahre lang halten konnte. Schließlich wurde die Rebellion in einem furchtbaren Gemetzel niedergeschlagen. Aber der Sklavenaufstand hatte auch in den östlichen Gebieten, aus denen die meisten Sklaven auf Sizilien stammten, Unruhen ausgelöst. Unter anderem kam es zu einem Aufstand in Pergamon. Der letzte König von Pergamon hatte sein Reich 133 v. Chr. an Rom vererbt, um eine solche Entwicklung zu vermeiden, aber vergeblich. Ein gewisser Aristonikos setzte sich an die Spitze eines nationalistischen Volksaufstandes in Pergamon, dem sich viele Sklaven, aber auch Freie anschlossen, noch bevor Rom ihn niederschlagen konnte.

Doch trotz all dieser Schwierigkeiten war es den Sklaven zu verdanken, daß die Landwirtschaft in Italien aufblühte und die Reichen noch reicher wurden. In einigen Regionen Italiens waren jedoch die Auswirkungen dieser Entwicklung auf die Freibauern katastrophal. Nach 181 v. Chr. hörten die Neugründungen von Kolonien, in denen sich diese Leute hätten ansiedeln können, für viele Jahre auf. Die Kleinbauern wurden nicht nur von ihren Schulden erdrückt und mußten ihre Besitzungen aufgeben, sondern sie konnten auch auf den großen Gütern, zu denen die kleinen Anwesen zusammengefaßt wurden, keine Arbeit finden. Früher waren viele Arme in die Städte abgewandert, um als Handwerker Beschäftigung zu finden. Nun taten diese Leute aus Verzweiflung das gleiche. Doch in den Städten angekommen, fanden sie auch da keine Arbeit, lebten in großem Elend und bildeten in der Masse einen gefährlichen Unruheherd. Wären sie in den abgelegenen ländlichen Gebieten geblieben, dann hätte sich die Regierung in Rom, die sich nicht gerade durch große soziale Verantwortung auszeichnete, wahrscheinlich nicht um sie gekümmert. Aber als potentielle Unruhestifter in der Hauptstadt veranlaßten sie die Politiker, über Maßnahmen zur Beseitigung dieser Gefahr nachzudenken.

Dieses Problem hatte aber noch einen anderen alarmierenden Aspekt, und zwar einen militärischen. Wer in das römische Heer eintrat, mußte über ein gewisses Vermögen verfügen, und diese Voraussetzung fehlte nun bei einem großen Teil der verarmten römischen Bevölkerung, so daß es zu einer Zeit, da Rom dringend Mannschaftsersatz in den verschiedensten Gebieten brauchte, einen ausgesprochenen Mangel an Rekruten gab. Viele hielten deshalb Reformen für unumgänglich, und entsprechende Maßnahmen ließen sich nicht mehr länger aufschieben.

V Der Untergang der Republik

10 Reformen und Krieg in Italien

Die Gracchen

Die beiden jungen Volkstribunen Tiberius und Gaius Gracchus versuchten in dieser Lage auf spektakuläre Weise, die unzähligen Mißstände zu beseitigen, die in Rom und Italien herrschten. Sie gehörten selbst dem höchsten Adel an. Nur ein einflußreicher Adliger konnte damit rechnen, mit einem solchen Unternehmen Erfolg zu haben.

Um die Mitte des 2. Jahrhunderts v. Chr. gewann das Amt des Volkstribunen einen Teil der Vollmachten zurück, mit denen es anfangs ausgestattet worden war, und einige Tribunen konnten sich nun sogar gegen den Senat durchsetzen. Die relativ kurze politische Laufbahn des Tiberius Gracchus fiel in die Zeit, als dieser Wandel sich vollzog. Er war ein Idealist, aber er war doch nicht gegen die persönlichen Feindschaften, die das Parteileben kennzeichneten, gefeit, denn er hatte sich mit seinem Vetter und Schwager Scipio Aemilianus aus persönlichen Gründen entzweit. Als Tiberius 133 v. Chr. das Amt des Volkstribunen übernahm, hielt sich Scipio noch in Spanien auf. Deshalb konnte der junge Tribun auch eine Maßnahme durchsetzen, die Scipio für viel zu radikal hielt. Es ging dabei um die Verteilung des staatseigenen Bodens an kleine Bauern, den die römische Regierung nach dem Zweiten Punischen Krieg in Italien erworben hatte. Nach seinem Vorschlag sollten die gegenwärtigen Großgrundbesitzer nur jeweils etwas mehr als zwölf Hektar behalten, was nach einem lange vergessenen Gesetz die größte Fläche war, die einem einzelnen zustand. Der Schlag gegen die Großgrundbesitzer wurde aber dadurch gemildert, daß jedes Kind ihrer Familie weitere sechs Hektar für sich beanspruchen durfte. Der Rest des Staatslandes sollte in kleinen Parzellen an die armen Bürger Roms verteilt werden. Obwohl es denkbar ist, daß Tiberius wirklich die städtische Armut beseitigen wollte, so war es doch zunächst sein Hauptanliegen vor dem alarmierenden Hintergrund der Sklavenaufstände dieser Zeit, vor allem die Zahl der Freien zu vermehren, die wenigstens so viel besaßen, daß sie sich für den Militärdienst qualifizieren konnten. Der Mangel an Rekruten und der schlechte Zustand der römischen Armee, besonders in Spanien, wo er selbst vier Jahre zuvor gedient hatte, sorgten ihn zutiefst.

Die Maßnahme war nicht allzu einschneidend, und Tiberius wurde von vielen führenden Römern unterstützt, zu denen auch sein Schwiegervater als Sprecher des Senats, einer der beiden Konsuln und dessen Bruder, der reichste Mann Roms, zählten. Aber trotzdem stießen die Pläne auch auf Ablehnung, und zwar nicht nur bei Scipio Aemilianus, der fürchtete, daß das Agrargesetz die Verbündeten in Italien vor den Kopf stoßen und Rom entfremden würde, sondern auch bei einigen Senatoren in der Stadt selbst. Ihr Einspruch veranlaßte ihn, noch rigoroser vorzugehen. Auf Anregung seiner Ratgeber beschloß Tiberius deshalb, den Widerstand gegen seine Gesetzesvorlage damit auszuschalten, daß er sie direkt vor die Volksversammlung brachte, ohne sich vorher an den Senat zu wenden. Das war nicht ungesetzlich und auch nicht neu: Flaminius hatte schon 100 Jahre früher das gleiche getan. Aber das war eine Ausnahme, und es entsprach nicht der Tradition, die in der römischen Politik eine überragende Rolle spielte.

Als der zweite Tribun Octavius sein Veto gegen die Gesetzesvorlage einlegte, veranlaßte Tiberius die Volksversammlung, ihn seines Amtes zu entheben. Etwas Derartiges war noch nie vorgekommen. Aber Tiberius, zu dessen Ratgebern griechische Philosophen gehörten, die mit den Auffassungen über die Rechte der Volksversammlung in ihrem eigenen Land vertraut waren, argumentierte, daß das Veto des Octavius sich gegen den Willen des Volkes richte und daher ebenfalls ohne Beispiel sei – was zutraf, auch wenn Octavius formal im Recht war. Auf jeden Fall wurde das Gesetz zur Agrarreform angenommen. Mit der Aufgabe, die neuen Maßnahmen durchzuführen, wurde ein Ausschuß betraut, dem Tiberius, sein jüngerer Bruder Gaius und Tiberius' Schwiegervater angehörten.

Daraufhin versuchte der Senat, Tiberius dadurch an der Ausführung seiner Pläne zu hindern, daß er dem Ausschuß jede finanzielle Hilfe verweigerte. Inzwischen erfuhr Tiberius jedoch durch die durch Erbe zu seiner Familie gehörende Klientel in Kleinasien, daß der letzte König von Pergamon gestorben war und sein Reich dem römischen Volk vererbt hatte. Darauf drohte Tiberius, die Volksversammlung aufzufordern, einen Teil der enormen Einkünfte aus diesem neuen Besitz den Armen zur Verfügung zu stellen, für deren Ansiedlung der Ausschuß zu sorgen hätte. Somit wurde der Senat zum zweiten Mal übergangen, was ein schwerer Schlag gegen die Kontrolle der Finanzen und der Außenpolitik durch den Senat war, die zwar nicht im Gesetz, aber in der Tradition verankert war.

Um zu verhindern, daß sein Gesetz wieder außer Kraft gesetzt wurde, stellte sich Tiberius der Wiederwahl als Volkstribun. Nach dem Gesetz war die sofortige, ununterbrochene Wiederwahl nicht ausdrücklich verboten. Sie wäre es gewesen, wenn es sich um ein höheres Staatsamt gehandelt hätte, aber das Tribunat wurde in diesem Sinne nicht als ein hohes Amt, das der Staat, sondern nur als eines, das das Volk, die Plebs, vergibt, angesehen. Doch die sofortige Bewerbung um das gleiche Amt in der nächsten Amtsperiode stellte ebenso wie die Form der Gesetzesvorlage des Tiberius eine Abweichung von der Tradition dar. Als die Wahl näher rückte, war deutlich zu erkennen, daß Tiberius sich zu viele Feinde geschaffen hatte, um zu gewinnen. Beeinflußt durch eine von konservativen Kreisen verbreitete Stimmung hegte man den Verdacht, daß sein selbstherrliches Vorgehen darauf gerichtet sein könnte, persönlich die ganze Macht im Staat an sich zu reißen. Als die Volksversammlung auf dem Kapitol zur Wahl zusammengekommen war, brach daher sofort ein leidenschaftlicher Streit um die Rechtmäßigkeit des Verfahrens aus, und es kam sehr bald zu gewalttätigen Auseinandersetzungen. Eine Gruppe von Senatoren unter der Führung eines ehemaligen Konsuls zog mit ihren Klienten zum Kapitol, und Tiberius wurde zusammen mit 300 Anhängern im Handgemenge erschlagen.

Das war seit fast 400 Jahren das erste Mal, daß bei einer innenpolitischen Auseinandersetzung in Rom Blut floß. Tiberius hatte wahrscheinlich nicht direkt gegen die Verfassung verstoßen, aber nachdem er provoziert worden war, hatte er sie einer so großen Belastungsprobe ausgesetzt, daß die Senatoren glaubten, es nicht länger dulden zu können. Obwohl seine Absichten und Reformen keine Revolution ausgelöst hatten, mußte er doch eines gewaltsamen Todes sterben – und das warf düstere Schatten auf die Zukunft voraus. Während seines kurzen Wirkens hatte Tiberius Gracchus eine Entwicklung eingeleitet, die er mit Sicherheit nicht beabsichtigt hatte: die Auflösung der Oligarchie.

Scipio Aemilianus bedauerte den Tod seines Gegners nicht, und der Senat ging rücksichtslos gegen Tiberus' Anhänger vor. Darüber hinaus versuchten einige Senatoren, die Tiberius' Schicksal begrüßten, unter ihnen auch Scipio Aemilianus, die Arbeit des Ausschusses zur Überwachung der Bodenreform zu verhindern. Doch das gelang ihnen nicht. Es gab zwar auch weiterhin erhebliche Spannungen, aber wie Inschriften erkennen lassen, haben einige Konservative die Arbeit des Ausschusses sogar unterstützt, um sich bei den Armen Roms beliebt zu machen und zu zeigen, daß ihre Opposition nicht gegen das Gesetz an sich gerichtet war, sondern nur gegen die willkürlichen Methoden des Tiberius. Deshalb konnte der Ausschuß seine Arbeit fortsetzen, und es gelang ihm sogar, den Ruin der Kleinbauern in bestimmten Gegenden Italiens aufzuhalten.

123 v. Chr. wurde Gaius Gracchus, der diesem Ausschuß angehörte, zum Volkstribun gewählt. Er sorgte dafür, daß sich die politische Laufbahn seines älteren Bruders ruhmvoll verklärte; doch seine politischen Ziele waren noch viel weitreichender. Klug, feinsinnig, energisch und leidenschaftlich war Gaius ein hervorragender Redner und benutzte diese Gabe und sein diplomatisches Geschick, um in allen Bevölkerungsschichten Anhänger zu gewinnen. Sein Bruder hatte sich unter allen Umständen um die »Kunst des Möglichen« bemüht, für Gaius gab es solche Einschränkungen nicht. Im Gegensatz zu seinem Bruder gelang es ihm, ohne auf Widerstand zu stoßen, sofort nach seiner ersten Amtsperiode wiedergewählt zu werden. Die Auseinandersetzung um das Bemühen seines Bruders, dieses Ziel zu erreichen, hatte nämlich zu dem Ergebnis geführt, daß die sofortige Wiederwahl nach geltendem Recht möglich war.

Zunächst untermauerte Gaius die Agrarreform seines Bruders durch Maßnahmen, die die Gründung römischer

Kolonien in der Nähe wichtiger Städte wie Tarent, Capua und Karthago vorsahen. Der vielleicht nachträglich eingebrachte Vorschlag, solche Kolonien auch bei Karthago zu gründen, war etwas völlig Neues, denn Kolonien jenseits des Mittelmeeres entsprachen zwar dem Denken der Griechen, nicht aber dem der Römer, weshalb auch viele von ihnen dagegen waren. Diese Kolonien waren, wie ihre Lage erkennen läßt, in manchen Fällen mehr für den Handel als für die Landwirtschaft geeignet, und sie waren offensichtlich für Kolonisten aus der verarmten römischen Stadtbevölkerung gedacht. Doch Gaius hat sich offenbar nicht der Illusion hingegeben, daß alle Armen der Hauptstadt in die Kolonien geschickt werden könnten, und deshalb brachte er eine Gesetzesvorlage ein, durch die er die Lage der in der Hauptstadt zurückgebliebenen Armen erleichtern wollte. Der Zweck dieses Gesetzes war es, die Bevölkerung mit Weizen zu erschwinglichen Preisen zu versorgen, was mit staatlicher Unterstützung erreicht werden sollte. Auch das war in griechischen Stadtstaaten üblich. Doch obwohl die neue Verordnung sich in bescheidenem Rahmen hielt und nichts mit der Bestechung der Massen durch spätere Gesetzgeber zu tun hatte, betrachteten konservative Römer den Vorschlag als einen bedenklichen Schritt in Richtung auf einen von der Regierung geförderten Sozialismus.

Darüber hinaus legte Gaius auch sehr umstrittene Gesetze zur Durchführung von Gerichtsverfahren vor. 149 v. Chr. wurde, nachdem es immer wieder zu politischen Skandalen gekommen war, ein neues Gericht, die *quaestio de repetundis*, eingesetzt, das die Fälle angeblichen Machtmißbrauches durch römische Provinzverwalter untersuchen sollte. Dazu gehörten illegale Beschlagnahmungen und Bestechungen. Bisher hatten die Gerichte allzu viele dieser Beamten bereitwillig freigesprochen, weil die Geschworenen ebenso wie die Beschuldigten ausschließlich

Senatoren waren. Deshalb setzte Gaius Gracchus eine Verordnung durch, nach der die Geschworenen in Zukunft nicht nur Senatoren, sondern zum Teil auch *equites* sein sollten, das heißt Männer, die ihrem Vermögen entsprechend zu der den Senatoren nachfolgenden Schicht gehörten. Schließlich wurde auch diese Verordnung aufgehoben und ein Gesetz erlassen, nach dem alle Geschworenen *equites* sein mußten und keine Senatoren mehr zugelassen waren.

In den vergangenen Jahren hatten die *equites* (Reiter, Ritter) erheblich an politischer Bedeutung gewonnen. In alter Zeit hatten sie die römische Reiterei gebildet, wie ihr Name sagt. Doch als diese Abteilung der Bürgerarmee im 3. Jahrhundert v. Chr. zum größten Teil durch Hilfstruppen ersetzt wurde, behielten die *equites* zwar ihre besondere gesellschaftliche Stellung, übernahmen aber andere Funktionen. Sie wurden zum Beispiel Offiziere in den Legionen und übernahmen Aufgaben in den Provinzverwaltungen. Sie bildeten jedoch noch keine einheitliche Gesellschaftsschicht und ließen sich grob in zwei Klassen aufteilen. Die eine bestand aus wohlhabenden Großgrundbesitzern, aus Männern, die etwa die gleiche Stellung einnahmen wie die Senatoren, nur nicht ganz so wohlhabend waren wie sie. Die andere ging Geldgeschäften nach – die den Senatoren offiziell verboten waren, in der leider vergeblichen Hoffnung, dadurch die Korruption von der Politik fernzuhalten.

Die der Finanzwelt angehörenden *equites* hatten eine Menge zu tun. Da es in der römischen Republik praktisch keine Berufsbeamten gab, beauftragte der Staat jeweils den Meistbietenden mit der Eintreibung der Abgaben – zum Beispiel der indirekten Steuern, Zölle und Pachtgelder für den *ager publicus*. Diese Steuereintreiber hatten das Recht, für sich selbst möglichst hohe Gewinne herauszuschlagen. Sie gehörten gewöhnlich dem Ritterstand an und hießen *publicani*. Sie vergaben außerdem die Aufträge für den Bau öffentlicher Gebäude und anderer Arbeiten und waren für die Versorgung des Heeres verantwortlich. Mit dem an solchen Geschäften verdienten Geld kauften sie erneut Steuerverträge und gelangten auf diese Weise zu beachtlichem Reichtum. Zuweilen gerieten sie aber auch mit dem Senat in Konflikt, besonders wenn sie versuchten, überhöhte Gewinne zu machen, und dadurch die Bevölkerung in den Provinzen zu stark belasteten und den Senatoren zu wenig vom Gewinn überließen. Doch bis zur Zeit des Gaius Gracchus war es immer wieder gelungen, die übermäßige Bereicherung dieser dem Ritterstand angehörenden Finanzgewaltigen in Grenzen zu halten. Doch nachdem Gaius das neue, nur aus *equites* bestehende Gericht eingesetzt hatte, entstand eine ganz neue Lage, weil sich das Gericht zum großen Teil aus Männern zusammensetzte, deren Hauptinteresse dem Geld galt. Man könnte sogar sagen, daß Gaius mit seiner Maßnahme wesentlich zur Entstehung eines neuen Ritterstandes beigetragen hatte, dessen Interessen denen der Senatoren entgegengesetzt waren, so daß die führenden Kräfte im Staat aufhörten, ein homogenes Ganzes zu sein.

Gaius holte sogar zu einem weiteren Schlag zugunsten der *equites* aus, und zwar im Zusammenhang mit der kurz zuvor annektierten Provinz Asia, dem ehemaligen Königreich Pergamon. Tiberius Gracchus hatte die reichlichen Einkünfte aus dieser neuen Provinz für seine Landreform verwenden wollen. Auch sein Bruder brauchte dringend Geld für seine umfassenden Pläne zur Finanzierung des Weizens und zur Gründung der neuen Kolonien. Nachdem dieses Gebiet an Rom gefallen war, erhielten zunächst viele der dort liegenden Städte Steuerfreiheit, die Gaius aber wieder aufhob. Da jedoch die Einnahmen immer noch nicht hoch genug waren, versteigerte er das Recht für die Steuereintreibung in Asien in der Hauptstadt und gewährte damit den von diesem Geschäft lebenden Rittern oder *publicani* ein Monopol für eine sehr gewinnbringende Tätigkeit. Sicher glaubte Gaius, die Staatsfinanzen auf diese Weise wesentlich aufbessern zu können, denn er rechnete damit, daß die Steuern rücksichtslos eingetrieben würden, weil die damit Beauftragten selbst viel daran verdienen konnten. Und tatsächlich ermöglichten es die gewaltigen Summen, die die *publicani* eintrieben, ihnen, sich zu mächtigen Verbänden zusammenzuschließen. Das hat viel dazu beigetragen, daß sich aus den Rittern eine von den Senatoren zu unterscheidende und ihnen gegenüber feindlich eingestellte Klasse bildete.

Schließlich faßte Gaius Gracchus ein heißes Eisen an: den Status der mit Rom verbündeten und von ihm als Untertanen angesehenen latinischen und italischen Stämme. Viele von ihnen hegten schon seit Jahren einen ständig wachsenden Unmut gegenüber Rom. Im vergangenen Jahrhundert hatten sie als Verbündete wesentlich zum siegreichen Ausgang des Zweiten Punischen Krieges beigetragen, und damals wäre eigentlich die Zeit reif gewesen, ihnen die vollen römischen Bürgerrechte oder wenigstens den Status gleichberechtigter Partner zu gewähren. Aber der Senat hatte nicht die Absicht, das römische Wahlrecht auch Männern zu verleihen, auf deren Stimme er keinen Einfluß hatte, weil sie in zu entfernten Gegenden lebten. Deshalb hatte man nichts für sie getan. Im Gegenteil, seit 190 beziehungsweise 180 v. Chr. gab es verschiedene Anzeichen dafür, daß Rom sie stärker unter Druck setzte. Römische Beamte hatten sie ihre Willkür spüren lassen, und nun hatten diese Verbündeten das dringende Bedürfnis, sich vor solchen Übergriffen zu schützen.

Scipio Aemilianus lehnte das Gesetz der Bodenreform, obschon es ihn auch reizte, nicht aus einer bloß konservativen Haltung heraus ab, sondern weil es von vielen italischen Verbündeten verlangte, staatseigenes Land, das die gesetzlich festgelegte Fläche überschritt, abzugeben. Sie waren schon über die Willkür römischer Beamter empört; die Bodenreform mußte ihre Empörung nur noch steigern, und deshalb versuchte Scipio unter anderem nach dem Tode des Tiberius, die Arbeit des Agrarausschusses zu beenden, allerdings vergeblich.

Solche Bestrebungen förderten zwar Scipios Beliebtheit bei den italischen Verbündeten, erregten aber den Unwillen der Armen in Rom, die mit den Landzuteilungen gerechnet hatten. Und als Scipio 129 v. Chr. starb, ging sogar das Gerücht um, daß ihn einige der aufgebrachten Römer mit stillschweigender Billigung seiner Frau, der Schwester der Gracchen, von der er sich getrennt hatte, ermordet hätten, obwohl dieser Verdacht wahrscheinlich unbegründet ist.

Nun sollten die italischen Verbündeten dadurch beschwichtigt werden, daß sie an den Landzuteilungen aus dem *ager publicus* beteiligt würden. Aber die Regierung weigerte sich, das zuzulassen. Deshalb machte ein Mitglied des Agrarausschusses, der bewährte Militärbefehlshaber und Gelehrte Fulvius Flaccus, 125 v. Chr. einen Alternativvorschlag. Er regte an, man sollte allen Italikern, die das wünschten, das römische Bürgerrecht geben. Damit würden sie das Recht erhalten, einen Anteil am *ager publicus* zu bekommen. Wer jedoch nicht um das Bürgerrecht nachsuchte, sollte wenigstens das Recht haben, gegen Übergriffe römischer Beamter Beschwerde einlegen zu können. Aber auch aus diesen Vorschlägen wurde nichts. Das Problem der Verbündeten ging in die römische Politik ein, und die Lage spitzte sich zu.

Gaius erkannte, daß er dieser Frage nicht ausweichen durfte, und deshalb legte er im zweiten Jahr seiner Amtszeit als Volkstribun (122 v. Chr.) eine geänderte Fassung des Vorschlags von Flaccus vor, der nun sein Mit-Tribun war. Nach dem neuen Plan sollte das römische Bürgerrecht allen Latinern gewährt werden, während die anderen Gemeinwesen in Italien die latinischen Rechte erhalten sollten, die vorsahen, daß die örtlichen Zivilbeamten römische Bürger wurden. Der Vorschlag war also eine Zwischenlösung auf dem Weg zum vollen Bürgerrecht. Doch diese staatsmännische Maßnahme wurde geschickt von dem konservativen Anwärter auf das Tribunat, von Marcus Livius Drusus dem Älteren, überboten, der ein Gesetz einbrachte, das vorsah, daß niemand, der das latinische Bürgerrecht besaß, von römischen Gerichten zum Tode oder zu körperlichen Strafen verurteilt werden durfte. Außerdem sah er eine viel ehrgeizigere Kolonialpolitik vor als alles, was Gaius Gracchus bisher beabsichtigt hatte. Man unternahm jedoch nichts, dieses Programm zu verwirklichen. Aber die Bemühungen des Gaius waren damit untergraben, und als er nach Karthago ging, um den Aufbau seiner neuen Gründung zu überwachen, wurde seine Stellung durch böswillige Gerüchte über den vom Unheil verfolgten Ort, der nach der endgültigen Niederlage der Karthager dazu verdammt sei, für alle Zeiten ein Ruinenfeld zu bleiben, noch weiter erschüttert.

Als Gaius daher versuchte, sich 121 v. Chr. zum dritten Mal zum Tribun wählen zu lassen, verlor er, und sein Ende war abzusehen. Seine politischen Gegner begannen, die Gründung einer Kolonie bei Karthago ein für allemal zu vereiteln, und als seine Anhänger sich lautstark gegen diese Versuche wandten, wurde ein Diener des Konsuls Opimius bei einer Rauferei getötet. Daraufhin überredete Opimius den Senat, den öffentlichen Notstand auszurufen und zu erklären, daß die Regierung sich in Gefahr befände, weshalb die Konsuln und andere hohe Beamte dafür zu sorgen hätten, »daß der Staat keinen Schaden nimmt«. Unter diesem Vorwand setzte er sich an die Spitze einer Gruppe von Senatoren und Rittern und stürzte sich mit ihnen auf Gaius und Flaccus, die beide getötet wurden.

Anschließend kam es zu einem großen Schauprozeß, an dessen Ende etwa 3000 ihrer Anhänger zum Tode verurteilt und hingerichtet wurden. Der Erlaß, der dazu geführt hatte und später unter der Bezeichnung *senatus consultum ultimum* bekannt wurde, kennzeichnet die folgenden unruhigen Jahrzehnte. Einige sahen darin ein nützliches Instrument der Regierung, den Staat zu erhalten, andere allerdings eine ungesetzliche Waffe zur Unterdrückung politischer Gegner.

Die Konservativen, die die erste Auffassung vertraten, nannten sich *optimates* (die besten Männer), die Gegner solcher Notstandsverordnungen wurden als *populares* bezeichnet, denn nach dem Beispiel der Gracchen waren sie bereit, den Senat zu übergehen und ihre Pläne über die Volksversammlung des römischen Volkes (*populus Romanus*) zu verwirklichen. Trotzdem bestimmten immer noch sich ständig wandelnde persönliche Beziehungen, die auf Verwandtschaft, Klientel, Freundschaft und Gewohnheit beruhten, die politischen Verhältnisse, auch wenn die Gracchen sie erschüttert hatten, weil sie auf Grundsätzliches hingewiesen hatten, und die *populares* setzten sich nur selten für irgendwelche besonderen Maßnahmen ein. Mit anderen Worten, keine der beiden Gruppen hatte sich jemals auf ein klar umrissenes politisches Programm wie das einer modernen Partei einigen können. Die rivalisierenden Tendenzen allerdings blieben bestehen und wurden stärker, und diese Polarisierung geht ebenfalls auf die Gracchen zurück.

Auf Grund solcher Entwicklungen und der weiteren Schwächung der Regierung als Folge der Kluft zwischen Senat und Ritterstand wurde der Verfall des alten konstitutionellen Systems, zu dem Tiberius, ohne es zu wollen, den Anstoß gegeben hatte, unter Gaius weiter beschleunigt. Nach dem Tod der Gracchen schien es, als ob ihre Bemühungen vergeblich gewesen seien. Zunächst wurde der bisherige Zustand unter Druck aufrechterhalten, und ihre Pläne schienen sich zerschlagen zu haben. Man hinderte jedoch den Ausschuß für die Agrarreform nicht an seiner Arbeit, und außerdem sollte es sehr bald andere *populares* geben, die bereit waren, die Breschen zu vergrößern, die die Gracchen geschlagen hatten. So haben die beiden Brüder diesem Abschnitt der Geschichte Roms ihren Stempel aufgedrückt, was dazu geführt hat, daß die römische Republik 100 Jahre nach dem kurzen Auftreten der Gracchen zerfiel und schließlich aufhörte zu bestehen.

Marius

Immerhin richtete sich die Aufmerksamkeit der Römer während der letzten Jahre der durch die Gracchen hervorgerufenen Krise nicht ausschließlich auf die Vorgänge in der Hauptstadt, sondern auch auf das jenseits der Alpen gelegene Gallien, das ihre Kräfte in Zukunft in immer stärkerem Maße in Anspruch nehmen sollte.

Ein Jahrhundert früher hatte der mit Rom verbündete Stadtstaat Massilia (Marseille) die Römer unter Druck gesetzt und sie veranlaßt, gegen Hannibal Krieg zu führen. 125 v. Chr. wandte sich Massilia abermals an Rom und bat um Unterstützung gegen die ligurischen Stämme an der französischen Riviera. Der Senat reagierte positiv und unterwarf die Rebellen. Unterdessen gerieten die Römer auch mit keltischen Stämmen im Hinterland in Konflikt und kämpften gegen zwei von ihnen, die Allobroger und die noch mächtigeren Arverner (nach denen die Auvergne benannt ist). Sie brachten beiden 121 v. Chr. im Rhônetal nacheinander schwere Niederlagen bei. Der Sieger in der ersten Schlacht, Cnaeus Domitius Ahenobarbus, blieb im Lande und eroberte ganz Südgallien zwischen den Cevennen und den Alpen und annektierte das ganze Gebiet mit

Ausnahme von Massilia und des dieser Stadt gehörenden Territoriums. Eine wichtige Straße, die nach Ahenobarbus benannte Via Domitia, wurde durch dieses Gebiet geführt und verband Italien mit Spanien. Während der folgenden Generation wurde diese Region römische Provinz mit der Bezeichnung Gallia Narbonensis, nach der Hauptstadt Narbo (Narbonne).

Inzwischen mußte jedoch an der nordafrikanischen Küste eine noch bedeutendere Entscheidung getroffen werden. Dort war im Klientelstaat Numidien der Nachfolger des Königs Massinissa gestorben, und Rom teilte das Land unter zwei junge Prinzen auf (118 v. Chr.). Einer von ihnen war Jugurtha, der unter Scipio Aemilianus im römischen Heer gedient hatte. Er war ein hervorragender Athlet, Reiter und geborener Soldat, hinter dessen weltmännischer Art sich List und Verschlagenheit verbargen. Bei der von den Römern vorgenommenen Teilung war ihm der westliche, primitivere Teil des Landes zugefallen. Er lehnte diese Regelung nicht nur ab, sondern befahl seinen Truppen, die aus Italien stammenden Bewohner Numidiens zu töten.

Darauf erklärte Rom ihm den Krieg, aber die ersten beiden nach Afrika entsandten Expeditionen erreichten nichts. Man glaubte sogar, Jugurtha, den man inzwischen als »Wüstenlöwen« bezeichnete, hätte die römischen Heerführer bestochen. Das braucht aber nicht unbedingt wahr zu sein, der Mißerfolg kann auch an ihrer Untüchtigkeit gelegen haben. Auf jeden Fall mußte 109 v. Chr. ein tüchtigerer Befehlshaber nach Nordafrika geschickt werden, und das war Quintus Metellus, ein hervorragender Truppenführer, der aus der demoralisierten römischen Armee einen schlagkräftigen Verband machte. Doch selbst ihm gelang es nach zwei Jahren erfolgreicher Kriegsführung nicht, den Gegner zur Kapitulation zu zwingen. Die öffentliche Meinung in Rom richtete sich gegen ihn, weil man die Schwierigkeiten des Wüstenkrieges nicht richtig beurteilte. So wurde über seinen Kopf hinweg einer seiner Stellvertreter mit dem Oberbefehl betraut, Gaius Marius, ein »neuer Mann« und Bürger der zur Hauptstadt gehörenden Nachbargemeinde Arpinum östlich von Rom. Er war als Angehöriger des Ritterstandes und *publicanus* zu Wohlstand gelangt und erfreute sich hohen Ansehens in der Öffentlichkeit. Er hatte die gegen seinen Vorgesetzten gerichtete Stimmung geschürt, wurde 107 v. Chr. zum Konsul gewählt und mit der Führung der Armee in Nordafrika beauftragt. Diese Ernennung hatte die Volksversammlung vorgenommen und sich damit gegen die Wünsche des Senats gestellt. Das war wieder ein Hinweis auf die sich ankündigende Entmachtung der Oligarchie in den folgenden Jahrzehnten.

Weil Marius für diesen Krieg sehr viele Soldaten brauchte, ignorierte er die Vorschriften über den Besitzstand der Wehrpflichtigen, die schon im Zweiten Punischen Krieg gelockert worden waren, und zog auch sehr viele besitzlose Freiwillige zum Heeresdienst ein. Damit begann eine Epoche, in der freiwillige und dienstpflichtige Soldaten bei ihrer Entlassung von ihrem Heerführer erwarteten, daß er seinen Einfluß geltend machte, um sie zu entschädigen, denn sie besaßen weder Land noch Geld und konnten sich nicht darauf verlassen, vom Senat etwas zu bekommen, der ihnen als potentielle Unruhestifter mißtraute. Bei seiner Ankunft in Numidien bewiesen die eindrucksvollen Erfolge, daß Marius ein ausnehmend begabter militärischer Führer war. Trotzdem gelang es auch ihm nicht, seinen Gegner entscheidend zu schlagen. Doch schließlich geriet Jugurtha in Gefangenschaft, und zwar durch Verrat, den Sulla, ein Untergebener des Marius, in die Wege geleitet hatte. Die Römer verurteilten Jugurtha zum Tode und ließen ihn hinrichten (104 v. Chr.).

Die Ungeduld der Öffentlichkeit wegen der langsamen

Fortschritte im Krieg gegen Jugurtha steigerte sich als Folge alarmierender Entwicklungen jenseits der Grenzen im Norden. Denn obwohl Rom seine Macht in Südfrankreich (im gallischen Narbonensis) gefestigt hatte, wurde Italien ernsthaft von Gruppen germanischer Stämme, den Kimbern und Teutonen, bedroht. Sie waren durch Überbevölkerung und Naturkatastrophen gezwungen worden, ihre Heimat in Jütland zu verlassen, und hatten jahrelang die Gegend an der Elbe und Donau durchstreift. Dann brachten sie mehreren römischen Armeen nördlich und westlich der Alpen im Verlauf von acht Jahren immer wieder empfindliche Niederlagen bei. Den schwersten Rückschlag erlebten die Römer in einer Schlacht gegen die Kimbern bei Arausio (Orange), wo zwei unfähige und streitsüchtige Konsuln die größte militärische Katastrophe erlebten, die Rom seit mehr als 100 Jahren hatte hinnehmen müssen (105 v. Chr.) Anschließend rückten die Germanen gegen Spanien vor, zeigten aber noch nicht die Absicht, in Italien einzudringen, dem noch eine Atempause von drei Jahren blieb. Während dieser Zeit bereitete sich Marius darauf vor, sie zu bekämpfen. Als diese Vorbereitungen abgeschlossen waren, brachte er den Teutonen in einer blutigen Schlacht bei Aquae Sextiae (Aix en Provence) eine vernichtende Niederlage bei. 3000 römische Soldaten hatten sich auf einer Anhöhe gut getarnt und fielen dem Gegner überraschend in den Rücken (102 v. Chr.). Im folgenden Jahr kam es bei sengender Hitze auf staubigem Boden in der Nähe des römischen Lagers Raudii in Norditalien (wahrscheinlich bei Ferrara und nicht bei Vercelli, wie man bisher angenommen hat) zur Schlacht gegen die Kimbern, in der sie hohe Verluste erlitten. Damit war die Bedrohung Roms durch die Germanen abgewendet.

Dieser Krieg hatte bei den Römern Spuren der Furcht vor den Barbaren hinterlassen, die sie nie wieder ganz verloren. Er hatte aber auch noch andere Folgen. Marius war

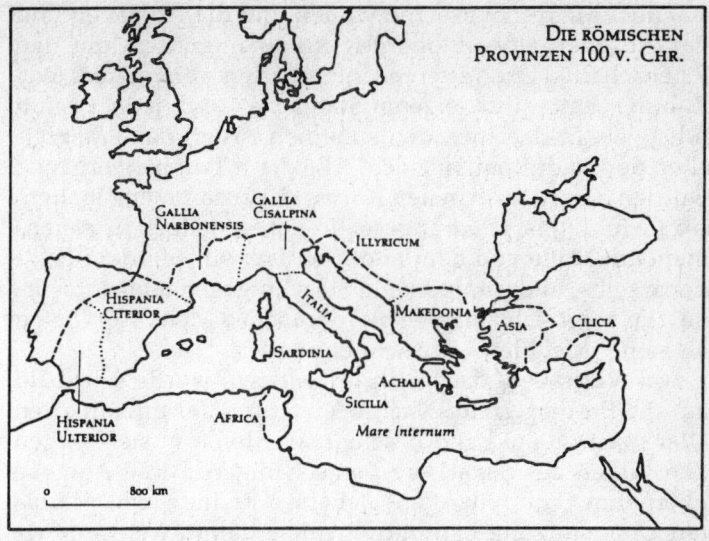

DIE RÖMISCHEN
PROVINZEN 100 V. CHR.

GALLIA
NARBONENSIS

GALLIA
CISALPINA

ILLYRICUM

HISPANIA
CITERIOR

ITALIA

MAKEDONIA

ASIA

CILICIA

SARDINIA

ACHAIA

SICILIA

HISPANIA
ULTERIOR

AFRICA

Mare Internum

0   800 km

Jahr für Jahr zum Konsul wiedergewählt worden und
konnte dadurch eine bisher nicht gekannte Machtfülle auf
sich vereinigen. Er verbesserte Gliederung und Ausrüstung
des römischen Heeres und steigerte dadurch seine Leistungsfähigkeit. Das *pilum*, der Wurfspeer, den alle Legionäre trugen, wurde mit einem Holzschaft versehen, der
zerbrach, wenn der Speer auf dem Schild des Gegners auf-
schlug, und deshalb von ihm nicht wieder als Waffe
benutzt werden konnte. Auch die Manipulartaktik wurde
geändert. Der Manipel, der eine Auflockerung der
Schlachtordnung bewirkte, wurde endgültig durch die
stärkere Kohorte, die für eine Konzentration der Stoßkraft
sorgte, abgelöst. Jede Kohorte verfügte über sechs Zenturionen verschiedener Dienstgrade, die für die notwendige
Kontinuität im Gefecht sorgten. Sie waren furchtlose,
erfahrene Männer von schneller Entschlußkraft, die meist

219

aus dem Mannschaftsstand kamen und die Aufgaben und das Ansehen eines modernen Kompanieführers mit den Eigenschaften eines älteren Unteroffiziers vereinigten. Jede Kohorte hatte ihre eigene Standarte, und jede Legion führte als Feldzeichen den silbernen Adler, das Wahrzeichen der Stadt Rom, mit sich. Alle diese Truppenverbände wurden durch einen neuen Korpsgeist zusammengehalten, ein Gefühl, das, wie wir gesehen haben, jedoch in zunehmendem Maße von den landlosen Freiwilligen dem Feldherrn selbst und weniger dem Staat entgegengebracht wurde. Das zeigt sich zum Beispiel daran, daß Marius' Soldaten als seine »Maultiere« bezeichnet wurden.

Das Vertrauen, das sie in ihn setzten, wurde sehr bald auf die Probe gestellt. Nach Beendigung der militärischen Dienstzeit mußte Land beschafft werden, um sie – gegen den Willen des Senats – zu entschädigen. Diese Aufgabe übernahm Saturninus, ein beliebter Redner, den Marius um Unterstützung bat, und er zeigte damit, welche Möglichkeiten ein Bündnis zwischen einem kampferprobten militärischen Führer und einem Demagogen eröffnete. Saturninus war 103 und 100 v. Chr. mit Unterstützung einiger Adliger zum Volkstribunen gewählt worden. Er sorgte dafür, daß die Veteranen des Marius in Nordafrika und im südlichen Gallien große Landzuteilungen erhielten, während andere in den Kolonien auf Sizilien, in Griechenland und Makedonien angesiedelt wurden. Das Vorbild für die Gründung an fremden Küsten des Mittelmeeres gelegener Kolonien war die Politik des Gaius Gracchus, dessen monatliche Getreideverteilung Saturninus ebenfalls wieder einführte.

Er setzte diese Reformen durch, indem er die Zustimmung der Senatoren mit der Drohung erzwang, sie andernfalls zu verbannen. Besonders auffallend an ihm war, mit welcher Gewalt er die Leidenschaft der Massen bei Volksversammlungen auf Straßen und Plätzen anheizte. Das war der Beginn einer neuen Epoche, in der Tumulte an der Tagesordnung waren. In diesem Geist ebnete Saturninus auch den Weg für seine Wiederwahl. Er warb Berufsmörder an, um einen seiner politischen Gegner umzubringen. Anschließend ließ er auch einen Kandidaten für das Amt des Konsuls ermorden. Doch daraufhin hatte Marius, der zum sechsten Mal Konsul geworden war, genug von ihm und weigerte sich, länger mit ihm zusammenzuarbeiten. Er unterstützte die Erklärung des Notstandes durch den Senat, stellte eine Truppe auf und führte sie gegen Saturninus und dessen Freunde an, die gefangengenommen und bald darauf im Gefängnis erschlagen wurden.

Dieses Eingreifen der Soldaten des Marius war insofern bedenklich, als spätere Heerführer daraus die Möglichkeit ableiten konnten, eine eigene Armee, die praktisch nur aus persönlichen Gefolgsleuten bestand, aufzustellen und mit ihr nach der absoluten Macht zu greifen. Aber Marius, der zwar durchaus ehrgeizig war, strebte noch nicht nach der Alleinherrschaft. Die Zeit war noch nicht reif dafür. Er war zwar anmaßend und eine alle überragende Gestalt, denn noch niemand, der keine Konsuln als Vorfahren hatte, war bisher zu einer so einflußreichen Stellung aufgestiegen. Er war aber auch der letzte in einer Reihe bedeutender Heerführer und der letzte in einer Reihe von Männern, die, wie die beiden Scipionen, sich damit zufriedengaben, im Rahmen des bestehenden Systems zu wirken. Nun folgte eine Periode, die erste Dekade im 1. Jahrhundert v. Chr., in der Marius, der sich den Unwillen beider Parteien zugezogen hatte, abtreten mußte und kaum noch politisch in Erscheinung trat und in der seine Verdienste auf fremden Kriegsschauplätzen fast in Vergessenheit gerieten.

Der Krieg gegen die Italiker

Die Unzufriedenheit der italischen Bundesgenossen, die zur Zeit des Gaius Gracchus zum Ausdruck gekommen war, lebte wieder auf, doch der Senat unternahm praktisch nichts dagegen. Diese Bundesgenossen hatten sich mit ihrer ganzen Kraft am Kampf gegen die Numider und Germanen beteiligt und erwarteten nun, an den Kolonisationsprojekten des Saturninus beteiligt zu werden. Aber die Pläne wurden verschleppt, und alle Versuche der Italiker, die in großer Zahl nach Rom gekommen waren, um für ihre Verwirklichung zu demonstrieren, wurden mit Gewalt unterdrückt. Das war im Jahr 95 v. Chr. Vier Jahre später spitzte sich die Lage weiter zu, als Marcus Livius Drusus der Jüngere, der Sohn des Mannes gleichen Namens, der sich den Plänen des Gaius Gracchus widersetzt hatte, wie sein Vater zum Volkstribun gewählt wurde. Als rechtlich gesonnener Mann verlangte er, den italischen Bundesgenossen die vollständigen römischen Bürgerrechte zu gewähren. Voller Begeisterung erklärten sie ihn daraufhin zu ihrem Patron und leisteten ihm einen Eid, mit dem sie sich verpflichteten, auf ewig seine treuen Klienten zu sein. Er selbst behauptete, zugleich auch der Patron des ganzen Senats zu sein. Doch weder die Senatoren noch die Ritter unterstützten seine Gesetzesvorlage, da beide Gruppen mit einem anderen Vorschlag, den er gemacht hatte, nach dem die Gerichte mit Senatoren und Rittern besetzt werden sollten, nicht zufrieden waren. Auch die stimmberechtigten Römer widersetzten sich seinem Vorhaben, denn sie wollten ihre Vorrechte nicht mit den Italikern teilen. Es kam hinzu, daß er – wie andere Politiker zu dieser Zeit auch – Schlägertrupps zu seinem persönlichen Schutz angeworben hatte. Das erregte das Mißfallen der Öffentlichkeit, die nicht mehr daran glaubte, daß er bei der Verfolgung seiner Ziele gemäßigt und diplomatisch vorgehen würde. Er konnte sein Programm nicht verwirklichen und wurde schließlich von einem gedungenen Mörder erstochen.

Nach dem Tod des Livius Drusus waren die ohnedies enttäuschten Italiker so verzweifelt, daß sie die italienische Halbinsel in einen blutigen Krieg stürzten (90-87 v. Chr.). Der Nachwelt ist dieser Krieg als *Bundesgenossenkrieg* (Krieg gegen die *socii*) und gelegentlich auch als *bellum Marsicum* bekannt, und zwar nach einem der in Mittelitalien ansässigen Stämme (die Marser), der den Kern der Rebellenkonföderation bildete.

Die meisten dieser Stämme verlangten das volle römische Bürgerrecht. Auch die Samniten und ihre Bundesgenossen weiter im Süden schlossen sich dem Aufstand an. Sie hatten ihre Niederlagen im Kampf gegen die Römer zwei Jahrhunderte früher nicht vergessen und verlangten nun nicht weniger als die vollständige Unabhängigkeit. Die Rebellen, denen hervorragende kampferprobte Truppen zur Verfügung standen, bildeten in Corfinium (Corfinio), einem wichtigen Kommunikationszentrum Mittelitaliens, eine Regierung. Dort prägten sie Silbermünzen mit der Inschrift »Italia«. Das war der neue Name, den sie der Stadt jetzt gaben. Der Name war mit oskischen Lettern geschrieben, den Schriftzeichen der alten oskischen Sprache Italiens.

Der Ausbruch des Krieges kam für die Römer unerwartet, aber sie kämpften mit aller Härte. Dabei wurden sie von den römischen und latinischen Militärkolonien unterstützt, die sich den Aufständischen nicht angeschlossen hatten und den Legionen die notwendigen Erholungspausen verschafften. Rom fürchtete jedoch, daß die Aufstände sich ausbreiten und die Verbindung mit Gallia Cisalpina unterbrechen könnten, das Rom reichlich mit Soldaten versorgte. Wahrscheinlich ist die Provinz Gallia Cisalpina um diese Zeit entstanden, damit ein Verwalter eingesetzt und beauftragt werden konnte, die Mobilmachung zu organisieren. Wenn nämlich die Verbindungswege zwischen Rom und dieser Provinz unterbrochen worden wären, dann hätte Rom kaum über Truppen in der benötigten Stärke verfügen können.

Die Regierung in Rom faßte daher mitten im Krieg den Entschluß, die politischen Zugeständnisse zu machen, zu denen sie sich verhängnisvollerweise im Frieden nicht hatte durchringen können. So legte einer der beiden Konsuln, Lucius Iulius Caesar, ein Gesetz vor, nach dem alle Italiker, die sich nicht an dem Aufstand beteiligt hatten, aber auch diejenigen, die sich bereit erklärten, die Waffen niederzulegen, das römische Bürgerrecht erhalten sollten. Dieses Zugeständnis nahm dem Aufstand den Schwung. Im folgenden Jahr erweiterten die Römer seinen Geltungsbereich und gewährten jedem freien Mann südlich des Po das uneingeschränkte römische Bürgerrecht, während die Gemeinwesen im transpadanischen Gallien (der cisalpinen Region nördlich des Flusses), die bisher noch keinerlei Sonderrechte besaßen, insoweit wie Latiner eingestuft wurden, als die in diesen Gemeinwesen gewählten Beamten das römische Bürgerrecht erhielten. Die Kämpfe gingen während der folgenden zwei Jahre an mehreren Fronten weiter, aber die Aufständischen hatten kaum noch Aussicht auf Erfolg, und allmählich gaben auch die letzten Splittergruppen den Widerstand auf.

Der Aufstand war eine ernste Gefahr, nicht nur für den Bestand des römischen Imperiums im Mittelmeerraum, sondern auch für die Stadt Rom selbst als Mittelpunkt Italiens. Die Auswirkungen waren auf lange Sicht sehr verschiedener Art. Einerseits bedeutete das Gesetz des Lucius Caesar einen großen Schritt auf dem Weg zu einem Bundesstaat unter der Führung Roms, andererseits führte diese Entwicklung dahin, daß die alte Regierungsform des Stadtstaates unbrauchbar wurde, wenn die große Mehrheit der

224

römischen Bürger nicht mehr in die Hauptstadt kommen konnte. Besonders schwere Schäden hatte der Bundesgenossenkrieg auf dem Land angerichtet. Außerdem gab es wieder eine Generation ehemaliger Soldaten, die die Stabilität des Staates gefährdeten, wenn sie für ihre Dienste nicht ausreichend entschädigt würden, und künftige Soldaten konnten wiederum daraus lernen, daß es durchaus möglich war, für zweifelhafte Ideale gegen die eigenen Kameraden zu kämpfen.

Darüber hinaus erwiesen sich die Zugeständnisse, die man den Italikern unter dem Druck der Feindseligkeiten gemacht hatte, als unzureichend und illusorisch. Die neuen wahlberechtigten Bürger durften ihre Stimme nur in acht oder höchstens zehn der 35 Wahlbezirke (*tribus*) abgeben, wodurch gesichert war, daß sie immer von den Bürgern Roms überstimmt werden konnten. Das war vermutlich ein letztes reaktionäres Hindernis, um die neue Entwicklung aufzuhalten, und die Italiker haben während der militärischen Krise des Jahres 90 v. Chr scheinbar nicht begriffen, zu welcher Ohnmacht sie durch diese Verordnung verurteilt worden sind. Doch als sich der Krieg seinem Ende näherte, wurde diese Ungerechtigkeit als schwere Bürde empfunden.

88 v. Chr. nahm sich der Volkstribun Sulpicius Rufus dieses Problems an. Er war ein Freund des jüngeren Drusus, dessen Bemühungen drei Jahre früher gescheitert waren. Er gehörte dem gleichen Kreis reicher, begabter junger Adliger an. Als Redner verstand er es, würdig aufzutreten und wirkungsvolle Effekte zu erzielen. Auf diese Fähigkeiten bauend und unter dem Schutz ihm ergebener, bewaffneter Männer, die durch die Straßen zogen, schlug Sulpicius vor, die italischen Bundesgenossen, denen das Bürgerrecht verliehen worden war, allen 35 Wahlbezirken zuzuweisen, ja er schloß sogar in seinen Vorschlag die Freigelassenen, die ehemaligen Sklaven, ein, die bisher nie-

mand in diesem Zusammenhang berücksichtigt hatte, die jedoch, wenn auch sie das Wahlrecht erhielten, das Stimmenverhältnis entscheidend beeinflussen konnten. Wie nicht anders zu erwarten, stieß Sulpicius auf den heftigsten Widerstand. Deshalb wandte er sich von seinen konservativen Freunden ab und dafür Marius zu, der sich unbeachtet im Hintergrund gehalten hatte. Ihm versprach Sulpicius das Oberkommando in einem entscheidenden Krieg im Osten für den Fall, daß er ihn politisch unterstützte.

Sulla im Osten

Dieser Krieg war gegen Mithradates VI., König von Pontos, an der Nordküste Kleinasiens, gerichtet. Es handelte sich um den ersten von mehreren Feldzügen gegen diesen Monarchen, die sich über 25 Jahre hinzogen. Mithradates war ein leidenschaftlicher Jäger, Frauenliebhaber und tapferer Krieger und der griechischen Kultur zugetan. Er war persischer Abstammung, und die herrschenden Adelsgeschlechter in seinem Lande waren iranisch oder iranisiert. Sie versorgten das Heer mit tüchtigen Soldaten aus ihren Latifundien, vor allem mit hervorragenden Reitern. Mithradates hatte von seinem Vater eine expansive Politik übernommen und erweiterte zu Beginn seiner Regierungszeit selbst zielstrebig die Grenzen seines Reiches. Er unterwarf den Bosporanischen Staat (*Bosporanum regnum* auf der Krim), der durch den Weizenanbau im Gebiet des heutigen Südrußland zu unermeßlichem Wohlstand gekommen war, und machte das Schwarze Meer damit fast ganz zu einem pontischen Gewässer. Durch solche Eroberungen wurde Mithradates zu einem gefährlichen Rivalen der Römer, deren Grenzen in Kleinasien an die pontischen stießen.

Aber Mithradates' Versuche, das benachbarte Königreich Bithynien zu annektieren, einen Klientelstaat Roms, schlugen fehl. Als die Römer die Bithyner zu Gegenangriffen veranlaßten, fiel Mithradates 88 v. Chr. in die Provinz Asia ein. Dort ließ er 80 000 der italischen und italisch-griechischen Kaufleute von den örtlichen Behörden umbringen. Er hatte die kleinasiatischen Schuldner angeregt, ihre italischen Gläubiger zu ermorden, und ihre Bereitwilligkeit dazu zeigt in erschreckender Weise, wie unbeliebt die Römer waren. Die überlebenden italischen Kaufleute verloren ihr Vermögen, als Mithradates die Provinz besetzte, und Rom bekam diese Katastrophe sehr schmerzhaft zu spüren, denn die Reserven des Schatzamtes, dessen Haupteinnahmen aus den in Kleinasien erhobenen Steuern kamen, schrumpften praktisch auf Null zusammen.

Nachdem Mithradates weite Gebiete in Kleinasien erobert hatte, überquerte er das Ägäische Meer und besetzte Athen und andere Teile Griechenlands. Damit wurde eine militärische Gegenaktion der Römer unvermeidlich. Das Oberkommando erhielt der Patrizier Lucius Cornelius Sulla, ein Mann, der sich nach einer ausschweifenden Jugend im Krieg gegen Jugurtha und die Bundesgenossen ausgezeichnet hatte und der 88 v. Chr. zum Konsul gewählt worden war. Doch der Volkstribun Sulpicius Rufus sorgte wirksam dafür, daß Sulla die Führung im Feldzug gegen Mithradates an seinen neuen Verbündeten, den halbvergessenen Marius, abgeben mußte. Sulla weigerte sich jedoch, seine Entlassung anzunehmen, floh zu den Truppen, die er in Kleinasien hatte befehligen sollen (es waren seine alten Soldaten aus dem Bundesgenossenkrieg), und führte sie erfolgreich in einem Angriff gegen Rom. Das war ein folgenschwerer geschichtlicher Augenblick, denn es war der erste Marsch auf die Hauptstadt, der erste Bürgerkrieg, und zum ersten Mal stellten sich römische Soldaten hinter ihren Feldherrn und gegen die eigene Regierung. Ebenfalls richtungsweisend für die Zukunft war, daß Sulla Sulpicius, dessen Gesetze außer Kraft gesetzt wurden, und Marius zu Staatsfeinden (*hostes publici*) erklärte und auf beide eine Kopfprämie aussetzte. Sulpicius wurde ergriffen und hingerichtet, Marius konnte unter großen Gefahren fliehen und in Nordafrika Zuflucht finden.

Unterdessen setzte Sulla nach Griechenland über, erfocht zwei Siege gegen einen Heerführer des Mithradates, nahm Athen und zerstörte Piräus, den Hafen der Stadt. Er mied die römischen Truppen in diesem Gebiet, deren Befehlshaber seine politischen Gegner waren, und ging nach Kleinasien. Dort setzte er den Kampf gegen Mithradates nicht fort, sondern handelte in Dardanos (westliches Kleinasien, Troas) 85 v. Chr. einen Friedensvertrag mit ihm aus. Zwar mußte der König das von ihm eroberte Gebiet räumen und Kriegsentschädigung leisten, aber die Bedingungen waren für einen von Römern diktierten Frieden milde, denn Mithradates blieb Herrscher von Pontos und wurde zum Freund und Bundesgenossen der Römer. Die schärfste Bestrafung erlitten statt seiner die reichen Städte in Kleinasien, die an der Ermordung römischer Bürger beteiligt waren und nun gewaltige Reparationen zahlen mußten.

Tatsächlich konnte es sich Sulla auch nicht leisten, seine Truppen in einem langen Krieg zu verschleißen, denn Rom war in die Hände seiner politischen Gegner gefallen. Dort hatte der Patrizier Cinna für die nächsten vier Jahre die Regierung übernommen. Ebenso wie Sulla, den er nun zum Staatsfeind erklärte, hatte er sich im Bundesgenossenkrieg ausgezeichnet, und als Sulla die Stadt verlassen hatte, um nach Osten zu gehen, folgte Cinna seinem Beispiel und marschierte gegen Rom. Auch Marius kehrte aus Nordafrika zurück, schloß sich ihm an, übernahm die Führung bei der politischen Säuberung und veranlaßte die blutigsten Massaker, die Rom je erlebt hatte. Bald darauf starb er in geistiger Umnachtung (86 v. Chr.). Sein brutales Vorgehen läßt erkennen, daß militärische Tüchtigkeit nicht immer mit politischem Geschick gepaart sein muß.

Was Cinna anschließend leistete, verdient mehr Anerkennung, als die ihm feindliche konservative Überlieferung wahrhaben will. Nachdem Rom in den vergangenen Jahren von schweren Unruhen erschüttert worden war, mußte er mit einer hohen Verschuldung und großen wirtschaftlichen Schwierigkeiten fertig werden. Die Wirtschaftskrise, in der es um die gleichen Probleme ging, wie Rom sie schon früher immer wieder erlebt hatte, hatte drei Jahre früher ihren Höhepunkt erreicht, als Gläubiger, die auf die Rückzahlung der ihnen geschuldeten Gelder drangen, einen Prätor ermordeten, der versucht hatte, die alten Gesetze gegen den Wucher geltend zu machen. Die Lage verschärfte sich nach der Besetzung der Provinz Asia durch Mithradates. Viele italische Geschäftsleute, die dadurch geschädigt worden waren, verlangten die Kredite, die sie gewährt hatten, zurück und horteten panisch alles Bargeld, dessen sie habhaft werden konnten, und zogen es dadurch aus dem Verkehr. Dagegen erließ die Regierung in Rom 86 v. Chr. ein radikales Gesetz, nach dem drei Viertel aller Schulden erlassen wurden. Wie nicht anders zu erwarten, stieß dieses Gesetz auf den Widerstand des Ritterstandes, zu dessen Aufgabe das Eintreiben von Schulden gehörte. Er wurde jedoch durch Maßnahmen zur Beseitigung eines anderen Übels beschwichtigt, das ihm große Sorgen bereitete, nämlich die ständige Abwertung des Silberdenars. Sie bedeutete, daß die Kredite, die mit teurem Geld gewährt worden waren, mit billigem zurückgezahlt wurden, wodurch es zu hohen finanziellen Einbußen kam. Um der Geldentwertung zu begegnen, verbot der Neffe des Marius, Marcus Marius Gratidianus, inoffizielle Wechselkurse und sorgte dafür, daß der Denar stabil blieb. Diese Politik wurde allgemein unterstützt, führte schließlich aber doch zu nichts, denn Anfang des Jahres 84 v. Chr. kam es zu einem Aufstand, in dessen Verlauf er selbst getötet wurde, und seine Nachfolger konnten sich auf die Dauer nicht durchsetzen.

11 Reaktion und Zusammenbruch

Die Diktatur des Sulla

In dieser kritischen Lage rebellierte der in Rom zum Staatsfeind erklärte Sulla und fiel in Italien ein. Die sich in Auflösung befindende Regierung der Stadt wurde von den Samniten unterstützt, die immer noch unter den Folgen des Bundesgenossenkriegs litten. 82 v. Chr. stellten sie sich mit den in Rom verbliebenen Legionen vor der Porta Collina der Armee Sullas. Das Gefecht endete mit einer Katastrophe für die Verteidiger, und bei dem Blutbad, das während des Kampfes und anschließend unter den Gefangenen angerichtet wurde, kamen die Samniten bis auf den letzten Mann ums Leben. Aber sie waren nicht die einzigen, die auf dem Schlachtfeld blieben. Sulla rächte sich anschließend an seinen politischen Gegnern und veranstaltete ein Massaker, das selbst den Massenmord des Marius weit in den Schatten stellte. Mit seiner aus 10 000 Mann bestehenden Leibwache, den »Cornelii«, metzelte er wahrscheinlich mehrere tausend Menschen nieder, unter ihnen 40 Senatoren und 1600 Ritter. Sulla konfiszierte ihren gesamten Grundbesitz und verteilte ihn an die 100 000 Veteranen seiner Armee. Sie wurden in zahlreichen großen römischen Kolonien angesiedelt, die Sulla auf italienischem Boden auf den enteigneten Latifundien einrichtete. Seine großzügige und rücksichtslose Art hatte den

Soldaten schon immer gefallen, und nun wurden sie für die Treue belohnt, die sie ihm im Kampf gegen die Regierung gehalten hatten.

Beim Wiederaufbau des römischen Staates verwirklichte er seine ganz persönlichen Vorstellungen. Für sich selbst nahm er die an sich längst überholte Stellung des Diktators in Anspruch. Dieses Amt war nach der ersten republikanischen Verfassung zur Bekämpfung von Notständen vorgesehen. Dabei war nicht geplant, daß ein Diktator länger als sechs Monate im Amt blieb. Doch gegen Ende des 3. Jahrhunderts v. Chr. war die Diktatur abgeschafft worden, weil man fürchtete, sie könnte zur Alleinherrschaft führen. Nun grub Sulla die alten Vorschriften wieder aus in der Absicht, Gesetze zu erlassen und den Staat nach seinen Vorstellungen neu aufzubauen. Eine Begrenzung der Amtszeit ließ er nicht zu, und daher konnte seine Machtposition von niemandem erschüttert werden. Er ließ aber alle Gesetze, und sie waren zahlreich, auf dem üblichen Weg durch die Volksversammlung beschließen. Diese Gesetze waren außerdem fast alle konservativ, denn die Lösungen, die Sulla für die Schwierigkeiten fand, die das Gemeinwesen bedrängten, waren von seinen Anhängern sorgfältig ausgearbeitet worden und sahen eine Wiederherstellung der Autorität des Senats vor, die in den vergangenen Jahrzehnten stark geschwächt worden war. Darin lag eine gewisse Ironie, denn Sulla selbst hatte bis dahin alles unternommen, um den Einfluß des Senats mit militärischen Mitteln durch seinen Marsch auf Rom auszuschalten. Nun war er jedoch entschlossen, dafür zu sorgen, daß niemand das wiederholen konnte.

Um dies zu erreichen, mußte nach seiner Auffassung vor allem die Macht der Volkstribunen gebrochen werden, die sich in den vergangenen Jahren immer wieder gegen die Senatoren durchgesetzt hatten. Von nun an war es ihnen untersagt, ohne die Zustimmung des Senats Gesetze einzu-

bringen. Darüber hinaus verloren sie ihr Vetorecht in Straf-
prozessen, und ihr Einfluß wurde auch in anderem Zusammenhang eingeschränkt. Außerdem durften sie, wenn sie
Volkstribunen gewesen waren, kein Staatsamt mehr bekleiden. Damit sollte erreicht werden, daß sich keine tüchtigen und ehrgeizigen jungen Politiker mehr um das Tribunat bewarben.

Aber die eindrucksvollste und sich am längsten auswir-
kende Maßnahme Sullas zur Förderung der Autorität des
Senats war die Wiedereinsetzung der Gerichtshöfe (*quae-
stiones*), deren Zahl auf wenigstens sieben erhöht wurde
und von denen sich jeder mit einer anderen Art von Verbrechen beschäftigen sollte. Gaius Gracchus hatte die
Gerichte, die sich mit Wucher und Erpressung beschäftigten, den Rittern übergeben, doch nun schloß Sulla diesen
Stand vollständig von der Beteiligung an der Rechtsprechung aus und machte die Gerichtshöfe zu einem Monopol
des Senats.

Sulla, der sich daran erinnerte, wie er selbst und andere
sich außerhalb des Gesetzes gestellt hatten, sorgte nun
dafür, daß die Statthalter in den Provinzen streng vom
Senat beaufsichtigt wurden. Vor allem wurde es ihnen verboten, außerhalb der von ihnen verwalteten Provinz Krieg
zu führen oder die Grenzen dieser Provinz zu verlassen,
ohne vom Senat oder der Volksversammlung dazu
ermächtigt worden zu sein. Eine der wichtigsten Waffen
gegen derartige Verstöße war ein neues Gesetz über den
Verrat, *crimen maiestatis*, ein Verbrechen, das zum ersten
Mal 100 v. Chr. juristisch definiert worden war und dessen
Ahndung die Aufgabe eines der neuen von Sulla geschaffenen Gerichte war.

Es erscheint paradox, daß ausgerechnet ein Mann, der
die Diktatur wieder eingeführt hatte und sich abergläubisch mit dem mystischen Personenkult eines Alleinherr-
schers umgab, diese Maßnahmen ergriff, um die alte oligar-

chische Ordnung wiederherzustellen. Außerdem förderte er großzügig das Bauwesen, wie dies traditionsgemäß der Rolle eines Monarchen entsprach. Er ließ unter anderem ein Gebäude zur Aufbewahrung öffentlicher und privater Urkunden, das Tabularium, errichten und das Senatsgebäude wieder aufbauen, sowie das Heiligtum der Fortuna in Praeneste (Palestrina), dem Ort eines seiner Siege im Bürgerkrieg. Mit ähnlichen Projekten schmückten sich auch die Fürsten des Orients, doch Sulla vermied es gerade noch, die uneingeschränkte Alleinherrschaft zu ergreifen. Er beschloß sogar, das Amt des Diktators niederzulegen, ließ sich 80 v. Chr. zum Konsul wählen und zog sich im folgenden Jahr in die Campania ins Privatleben zurück, wo er ein Jahr später starb.

Doch das Andenken an diesen pockennarbigen Mann, der so zügellos und doch so energisch war, sich so leicht zum Lachen und Weinen hatte rühren lassen und behauptete, er vergäße weder Freund noch Feind, blieb lebendig. Der Grund dafür waren nur teilweise seine gesetzgeberischen Leistungen. Zwar war er gegenüber den neuen Entwicklungen nicht vollkommen blind und unduldsam, aber auf diesem Gebiet hatte er die Uhr zurückgedreht, und es war ihm nicht gelungen, mit den großen wirtschaftlichen und sozialen Problemen Roms fertig zu werden. Außerdem irrte er sich, als er annahm, daß die strengeren Maßnahmen zur Beaufsichtigung der Truppenbefehlshaber und Statthalter in den Provinzen genügen würden, denn in den kommenden Jahren haben gerade diese Männer starke Armeen aufgestellt und sie für ihre eigenen politischen Ziele eingesetzt und nicht, um dem Staat zu dienen. Sie taten damit das gleiche, was Sulla getan hatte und was der Nachwelt im Gedächtnis geblieben ist, daß er mit brutaler Gewalttätigkeit an die Macht gekommen war. Die Erinnerung an seine Rücksichtslosigkeit hatte aber auch etwas Gutes, sie schreckte die Römer über 30 Jahre lang davon ab, sich noch einmal in einen Bürgerkrieg größeren Ausmaßes zu stürzen.

Der Aufstieg des Pompeius

Nach Sullas Tod zeigte sich sofort, daß seine Bemühungen um die Wiederherstellung einer verfassungsmäßigen Regierung vergeblich waren. Als einer seiner ehemaligen Offiziere, Marcus Lepidus, der aus einer liberalen Patrizierfamilie stammte und viele adlige Anhänger hatte, 78 v. Chr. Konsul wurde, nutzte er seine Amtszeit dazu, das Tribunat, das Sulla bewußt geschwächt hatte, wieder mit größeren Vollmachten auszustatten. Lepidus rechnete zum Vorteil für seine Pläne mit einer Massenerhebung der Italiker, die als Folge ihrer Benachteiligung gegenüber den Römern verarmt waren, während er selbst als Nutznießer dieser Entwicklung ein Riesenvermögen erworben hatte. 77 v. Chr. stellte er sich mit einem anderen aufbegehrenden Offizier in der Provinz Gallia Cisalpina an die Spitze einer starken, aus Etruskern und anderen Unzufriedenen bestehenden Armee und rückte gegen die Hauptstadt vor, wo der Senat den Notstand ausrief. Ein regierungstreues Heer stellte sich ihm entgegen und schlug ihn bei der Milvischen Brücke. Bald darauf starb er.

Erfolgreicher und tüchtiger war ein anderer Gegner Sullas, der Sabiner Sertorius, der in Spanien ein unabhängige Regierung bildete und die ganze Ostküste besetzte. Er wurde von zahlreichen Stämmen unterstützt, bei denen er sich mit seinen aufgeklärten Methoden hohes Ansehen erworben hatte. Er vertrat die in die Zukunft weisende Idee, daß es sich auszahlen würde, wenn man die in den Provinzen ansässigen Stämme rücksichtsvoll behandelte und den Versuch unternähme, sie zu romanisieren. Er hielt die Verbindung zu Lepidus, und nachdem dessen Aufstand in Italien fehlgeschlagen war, stellten sich 20 000 von Lepidus' Gefolgsleuten unter seine Fahne. Die von Sertorius befehligten Soldaten leisteten den Eid, ihn nicht zu überleben, falls er auf dem Schlachtfeld fallen sollte.

Der Senat schickte ihnen eine Armee entgegen und sah sich am Ende des Jahres 77 v. Chr. gezwungen, diese Truppen durch weitere, unter dem Kommando eines erst 29 Jahre alten Heerführers, wesentlich zu verstärken. Der Befehlshaber war Cnaeus Pompeius, der bereits hohes Ansehen genoß. Sein Vater war einer der höchsten Offiziere im Bundesgenossenkrieg gewesen, und Pompeius hatte nach dem Dienst in der Armee des Vaters in Mittel- und Ostitalien eine starke persönliche Anhängerschaft gewonnen. Als Sulla aus dem Osten nach Italien gekommen war, hatte Pompeius, der mit Sullas Stieftochter verheiratet war, seine Truppen mit denen Sullas vereint. Anschließend hatte er auf Sullas Seite in Sizilien und Nordafrika siegreich gekämpft, und der Diktator hatte sich, zwar zögernd, bereit gefunden, Pompeius einen Triumphzug zu erlauben, obwohl er nach dem geltenden Recht nicht einmal alt genug war, Senator zu werden. Das also war der junge Mann, der nun in Spanien gegen Sertorius kämpfen sollte. Zunächst konnte er nichts ausrichten, aber schließlich wurde Sertorius bei einem Gastmahl von seinem eigenen unbedeutenden Stellvertreter ermordet, den Pompeius ohne Schwierigkeiten besiegte und hinrichten ließ. Auf diese etwas unrühmliche Weise hatte er seinen Ruf als tüchtiger Heerführer weiter gestärkt.

Inzwischen war es in Italien zu einem Ereignis gekommen, das die Römer mit großem Schrecken erfüllte, zum letzten in einer Reihe von Sklavenaufständen, die bereits im vergangenen Jahrhundert begonnen hatten. Doch diesmal handelte es sich um einen Sklavenaufstand besonderer Art, denn er fand auf der italienischen Halbinsel statt, und die Anführer waren Berufsgladiatoren. Die Unruhen bra-

chen in Capua aus, wo sich eine der größten Gladiatorenschulen und -unterkünfte befand. Der Anführer war ein
Thraker namens Spartakus, ein tapferer und humaner
Mann, der in einer mit Rom verbündeten Armee Soldat
gewesen war. Sklaven jeder denkbaren Art strömten ihm
zu, und innerhalb von zwei Jahren besiegten sie nicht
weniger als vier römische Armeen und schädigten die
Wirtschaft des Landes durch ihre Plünderungen schwer.

Schließlich wurde der Oberbefehl im Krieg gegen Spartakus dem ehemaligen Prätor Crassus übertragen. Er war
ein Untergebener Sullas gewesen, ein umgänglicher,
freundlicher Mann und geschickter Drahtzieher, der im
Rahmen der Landreform sein ererbtes Vermögen gewaltig
vermehrt hatte. Nachdem Crassus seine aus 40 000 Mann
bestehende Armee sorgfältig ausgebildet hatte, versuchte
er vergeblich, Spartakus an der Stiefelspitze Italiens in die
Enge zu treiben. Doch schließlich konnte er ihn in Apulien
stellen. Spartakus fiel, und 6000 seiner Anhänger wurden
entlang der Via Appia gekreuzigt (71 v. Chr.).

Zuvor war Pompeius aus Spanien zurückbeordert worden, um Crassus bei der Durchführung dieser Operationen
zu unterstützen. Er traf gerade noch rechtzeitig ein, um sich
an der letzten Phase der Kämpfe zu beteiligen. Er und seine
Freunde machten daraus einen gewaltigen militärischen
Erfolg, neben dem der Sieg des Crassus verblich.

An diesem Punkt der Entwicklung angelangt, hätten die
beiden ehrgeizigen Männer, von denen jeder über eine
eigene Armee verfügte, aneinandergeraten können. Aber
Crassus war ein vorsichtiger Politiker, obwohl er keine
finanziellen Risiken scheute, und Pompeius hatte sich zwar
zu Beginn seiner Laufbahn manchen Übergriff erlaubt, war
aber nun nicht geneigt, sich Verstöße gegen die verfassungsmäßige Ordnung vorwerfen zu lassen. Trotz eines
ausgesprochenen beiderseitigen Mißtrauens gingen sie
aufeinander zu und einigten sich darauf, sich für das Jahr

70 v. Chr. gemeinsam um das Konsulat zu bewerben. Nach dem Gesetz hätten sie das nicht tun dürfen, denn sie hatten ihre Armeen nicht entlassen, das aber war die Voraussetzung für eine solche Bewerbung, und außerdem war Pompeius, der dem Senat noch nicht angehörte, eigentlich zu jung für das Amt des Konsuls. Der Senat mußte aber trotzdem nachgeben, und damit war künftigen Politikern erkennbar, daß entschlossene und ehrgeizige Männer die in der Republik geltende Ordnung ungestraft verletzen konnten. So wurden Crassus und Pompeius erwartungsgemäß von der Volksversammlung zu Konsuln gewählt.

Nachdem sie ihre Meinungsverschiedenheiten beigelegt hatten, nutzten sie die einjährige Amtsperiode als Konsuln dazu, die von Sulla geschaffene Verfassung aufzuheben, was von der Mehrheit der Bevölkerung mit Befriedigung zur Kenntnis genommen wurde, nicht aber vom Senat. Die Senatoren mußten es sogar hinnehmen, daß ein Angehöriger ihrer Körperschaft, Verres, wegen seiner korrupten Amtsführung als Statthalter von Sizilien vor Gericht gestellt wurde. Bei diesem Verfahren zeichnete sich der Redner Cicero durch seine scharfzüngige Beweisführung besonders aus. Aus der gleichen, gegen die Vorstellungen des Sulla gerichteten Haltung heraus veranlaßten Crassus und Pompeius die Zensoren des Jahres, 64 Senatoren ihres Amtes zu entheben. Außerdem unterstützten sie eine Gesetzesvorlage, nach der die Zahl der Senatoren, die als Beisitzer in den Gerichten zugelassen waren, auf ein Drittel verringert wurde, und ein von Pompeius eingebrachtes Gesetz hob die einschränkenden Bestimmungen auf, die der verstorbene Diktator für das Tribunat erlassen hatte. So wurde alles, was Sulla für die Wiederherstellung der hergebrachten Ordnung getan hatte, rückgängig gemacht, und die alte Unstetigkeit und Gesetzlosigkeit kehrten in die römische Politik zurück.

In den folgenden Jahren zog sich Crassus ins Privatleben

zurück, beschäftigte sich mit der Vermehrung seines Vermögens und suchte seinen politischen Einfluß zu stärken. Dagegen wartete Pompeius nur auf eine Gelegenheit, sich militärisch auszuzeichnen, und diese Gelegenheit ließ nicht lange auf sich warten. Sie ergab sich aus dem katastrophalen Überhandnehmen der Piraten im Mittelmeer. Seit Rom im vergangenen Jahrhundert mit seiner kurzsichtigen Politik Rhodos und dessen Kriegsflotte entscheidend geschwächt hatte, konnten die Piraten ungehindert ihrem Handwerk nachgehen und wurden dabei sogar von den am Sklavenhandel interessierten Römern unterstützt. 102 v. Chr. war es der römischen Regierung nicht gelungen, die Piratenhäfen an der kleinasiatischen Küste zu zerstören, und während der Kriege in den 80er Jahren hatten die Piratenüberfälle ein unerträgliches Ausmaß angenommen. Um Stützpunkte für den Kampf gegen die Piraten einzurichten, hatte die römische Regierung Kyrene (im östlichen Libyen) annektiert und zur Provinz gemacht, aber vergeblich. Schließlich war sogar die Getreideversorgung Roms bedroht. Deshalb erzwang 67 v. Chr. ein Volkstribun über die Köpfe der Senatoren hinweg ein Gesetz, das Pompeius die Aufgabe übertrug, dem Piratenunwesen ein für allemal ein Ende zu bereiten. Dazu wurde er zum Oberbefehlshaber im ganzen Mittelmeerraum ernannt, und man unterstellte ihm eine aus 120 000 Mann bestehende Armee und 500 Kriegsschiffe. Er erledigte seinen Auftrag in einem Blitzfeldzug, der nur drei Monate in Anspruch nahm, und es gelang ihm in dieser kurzen Zeit, das ganze Mittelmeer von Piraten zu säubern.

Daraufhin legte ein zweiter Volkstribun der Volksversammlung ein weiteres Gesetz vor, das Pompeius bevollmächtigte, die Lage im Nahen Osten zu bereinigen, besonders aber die Feindseligkeiten gegen Mithradates VI. von Pontos zu beenden. Das Gesetz trat in Kraft, obwohl der Senat nicht damit einverstanden war, dessen beherrschende Stellung, wie sich nun deutlich zeigte, praktisch nicht mehr bestand. Nach dem Friedensschluß im Jahre 85 v. Chr. hatte sich Mithradates rasch erholt, die von dem Stellvertreter Sullas befehligten Truppen zurückgedrängt und sich mit genügend Geld und Nachschub versorgt, um 74 v. Chr., als die Römer beschlossen, das benachbarte Bithynien zu besetzen, ihnen dort zuvorzukommen und die Römer an der Ausführung ihrer Absicht zu hindern, indem er Bithynien mit einer pontischen Armee besetzte. Daraufhin hatten die Römer einen sehr tüchtigen Heerführer und ehemaligen Parteigänger Sullas mit Namen Lucullus in den Nahen Osten geschickt, der Mithradates aus Bithynien und dann sogar aus seinem eigenen Land Pontos vertrieb (74-70 v. Chr.). Mithradates floh zu seinem östlichen Nachbarn und Verbündeten nach Armenien, in ein Land, das erst kurz zuvor weltpolitische Bedeutung erlangt hatte und zu einem mächtigen Reich geworden war.

Lucullus nahm die armenische Hauptstadt ein, aber 68 v. Chr. weigerten sich seine Soldaten weiterzukämpfen. Das lag zum Teil daran, daß Lucullus das Finanzwesen in Kleinasien reorganisiert hatte, so daß die römischen Geschäftsinteressen dort nicht mehr in dem von den Soldaten gewünschten Ausmaß verfolgt werden konnten. In der Heimat machte sich Lucullus damit viele Feinde, die ihrerseits seine Truppen zur Meuterei aufhetzten. Aber auch die Wetterverhältnisse auf dem Kriegsschauplatz, denen die Soldaten ausgesetzt waren, ließen sich auf die Dauer kaum ertragen. Vor allem aber war Lucullus trotz seiner militärischen Begabung ein aristokratischer Zuchtmeister, der es nicht verstand, mit den einfachen Soldaten umzugehen. So löste sich seine Armee praktisch auf. Einer der führenden Männer in Rom, der diese Entwicklung beschleunigt hatte, war Pompeius, sein alter politischer Gegner, der nun das Oberkommando übernahm.

Auf dem Kriegsschauplatz angekommen, konnte Pompeius sofort große Erfolge errringen – wenn auch seine strategische Begabung kaum auf die Probe gestellt wurde. Mithradates wurde von seinem armenischen Bundesgenossen im Stich gelassen und konnte deshalb sofort geschlagen werden. Er entkam auf die Krim. Doch hier zettelte sein Sohn eine Verschwörung gegen ihn an, und Mithradates nahm sich das Leben. Sein Kampf gegen die Römer hatte mit Unterbrechungen ein Vierteljahrhundert gedauert. Er hatte Roms Kräfte beansprucht, während es zur gleichen Zeit in andere schwierige Kriege verwickelt war, und das hatte sich auf viele andere Gebiete ausgewirkt. So sah sich die römische Regierung zum Beispiel dazu gezwungen, auf lange Sicht selbständige militärische Kommandostellen zu schaffen, die für die zentrale Verwaltung eine erhebliche Gefahr bedeuteten; und außerdem mußte sich die römische Regierung als Folge der fortwährenden Auseinandersetzungen mit Mithradates und deren Ausgang ungewöhnlich stark im Nahen Osten engagieren.

Nachdem Pompeius 65 v. Chr. ausgedehnte Erkundungen durchgeführt und den bisher unbekannten Kaukasus erforscht hatte, gelang es ihm, die Lage im westlichen Asien zu konsolidieren, wozu es detaillierter Planungen auf vielen Gebieten bedurfte. Pontos wurde annektiert und mit Bithynien zu einer Provinz vereinigt. In Syrien wurde der letzte, schwache Seleukidenmonarch gestürzt und sein Reich mit der bedeutenden Stadt Antiochia ebenfalls zu einer römischen Provinz gemacht. So behielt von den drei großen Diadochenreichen Alexanders, Makedonien, dem Seleukidenreich und Ägypten, nur das letzte seine formale Unabhängigkeit, obwohl es auch schon stark von Rom abhängig war. In dem kleinen Königreich Judäa, wo es dynastische Streitigkeiten gegeben hatte, nahm Pompeius die altehrwürdige Hauptstadt Jerusalem ein und zog sich den Unwillen der Juden zu, als er als Ungläubiger den Tempel betrat und damit entweihte. Aber ein Mitglied der

Hasmonäerdynastie (Makkabäer) durfte als von Rom abhängiger Klientelfürst seinen Thron behalten.

Die Übertragung des alten römischen Klientelprinzips auf fremde Staaten war nichts Neues. Aber Pompeius baute dieses System weiter aus. Die als Klientel regierenden Könige waren verpflichtet, dem Interesse Roms zu dienen, die Grenzen des Imperiums zu verteidigen und die Aufgabe von Horchposten an der äußeren Peripherie des Römischen Reiches zu übernehmen. Dafür unterstützten die Römer sie bei der Bekämpfung innerer Unruhen und gaben ihnen freie Hand innerhalb ihrer Landesgrenzen. Rom ersparte sich damit die Mühe und Kosten der Verwaltung solcher Gebiete. Das System bewährte sich. Nur in Armenien hatte Pompeius vielleicht einen Fehler begangen, als er den Fürsten an der Regierung ließ und das Land nicht annektierte, denn es blieb ein Streitobjekt zwischen den Römern und den noch weiter im Osten gelegenen Mächten.*

An dem Schauplatz seines Sieges über Mithradates gründete Pompeius die neue Stadt Nikopolis und siedelte dort Veteranen, Verwundete und Landesbewohner an. Das war jedoch nur eine von 40 Städten, die er im Osten gründete oder wieder aufbaute, wobei er der Urbanisierungstradition der griechischen Monarchien folgte. Unter der Führung einer von Rom anerkannten Oberschicht sollten diese alten und neuen Städte die Zentren sein, von denen aus diese Gebiete nicht etwa romanisiert werden sollten, denn kulturell blieben sie im allgemeinen unter griechischem Einfluß, sondern von denen aus die politische Macht Roms nach dem Klientelprinzip garantiert werden sollte.

Pompeius' Aufbauarbeit im Nahen Osten übertraf bei weitem alles, was Rom je auf diesem Gebiet geleistet hatte, und sie zeichnete ihn als einen erstrangigen Administrator

---

* Das waren zunächst Parthia (S. 261 f.) später Persien (S. 386 f.).

aus. Obwohl er noch weitere 15 Jahre zu leben hatte, war dies seine bedeutendste Leistung; sie hat sich über lange Zeit bewährt und ist die Grundlage für alle künftigen Entwicklungen in diesem Gebiet gewesen. Die Ehrungen, mit denen er von den Gemeinwesen im Osten überschüttet wurde, nahmen schon manches vorweg, was in der folgenden Epoche den römischen Kaisern zuteil werden sollte. Die von Pompeius geschaffene Neuordnung brachte zudem großen materiellen Gewinn, und zwar ebenso für ihn persönlich wie für Rom. Sein Anteil an der Kriegsbeute und die Geschenke, die er von dankbaren oder vorsichtigen Monarchen und Städten bekam (in vielen Fällen hob er die Steuerfreiheit auf), machten ihn zu einem noch reicheren Mann als Crassus, der bis dahin der reichste Römer jener Zeit gewesen war. Darüber hinaus erwarb er im Rahmen seines Wirkens eine große Schar persönlicher Klienten. Die Reserven des römischen Schatzamtes wuchsen beträchtlich, und die Einnahmen des Staates stiegen um nicht weniger als 40 Prozent jährlich. Der nach seiner Heimkehr abgehaltene Triumphzug übertraf an Glanz und Reichtum alles, was die Stadt bisher erlebt hatte.

Cicero

Während Pompeius noch im Osten weilte, steigerte sich in Rom die Spannung, denn man erinnerte sich daran, daß Sulla, als er aus dem gleichen Gebiet nach Rom zurückgekehrt war, sich zum Alleinherrscher aufgeschwungen hatte. Nun fürchtete man, die Geschichte würde sich wiederholen. Es begann ein undurchsichtiges Intrigenspiel, bei dem Crassus alle Fäden in der Hand hielt. Er wandte sich nicht direkt gegen Pompeius, finanzierte jedoch Leute, die in Geldnot waren und zugleich die Möglichkeit hatten, seinen persönlichen Einfluß zu stärken.

Einer dieser Männer war der verarmte Patrizier Catilina, der einen recht zweifelhaften Ruf genoß. Er hatte zu den Anhängern Sullas gehört, aber nun erwarteten gleichermaßen Freunde und Gegner Sullas, die ihr Vermögen verloren hatten, daß er ihnen helfen könnte, ihre finanzielle Lage zu verbessern. Als Catilina, nachdem er zweimal von der Bewerbung um das Konsulat ausgeschlossen worden war, sich schließlich 63 v. Chr. darum bewerben durfte, schlossen sich besorgte, aus den verschiedensten Lagern kommende Männer zusammen, um einen Gegenkandidaten aufzustellen. Der Mann ihrer Wahl war Cicero aus Arpinum (Arpino), der Geburtsstadt des Marius.

Cicero gehörte einer Familie an, die bisher noch niemals einen Konsul gestellt hatte, und für solche »neuen Männer« war es immer besonders schwierig, gewählt zu werden. In den vergangenen 30 Jahren war das niemandem gelungen. Andererseits war Cicero ein ungewöhnlich begabter und brillanter Redner, und das bedeutete in einer Gesellschaft, in der öffentlich gehaltene Reden einen wesentlichen Teil des politischen Lebens ausmachten, sehr viel. 70 v. Chr. hatte er mit der Verurteilung des korrupten Statthalters von Sizilien, Verres, einen glänzenden Erfolg erzielt. Anschließend hatte er sich für die Ernennung des Pompeius zum Oberbefehlshaber im Nahen Osten eingesetzt, und trotz gelegentlicher Vorbehalte betrachtete er Pompeius immer noch als bedeutendsten Staatsmann seiner Zeit.

Diese Umstände und seine bescheidene Herkunft waren wahrscheinlich keine besondere Empfehlung für die altväterischen, konservativen Republikaner, ja nicht einmal für die gemäßigten Mitglieder des Senats. Dennoch unterstützten ihn Angehörige beider Gruppen gegen Catilina, in dessen Wahl sie eine ernste Bedrohung der sozialen Stabilität erblickten. So wurde Cicero 63 v. Chr. zum Konsul gewählt. Sein Kollege wurde ein unbedeutender Mann, der sich zunächst für Catilina eingesetzt hatte, dann aber überredet worden war, seine Kandidatur nicht mehr zu unterstützen.

Zu den 63 v. Chr. abgehaltenen Wahlen für das Konsulat des folgenden Jahres ließ sich Catilina noch einmal aufstellen, diesmal mit einem so sensationellen Programm, daß die schlimmsten Befürchtungen bestätigt wurden; er wollte nicht nur umfassende Landverteilungen vornehmen, sondern auch die Streichung sämtlicher Schulden durchsetzen. Damit wollte er bankrotte Adlige, landlose Veteranen und die verarmte Stadtbevölkerung, ja alle Unzufriedenen und Entwurzelten auf seine Seite ziehen. Aber diese Vorschläge erschreckten nicht nur alle Konservativen und Gemäßigten, sondern auch Crassus. Und Cicero, dem ein allgemeiner Schuldenerlaß als das Schlimmste erschien, was man sich vorstellen konnte, nämlich die Vernichtung des Privateigentums, sorgte dafür, daß Catilina die Wahl wieder verlor. Deshalb plante der geschlagene und enttäuschte Mann im Oktober 63 v. Chr., mit seinen Anhängern aus Etrurien, Gegnern der bestehenden Gesellschaftsordnung, die bereit waren, sich ihr vermeintliches Recht mit Gewalt zu erkämpfen, nach Rom zu marschieren.

Doch sechs Tage vor dem für den Staatsstreich festgesetzten Zeitpunkt wurden seine Absichten bekannt, und der Senat rief den Notstand aus. Da es jedoch keine schlüssigen Beweise für sein ungesetzliches Vorhaben gab, konnte sich Catilina unter dem Schutz einflußreicher Freunde immer noch frei in der Stadt bewegen und arbeitete weiter an seinen Plänen für einen Umsturz. Als Cicero aber seine Ziele in der ersten seiner vier großartigen katilinarischen Reden bloßlegte und Anklage gegen ihn erhob, hielt es Catilina für ratsam, die Stadt zu verlassen, und ging nach Etrurien, um das Kommando über die Armee seiner Anhänger zu übernehmen. In Rom war der Boden zu heiß für ihn geworden. Cicero hatte mit der Behauptung, Catilina hätte Rom niederbrennen wollen, viele bisherige Anhänger Catilinas auf seine Seite gezogen. Ein glücklicher Zufall spielte ihm dann schriftliche Beweise für die revolutionären Absichten Catilinas in die Hand, und zwar durch gallische Gesandte, die Rom in dieser Zeit einen Besuch abstatteten. Daraufhin ließ Cicero fünf der führenden Verschwörer in der Stadt festnehmen, darunter sehr hochgestellte Persönlichkeiten, und erreichte die Zustimmung des Senats für ihre Hinrichtung, die sofort auf seine Veranlassung erfolgte.

Viele glaubten, Cicero hätte ungesetzlich gehandelt, was seine weitere politische Laufbahn stark beeinträchtigte. Auf jeden Fall war die katilinarische Verschwörung nicht die gewaltige Krise, aus der er behauptete, den Staat gerettet zu haben, sondern nur eine relativ unbedeutende Gefährdung der öffentlichen Sicherheit. Die Bedeutung dieser Ereignisse liegt heute in den großartigen Reden und Schriften Ciceros, in denen er seine eigene Rolle rechtfertigte, ihre Bedeutung aber auch gewaltig übertrieb.

In den entscheidenden Senatsdebatten vor der Hinrichtung der Verschwörer äußerten sich auch zwei künftige Staatsmänner: Cato befürwortete den Antrag Ciceros, Julius Caesar sprach sich dagegen aus. Cato war der Urenkel des Zensors gleichen Namens, der als Politiker im vorangegangenen Jahrhundert eine große Rolle gespielt hatte. Der jüngere Cato war 32 Jahre alt, eine starke Persönlichkeit, grausam, rachsüchtig, trinkfest und unduldsam gegenüber allem, was nicht den Maßstäben der Tradition entsprach. Der fünf Jahre ältere Gaius Julius Caesar war ein Patrizier und mit Marius und Cinna verschwägert. Er hatte sich verhältnismäßig spät dem öffentlichen Leben zugewandt. Nachdem es ihm mit Crassus' Hilfe gelungen war, seine Finanzen aufzubessern, hatte er sich in einem Musterprozeß gegen die Mißstände gewandt, zu denen es unter Ausnutzung der Erklärung des Notstandes durch den

Senat gekommen war (63 v. Chr.). Im gleichen Jahr war er mit Hilfe hoher finanzieller Aufwendungen zum Pontifex Maximus (Oberpriester) des römischen Staates ernannt worden. Dieses Amt hatte mit der politischen Laufbahn seines Inhabers nichts zu tun, verlieh ihm aber ein hohes Ansehen und machte ihn zu einer einflußreichen Persönlichkeit. Am Ende des gleichen Jahres sollte Caesar Prätor werden, und zu diesem Zeitpunkt äußerte er Bedenken im Hinblick auf die verfassungsmäßige Rechtmäßigkeit der gegen die Anhänger Catilinas verhängten Todesurteile. Er konnte sich mit seiner Meinung nicht durchsetzen, gewann aber mächtige Verbündete unter denen, die sich darum sorgten, daß solche Willkürmaßnahmen schädliche Folgen haben könnten.

Doch die Politik Ciceros schien zunächst dadurch gerechtfertigt, daß Catilina sich an die Spitze seiner Truppen stellte, um einen Aufstand zu inszenieren. Aber nachdem seine Freunde in Rom unschädlich gemacht worden waren, gab er den Versuch auf, gegen Rom zu marschieren, und versuchte, über die Nordgrenze Italiens zu entkommen. Die Regierung schickte ihm jedoch zwei beiderseits der Apenninen vorgehende Armeen nach, die ihn mit seinen Truppen einschlossen und im Januar 62 v. Chr. besiegten und töteten. Nun war Cicero für eine kurze Zeitspanne der Held des Tages.

Spätere Generationen sahen in Cicero den typischen Vertreter einer Oberschicht, die ein hochkultiviertes und luxuriöses Leben führte, das ihr der ungeheure Reichtum ermöglichte, den die Führer der Republik angesammelt hatten. Der Redner selbst besaß eine prächtige Villa auf dem Palatin und mindestens acht Landhäuser. Das waren zum Teil einfache Rasthäuser, die er auf seinen Reisen benutzte, aber auch sehr luxuriöse, mit Wandgemälden und Fußbodenmosaiken ausgestattete Herrenhäuser, die beachtliche Sammlungen griechischer Kunstwerke beherbergten. Doch Cicero war von Geburt diesen großartigen Lebensstil nicht gewöhnt und auch nicht reich genug, um solchen Besitz zu erhalten oder zu erweitern. Mit anderen Worten, ihm fehlten die Mittel zur Finanzierung einer großen politischen Karriere. Aber es war sein Glück, mit dem sehr reichen, dem Ritterstand angehörenden »Bankier« Atticus befreundet zu sein, der ihn auf die verschiedenste Weise unterstützte und offensichtlich an seine politischen Ziele und seine intellektuellen Fähigkeiten glaubte.

Cicero verdankte seine Erfolge fast ausschließlich einer einzigen Fähigkeit: Er war einer der überzeugendsten Redner, die je gelebt haben, und zwar in einer Epoche, in der die Beredsamkeit den Mittelpunkt des politischen Lebens darstellte. Sein angeborenes Talent, vereint mit einer sorgfältigen Erziehung und durch unablässiges Üben weiterentwickelt, befähigte ihn, die lateinische Sprache in der geschliffensten und überzeugendsten Form in Wort und Schrift in so hohem Maß zu beherrschen, daß er seine Zuhörer im Senat, in der Volksversammlung und vor Gericht fesselte und überzeugte und daß er mit seinen Schriften das Fundament für die europäische Prosaliteratur legte. In seinen mehr als 100 Reden, von denen uns 58 erhalten sind, spiegeln sich alle Spannungen und Nöte der kurz vor dem Zerfall stehenden römischen Republik, in der er 30 Jahre gelebt und im Mittelpunkt der Ereignisse gestanden hat. Aus ihnen spricht auch der Mensch Cicero, und das gilt in noch stärkerem Maß für seine 800 einzigartigen Briefe, die er an Atticus und andere Freunde geschrieben hat.

Hier zeigt sich ein humorvoller, warmherziger und extravaganter Mensch, der aber auch nicht wußte, wie ein Stadtstaat ein Weltreich verwalten sollte. Dem Adel, zu dem er nicht gehörte, brachte er übertriebene Hochachtung entgegen und bemühte sich mit allen Mitteln, jedem klarzumachen, welchen großen Erfolg er mit der Niederschlagung des eigentlich recht bedeutungslosen von Catilina angezettelten Staatsstreiches errungen hatte – ein Selbstlob, das verständlich und entschuldbar ist, denn als »neuer Mann« fehlte ihm ein angeborenes Selbstbewußtsein. Außerdem besaß Cicero trotz seiner gelegentlichen politischen Erfolge nicht die richtige Veranlagung für einen erstrangigen römischen Politiker. Erstens überschätzte er immer wieder die Bedeutung seiner eigenen Stellung und seine Möglichkeiten, den Lauf der Ereignisse zu beeinflussen. Zweitens besaß er, was noch schlimmer war, die manchmal verhängnisvolle Gabe eines Juristen, bei jeder Frage beide Seiten zu sehen. Es fehlten ihm die rücksichtslose Entschlossenheit und Parteilichkeit, die für den Erfolg als Politiker in Rom entscheidend waren. Doch ein paarmal in seinem Leben hat er unter allergrößten Anstrengungen allen Mut zusammengenommen, seine schwankende Haltung aufgegeben und sich energisch gegen die Tyrannei gewandt. Als er dies zum letzten Mal tat, kostete es ihn das Leben.

Cicero vertrat, ähnlich wie viele römische Juristen und Denker, die griechische Idee von der Gültigkeit eines Naturgesetzes (*ius naturale*), eines Gesetzes, das für alle Menschen und Völker galt (*ius gentium*), auch wenn sie nicht das römische Bürgerrecht besaßen. Mit anderen Worten, er war überzeugt, es ließe sich objektiv feststellen, was Recht und was Unrecht sei, und keine Verordnungen oder Gesetze könnten daran etwas ändern. Für das größte Unrecht hielt er es, wenn ein einzelner sich über andere erhob. In Übereinstimmung mit der 250 Jahre früher entstandenen stoischen Philosophie erkannte er deren Forderung an, daß die Menschen einander großmütig begegnen und sich gegenseitig achten sollten, weil jedes menschliche Wesen seinen eigenen persönlichen Wert und seine Bedeutung habe; denn nach der Lehre der Stoiker trägt jeder einzelne einen göttlichen Funken in sich, der alle Menschen unabhängig von ihrer Rasse, ihrer gesellschaftlichen Stellung oder dem geltenden Recht in der universalen Bruderschaft der Menschheit miteinander verbindet.

Das war eines der Grundelemente der *humanitas*, für die sich Cicero in einer Reihe glänzend geschriebener Abhandlungen zum Thema der Moral einsetzte. Ohne Lehrsätze zu formulieren, paßte er in diesen Essays die griechische Philosophie dem römischen Leben an und verlangte und offenbarte zugleich einen aufgeklärten Geist und Charakter, die Anerkennung nicht nur der Tatsache, daß jeder einzelne eine Persönlichkeit für sich selbst ist, sondern daß auch jeder andere als Persönlichkeit anzuerkennen ist. Das war das höchste Ideal für die Praxis des Lebens, das auf dieser Welt jemals verkündet worden ist, und es hat das abendländische Denken bis in unsere Tage entscheidend beeinflußt. Cicero betonte dieses Ideal mit immer glühenderem Eifer, und er glaubte, daß der in der Öffentlichkeit auftretende Redner am besten dafür eintreten könne. In einer Reihe von Abhandlungen über die Rhetorik erklärte er, der Redner müsse nicht nur ein umfassend gebildeter, kultivierter und liberaler Mensch sein, wenn er seine Aufgabe richtig erfüllen wolle, sondern er habe auch als Vorbild zu wirken.

Von solchen Ideen entbrannt und durch die Zustimmung beflügelt, die ihm nach seinem Sieg über die Gefolgsleute Catilinas entgegengebracht wurde, verfolgte Cicero ein politisches Programm, durch das, wie er glaubte, diese Lehren in die Tat umgesetzt werden könnten. Er vertrat einen Plan, der die Gemüter schon mehr als einmal in den vergangenen Jahren bewegt hatte und der ein Zusammenspiel aller Kräfte vorsah, wobei sich die Senatoren für immer mit dem Ritterstand in ganz Italien verbünden sollten, mit Bürgern, wie er selbst einer war, deren Einfluß im Staat immer stärker wurde und die ihn im Kampf gegen die wider die Gesellschaft gerichteten Vorhaben Catilinas unterstützt hatten. Doch ohne es zu wollen, hat Cicero mehr als irgendein anderer dazu beigetragen, die Verwirklichung seiner Ideale zu verhindern. Als Pompeius nach unvergleichlichen Erfolgen im Vorderen Orient nach Rom zurückkehrte, verletzte Cicero ihn, der sehr eitel war, indem er immer wieder behauptete, er selbst, Cicero, sei der eigentliche Retter des Staates, während Pompeius nur an seine eigenen triumphalen Siege im Osten dächte.

Die politische Entwicklung bis zum ersten Triumvirat

Pompeius war arrogant, verschlagen und abweisend, aber die düsteren Prognosen, er strebe nach der Alleinherrschaft, erwiesen sich als falsch. Sobald er in Italien angekommen war, entließ er, wie es Pflicht war, seine Truppen. Damit zeigte er deutlich, daß er trotz seines unbezweifelbaren Strebens, bewundert zu werden und die mächtigste Stellung einzunehmen, die das republikanische Rom zu vergeben hatte, nicht den Ehrgeiz besaß, ein tyrannischer Diktator zu werden. Außerdem bewies Pompeius, wie Cicero schreibt, eine gewisse Bereitschaft, sich von den antikonservativen Kreisen zu lösen, in deren Auftrag er nach 70 v. Chr. handelte, um sich statt dessen auf die Seite der orthodoxen Senatoren zu stellen, an die er im Verlauf dieser Entwicklung zwei Forderungen richtete. Erstens brauchte er Land, um seine ungeduldigen Veteranen anzusiedeln, und zweitens wünschte er, daß alle Maßnahmen, die er im Osten getroffen hatte, als offizielle Entscheidungen des römischen Staates ratifiziert würden. Doch bald stellte sich heraus, daß viele führende konservative Politiker dieser zweiten Forderung nicht nachkommen wollten. Sie betrachteten den Umstand, daß er während seines Aufenthaltes im Osten die Regierung nicht konsultiert hatte, als Willkür und daher ungesetzlich. Einer von ihnen, der ehemalige Heerführer Lucullus, wandte sich mit besonderer Schärfe gegen Pompeius, weil dieser ihn in Kleinasien abgelöst und gedemütigt hatte. Auch Cato, der 62 v. Chr. Volkstribun wurde, schloß sich den Gegnern des Pompeius an. Cato war zwar bereit, für die Getreideverteilung, die er zur Beschwichtigung der Stadtbevölkerung vornahm, während Catilina sich noch in Freiheit befand, die gewaltigen Einnahmen aus dem Osten zu verwenden, die Pompeius zu verdanken waren, aber zugleich benutzte er seinen Einfluß als Volkstribun dazu, gegen die beiden Forderungen des Pompeius sein Veto einzulegen, und setzte dabei alle Machtmittel ein, die ihm auf Grund seines Amtes zur Verfügung standen. So unter Druck gesetzt, verschob der Senat immer wieder seine Entscheidung, und nur weniges hat so sehr zum Untergang der Republik beigetragen, zu dem es bald darauf kam, wie diese Weigerung, Pompeius das zu geben, was er forderte.

Die Senatoren trafen dazu noch zwei weitere unheilvolle Entscheidungen. Die erste betraf Crassus. Nachdem sich Crassus, während Pompeius in Kleinasien war, ihm gegenüber nicht deutlich zu erkennen gegeben hatte, zeigte er nach der triumphalen Rückkehr des siegreichen Feldherrn eine deutliche Abneigung gegen ihn und war bereit, sich gemeinsam mit den Senatoren seinen Forderungen zu widersetzen. Doch anstatt die wie vom Himmel gesandte Gelegenheit zu ergreifen und sich Crassus' Unterstützung zu versichern, verhielten sich die Senatoren ihm gegenüber sehr abweisend. Das geschah im Zusammenhang mit einer finanziellen Angelegenheit, an der Crassus sein besonderes Interesse zeigte. Gegen Ende des Jahres 61 v. Chr. hatte eine Gruppe von Steuereinnehmern, und das war zu diesem Zeitpunkt die einflußreichste Interessengruppe des Ritterstandes, einen Preisnachlaß für die von ihnen in Kleinasien einzutreibenden Steuern verlangt, denn, wie sich herausstellte, war das ein viel weniger gutes Geschäft, als sie erwartet hatten. Sie überredeten Crassus als den einflußreichsten Fürsprecher ihrer geschäftlichen Interessen, sich hinter ihre Forderungen zu stellen. Doch Cato erblickte darin, diesmal zu Recht, den empörenden Versuch, eine mit dem Staat getroffene Vereinbarung rückgängig zu machen, und zwar nur, weil diese Vereinbarung nicht den erhofften Gewinn brachte. Deshalb bewog er den Senat, den Antrag abzuweisen.

So waren also beide, Pompeius und Crassus, abgewiesen worden – und nun mußte Caesar das gleiche erleben. Nachdem er Statthalter in Spanien (Baetica) gewesen war, kehrte er 60 v. Chr. nach Italien zurück, um sich als Kandidat für die Wahlen zum Konsul aufstellen zu lassen. Doch da er als Statthalter einige, allerdings unbedeutende militärische Erfolge errungen hatte, stand ihm ein Triumph zu, den er feiern wollte. Aber er hätte das Recht dazu verwirkt, wenn er zwischendurch in die Stadt gekommen wäre. Deshalb bat er um die Erlaubnis, sich bei der Bewerbung um das Konsulat von einem anderen Mann vertreten zu lassen. Doch Cato sorgte dafür, daß ihm das verweigert wurde. Das war aber noch nicht alles. Zu dieser Zeit war es üblich, daß der Senat den Konsuln eines jeden Jahres, noch vor ihrer Wahl und bevor man ihre Namen kannte, die Provinzen zuteilte, die sie nach Beendigung ihrer Amtszeit als Statthalter übernehmen sollten. So wurden also die Provinzen für die Konsuln des Jahres 59 v. Chr. bestimmt, und man beschloß, ihnen diesmal keine regulären Provinzen, sondern bloß »Wälder und Viehweiden« Italiens zuzuweisen. Das war eine völlig wertlose Zuteilung, zu der man sich in der fast sicheren Erwartung entschlossen hatte, daß einer der neuen Konsuln Caesar sein würde. Mit anderen Worten, es war ein ganz persönlich gegen ihn gerichteter Affront.

So hatte sich der Senat gleichzeitig gegen Pompeius,

Crassus und Caesar gestellt und sie alle drei beleidigt. Offenbar hatten diese Männer das klare Urteilsvermögen verloren, durch das sie zu Beherrschern des Mittelmeerraums geworden waren. Was nun geschah, erscheint im Rückblick unvermeidlich. Die drei ehemaligen politischen Gegner begruben angesichts dieser Behandlung ihre Feindseligkeiten und vereinigten sich gegen diejenigen, die sie gekränkt hatten. Ihr Zusammenschluß geschah zunächst formlos, war aber sehr wirkungsvoll. Obwohl geheimgehalten, wurde das Bündnis bald öffentlich bekannt, und die Historiker bezeichnen es als das erste Triumvirat. Caesar forderte auch Cicero auf, sich dem Bündnis anzuschließen, aber zu seiner Ehre sei gesagt: Er weigerte sich. Das Triumvirat unterschied sich für Cicero in unerträglicher Weise von dem Bündnis der führenden Schichten in Rom, das er empfohlen hatte. Der Senat, der diesem Zusammengehen nicht zustimmte, wurde zur Zielscheibe und zum Opfer des Bündnisses. Er wurde so stark geschwächt, daß er zum ersten Mal in der Geschichte zu einer bloßen politischen Gruppierung degenerierte, die nicht mehr in der Lage war, die Regierungsgeschäfte wahrzunehmen, wodurch die »Herrschaft der Wenigen« für immer ihre Macht verloren hatte.

VI Caesar und Augustus

12 Caesar

Das erste Konsulat Caesars

Als Caesar 59 v. Chr. zum Konsul gewählt wurde, äußerte die Republik noch schwache Lebenszeichen, denn sie wählte den extrem konservativen Bibulus zum zweiten Konsul. Doch Caesar zeigte deutlich, daß sich Rom auf dem Weg in eine autokratische Zukunft befand, als er eine Reihe von Maßnahmen durchsetzte, die ohne Rücksicht auf die Opposition die Stellung der Triumvirn – Pompeius, Crassus und Caesar – stärkte.

Eine seiner ersten Amtshandlungen als Konsul war das Erlassen eines Agrargesetzes, durch das die Wünsche der Veteranen des Pompeius erfüllt wurden. Als sein Erzfeind Cato die Annahme des Gesetzes im Senat blockierte, erzwang Caesar sie in der Volksversammlung, ein Vorgehen, das man ihm bis zum Ende seines Lebens vorwarf. Um sich durchzusetzen, ließ er sogar seinen Mitkonsul Bibulus verprügeln. Doch die anderen Triumvirn unterstützten ihn. Und als Pompeius Caesars Tochter Iulia heiratete, blieb das Bündnis der drei Männer der Öffentlichkeit nicht länger verborgen.

Caesar sorgte dafür, daß die Maßnahmen seines Schwiegersohns im Osten gesetzlich genehmigt wurden, und er teilte sich mit ihm die gewaltigen Summen, die der in politische Schwierigkeiten geratene König von Ägypten dafür zahlte, daß Rom ihm seine Unterstützung gewährte. Außerdem bewirkte er, daß Pompeius in den Senatsdebatten immer vor Crassus zu Wort kam. Andererseits versuchte Caesar, Crassus dadurch zu beschwichtigen, daß er den mit ihm befreundeten Steuereinnehmern, die vergeblich einen Nachlaß für ihre Steuerpacht in Kleinasien forderten, großzügige finanzielle Zugeständnisse machte. Und er veranlaßte, daß der Inhalt der Senatsdebatten und der Debatten in der Volksversammlung in Zukunft veröffentlicht wurde, so daß den im geheimen gesponnenen Intrigen gewisse Schranken gesetzt wurden.

Es war daher Aufgabe der anderen Triumvirn, Caesar bei der Verfolgung seiner politischen Ziele zu helfen. Als Statthalter in Spanien, von wo er kürzlich zurückgekehrt war, hatte er sich davon überzeugt, daß er eine beachtliche militärische Begabung besaß. Nun wollte er sie dazu benutzen, seinen Ehrgeiz zu befriedigen und in eine führende Stellung im Staat aufzusteigen. Anstelle der lächerlich unbedeutenden Provinz, die der Senat den Konsuln zugewiesen hatte, ließ er sich die unvergleichlich wichtigere Provinz Gallia Cisalpina (Norditalien), zu der Illyricum (Dalmatien) gehörte, zuteilen. Seine ursprüngliche Absicht war es, römische Armeen durch das heutige Jugoslawien bis an die Flüsse Save oder Drau nach Norden zu führen.

Zu diesem Zeitpunkt starb der Statthalter der jenseits der Alpen gelegenen Provinz Gallia Narbonensis (Südfrankreich), was für Caesar ein unglaublicher Glücksfall war, denn diese Region eignete sich hervorragend als Ausgangspunkt für militärische Eroberungen. Deshalb sorgte er dafür, daß dieses Gebiet der ihm schon zugestandenen Provinz hinzugefügt wurde. Er erkannte, daß es für ihn am günstigsten wäre, sofort nach Beendigung seiner Amtsperiode als Konsul die Aufgabe des Provinzverwalters zu übernehmen und diese Stellung auf unbestimmte Zeit hinaus zu behalten, denn wenn er zwischendurch ins Privatleben zurückkehrte, konnte er wegen der von ihm als Konsul durchgeführten Willkür- und Gewaltmaßnahmen vor Gericht gestellt werden. Doch bevor er Rom verließ, verbündete er sich mit dem jungen Politiker Clodius, einem talentierten und exzentrischen Radikalen, der, wie er hoffte, seine Interessen in der Hauptstadt mit Hilfe seiner Klienten, Schlägertrupps und Geschäftspartner oder der Vereine (*collegia*) wahrnehmen würde, deren Mobilisierung und Einsatz Clodius zu einer hohen Kunst entwickelt hatte.

Der Gallische Krieg

In vielen Teilen ihrer weiten, von den Römern noch nicht eroberten Stammesgebiete nördlich der Provinz Gallia Transalpina waren die Gallier fortschrittliche Ackerbauern, Viehzüchter und Metallhandwerker. Sie verfügten auch über eine leistungsfähige Kavallerie, aber ihre militärische Kapazität war trotzdem recht gering. Wenn der Angriff ihrer Reiter und der mit Schwertern bewaffneten Infanterie einmal ins Stocken geraten war, entstand in ihren Reihen gewöhnlich ein unbeschreibliches Chaos. Der politische Zusammenhalt zwischen den einzelnen Stämmen und innerhalb derselben war nur locker.

Zwischen der Seine und der römischen Provinz lebten 200 keltische Stämme. Die bedeutendsten unter ihnen, in deren Randgebieten sich jeweils schwächere und von ihnen abhängige Volksgruppen angesiedelt hatten, waren die Arverner (Auvergne) mit der Festung Gergovia, die Häduer, die die ersteren als Hauptverbündete der Römer abgelöst hatten und deren Hauptstadt Bibracte (Mont Beuvray oberhalb von Autun) war, und die Sequaner in der

Umgebung von Vesontio (Besançon). Sie wurden von den keltischen Helvetiern aus Germanien bedroht, die aus ihrer Heimat in die Schweiz abgedrängt worden waren und von dort aus nach Westen weiterzogen, um durch Gallien an die Atlantikküste zu gelangen, wo sie hofften, sich ansiedeln zu können.

Einige Politiker in Rom vertraten die Ansicht, daß dieser Massenwanderung Einhalt geboten werden müsse, denn sie könnte die Sicherheit der jenseits der Alpen gelegenen Provinz gefährden. Deshalb hatte Caesar verlangt, diese Provinz seinem Kommando zu unterstellen. Nach Ablauf seiner Amtszeit als Konsul begab er sich daher in aller Eile nach Norden.

Über die dort erfolgten Operationen werden wir in den von Caesar verfaßten *commentarii de bello Gallico* unterrichtet. Das ist der bei weitem beste von einem Römer geschriebene Kriegsbericht. Das Buch hat seinen Vorrang in der kriegsgeschichtlichen Literatur über mindestens vier Jahrhunderte bewahrt. Dieses und das spätere Werk *de bello civile* werden als *commentarii* bezeichnet und nicht als *historiae*, weil es sich um die Denkschriften eines Befehlshabers handelt, die durch zusätzliche Informationen und Reden erweitert worden sind, und zwar wie immer im Altertum in der Absicht, die großen Zusammenhänge sichtbar zu machen und nicht nur die Vorgänge an sich. Der scharfe Intellekt Caesars und sein klares, knappes Latein machen diese nach außen hin bescheidenen Schriften zu Meisterwerken. Seine hervorragenden Detailkenntnisse lassen die Bücher zu einmaligen geschichtlichen Quellen werden, obwohl die Ereignisse in der damals gültigen literarischen Form aus einer ganz persönlichen Perspektive dargestellt sind und die großen Leistungen seines Stabes bei diesen Operationen oder die der Untergebenen, die sie durchführten und die seine Legionen befehligten, kaum gewürdigt werden. Da Caesar außerdem darum

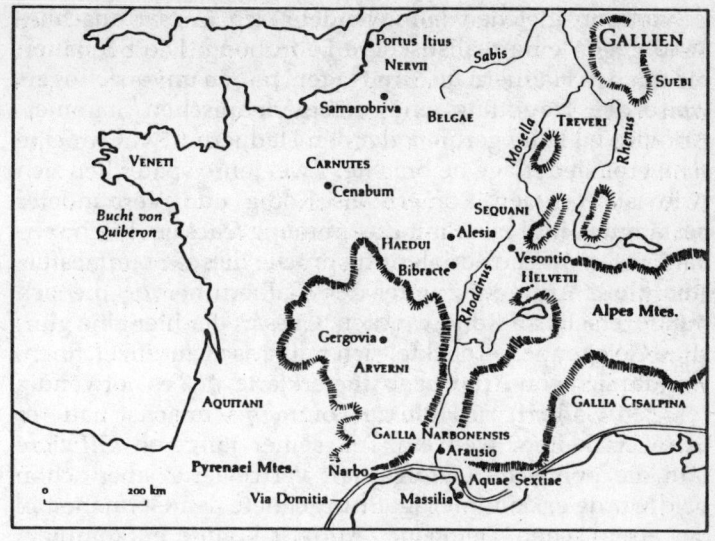

bemüht war, seine politischen Gegner in Rom in einem
ungünstigen Licht darzustellen, ist manches verzerrt, wenn
auch nicht im Hinblick auf die historischen Tatsachen, die
Caesar als geschickter Propagandist nicht verfälscht hat,
wohl aber hinsichtlich der Motive seines Handelns, seiner
Eindrücke und Schlußfolgerungen.

Zunächst behaupteten seine zahlreichen Kritiker, der
Zug der Helvetier ginge Rom nichts an, und sein Angriff
gegen sie sei nicht von ihnen provoziert worden, und einen
derartigen Präventivkrieg hätte es im Verlauf der ganzen
römischen Geschichte noch nie gegeben. Doch bei seinem
Streben nach militärischem Erfolg ließ er sich von solchen
Argumenten nicht beeindrucken. In der Schlacht bei
Armecy am Fluß Arraux fielen Zehntausende, vielleicht
sogar Hunderttausende von Helvetiern, während die Überlebenden in die Schweiz zurückkehrten.

Noch im gleichen Jahr wendete sich Caesar anschließend gegen eine realistischere Bedrohung. Die Sequaner, die mit den Häduern im Streit lagen, hatten unvorsichtigerweise den Häuptling eines westgermanischen Stammes, Ariovist, zu Hilfe gerufen, der den Häduern 61 v. Chr. eine schwere Niederlage beibrachte. Zwei Jahre später ließ sich Ariovist von den Römern als König und Verbündeter bestätigten, und zwar mit Zustimmung Caesars. Doch sehr bald riefen die territorialen Ansprüche dieses Stammesfürsten große Aufregung unter den Galliern hervor, die sich nun ihrerseits an Rom wandten. Caesar, der hier eine günstige Gelegenheit erblickte, sich militärisch auszuzeichnen, wandte sich von Ariovist ab und erklärte, daß es notwendig sei, den Galliern zu Hilfe zu kommen. Zunächst hatte er Schwierigkeiten, weil ein Teil seiner jüngeren Offiziere ihm die politische Gefolgschaft verweigerte, aber schon bald wurde er damit fertig. Er begegnete den Germanen in der elsässischen Tiefebene. Ariovist konnte entkommen, starb aber wenig später, und Caesars Freunde sahen in ihm den Nachfolger seines Verwandten Marius.

Nördlich der Seine saßen die volkreichen und kriegerischen Belgen. Sie waren germanischen Ursprungs und hatten sich zum Teil mit keltischen Stämmen vermischt. Zunächst waren sie mit dem römischen Sieg über die Helvetier und Ariovist einverstanden. Als Caesar jedoch sein Winterquartier auf gallischem Gebiet einrichtete, wurden die Belgen mißtrauisch und begannen, ihr 300 000 Mann starkes Heer zu mobilisieren. Daraufhin stellte Caesar zwei neue Legionen in Gallia Cisalpina auf und brachte damit seine Armee auf eine Gesamtstärke von acht Legionen, die nun der Streitmacht der Belgen gewachsen war. Bald zeigte sich jedoch, daß sich die Streitkräfte der Belgen aufgelöst hatten, weil sie nicht über den notwendigen Nachschub verfügten. Nur der mächtigste dieser Stämme, die Nervier, besaß noch eine kampffähige Armee. Das war eine hervorragende Infanterie, doch 57 v. Chr. konnte Caesar sie an der Sambre in einer auch für ihn sehr gefährlichen Schlacht vernichtend schlagen. Nach nur zwei Feldzügen gewann man den Eindruck, daß Gallien den Römern keinen Widerstand leisten konnte.

In Rom schlug Pompeius vor, diese Siege Caesars, seines Kollegen im Triumvirat, mit einem gewaltigen Triumph zu feiern. Sogar der Republikaner Cicero glaubte sich hinter diesen Vorschlag stellen zu können. Er tat es jedoch nicht, weil er sich Caesar zu Dank verpflichtet gefühlt hätte, sondern Pompeius Dank schuldete. Die von Cicero während seiner Amtszeit veranlaßten Hinrichtungen waren nicht vergessen, vor allem nicht von Clodius. Als Volkstribun gelang es Clodius, der die Straßen Roms und auch die Vereine mit seinen Banden beherrschte, Cicero ins Exil zu treiben (58 v. Chr.). Doch im folgenden Jahr ging er zu weit. Erstens führte er eine uneingeschränkte Verteilung kostenlosen Getreides an die Bevölkerung Roms durch, eine Maßnahme, die alles übertraf, was Cato vorher auf diesem Gebiet getan hatte, und die in weiten Kreisen als viel zu radikal angesehen wurde. Und zweitens hatte es sogar den Anschein, als werde er sich gegen Pompeius wenden, der glaubte, Crassus stünde hinter diesen Geschehnissen, sich nun besorgt nach neuen Verbündeten umsah und deshalb Cicero aus der Verbannung zurückrief.

Dieser folgte begeistert der Aufforderung in der Hoffnung, daß das Triumvirat auseinanderbrechen würde. Doch er sollte enttäuscht werden, 56 v. Chr. trafen sich die Triumvirn in Luca, einem Ort, der noch zu Gallia Cisalpina gehörte, weil Caesar seine Provinz nicht verlassen wollte, denn in Rom wäre er unter Umständen vor Gericht gestellt worden. Die drei Männer einigten sich bei ihrer Zusammenkunft darüber, wie ihre ehrgeizigen Zukunftspläne zu verwirklichen seien. Pompeius und Crassus sollten 55

v. Chr. zum zweiten Mal Konsuln werden. Crassus, der seine Kollegen um ihre militärischen Triumphe beneidete, sollte den Befehl über eine Armee im Krieg gegen Parthia übernehmen, ein iranisches Feudalreich jenseits des Euphrat, das sich im 3. Jahrhundert v. Chr. von dem Seleukidenreich getrennt hatte und die einzige bedeutende Macht der damaligen Welt war, die Rom noch bedrohen konnte. Pompeius wurde für einen Zeitraum von fünf Jahren mit den reichen spanischen Provinzen belohnt, und im Vorgriff auf die späteren Praktiken der römischen Kaiser durfte er seine Provinz *in absentia*, durch Stellvertreter, verwalten lassen, während er selbst in Rom blieb und die Provinzverwaltung von dort aus überwachte. Auch die Amtszeit Caesars als Statthalter wurde um fünf Jahre verlängert, um ihn in die Lage zu versetzen, die Provinz Gallia Transalpina durch weitere Eroberungen zu vergrößern.

Es zeigte sich nämlich, daß die Gebiete dort keineswegs vollständig unterworfen waren. Die Veneter in der westlichen Bretagne, die über eine starke Flotte verfügten, rebellierten gegen Rom. Im Jahr zuvor hatten sie sich einem Offizier Caesars, einem Sohn des Crassus, unterworfen. Doch als sie zu ihrer Empörung erfuhren, daß Caesar vorhatte, nach Britannien überzusetzen, was den bisher von ihnen beherrschten Handel über den Kanal gefährden würde, nahmen sie aus Protest die Offiziere Caesars, die gekommen waren, um den fälligen Tribut einzutreiben, gefangen. Caesar schickte eine Flotte gegen sie aus und besiegte sie in der Bucht von Quiberon (56 v. Chr.). Die in die Normandie und nach Aquitania (Südwestgallien) entsandten Expeditionsarmeen waren ebenfalls erfolgreich. Anfang des folgenden Jahres schlug Caesar von Osten heranziehende germanische Stämme zurück, ähnlich wie er es drei Jahre früher getan hatte, und der Feldzug endete mit einem noch größeren Gemetzel.

Dem Angriff gegen diese Germanen war ein verräterischer Vertrauensbruch vorausgegangen, den Cato in Rom streng verurteilte, wenn auch mehr aus politischen als aus menschlichen Gründen. Seine Einwände wurden jedoch nur von wenigen geteilt, und außerdem hatte Caesar zu dieser Zeit die Mehrheit der Bevölkerung Roms auf seiner Seite, denn er hatte eine Brücke über den Rhein gebaut und seine Truppen für ein kurzes Unternehmen auf die andere Seite des Flusses geführt, wohin sich bisher noch kein römischer Feldherr gewagt hatte. Die Brücke war der Beweis für das technische Können seiner Armee. Sie zeigte aber auch eindrucksvoll, daß es für Rom und den Ehrgeiz Caesars noch keine Grenzen gab.

Der Ehrgeiz trieb ihn auch, als er, wie die Veneter gefürchtet hatten, die erste Expedition nach Britannien leitete. Außerdem reizten ihn die beträchtlichen, wenn auch etwas übertrieben optimistisch beurteilten Schätze dieses Landes, besonders sein angeblicher Reichtum an Erzen. Ferner wollte er einige Anführer der Belgen auf der Insel in die Schranken verweisen, Abkömmlinge von Einwanderern aus dem nördlichen Gallien, die in Britannien eine mächtige Völkergruppe bildeten und die mit ihnen verwandten Stämme auf dem Kontinent gegen Caesar unterstützt hatten. Doch das Hauptmotiv Caesars war, Pompeius als Heerführer und als Eroberer bisher unerforschter Gebiete zu übertreffen.

Pompeius, der das nicht zulassen wollte, hat später behauptet, der englische Kanal sei nur ein unbedeutender, versumpfter Teich. Aber Caesar hatte gute Gründe, dieser Behauptung zu widersprechen. Nachdem er sich in Itius Portus (entweder Boulogne oder Wissant) eingeschifft hatte, landete er bei Walmer oder Deal an der Südostküste Englands und bootete zwei Legionen aus. Dabei wurden die meisten seiner 80 Schiffe durch die starke Brandung, mit der er nicht gerechnet hatte, stark beschädigt. Trotzdem wurden die Briten, die diese Schwäche der Römer ausnutzten und sie überfielen, zurückgeschlagen. Aber schon nach 18 Tagen segelte die ganze römische Streitmacht wieder nach Gallien zurück.

Die britannischen Stammesfürsten hatten sich bereit erklärt, den Römern Geiseln zu übergeben. Aber nur sehr wenige hielten sich an diese Abmachung, und mehr wurde bei dieser ersten Landung nicht erreicht. Deshalb führte Caesar, nachdem er den Widerstand aufständischer, zu den Belgen gehörender Treverer an der Mosel gebrochen hatte, im folgenden Jahr eine zweite und stärkere Expeditionsarmee nach Britannien. Diesmal nahm er fünf Legionen und 2000 Reiter auf 800 Schiffen mit, der bei weitem stärksten Flotte, die bis dahin den Kanal überquert hatte. Erst bei der Invasion von 1944 wurde sie von einem stärkeren Flottenverband übertroffen. Caesar ließ seine Schiffe an der gleichen Stelle auslaufen wie beim ersten Mal, landete aber etwas weiter nördlich, bei Sandwich, und stieß sofort ins Hinterland vor. Doch die Geschichte wiederholte sich. Ein nächtlicher Sturm vernichtete 40 Schiffe und beschädigte alle übrigen schwer. Deshalb mußte er an die Küste zurückkehren, um die Reparaturarbeiten zu organisieren, Verstärkung heranzubringen und den Brückenkopf zu sichern. In der Zwischenzeit ernannten die britannischen Stämme, die ihre gewohnten Fehden begruben, den König Cassivellaunus der Catuvellauner (Hertfordshire) zum Oberbefehlshaber ihrer vereinten Streitkräfte. Doch Caesar, der auf seinem Marsch alle Übergriffe zurückschlug, erzwang den Übergang über die Themse – die britannischen Stämme in seinem Rücken konnten ihn von der einmal eingeschlagenen Marschroute nicht ablenken – und erstürmte den Sitz des Königs in Wheathampstead bei St. Albans. Nach einem dreieinhalb Monate dauernden Aufenthalt auf der Insel kehrte er mit seiner Armee nach Gallien zurück.

Caesar hatte gehofft, ein Netz abhängiger beziehungsweise teilweise abhängiger Staaten jenseits der Grenzen des Reiches geschaffen zu haben, wie Pompeius das in Kleinasien getan hatte. Mit der Zeit stellte sich jedoch heraus, daß er sich getäuscht hatte, und es sollte noch fast hundert Jahre dauern, bis Rom auch nur einen Teil Britanniens unterworfen hatte.

Als Caesar auf das Festland zurückkehrte, wollte er seine Armee auf mehrere voneinander getrennte Winterquartiere in Gallien verteilen, denn es zeigte sich deutlicher als je zuvor, daß die Eroberung des Landes noch lange nicht abgeschlossen war.

Die ersten Schwierigkeiten hatte er mit den Carnuten, einem Stamm im bewaldeten Landesinneren bei Cenabum (Orléans). Das war ein besonders wichtiges Gebiet, weil sich hier der Hauptversammlungsort der Druiden befand, der religiösen Führer, die in ganz Gallien die Zivilverwaltung, die Rechtsprechung und das Erziehungswesen beherrschten. Auch unter den Belgen im nördlichen Teil des Landes entstanden Unruhen, und das deutete auf die besorgniserregende Möglichkeit hin, daß Teilverbände Caesars isoliert und geschlagen werden konnten. Einer dieser Stämme rebellierte, ein zweiter metzelte anderthalb Legionen in ihren Lagern nieder, und eine weitere Garnison unter der Führung von Ciceros Bruder konnte sich bei Samarobriva (Amiens) nur mit knapper Not einer feindlichen Horde erwehren. In dieser Stadt wollte Caesar selbst den nächsten Winter zubringen und nicht nach Gallia Cisalpina zurückkehren, was er bisher nach jedem Sommerfeldzug getan hatte. 53 v. Chr. versammelte er die gallischen Häuptlinge in Samarobriva und an anderen Orten im Norden, um sie für die Freundschaft mit Rom zu gewinnen.

Aber im folgenden Jahr erhoben sich die Gallier wieder, und der Aufstand erfaßte das ganze Land. Sie übertrugen das Oberkommando dem einzigen begabten Führer, den sie in diesen Kriegen hervorgebracht hatten, Vercingetorix vom Stamme der Arverner mitten in Gallien. In jenem Winter war Caesar nach Gallia Cisalpina zurückgekehrt. Doch als er vom Ausbruch des Aufstandes hörte, kam er überraschend schnell über die Alpen zurück, und Vercingetorix glaubte, ihm nur begegnen zu können, indem er die Erde verbrannte. So ließ er jede gallische Siedlung zerstören, aus der sich die Römer hätten versorgen können. Caesar richtete seinen Angriff auf die Hauptfestung der Arverner, auf Gergovia. Dort mußte er seine erste Niederlage in diesem Krieg hinnehmen und sah sich gezwungen, die Belagerung abzubrechen, was den zweiten großen Stamm in diesem Gebiet, die Häduer, dazu ermutigte, sich den Aufständischen anzuschließen. Caesar hatte seinen Stellvertreter Labienus in den Norden geschickt, aber nun rief er ihn wieder zurück. Gemeinsam mit ihm belagerte er Vercingetorix, der sich nach einer Niederlage unvorsichtigerweise hinter die Wälle der Festung Alesia (Alise-Sainte-Reine) zurückgezogen hatte. Starke gallische Verbände rückten heran, um ihn zu entsetzen, und Caesars Armee mußte sich der Angriffe des Gegners vier Tage lang an zwei Fronten erwehren. Doch dann schlug sie die gallische Verstärkung in die Flucht. Obwohl noch einige Widerstandsnester zu säubern waren – wobei es zu fürchterlichen Grausamkeiten kam –, war der große Aufstand niedergeschlagen.

Im ganzen gesehen war es den Galliern nicht gelungen, vereint gegen die Römer zu kämpfen, und sie mußten allerschwerste Verluste hinnehmen. Wenigstens ein Drittel aller Männer im wehrfähigen Alter war auf dem Schlachtfeld gefallen, und ein zweites Drittel wurde in die Sklaverei verkauft. Die in dem von den Römern eroberten weiten Gebiet verbliebenen Bewohner wurden zu Tributzahlungen verpflichtet. Das Territorium wurde zunächst in eine Reihe von Klientelstaaten aufgeteilt und der alten Provinz Gallia Transalpina im Süden zugeschlagen, aus der neue

Provinzen entstanden. Dadurch, daß dieses Gebiet, das eine Brücke zwischen dem Mittelmeer und dem Atlantik bildete, dem Römischen Reich einverleibt wurde, hatte dieses sein ganzes Wesen und seine Struktur verändert. Es war kein ausschließlich mediterranes Reich mehr, denn nun sollten riesige Territorien in Mittel- und Nordeuropa romanisiert werden.

Caesar hatte sich als einer der hervorragendsten Feldherren aller Zeiten erwiesen. Er war stets bereit, von anderen alles zu lernen, was es über den Einsatz der römischen Armeen zu lernen gab, aber er drückte auch jedem Teil dieses großen Verbandes seinen persönlichen Stempel auf. Seine Ausdauer war phänomenal. Er war ein glänzender Reiter, und es machte ihm nichts aus, an einem Tag 160 Kilometer auf schlechten Straßen in einem leichten Wagen zurückzulegen, während er die Zeit dazu verwendete, Briefe oder Berichte zu diktieren, und zwar so unermüdlich, daß sich die Sekretäre ablösen mußten. Doch seine hervorragendsten Qualitäten als Befehlshaber waren rasches Zupacken, das Erfassen des rechten Augenblicks und die Fähigkeit, sich sofort einer veränderten Lage anzupassen. Seine Stärke als Heerführer lag in den schnellen Entschlüssen und der Beweglichkeit seiner Truppen. Dadurch war er seinen Feinden weit überlegen.

Gelegentlich sogar brachte diese Eile seine eigenen Verbände auch in Gefahr. Er lernte es aber, sich geschickt aus gefährlichen Lagen herauszumanövrieren, und er schlug den Gegner am Schluß vernichtend, auch wenn der Sieg zunächst an einem seidenen Faden hing. In seinen *commentarii* erwähnt er unter anderem das Kriegsglück, für das er berühmt war. Ein Truppenbefehlshaber muß es verstehen, die Gunst der Stunde für sich zu nutzen, und das ist Caesar fast immer gelungen. Seine Legionäre haben ihn verehrt, und er hat es verstanden, sie überzeugend anzusprechen, denn als Redner war nur Cicero ihm überlegen.

Außerdem stärkte er das Vertrauen der Soldaten in seine Person, indem er ihren Sold verdoppelte.

Doch während der letzten vier Jahre seines Wirkens in Gallien hatten sich die politischen Verhältnisse, die das Triumvirat in Rom geschaffen hatte, allmählich grundlegend geändert. Wie immer hielt sich Caesar durch zahlreiche tüchtige Agenten und eine lebhafte Korrespondenz über die Entwicklung in Rom auf dem laufenden, und die Nachrichten zwischen der Hauptstadt und Gallien gingen oft rascher hin und her, als es die Briefe heute tun. Doch was er aus der Hauptstadt erfuhr, beunruhigte ihn immer mehr. Obwohl Pompeius in der Nähe blieb, wurden die innenpolitischen Zustände als Folge von Unruhen, die in erster Linie durch Clodius geschürt wurden, zunehmend unübersichtlicher. 54 v. Chr. starb Caesars Tochter Iulia, die Frau des Pompeius. Ihr Tod bedeutete für die persönlichen Beziehungen der beiden Männer eine weitere Belastung. Schließlich zerfiel das Triumvirat, weil der dritte Mann, Crassus, bei seinem Versuch, die Parther zu besiegen, eine katastrophale Niederlage erlebt hatte. Bei der Stadt Karrhai in Mesopotamien (Haran in der Südosttürkei) wurde seine Armee von einem hervorragend ausgebildeten und mit Pfeil und Bogen bewaffneten, 10 000 Mann starken Reiterheer vernichtend geschlagen. Als Crassus in das feindliche Lager ging, um den Waffenstillstand auszuhandeln, wurde er getötet (53. v. Chr.). Das bedeutete, daß sich Pompeius und Caesar mit ihren konkurrierenden politischen Zielen und ihrem großen Ehrgeiz allein gegenüberstanden.

Anfang des folgenden Jahres wurde Clodius ermordet, und in der dadurch entstandenen Notsituation übernahm Pompeius zum dritten Mal das Konsulat, das er einige Monate ohne einen Kollegen verwaltete. Es gab Leute, die darin eine Neigung zur Alleinherrschaft zu entdecken glaubten; es gibt aber keine Beweise dafür, daß Pompeius derartiges im Sinne hatte. Um sich Pompeius' Freundschaft zu bewahren, machte Caesar ihm den Vorschlag, die beiden Familien durch eine neue Heirat enger aneinander zu binden. Aber Pompeius lehnte den Vorschlag Caesars ab und traf eine wichtige Entscheidung, als er Cornelia, die Tochter des Hocharistokraten Metellus Scipio, zur Frau nahm, den er zu seinem Mitkonsul machte. Konservative wie Metellus waren durchaus bereit, sich mit Pompeius zu verbünden, wenigstens so lange, bis sie Caesar losgeworden waren, obwohl sie hofften, später auch Pompeius zu entmachten. Und wie seine neue Heirat zeigte, lehnte auch Pompeius die Konservativen nicht mehr ab. Das heißt, er entfernte sich von Caesar, auf den er eifersüchtig war und den er immer mehr fürchtete, obwohl er sich nicht dazu entschließen konnte, endgültig mit ihm zu brechen.

Für die politische Laufbahn Caesars und vielleicht sogar für sein Überleben war es entscheidend, daß er nach Ablauf seiner Amtszeit als Statthalter nicht ohne öffentliches Amt blieb, denn sonst hätte er mit Verfolgungen rechnen müssen. Nach den geltenden Gesetzen konnte er sich erst im Jahre 48 v. Chr. zum zweiten Mal um das Konsulat bewerben, und deshalb mußte er seine gegenwärtige Stellung bis dahin behalten. So erklärte er, er wolle sich zu gegebener Zeit um das Konsulat bewerben, aber *in absentia*. Pompeius stimmte gezwungenermaßen zu und sorgte sogleich dafür, daß er, ohne sich selbst in der Provinz aufzuhalten, weitere fünf Jahre Statthalter von Spanien blieb. Doch sehr bald ließ er sich von seinen Ratgebern zu einer weniger freundlichen Haltung gegenüber Caesar drängen, die ihren Höhepunkt in dem Beschluß fand, daß der Senat darüber beraten sollte, ob Caesar nicht im März 50 v. Chr. durch einen neuen Provinzverwalter abzulösen sei.

Doch hinter Caesar stand der junge Volkstribun Curio, der immer wieder gegen alle Forderungen, einen Nachfolger zu ernennen, sein Veto einlegte. Schließlich machte

Curio selbst einen Alternativvorschlag; Caesar sollte sein Amt niederlegen, und zwar unter gleichzeitigem Verzicht des Pompeius auf das Amt des Statthalters in Spanien, das er nur *in absentia* innehatte. Einer Reihe von Senatoren erschien das akzeptabel, aber eine kleine Gruppe standhafter Gegner sorgte für die Ablehnung dieses Vorschlags. Gegen Ende des Jahres wurde er jedoch zum zweiten Mal gemacht, und Curio bewog den Senat, mit großer Mehrheit zuzustimmen, worauf die kleine Gruppe der Standhaften wieder ihr Veto einlegte. Nun war man vollständig in die Sackgasse geraten, und am nächsten Tag wendete sich einer der Konsuln, der zu den Ultrakonservativen gehörte, an Pompeius und forderte ihn auf, die Befehlsgewalt über alle Streitkräfte der Republik zu übernehmen. Pompeius nahm das Angebot an, »wenn sich eine günstigere Lösung nicht finden läßt«, und übernahm zwei Legionen, die vor dem Aufbruch nach Syrien standen.

Die Verhandlungen gingen weiter. Als jedoch eine Nachricht von Caesar in Rom eintraf, konnte der junge Tribun Marcus Antonius, der nun an Curios Stelle die Interessen Caesars in Rom vertrat, die Senatoren kaum dazu bewegen, diese Nachricht verlesen zu lassen. Statt dessen verkündeten sie ihre gegen Caesar gerichtete Notstandsverordnung, und Antonius reiste mit einem Kollegen in aller Eile nach Norden. Am 10. Januar 49 v. Chr. überschritt Caesar den schmalen Fluß Rubikon, der die Grenze zwischen der Provinz Gallia Cisalpina und dem östlichen Italien bildete. Als er die Grenze mit einer Legion überschritt, verletzte er ein gegen den Hochverrat gerichtetes römisches Gesetz, das es jedem Statthalter untersagte, seine Truppen außerhalb der von ihm verwalteten Provinz zu befehligen – ein Gesetz, das Sulla in der Absicht formuliert hatte, solche gegen die Regierung gerichteten Willkürakte zu verhindern. So waren, wie Caesar selbst erklärte, die Würfel gefallen, und die Überquerung dieses kleinen

Flusses war ein Wendepunkt in der Geschichte Roms. Die Nation wurde in einen das ganze Imperium erfassenden Bürgerkrieg gestürzt, auf den niemand vorbereitet war. Doch in gewissem Sinne war die Entscheidung schon zehn Jahre früher gefallen, als an die Stelle der republikanischen Staatsform die des autokratischen Triumvirats getreten war. In den dazwischenliegenden Jahren hatte sich die Auflösung der Republik zunehmend beschleunigt, und nun begann für das Imperium der letzte, die Republik vernichtende Abschnitt.

Catullus und Lucretius

In den 50er Jahren v. Chr. hat es jedoch nicht nur Kriege und innenpolitische Spannungen gegeben. Damals haben auch zwei der bedeutendsten Dichter der Welt einen großen Teil ihrer Werke verfaßt. Die uns erhaltenen 2300 Zeilen des Catullus (geb. um 84, gest. 54 v. Chr.) fand man auf einem Manuskript, das man in Verona, seiner Geburtsstadt, entdeckte. Wie andere lateinische Dichter seiner Zeit stammte er aus der Provinz Gallia Cisalpina. Damals ließ man sich vor allem von den Dichtern aus Alexandria inspirieren, deren gelehrsamer, individualistischer und gefühlvoller Stil die griechische Literatur in den vergangenen zwei Jahrhunderten beherrscht hatte. Doch die neue lateinisch-alexandrinische Bewegung unterschied sich in ihrer Zielrichtung ganz wesentlich von den griechischen Vorbildern. Letztere hatten sich darum bemüht, eine ermattete Kultur neu zu beleben und ihr neue Inhalte zu geben. Die römische Dichtkunst dagegen war trotz beachtlicher Leistungen in der Vergangenheit immer noch grob und ungeschliffen, als sich diese Einflüsse bemerkbar machten, die den Weg zur stilistischen Vollkommenheit des Catullus wiesen.

Obwohl seine formale Meisterschaft in ihrem Glanz sich in seinen Miniaturepen zeigt, hat er die künftige Literatur nicht durch sie, sondern durch seine Gedichte beeinflußt. Einige von ihnen sind Ausdruck herzzerreißender Gefühle. Sie sind aus seiner Liebe zu der hoffnungslos treulosen »Lesbia« entstanden, die in Wirklichkeit Clodia hieß und vielleicht die sehr elegante, unmoralische Schwester des Politikers Clodius war. Der Dichter befreit sich hier von der unpersönlichen Objektivität der Griechen und empfindet eine unwiderstehliche Erregung, die sich auch seinem Leser mitteilt; dabei steigern die Virtuosität und Präzision seiner Sprache die Wirkung dessen, was er zu sagen hat. Catullus zeigt sich hier als ein Mensch, der im Spannungsfeld zwischen einem durchdringenden Geist und einer gequälten Seele zutiefst erschüttert wird. Er reagiert mit unvergleichlichem Ernst auf die Belastung seines Gemüts durch die Liebe und sieht sich zwischen Ekstase und Verzweiflung hin- und hergeworfen. Beides vermittelt er mit rücksichtsloser Offenheit, wie sie nur für einen auserwählten Kreis enger, gleichgesinnter Freunde bestimmt sein kann. Obwohl seine Verse das pulsierende, gefährliche, sittenlose und schwierige gesellschaftliche Leben seiner Zeit widerspiegeln, liegt ihm nichts daran, der Gemeinschaft zu dienen, am wenigsten aber ihren Führern. Von Caesar und Pompeius spricht er nur kurz und bezeichnet sie verächtlich als unbedeutend. Er erwähnt sie nur, weil er die Emporkömmlinge verabscheut, die als Helfershelfer dieser Männer zu Macht und Einfluß gekommen sind.

Sein älterer Zeitgenosse Lucretius (geb. um 94, gest. 55 v. Chr.) erwähnt die großen Männer überhaupt nicht namentlich. Nur ein außergewöhnliches Zeitalter konnte zwei so verschiedene Dichter hervorbringen. Lucretius war ein Anhänger der Philosophie des Atheners Epikur (geb. 341, gest. 270 v. Chr.), der beweisen wollte, daß das Universum ausschließlich materieller Natur sei und nur aus

Atomen und dem Raum bestünde, in dem sich diese Atome bewegten. Die Epikureer waren eine nüchterne, leidenschaftslose und bescheidene Sekte, die in Italien Anhänger fand und auch in Rom in Mode kam. Aber Lucretius verwandelte paradoxerweise die schlichte griechische Prosa des Philosophen in eine flammend leidenschaftliche lateinische Lyrik über die Natur des Universums, über das *Wesen der Dinge (de rerum natura)*. Das ist das einzige philosophische Gedicht der Antike, das wir heute besitzen.

Es offenbart uns einen überwältigenden Reichtum an Visionen und Vorstellungen, denn der Verfasser verstand es, mit treffenden Worten einen Ausblick auf die Fülle des Lebens zu vermitteln. Seine wissenschaftliche Lehre ist heute nur noch von historischem Interesse beim Vergleich zwischen den Erkenntnissen der griechischen und der modernen Atomtheorie. Doch bei der Formulierung dieser Ideen erweist sich Lucretius als der originellste, wagemutigste, phantasiereichste und engagierteste Denker seiner Zeit – und vielleicht als bedeutendster Intellektueller lateinischer Zunge überhaupt. Seine Interpretation des Universums auf rein materialistischer Grundlage veranlaßte ihn, ebenso wie Epikur, aber mit viel größerem Nachdruck zu erklären, daß die Gottesfurcht, vor allem aber die Todesfurcht völlig unbegründet und nutzlos seien. Doch selbst wenn die Welt nur eine zufällige Anhäufung von Atomen ist, die sich im bedeutungslosen, leeren Raum bewegen, dann tun sie das nach Auffassung des Lucretius nicht in einer vorher festgelegten Weise, sondern schlagen einen ganz unabhängigen und nicht vorausbestimmbaren Kurs ein – woraus er schließt, daß der einzelne nicht ein Sklave des Schicksals, sondern ein frei Handelnder ist. Seine Darstellung der Triumphe des menschlichen Geistes und Willens, die das Entstehen menschlicher Kultur ermöglicht haben, ist eines der faszinierendsten Bilder dessen, was

Menschen erreichen können. Lucretius und sein Meister erklären, der Sinn unseres Lebens sei das Streben nach Glück. Die Epikureer sind von der Nachwelt geschmäht worden, weil behauptet wurde, sie hätten sich nur den Sinnesfreuden verschrieben. Doch das ist ein Mißverständnis, denn ebenso wie für andere Philosophen jener Zeit war das Glück für sie etwas ganz anderes. Es war das Befreitsein von allen Störungen (*ataraxia*), das sich nur durch die rechte Erkenntnis erreichen läßt.

Der Dichter ist mit Sicherheit der Überzeugung gewesen, daß es Caesar und Pompeius an dieser Erkenntnis gefehlt hat, und deshalb hat er sie einer Erwähnung in seinen Schriften auch nicht für würdig befunden. Er hat aber sehr deutlich ausgesprochen, von welchen falschen Voraussetzungen die Politiker ausgingen, deren Jagd nach Erfolg die römische Republik ins Verderben geführt hat.

Geblendet seid ihr auf der Suche nach dem rechten
Weg,
Ihr seid verloren, wenn ihr glaubt,
Daß ihr euch gegenseitig übertreffen könnt im Krieg,
Im Kampf, der Tag und Nacht nicht ruht,
Um Reichtum und um Macht.

Der Bürgerkrieg

Nachdem Caesar den Rubikon überschritten hatte, stieß er sofort weit nach Italien vor. Er teilte seine verhältnismäßig schwache Armee in zwei Marschkolonnen auf und führte die eine nach Ariminum (Rimini), wo er mit den befreundeten Volkstribunen aus Rom, Curio und Antonius, zusammentraf. Auf dem weiteren Vormarsch öffneten die am Wege liegenden Städte der verhältnismäßig kleinen Armee Caesars bereitwillig ihre Tore.

Zu seinen Gegner gehörten die meisten älteren Senato-

ren und theoretisch auch die Mehrheit der Bevölkerung.
Das hatte zur Folge, daß sich seine Gegner in Sicherheit
wiegten. Andererseits mißtrauten sie Pompeius, beneide-
ten ihn um seine Stellung und wollten ihm nicht die Vollmachten einräumen, die er als Oberbefehlshaber brauchte.
Außerdem hatten sie nicht damit gerechnet, daß Caesar so
bald in Italien einmarschieren würde. Nach den vielen
Schlachten im Gallischen Krieg waren Caesars Truppen
kampferfahren, während die Veteranen des Pompeius
nach zwölf Friedensjahren ihre Schlagkraft verloren hatten. Dazu standen seine besten Legionen in Spanien und
konnten ihm nicht zu Hilfe kommen. Deshalb zog sich
Pompeius vor den herannahenden Truppen Caesars nach
Süden zurück, während seine besorgten Verbündeten, die
Konsuln, aus Rom flohen, und zwar in solcher Eile, daß sie
versäumten, den Staatsschatz mitzunehmen.

275

Doch östlich von Rom, bei Corfinium, beschloß der reiche Adlige Ahenobarbus, den Rückzugsbefehl des Pompeius nicht zu befolgen, sondern sich Caesar, den er haßte, entgegenzustellen. Er wurde aber sehr bald zur Kapitulation gezwungen, und Caesar schenkte ihm und den 50 Senatoren und Rittern, die sich mit ihm ergeben hatten, die Freiheit. Das war ein ganz neuartiger und auffallender Gnadenakt gegenüber römischen Bürgern, die Caesar anders behandelte als die Gallier und Germanen. Im März, nur 65 Tage nach Beginn des Feldzuges, räumten seine Feinde ganz Italien. Die Konsuln überquerten die Adria, gefolgt von Pompeius, dessen Geschicklichkeit es zu verdanken war, daß es Caesar nicht gelang, seinen Schiffen die Ausfahrt aus dem Hafen von Brundisium zu verwehren. Es war sicherlich klug von ihm, sich Caesar nicht in Italien zu stellen, sondern sich in die Ostprovinzen abzusetzen, denn es war immer seine Strategie gewesen, aus einer sorgfältig vorbereiteten Position der Stärke heraus zu kämpfen, und im Osten standen ihm gewaltige Reserven zur Verfügung, die sogar seine Streitkräfte in Spanien in den Schatten stellten. Cicero dagegen hielt Pompeius' Entscheidung, Italien zu verlassen, für falsch. Trotzdem kam er nach einem ergebnislosen persönlichen Gespräch mit Caesar und längerem Zögern zu der Überzeugung, daß Pompeius das geringere von den beiden Übeln sei, und folgte seiner Aufforderung, zu ihm nach Thessalonike (Saloniki) in Makedonien zu kommen.

Caesar konnte seine Feinde noch nicht verfolgen, denn sie beherrschten die Seewege und bedrohten die Getreideversorgung Italiens. Deshalb besetzte Curio auf Caesars Veranlassung das Weizen erzeugende Sizilien, wurde aber militärisch geschlagen und fiel in Nordafrika. Caesar selbst begab sich, nachdem er den Senat und die Volksversammlung in Rom einberufen hatte, auf dem Landweg nach Spanien, um dort den wichtigsten in Westeuropa übriggeblie-

benen Stützpunkt des Pompeius anzugreifen. Dort angekommen, stellte er sich den feindlichen Streitkräften bei
Ilerda (Lérida) und besiegte sie.

Inzwischen mußte sich der griechische Stadtstaat Massilia im südlichen Gallien, der seine Verteidigung dem Ahenobarbus nach dessen Freilassung anvertraut hatte, Caesar
ergeben, der der Stadt zwar formal die Unabhängigkeit
beließ, in Wirklichkeit aber hatte Massilia sie endgültig verloren. Dort erreichte Caesar die Nachricht von einer drohenden Meuterei bei vier seiner Legionen in Placentia (Piacenza) in der Provinz Gallia Cisalpina – ein für ihn sehr
schmerzliches Ereignis, das er in seinem Buch über den
Bürgerkrieg übergangen hat. Die Schwierigkeit lag unter
anderem darin, daß die Soldaten mit seiner Nachsicht
gegenüber dem geschlagenen Gegner nicht einverstanden
waren, weil ihnen dadurch die Beute verlorenging. Es
gelang Caesar, die Meuterei mit einer Ansprache an die
Soldaten abzuwenden. Anschließend kam er zum zweiten
Mal in diesem Jahr in die Hauptstadt, wo er für einen
kurzen Zeitraum das Amt des Diktators übernahm, wie
auch Sulla das 32 Jahre früher getan hatte. So gelang es
ihm, während eines elftägigen Aufenthalts in Rom dafür zu
sorgen, daß er für das folgende Jahr zum Konsul gewählt
wurde.

Endlich verfolgte er auch seine Feinde auf dem Balkan.
Auf der Überfahrt wich er einer Flotte aus, die ihn am
Auslaufen hatte hindern sollen. Nach einer entnervenden
Wartezeit von drei Monaten erreichte Antonius ihn endlich
mit Verstärkung aus Italien, und Caesar versuchte nun, den
wichtigsten Flottenstützpunkt des Pompeius in Dyrrha-
chium (Durres) in Albanien zu blockieren. Das Unternehmen schlug fehl, und Caesar mußte sich in die thessalische
Tiefebene zurückziehen. In der folgenden größten zwischen römischen Heeren ausgefochtenen Schlacht bei
Pharsalos siegte Caesar auf Grund seines überlegenen mili-

tärischen Könnens (48 v. Chr.). Pompeius entkam zunächst auf dem Landwege und dann zu Schiff. Nachdem er vergeblich versucht hatte, in einem ägäischen Hafen an Land zu gehen, begab er sich weiter nach Ägypten. Er hatte sich dazu entschlossen, weil die Regierung des Knaben Ptolemaios XIII. sich auf seine Seite gestellt hatte. Aber als Pompeius an der ägyptischen Küste landete, fiel er einem Attentat zum Opfer, denn die ägyptischen Politiker hatten ihre Haltung geändert und sich auf die Seite des Siegers gestellt.

Außerdem wollten sie Caesar keinen Anlaß geben, sich länger in Ägypten aufzuhalten, denn man wußte, daß er sich Pompeius an die Fersen geheftet hatte und schon auf dem Wege war. Er traf auch sehr bald in Ägypten ein, und zwar in der Absicht, dieses reiche und bisher noch unabhängige Land zu immensen Tributzahlungen zu verpflichten. Offiziell allerdings wollte er zwischen dem jungen König und seiner im Exil lebenden Halbschwester Kleopatra VII. vermitteln. Doch als die kluge, verführerische, einundzwanzigjährige Kleopatra in Alexandria heimlich mit Caesar zusammentraf, nahm der mehr als 30 Jahre Ältere sie als seine Geliebte. Die ägyptische Armee stellte sich auf die Seite des Königs, belagerte den Palast und brachte Caesar in große Gefahr. Erst im März des folgenden Jahres traf römische Verstärkung ein, mit der er sich dem ägyptischen Feind südlich des Nildeltas stellte. Ptolemaios XIII. wurde geschlagen und getötet, und Caesar bestätigte Kleopatra als Königin von Ägypten und von ihm persönlich abhängige Klientin Roms. Nach einem fünf Tage dauernden Feldzug gegen den Sohn des alten Römerfeindes Mithradates VI. von Pontos, der mit einem glänzenden Sieg bei Zela (Zile) endete, kehrte Caesar endlich nach Italien und in die Hauptstadt zurück.

Seine Abwesenheit hatte zu lange gedauert. Sein Beauftragter in Rom, Antonius, hatte die Macht über einige seiner adligen Standesgenossen verloren, und Caesar mußte einer zweiten drohenden Meuterei entgegentreten. Er konnte sie nur in letzter Minute abwenden, denn der Tod des Pompeius bedeutete nicht, daß auch seine politischen Ziele aufgegeben waren. Seine Söhne Cnaeus und Sextus waren mit Unterstützung vieler prominenter Römer in Nordafrika bereit, an seiner Stelle den Kampf fortzusetzen. Mitten im Winter setzte Caesar deshalb nach Nordafrika über und errang nach einem strapazenreichen Feldzug auf der Landenge von Thapsus (Ras Dimas) einen glänzenden Sieg. Der feindliche Befehlshaber Metellus Scipio, der Schwiegervater des Pompeius, nahm sich das Leben. Bald darauf folgte ihm Cato in den Tod, dessen Selbstmord bei Utica ihn zum Märtyrer und Heiligen der Republikaner machte.

Nachdem Caesar in Rom einen glänzenden Triumph gefeiert hatte, verließ er die Stadt noch vor Jahresende abermals und begab sich nach Südspanien. Im Frühjahr warf er bei Munda, dessen geographische Lage sich heute nicht mehr feststellen läßt, einen ungewöhnlich blutigen Soldatenaufstand nieder. Labienus, der in allen gallischen Feldzügen sein Stellvertreter gewesen war, hatte sich im Bürgerkrieg auf die Seite seiner Gegner gestellt und fiel in diesem Gemetzel. Kurz darauf wurde auch Pompeius' Sohn Cnaeus gefangengenommen und getötet. Sein Bruder Sextus entkam und sollte später den Nachfolgern Caesars große Schwierigkeiten bereiten. Aber soweit es Caesar betraf, war der unermeßlich blutige und grausame Bürgerkrieg beendet. Caesar nahm den Titel *Imperator* an, der jedoch noch nicht die spätere Bedeutung »Kaiser« hatte, sondern nur ausdrücken sollte, daß er als militärischer Befehlshaber über allen anderen Heerführern stand.

Die Diktatur Caesars

Während der kurzen Pausen zwischen diesen Feldzügen und in dem einen Jahr, das ihm nach Beendigung seiner Kriege noch blieb, bewies Caesar, daß er nicht nur ein genialer Feldherr, sondern auch ein genialer Verwalter war.

Wie üblich, mußten zunächst die Soldaten entlohnt werden, deren Loyalität er seine Siege zu verdanken hatte, auch wenn es gelegentlich fast zu Meutereien gekommen war. Deshalb siedelte Caesar, der unermeßliche Reichtümer angesammelt hatte, seine Veteranen zu Tausenden an. Zunächst gründete er in Italien Kolonien für sie. Doch dort stand ihm, wenn er seine hochgelobte Milde auch weiterhin walten lassen wollte, nur sehr wenig Land zur Verfügung. Deshalb veranlaßte er, daß mindestens 40 Kolonien in den Provinzen gegründet wurden. Zu ihnen gehörten Siedlungen in Korinth und Karthago, die sich nach der Zerstörung genau 100 Jahre früher wieder zu prächtigen Städten entwickelt hatten. Korinth wurde die Hauptstadt des romanisierten Griechenlands, und Karthago übernahm als größte Stadt der westlichen Provinzen die gleiche Rolle in Nordafrika.

In den von Caesar gegründeten Kolonien wurden auch Veteranen angesiedelt, die jederzeit wieder zum Militärdienst einberufen werden konnten, so daß diese Städte zu wichtigen Bastionen für die Verteidigung des Reichtums wurden und, wenn notwendig, auch für die Unterstützung seiner Herrschaft. Aber in den Siedlungen sollten nicht nur ehemalige Soldaten untergebracht werden. Zum ersten Mal gehörten zu den Siedlern auch Zivilisten, unter anderem 80 000 vollkommen verarmte Arbeitslose aus der Hauptstadt. Das bedeutete, daß nicht nur alte Schranken zwischen Römern und Provinzbewohnern niedergerissen wurden, sondern daß Caesar, wie niemand vor ihm, auch allen Ernstes damit begann, das ungeheuer schwierige Problem der verarmten, arbeitslosen Stadtbevölkerung anzugehen.

Für die Verwaltung seiner neugegründeten Kolonien nahm sich Caesar die römische Verwaltung zum Vorbild. Außer Korinth blieben die wenigen im Osten entstandenen Kolonien isolierte Außenposten Roms in vorwiegend griechischen Gebieten. Aber mehr als drei Viertel der kolonialen Neugründungen lagen im Westen, und sie waren während der kommenden Jahrhunderte wirksame Instrumente zur Verbreitung der römischen Kultur. Caesar verlieh das römische Bürgerrecht auch großzügig an Einzelpersonen, zum Beispiel an Männer, die sich in Rom als Ärzte niederließen.

Doch seine größte Leistung, die er allerdings ohne viel Aufhebens vollbrachte, war wahrscheinlich seine geduldige und zielstrebige Lösung des Schuldenproblems. Immer und immer wieder hatten sich daraus über mehr als vier Jahrhunderte lang unlösbare Schwierigkeiten ergeben. Aber noch nie war die Lage verzweifelter und gefährlicher gewesen als zu Caesars Zeit. Als Folge der politischen Unruhen in den vergangenen 50 Jahren waren viele Römer noch tiefer in Schulden geraten als je zuvor, und trotz der im Laufe der Jahre unternommenen sporadischen Lösungsversuche waren viele Schuldner durch die immer noch geltenden strengen Gesetze vollkommen verarmt. Caesar, der früher selbst tief in Schulden gesteckt hatte, kannte die Lage sehr genau. Er hatte erlebt, wie die Verschwörung Catilinas von verzweifelten Schuldnern unterstützt worden war, und er mußte als Statthalter in Spanien im Hinblick auf die Provinzbewohner ebenfalls mit diesem Problem fertig werden.

Auch in Italien standen viele Schuldner vor dem Ruin. Deshalb ergriff Caesar inmitten größerer Unruhen eine Reihe von Maßnahmen, durch die etwa ein Viertel aller

Schulden getilgt wurde. Die Gläubiger mußten trotz der enormen Verluste, die sie dadurch erlitten, zugeben, daß sie das Geld ohnedies niemals gesehen hätten und daß Caesar nicht der Zerstörer des Privateigentums war, als den ihn seine Feinde hinstellten. Es ist sogar bemerkenswert, daß sich die meisten tüchtigen Finanzleute, anders als die älteren Senatoren, während des Bürgerkrieges auf seine Seite gestellt hatten. Mit dem Inkrafttreten der neuen Bestimmungen kehrte das Vertrauen in die Geldwirtschaft zurück, und Geld wurde wieder großzügig geliehen und verliehen. Auf diesem Gebiet hatte Caesar mehr geleistet als irgendein römischer Staatsmann vor ihm; er hatte dem schwierigsten Problem, mit dem die Republik konfrontiert gewesen war, den Stachel gezogen. Das war eine mühevolle, harte und wenig spektakuläre Arbeit.

Caesar fand, wie alle großen Machthaber, auch Gefallen an prächtigen Schauspielen, die abgehalten wurden, um die Massen von ihrem Elend abzulenken. Und er verwendete einen großen Teil des in seinen siegreichen Feldzügen angesammelten Reichtums außer für die Ausstattung seiner prächtigen Triumphzüge auch für die Errichtung großartiger Bauten. Auf dem Forum Romanum ließ er die Basilica Iulia erbauen, eine riesige Halle, in der öffentliche Veranstaltungen abgehalten werden sollten. Ganz in der Nähe nahm ein zweites Forum, das nach Caesar selbst benannt wurde, Gestalt an. Und neben dem von Kolonnaden umgebenen Platz entstand ein Heiligtum der Venus, der Stammutter (Genetrix), denn die Julier, die Familie Caesars, behaupteten, durch den legendären Äneas von ihr abzustammen.

Im Tempel ließ er eine Statue der Venus aufstellen und daneben ein vergoldetes Bronzestandbild der Königin Kleopatra VII. Sie hat dieses Werk selbst bewundern können, denn sie kam 46 v. Chr. mit ihrem dreizehnjährigen Halbbruder, mit dem sie offiziell den ägyptischen Thron teilte, nach Rom und brachte auch ihren kleinen Sohn Caesarion mit, von dem sie, wahrscheinlich zu Recht, behauptete, daß Caesar sein Vater sei. Der offizielle Anlaß ihres Besuchs war die Bekräftigung des Bündnis- und Freundschaftsvertrages, den ihr Vater mit Rom als der Schutzmacht Ägyptens geschlossen hatte. Sie blieb, solange Caesar lebte, in der Stadt, und vielleicht lassen sich einige von ihm ergriffene Maßnahmen auf ihren und ihres Landes Einfluß zurückführen. Sein Plan, in Rom prächtige öffentliche Bibliotheken einzurichten, wurde zum Beispiel durch die weltberühmte Bibliothek der Ptolemäer angeregt, die dem Museum in Alexandria angeschlossen war. Auch sein ehrgeiziges, aber unvollendetes Projekt, einen Kanal durch die Pontinischen Sümpfe südlich von Rom und einen zweiten durch den Isthmus von Korinth in Griechenland zu führen, geht wahrscheinlich auf Anregungen zurück, die er in Ägypten empfangen hatte, denn dort war die Technik auf diesem Gebiet sehr weit fortgeschritten. Darüber hinaus reformierte ein alexandrinischer Astronom auf Veranlassung Caesars den mit der Wirklichkeit nicht mehr übereinstimmenden römischen Kalender, der mit einigen Berichtigungen noch bis zum heutigen Tag gilt.

Kleopatra, deren Denken von der Tradition der Ptolemäer geprägt war, erschienen die Ideale des römischen Adels von der Freiheit der Rede und des Handelns absurd und unangemessen. Deshalb war vielleicht sie es, die in Caesar die Neigung zu selbstherrlicher Ungeduld erweckt hat, die man an ihm zu beobachten glaubte.

Zwar hat er seine administrativen Reformen nicht allein durchgeführt, sondern brauchte dazu die Mitarbeit des Senats; aber dieser Senat setzte sich aus Männern zusammen, die seinen Wünschen und Ansichten entgegenkamen. Er hatte die Zahl der Senatoren von 600 auf 900 erhöht. Darunter waren Männer, die ihm bei der Machtergreifung geholfen hatten. Sie konnten mit Geld umgehen und kannten sich in der Wirtschaft und Kriegführung aus. Ihr Einfluß hat den Charakter des Senats entscheidend verändert. Außerdem ließ er eine größere Zahl von Männern als je zuvor darin aufnehmen, die bereits ein Staatsamt innegehabt hatten. Der Grund dafür war, daß er eine ganze Reihe von neuen Staatsämtern eingerichtet hatte, um den Bedürfnissen des erweiterten Imperiums zu entsprechen, und die Inhaber dieser Ämter wurden automatisch Mitglieder des Senats. Wie die anderen neuen Senatoren waren auch sie ihm treu ergeben. Die Konsuln und anderen höheren Beamten wurden zwar immer noch den alten Vorschriften entsprechend alljährlich gewählt, aber die erfolgreichen Kandidaten waren fast ausschließlich solche Personen, die Caesar für diese Ämter ausersehen hatte.

Seine Machtstellung wurde außerdem dadurch unterstrichen, daß sein Porträt als das erste eines lebenden Römers auf den vom Staat geprägten Münzen erschien. Der sich um Caesar bildende Personenkult drückte sich auch in den zahlreichen Bildnisbüsten aus, die überall in Italien und in den Provinzen aufgestellt wurden. Damit begann eine wichtige Phase in der Entwicklung einer typisch römischen Kunstform. Wir finden sie zum ersten Mal bei den Griechen in den vorangegangenen Jahrhunderten, die sich auch in der Literatur für die Biographien bedeutender Persönlichkeiten interessierten. Wie die Biographen, so hatten sich auch die griechischen Bildhauer zusehends intensiver darum bemüht, das Einzigartige eines Menschen darzustellen. Und wenn es sich dabei um einen Herrscher handelte, sollte er der Welt als großer Mann, aber auch als Individuum in seiner Einzigartigkeit gezeigt werden.

Die Römer, die häufig Griechen oder Bildhauer aus dem Orient mit dieser Aufgabe betrauten, aber auch an eigene etruskische und andere italische Traditionen anknüpften, waren für diese Ziele sehr empfänglich, die ihrem Interesse an der nationalen und der Familiengeschichte so wie an der sittlichen Lebensführung eines Menschen entgegenkamen. Seit Anfang des 3. Jahrhunderts v. Chr. fanden daher Porträts immer stärkere Beachtung, und im 1. Jahrhundert v. Chr. entwickelte sich das Porträtieren in Rom zu einer bedeutenden Kunst. Es erschienen auch die ersten Porträts auf Münzen, die von einem aus drei jungen Münzbeamten bestehenden Ausschuß herausgegeben wurden. Diese Beamten gehörten angesehenen Familien an und lösten sich jährlich ab. Beim Entwurf der Münzen benutzte man als Vorlagen zunächst Büsten oder Statuen aus Bronze oder Marmor, die legendäre römische Helden aus der Frühzeit darstellten. Dabei handelte es sich natürlich um idealisierte Gestalten. Doch im Laufe der Zeit wurde man kühner, näherte sich einer realistischeren Darstellung und bildete erst kürzlich verstorbene Persönlichkeiten wie etwa Sulla auf den Münzen ab. Es war jedoch ein bedeutender Schritt nach vorn, als schon zu Lebzeiten Caesars im Januar oder Februar 44 v. Chr. sein Kopf auf den von ihm herausgegebenen Münzen erschien.

Die Abbildungen wurden nach Bildnisbüsten, die zum Teil noch heute erhalten sind, angefertigt. Es war Caesar selbst, der den Bildhauern die Anregung für ihre Arbeiten gab. Sein feingeschnittenes Gesicht war für sie eine Herausforderung, und geschickte Künstler verstanden es sogar, den durchdringenden Blick seiner dunklen Augen lebendig zum Ausdruck zu bringen. Ihre Aufgabe hatte eine wesentlich politische Bedeutung, denn seine beherrschende Stellung im Staat erforderte die Darstellung seines Charakters in all seinen Aspekten. So entstanden mit der Zeit auch die vielen Porträts der Herrscher des Imperiums, die heute zu den bedeutendsten Kunstschätzen gehören, deren sich Europa rühmen kann.

Die wenigen noch vorhandenen Originalbüsten, die zu Caesars Lebzeiten entstanden sind, vereinigen Realismus und Erhabenheit in der vollkommensten Weise – denn Caesar besaß in der Tat die Würde eines Königs. Aber er hatte nicht die Absicht, die erbliche Monarchie einzuführen und das alte römische Königtum zu neuem Leben zu erwecken, denn diese Staatsform war nach der römischen Tradition gleichbedeutend mit Tyrannei. Die Staatsform, die er für die geeignete hielt, war die Diktatur, und damit nahm er die gleiche Haltung ein wie Sulla. Nach 49 v. Chr. wurde Caesar immer wieder zum Diktator ernannt und 46 v. Chr. für die folgenden zehn Jahre in diesem Amt bestätigt. Doch im Februar 44 v. Chr. ließ er sich auf Lebenszeit zum Diktator ernennen – PERPETVO –, wie auf den Münzen deutlich zu lesen ist. Das war eine folgenschwere Entscheidung. Ein Amt, das ursprünglich geschaffen worden war, um einem einzelnen in einem Notstand für kurze Zeit die notwendigen Vollmachten zu geben, wurde nun in ein auf unbestimmte Zeit autokratisches umgewandelt, was bedeutete, daß die anderen Adligen ohne Rücksicht darauf, wie viele Konsulate oder andere hohe Ämter sie innegehabt hatten, ihren Einfluß im öffentlichen Leben und die damit verbundenen persönlichen Vorteile ein für allemal aufgeben mußten.

Aber ihr Unmut rührte Caesar offenbar nicht, der glaubte, daß seine politischen Pläne ungleich wichtiger seien. Er wollte sich den in der Hauptstadt gesponnenen Intrigen entziehen und zu seiner Armee zurückkehren, zu den Soldaten, die ihn bewunderten. Er verlangte leidenschaftlich nach weiterem militärischen Ruhm. Die Gelegenheit, sich wieder auf dem Schlachtfeld auszuzeichnen, mußte bald kommen, denn er war 56 Jahre alt, seine Gesundheit war angegriffen, und augenscheinlich litt er unter gelegentlichen epileptischen Anfällen. Andererseits gab es noch Zeit und Gelegenheit, es Alexander dem Großen gleichzutun, und zwar dort, wo auch Alexander seine Eroberungszüge unternommen hatte, denn die Niederlage und der Tod des

Crassus im Krieg gegen die Parther neun Jahre früher mußten gerächt werden. Zunächst ging ein starkes römisches Heer nach Osteuropa, um das mächtige Königreich Dacia zu besiegen, dessen Herrscher aus dem Gebiet des heutigen Siebenbürgen bis zum Schwarzen Meer vorgestoßen waren. Die dorthin entsandten Legionen sollten den Feldzug vorbereiten, und man glaubte, Caesar habe die Absicht, nach der Niederwerfung der Parther und der Eroberung ferner östlicher Gebiete, mit der er Alexander nacheifern wollte, in einer weit ausholenden Umfassungsbewegung durch Südrußland und Kontinentaleuropa zurückzukehren und auf diesem Wege Dakien und andere weite Gebiete zu annektieren.

Der Osten war Caesars erstes strategisches Ziel, und eine starke römische Armee versammelte sich in den östlichen Provinzen, um seine Ankunft zu erwarten. Er sollte Rom am 18. März 44 v. Chr. verlassen. Als das bekannt wurde, erreichte die Feindschaft der Adligen ihren Höhepunkt. Es war schon schlimm genug, in Rom von einem Diktator auf Lebenszeit regiert zu werden, aber die Aussicht, in seiner Abwesenheit von seinen Sekretären oder Beauftragten beherrscht zu werden, war noch unerträglicher; und seine beiden einflußreichsten Sekretäre, Oppius und Balbus, waren nicht einmal Senatoren.

Es hatte schon früher Anzeichen dafür gegeben, daß ein Anschlag auf sein Leben geplant war. Aber nun begannen die Verschwörer, Ernst zu machen. Die Seele der Verschwörung war Cassius, ein stolzer Mann, der sich Caesar im Bürgerkrieg angeschlossen hatte, nun aber glaubte, nicht seinen Verdiensten entsprechend belohnt worden zu sein. Cassius gewann noch einen zweiten Mann für sich, der wie er die Parteien gewechselt hatte. Das war sein weniger dynamisch und mehr philosophisch veranlagter Schwager Marcus Brutus. Brutus war zwar ein besonderer Günstling Caesars, aber ihn blendete der Ruhm seiner eigenen sagenumwobenen Vorfahren, die als Befreier der Republik galten. Ein weiterer führender Verschwörer war der weitläufig mit Brutus verwandte Decimus Brutus Albinus, einer der obersten militärischen Befehlshaber unter Caesar im Gallischen Krieg, den der Diktator für das Konsulat vorgesehen hatte. Unter der Führung dieser und anderer Männer vereinigten sich mehrere kleine Gruppen Unzufriedener zu einem aus 60 entschlossenen Männern bestehenden Bund.

Caesar wußte sehr genau, daß viele Adlige ihn verabscheuten. Aber mit einer Mischung aus Fatalismus und verächtlichem Stolz ignorierte er die offensichtliche Bedrohung. Er hatte das römische Imperium wieder zu Wohlstand gebracht und den Frieden gesichert, und wenn er die Führung abgab, mußten sich die Dinge entscheidend ändern. Deshalb wollte er nicht wahrhaben, daß jemand ernsthaft daran dachte, ihn zu beseitigen. Er glaubte sogar so wenig an die Gefährdung seines Lebens, daß er seine aus Iberern bestehende persönliche Leibwache auflöste und den Vorschlag ablehnte, sie wieder einzustellen.

Drei Tage vor seiner geplanten Abreise in den Osten versammelte sich der Senat zu einer Sitzung im Theater des Pompeius, und dort wurde Caesar von den Verschwörern umringt und erstochen. Nicht lange vorher hatten alle Senatoren dem Vater des Vaterlandes, wie Caesar offiziell bezeichnet wurde, den Treueid geleistet, und als seine Klienten waren sie verpflichtet, ihren Patron zu schützen, so wie der Sohn verpflichtet ist, seinen Vater zu schützen. Aber im Augenblick der Abrechnung stürmten sie aus dem Gebäude und ließen Caesar liegen, wo er gefallen war.

Trotz seiner unvergleichlichen Fähigkeiten als Feldherr und Administrator war er gescheitert, und es wäre ihm wahrscheinlich auch in der Zukunft nicht gelungen, Rom aus der schwierigen Lage herauszuführen, in die es geraten war. Die Republik war offensichtlich verfallen, und weil das so war, gab es praktisch keine andere Alternative als die Alleinherrschaft. Doch sie war es gerade, die die Adligen kategorisch ablehnten, obwohl sie selbst nicht mehr fähig waren zu regieren; deshalb haben sie Caesar getötet. Das Problem schien unlösbar. Doch nun erschien ein ganz anders gearteter Mann, der das scheinbar Unmögliche vollbrachte und eine Lösung fand. Das war der neunzehnjährige Ocatvian, der Großneffe Julius Caesars, der ihn in seinem Testament an Sohnes Statt angenommen hatte.

13 Augustus

Das zweite Triumvirat

Nach der Ermordnung Caesars versuchte Antonius, der 44 v. Chr. Konsul und Caesars rechte Hand gewesen war, auf die verschiedenste Weise, u.a. auch durch Fälschung der Papiere des Verstorbenen, der Lage Herr zu werden. Zugleich bemühte er sich darum, die Bevölkerung gegen die Mörder Brutus und Cassius aufzubringen, die sich sehr bald in den Osten absetzten. Doch obwohl sich die Stellung des Antonius festigte und er beim Volk immer beliebter wurde, denn trotz seiner Neigung zu einem ausschweifenden Leben war er ein sehr begabter Politiker und Heerführer, griff ihn Cicero, der die Autokratie in jeder Form ablehnte, in einer Reihe brillanter Reden, den sogenannten Philippischen Reden, leidenschaftlich an. Und mit seiner Unterstützung wurde der junge Octavian, der sich die testamentarisch festgelegte Adoption durch seinen ermordeten Großonkel Caesar zunutze machte, allmählich zum Rivalen des Antonius, und zwar mit Unterstützung des Senats.

Im April des Jahres 43. v. Chr. wurde auf Grund einer Koalition der Senatoren, der sich auch Octavian anschloß, Antonius bei Mutina (Modena) in der Provinz Gallia Cisalpina besiegt und gezwungen, sich nach Gallia Narbonensis zurückzuziehen. Doch hier schlossen sich ihm einige Truppenbefehlshaber an, zu denen auch Lepidus, der Sohn des Konsuls aus dem Jahr 48 v. Chr., gehörte. Er war ein Gefolgsmann Caesars und sein Nachfolger als Oberpriester in Rom. Im November versöhnte sich Octavian, den der Senat unnötig gekränkt hatte, in Bononia (Bologna) mit Antonius und Lepidus, und die drei Männer wurden beauftragt, im Verlauf der folgenden fünf Jahre, ausgestattet mit autokratischen Vollmachten, die Ordnung im Staat wiederherzustellen. Dieses zweite Triumvirat war im Gegensatz zum ersten eine offizielle Einrichtung des Staates. Dabei blieben die republikanischen Institutionen, vom Konsulat angefangen, alle bestehen. Aber die Macht lag in den Händen der Triumvirn, und dieser Zustand wurde durch ein Gesetz bestätigt.

Nach einer blutigen Säuberung, in deren Verlauf 300 Senatoren und 2000 Ritter als ihre politischen Feinde umgebracht wurden, überquerten Octavian und Antonius die Adria und besiegten Brutus und Cassius in zwei Schlachten bei Philippi in Makedonien, worauf sich die beiden Unterlegenen das Leben nahmen (42 v. Chr.). Antonius war der eigentliche Sieger. Aber Octavians Ansehen wuchs, als Julius Caesar zur Staatsgottheit erhoben wurde und sein Adoptivsohn dadurch göttlicher Abstammung war. Antonius übernahm die Verwaltung der Ostprovinzen, während Octavian die Herrschaft in den meisten westlichen Gebieten antrat. Doch nun traf er auf den entschlossenen Widerstand des zweiten Sohnes von Pompeius, Sextus, der von Sizilien aus mit einer Piratenflotte gegen Rom operierte, und außerdem wurde er von einem Bruder des Antonius in Italien angegriffen. Aber

Antonius und Octavian einigten sich und teilten das Imperium untereinander auf (40 v. Chr.).

Doch die Beziehungen zwischen den beiden Männern wurden mit der Zeit immer gespannter. Das lag zum Teil daran, daß man im Westen an der Verbindung des Antonius mit der ägyptischen Kleopatra VII. Anstoß nahm und sie mit Mißtrauen betrachtete. In den vergangenen Jahren hatte Rom erfahren, wie einflußreich Frauen sein können. In den letzten Jahrzehnten der Republik hatten die Frauen in uneingeschränkter Freiheit gelebt. Sie durften ein eigenes Vermögen besitzen, frei darüber verfügen und ein selbständiges Leben führen. Diese Freiheit spiegelte sich in der Gesellschaft ebenso wie im engeren Familienkreis wider. So durften die Frauen jetzt ihre Mahlzeiten liegend einnehmen wie bisher nur die Männer. Die Schwester des Clodius, Clodia, war berühmt für ihr ungestümes und freies Leben. Aber auch auf die Politik übten Frauen einen nicht zu unterschätzenden Einfluß aus. Nach dem Tode Caesars hielt die Mutter des Brutus eine Konferenz ab, um zu entscheiden, was ihr Sohn und seine Freunde zu tun hätten, und Brutus mußte auch von seiner sehr herrischen Ehefrau strenge Ermahnungen einstecken. Am eigenwilligsten war die Frau des Antonius, Fulvia, die sich, ohne ihren Mann gefragt zu haben, seinem Bruder anschloß, als dieser gegen Octavian rebellierte. Aber Fulvia starb, und 40 v. Chr. heiratete Antonius Octavians Schwester Octavia. Und deshalb war seine gleichzeitige Beziehung zu Kleopatra, der Nachfahrin mächtiger Königinnen, die ehrgeizigere Ideen hatte als jede römische Matrone, nicht nur für Octavian, dessen Familie sich beleidigt fühlte, inakzeptabel, sondern auch für alle konservativen Römer. Die Verbindung Caesars mit Kleopatra hatte man hingenommen, weil er dabei das Heft in der Hand behalten hatte. Doch nun hegte man den Verdacht, daß der leichtlebigere Antonius, von dem Kleopatra zwei Söhne und eine Tochter hatte, von ihr beherrscht würde – und Octavian sorgte eifrig für die Verbreitung solcher Gerüchte.

37 v. Chr. kam es zwischen den beiden Männern ein zweites Mal zu einer teilweisen Versöhnung, die dazu führte, daß das Triumvirat um weitere fünf Jahre verlängert wurde. Aber der Friede dauerte nicht lange, denn nun lebte Antonius, der Octavia endgültig verlassen hatte, offen mit Kleopatra zusammen, die unter seinem Schutz ihren Herrschaftsbereich, zu dem auch zahlreiche Klientelstaaten gehörten, ausdehnte. Doch bald änderte sich das Gleichgewicht der Kräfte in der römischen Politik, denn Antonius' Stellung wurde erheblich geschwächt. Eine von ihm ausgerüstete Expedition gegen die Parther, mit der er Armenien zu annektieren hoffte, endete mit einem Fehlschlag, den er später allerdings wiedergutmachen konnte. Die Flotte Octavians dagegen besiegte unter seinem ehemaligen Kameraden Agrippa, der zwar beim römischen Adel unbeliebt, aber ein genialer Heerführer war, die Flotte des Sextus Pompeius vor dem Vorgebirge von Naulochos (Venetico) in Sizilien (36 v. Chr.). Auch der dritte Triumvir, Lepidus, der sich der Vorherrschaft Octavians im Westen jetzt mit Gewalt widersetzen wollte, konnte nicht die Unterstützung seiner eigenen Legionen gewinnen, wurde entwaffnet und gezwungen, sich ins Privatleben zurückzuziehen. Man erlaubte ihm jedoch, das Amt des Oberpriesters bis zu seinem Tode 12 v. Chr. auszuüben.

Nun zeigte sich immer deutlicher, daß Octavian nach der absoluten Macht in der römischen Welt strebte und dazu seinen Rivalen Antonius ausschalten mußte. 33 v. Chr. begannen die beiden Männer einen Propagandafeldzug gegeneinander. Die gegenseitigen Angriffe nahmen im folgenden Jahr immer unversöhnlichere Folgen an. Und als sich Antonius offiziell von Octavia scheiden ließ, rächte ihr Bruder sich damit, daß er ein wahrscheinlich gefälschtes Testament des Antonius veröffentlichte, mit dem er beweisen wollte, daß Antonius völlig unter dem Einfluß der ägyptischen Königin Kleopatra stand. Beide Männer veranlaßten, daß die Bevölkerung der von ihnen beherrschten Gebiete ihnen und ihrer Sache den persönlichen Treueid leisteten, was den Verpflichtungen entsprach, die ein Klient gegenüber seinem Patron übernehmen mußte (32 v. Chr.). Der von den Italikern dem Octavian geleistete Eid (*coniuratio Italiae*) war das berühmte Vorbild für den Treueid, den sich später die Kaiser schwören ließen. Er konnte jedoch kaum die Unzufriedenheit verschleiern, die Octavian dadurch verursachte, daß er alle auf der italienischen Halbinsel verfügbaren Gelder abzuschöpfen versuchte.

Nachdem ihm das weitgehend gelungen war, erklärte Octavian nicht seinem Landsmann Antonius, sondern Kleopatra den Krieg. Mit ihr als seiner Verbündeten – und sie stellte einen beträchtlichen Teil seiner Schiffe und des von ihm benötigten Nachschubs – hatte Antonius seine Flotte und sein Heer eingesetzt, um die befestigten Plätze an der Küste Westgriechenlands zu verteidigen. Doch Anfang des Jahres 31 v. Chr., mitten im Winter, gelang es Agrippa, von Italien aus das Ionische Meer zu überqueren und strategisch wichtige Seefestungen an der griechischen Küste einzunehmen. Nachdem auch Octavian zu ihm gestoßen war, wurde Antonius in der Bucht von Ambrakia (Arta) eingeschlossen. In der Schlacht von Aktion, unmittelbar vor dieser Bucht, versuchte er, seine Schiffe aus der feindlichen Umklammerung herauszuführen, um den Kampf an anderer Stelle wiederaufzunehmen. Doch obwohl es Kleopatra und dann auch Antonius gelang auszubrechen, konnte ihnen nur noch ein Viertel der Flotte folgen.

Sie konnten beide nach Ägypten entkommen. Als aber Octavian 30 v. Chr. das Land eroberte, nahmen sie sich in Alexandria das Leben. Der Sieger erklärte Ägypten zum römischen Besitz und besiegelte damit den Untergang des

ITALIEN

GALLIA CISALPINA

Verona
Cremona
Placentia • Patavium
Mantua
Campi Raudii
Luca Pistoria Rubico
Ariminum

Arretium • Asisium

Tiberis

Tibur Corfinium
Ostia • Roma Sulmo
Aquinum
Pontinische Sümpfe Arpinum

Capua
Puteoli • Pompeii
Capreae • Brundisium
Vesuvius M.

SICILIA

0   150 km

letzten der drei griechischen Diadochenreiche, die das Erbe
Alexanders des Großen angetreten hatten. Die neu eroberte Provinz nahm als Octavians persönlicher Besitz

294

unter allen anderen eine Sonderstellung ein. Durch den von ihm erbeuteten Schatz der Kleopatra wurde er reicher als der römische Staat selbst. Vor allem konnte er nun seine Veteranen entlohnen, für die er im Laufe der Zeit nicht weniger als 75 Kolonien gründete, die meisten davon im Westen.

Die Schlacht bei Aktion war als solche kein besonders spektakuläres Ereignise, denn die strategische Entscheidung war schon an anderer Stelle gefallen. Doch die Historiker haben sie später als eine der großen Entscheidungsschlachten bezeichnet, weil sie Octavian zum Herrscher über die gesamte griechisch-römische Welt machte. Eine weitere Folge war, daß das Römische Reich über eine sehr lange Zeit hinweg vom Westen und nicht vom Osten beherrscht wurde. Unter Osten ist in diesem Zusammenhang nicht der finstere Orient zu verstehen, als den die Propagandisten des Octavian den Herrschaftsbereich des Antonius hingestellt haben, sondern der Osten waren die östlichen Provinzen und Klientelstaaten Roms, in denen die herrschende Klasse aus Griechen bestand. Aktion besiegelte die zweitrangige Bedeutung der griechischen Reichshälfte. Hätte Antonius gesiegt, wäre es unter seiner Herrschaft vielleicht zu einer Art Partnerschaft zwischen Römern und Griechen gekommen. Doch nun übernahmen Italien und Rom die politische Führung, wie Vergil das ein paar Jahre später deutlich gesagt hat, während er taktvoll die kulturelle Überlegenheit der Griechen anerkannte. Erst 300 Jahre später sind die Griechen allmählich wieder zu ihrem Recht gekommen, nachdem die Hauptstadt nach Konstantinopel verlegt worden war und das Griechische als offizielle Sprache des Byzantinerreiches an die Stelle des Lateinischen getreten war.

Das Prinzipat des Augustus

Von nun an strebte Octavian schrittweise und geduldig nach dem römischen Prinzipat, einer Regierungsform, die zwar die republikanischen Grundsätze nicht aufgab, aber schließlich doch darauf beruhte, daß er selbst der erste Mann im Staate (*princeps*) war und dabei die Staatsgeschäfte mit uneingeschränkten Vollmachten führte.

Ganz allmählich verringerte er die Zahl der Legionen von 60 auf nur 28; das waren etwa 150 000 Mann. Ein stärkeres Heer glaubte er weder bezahlen noch rekrutieren zu können. 28 v. Chr. ließen er und Agrippa eine Volkszählung durchführen, und zwar zur Erleichterung der Aushebung von Wehrpflichtigen und der Steuererhebung. Das war die erste von drei Volkszählungen während seiner Regierungszeit. Die Soldaten seiner Legionen im Westen waren meist Italiker und daher römische Bürger. Im Osten dagegen setzten sich seine Truppen auch aus Provinzbewohnern zusammen, die bei ihrer Einberufung inoffiziell das Bürgerrecht erhielten. Sie wurden durch etwa die gleiche Zahl von Hilfstruppen, die ausschließlich aus den Provinzen kamen, verstärkt, und auch bei diesen Männern ging man dazu über, ihnen bei ihrer Entlassung das römische Bürgerrecht zu verleihen. Das alles war Teil einer unauffällig von Octavian betriebenen liberalen Einbürgerungspolitik. In einem Imperium mit 70 bis 100 Millionen Einwohnern erhöhte er die Gesamtzahl der römischen Bürger (Männer und Frauen) von etwa fünf auf mehr als sechs Millionen, wobei sich die Zahl der römischen Bürger in den Provinzen auf fast zwei Millionen verdoppelte.

Er hatte nicht vergessen, daß Caesar ermordet worden war, weil er sich zum Alleinherrscher aufgeschwungen hatte, und er wußte, daß der römische Adel seine Alleinherrschaft nur tolerieren würde, wenn er sie hinter annehmbaren republikanischen Traditionen verbarg. Während der ersten acht Jahre nach dem Sieg bei Aktion blieb das Konsulat die verfassungsmäßige Grundlage seiner Macht. Nach Ablauf der Hälfte dieser Zeit jedoch, im Jahr 27 v. Chr., verkündete er »die Übergabe des Staates zur freien Verfügung an den Senat und das Volk«. Damit erwarb er sich fälschlicherweise – auch wenn das zunächst verständlich war – den Ruf des Erneuerers der *res publica*, des von den Vorfahren ererbten Systems. Zur gleichen Zeit wurde ihm für die Dauer von zehn Jahren ein Herrschaftsgebiet zugestanden, das nicht nur aus Ägypten als seiner persönlichen Domäne bestand, sondern auch aus Gallien (einschließlich der Militärbezirke am Rhein im nördlichen und südlichen Germanien), aus Spanien und Syrien, den drei Gebieten, in denen die Masse des römischen Heeres stand. Er verwaltete dieses riesige, aus kaiserlichen Provinzen bestehende Gebiet mit Hilfe von sogenannten Legaten (*legati*), die seine persönlichen Untergebenen waren. Auch Pompeius hatte Spanien *in absentia* verwaltet. Die wichtigsten übrigen Provinzen blieben sogenannte senatorische Provinzen und wurden in der bisher üblichen Weise von Prokonsuln verwaltet, die der Senat ernannte. Das waren allerdings tüchtigere und ehrlichere Männer als bisher, denn alle Verwalter, sowohl die Prokonsuln als auch die Legaten sowie die *procuratores* in den kleineren Provinzen, waren bezahlte und von Rom streng beaufsichtigte Staatsbeamte.*

Octavian glaubte – und damit hatte er in den meisten Fällen recht –, daß die höchste Autorität (*auctoritas*), die ihm seine Ämter, seine Leistungen und die Tatsache verliehen, daß er der Sohn des göttlichen Julius war, genügte, um von allen Verwaltungsbeamten und Militärbefehlshabern

---

* Der Verwalter von Judaea hieß jedoch immer noch *praefectus*; und den gleichen Titel führte der Verwalter der bedeutenden neuen Provinz, die jedoch einen besonderen Rechtsstatus besaß.

als höchste und entscheidende Instanz anerkannt zu werden. Außerdem war er immer in der Lage, die Ernennung dieser Männer direkt oder indirekt zu veranlassen oder, wenn er es für richtig hielt, die Wahl der Konsuln und anderer hoher Beamter unauffällig zu beeinflussen. Diese Ämter wurden auch weiterhin formal nach republikanischen Spielregeln besetzt. Um den leidenschaftlichen Machtkämpfen zwischen Familien, politischen Gruppierungen und Parteien entgegenzutreten, die eine Zeitlang noch das öffentliche Leben bestimmten, verfügte er, daß die Inhaber hoher Ämter sowohl Adlige als auch italische »neue Männer« sein sollten, und zu beiden Gruppen gehörten Männer, die im Bürgerkrieg auf seiner Seite gestanden hatten.

Das also waren die Mitglieder des neuen Senats unter Octavian, der nun nicht mehr wie zu Caesars Zeiten aus 900, sondern nur noch aus 600 Mitgliedern bestand. Octavian selbst wurde zum Vorsitzenden des Senats gewählt und füllte diese Stellung mit königlicher Würde aus. Er beschnitt jedoch die Befugnisse des Senats nicht, sondern erweiterte sie vielmehr, so daß er nun zum Beispiel über ein eigenes hohes Gericht verfügte, neben dem es ein zweites neues, das sogenannte Kaisergericht, gab, in dem Octavian selbst den Vorsitz führte. Die Stärke des Senats lag nun nicht mehr auf politischem, sondern auf administrativem Gebiet. Die große Bedeutung des neuen Systems lag darin, daß hier zum ersten Mal in der römischen Geschichte die Politik von der Verwaltung getrennt wurde. Das war aber nur eine der zahlreichen Neuerungen, die Octavian bewirkte, obwohl er sie immer mit dem Schleier des Traditionalismus zu tarnen wußte.

Vier Tage nach Verkündigung der neuen politischen Organisation im Jahr 27 v. Chr. wurde der Name des Herrschers »Caesar« durch den neuen Titel »Augustus« ergänzt. Dieses Wort hat eine religiöse Bedeutung und eine Beziehung zu dem Verbum »vergrößern« (*augere*), das zugleich die Wurzel von *auctoritas* und wahrscheinlich auch von *augurium* ist. Das letztere bedeutet die tief in der römischen Tradition verwurzelte Praktik der Befragung der Götter nach ihrem Willen. Mit der Annahme des Titels »Augustus« kam zum Ausdruck, daß Octavian alle Menschen an Bedeutung überragte und zugleich alles vermied, was an eine Diktatur oder an Göttlichkeit erinnerte und die Konservativen zum Widerspruch hätte veranlassen können. Zwar trifft es zu, daß Augustus wie andere Herrscher vor ihm in den Provinzen nicht auf seine Göttlichkeit verzichtete. Offiziell aber wurde er nur im Zusammenhang mit der Göttin Roma verehrt. Das war ein Reichskult, der die Loyalität der Bürger und Untertanen fördern sollte und später auch von den Gemeinwesen in Italien übernommen wurde. Zugleich unterwarf sich der Herrscher der Traditon der altehrwürdigen römischen Religion, und zwar, wie wir gesehen haben, nicht nur dadurch, daß er einen Namen annahm, der an das Augurium erinnerte, sondern auch durch die Wiedereinführung vieler alter Riten und die Restauration zahlreicher Tempel, die während der lange dauernden Bürgerkriege zerfallen waren. Schließlich übernahm er auch das Amt des Oberpriesters, wartete damit aber bewußt bis zum Tode des Lepidus im Jahr 12 v. Chr., der bis dahin dieses Amt verwaltet hatte.

Die militärischen Operationen wurden an vielen Fronten fortgesetzt und die Ostgrenze nach der Annexion eines weiten Gebietes in Kleinasien mit dem Namen Galatien weiter vorgerückt (25 v. Chr.). Am anderen Ende des Imperiums wurde die Provinz Mauretania (Marokko und Westalgerien) in ein Klientelkönigtum umgewandelt. Solche von Rom abhängigen Monarchien spielten immer noch bei der Verteidigung der Reichsgrenzen eine wichtige Rolle.

Augustus hat sich auch selbst noch nach Gallien begeben und zeitweilig einen Feldzug in Spanien geleitet, bis seine Gesundheit es nicht mehr zuließ. 23 v. Chr. erkrankte er wieder, und man glaubte, er würde sterben. Es gab Gerüchte über angebliche Verschwörungen, und daher hielt er die politische Struktur des Imperiums für noch nicht ausreichend gesichert. Aus diesem Grund verzichtete er in Zukunft auf das Konsulat, um den Adel zu beschwichtigen, dem dieses Amt so lange nicht zur Verfügung gestanden hatte. Er behielt jedoch seine persönlichen Provinzen. Um aber auch in den vom Senat verwalteten Territorien die Möglichkeit für letzte Entscheidungen zu haben, ließ er sich die Vollmacht *imperium maius* verleihen, die ihn zum Vorgesetzten der Prokonsuln machte. Diese neue Vollmacht hatte aber mit seinen täglichen Pflichten nichts zu tun, sondern kam nur selten ins Spiel, besonders in Krisenzeiten oder bei persönlichen Besuchen. Allerdings konnte Augustus sie in taktvoller Form auch bei anderen Gelegenheiten zur Wirkung bringen.

Daß er es verstand, seine Autorität auch ohne die direkte Ausübung eines Amtes durchzusetzen, zeigte sich darin, daß er sich auf die Dauer die Befugnisse eines Volkstribunen (*tribunicia potestas*) übertragen ließ (23 v. Chr.). Schon vorher hatte er gewisse Privilegien der Tribunen für sich in Anspruch genommen. Nun, da er alle Vollmachten eines Volkstribunen besaß, war er berechtigt, den Senat einzuberufen, vor allem aber rückte er dem Volk näher, denn es war die traditionelle Rolle des Tribunen, sich für die Rechte der Unterdrückten einzusetzen, und er verlieh diesem Ereignis eine besondere Bedeutung, indem er die Dauer seines Prinzipats nach ihm datierte. Augustus hatte es dringend nötig, diese Volksnähe zu demonstrieren, denn trotz der Reformgesetze, mit denen er das Los der ärmeren Klassen zu erleichtern suchte, neigte er dazu, die Oberschicht als Basis seines politischen Systems zu stärken. Er mußte den Eindruck verwischen, es lägen ihm im Grunde nur die oberen Schichten am Herzen.

Auch Agrippa erhielt die Befehlsgewalt über die Prokonsuln, wahrscheinlich um dafür zu sorgen, daß die Provinzen unter strenger Aufsicht blieben, wenn sich die immer wiederkehrende Krankheit als tödlich erweisen sollte. Doch nicht Augustus starb als nächster, sondern sein junger Neffe Marcellus (23 v. Chr.), der mit seiner Tochter Iulia verheiratet war und für große Aufgaben vorgesehen zu sein schien. Nach seinem Tod wurde Iulia mit Agrippa verheiratet, der für Augustus reiste und kämpfte und wie er die Befugnisse eines Volkstribunen (18 v. Chr.) besaß. Auch Augustus begab sich wieder auf eine weite Reise, und wo er auftauchte, wurden einschneidende Verbesserungen in der Verwaltung vorgenommen. Mit großer Begeisterung nahm die Bevölkerung eine 20 v. Chr. getroffene Vereinbarung mit den Parthern auf, die nicht nur die Legionsadler zurückgaben, die sie Crassus 33 Jahre früher abgenommen hatten, sondern auch (allerdings nur für kurze Zeit) Rom als Schutzmacht über Armenien anerkannten.

19 v. Chr. wurden, allerdings nicht offen und direkt, die verfassungsmäßigen Rechte des Augustus in Italien erweitert. Die in den folgenden zwei Jahren erlassenen Gesetze im Rahmen der die Gesellschaft betreffenden Rechte zielten darauf ab, die allgemeine Moral zu stärken, die Ehe zu schützen und die Familie als Institution unter den Schutz des Staates zu stellen. Diese Bemühungen sind von Vergil und Horatius unsterblich gemacht worden. Sie brachten aber nicht die nachhaltigen Erfolge wie die Maßnahmen auf anderen Gebieten.

Wir betrachten Augustus als den Mann, mit dem die Reihe der römischen Kaiser begann. Und doch konnten die zahlreichen Machtbefugnisse, die der *Princeps* auf sich vereinigte, gemäß der Verfassung nach seinem Tode nicht auf eine Einzelperson übertragen werden. Dennoch hatte man offensichtlich schon zu Lebzeiten des Marcellus geglaubt, daß das geschehen müsse. Nach dessen Tod ist Agrippa offenbar als Nachfolger ausersehen worden, und seine Vollmachten wurden mit denen des Augustus ständig erweitert. Aber der römische Adel hätte diesen »neuen Mann« niemals anerkannt. Augustus hat deshalb offenbar an eine weitere Möglichkeit der Nachfolge gedacht, als er die Söhne des Agrippa und der Iulia, Gaius und Lucius, adoptierte. Sie waren damals erst ein und drei Jahre alt, doch Augustus hat in der Folgezeit dafür gesorgt, daß mehrere Möglichkeiten offenblieben. Erstens hat er nicht nur einen Adoptivsohn gefördert, sondern beide, und zweitens hat er seinen erwachsenen Stiefsöhnen Tiberius und Nero Drusus, den Söhnen seiner Gattin Livia aus ihrer ersten Ehe mit einem Claudier, hohe militärische Stellungen verschafft. Sie überquerten mit ihren Truppen die Alpen, eroberten große Teile der heutigen Schweiz, Österreichs und Bayerns und annektierten diese Gebiete als die Provinzen Noricum und Rätien (16-15 v. Chr.). Durch diese und andere Operationen von den Alpen aus wurde das Staatsgebiet nach Norden und Osten bis zur Donau erweitert, die lange Zeit seine Nordgrenze blieb.

Wahrscheinlich ist damals ein Exekutivrat (*consilium*) des Senats gebildet worden, um Augustus als Senator zu entlasten. Seine gewaltige Arbeitslast wurde allmählich auch dadurch erleichtert, daß er den Kreis seiner Mitarbeiter vergrößerte und auf höherer Ebene einige Ritter darin aufnahm. Zwar war sein persönlicher Stab noch relativ klein, aber mit ihm begann sich eine Zivilverwaltung zu entwickeln, wie es sie in der Republik nicht gegeben hatte, die jedoch im kaiserlichen Rom eine sehr wichtige Rolle spielen sollte. Ganz allmählich und geduldig reformierte Augustus auch den Verwaltungsapparat in Rom und Italien sowie im ganzen Imperium. Wieder waren die Ritter maßgebend daran beteiligt und wirkten nicht nur als Vorsitzende und Mitglieder wichtiger Ausschüsse zu Hause, sondern auch als seine Finanzbeauftragten (*procuratores*) in den Provinzen, als Statthalter in kleineren Provinzen und sogar in dem außerordentlich wichtigen und eine Sonderstellung einnehmenden Ägypten.

12 v. Chr. starb Agrippa, und viele seiner adligen Gegner blieben den Beisetzungsfeierlichkeiten fern. Augustus, der sich der Kinder des Verstorbenen annahm, zwang seine Witwe Iulia zur Ehe mit Tiberius, obwohl beide nicht damit einverstanden waren. In den folgenden drei Jahren übernahm Tiberius wieder militärische Aufgaben, erweiterte die Grenzen der Provinz Illyricum (Jugoslawien) nach Norden und gründete am Mittellauf der Donau die Provinz Pannonia (Österreich und Ungarn). Noch während der Regierungszeit des Augustus wurde die Grenze bis an die Flußmündung ausgedehnt, und es entstand die Provinz Moesia. Tiberius' Bruder Nero Drusus überschritt mit seinen Legionen den Rhein und besetzte Germanien bis zur Elbe. Das war der erste Schritt auf dem Wege zur Annexion dieses Landes, denn Augustus hatte den ehrgeizigen Plan, die Grenze am Rhein durch die an der Elbe zu ersetzen, die viel kürzer war und sehr viele bis dahin freie und kriegerische Germanen einschloß.

Tiberius, der nach dem Tode des Nero Drusus 9 v. Chr. diesen in Germanien ablöste, teilte drei Jahre später die Befugnisse eines Volkstribunen mit seinem Stiefvater. Doch bald darauf gab er auf eigenen Wunsch alle diese ihn stark belastenden Verpflichtungen auf und zog sich auf die Insel Rhodos ins Privatleben zurück. Man behauptete, er habe das getan, weil er auf seinen Stiefsohn Gaius eifersüchtig war, der im folgenden Jahr unter starker Anteilnahme der Öffentlichkeit in das politische Leben eingeführt wurde. Das gleiche geschah drei Jahre später mit dessen Bruder Lucius. Aber schon sehr bald ereilte beide jungen Männer ein tragisches Schicksal. Sie starben in den Jahren 4 und 2 n. Chr. Augustus hätte es vielleicht lieber gesehen, wenn mehrere potentielle Nachfolger gleichzeitig zur Verfügung gestanden hätten, doch nun mußte er erkennen, daß er keine Wahl mehr hatte. Er mag auch hinsichtlich der Person des Tiberius Zweifel gehabt haben. Sollte das wirklich der Fall gewesen sein, dann mußte er sie nun vergessen. Denn es gab keinen anderen geeigneten Nachfolger. Deshalb adoptierte Augustus ihn und stattete ihn mit so weitreichenden Vollmachten aus, daß beide Männer über die gleiche Machtvollkommenheit verfügten und der Unterschied zwischen ihnen nur noch im höheren Ansehen lag, das Augustus genoß.

Zunächst übernahm Tiberius die Aufgabe, das zwischen Elbe und Donau noch nicht eroberte Gebiet einschließlich des heutigen Böhmen zu besetzen, das damals das Kernland eines hervorragend organisierten germanischen Herrschaftsbereichs bildete. 6 n. Chr. begann der Einmarsch römischer Truppen in böhmisches Gebiet mit einer doppelten Zangenbewegung, doch plötzlich traf die Nachricht ein, daß in den annektierten Regionen von Illyricum und Pannonia eine Rebellion ausgebrochen sei, zu deren Niederwerfung die Römer drei Jahre brauchten. Die Wiedereroberung dieses Gebiets war kaum abgeschlossen, als sich jenseits des Rheins eine Katastrophe ereignete. Der begabte Germane Arminius, Häuptling der Cherusker und römischer Bürger, führte sein Volk gegen die Truppen des unachtsamen römischen Befehlshabers auf diesem Gebiet, Varus, der im Kampf fiel und dessen drei Legionen im Teutoburger Wald, wo heute Detmold liegt, vernichtend geschlagen und aufgerieben wurden. Die Annexion Westgermaniens und Böhmens mußte auf unbestimmte Zeit verschoben werden und fand, wie wir wissen, nie mehr statt. Das hatte für die Zukunft Europas unabsehbare Folgen, denn die hier lebenden Millionen von Germanen blieben außerhalb der römischen Welt. Ob sich die Annexion früher hätte bewerkstelligen lassen, als Augustus noch über 28 Legionen verfügte, läßt sich nicht sagen. Aber mit nur 25 Legionen war es unmöglich.

Doch selbst, als ihm noch 28 Legionen zur Verfügung standen, hatte er es nie versucht, die Grenzarmee durch eine im Zentrum gehaltene Reserve zu ergänzen, die es ihm ermöglicht hätte, solchen Notsituationen zu begegnen. Das lag zum Teil daran, daß sich eine solche Reservearmee, wenn sie zum Beispiel in Norditalien stationiert gewesen wäre, unter der Führung eines ehrgeizigen Feldherrn gegen ihn hätte wenden können. Mit solchen Fällen hat Augustus immer gerechnet, und auch spätere Kaiser haben das getan. Zu seinem persönlichen Schutz stellte er eine Leibwache auf. Schon früher hatten römische Feldherren Leibwachen gehabt, und Augustus schuf nun zum gleichen Zweck die aus neun Kohorten bestehende Prätorianergarde als Dauereinrichtung. Sie war zum Teil in Rom und zum Teil in anderen italischen Städten stationiert. Daneben richtete er in Rom eine Stadtpolizei aus drei Kohorten (*cohortes urbanae*) ein, die dem Stadtpräfekten unterstand, dessen Amt zu diesem Zweck neu geschaffen wurde. Schließlich schuf Augustus auch eine Feuerwehr (*vigiles*), die 6 n. Chr. entstand und der 7000 Freigelassene angehörten.

Doch es gab immer noch Schwierigkeiten, genügend Rekruten für das Legionärsheer zu finden, obwohl seine Stärke verringert worden war. Auch fiel es Augustus nicht leicht, diese Soldaten zu bezahlen oder nach Ablauf ihrer Dienstzeit wie üblich zu entlohnen. Zunächst wurden die Veteranen mit Landzuteilungen abgefunden, vor allem in seinen römischen Kolonien, und später, als das Land knapp wurde, erhielten sie Geld. Deshalb legte er 6 n.Chr. einen für militärische Zwecke bestimmten Schatz an, das *aerarium militare*, zur Altersversorgung der Legionäre. Das Geld dafür kam überwiegend aus der Erbschaftssteuer. Das war nur eine der zahlreichen administrativen Neuerungen, die der alternde und müde gewordene Herrscher im letzten Jahrzehnt seines Lebens mit Hilfe und vielleicht sogar auf Veranlassung des Tiberius einführte.

13 n.Chr. hinterlegte Augustus sein Testament im Heiligtum der Vesta in Rom. Es enthielt unter anderem eine Aufstellung der militärischen und finanziellen Reserven des Impieriums und eine kluge politische Entscheidung. Diese *res gestae* des göttlichen Augustus sind auch als *Monumentum Ancyranum* bekannt, weil die am besten erhaltene Abschrift des Dokuments sich auf den Wänden des Tempels der Roma und des Augustus in Ancyra (Ankara) befindet, der Hauptstadt der damaligen neuen Provinz Galatia. Im folgenden Jahr starb Augustus, und Tiberius wurde römischer Kaiser.

Nach vielen Anfangserfolgen war die mit militärischen Mitteln betriebene Expansionspolitik in den letzten Lebensjahren des Augustus zum Stillstand gekommen, und er hinterließ dem Tiberius die Anweisung, sie nicht fortzusetzen. Andererseits hatte er sich durch seine Reformen des gesamten zivilen Verwaltungsapparates als einer der begabtesten Administratoren in der Geschichte Roms erwiesen, dessen Einfluß noch über lange Zeit wirksam bleiben sollte. Das gigantische Reformwerk, das er auf allen Ebenen des Lebens in Italien und den Provinzen geschaffen hatte, verwandelte nicht nur die in Auflösung begriffene Republik in ein neues Staatswesen, das noch viele Jahrhunderte bestehen bleiben sollte, sondern garantierte auch einen dauerhaften römischen Reichsfrieden. Es war diese *Pax Romana* oder *Pax Augusta*, die das Überleben und die Weitergabe des griechischen und römischen Geistesgutes sicherstellte und die Ausbreitung des Christentums ermöglichte, dessen Begründer Jesus während der Regierungszeit des Augustus geboren wurde.

Das Dilemma, das während der Regierungszeit Caesars entstanden war, daß das Imperium einen Alleinherrscher

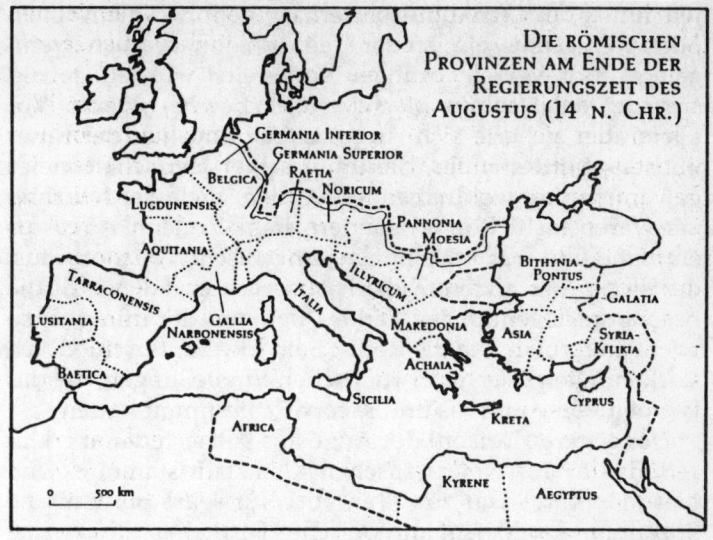

DIE RÖMISCHEN
PROVINZEN AM ENDE DER
REGIERUNGSZEIT DES
AUGUSTUS (14 N. CHR.)

brauchte, während der Adel diese Regierungsform ablehnte, war von Augustus wie durch ein Wunder beseitigt worden. Ihm halfen dabei zwei besondere Umstände; die
Bevölkerung war des langen Bürgerkrieges müde, und er
selbst erwies sich als Meister der Öffentlichkeitsarbeit auf
den verschiedensten Gebieten. Obwohl er in allen wichtigen Bereichen kaum weniger selbstherrlich regierte als
Caesar, gelang es ihm, seine Alleinherrschaft so hinter der
republikanischen Tradition zu verbergen, daß sie erträglich
erschien. Wohl hatte die Mehrheit des in sehr bescheidenen Verhältnissen lebenden Volkes, das sich in erster Linie
um seinen Lebensunterhalt kümmerte, keine Zeit, sich mit
so feinen Unterschieden zu beschäftigen; aber selbst diese
Menschen erkannten, daß zum Beispiel das Risiko, eines
gewaltsamen Todes zu sterben, geringer geworden war. Zu
denen aber, die die republikanische Fassade bewußt billig-

307

ten, hinter der sich Augustus verbarg, gehörten die Adligen oder wenigstens ein großer Teil von ihnen, auch wenn gelegentlich Verschwörungen vorbereitet wurden, sobald sich der Adel seines Machtverlusts bewußt wurde. Vor allem aber sicherte sich Augustus die Loyalität der Ritter und des Mittelstandes, die unter seiner Herrschaft vieles gewannen und wohlhabender wurden. Viele der Nutznießer waren nicht Römer, sondern Italiker, denn Augustus empfand und förderte einen neuen italischen Patriotismus, der sich unter anderem darin ausdrückte, daß Vergil die besondere Eigenart des Landes betonte, die ihm ebenso wichtig erschien wie die Roms. Sein Ideal unterschied sich stark von den griechisch-römischen Vorstellungen, die das Denken von Antonius und Kleopatra bestimmt hatten.

Der engere Horizont des Augustus läßt sich damit erklären, daß er aus einer italischen Kleinstadt stammte. Und diese Herkunft war zum Teil auch für seine puritanische Sozialpolitik und sein altmodisches Festhalten an der ehrwürdigen Religion des alten Rom verantwortlich. Die proitalischen und prorömischen Tendenzen seiner Politik kamen auch in dem Titel zum Ausdruck, den er sich im Jahr 2 v.Chr. verleihen ließ, *pater patriae*, Vater des Vaterlandes. Caesar hatte schon an diese Bezeichnung gedacht, und Augustus übernahm sie als Ausdruck des höchsten Ziels seiner Bemühungen und treffendsten Kennzeichnung seiner Regierungsform. Daß er sich als Vater aller Römer und Italiker bezeichnete, ging auf die Wurzeln des Gemeinwesens zurück, innerhalb dessen der *pater familias* die geachtete Schlüsselstellung eingenommen hatte. Nach einer ebenso alten Überlieferung bezeichnete man den Patron eines Klienten oft als seinen Vater; und in diesem Sinne handelte Augustus, als er den Titel »Vater des Vaterlandes« annahm, und der bereits in dem Treueid angelegt war, den er sich 32 v.Chr. von allen römischen Bürgern schwören ließ. Dabei erklärte er, daß sie alle ohne Ausnahme seine Klienten seien und er die Pflichten ihres Patrons übernähme. So übertrug er diese Tradition in seinem Interesse und mit seiner Person auf die gesamte Bevölkerung Italiens und die Kolonien römischer Bürger in den Provinzen. Das Patronat galt jedoch sinngemäß in einem noch größeren Umfang, denn die Bewohner des ganzen Imperiums, Römer und Nichtrömer, waren seine Klientel, und ebenso auch diejenigen der von Rom abhängigen Klientelkönigreiche. Das heißt, daß seine Sypathien nicht nur den Italikern galten, sondern daß er sich auch für alle anderen Untertanen und Verbündeten verantwortlich fühlte.

Als Verfasser einer ganzen Reihe literarischer Werke, die heute alle verloren sind, milderte er seinen Chauvinismus unter anderem dadurch, daß er die griechische Kultur, die er gut kannte, bewunderte, eine Haltung, die er mit Vergil und anderen Zeitgenossen teilte, die in der Literatur seiner Zeit Beachtung fanden. Im Altertum war man der Auffassung, daß er in seiner Jugend sehr grausam, in späteren Jahren und als alter Mann aber ungewöhnlich milde gewesen sei. Doch in den letzten Jahren seiner Regierungszeit gab es für Grausamkeit auch kaum mehr einen Anlaß, und wenn es gegen Ende seines Lebens notwendig erschien, hart durchzugreifen, zum Beispiel bei der Niederschlagung angeblicher Verschwörungen, dann war er durchaus bereit, das zu tun. Ohne dieses Ausmaß an politischer Härte hätte er nicht so erfolgreich sein können.

Auch in dem einfachen Familienleben, das er führte, konnte er sehr rücksichtslos sein. Wohl ist er seiner Frau Livia untreu gewesen, aber er hat sie trotzdem geliebt. Doch als seine Tochter Iulia und seine Enkelin des gleichen Namens in Kreisen verkehrten, die der Subversion verdächtig waren, verbannte er sie beide bedenkenlos. Sein dritter Enkel mußte ebenfalls ins Exil gehen und ist vielleicht sogar eines gewaltsamen Todes gestorben. Was aber seine männlichen Verwandten betraf, die ihn bei den Regierungsgeschäften unterstützten, so hat er sich ihnen gegenüber loyal verhalten, stellte jedoch die gleichen hohen Anforderungen an sie wie an sich selbst. Er brauchte sie, weil die Arbeitslast für ihn allein zu schwer war, und im besonderen bedurfte er der ungewöhnlichen Begabungen von Agrippa und Tiberius auf militärischem Gebiet, weil er – anders als die meisten berühmten Römer vor ihm – kein besonders tüchtiger Feldherr oder Flottenbefehlshaber war, ja, man könnte ihn sogar als Feigling bezeichnen. Wie dem auch gewesen sein mag, er war physisch nicht sehr leistungsfähig, und dazu kam eine ausgesprochen hypochondrische Veranlagung. Doch seine schwache Gesundheit war eine Tatsache, und in jungen Jahren war es nur seinem eisernen Willen zu verdanken, daß er überlebte; man muß es bewundern, daß er ein so aktives Leben geführt und das hohe Alter von 76 Jahren erreicht hat.

Augustus war klein von Wuchs, aber sein feingeschnittenes Gesicht mit den ruhigen und sanften Zügen forderte die besten Bildhauer Griechenlands und des hellenisierten Ostens heraus, denen wir eine Reihe bemerkenswerter, einfühlsamer und bewegender Porträts dieses Mannes verdanken. Darin kommt eine feine Mischung aus Idealismus und Realismus zum Ausdruck. Die Original wurden im ganzen Imperium in Gestalt Tausender von Büsten, Statuen und Münzporträts kopiert. Weniger gelungen ist dagegen vielleicht der majestätische, aber in gewisser Weise auch steife Friedensaltar (*ara pacis*), obwohl manche auch anderer Auffassung sind, den er 13 v.Chr. errichten ließ und der 3 v.Chr. eingeweiht wurde. Die darauf angebrachten Reliefs stellen Szenen aus der römischen Mythologie und eine religiöse Prozession dar, in der die führenden Persönlichkeiten des Staates würdevoll dahinschreiten.

Augustus ist auch derjenige gewesen, der für die Schönheit der Stadt Rom am meisten getan hat. Reste der monumentalen, klassischen Prachtbauten können wir noch heute im Theater des Marcellus und bei den Ruinen des gewaltigen Forums des Augustus bewundern. Flankiert von eindrucksvollen Kollonaden und Altarnischen wurde das neue Bauwerk vom Tempel des Kriegsgottes Mars gekrönt – des Rächers seines Adoptivvaters, des vergöttlichten Caesar, der selbst die Vorbilder für diese repräsentativen Plätze hatte bauen lassen. Auch außerhalb Roms gibt es unzählige Torbögen, Denkmäler und andere Bauten, die an die augusteische Epoche erinnern. Das Landhaus seiner Gattin Livia am Rande von Rom an der Prima Porta zeigt uns, daß die Kunst in dieser Zeit nicht nur offiziellen Zwecken diente und nur monumentale Ausmaße hatte. Einen der Räume schmücken Wandgemälde, die die Illusion eines verzauberten Gartens wecken. Hinter einem Gitterwerk erkennt man Obstbäume und Blumenbeete, und im Laub sitzen Vögel und Insekten.

Die Wirtschaft

Die Eleganz und der aufwendige Lebensstil, die in den Bauten jener Zeit zum Ausdruck kamen, waren die Folge der Gesundung der Finanzen des Imperiums. Wie der in Rom aufbewahrte Staatsschatz, *aerarium populi Romani*, mit den Finanzreserven in den Provinzen zusammenhing, wissen wir heute nicht mehr genau. Augustus hat zwar voller Stolz seine Geschenke an den Staat zu Protokoll gegeben. Aber die Staatseinnahmen aus den reichen, friedlichen, vom Senat verwaltete Provinzen müssen auch wieder zurückgeflossen sein, um die hohen Ausgaben in den Grenzprovinzen zu finanzieren.

Es gab zwei direkte Steuern, die von der Bevölkerung des Imperiums mit Ausnahme der Roms und Italiens aufgebracht werden mußten, und zwar eine Grundsteuer (*tri-*

butum soli), die den bei weitem größten Teil der Staatseinnahmen ausmachte, und eine Kopfsteuer (*tributum capitis*) in Ägypten, Syrien und bestimmten anderen Regionen. Diese Steuern wurden auf der Grundlage von Volkszählungen erhoben, die Augustus in allen Provinzen durchführen ließ. Die dabei gewonnenen statistischen Erkenntnisse ermöglichten es, die Summe festzusetzen, die der Staat brauchte, so daß Augustus, der damit einem von Caesar eingeführten Verfahren folgte, die privaten Steuerpächter aus dem direkten Steuersystem ausschalten konnte. Die indirekten Steuern – die einzigen, die von den römischen Bürgern erhoben wurden – wurden zunächst noch von den Steuerpächtern eingezogen. Die ertragreichsten waren die Zölle. Aber die Zollsätze von zwei oder zweieinhalb Prozent waren so niedrig, daß sie den Handel nicht behinderten.

Die Freiheit des Handels wurde im Mittelmeer durch die Kriegsflotte garantiert, die für die Sicherheit der Handelsschiffahrt sorgte und eine rasche Abwicklung der Überseegeschäfte ermöglichte. Die größten Flottenstützpunkte lagen an der West- und Ostküste Italiens bei Misenum und Ravenna. Die wichtigsten Verkehrswege bot jedoch das sich über ganz Italien und die Provinzen erstreckende Straßennetz. Im 2. Jahrhundert v.Chr. gab es im gesamten Imperium mehr als 80 000 Kilometer erstklassige Straßen und über 300 000 Kilometer weniger gute. Augustus hat später an ihrem Ausbau entscheidend mitgewirkt. Die Straßen waren solide gebaut, vor Überflutung geschützt und unter Verwendung des jeweils an Ort und Stelle vorhandenen Materials sowie unter Berücksichtigung der Geländeverhätlnisse über geeignete Trassen geführt. Stabile Brücken überquerten die Flüsse, und die durch die Berge gegrabenen Tunnels erregten noch Jahrhunderte später die Bewunderung der Nachwelt.

Schon gegen Ende der republikanischen Zeit hatte die

Zunahme des Wohlstandes trotz aller kriegerischen Unruhen den Handel zwischen den einzelnen Regionen angeregt. Unter den von Augustus geschaffenen günstigen Voraussetzungen war er nun zu einem bedeutenden Wirtschaftsfaktor in Italien geworden, denn in seiner Regierungszeit fiel der Zinssatz auf vier bis sechs Prozent, auf den niedrigsten Stand, den es je im Altertum gegeben hat, und Italien blieb, was den Umfang des Handels anbelangte, führend. Ein gut erhaltenes Gebäude in Pompeji, das der Gilde der Tuchwalker gehörte, zeigt, wie wirkungsvoll sich die Männer zu organisieren wußten, die entsprechenden Gewerben nachgingen. In einer Reihe italischer Städte blühte das wollverarbeitende Handwerk auf. In Rom und Capua gab es zahlreiche metallverarbeitende Betriebe, und die Campania und Norditalien waren berühmt für ihre Glasbläserwerkstätten. Meist handelte es sich um kleinere Handwerksbetriebe. Die keramischen Werkstätten von Arretium (Arezzo) waren allerdings eine Ausnahme, denn ihre Erzeugnisse, deren rote Glasur nach einem streng gehüteten Geheimverfahren hergestellt wurde, gingen in alle Welt hinaus.

Italien wiederum importierte die verschiedensten Waren aus den Provinzen, darunter Sklaven, Getreide, Metalle, Leinen, Marmor, Papyrus, Pelze und Elfenbein. Auch in den Provinzen nahm das Handelsvolumen zu, was sich zum Beispiel an dem großartigen Marktplatz in Leptis Magna in Nordafrika zeigt, der mit prächtigen Säulengängen geschmückt und zur Zeit des Augustus entstanden ist. Der Handel wurde besonders durch den intensivierten Bergbau angeregt, der vor allem unter staatlicher Aufsicht betrieben wurde. Sehr förderlich war auch eine umfassende Geldreform, nach der die bisher geltenden Gold- und Silbermünzen beibehalten wurden, man aber auch neue Scheidemünzen aus Messing und Kuper einführte. Die Münzen wurden wie immer vor allem deshalb geprägt, weil die Armee und der Staat sie brauchten. Sie brachten aber auch dem Handel Vorteile, und überall in den westlichen Provinzen findet man zahlreiche Geldstücke aus der Zeit des Augustus aus verschiedenen Metallen. Zur gültigen Währung gehörten auch viele von einzelnen Städten geprägte Bronzemünzen wie zum Beispiel die zu Beginn der Kaiserzeit in Spanien herausgegebenen und schon viel länger in den Ostprovinzen im Umlauf befindlichen, wo sie schon seit 300 Jahren neben den kaiserlichen Gold- und Silbermünzen als Zahlungsmittel verwendet wurden.

Auch außerhalb des Imperiums gab es beachtliche Mengen von Münzen aus Edelmetall. Eine große Zahl verschiedenartigster Waren kam aus den Gebieten jenseits der Grenzen des Imperiums. So führte man zum Beispiel Seide aus China ein, die in Syrien gesponnen und gefärbt und auf der Insel Kos mit einer Leinenkette verwoben wurde. Man hat in Coimbatore in Südindien eine große Menge Denare gefunden, mit denen von dort importierter Pfeffer bezahlt wurde. Aber diese Luxusimporte aus dem Ausland hatten wirtschaftlich eine viel geringere Bedeutung als der Handel innerhalb der Grenzen des römischen Reiches.

Trotz allem ist der Handel weder in dieser noch in irgendeiner anderen Epoche der Antike zur wirtschaftlichen Grundlage der römischen Welt geworden, denn solange die Hersteller kaum Interesse zeigten, die Produktion zu erhöhen und sich um entsprechende technische Neuerungen zu bemühen, die dafür notwendig gewesen wären, konnte er niemals einen wirklich großen Umfang annehmen. Man begnügte sich damit, die eigenen bescheidenen Bedürfnisse zu befriedigen, und da auch weiterhin die Sklaven die Hauptlast der Arbeit in allen Erwerbszweigen übernehmen mußten, war es nicht notwendig, Arbeitskräfte zu sparen. Außerdem hat es niemals einen wirklichen Massenmarkt gegeben, der einen Handel größeren Umfangs begünstigt hätte.

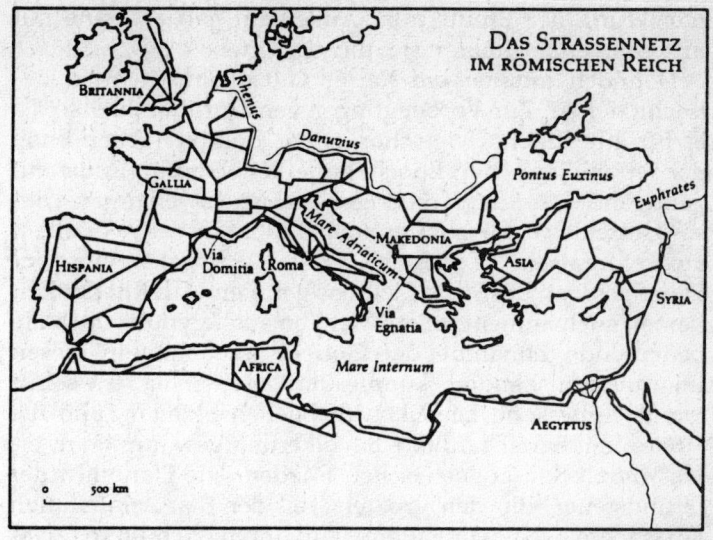

Das Strassennetz
im römischen Reich

BRITANNIA

Rhenus

Danuvius

GALLIA

Pontus Euxinus

Euphrates

Mare Adriaticum

MAKEDONIA

ASIA

HISPANIA

Via
Domitia

Roma

Via
Egnatia

SYRIA

AFRICA

Mare Internum

AEGYPTUS

0   500 km

Außerdem gab es ernste praktische Probleme. Das Heiz-
material war knapp, der Transport zur See war riskant und
die Verbindungen waren unregelmäßig, während die
Beförderung der Handelswaren zu Lande lange Zeit in
Anspruch nahm und kostspielig war. So lohnte es sich zum
Beispiel nicht, Getreide über eine Strecke, die länger als 80
Kilometer war, zu transportieren. Aus all diesen Gründen
betrug der Gesamtumsatz von Handel und Industrie im
Römischen Reich wahrscheinlich nie mehr als zehn Pro-
zent des Gesamtprodukts; der Rest kam aus der Landwirt-
schaft, vor allem aus dem Anbau von Weizen und Gerste.
Aber auch hier hemmten die unverhältnismäßig hohen
Transportkosten die Entwicklung. Auch die Anbaumetho-
den wurden kaum verbessert, und es gab keine geplante
Reinvestition der aus dem Ackerbau erzielten Gewinne.
Man interessierte sich mehr für den Landerwerb als für die

Steigerung der Produktion. Außerdem gab es keine mit unseren vergleichbaren staatlichen Hilfen.

Dennoch mußten die Kaiser Hilfsmaßnahmen in Betracht ziehen. Zur Vorbeugung gegen Unruhen hielten sie es für ihre Pflicht (wie schon einige Politiker gegen Ende der republikanischen Epoche), die Bevölkerung Roms mit genügend Getreide zu niedrigen Preisen zu versorgen. Dieses Getreide wurde zum größten Teil importiert, vor allem aus Nordafrika (Tunesien), das als Kornkammer der Hauptstadt an die Stelle Siziliens getreten war. Mit der Zeit kamen auch immer größere Mengen aus Ägypten, doch die bedeutende Zunahme der Getreideerzeugung in diesen und anderen Ländern konnte die Lage der Bauern selbst kaum verbessern. Die Sklaven blieben Sklaven, und die »freie« landwirtschaftliche Bevölkerung gewann kaum etwas durch den augusteischen Frieden. Die Hauptlast der Grundsteuer, die den größten Teil der Staatseinnahmen ausmachte, lag vor allem auf ihren Schultern. Das Steuersystem war auch nicht progressiv, das heißt, die Steuern wurden zu dem gleichen Prozentsatz von großen wie von kleinen Einkommen erhoben. Sie bedeuteten deshalb für die Armen eine viel größere Belastung als für die Reichen. Eine zusätzliche Ungerechtigkeit entstand dadurch, daß bei der Besteuerung die Bodenqualität ebensowenig berücksichtigt wurde wie das jährliche Schwanken der Erträge. Dagegen bedeutete es wohl eine gewisse Erleichterung, daß die Regierung diese Steuern nicht mehr durch Mittelsmänner eintreiben ließ.

Deshalb blieb die große Masse der »Freien« in der römischen Welt, und zu ihnen gehörten auch die Bewohner der Dörfer und ländlichen Bezirke, sehr arm und mußte sich mit dem Existenzminimum zufriedengeben. Diese Menschen waren auch politisch machtlos; die politische Struktur im Römischen Reich gründete sich noch immer auf die Stadtstaaten, die allerdings nicht mehr so unabhängig waren, wie das früher in Griechenland der Fall war, sondern die Rom unterstanden und nur in der Selbstverwaltung eine gewisse und von Ort zu Ort unterschiedliche Autonomie besaßen. Jede Stadt durfte zwar die zu ihr gehörenden ländlichen Bezirke kontrollieren, deren Fläche aber bei weitem nicht so groß war wie das den Kaisern gehörende Land, wenn es auch manchmal recht ansehnliche Besitzungen waren. Diese Städte finanzierten ihre öffentlichen Einrichtungen mit den aus der Landwirtschaft erzielten Gewinnen. Aber die Bewohner der ländlichen Bezirke erfreuten sich nicht der gleichen Privilegien wie die Einwohner der Städte, die sie beherrschten.

Für sie bedeutete die *Pax Augusta* den Triumph des Bürgertums – der Geschäftsleute und Händler und all der Menschen, die überall an der Verwaltung des Stadtstaates und seinem Wohlstand beteiligt waren. Sie hatten praktisch die Macht übernommen, die vorher in den Händen der alten politischen Oberschicht gelegen hatte. Besonders in Italien wendete Augustus seine Aufmerksamkeit den zahlreichen Freigelassenen, den ehemaligen Sklaven und ihren Kindern zu, aus denen oft sogar die Mehrzahl der Bevölkerung bestand. Er erlaubte ihnen in vielen Fällen die Heirat mit vollberechtigten Bürgern (18 v.Chr.) und aus ihren Reihen kamen die Priester für den immer mächtiger werdenden römischen Staatskult. Damit ordnete Augustus sie in das Gesellschaftssystem ein und wies ihnen ihren Platz darin zu. Außerdem erwarben sie einen ansehnlichen Anteil am allgemeinen Wohlstand des Bürgertums – und hegten sogar die berechtigte Hoffnung, noch höher aufsteigen zu können, denn nicht lange nach der Regierungszeit des Augustus wurden Angehörige ihrer Klasse Staatssekretäre und das *Satyricon* von Pretonius erzählt, wie Freigelassene riesige Vermögen erwerben konnten. So reiche Männer waren natürlich die Ausnahme, aber viele Freigelassene erreichten einen höheren Lebensstandard als zuvor.

Deshalb wurde Augustus in den letzten Tagen seines Lebens nicht so sehr von den einfachen Landarbeitern verehrt, sondern von einer Bevölkerungsschicht, der es nun bedeutend besser ging und die größer war als das irgendwann in der Geschichte Roms oder irgendeines anderen Staates der Fall gewesen war. Als das Schiff des Augustus eines Tages an dem belebten kampanischen Hafen Puteoli vorübersegelte, begegnete ihm ein Handelsschiff, das eben aus Alexandria zurückkehrte. Die Mannschaft und die Passagiere, in weiße Gewänder gekleidet und mit Girlanden geschmückt, verbrannten Weihrauch und begrüßten den Vater ihres Vaterlandes. Sie riefen ihm zu, ihm allein verdankten sie das Leben, die Freiheit und den Wohlstand.

Die Literatur zur Zeit des Augustus

Neben Agrippa war der Etrusker Maecenas (gest. 8 v.Chr.) der wichtigste Berater des Augustus, besonders zu Beginn seiner Regierungszeit. Durch ihn gewann der Herrscher die Sympathie einiger der größten und einflußreichsten Schriftsteller, die je gelebt hatten, und sie gaben ihr Gefühl ihm gegenüber ganz freimütig zum Ausdruck, auch wenn sie alle eine ausgesprochene Neigung nach persönlicher Unabhängigkeit zeigten.

Vergil wurde 70 v.Chr. bei Mantua in Norditalien geboren und stammte aus einer Familie, die teilweise etruskischen Ursprungs war. Später zog er in die Gegend von Neapolis (Neapel), wohin ihm sein Vater 41 v.Chr. folgte, nachdem er unter dem zweiten Triumvirat enteignet worden war. Vergil setzte die literarische Welt Roms zunächst durch die Neuartigkeit seiner Eklogen (*Bucolica*) in Erstaunen (42-39 v.Chr.). Diese zehn kurzen Gedichte behandeln in einem melodiösen, klangvollen Latein Themen aus der Welt der Hirten, die mehr als 200 Jahre früher in der griechischen Literatur Alexandrias Gegenstand der lyrischen Dichtung gewesen war. Sie beschreibt eine zeitlose, unwirkliche griechische Landschaft, die auch italische Elemente enthält und für den verfeinerten städtischen Geschmack entworfen wurde. Es ist eine idyllische Bäuerlichkeit, die im Herzen des Dichters mit der Notwendigkeit in Konflikt gerät, sich dem imperialen Rom anzupassen. Das vierte Gedicht der Sammlung, das in einem euphorischen Augenblick der Versöhnung zwischen Antonius und Octavian (40 v.Chr.) verfaßt wurde, spiegelt den verbreiteten Glauben wider, es werde ein Erlöser erscheinen, um die Welt aus ihrem Elend zu retten. Dieser Erlöser wird nicht beim Namen genannt, aber an anderer Stelle übernimmt Octavian, der künftige Augustus, seine Rolle.

Die vier längeren *Georgica*, die 36-29 v.Chr. folgten und Maecenas gewidmet sind, feiern in neuartig bewegten, subtilen Versen die Schönheit, die Mühe und den Lohn des Landlebens und die glorreiche legendäre Vergangenheit des fruchtbaren ländlichen Italiens. Die *Georgica* sind der vollendete literarische Ausdruck jener tiefen Liebe für das römische Italien, die für diese Zeit bezeichnend ist und zum Ausgangspunkt der innenpolitischen Bemühungen des Augustus und des von ihm gewollten Friedens wurde, des Friedens, für den er in diesen gefühlsbetonten und bewegenden Gedichten gepriesen wird.

Als Vergil sich dem heroischen Epos zuwendete, folgte er einer Tradtion, die auf Homer zurückgeht. Aber die feinsinnige Form der *Aeneis* hat mit der extrovertrierten, balladenhaften Darstellungsweise des Homer nur noch wenig zu tun. Das gilt auch für die bisher unvorstellbare rhythmische Verfeinerung und klangliche Vollkommenheit der Dichtkunst, mit der hier die äußersten Möglichkeiten der lateinischen Sprache ausgeschöpft werden, und in der sich alles zeigt, dessen sie an Gefühl, Klang und Schönheit fähig ist.

Der Trojaner Äneas entrinnt der Zerstörung Trojas durch die Griechen und ist vom Schicksal dazu bestimmt, weit in der Welt herumzukommen und viele Abenteuer zu bestehen. In Nordafrika begegnet er der mythischen Königin Dido von Karthago. Die Tragik ihrer unglücklichen Liebe verdankt dem Epos des Homer weniger als der jüngeren griechischen Dichtkunst von Alexandria, die hier in wundervoller Weise ins Lateinische übertragen wird. Am Schluß kommt Äneas nach Italien. Nach seiner Landung wird er von einer Sibylle in die Unterwelt geführt, eine Szene, in der der Dichter seine tiefsten Gedanken über das Wesen des Universums ausspricht. Nach einem Besuch des Ortes, an dem später Rom erbaut wird, muß Äneas gegen die Italiker in die Schlacht ziehen. Nach einem Kampf auf Leben und Tod wird Frieden geschlossen, er heiratet eine Latinerin, und Rom wird gegründet – das eigentliche Thema des Epos.

In der *Aeneis* stehen kriegerische Auseinandersetzungen im Mittelpunkt. Sie ist eine Odyssee, auf die eine Ilias folgt, und dieser kriegerische Abschnitt hat der nationalen epischen Tradition des Naevius und Ennius viel zu verdanken, die als erste homerische Elemente in die lateinische Dichtkunst aufgenommen haben. Der Krieg führt zum Frieden, und das ist für Vergil der augusteische Friede. Sein Zeitalter, das auf die alptraumhafte Periode der Bürgerkriege folgte, war eine jener Zeiten in der Weltgeschichte, da Ordnung den Menschen wichtiger war als Freiheit. Daß es Augustus gelungen war, den Frieden zu bringen, erschien Vergil als die denkbar größte Leistung für die Nation – und seine Zeitgenossen stimmten fast alle mit ihm überein. Äneas, der den Krieg gewinnt, wird zum Vorbild und Beispiel für alle Tugenden, aber erst, nachdem er schwer gelitten hat. Eines der schmerzlichsten Erlebnisse, die Jupiter und das Schicksal ihm auferlegen, ist die Trennung von Dido.

Dido, die Königin von Karthago, ist in gewissem Sinne ein Symbol des gefährlichsten Feindes Roms in der Vergangenheit. Aber wer damals die *Aeneis* hörte, muß auch an jene andere feindliche Königin gedacht haben, an die man sich noch sehr deutlich erinnern konnte, an Kleopatra. Doch obwohl sich Dido gegen den göttlichen Willen darum bemüht, Äneas zu halten, wird sie alle Herzen gewinnend und liebenswert geschildert. Man hat fast den Eindruck, Vergil ließe sich in seinem Mitleid so weit hinreißen, daß er darüber beinahe vergißt, daß Äneas' Trennung von Dido unvermeidlich und notwendig ist. Das gleiche scheint ihm bei der Darstellung des Turnus zu widerfahren, des tapferen Führers der italischen Gegner Äneas. Auch Turnus kämpft gegen ein von den Göttern bestimmtes Schicksal, und trotzdem wird auch er als edler Held dargestellt.

Obwohl Rom nach dem Sieg des Äneas eine glänzende Zukunft erwartet, will Vergil sagen, daß Kriege alles in Staub und Asche legen und zur Ermattung führen. Militärische Erfolge schätzte er gering ein gegenüber der Eroberung der Herzen und der Seelen der Menschen. Er war ein Mensch mit zwei Seelen in der Brust. Die Wohltaten, die Augustus einer vom Kriege zerrissenen Welt gebracht hatte, erfüllten ihn mit tiefer Dankbarkeit. Er wußte aber auch besser als irgend jemand sonst, daß solche Triumphe wie alle Siege, die Rom feierte, auf Leid gegründet waren.

Im Jahr 19 v.Chr. besuchte er Griechenland, wo Augustus, der sich zufällig ebenfalls dort aufhielt, ihn bewog, mit ihm auf seinem Schiff nach Hause zu segeln. Aber Vergil erkrankte auf der Überfahrt und starb nach der Landung in Brundisium. Weil die *Aeneis* noch nicht ganz vollendet war, hatte er vor der Abreise aus Italien seinem Sekretär das Versprechen abgenommen, das Manuskript im Falle seines Todes zu verbrennen. Vielleicht hatte er das Geühl, daß die beiden gegensätzlichen Ideale, die das Werk auseinanderreißen, zu groß seien, um sie miteinander zu versöhnen und das Epos als Einheit erscheinen zu lassen. Doch nach seinem Tode befahl Augustus, seinem Wunsche nicht zu folgen, und ließ die *Aeneis* veröffentlichen wie sie war.

Der zweite bedeutende Dichter zur Regierungszeit des Augustus, Horatius (Horaz) wurde 65 v.Chr. in Venusia in Apulien im südöstlichen Italien geboren. Sein Vater, der wahrscheinlich aus einem der Bergstämme im zentralen Hochland Italiens stammte, war Sklave und später Gehilfe eines Auktionators. Er konnte es sich leisten, seinen Sohn auf eine angesehene Schule in Rom zu schicken, um ihn anschließend die berühmteste Schule des Imperiums, die Akademie in Athen, besuchen zu lassen. An der Schlacht bei Philippi (42 v.Chr.) nahm Horaz als Offizier unter Brutus und Cassius teil, kehrte aber nach ihrer Niederlage in die Heimat zurück. Dort war der landwirtschaftliche Besitz seiner Familie ebenso wie derjenige Vergils von den siegreichen Triumvirn beschlagnahmt worden; es gelang ihm jedoch, in Rom Arbeit zu finden, wo er Maecenas kennenlernte.

In den *Satiren* (35 und 30 v.Chr.) lehnt er den übertriebenen politischen Ehrgeiz ab und folgt den griechischen Philosophen insofern, als sie erklären, die heitere Gelassenheit sei der vollkommenste Ausdruck der Weisheit. Sie behandeln aber auch wie die um die gleiche Zeit verfaßten *Epoden* (um 30 v.Chr.) verschiedenste anderen Themen. So beschäftigt sich Horaz mit den sozialen Mißständen und geißelt sie mit einer Bitterkeit, die mehr ist als eine literarische Konvention. Nachdem Maecenas ihm einen Bauernhof in den Sabinerbergen geschenkt hatte, veröffentliche Horaz seine berühmten *Oden* (23 und 13 v.Chr.). Ihre Themen sind die Liebe, der Wein, die Natur, die Freundschaft, die Bescheidenheit und die Politik. In diesen kurzen Gedichten erweist sich Horaz zwar als Erbe der griechischen Lyriker, aber auch als ein Meister der lateinischen Sprache. Etwa um die gleiche Zeit entstanden die *Episteln* (um 20-15 v.Chr.), profundere und reifere Versionen der *Satiren*. Sie enthalten einige der beeindruckendsten literaturkritischen Aussagen der Antike. Der Mann, der aus seinem Spätwerk zu uns spricht, ist freundlich, tolerant, menschlich und milde; es fehlt ihm aber nicht an der Kraft der Aussage, die sich in der Klarheit seiner Sprache und seinem objektiven Realismus zeigt. Horaz ist hier nicht nur ein milder, aber durchaus entschiedener Kritiker aller Menschen, sondern scheut auch vor Selbstkritik nicht zurück.

Augustus, gegen den er noch bei Philippi gekämpft hatte, wurde durch die Vermittlung von Maecenas zu seinem Freund. Später wurde Horaz sogar Hofpoet, denn 17 n. Chr., zwei Jahre nach dem Tode Vergils, bekam er den Auftrag für das *carmen saeculare*, eine Hymne für die Säkularfeiern, die Augustus wieder eingeführt hatte, um den Staat von den destruktiven und verbrecherischen Tendenzen zu reinigen, die sich eingeschlichen hatten. Darüber hinaus wollte er damit die moralischen Reformen während seiner Regierungszeit religiös untermauern.

Als der Herrscher ihm jedoch den Posten eines Privatsekretärs anbot, lehnte Horaz ab. Denn wenn er auch die neue Ordnung in seinen Gedichten lobt, so bringt er immer wieder taktvoll, aber deutlich zum Ausdruck, daß er persönlich unabhängig bleiben möchte. Horaz war auf seine Weise wie Vergil ein Dichter mit zwei Seelen. Wie dieser begrüßte er die Versuche des Augustus, die alten römischen Tugenden und Traditionen mit neuem Leben zu erfüllen. Vor allem war er ihm unendlich dankbar für die Beendigung des Bürgerkriegs. Nach der langen Schrekkenszeit war das für Horaz eine so bedeutende Leistung, daß die Härten, die die neue Regierung mit sich brachte, dagegen verblaßten. Aber trotzdem hat er sich seine Selbständigkeit bewahrt und ließ es nicht zu, daß der Kern seiner Persönlichkeit in der Ruhe und Gelassenheit gestört wurde, die ihm lebenswichtig waren.

Zum Kreis des Maecenas gehörte auch Propertius aus Asisium (Assisi) in Umbrien. Er war etwa 15 beziehungsweise zehn Jahre jünger als Vergil und Horaz. Auch er war infolge des Bürgerkrieges verarmt und hatte es Augustus zu verdanken, daß sich seine Lebensumstände gebessert hatten. Anders als seine Dichterkollegen wendete sich dieser begabte und mythologisch gebildete Poet einem Thema zu, das mit der neuen Regierung nichts zu tun hatte – der Leidenschaft der Liebe. Obwohl man oft behauptet hat, er habe in seinen Versen nur die Griechen nachgeahmt, hat er Elegien geschrieben, die mit ihrer geradezu subjektiven Besessenheit ein römisch-wehmütiges Lebensgefühl wiedergeben. Erst in seinen letzten Arbeiten wendet sich seine Lyrik politischen Problemen zu, und es entsteht eine Mischung aus mythischen und patriotischen Elementen mit Rückgriffen auf die heroische Vorzeit, die Vergil so stark beeinflußt und inspiriert hat.

Mit diesem Themenkreis hat sich Livius aus Patavium (Padua, geb. um 59 v.Chr., gest. 17 n.Chr.) während seines ganzen Lebens besonders beschäftigt. Seine *Geschichte Roms*, die auf die ersten Anfänge zurückgeht, ist eine beispiellose Leistung und hat 40 Jahre bis zu ihrer Vollendung in Anspruch genommen. Sie bestand aus 142 »Büchern« (fast 107 sind verloren), was etwa 20 bis 30 modernen Bänden entspricht. Unter unkritischer Verwendung der verschiedenartigsten Quellen bedient sich Livius einer wortreichen und anschaulichen Sprache, schildert sehr lebendig die Gründung Roms und gibt uns manche packende Darstellung, darunter einen glänzenden Bericht über den Einfall Hannibals in Italien. In Rom erkennt Livius den Gegenstand und das Instrument der Vorsehung und glorifiziert die Geschichte der Stadt in diesem Sinne. Das gleiche gilt für die Charaktereigenschaften des Römers. Es ist Livius, dem wir in erster Linie die Vorstellung verdanken, die wir von einer solchen Idealgestalt haben oder vielmehr die er und seine Landsleute sich von der Verwirklichung dieser Ideale in der Vergangenheit machten. Die römischen Heldengestalten und ihre Taten, die er so lebendig beschreibt, sind dem späteren Europa als das überliefert worden, was der menschliche Geist zu leisten imstande ist. Und der vorzüglichste dieser Heroen war Augustus, der Erneuerer des Friedens und der moralischen Werte aus der Zeit der Republik, die in den norditalienischen Städten, der Heimat des Livius, noch sehr viel galten. In diesem der Tradition verpflichteten Geist hat der Herrscher selbst auf dem von ihm errichteten prächtigen neuen Forum die Statuen aller siegreichen römischen Feldherrn der Vergangenheit aufstellen lassen, und mit dem Historiker, dessen Werk er in diesen Skulpturen lebendig werden ließ, war er befreundet.

Doch ebenso wie Vergil und Horaz hielt Livius persönlich Abstand zu den Regierungskreisen des Augustus. Mit dem einfachen Mann dagegen, der in den Krisenzeiten kriegerischer Auseinandersetzungen unendlich zu leiden hatte, verband ihn aufrichtiges Mitgefühl. Wo er sich mit den letzten Jahren der Republik beschäftigt, sehen wir aus den erhaltenen Bruchstücken seiner *Geschichte Roms*, daß er dem Wirken Caesars kritisch gegenüberstand und seine Sympathie eher dem Gegner Caesars galt, über dessen jugendliche Brutalität er mit leichter Hand hinweggeht, so daß Augustus, der Adoptivsohn des vergöttlichten Diktatos, ihn halb ihm Scherz einen »Pompejaner« nannte. In Livius' Darstellungen gibt es jeodch auch eigenartige Auslassungen. Obwohl er zum Beispiel im allgemeinen den Bemühungen des Augustus um eine Wiederherstellung der alten Moral zustimmt, äußert er sich nicht zu den Reformen, die der Herrscher schon sehr bald nach Aktion in Angriff genommen hat.

Livius spricht in der Einführung zu seinem Gesamtwerk bemerkenswert vorsichtig von der Möglichkeit einer Rückkehr in die glorreiche Vergangenheit. Er erklärt: »Unsere Mängel sind uns unerträglich, aber auch die Heilmittel dagegen sind es.« Auf den ersten Blick erscheint das überraschend unfreundlich im Hinblick auf die Bestrebungen des Augustus. Aber ein solcher Mangel an Interesse für die gegenwärtigen Neuerungen, der sich mit einer nostalgischen Sehnsucht nach der guten alten Zeit verbindet, war nicht, wie man glauben könnte, gegen Augustus gerichtet, sondern entsprach vielmehr der Haltung des Kaisers, der behauptete, er sei eigentlich kein Neuerer, sondern der Wiederhersteller alter republikanischer Verhaltensweisen und Gewohnheiten. Deshalb besaß Livius durchaus die Freiheit, das unwiederbringlich verlorene alte Rom gefühlvoll zu idealisieren.

Der Dichter Ovidius Naso (Ovid) aus Sulmo (Sulmona in den Abruzzen, geb. 43 v.Chr., gest. 17 n.Chr.) war der einzige, dessen Zurückhaltung sich schließlich gegen ihn auswirkte. Er war etwa 20 Jahre jünger als Livius und gehörte zu einer anderen Generation, die nicht mehr während der Bürgerkriege aufgewachsen war. Obwohl er durchaus fähig gewesen wäre, ein patriotisches Gedicht zu schreiben, interessierte er sich nicht mehr besonders für nationale Eigenheiten oder die von Augustus geförderte Moral. Seine elegischen Gedichte betrachten die Menschen, besonders die Frauen, nicht unfreundlich oder gar gefühllos, wenn auch der Humor, mit dem er seine Beobachtungen macht, gelegentlich kalt oder sogar sezierend wirken mag. Andererseits ist seine Strenge nicht ohne Anteilnahme, denn er hat das unvergleichliche Talent, Dinge und Menschen lebendig darzustellen und packend zu erzählen. Auf diesem Gebiet hat die römische Literatur auf die Kultur der westlichen Welt einen ganz entscheidenden Einfluß ausgeübt. Seine Qualitäten als Erzähler kommen am deutlichsten in den *Metamorphosen* zu Ausdruck, einer an *Tausendundeine Nacht* erinnernden Sammlung von Mythen, Volksdichtung und Anekdoten, die mit einer etwas leichteren Feder geschrieben sind als die Epen Vergils.

Diese Gedichte erwähnen zwar gelegentlich den ruhmreichen Augustus, aber dem Prinzeps wollten sie nicht recht gefallen, und so traf Ovid 8 n.Chr. ein schwerer Schicksalsschlag. Er wurde in das ferne Tomi (Constanta in Rumänien) verbannt. Er selbst erklärt, »ein Gedicht und ein Fehler« hätten diese katastrophalen Folgen gehabt. Mit dem Gedicht meint er vielleicht *Die Liebeskunst*, das für den Geschmack des Augustus viel zu unmoralisch war, der die elegante großstädtische Gesellschaft nicht schätzte, wo man sich über erotische Dinge freimütig und zynisch unterhielt. Ovids hemmungsloser Individualismus stand nämlich in krassem Widerspruch zu den Grundauffassungen des Augustus. Der »Fehler« hatte vielleicht etwas mit der Verbannung der Enkelin des Augustus, Iulia, wegen ihres lockeren Lebenswandels zu tun. Ihr Liebhaber wurde um die gleiche Zeit als angeblicher Verschwörer hingerichtet. Vielleicht hegte der Kaiser auch den Verdacht, Ovid wisse mehr als er wissen sollte – und hätte nicht darüber schweigen dürfen.

Ovid ist nicht wieder aus Tomi zurückgekehrt, sondern neun Jahre später dort gestorben, nachdem er noch eine ganze Reihe sehr trauriger Elegien verfaßt hatte, in denen er die geistige Erhabenheit der Dichtkunst in verschleierter Form der höchsten weltlichen Macht gegenüberstellt, die ihn bestraft hatte. Ovid gehörte der im Schatten stehenden Seite der augusteischen Gesellschaft an; er war ein Mitglied der herrschenden Klasse, die die vom Kaiser verkündeten Werte ablehnte; er war der Dichter, der sich nicht mit genügendem Ernst für die politischen Fragen seiner Zeit interessierte, um in dem rauhen Wind überleben zu können, der in der Hauptstadt wehte.

VII Der Reichsfrieden

14 Die Erben des Imperiums

Die Nachfolger des Augustus

Tiberius (14-37)*, den der Historiker Tacitus im brillantesten Teil seines Werkes sehr ungerecht beurteilt, war ein stolzes Mitglied des ehrwürdigen Adelsgeschlechts der Claudier, aus dem viele bedeutende römische Soldaten und Administratoren hervorgegangen sind. Doch Tiberius war auch ein düsterer, sarkastischer und mißtrauischer Mann, dem die Begabung des Augustus fehlte, die öffentliche Meinung für sich zu gewinnen. Obwohl er immer wieder behauptete, der Senat sollte einen wichtigen Anteil an den politischen Entscheidungen haben, fiel es ihm schwer, mit den einzelnen Senatoren oder dem ganzen Senat zusammenzuarbeiten.

In den ersten Jahren seiner Regierungszeit waren sein Neffe Germanicus, den er auf Augustus' Verlangen adoptiert hatte, und sein leiblicher Sohn Drusus der Jüngere seine wichtigsten Heerführer. Beide standen sofort nach dem Regierungswechsel vor der schwierigen Aufgabe, die

---

* Die für die Kaiser und Päpste angegeben Daten zeigen die Dauer ihrer jeweiligen Regierungszeit an.

in Germanien und Pannonien (Nordjugoslawien) ausgebrochenen Meutereien bei den dort stehenden Legionen niederzuwerfen. In der Folgezeit führte Germanicus mit starken römischen Truppen drei wenig erfolgreiche Feldzüge gegen die Germanen jenseits der Rheingrenze, bei denen er zunächst den früheren römischen Vorstoß bis zur Elbe (14-16) wiederholte. Anschließend erhielt er einen wichtigen Auftrag im Osten, wo er jedoch schon 19 n. Chr. starb, ein Ereignis, das in Rom tiefe Trauer auslöste. Vier Jahre später starb auch Drusus der Jüngere. Somit hatte Tiberius seine beiden Haupterben verloren. Es bestand der Verdacht, daß sie ermordet worden seien, wahrscheinlich sind sie aber doch eines natürlichen Todes gestorben.

Inzwischen war Seianus als Präfekt der Prätorianergarde in eine sehr einflußreiche Stellung aufgerückt. Dieser energische Etrusker zog 23 n. Chr. die Soldaten der Garde, die vorher auf verschiedene italische Städte verteilt gewesen waren, in einer neuen Kaserne in Rom zusammen, denn die Regierung lebte in ständiger Furcht vor wirklichen oder vermeintlichen Verschwörungen, die mit den bestehenden Gesetzen gegen den Hochverrat bekämpft werden sollten, beschwerte sich aber andererseits über die unklare Formulierung dieser Gesetze, die unter Umständen dazu benutzt werden konnten, eine Tyrannei zu errichten. Seianus war der Wortführer derjenigen, die solche Bedenken hatten. Er wurde noch mächtiger, nachdem sich Tiberius 26 n. Chr. aus Rom auf die kampanische Insel Capreae (Capri) zurückgezogen hatte, um die Hauptstadt für den Rest seines Lebens nie wieder zu betreten. Seianus nährte außerdem das Mißtrauen des Kaisers gegenüber der offensichtlich indiskreten Witwe des Germanicus, Agrippina, der Tochter des Agrippas, die verräterischer Umtriebe beschuldigt wurde. Sie und ihre beiden ältesten Söhne, die das Erbe des Tiberius hätten übernehmen sollen, wurden 20-30 n. Chr. verhaftet und in den folgenden Jahren entweder getötet oder zum Selbstmord gezwungen. Damit blieb als einziger Thronanwärter nur der junge Sohn des Germanicus, Gaius Caesar, am Leben. Da er schon als Knabe eine Legionärsrüstung zu tragen pflegte, gab man ihm den Beinamen Caligula, »Stiefelchen«.

Unter einigen Schwierigkeiten war es Seianus gelungen, dem Kaiser das Versprechen abzuringen, ihn, Seianus, günstig zu verheiraten. Obwohl er als Prätorianerpräfekt nur Ritter und nicht Senator war, wurde er 31 n. Chr. neben Tiberius Konsul. Aber sein Sturz folgte auf dem Fuß. Wahrscheinlich hatte er eine Verschwörung gegen Caligula angezettelt, weil er fürchtete, daß, wenn Caligula die Nachfolge des Tiberius antrat, seine Laufbahn beendet wäre. So lauteten jedenfalls die Informationen, die Tiberius zu Ohren kamen. Deshalb übertrug er das Kommando der Prätorianergarde im geheimen seinem Vertrauten Marco, der dafür sorgte, daß Seianus während einer Senatssitzung festgenommen wurde. Der Senat beschloß seine Hinrichtung, die auch sofort vollstreckt wurde. Sehr bald ereilte seine politischen Freunde das gleiche Schicksal.

Im großen und ganzen wurde das Imperium, in dem man das Drama Jesu, das sich mit Jesu Botschaft und Kreuzigung an seinem Rande abspielte, nicht wahrnahm, ordnungsgemäß verwaltet, wenn auch eine gewisse Starrheit eingetreten war, weil man sich zu gewissenhaft an das Vorbild des Augustus hielt; in den Provinzen hat man die Erschütterungen, die sich in der Hauptstadt ereigneten, kaum gespürt. Allerdings war das Schicksal des Seianus sehr lehrreich, denn hier hatte sich gezeigt, wie notwendig die Kaiser die Unterstützung eines Mannes brauchten, dem sie vertrauen konnten, und wie gefährlich es andererseits werden konnte, einer solchen Persönlichkeit zuviel Vertrauen zu schenken und ihr zuviel Macht in die Hand zu geben. Die Krise hatte auch die Unzuverlässigkeit der Prätorianergarde offenbart, deren Aufgabe es war, den Kaiser

zu schützen, die aber auch von ihrem Präfekten dazu mißbraucht werden konnte, die Person des Herrschers oder
seine Verwandten tödlich zu bedrohen. Doch im Fall des
Seianus unternahmen die Prätorianer nichts, ihm zu helfen
oder ihn zu rächen. Sie blieben unter Macros Führung dem
Kaiser treu.

Zum Gefolge des Tiberius auf Capri gehörte auch Caligula. Als der Kaiser 37 n. Chr. im Alter von 79 Jahren starb,
trat Caligula seine Nachfolge an. Der Thronwechsel vollzog sich mit Hilfe der Offiziere der Prätorianergarde, die
sich so den Weg als »Kaisermacher« ebneten. Doch ihr
Befehlshaber Macro überlebte den Regierungsantritt Caligulas nicht lange – und auch nicht der Enkel des verstorbenen Kaisers, der einen Teil des Vermögens geerbt und sich
damit die Feindschaft Caligulas zugezogen hatte.

Caligula war der erste Kaiser, dem die schwere Bürde der
Regierungsgeschäfte lästig war und der sie griechischen
oder aus der hellenistischen Welt stammenden ehemaligen
Sklaven übertrug, die seine Sekretäre waren, so daß er
selbst sich den angenehmen Seiten des Lebens widmen
konnte. Die Wende in seiner Regierung trat 39 n. Chr. ein,
als er eine ausgesprochene Abneigung gegen den Senat
entwickelte, eine Haltung, die sich verschärfte, als ein
Senator, der Befehlshaber der römischen Truppen in Germanien am Oberrhein, eine Verschwörung gegen ihn
angezettelt hatte. Caligula marschierte selbst nach Norden,
um den Aufstand niederzuschlagen, und im Verlauf dieses
Unternehmens wurden viele Persönlichkeiten in verantwortlichen Stellungen hingerichtet oder verbannt.

Nachdem Caligula mit knapper Not diesem Anschlag
entronnen war, gab er von Angst gepeinigt die geplanten
Feldzüge gegen die noch unbesiegten »freien« Germanen
jenseits des Rheins und gegen die Briten auf, um 40 n. Chr.
nach Rom zurückzukehren. Dort entwickelte er weitreichende Ideen für die Umgestaltung des mit großer Vorsicht

DIE RÖMISCHEN LEGIONEN
IM JAHRE 23 N. CHR.

Rhenus

Danuvius

PANNONIA

MOESIA

ILLYRICUM

HISPANIA

Euphrates

SYRIA

AFRICA

AEGYPTUS

--- Reichsgrenze
..... Grenzen der Provinzen
○ Anzahl der römischen Legionen

0   500 km

von Augustus errichteten Prinzipats in eine uneingeschränkte Autokratie im Sinne der absoluten griechischen
Monarchie. Zwar wurde er in fast schamloser Weise mit
allen nur denkbaren Ehren überhäuft, aber es kam auch
weiterhin zu wirklichen oder nur vermuteten Verschwörungen, so daß er zunehmend schärfere Maßnahmen zum
Schutz seiner Person ergriff. Daraufhin kamen die führenden Prätorianer sehr bald zu der Überzeugung, daß Caligula eine zu große Gefahr darstellte, und Anfang des folgenden Jahres wurden er, seine Frau und seine kleine
Tochter von ihnen ermordet.

Nach seinem Tod riefen die Prätorianer seinen einund-
fünfzigjährigen Onkel Claudius zum Kaiser aus. Der
gesundheitlich anfällige Claudius, wahrscheinlich war er
Spastiker, hatte sich bis dahin vor allem mit wissenschaftlichen Arbeiten beschäftigt und war erst vier Jahre zuvor

zum ersten Mal als Konsul in ein öffentliches Amt gewählt worden. Weil er jedoch der Bruder des sehr beliebten Germanicus und der einzige überlebende männliche Nachfahre aus dem julisch-claudischen Hause war, beschlossen die Offiziere der Prätorianergarde, die Caligula ermordet hatten, Claudius als seinen Nachfolger auf den Thron zu heben. Zum Senat, der nach der Ermordung Caligulas schon über eine mögliche Wiedereinführung der Republik beraten hatte, gehörten viele, die Claudius nicht anerkennen wollten, und im Jahr nach seiner Thronbesteigung unterstützten sie eine vom Statthalter des oberen Illyricum (Dalmatien) geplante Rebellion. Das beunruhigte Claudius ebenso, wie ein ähnlicher Hochverrat Caligula in Schrecken versetzt hatte. Deshalb folgte auf die Niederwerfung der Rebellion eine weitere Verschärfung der Sicherheitsmaßnahmen. Sie waren gegen die Senatoren gerichtet, an deren Loyalität Zweifel bestanden. Das führte aber nur zu weiteren wirklichen oder vermuteten Verschwörungen und einer neuen Welle von Hochverratsprozessen.

In den Provinzen und in der Außenpolitik war die Regierung des Claudius bemerkenswert aktiv. 100 Jahre nach den Erkundungsvorstößen Julius Caesars auf die Insel Britannia wurde das Gebiet des heutigen südlichen und mittleren England besetzt, vielleicht die am besten vorbereitete Gebietseroberung Roms, und unmittelbar danach folgte die Annexion dieser Gebiete als römische Provinz. Claudius selbst kam 43 n. Chr. zu der entscheidenden Einnahme von Camulodunum (Colchester) ins Land und richtete dort die Hauptstadt der neuen Provinz Britannia ein. Zur gleichen Zeit verloren Mauretanien und Thrakien ihren Klientelstatus und wurden dem Imperium einverleibt. In den Grenzgebieten und anderswo entstanden neue Kolonien. Darüber hinaus gab es eine bewußte und fühlbare Liberalisierung bei der Gewährung der Bürgerrechte, der Zulassung zum Senat und bei den Ernennungen zu

Staatsämtern, um die sich nun auch vor allem Gallier bewerben konnten. Außerdem beschäftigte sich der Kaiser auch intensiver mit Langzeitprojekten. So wurde zum Beispiel die Getreideversorgung Roms auf eine sicherere Basis gestellt und der Hafen von Ostia ausgebaut, um sie zu erleichtern.

Claudius selbst kümmerte sich tatkräftig um die Rechtsprechung, eine der wichtigsten Funktionen seines Amtes. Wie seine Vorgänger nahm er auch griechische Freigelassene als Ratgeber und kaiserliche Sekretäre in seinen Dienst, von denen einige, wie etwa Narcissus und Pallas, großen Einfluß gewannen. Doch Claudius beaufsichtigte diese Beamten sehr streng und ernannte den Senator Lucius Vitellius zu seinem persönlichen Berater.

Während der ersten Ehejahre interessierte sich seine junge Frau Messalina, die ihm die Tochter Octavia und den Sohn Britannicus geboren hatte, mehr für ein angenehmes Leben als für die politische Macht. 48 n. Chr. wurde ihr jedoch vorgeworfen, vielleicht sogar zu Recht, sie habe einen ihrer Liebhaber bei dem Versuch unterstützt, selbst auf den Thron zu kommen oder Britannicus anstelle von Claudius zum Kaiser zu machen. Sie und ihr Liebhaber wurden zum Tode verurteilt und hingerichtet.

Dieses Verfahren hatte Narcissus eingeleitet. Doch schon im nächsten Jahr verlor er seine einflußreiche Stellung, als Claudius seine Nichte Agrippina die Jüngere heiratete, und zwar gegen den Willen des Narcissus.

Gegen Ende seiner Regierungszeit verlor der alternde Kaiser zusehends den politischen Überblick. Er hatte sich zuviel zugemutet, lebte in ständiger Angst vor neuen Verschwörungen und war durch Krankheit und Trunksucht geschwächt. Die Regierungsgeschäfte lagen deshalb in den Händen von Agrippina und Pallas, der zu ihrer Heirat mit Claudius geraten hatte, und eines anderen Günstlings der Kaiserin, des aus Südgallien stammenden neuen Gardeprä-

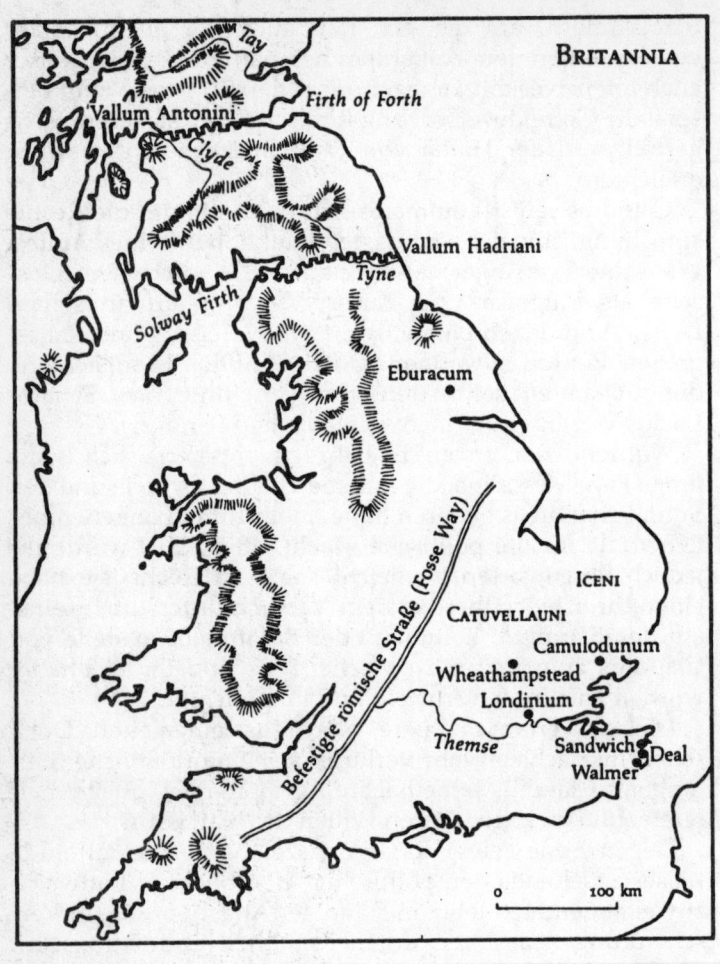

BRITANNIA

Tay

Firth of Forth

Vallum Antonini

Clyde

Vallum Hadriani

Tyne

Solway Firth

Eburacum

Befestigte römische Straße (Fosse Way)

ICENI

CATUVELLAUNI

Camulodunum

Wheathampstead

Londinium

Themse

Sandwich

Deal

Walmer

0   100 km

fekten Burrus. 50 n. Chr. setzte Agrippina, nachdem sie
ihre politischen Gegner entmachtet hatte, ihren Willen
durch und ließ ihren dreizehnjährigen Sohn aus erster Ehe

mit einem Adligen von Claudius adoptieren und ihm den neuen Namen Nero geben. Damit bekundete sie ihre Absicht, ihn und nicht den vier Jahre jüngeren Britannicus zum Thronfolger zu machen.

54 n. Chr. starb Claudius ganz plötzlich. Es gibt gute Gründe dafür anzunehmen, daß Agrippina ihn mit einem Pilzgericht vergiftet hat. Mit Hilfe des Befehlhabers der Prätorianer und seines Hauslehrers, des Schriftstellers Seneca, trat Nero ohne weitere Schwierigkeiten die Nachfolge des verstorbenen Claudius an. Angesichts seiner Jugend übernahm Agrippina selbst die Regierungsgeschäfte. Das dauerte jedoch nur kurze Zeit, denn schon im folgenden Jahr übernahm Nero die kaiserlichen Pflichten, und Agrippina verlor zusehends an Einfluß. Als sich jedoch zeigte, daß bestimmte liberale Ideen für Steuerreformen und das Verbot der Gladiatorenkämpfe nicht verwirklicht werden konnten, verlor er das Interesse an den Staatsgeschäften und wendete sich anderen Dingen zu, die ihm lohnender erschienen, dem Wagenrennen, der Musik, dem Theater und den Frauen. Deshalb wurde das Imperium hauptsächlich von Seneca und Burrus verwaltet, die, unterstützt von ihren Freunden im Senat, harmonisch zusammenarbeiteten. Um die gleiche Zeit führte der tüchtigste Heerführer des Imperiums, Corbulo, in den Jahren 58-60 einen erfolgreichen Feldzug gegen die Parther. Anschließend wurde ein von der Königin Boudicca der Icener (Ostengland) begonnener blutiger Aufstand in Britannia niedergeschlagen (60).

Inzwischen hatte Nero seine Mutter, der es mißfiel, im Schatten ihres Sohnes zu stehen, an die kampanische Küste gelockt und dort ermorden lassen (59). Er hatte gefürchtet, sie könnte eine Verschwörung gegen ihn anzetteln. Wir wissen nicht, ob Seneca und Burrus an diesem Verrat beteiligt waren, doch von nun an wurde es immer schwieriger für sie, den Kaiser in Schranken zu halten. 62

n. Chr. starb Burrus, und Seneca, der sich ohne die Hilfe seines Freundes für zu schwach hielt, seine Pflichten weiter zu erfüllen, zog sich ins Privatleben zurück.

Der oberste Berater des Kaisers wurde nun Tigellinus, eine zwielichtige Gestalt, den er zum Kommandanten der Sicherheitspolizei machte. In dieser Eigenschaft veranlaßte Tigellinus eine Neufassung des Hochverratsgesetzes, nach der eine Reihe namhafter Adliger, ähnlich wie unter den Vorgängern Neros, des Verrats beschuldigt und hingerichtet wurde. Nero hatte sich schon seit einiger Zeit von seiner jungen Frau Octavia getrennt, ließ sich nun von ihr scheiden und sie hinrichten, um dann die gefeierte Schönheit Poppaea zu heiraten. Vorher war sie die Frau seines Freundes Otho gewesen. Sie gebar ihm 63 n. Chr. eine Tochter, die jedoch bald nach der Geburt starb. Im folgenden Jahr wurde Rom von einer verheerenden Feuersbrunst heimgesucht, und die Regierung beschuldigte die kleine christliche Gemeinde, den Brand gelegt zu haben. Die Behauptung, Nero selbst sei der Brandstifter gewesen, ist wahrscheinlich falsch. Diese Gerüchte fanden aber sofort wieder Nahrung, als Nero seinen neuen Palast, das »Goldene Haus«, nach dem Entwurf der Architekten Severus und Celer bauen ließ. Es sollte mit seinem weitläufigen Park einen großen Teil des Stadtgebietes einnehmen und zum Teil dort errichtet werden, wo das Feuer die Häuser zerstört hatte.

65 n. Chr. nahm das Ansehen des Kaisers weiteren Schaden, als er sich einen lange gehegten Wunsch erfüllte und zum ersten Mal in einer öffentlichen Theateraufführung auftrat. Die Senatoren waren entsetzt, und wenig später wurden mehrere Verschwörungen gegen sein Leben aufgedeckt. Eines der Opfer war Seneca, ein anderes der Kollege des Tigellinus, der mit ihm amtierende Gardepräfekt, der nun von einem gewissen Nymphidius Sabinus abgelöst wurde. Dieser behauptete, ein illegitimer Sohn

Caligulas zu sein. Er war eine ebenso zwielichtige Persönlichkeit wie Tigellinus. Im folgenden Jahr wurden mehrere Senatoren, denen man republikanische Neigungen nachsagte, hingerichtet und einige führende Militärbefehlshaber gezwungen, sich das Leben zu nehmen. Zu ihnen gehörte auch Corbulo, der nach seinen Siegen und erfolgreichen Verhandlungen, durch die für die nächsten 50 Jahre der Frieden an der armenischen Grenze gesichert wurde, zum Nationalhelden geworden war. Aber Nero fürchtete den Einfluß so überragender Feldherren, und als es in der unruhigen kleinen Provinz Judaea zu einem Aufstand kam, beauftragte er absichtlich den nur mäßig begabten und wenig ehrgeizigen Vespasian, ihn niederzuschlagen.

Der Kaiser selbst unternahm indessen eine ausgedehnte Reise durch Griechenland, um die dortigen Kunstschätze und Theater in Augenschein zu nehmen. Diese Reise fand ihren Höhepunkt in der angeblichen Befreiung des Landes. Mit dieser philhellenischen Geste, mit der er an Ereignisse anknüpfen wollte, die 250 Jahre zurücklagen, erhielten die Griechen ihre politische Freiheit natürlich nicht zurück, sie wurden aber von der Verpflichtung befreit, dem römischen Staat Steuern zahlen zu müssen, was sie freudig begrüßten. Doch während der langen Abwesenheit von Rom geriet Neros Stellung ernsthaft in Gefahr, denn die Militärbefehlshaber und Statthalter der Provinzen glaubten, daß ihr Leben bedroht sei, und planten einen Aufstand. Bald nach der Rückkehr Neros in die Hauptstadt rebellierte Vindex, der Statthalter von Gallia Lugdunensis (Mittelgallien) (68). Doch sein Kollege aus Obergermanien besiegte ihn bei Vesontio (Besançon). Vindex fiel in der Schlacht. Daraufhin wurde Galba, der Statthalter in Spanien war und der, weil sein Verhältnis zu den örtlichen Vertretern Neros gestört war, geheimen Kontakt zu Vindex aufgenommen hatte, von den Soldaten der einzigen Legion, die er befehligte, zum Kaiser ausgerufen. Der Senat in Rom bestätigte diese Ernennung, und Nero, der sogar von seiner Prätorianergarde im Stich gelassen wurde, nahm sich im Juni des gleichen Jahres das Leben.

Vier Kaiser in einem Jahr

Der zur Zeit seiner Ernennung etwa einundsiebzigjährige Galba stammte aus einer sehr angesehenen und reichen Adelsfamilie. Obwohl er die Titel »Caesar« und »Augustus« annahm, die die Kaiser aus dem julisch-claudischen Haus getragen hatten, war er nicht mit ihnen verwandt. Gerade darin, daß er der erste Herrscher war, der nicht zum bisher regierenden Kaiserhaus gehörte, liegt seine Bedeutung.

Als er erfahren hatte, daß Nero nicht mehr am Leben war, marschierte er langsam gegen Rom, wo in seiner Abwesenheit ein Staatsstreich des Prätorianerprefekten Nymphidius Sabinus ohne Schwierigkeiten verhindert worden war. Als der neue Kaiser im Oktober vor den Mauern der Stadt erschien, schmälerte er jedoch sein Ansehen dadurch, daß er eine Gruppe widerspenstiger Flottensoldaten, die ihm entgegengekommen waren, niedermetzeln ließ. Sein Geiz und seine Ungeschicklichkeit bei der Auswahl seiner Berater erschütterten seine Stellung weiter. Ungünstige Berichte über ihn verbreiteten sich im ganzen Imperium, und am Neujahrstag des Jahres 69 stürzte die Armee in Obergermanien seine Statuen und forderte den Senat und das römische Volk auf, einen Nachfolger zu ernennen. Schon am folgenden Tag riefen die römischen Streitkräfte in Niedergermanien einen eigenen Kaiser aus. Das war der Statthalter Vitellius, der Sohn des Beraters von Claudius und Enkel eines Ritters im Dienst des Augustus. Die Truppen in Obergermanien schlossen sich dieser Wahl an.

Als Galba erfuhr, was sich am Neujahrstag ereignet hatte, beschloß er, da er selbst keinen Sohn hatte, einen Erben aus einer anderen Familie zu adoptieren, um die Kontinuität der Nachfolge zu sichern. Spätere Kaiser sind seinem Beispiel gefolgt. Ihm selbst hat dieser Entschluß jedoch nichts genützt, denn er stellte sich sofort als verhängnisvoller Fehler heraus, weil der ebenfalls aus dem Hochadel stammende junge Mann, den er zu seinem Nachfolger machen wollte, nicht die Zustimmung Othos fand.

Der zu dieser Zeit siebenunddreißigjährige Otho war eng mit Nero befreundet, bis dieser ihm die Frau genommen und ihn als Statthalter nach Lusitania (Portugal) geschickt hatte. In dieser Eigenschaft hatte Otho den Aufstand Galbas tatkräftig unterstützt und erwartete daher, obwohl er etruskischer Abstammung war und seine Familie noch lange nicht zum römischen Adel gehörte, selbst als Nachfolger Galbas auf den Thron zu kommen. Nun war er verbittert, weil Galba ihm einen anderen Mann vorgezogen hatte. Er ließ deshalb Galba am 15. Januar auf unerhört brutale Weise ermorden und war damit der erste Kaiser, der seinen Vorgänger ums Leben brachte. Galbas Erbe und seine Ratgeber wurden ebenfalls noch am gleichen Tag getötet.

Doch nach dem grausamen und blutigen Beginn erwies sich Otho als recht gemäßigter Herrscher. Ägypten, Nordafrika und die Legionen an der Donau und am Euphrat erkannten ihn als Kaiser an. Er muß aber zur Zeit seiner Machtübernahme gewußt haben, daß Vitellius von den Legionen in Germanien zum Kaiser ausgerufen worden war. Als sich nämlich die Soldaten des Vitellius unter ihren Befehlshabern Valens und Caecina in Eilmärschen nach Süden in Richtung auf Rom in Bewegung setzten und Anfang März die Alpen überschritten und das Ufer des Po erreichten, konnte die Vorhut Othos sie nicht aufhalten. Otho selbst verließ Rom gegen Ende des Monats. Obwohl er jeden Augenblick mit Verstärkungen aus dem Donauraum rechnen konnte, beschloß er, den Gegner noch vor Eintreffen dieser Verstärkungen anzugreifen. Er selbst wollte bei der Reserve bleiben, während die ihm unterstellten Befehlshaber die Truppen ins Gefecht führen sollten. In der folgenden, sogenannten ersten Schlacht bei Bedriacum in der Nähe von Cremona wurden seine Legionen entscheidend geschlagen. Die Prätorianergarde wollte weiterkämpfen, aber der Kaiser verbot es, und am 16. April, nach einer Regierungszeit von nur drei Monaten, nahm er sich das Leben.

Nun erkannte der Senat Vitellius als Kaiser an, der seinen Befehlshabern nach Rom folgte. Er war nur ein mittelmäßig begabter Mann, aber dennoch nicht der unmäßige Schlemmer, als den ihn die Überlieferung darstellt. Er hatte durchaus eigene Ideen. So nahm er zum Beispiel nur widerwillig die Titel »Caesar« und »Augustus« an, die Galba und Otho noch geführt hatten, weil sie ihn zu sehr an die Julier und Claudier erinnerten. Statt dessen legte er viel mehr Wert auf die Tatsache, daß er Konsul auf Lebenszeit war, und er betrachtete dieses Amt als das Fundament seines Herrschaftsanspruchs. Außerdem glaubte er, eine neue Dynastie gründen zu können, denn anders als manche seiner Vorgänger hatte er einen Sohn. Er bemühte sich auch, seine Stellung dadurch zu stärken, daß er die Prätorianergarde Othos entließ und an ihrer Stelle eine stärkere Leibwache aus den ihm die Treue haltenden Soldaten bildete. Als er jedoch in der Hauptstadt eintraf, erfuhr er, daß die Legionen im Osten sich hinter den Statthalter des rebellierenden Judaea, Vespasian, gestellt hatten. Die Armeen an der Donau folgten ihrem Beispiel und übernahmen damit zum ersten Mal ihre künftige Rolle in der Geschichte, die kaiserliche Nachfolge zu bestimmen. So begann eine neue Phase in diesem langen und vielschichtigen Bürgerkrieg.

Vespasian hatte zunächst die Absicht, in Alexandria zu bleiben, von wo aus er Rom die Getreidezufuhr abschneiden konnte, während sein mächtigster Verbündeter, Mucianus, der Statthalter von Syrien, sich auf den langen Marsch nach Westen begeben sollte. Aber der Befehlshaber einer an der Donau stationierten Legion, Primus, der sich Vespasian angeschlossen hatte, unternahm einen plötzlichen Vorstoß nach Italien, ohne den Befehl seines neuen Kaisers abgewartet zu haben. Vitellius wollte sich ihm am Po entgegenstellen, aber seine bisherigen Befehlshaber Valens und Caecina standen ihm nicht mehr zur Verfügung. Valens war erkrankt, und Caecina war fahnenflüchtig geworden. So wurde die fast führerlose Armee des Vitellius, die dem Feind zwar zahlenmäßig überlegen, aber nach einem Gewaltmarsch über 45 Kilometer völlig erschöpft war, Ende Oktober in der zweiten Schlacht bei Bedriacum von Primus geschlagen, und während die siegreichen Truppen ihren Vormarsch gegen die Hauptstadt fortsetzten, lösten sich die dem Vitellius verbliebenen auf. Er verfügte aber noch über wehrfähige Anhänger in Rom selbst, so daß Vespasians Bruder Sabinus, der zu dieser Zeit Stadtpräfekt war, sich auf dem Kapitol gegen sie verbarrikadieren mußte. Das half jedoch nichts, denn nachdem die Truppen des Primus die Stadtmauern überwunden hatten, erstürmten die Anhänger des Vitellius die Stelle des Sabinus, nahmen ihn gefangen, töteten ihn und warfen ihn in den Tiber. Vitellius selbst, der versuchte, sich zu verstecken, wurde aufgespürt und von den Soldaten der feindlichen Armee umgebracht.

Vespasian und seine Söhne

Der Senat erklärte Vespasian sofort zu Vitellius' Nachfolger, und schon nach etwa zwei Wochen trafen seine Streitkräfte unter Führung des Mucianus in der Stadt ein, wo dieser endgültig alle ehrgeizigen Pläne des Primus vereitelte. Nachdem er die Prätorianergarde zum großen Teil entlassen und auf ihre ursprüngliche Stärke verringert hatte, übernahm Mucianus die Regierungsgeschäfte im Auftrag von Vespasian, bis dieser selbst nach etwa zehn Monaten nach Rom kam.

Wenig später warf sein Verwandter Cerialis einen gefährlichen nationalistischen, gallisch-germanischen Aufstand gegen die römische Herrschaft nieder, zu dem es beiderseits des Rheins unter dem Batäver Civilis und unter Classicus vom Stamm der Treverer gekommen war. Weiter im Süden annektierte Vespasian das zwischen dem Oberrhein und dem Oberlauf der Donau gelegene Gebiet, um die Grenze des Imperiums besser verteidigen zu können. Inzwischen hatte Titus, der älteste Sohn des Kaisers, den jüdischen Krieg beendet und die feindliche Hauptstadt Jerusalem eingenommen (70). Im folgenden Jahr feierten Vespasian und Titus in Rom gemeinsam den Triumph. Mit Hilfe von Mucianus machte sich Vespasian an den Wiederaufbau des Imperiums und stärkte seine Verteidigungskraft, die unter den Wirren der Bürgerkriege stark gelitten hatte.

Vespasian stammte aus weniger vornehmem Geschlecht als seine Vorgänger. Sein Vater war ein sabinischer Steuereinnehmer, der dem Ritterstand angehörte. Er selbst war ein schlichter Mann mit einfachen Lebensgewohnheiten, auf die er stolz war. Obwohl er sehr energisch regierte, war er umgänglich und freundlich. Er arbeitete unermüdlich und traf seine Entscheidungen mit gesundem Menschenverstand. Diese Eigenschaften machten ihn zu einem der erfolgreichsten Kaiser überhaupt.

In der Finanzpolitik mußte er, nachdem die Bürgerkriege außerordentlich hohe Kosten verursacht hatten, strenge Maßstäbe anlegen; die Steuersätze wurden drastisch erhöht, und der Kaiser sah sich nach neuen Einnahmequellen um. Dabei gelang es ihm, die für die Verstärkung der Verteidigungsanlagen an der Ostgrenze notwendigen Mittel aufzubringen. Dort mußten nämlich nach den Kriegen im vergangenen Jahrzehnt stärkere Truppen stationiert werden. Außerdem leistete Vespasian Pionierarbeit auf dem Gebiet des Bildungswesens, indem er neue Schulen einrichten ließ. Bei seiner Politik in den Provinzen folgte er liberalen Grundsätzen und förderte die Romanisierung Spaniens nach dem Vorbild von Claudius in Gallien. Dazu verbesserte er, wo dies möglich war, die Verwaltung. Auch auf diesem Gebiet eiferte er Claudius nach und führte 73-74 das altehrwürdige Amt des Zensors wieder ein, dessen Aufgabe es nicht nur war, die Männer aus dem Senat zu entfernen, die sich gegen ihn gestellt hatten, sondern ihn auch mit neuen Mitgliedern aus den Provinzen und aus Italien zu verstärken. Das Amt des Zensors übernahm er selbst.

Zum zweiten Zensor ernannte er seinen Sohn Titus, der außerdem als Präfekt die Prätorianergarde übernahm, ein Amt, das bisher noch nie ein Mitglied der kaiserlichen Familie innegehabt hatte. Mit Recht kümmerte sich Vespasian nicht um Gerüchte, nach denen der junge Mann ein Komplott gegen ihn schmiedete. Vielmehr konnte er, als seine Gesundheit mit zunehmendem Alter nachließ, die Regierungsgeschäfte mit Unterstützung seines Sohnes erfolgreich weiterführen. Er war der erste Kaiser, der einen Sohn hatte, der sich durch seine Leistungen als geeignet erwies, die Nachfolge anzutreten. Deshalb erklärte Vespasian öffentlich, mit Titus als Erben eine neue Dynastie zu gründen.

Doch seine politischen Gegner, vor allem reaktionäre

aristokratische Republikaner, die ihre Vorstellungen aus der griechischen Philosophie bezogen, nahmen gegenüber den neuen dynastischen Plänen eine ausgesprochen feindliche Haltung ein. Titus mußte deshalb 79 mit aller Kraft eine Verschwörung unterdrücken, an der auch der ehemalige Truppenbefehlshaber des Vitellius, Caecina, beteiligt war. Im Sommer desselben Jahres erkrankte der Kaiser und starb in der Nähe seines sabinischen Geburtsortes.

Die Regierungszeit seines Sohnes Titus war so kurz (79-81), daß wir nicht sagen können, ob er auf Grund der ihm nachgesagten Beliebtheit länger an der Macht geblieben wäre. Er hatte zum zweiten Mal seine Geliebte, die jüdische Prinzessin Berenike, abgewiesen, weil diese Beziehung von den Senatoren wahrscheinlich nicht gebilligt worden war. In den Provinzen konzentrierte sich sein Interesse vor allem auf Britannien, wo Agricola, der 77 dort als Statthalter eingesetzt worden war, die Forth-Clyde-Linie weiter befestigte und Vorstöße bis zum Fluß Tay unternahm. In der Hauptstadt machte sich Titus durch großzügige Geldausgaben beliebt. Allerdings hatte Italien gleich zu Beginn seiner Regierungszeit durch den Ausbruch des Vesuv eine unvorstellbare Katastrophe erlebt. Pompeji, Herculaneum, Stabiae (Castellammare di Stabia), Oplontis (Torre Annunziata) und andere Ortschaften wurden verschüttet, eine Katastrophe, durch die die Archäologen seit dem 18. Jahrhundert mit der reichsten Sammlung von Zeugnissen aus dem Altertum beschenkt worden sind.

Titus starb sehr jung, nur 42 Jahre alt. Wahrscheinlich sind die Gerüchte falsch, nach denen ihn sein jüngerer Bruder und Nachfolger Domitian vergiftet haben soll. Es trifft allerdings zu, daß Domitian ihm gegenüber mißgünstig gesonnen war, denn obwohl er gegen Ende der Bürgerkriege an abenteuerlichen Unternehmungen teilgenommen hatte, gab ihm Titus später kaum Gelegenheit, sich auszuzeichnen. Als Domitian Kaiser wurde, zeigte er nur wenig Verständnis für die alten republikanischen Formen, hinter denen die meisten Kaiser vor ihm ihre selbstherrlichen Regierungsmethoden verbargen. Er verfolgte vielmehr ein genau ausgeklügeltes System der Alleinherrschaft. Als er sich später den neuen Titel eines »Zensors auf Lebenszeit« zulegte, erregte er das Mißfallen der Senatoren. Um dem zu begegnen, glaubte der Kaiser, die Armee für sich gewinnen zu müssen, was ihm schon deshalb wichtig erschien, weil er seinen ganzen Ehrgeiz darauf richtete, die Gebietseroberungen fortzusetzen.

Gebietsgewinne in Britannien erschienen ihm jedoch nicht sehr verlockend, weshalb er die Pläne Agricolas, Teile des heutigen Schottischen Hochlandes zu annektieren, fallenließ. Im Südwesten Germaniens operierte er dagegen erfolgreich. Hier verschob er die schon von seinem Vater vorverlegte Grenze noch weiter in feindliches Gebiet hinein (83). Sein wichtigstes Eroberungsziel war jedoch das Königreich Dakien (Rumänien), dessen König Decebalus fast schon wieder so mächtig war wie die dakischen Monarchen 100 Jahre früher. Erst nach einigen Niederlagen gelang es den Heerführern Domitians, der Lage im Land Herr zu werden und die militärische Ordnung wiederherzustellen. Daß Decebalus am Leben blieb, hatte er den nachfolgenden Ereignissen zu verdanken.

89 kam es innerhalb der Reichsgrenzen zu ähnlichen Unruhen wie unter der vorherigen Dynastie; der römische Befehlshaber in Obergermanien rebellierte. Domitian eilte mit seinen Truppen hin und warf die Erhebung unbarmherzig nieder. Durch dieses Ereignis wurde sein Mißtrauen gegenüber den Senatoren weiter gestärkt. Nach bekanntem Muster wurden Hochverratsprozesse geführt und viele einflußreiche Römer zum Tode verurteilt und hingerichtet, auch wie schon früher republikanisch gesonnene Persönlichkeiten. Ebenso wie der leicht erregbare Domitian die

Rache ihrer Anhänger fürchtete, wurden auch die Senatoren von Angst und Schrecken gepeinigt. Die Legionäre allerdings standen weiterhin hinter ihrem Kaiser. Zu denen aber, die um ihr Leben bangten, gehörten auch die Gardepräfekten. Sie verwickelten ohne Wissen ihrer Soldaten die Frau des Kaisers, Domitia, die Tochter des bekannten Heerführers Corbulo, in eine Verschwörung, der Domitian 96 zum Opfer fiel.

Trajan, Hadrian und Antoninus

Der sechsundsechzigjährige Anwalt und ehemalige Konsul Nerva, der noch am selben Tag die Nachfolge Domitians antrat, muß an der Verschwörung beteiligt gewesen sein. Sie erregte jedoch in der Armee und besonders unter den Soldaten der Prätorianergarde einen solchen Unwillen, daß er schon im folgenden Jahr unter demütigenden Umständen gezwungen wurde, die Mörder Domitians auszuliefern und hinrichten zu lassen. Unmittelbar darauf adoptierte er, um seinen Thron und sein Leben zu retten, einen Sohn und Erben aus einer Familie, die nicht seine eigene war. Er folgte damit dem Beispiel Galbas. Doch seine Wahl fiel auf einen geeigneteren Mann, den vierundvierzigjährigen Statthalter in Obergermanien, Trajan. Seine Adoption stand am Anfang einer Periode von mehr als 60 Jahren, in der die Nachfolge auf dem kaiserlichen Thron durch Adoption und nicht durch Geburt geregelt wurde. Später wurden diese Bindungen durch Heiraten weiter gefestigt, was nicht nötig gewesen wäre, wenn die Herrscher eigene Söhne gehabt hätten.

Trajans Vater stammte von römischen Siedlern aus Spanien ab, seine Mutter war Spanierin. Er war der erste Kaiser, der aus einer Provinz kam. Das war bezeichnend dafür, daß die Bewohner der Provinzen in zunehmendem Maße

348

in die herrschende Klasse aufsteigen konnten. Der Weg zum höchsten Staatsamt stand nun allen Gebildeten offen, ohne Rücksicht auf ihre Rasse und Nationalität. Zunächst handelte es sich dabei allerdings in erster Linie um römische Bürger aus Gallien und Spanien, die rascher Einfluß gewannen als die Nordafrikaner und die Bewohner der Ostprovinzen – aber auch deren Zeit sollte kommen.

Der gutaussehende und umgängliche Trajan erfreute sich – und das war bisher kaum vorgekommen – großer Beliebtheit sowohl beim Senat als auch bei der Armee. Seine Politik war von Fortschritt gekennzeichnet. Er baute die Alimentationsinstitute in ganz Italien weiter aus, durch die arme Kinder finanziell unterstützt wurde. Außerdem erleichterte er die Steuerlasten in den Provinzen. In einer Reihe von Briefen, die Plinius der Jüngere, sein Statthalter in Bithynien in Kleinasien, gesammelt hat und die uns erhalten sind, kommt deutlich zum Ausdruck, mit welcher Menschlichkeit Trajan sich um das Wohlergehen der Provinzbewohner kümmerte. Aber auch die innere Sicherheit lag ihm am Herzen. Deshalb bemühte er sich wie ein Patriarch um die inneren Angelegenheiten der formal selbständigen Städte, wenn sie, was häufig geschah, in finanzielle Schwierigkeiten gerieten.

Ebenfalls auf Trajans Veranlassung wurden immer mehr eindrucksvolle öffentliche Arbeiten in Angriff genommen. Die spiralförmigen Reliefs auf der Trajansäule in Rom zeigen an, woher die Mittel für die Finanzierung so kostspieliger Projekte kamen. Der Reichtum des von Trajan eroberten Königreichs Dakien ermöglichte ihre Ausführung. Domitian hatte sich gezwungen gesehen, die Eroberung dieses Landes hinauszuschieben. Doch die Streitkräfte, mit denen Trajan den Feldzug gegen Dakien führte, waren bedeutend stärker. Er brachte die römische Armee auf 30 Legionen, wobei die einzelnen Truppenteile zahlenmäßig stärker als zuvor waren. Die mit ihnen kämpfenden Hilfstruppen wurden mit neuartigen, aus Landesbewohnern bestehenden Verbänden, den *numeri*, ergänzt. Das waren Angehörige von noch nicht romanisierten Stämmen, die ihre eigenen Waffen trugen und zu denen auch gepanzerte Reiter gehörten. Mit dieser starken Armee überrannte der Kaiser Dakien in zwei großen Feldzügen (101-106). Dabei nahm er die Hauptstadt Sarmizegethusa (Gradistea Muncelului) ein, zerstörte sie und trieb Decebalus zum Selbstmord. Das Königreich Dakien wurde römische Provinz (Dacia), und die riesige Gold- und Silberbeute ging nach Rom. Das war die letzte wirklich reiche Kriegsbeute, die in die römischen Schatzkammern floß. Doch nach Beendigung des Krieges gegen Dakien galt es, eine neue und lange Grenze zu verteidigen. Von nun an standen stärkere Truppen an der Donau und in den dakischen Lagern als am Rhein.

Aber auch die Ostgrenze des Imperiums durfte nicht vernachlässigt werden. Deshalb beschloß Trajan, den schon 50 Jahre währenden Frieden mit Parthia zu beenden, weil die Reichsgrenzen dort nicht seinen Vorstellungen entsprachen. Als ihm jedoch Armenien, der ständige Zankapfel zwischen beiden Staaten, 114 n. Chr. fast kampflos zufiel, entschied er, noch weiterzugehen und auch ganz Mesopotamien zu annektieren. Damit eröffneten sich ihm Möglichkeiten, die ihn zum ersten wirklichen Nachfolger Alexanders des Großen hätten machen können. Parallel vorrückende römische Streitkräfte stießen gleichzeitig gegen Tigris und Euphrat vor, eroberten die parthische Hauptstadt Ktesiphon, und am Ende des folgenden Jahres stand Trajan am Persischen Golf. Noch nie war ein römischer Befehlshaber so weit marschiert, was allerdings auch nie wieder geschehen sollte.

Doch der Erfolg war nicht von Dauer. Weit hinter den vorrückenden römischen Legionen erhoben sich die in der Diaspora lebenden Juden in den Ostprovinzen und wurden dabei von ihren zahlreichen Glaubensbrüdern auf parthischem Gebiet, die sich von der römischen Herrschaft befreien wollten, unterstützt und ermutigt. Auch die Parther sammelten ihre Kräfte und griffen die langen Nachschublinien Trajans an. Der Kaiser bekämpfte die Rebellen, wo er auf sie traf, und erklärte sogar das Königreich Parthia zum römischen Klientelstaat. Das war jedoch kaum mehr als eine leere Geste, und bald darauf trat Trajan den Rückzug nach Italien an. Entweder glaubte er, daß alles umsonst gewesen sei, und in diesem Fall müßte es der schwerste Entschluß seines Lebens gewesen sein, oder aber er nahm an, in dem von ihm eroberten Gebiet stabile Verhältnisse hergestellt zu haben. Doch dürfen wir kaum vermuten, daß er sich solchen Illusionen hingegeben hat. Es gibt aber auch noch eine dritte mögliche Erklärung für seinen Rückzug: Abgesehen von der militärischen Lage erlaubte es ihm sein geschwächter Gesundheitszustand nicht, seinen Eroberungsfeldzug weiter fortzusetzen. Er litt unter hohem Blutdruck und erlitt wahrscheinlich 116 einen Schlaganfall. Dabei ist es durchaus denkbar, daß seine Krankheit seelisch bedingt war, da er erkennen mußte, daß sein Unternehmen gescheitert war. Er starb 117 im äußersten Südosten Kleinasiens.

Mit seiner besonderen Begabung für die zivile Administration, der Aggressivität seiner Militärpolitik und seinem umgänglichen Wesen hatte sich Trajan den Titel *Optimus Princeps* (bester Herrscher) verdient. Doch während er in den dakischen Feldzügen riesige Geldsummen erbeutet hatte, waren die allzu ehrgeizigen parthischen Kriege ungeheuer kostspielig gewesen, ohne daß sie Rom entsprechende politische oder militärische Vorteile gebracht hatten. Vielleicht haben diese Machtdemonstrationen seinen Nachfolgern aber doch entscheidend geholfen, den Frieden zu wahren. Trajan ist das klassische Beispiel dafür, wie ein Staatsführer mit guten Eigenschaften sich von der besonderen römischen Vorliebe für glorreiche Eroberungszüge hinreißen ließ.

Sein Nachfolger Hadrian, der entfernt mit ihm verwandt war und aus der gleichen Gegend Spaniens stammte, hatte ihn zu Beginn seiner Regierungszeit nach Rom begleitet, ihm in vielen wichtigen Stellungen gedient und sich seiner besonderen Gunst erfreut. Man behauptete, Trajan hätte ihn auf dem Totenbett als seinen Erben adoptiert. Das ist zwar möglich, aber nicht gewiß.

Der neue kaiserliche Machthaber war sich, wie vielleicht auch schon sein Vorgänger, sofort darüber klar, daß sich die neueroberten Gebiete im Osten nicht halten ließen; und da er sich, solange er darauf bedacht sein mußte, seine Macht zu konsolidieren, nicht auf Abenteuer einlassen wollte, gab er die Eroberungspläne Trajans auf und nahm die Grenzen des Imperiums an den Euphrat zurück, womit die militaristisch gesonnenen Senatoren nicht einverstanden waren. Darauf kehrte er nach Rom zurück, um sich anschließend an den Unterlauf der Donau zu begeben, wo es an der Grenze zu Schwierigkeiten gekommen war. Während seiner Abwesenheit von der Hauptstadt wurden jedoch vier der angesehensten Senatoren, alles ehemalige Konsuln, beschuldigt, seine Ermordung geplant zu haben, und hingerichtet, wahrscheinlich auf Veranlassung seines Gardepräfekten (118). Allerdings wissen wir nicht, ob dieser Verdacht begründet war. Dieses Urteil gegenüber den vier angesehenen ehemaligen Konsuln belastete seine Beziehungen zum Senat schwer. Obwohl er sich auch weiterhin eifrig um ein gutes Verhältnis zu den Senatoren bemühte, zeigte sich doch sehr deutlich, daß er keinen großen Wert auf Rang und Herkunft legte.

Das Auffallendste an der einundzwanzigjährigen Regierungszeit Hadrians war die Tatsache, daß er mehr als die Hälfte der Zeit außerhalb Italiens zubrachte und weite Reisen durch die Provinzen des Reiches unternahm. Die

Anlässe für alle diese Reisen waren verschiedener Art. Zum einen war es reine Wißbegier; sein Interesse für alles Fremde war einzigartig. Zum anderen hatte er, wie man aus den Darstellungen auf den unter seiner Herrschaft geprägten Münzen erkennen kann, gänzlich neue Vorstellungen von der Bedeutung der außerhalb Italiens liegenden Staatsgebiete. Er betrachtete sie nicht länger als eine Ansammlung eroberter Provinzen, sondern als eine Gemeinschaft, in der jede Provinz und jedes Volk das Recht hatte, stolz auf seine jeweilige Eigenheit zu sein. Der Hauptzweck seiner Reisen ist es aber wohl gewesen, die Schlagkraft der Armee, die ihm aus Erfahrung besonders wichtig war, zu erhalten. Er bemühte sich deshalb, die Lebensbedingungen der Soldaten zu verbessern, und unterschied sich darin von seinen Vorgängern. Eine der ersten Früchte dieser aktiven Militärpolitik nach einem kleinen Rückschlag an der Nordgrenze der Provinz Britannia war der Bau der bis heute am besten erhaltenen römischen Befestigungsanlage, des Hadrianwalls zwischen Tyne und Solway, der von 15 000 Soldaten der römischen Hilfstruppen besetzt war, die das braune Hügelland beobachteten, das sich nach Norden in das bisher noch nicht eroberte Gebiet hinein erstreckte.

Innerhalb des Imperiums blieb es verhältnismäßig ruhig. Gegen Ende seines Lebens mußte Hadrian jedoch noch einmal Krieg führen, und zwar gegen die aufständischen Juden, diesmal nicht in der Diaspora, wie das bei seinem Vorgänger der Fall war, sondern in ihrer Heimat Palästina. Daß Hadrian in Jerusalem eine Kolonie gegründet und einen Tempel gebaut hatte, und daß die Stadt nun den Namen Aelia Capitolina nach dem Familiennamen des Kaisers, Aelius, trug, hatte die Juden erbittert. Sie erhoben sich deshalb unter dem begabten Führer Bar Kosiba in dem blutig niedergeschlagenen zweiten jüdischen Krieg (132-135). Als begeisterter Hellenist und talentierter Schriftsteller und Musiker hatte Hadrian kein Verständnis für einen Stamm, der sich nicht wie jedes andere Volk innerhalb des Imperiums mit der dort herrschenden griechisch-römischen Zivilisation und ihrem Gedankengut befreunden konnte.

Der Regierungspolitik Trajans folgend war es auch Hadrians Ziel, eine aufgeklärte und zentralistische Regierung einzurichten, und diese Absicht verfolgte er mit bemerkenswertem Geschick. Er war eine erstaunlich vielseitige Persönlichkeit voll kühner Ideen. Er legte großen Wert auf eine gut funktionierende Verwaltung und kümmerte sich intensiv um Gesetzgebung und Rechtsprechung. Leider wurden seine Bemühungen von den schlechten Beziehungen zum Senat belastet, die am Anfang seiner Regierungszeit entstanden waren. Als es im Jahre 136 zu einer wahrscheinlich echten Verschwörung kam, die zu weiteren Hinrichtungen führte, entschloß sich Hadrian, der keinen Sohn hatte und krank war, möglichst bald einen Erben zu adoptieren. Sein erster Schützling nahm nach ihm den Namen Aelius an, starb aber sehr bald, und an seine Stelle trat der einundfünfzigjährige Antoninus, der 138 nach dem Tode Hadrians unbehindert die Nachfolge antrat.

Wie seine beiden Vorgänger stammte auch Antoninus aus den Westprovinzen. Ein Vorfahre väterlicherseits, der in Nemausus (Nîmes) in Südgallien gelebt hatte, war Konsul gewesen. Antoninus' Beinahme, Pius, kennzeichnet seine Regierungszeit: Er war ein pflichtbewußter, den Göttern, seinem Land und seinem Stiefvater ergebener Mann. Er balancierte seine Beziehungen zum Senat aus, dessen Ansehen er achtete, zentralisierte dabei jedoch den Verwaltungsapparat noch mehr und sorgte dafür, daß unnötige Staatsausgaben vermieden wurden. In Britannien verlegte er die Grenze weiter nach Norden und ließ zwischen Firth of Forth und Forth of Clyde den Antoninuswall errichten (141). Allerdings kam es auch in der Folgezeit in

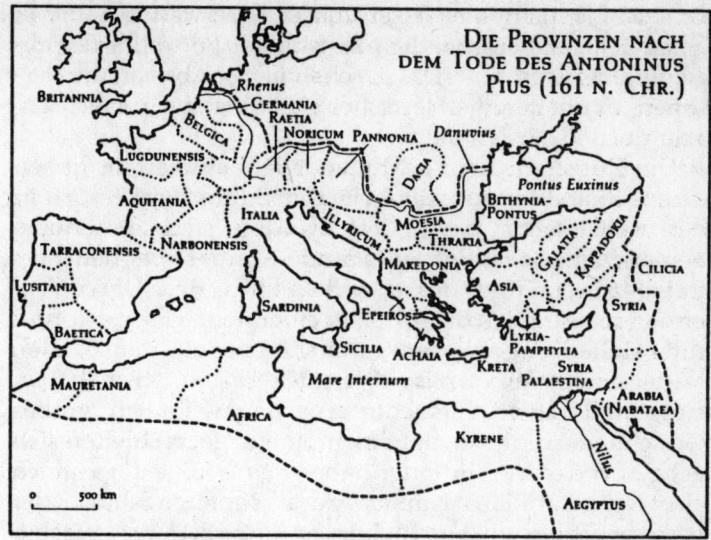

DIE PROVINZEN NACH
DEM TODE DES ANTONINUS
PIUS (161 N. CHR.)

BRITANNIA

Rhenus
GERMANIA
RAETIA
BELGICA
NORICUM   PANNONIA   *Danuvius*
LUGDUNENSIS
DACIA
AQUITANIA
ITALIA   ILLYRICUM   MOESIA   Pontus Euxinus
BITHYNIA-
PONTUS
TARRACONENSIS   NARBONENSIS   THRAKIA
GALATIA
KAPPADOKIA
MAKEDONIA   ASIA   CILICIA
LUSITANIA
SARDINIA   EPEIROS   SYRIA
BAETICA
SICILIA   ACHAIA   LYKIA-
PAMPHYLIA
KRETA   SYRIA
MAURETANIA   *Mare Internum*   PALAESTINA
ARABIA
(NABATAEA)
AFRICA
KYRENE   *Nilus*

0   500 km   AEGYPTUS

der Provinz Britannia immer wieder zu Unruhen. Auch an
den südlichen Grenzen brachen immer wieder Aufstände
aus; doch während des größten Teils seiner 23 Jahre dauernden Regierungszeit herrschte Frieden im Römischen
Reich.

15 Die Gesellschaft zur Kaiserzeit

Kunst und Architektur

Während der ganzen Kaiserzeit blühte die Bildhauerkunst
des Porträtierens, durch die Männer, Frauen und Kinder
dargestellt wurden.*

---

* In Ägypten finden wir aus der gleichen Zeit hervorragend gemalte Porträts auf den
Deckeln der Särge, in denen die Mumien beigesetzt wurden.

Es sind vor allem die Kaiser und ihre Verwandten, die in einer Reihe außerordentlich kunstvoller Porträtbüsten abgebildet worden sind. Das geschah in der Absicht, die Personen, mit denen die Herrscher sich umgaben, realistisch, aber doch idealisiert darzustellen.

Die Künstler, die die Münzporträts entwarfen, haben ihre Aufgabe so großartig gelöst, daß ihre Werke noch in der Renaissance bewundert worden sind. Besonders bemerkenswert ist der auffallende Kontrast bei den Porträts Neros und des düster wirkenden Galba. Unter Vespasian mußten sich die Künstler einer neuen Herausforderung stellen, denn dieser Kaiser stammte aus der sozialen Mittelschicht und wollte dies auch zeigen. Zwar haben einige Bildhauer versucht, sein ungewöhnlich grobes Gesicht ein wenig zu glätten, andere dagegen hielten sich genau an das Vorbild oder haben seine Züge sogar noch ein wenig karikiert. Trajan wird als tapferer Soldat oder verantwortungsvoller, tüchtiger Administrator gezeigt. Die interessantesten Männerporträts sind jedoch unter Hadrian entstanden. Er war – ebenso wie Trajan – homosexuell veranlagt, und die Porträts des von ihm geliebten und früh verstorbenen Antinous zeigen einen Jungen mit einem verträumten Blick, in dem das Tragische seines frühen Todes zum Ausdruck kommt. Auch die melancholischen, nachdenklich wirkenden Kinderbildnisse aus dem Kaiserhaus beweisen ein großes psychologisches Einfühlungsvermögen.

Wie die Männer, so wurden auch die Frauen aus der kaiserlichen Familie durch Porträtbüsten der Öffentlichkeit vorgestellt. Die Frauen aus dem Hause des Vespasian hatten offenbar nicht wie er den Wunsch, ihre einfache Herkunft zu betonen, denn sie werden elegant und mit modischen Frisuren gezeigt.

An den Porträts dieser Zeit fällt die glatte, fließende Oberflächenbehandlung auf, deren Wirkung noch gesteigert wird durch den vorsichtigen Gebrauch von Farben. Von dieser Tönung der Haut und der Haare sind heute leider nur noch geringe Spuren vorhanden. Die Bildhauer jener Zeit schnitten auch tief in ihre Werke ein, um die Wirkung von Licht und Schatten zu erhöhen, denn ihre Büsten und Statuen standen gewöhnlich im Freien und waren dem starken Sonnenlicht ausgesetzt.

Die gleichen Effekte von Licht und Schatten finden wir auch an einem an der Innenseite des Titusbogens in Rom angebrachten Relief, das römische Soldaten darstellt, die 70 die Beute aus dem Tempel in Jerusalem forttragen. Der Künstler erzeugt hier die Illusion, als ob man die Prozession durch einen offenen Rahmen betrachte und die Figuren sich gegen den Himmel abhöben. Das hervorragendste Beispiel dieser Reliefkunst sind die auf der Trajansäule spiralförmig angebrachten Figurenreihen. Diese Säule beherrscht das eindrucksvolle, von dem großen Architekten Appolodorus aus Damaskus entworfene neue Forum, und die Reliefs – es sind mehr als 100 – zeigen Ereignisse aus den von Trajan geführten dakischen Kriegen aus der Vogelperspektive. In dieses Panorama sind nicht weniger als 2500 menschliche Figuren eingefügt, und es illustriert die verschiedensten Schlachten und Belagerungen, die Gefangennahme feindlicher Krieger, den Empfang von Gesandten, Märsche und Reisen, Wohnhäuser und Befestigungen und vor allem das persönliche Auftreten des Kaisers, seine Reden, Szenen, in denen er den Göttern Opfer darbringt, und Taten, mit denen er seine Gerechtigkeit und seine Gnade beweist.

Zu den großen Kunstwerken aus der frühen Kaiserzeit gehören auch viele Wandgemälde. Wie wir an einem jüngst entdeckten Beispiel sehen, wurden zum Teil auch die Decken bemalt. Die meisten heute noch erhaltenen Gemälde sind älter als die eben beschriebenen großen Reliefs. Wir finden sie neben eleganten Stuckarbeiten in den Stadthäusern von Pompeji und Herculaneum und in den Villen auf dem Lande in der Nähe dieser Städte bei Stabiae (Castellammare di Stabia), Oblontis (Torre Annunziata) und anderswo. Durch die Verschüttungen als Folge des Vesuvausbruchs im Jahre 79 n. Chr. sind uns viele dieser Gemälde erhalten geblieben. Die meisten von ihnen stammen aus der Zeit unmittelbar vor der Katastrophe, denn nach dem Erdbeben im Jahre 62 sind viele Häuser renoviert worden, und die dabei entstandenen Bilder zeigen eine neue Brillanz und einen auffallenden Farbenreichtum. Damals waren die Darstellungen von Personen nach heute verlorengegangenen griechischen Originalen sehr beliebt; es handelt sich oft um Themen aus der Mythologie oder der Welt des Theaters, die Nero besonders schätzte. Ebenso wie in seinem »Goldenen Haus« in Rom entwickelte man eine Vorliebe für architektonische Ansichten in einem neuen, überschwenglichen Stil, und in den Phantasielandschaften experimentierte man mit räumlichen Darstellungen, zu denen Bühnenbilder die Anregung gaben.

Es gibt auch Gemälde mit stimmungsvollen Landschaften, phantasievollen Nilszenen, Stilleben und Porträts. An einigen Wänden gab es auch fest eingefügte Tafelbilder, die das Auge auf sich lenken sollten. Es hätte den Absichten der Architekten und Künstler, die diese Häuser entworfen hatten, widersprochen, wenn man, wie es heute üblich ist, mit abnehmbaren Bildern die organische Komposition und das Dekor des Ganzen gestört hätte. Auch die Fußböden wurden nicht mit Teppichen oder Matten belegt, sondern mit Mosaiken geschmückt, die entweder kleingemustert waren oder großflächige, figürliche Darstellungen zeigten. Das waren, ebenso wie die Gemälde, häufig Kopien älterer griechischer Meisterwerke. Die Mosaiken gehören zu den schönsten Kunstwerken der Römer. Als Schmuck an Wänden, Gewölben, Nischen, Apsiden und

Decken, wo sie um diese Zeit auch angebracht wurden, waren sie die Vorläufer der Mosaikkunst in den byzantinischen Kirchen.

Solche Gemälde und Mosaiken schmückten große, mit Terrassen versehene Landhäuser, die sich zum Meer hin öffneten, und Stadthäuser, die traditionsgemäß ein Atrium umschlossen, aber doch schon viele architektonische Variationen aufweisen. In manchen dieser Häuser, zum Beispiel in Herculaneum, wurden auch schon die einzelnen Räume voneinander abgetrennt, um den Ansprüchen einer weniger wohlhabenden Schicht zu genügen. Für den Mittelstand und die Armen gab es jedoch eine andere Hausform, von der die jüngsten Ausgrabungen in Pompeji zeugen. Alles in allem gab es die unterschiedlichsten Grundrisse und einen allgemeinen Lebensstandard (und das gilt nicht nur für die Reichen), der so hoch war, daß er bis zum 19. Jahrhundert nicht wieder erreicht worden ist. In Pompeji erfährt man auch manches über die bescheidene Unterbringung der Sklaven sowohl in der Stadt als auch auf dem Land in den sogenannten *villae rusticae*, neben denen sich oft die privaten Wohnräume für die meist nicht anwesenden Besitzer der sehr intensiv bearbeiteten landwirtschaftlichen Betriebe befanden, die von Verwaltern, Pächtern und Sklaven bewirtschaftet wurden.

Auch in anderer Hinsicht ist Pompeji eine einzigartige Informationsquelle bezüglich des Lebens in der Stadt. Als sie beim Ausbruch des Vesuvs von Staub und Lava bedeckt wurde, waren die Hauswände – wie wahrscheinlich zu allen anderen Zeiten auch – mit Tausenden von Zeichnungen bedeckt, die heute freigelegt sind und Aussagen zu den verschiedensten Themen enthalten. Sehr oft beziehen sie sich auf die jährlich stattfindenden Wahlen, bei denen in diesen kleineren Städten anders als in Rom leidenschaftlich um die einzelnen Ämter gekämpft wurde. Zur Zeit des

Vesuvausbruchs stand eine solche Wahl kurz bevor. Sie geben aber auch Auskunft über die zu jener Zeit aufgeführten Theaterstücke und Gladiatorenkämpfe. Darüber hinaus lassen sie, ebenso wie das heute der Fall ist, manche interessanten Aspekte des Liebeslebens und der Phantasie ihrer Verfasser erkennen.

Die Lebensgewohnheiten der Bewohner von Pompeji werden außerdem durch die Funde in den etwa 20 Gasthäusern und 120 Weinstuben erhellt. In der alten Kolonie Ostia, dem Hafen von Rom, hat man dagegen nur zwei Gasthäuser und 14 Tavernen ausgegraben. Hier zog man es offenbar vor, in den Häusern der Zünfte (*collegia*) zu trinken.

Ostia hat sich sehr rasch ausgedehnt, um mit dem schnellen Ausbau der Hafenanlagen Schritt zu halten. Claudius, der seine Architekten und Baumeister mit praktischen Projekten beauftragte und dem nicht viel daran gelegen war, repräsentative Gebäude errichten zu lassen, schuf hier einen neuen Hafen, der durch Kanäle mit dem Tiber verbunden war. Dazu wurden Tempel, Bäder, Lagerhäuser und Kornspeicher angelegt. Trajan fügte ein sechseckiges, inneres Hafenbecken hinzu, wodurch Ostia im Altertum neben Alexandria zum größten Warenumschlagplatz im Mittelmeerraum wurde.

In dieser Blütezeit nahm die Einwohnerzahl des großen Handelszentrums sehr rasch zu und erreichte etwa 100 000. Das brachte eine Revolution im Wohnungsbau für die ärmere Bevölkerung mit sich, in deren Verlauf an der Stelle der älteren, im pompejanischen Stil errichteten Häuser hohe Wohnblocks entstanden, in denen mehr Menschen untergebracht werden konnten. Diese großen Gebäude waren aus Ziegelsteinen gebaut, die nicht mehr wie früher mit Steinplatten und Stuck verkleidet wurden. Sie waren sehr stabil. Die architektonische Wirkung dieser Gebäude wurde durch die Verteilung und Größe der Fenster erzielt, deren Scheiben aus Selenit, Glimmer oder Glas waren und vor denen sich kleine Balkone befanden. Die aus sieben bis zwölf Zimmern bestehenden Wohnungen waren innen mit guten Mosaiken und Wandgemälden geschmückt. Die Wohnblocks hatten normalerweise keine eigene Wasserversorgung. Aber ebenso wie in Pompeji gab es auf allen größeren Plätzen der Stadt öffentliche, aus dem Aquädukt gespeiste Zisternen.

Nur in wenigen anderen Städten des Imperiums sind Wohnhäuser aus jener Zeit ausgegraben worden. Dennoch sind die Wohnblocks in Ostia zweifellos charakteristischer für die städtische Bauweise als die Häuser in Pompeji. Dort sind die Maßstäbe für das städtische Leben im römischen Imperium gesetzt worden. In Rom selbst hat man in letzter Zeit die Reste von Wohnblocks des gleichen Typs gefunden, daneben aber auch zahlreiche andere Arten. Bis zum 2. Jahrhundert n. Chr. litt die Hauptstadt allerdings darunter, daß ein großer Teil der Bevölkerung in schlecht gebauten, einsturz- und feuergefährdeten Gebäuden lebte. Diese Mißstände hat Nero aber zum Teil beseitigt, indem er sich um eine bessere Stadtplanung bemühte.

Die Gelegenheit dazu erhielt er nach dem Brand Roms 64. Man hat ihn ungerechterweise beschuldigt, das Feuer gelegt zu haben, um für sein »Goldenes Haus« (*domus aurea*) Platz zu schaffen. Dort nämlich, wo er dieses Gebäude errichten ließ und einen etwa 160 000 Quadratmeter großen Park anlegte, hatte sich bis dahin der am dichtesten besiedelte Teil der Stadt befunden. Es war die größte Fläche, die ein europäischer Monarch jemals für seine Residenz in der Hauptstadt beansprucht hat. Das »Goldene Haus« war ebenso wie die Paläste, die sich griechische Monarchen in früherer Zeit hatten bauen lassen, kein in sich geschlossener Gebäudekomplex, sondern bestand aus mehreren, in die Parkanlagen eingefügten Einzelbauten.

361

Die Nachfolger Neros haben das »Goldene Haus« nicht mehr als Residenz benutzt. Dafür ließ Domitian auf dem Palatin einen neuen Palast errichten. Dort gab es außer den Privatgemächern des Kaisers Repräsentationsräume, und zwar zwei durch eine Kolonnade getrennte Zimmerfluchten. Am Albanersee baute Domitian eine prächtige Villa und daneben ein Theater und ein Amphitheater. Diese Gebäude sind nicht mehr erhalten, es gibt aber noch die Reste eines weitaus prächtigeren Landsitzes, den Hadrian bei Tibur (Tivoli) bauen ließ. Dieser lag am Berghang unterhalb der Stadt, zog sich über anderthalb Kilometer hin und bildete eine in sich geschlossene Anlage. Der Architekt paßte seinen Entwurf dem sanft welligen Gelände an und errichtete die Gebäude in harmonisch einander entgegenlaufenden Bögen. Dabei konnte er durch die Verwendung von Mörtel großartige, zauberhafte Effekte erzielen, die an die vom Kaiser so sehr geschätzte klassische griechische Baukunst erinnern. Mortimer Wheeler schreibt über diesen Landsitz Hadrians: »Zwar mag sie jetzt nur noch eine Ruine sein, die Anlage bleibt aber doch eine der phantastischsten Schöpfungen des römischen Geistes, eines spezifisch römischen Geistes, der auf weiten Reisen Erfahrungen gesammelt und gelernt hat, mit Feingefühl und Verstand zu Werke zu gehen.«

Ein weiteres Gebäude, das Hadrian errichten ließ, war das Pantheon. Diese Rekonstruktion des zunächst von Agrippa erbauten Tempels ist das heute noch am besten erhaltene antike Bauwerk in Rom. Es gehört zu den schönsten Werken, die die klassische Architektur hervorgebracht hat. Durch eine prächtige Säulenhalle gelangt man in den 43 Meter hohen Rundbau, der im Durchmesser ebenfalls 43 Meter mißt. In den mit Mörtel verputzten Innenwänden gibt es tiefe Nischen, die erkennen lassen, wie die Römer das neue Material zu handhaben wußten, mit dessen Hilfe solche Gewölbe herzustellen waren. Die Kuppel ist noch größer als die von Neros »Goldenem Haus«, und sie erwies sich als so haltbar, daß sie auch nach der Entfernung der vergoldeten Bronzeziegel im 7. Jahrhundert n. Chr. nicht einstürzte.

Aus der kreisrunden Öffnung in der Mitte der Kuppel strömt ein diffuses Licht in das Innere, in dessen weitem Raum eine sublime Stille herrscht. Doch anders als in den ganz auf das Irdische bezogenen griechischen Tempeln wird sich der Mensch innerhalb der riesigen Ausmaße dieses Bauwerks seiner Winzigkeit bewußt. Die Größe des reich mit Nischen versehenen Raumes läßt ihn fühlen, daß er hier allen Göttern gegenübersteht – das nämlich bedeutet »Pantheon«. Die in die Wände eingefügten Nischen sollten wahrscheinlich die Standbilder der alten planetarischen Gottheiten aufnehmen. In einem Zeitalter, in dem astrologisches Denken die Vorstellungen der Menschen beherrschte, stellte die Öffnung in der Kuppel die Sonne dar, während die sternähnlichen Rosetten auf der gewölbten Innenfläche an den majestätischen Bewegungsrhythmus der Himmelskörper erinnerten.

Das Pantheon war eines der größten unter den unzähligen Heiligtümern, die den religiösen Bedürfnissen der Römer dienten. Aber auch für ihr Vergnügen wurde großzügig gesorgt. Es gab großartige öffentliche Bäder, über die bei der Darstellung einer späteren Epoche berichtet werden soll, in der die Konstruktionen solcher Bauten ihren Höhepunkt erreichten. Neben den zahlreichen Theatern diente das Flavium-Amphitheater einer besonderen Art der Unterhaltung. Es war von Vespasian begonnen und von Titus vollendet worden. Dort fanden die Gladiatorenkämpfe statt, aber auch Kämpfe mit wilden Tieren. Das gewaltige Oval ließ sich sogar mit Wasser füllen, wenn Seegefechte dargestellt werden sollten. Später erhielt der Bau nach der in der Nähe aufgestellten Kolossalstatue des Nero den Namen Kolosseum. Dieses erste in Rom aus Stein gebaute

Amphitheater ist bis heute trotz all der schrecklichen Dinge, die sich darin zugetragen haben, eines der großartigsten Bauwerke der Welt.

Die elliptischen Amphitheater glichen zwei gegeneinandergestellten halbrunden Theatern; das Äußere der griechischen Amphitheater bestand in der Regel aus in zwei Stockwerken übereinandergestellten Arkaden. In Rom gab es aber ein Theater mit drei Stockwerken. Das Kolosseum weist sogar vier Stockwerke auf, deren oberstes aus einer mit Fenstern versehenen festen Mauer bestand. Die drei darunterliegenden Stockwerke waren offene Säulenbögen, wobei jeder Bogen auf klassischen Säulen ruhte. Sie hatten aber nur eine ornamentale Funktion. Die tragenden Elemente sind massive, mit Mörtel verkleidete Pfeiler, die die Bögen stützen. Das in seiner Großartigkeit einmalige Kolosseum zeigt den genialen Sinn römischer Baumeister für dramatische Effekte und hat die spätere Baukunst Europas entscheidend beeinflußt.

Das Kolosseum enthielt etwa 45 000 Sitz- und 5000 Stehplätze. Die kaiserliche Loge befand sich in der Mitte der einen Längsseite gegenüber den Plätzen für Staatsbeamte und die Veranstalter der Spiele. Auch für ausländische Botschafter, die Damen des kaiserlichen Hofes, die vestalischen Jungfrauen und die Priester waren Plätze vorgesehen. Die Vorführungen im Amphitheater waren sehr beliebt, und die Herrscher hielten es für ratsam, sie großzügig zu finanzieren und sich geduldig die Demonstrationen, Proteste und Forderungen anzuhören, für die solche Veranstaltungen traditionsgemäß die beste Gelegenheit boten. Was die Gladiatoren betrifft, so waren sie an sich rechtlos und standen auf der niedrigsten gesellschaftlichen Stufe, aber aus vielen Wandzeichnungen ist zu ersehen, wie sehr sie vom Volk und besonders von den Frauen bewundert wurden.

Nach dem Vorbild des Kolosseums wurden überall in

der römischen Welt Amphitheater verschiedener Ausmaße gebaut, und in den ersten beiden Jahrhunderten nach Christus, als die Pax Romana gesichert war, entstanden die schönsten Amphitheater und andere eindrucksvolle Bauwerke, die man noch heute in Rom und den ehemaligen römischen Provinzen bewundern kann.

Das wirtschaftliche und gesellschaftliche Ungleichgewicht

Die großen Städte innerhalb des Römischen Reiches, in denen wohlhabende und den Interessen der Öffentlichkeit zugewendete Personen damit wetteiferten, Einrichtungen zu schaffen, die den Bedürfnissen der Bevölkerung entgegenkamen, standen kurz vor dem Höhepunkt einer Entwicklung, wie sie in manchen Gegenden nie wieder erreicht werden sollte. Die geradezu orgiastische Bautätigkeit brachte erstaunliche Leistungen hervor, und vielleicht sollte man Thamugadi (Timgad) und andere nordafrikanische Städte besonders erwähnen, weil in späterer Zeit nichts Neues an ihre Stelle gesetzt worden ist und die monumentalen Ruinen aus der Kaiserzeit nirgendwo so gut erhalten sind wie dort. Solche Städte entstanden oft aus ehemaligen Militärlagern, wuchsen rasch und wurden bald zu bedeutenden Industrie- und Handelszentren.

Auf wirtschaftlichem Gebiet hatten sich die Provinzen verselbständigt und sogar begonnen, Rom in den Schatten zu stellen. So übertrafen zum Beispiel in Gallien hergestellte Glas- und Bronzewaren die gleichen Erzeugnisse aus dem italischen Capua, und die so bedeutenden römischen keramischen Erzeugnisse mußten denjenigen aus Condatomagus (La Graufesenque) in Südgallien (etwa 20 n. Chr.) und dann denen aus Ledosus (Lezoux in der Auvergne) weichen. Im 2. Jahrhundert n. Chr. entwickelte sich imRheinland die namhafteste keramische Industrie, und dort entstand auch das wichtigste europäische Industriegebiet. Zum ersten Mal in der Geschichte hatte die dortige Produktion frühindustrieller Güter die des östlichen Mittelmeerraumes eingeholt, während sich im ganzen Donautal eine für die Zukunft bedeutende Achse des Handels zwischen Ost und West entwickelte.

Das wirtschaftliche Wachstum war aber nicht nur ein europäisches Phänomen, sondern auch in Kleinasien und Syrien, wo sich die Städte in fast ununterbrochener Reihe über eine weite urbanisierte Zone erstreckten, blühte der Export von Textilien und anderen Waren, und der Außenhandel nahm zu.

Doch die Grundvoraussetzungen für den Handel innerhalb des römischen Imperiums blieben die gleichen wie zuvor. Sie unterlagen den gleichen Einschränkungen. Der Handel war im großen und ganzen ein Geschäft, das von der Hand in den Mund ging, und es gab keine feste geldwirtschaftliche Grundlage. Außerdem bildete auch zur Kaiserzeit wie ehedem die Landwirtschaft die ökonomische Grundlage und nicht der Handel. Auf den ersten Blick sah es in diesem Bereich recht günstig aus. So wurden zum Beispiel viele Obstsorten an den Rhein, die Donau und die Atlantikküste gebracht und dort weitergezüchtet. Man pflanzte Oliven in der Steppe des südlichen Tunesiens und in Südostspanien, die nun zu Hauptlieferanten für Speiseöl wurden. Außerdem erzeugte Spanien große Mengen Wein und verkaufte ihn ins Ausland. Der Monte Testaccio am Stadtrand von Rom ist ein Hügel, der aus den Scherben von 40 Millionen Weinkrügen besteht, in denen einmal billiger Wein aus Spanien in die römische Hauptstadt transportiert wurde.

Die Eigentümer der landwirtschaftlichen Großbetriebe besaßen riesige Anbauflächen und wohnten in geschlossenen ländlichen Siedlungen. Zu den vielen hundert Bauern-

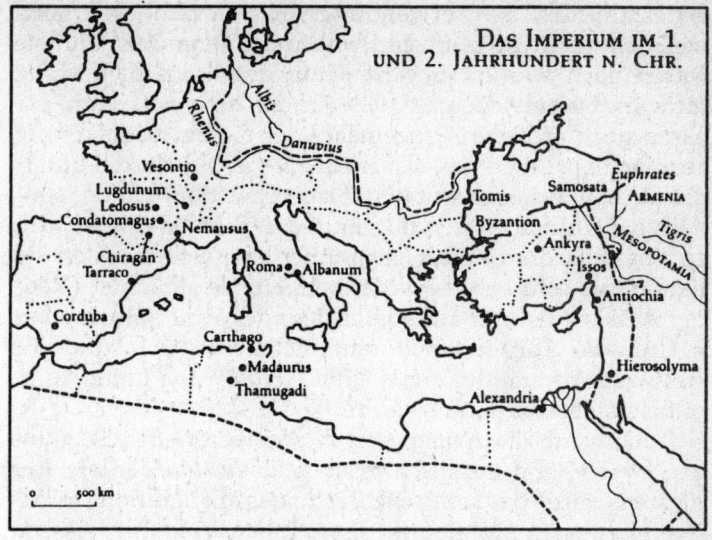

dörfern gehörten z.B. Cheragan (in Gallien an der Garonne) mit einer Fläche von etwa 160 000 Quadratmetern und Unterkünften für 400-500 Landarbeiter und Anthée (bei Philippeville in Belgien) mit einem großen Gutshaus und 20 anderen Gebäuden, die auf einer Fläche von 121 000 Quadratmetern von einem Wall umschlossen waren. Chedworth in Britannien war ebenfalls ein luxuriöses Verwaltungszentrum für eine beachtliche Zahl von Bauernhöfen. Die Besitzer solcher Großbetriebe waren sehr reich, aber im großen und ganzen war dies nicht das Zeitalter weniger Millionäre, sondern vielmehr die Zeit zahlreicher wohlhabender Bürger.

Und doch hatten sich trotz dieser Entwicklung die Grundprinzipien in der Landwirtschaft gegenüber den vorangegangenen Jahren kaum geändert. Der ruhige Arbeitsrhythmus zur Zeit der Antonine beruhte immer noch in erster Linie auf der Verwendung von Sklaven, wenn auch vielleicht nicht ganz so stark wie in früherer Zeit, und sie waren nach wie vor politisch und gesellschaftlich völlig rechtlos. Das gleiche galt auch für die »freien« Bauern, die einen noch größeren Prozentsatz der Gesamtbevölkerung ausmachten. Auch das war nichts Neues. Nicht die unterdrückten und ausgebeuteten Armen auf dem Lande, sondern die wohlhabenden Bürger in den Städten fühlten sich zu Loyalität dem Kaiser gegenüber verpflichtet, denn sie hatten ihm sehr viel zu verdanken. Für sie sprach der Redner Aelius Aristides aus Kleinasien, der im 2. Jahrhundert n. Chr. die Zufriedenheit und Sicherheit lobte und die weltweite Verständigung, die die Pax Romana unter Antoninus den Menschen gewährte.

Auch wenn die Armen von diesen materiellen Segnungen weitgehend ausgeschlossen blieben, wurden sie wenigstens durch das römische Recht, das auf Hadrians Initiative hin seinen Höhepunkt hinsichtlich Vielfältigkeit und Weisheit erreichte, vor den Auswüchsen ungesetzlicher Ausbeutung geschützt. So gab es z. B. über die Behandlung von Sklaven trotz der Rechtlosigkeit, in der sie lebten, gesetzliche Vorschriften, die in der Erkenntnis erlassen worden waren, daß ihr Wohlbefinden im Interesse ihrer Eigentümer lag. Solche Bestimmungen entsprachen außerdem den in jener Zeit herrschenden Vorstellungen von der Humanitas, die sich auch auf die Lebensumstände der mittellosen Freien günstig auswirkten.

Diese Tendenzen kamen im Wirken des nordafrikanischen Rechtsgelehrten Salvius Iulianus zur Regierungszeit Hadrians zum Ausdruck. Der für seine präzisen Formulierungen bekannte Salvius sammelte und revidierte die Edikte, die die römischen Prätoren seit Jahrhunderten jeweils bei ihrem Amtsantritt erlassen hatten. Das hatte zur Folge, daß diese Edikte als allgemein und immer gültig anerkannt wurden und daß nach ihrer Veröffentlichung durch Salvius die Bevölkerung innerhalb des Römischen Reiches sich der Rechte, die sie besaß, deutlicher bewußt war als zuvor.

Im gleichen Sinne wirkte auch Salvius' Schüler Gaius. In seinen berühmten *institutiones*, dem einzigen klassischen Gesetzeswerk, das uns in seiner ursprünglichen Form überliefert ist, kommt zum Ausdruck, daß sich der Verfasser besonders für die Provinzialgesetzgebung interessierte und sich dazu schon in früheren, heute nicht mehr erhaltenen Schriften geäußert hatte. Mit anderen Worten, nun interessierten sich die für die Rechtspflege Verantwortlichen zunehmend für Personen, die keine römischen Bürger waren; die rechtlichen Barrieren zwischen den privilegierten römischen Bürgern und allen anderen, durch Jahrhunderte ein Charakteristikum römischen Lebens, wurden allmählich abgebaut.

Doch trotz all dieser Maßnahmen war man von der allgemeinen Gleichheit vor dem Gesetz noch weit entfernt. Die alten Unterschiede zwischen den römischen Bürgern und allen anderen waren lediglich durch neue ersetzt worden. Damit blieb das Gemeinwesen (die Sklaven nahmen eine Sonderstellung ein) in zwei Hauptgruppen gespalten, die vom Gesetz vollkommen verschieden behandelt wurden. Zur Oberschicht (*honestiores*) gehörten die Senatoren, die Ritter, die Grundbesitzer, die Soldaten, die Beamten und die Stadtpräfekten. Alle anderen Bürger gehörten in die darunter eingestufte Klasse der *humiliores*, die weniger Rechte hatten und bei Verstößen gegen das Gesetz härter bestraft wurden, und zwar oft mit Strafen, die bis dahin nur gegen Personen verhängt worden waren, die nicht das römische Bürgerrecht besaßen. Trotz allen Strebens nach Gerechtigkeit wurden durch das römische Rechtssystem stets die oberen Gesellschaftsschichten begünstigt, die es entwickelten und die Gesetze formulierten. In der auf Trajan und Hadrian folgenden Zeit kristallisierten sich diese

Grundauffassungen in der Form des kodifizierten Rechts. Der Umstand, daß die unteren Schichten nun auch nach dem noch deutlicher formulierten Recht unterprivilegiert waren, sollte verhängnisvolle Folgen haben, denn damit erweiterte sich die soziale Kluft, die in den kommenden Jahrhunderten wesentlich zum Zerfall des Imperiums beigetragen hat.

Die Ungleichheit vor dem Gesetz blieb bestehen, und das erscheint paradox, denn zur gleichen Zeit zeigte sich in der römischen Rechtspflege auch die Tendenz, verstärkt Rücksicht auf die Bedürfnisse des einzelnen zu nehmen und ihm gerecht zu werden. Die Ungleichheit vor dem Gesetz war jedoch in einem Gesellschaftssystem begründet, das unverrückbar an ihr festhielt, während andererseits die Rücksichtnahme auf die Rechte des Individuums jener stoischen Philosophie entsprang, der Cicero seine moralischen Vorstellungen verdankte.

Von Seneca zu Apuleius

Der überzeugendste Vertreter dieses Systems zur Kaiserzeit war Seneca (geb. ca. 4 v. Chr., gest. 65 n. Chr.), der Minister Neros. Er war der Sohn eines Rhetorikers aus Corduba in Spanien. Im Gegensatz zu früheren römischen Tragödien, die fast alle verlorengegangen sind, sind neun dem Seneca zugeschriebene Tragödien erhalten geblieben. Diese Stücke, denen Shakespeare und andere europäische Dramendichter viel verdanken, atmen die aufgeklärte Toleranz und den Geist des Stoizismus und zeigen sogar ein tiefes menschliches Verständnis für das Schicksal der Sklaven. Die Briefe und moralphilosophischen Schriften Senecas sind aus dem gleichen Geist verfaßt, nur deutlicher im Ausdruck. Die hier vertretenen moralischen Grundsätze haben später die großen Geister der Renaissance beflügelt.

Seneca hat eine neue Epoche in der römischen Literatur eingeleitet. Mit feinen Wortspielen und pointierten Epigrammen hat er die literarischen Möglichkeiten ausgeschöpft, die die lateinische Sprache in so reichem Maß bietet. Sein Neffe Lucanus hat in seiner Dichtung *bellum civile* (Bürgerkrieg) oder *Pharsalia* den gleichen glänzenden Stil des »silbernen Latein« gepflegt und läßt sich von einer ähnlichen stoischen Grundauffassung leiten. Der Gegenstand dieser Dichtung ist der Kampf zwischen Pompeius und Caesar.* Doch Lucanus vertritt hier eine gegen den monarchischen Gedanken gerichtete Philosophie, was schließlich zum Bruch mit Nero führte. Trotz einiger bombastischer und vom Thema abweichender Passagen wurde diese scharfzüngige und kraftvolle Dichtung im Mittelalter viel gelesen, und sogar Dante fühlte sich bewogen, den Verfasser in die Reihe der vier gefeiertsten Dichter aufzunehmen.

Auch Seneca fiel wahrscheinlich der tödlichen Ungnade Neros zum Opfer und ebenso Petronius, der Schöpfer der höfischen Mode und Verfasser des skandalösen Schelmenromans *Satyricon*. In seinen lasziven Schilderungen ist von der Moral Senecas nichts mehr zu spüren. In den vorangegangenen Jahrhunderten waren zahlreiche belletristische griechische Werke entstanden, darunter Biographien erdachter Persönlichkeiten, phantastische Reisebeschreibungen, stimmungsvolle Novellen, Satiren in Prosa und Versen und pornographische Skizzen. Petronius vereinigte alle diese literarischen Ausdrucksformen in einer sehr unterhaltsamen lateinischen Erzählung über das Leben von drei lasterhaften, aber gebildeten jungen Homosexuellen, die eine Reise durch die griechischen Städte in Süditalien unternehmen. Das ganze Werk ist ein gesellschaftskritischer Kommentar zu den Verhältnissen im zeitgenössischen Rom.

Zur Schlacht von Pharsalos siehe S. 189.

Das *Satyricon*, das nicht vollständig erhalten ist, besteht aus Versen und Prosastücken, in denen der Verfasser sich die Freiheit nimmt, andere zeitgenössische Werke zu kritisieren. Außerdem erwähnt Petronius in humorvoller Form auch ältere literarische Arbeiten. Daß der im Mittelpunkt stehende Antiheld auf die Frauenliebe verzichtet und sich statt dessen der Knabenliebe zuwendet, zeigt, daß sich der Verfasser über die mittelmäßigen heterosexuellen griechischen Liebesromane lustig macht, und die Schilderung des Zorns des Phallusgottes Priapus ist eine Parodie auf den Zorn der homerischen Götter. Das *Satyricon* enthält auch einige Kurzgeschichten, deren längste und berühmteste das *Gastmahl des Trimalchio* ist, eines von einem Sklaven abstammenden Emporkömmlings aus der Campania, der hier zu der gefeiertsten komischen Figur in der gesamten antiken Literatur wird. Die Schilderung des Gastmahls und die unflätigen Äußerungen der Freunde, Gäste und Anhänger des Trimalchio beweisen die scharfe Beobachtungsgabe des Verfassers und seine derbe Sinnlichkeit. Daneben enthält das Werk auch einmaliges historisches Material.

In der Antike wurde die Belletristik nicht als eine besondere Kunstgattung betrachtet, sie hat sich aber doch als die lebendigste und schöpferischste literarische Ausdrucksform jener Zeit erwiesen. Noch viele Jahrhunderte später, zu einer Zeit, als sich die europäische Romanliteratur zu entwickeln begann, war der Einfluß des Petronius deutlich spürbar.

Der talentierteste Schriftsteller der folgenden Generation war Martial (geb. ca. 40, gest. ca. 104). Er war der bedeutendste Epigrammatiker der Antike. Obwohl Martial aus Spanien stammte, verfügte er über den typisch italischen Sinn für die beißende Satire und hat die späteren europäischen Satiriker entscheidend beeinflußt. Seine witzigen, allzu menschlichen, obszönen kleinen Gedichte vermitteln uns ein lebendiges Bild von der Gesellschaft seiner Zeit.

Der 50 n. Chr. in Aquinum (Aquino) im südlichen Latium geborene Iuvenal bedient sich einer deutlicheren und schärferen Sprache als Martial. In seinen 16 langen Gedichten erweist er sich als ein Meister der lateinischen Sprache und als bedeutendster römischer Satiriker überhaupt, dem die Entwicklung der Satire in der westlichen Welt sogar mehr zu verdanken hat als Martial. Iuvenal hat als recht erfolgloser Rhetoriker begonnen. Er hat die ärmlichen Verhältnisse, in denen er aufgewachsen ist, niemals vergessen und denen nie vergeben, die er dafür verantwortlich machte. Er ist seine materiellen Sorgen nie ganz losgeworden, denn er hat zu Lebzeiten nicht die Anerkennung gefunden, nach der er strebte. Er geißelte die Mißstände in der römischen Gesellschaft seiner Zeit mit beißender Ironie und geradezu ungezügeltem Pessimismus. Diese Angriffe richteten sich gegen Personen in der Vergangenheit, obwohl er in Wirklichkeit auch seine Zeitgenossen treffen will. Zwar lebte Iuvenal unter Trajan bereits in einem Rom, in dem sich die Verhältnisse gegenüber der Regierungszeit des verhaßten Domitian wesentlich gebessert hatten, aber nach seiner Auffassung war das Imperium immer noch ein kranker, aus dem Gleichgewicht geratener Organismus, der von unfähigen Männern und bösartigen Frauen beherrscht wurde.

Auch das Werk des größten römischen Historikers, Tacitus (geb. ca. 55, gest. ca. 116), vermittelt uns trotz der unter Trajan eingeführten Reformen ein recht trauriges Bild von der römischen Gesellschaft. Tacitus ist wahrscheinlich der Sohn eines Steuereinnehmers in einer gallischen Provinz und wurde als Advokat bekannt. In seinem *Dialogus de oratoribus* erklärt er allerdings, daß das Plädoyer des Advokaten vor Gericht zur Zeit der *Pax Romana* nicht die Bedeutung hätte wie ehemals in der Republik, und er wendete sich deshalb politischen und administrativen Aufgaben zu. Aber das Leben, das für ihn und andere Römer unter Domitian mit großen Risiken verbunden war, wurde auch nach Domitians Tod nicht sicherer. So hat ihn Tacitus zum Beispiel in einem biographischen Aufsatz zum Lobe seines Schwiegervaters Agricola, der nach dieser Darstellung als Statthalter von Britannia nicht die verdiente kaiserliche Anerkennung gefunden hatte, posthum kritisiert. Auch sein Werk *Germania* ist eine moralisierende Studie von bedeutendem ethnologischen Wert und zeigt, daß Tacitus nie den Fehler begangen hat, Rom oder das Imperium als die einzig existente Welt anzusehen.

Schließlich wendete er sich in den *Historiae* und den *Annales*, seiner bedeutendsten historischen Leistung, der Darstellung der römischen Geschichte vom Tode des Augustus bis zum Tode des Domitian (14-96) zu. Die ersteren behandelten die letzten 28 Jahre dieses Zeitabschnittes, aber heute besitzen wir nur noch ihren ersten Teil, der das von politischen Wirren überschattete Jahr der vier Kaiser beschreibt. Doch der größere Teil der später verfaßten *Annales* über die Zeit von Tiberius bis Nero ist erhalten. Tacitus stützt sich darin auf ältere Historiker, deren Werke verlorengegangen sind, verleiht seiner Darstellung jedoch kraft seiner starken Persönlichkeit einen besonderen Wert. Die packende, tiefgründige Analyse der Charaktere dieser Männer, die eine so ungeheure Machtfülle auf sich vereinigten, ist die früheste und einzig ausführliche Beschreibung des römischen Prinzipats. Mit peinlicher Sorgfalt hat Tacitus die Fakten zusammengetragen und sie zu verifizieren und auszuwerten gewußt, und in dieser Hinsicht übertrifft er bei weitem die zeitgenössischen Biographen Sueton und Plutarch, die ihre Schriften in lateinischer bzw. griechischer Sprache verfaßt haben. Seinen Anspruch auf Unparteilichkeit können wir jedoch nicht teilen, denn der Haß, den er gegenüber Domitian empfand, veranlaßte ihn zu einer durchaus ungerechten Beurteilung des Tiberius, in dem er einen Vorläufer Domitians erblickte. Sein beißender, oft schroffer, aber immer anregender literarischer Stil ist nach Wortwahl und Konstruktion oft poetisch. Und seine dramatische Darstellung der Unversöhnlichkeit des Schicksals, die in den düsteren Aspekten der Kaiserzeit zum Ausdruck kommt, erinnert an die Tragödiendichtung (tatsächlich hatte sich Tacitus in dieser Kunst versucht).

Doch solche pessimistischen Deutungen stehen in eigenartigem Gegensatz zur Betonung positiver Fakten, die Tacitus als guter Historiker nicht verschweigen kann. So ist es ihm zum Beispiel gelungen, die positiven und negativen Auswirkungen der römischen Herrschaft, wie sie von den von Rom abhängigen Völkern empfunden wurden, objektiv zu schildern. Er wägt die Vor- und Nachteile der absoluten Monarchie und des alten republikanischen Systems mit gleicher Objektivität gegeneinander ab, so daß sowohl Republikaner als auch Autokraten in der späteren europäischen Geschichte sich auf ihn berufen haben. Wenn Tacitus in seinem zutiefst republikanischen Herzen die Herrschaft eines einzelnen als falsch empfunden hat, so sagte ihm sein scharfer Intellekt auch, daß sich eine Einmannherrschaft in Rom nicht hatte vermeiden lassen.

Seine Helden sind daher häufig Männer wie Agricola, die auch unter den unfähigsten Kaisern in aller Stille ihre Aufgaben erfüllten – und das hatte auch Tacitus selbst getan und war damit den gleichen Grundsätzen gefolgt wie Trajan vor Antritt seiner Herrschaft, über dessen Regierungszeit der Historiker berichtet hat. Obwohl er vom Verstand geleitet wurde, bewunderte Tacitus auch die Männer und Frauen, die selbst in Zeiten der Tyrannei und des Terrors zu heldenhaften Taten fähig waren. Das waren Menschen wie die ehemalige Sklavin Epicharis, die sich, auch als sie grausam gefoltert wurde, weigerte, ihre Mitverschwörer gegen Nero zu verraten.

Unter den Nachkommen des Antoninus verfaßte der griechische Schriftsteller Lukian aus Samosata (Samsat in der Südosttürkei) eine ganz andersartige Darstellung des Lebens im Kaiserreich. Er schrieb eine Reihe intelligenter und unterhaltender Aufsätze, in denen er sich über religiöse Scharlatane, hochmütige Philosophen und Reisende lustig machte, die von phantastischen Abenteuern berichteten.

Ein gleiches erzählerisches Talent hatte der hochbegabte lateinische Schriftsteller Apuleius. Er wurde um 123 in Madaurus (Mdaourouch in Algerien) geboren und war einer der führenden Vertreter der damals weitverbreiteten Sophistik. Die Sophisten genossen ein so großes Ansehen, daß sie sogar gegenüber Kaisern selbstbewußt und arrogant auftreten konnten. Apuleius war der Schöpfer einer ungewöhnlichen Art lateinischer Prosa. Er vereinigte in seinem Stil Wortreichtum und eine archaische Ausdrucksweise, die damals in Mode kam, und schuf damit die Sprache, aus der später das mittelalterliche Latein entstand. Von Beruf war er Advokat, und seine *Apologia* – eine der wenigen lateinischen Reden, die uns neben denen Ciceros vollständig überliefert sind – ist eine unerhört prunkvolle Verteidigungsrede gegen den Vorwurf, er sei ein Magier, was jedoch nach Auffassung des heiligen Augustinus die richtige Bezeichnung für ihn gewesen ist.

Der gleiche bezaubernde und feinsinnige Stil, der den ganzen Reichtum der römischen und griechischen Literatur widerspiegelt, findet sich auch in den *Metamorphoseon libri*, der Erzählung des Apuleius vom goldenen Esel. Dieses Werk ist der einzige lateinische Roman, der vollständig erhalten ist. Vielleicht stützt sich der Verfasser auf ein einfacheres griechisches Vorbild, doch ist dabei etwas vollkommen Neues und Einzigartiges entstanden. Es ist die Geschichte eines gewissen Lucius, der durch Zufall in einen Esel verwandelt wird und viele andere phantastische Erfahrungen macht. Zu den vielen in die Erzählung eingewobenen Geschichten gehört auch die weitverbreitete unseres »Aschenputtel«, die von Apuleius in der Erzählung von Amor und Psyche vorweggenommen wird. Sein Bericht über ihre packenden Abenteuer ist von seinen Lesern immer wieder bewundert worden, und man hat ihn in der Literatur der Spätantike sowie des europäischen Mittelalters und der Renaissance auf die verschiedenste Weise interpretiert.

Die Mysterienreligionen

Wenn Apuleius mit dem ganzen Reichtum seiner überschäumenden Vorstellungskraft beschreibt, wie sein Held in die Mysterien der ägyptischen Göttin eingeweiht wird, die in ihrer Gnade die gefallenen Seelen (*psychai*) menschlicher Wesen rettet, dann scheint er über seine eigenen profunden Erfahrungen zu berichten. Sein Werk zeigt ein ekstatisches Einfühlungsvermögen für die Mysterienkulte und messianischen Religionen, die in gewissem Sinne den Übergang von den zerfallenden heidnischen Staatsreligionen zu dem immer mächtiger werdenden Christentum bilden. Wohl verlieh die Verehrung der Götter und Göttinen der alten römischen Staatsreligion dem Patriotismus noch immer wesentliche Impulse, und deshalb wurden diese Götter auch in den Provinzen eingeführt, wo man sie bewußt den örtlichen Gottheiten der dort herrschenden Religionen gleichsetzte. Diese Kulte reichten aber doch nicht aus, um das spirituelle Vakuum in jenen ersten Jahrhunderten der neuen Zeitrechnung auszufüllen, als Männer und Frauen zunehmend nach der Befriedigung ihrer persönlichen seelischen Bedürfnisse strebten. Auch die Verbreitung astrologischer Lehren, nach denen das Schicksal der Menschen durch die Sterne bestimmt wurde, veranlaßte viele, sich in ihrer Existenzangst anderen, tröstlicheren Glaubensvorstellungen zuzuwenden.

Dabei hielten sie sich vor allem an bestimmte messianische Gestalten, die ihren Jüngern nach dem irdischen Tod ein ewiges Leben in Glückseligkeit verhießen. Es machte sich eine neue, recht hoffnungslose Demut breit, eine Verzweiflung des Herzens und ein Gefühl des Alleinseins und der Machtlosigkeit – man verlor das Vertrauen zum Diesseits. Man hatte sich ganz von der Beschäftigung mit wissenschaftlichen Fragen abgewendet, und eine ständig wachsende Zahl von Menschen im ganzen Römischen Reich setzte ihre Hoffnungen statt dessen auf das Leben im Jenseits und sehnte sich nach dem Sieg des einzelnen über das Böse und den Tod in einer jenseitigen Glückseligkeit. Auf diese Sehnsüchte gingen die messianischen Kulte mit ihren erregenden, dramatischen und manchmal orgiastischen Glaubensbekundungen ein, mit den schrittweise vollzogenen Einweihungsriten (*Mysterien*), und ihre heiligen Schriften beanspruchten, einzigartige Offenbarungen und ein auf keine andere Weise zu erlangendes Wissen zu vermitteln. Die Stärke dieser Religionen lag darin, daß sie dem Verlangen aller Menschen entgegenkamen, und daher waren sie für die römische Gesellschaft und das Denken der damaligen Zeit in ganz besonderer Weise charakteristisch.

Ungezählte Menschen im ganzen Römischen Reich glaubten aus tiefer Überzeugung an die errettende Macht des Dionysos und der Kybele, aber noch zahlreicher waren die Jünger der ägyptischen Isis. In einem liturgischen Drama wurde sie vom Gott der Unterwelt, Osiris, begleitet, der ebenso wie Attis Geburt und Tod im Jahreszyklus verkörperte. Das alljährliche Wiederfinden des Osiris war Anlaß für ungehemmte Freude und Ekstase. Nachdem die Verehrung der Isis zu einer kosmopolitischen Mysterienreligion geworden war, feierte man die zu ihren Ehren abgehaltenen religiösen Feste mit dem gleichen oder noch größerem Aufwand als die der Kybele. Ihre Anhänger zogen Hymnen singend durch die Straßen, suchten sich in den verschiedensten Bußübungen gegenseitig zu übertreffen oder meditierten vor den prächtigen Standbildern der Göttin, um sich in ihr Geheimnis zu versenken. Dabei fielen alle gesellschaftlichen Schranken, alle Unterschiede zwischen Rassen und Geschlechtern – denn zu den Verehrern der Gottheit gehörten auch viele Frauen. Für sie hatte die Verehrung der Isis ebenso wie viele andere damals erfolgreiche Glaubensrichtungen eine ganz unmittelbare und spezifische Bedeutung; diese Göttin mit den 10 000 Namen war die Manifestation des Weiblichen schlechthin, und sie vermittelte den Frauen die gleiche Anerkennung wie den Männern.

Vom 1. Jahrhundert v. Chr. an, als sich das Mißtrauen der Senatoren gegenüber ägyptischen Einflüssen nicht hatte durchsetzen können und es ihnen nicht gelungen war, den Isiskult aus Rom zu verbannen, bis zum Niedergang der heidnischen Religionen viele hundert Jahre später war der Isiskult der im Römischen Reich am weitesten verbreitete. Er war die einzige Errettungsreligion, die zu einer universalen Religion hätte werden können.

VIII Eintritt in eine neue Welt

16 Zusammenbruch und Wiederaufstieg

Marc Aurel und sein Sohn

Als Antoninus Pius 161 starb, übergab er das Imperium seinem Adoptivsohn, dem Gatten seiner Tochter, Marc Aurel. Doch Marc Aurel ernannte sofort Verus zu seinem Mitkaiser, der ebenso ein Adoptivsohn des Antoninus Pius war, von ihm aber nicht als gleichberechtigt behandelt wurde. Die Herrschaft zweier Kaiser, die bis zum Tode des Verus im Jahr 169 dauerte, war eine wichtige Neuerung, der wir in den folgenden Jahrhunderten immer wieder begegnen werden. Die beiden Kaiser waren jedoch sehr verschieden. Marc Aurel, der uns in seinen Selbstbetrachtungen seine tiefsten Gedanken hinterlassen hat, war ein ungewöhnlich aktiver Mann mit hohen Idealen. Im Gegensatz dazu war der durchaus liebenswürdige Verus ein geistiges Leichtgewicht. Trotzdem erhielt er, als mit der Bedrohung Armeniens durch die Parther im Osten ein Krisenherd entstanden war, den Auftrag, die Lage dort wieder zu normalisieren, und von 163 bis 166 eroberten seine Heerführer Armenien zurück und annektierten Mesopotamien.

Zu der Zeit etwa, als diese Kämpfe beendet wurden,

kündigte ein Ereignis in einem anderen Grenzabschnitt des Imperiums die endgültige Änderung der politischen Lage an. Germanische und andere Stämme, die die Römer Barbaren nannten, überquerten den Ober-, Mittel- und Unterlauf der Donau in einer Reihe furchterregender, massiver Vorstöße. In den vorangegangenen Jahren, in einer Periode relativer Stabilität, hatten viele Germanen ihre recht primitiven landwirtschaftlichen Methoden weiterentwickelt und verließen nun, wo es ihnen möglich war, die sumpfigen Rodungsgebiete, in denen sie bisher gelebt hatten, um sich in den fruchtbaren Gebieten jenseits der Grenzen des Römischen Reiches niederzulassen. Die sich daraus ergebenden Kämpfe waren heftiger als alle bisher gegen diese Stämme geführten Kriege, und sie verlangten den persönlichen Einsatz Marc Aurels während der verbleibenden 14 Jahre seines Lebens. Die landhungrigen Germanen strömten in die Provinzen Mittel- und Osteuropas, überschritten sogar die Alpen und drangen in Italien ein. Dort verwüsteten sie die Städte und belagerten an der Adria den Hafen Aquileia. Fast gleichzeitig durchzog ein weiterer germanischer Stamm den größten Teil der Balkanhalbinsel und plünderte das nicht weit von Athen gelegene Eleusis.

Nur allmählich und unter schweren Verlusten konnten die römischen Armeen, obwohl sie durch eine aus dem Osten eingeschleppte Epidemie dezimiert wurden – vielleicht die bisher in Europa noch unbekannten Pocken –, der militärischen Lage wieder Herr werden. Marc Aurel hatte dabei mit finanziellen Schwierigkeiten katastrophalen Ausmaßes zu kämpfen. Doch während er mit allen Kräften versuchte, die Grenzen seines Reiches zu verteidigen, entwickelte er zwei Ideen, die ihm helfen sollten, mit dem zunehmenden germanischen Druck fertigzuwerden. Die eine war, die Germanen als Siedler und potentielle Hilfstruppen in das Reich aufzunehmen. Das war auch schon früher unter Augustus und Nero geschehen, doch

Marc Aurel ging dabei systematischer vor als sie. In verschiedenen Gegenden Italiens und in den nördlichen Grenzprovinzen wurden diese germanischen Siedler römischen Grundbesitzern oder den Pächtern kaiserlicher Domänen zugeteilt und rechtlich an das ihnen zugewiesene Land gebunden. Man hat den Kaisern, die solche Maßnahmen ergriffen, oft vorgeworfen, sie hätten die Provinzen »barbarisiert«. Man kann diese Siedlungspolitik aber auch als eine Schutzmaßnahme gegen Rassenvorurteile verstehen, wenn damit auch noch keine entscheidenden Erfolge erzielt werden konnten. Auf jeden Fall wurde Rom auf diese Weise mit Arbeitskräften, die brachliegendes Land kultivierten, und dringend benötigten Soldaten versorgt.

Die zweite Idee Marc Aurels betraf die Annexion des Markomannenreiches (Böhmen) und der im Osten gelegenen Provinz Sarmatia. Dadurch sollte die Verteidigungslinie an der Grenze des Imperiums verkürzt und von der Donau in gebirgiges Gelände verlegt werden. Aber wie Augustus, der zuerst die Absicht gehabt hatte, Böhmen zu annektieren, gelang es auch Marc Aurel nicht, den Plan zu verwirklichen. Er wurde zunächst verschoben, weil 175 sein wichtigster Heerführer im Osten rebellierte, und dann zerschlugen sich seine Absichten, weil er starb. Nach seinem Tod gab man diese Annexionspläne auf. Wahrscheinlich hätten sie sich auch nicht verwirklichen lassen, denn wenn man die Grenze auch leichter hätte verteidigen können, so hätte es für die Rekrutierung genügend starker Truppenverbände zur Besetzung eines so großen und kriegerischen Gebietes enorme Schwierigkeiten gegeben. Wahrscheinlich war das Imperium auch an die Grenzen seiner Ausdehnungsmöglichkeiten gestoßen.

Marc Aurel hatte einen leiblichen Sohn, Commodus, den er zu seinem Nachfolger heranbildete. Er brauchte also nicht wie seine vier Vorgänger einen Nachfolger zu adoptieren. Doch als leidenschaftlicher Anhänger sentimentaler religiöser Vorstellungen und begeisterter Förderer der Gladiatoren war Commodus einer der exzentrischsten Kaiser Roms. Außerdem stellte er seinen Vater bloß, der die Nachfolge anders als durch Adoption geregelt hatte. Aber im Gegensatz zu den vier Kaisern vor ihm hätte Marc Aurel außerhalb seines eigenen Hauses auch keinen geeigneten Nachfolger finden können; und wenn er einen Kandidaten adoptiert hätte, dann wären Gegenkandidaten aufgestellt worden, und man hätte mit einem Bürgerkrieg rechnen müssen. Das wenigstens ließ sich vermeiden, und als der Kaiser starb, erfolgte die Übernahme der kaiserlichen Gewalt durch Commodus friedlich.

Aber schon unmittelbar nach seiner Thronbesteigung mehrten sich die Gerüchte, die von einer Verschwörung gegen den neuen Kaiser sprachen und die vielleicht sogar auf Tatsachen beruhten. Auf jeden Fall nahm der Kaiser gegenüber dem Senat eine entschieden ablehnende Haltung ein. Da er zwar mit großem Eifer seinen eigenen Personenkult betrieb, aber kein Interesse an den Regierungsgeschäften zeigte, blieb die wirkliche Macht in den Händen der Gardepräfekten. Schließlich kam Laetus, der erste Nordafrikaner, der dieses Amt innehatte, zu der Überzeugung, daß der Größenwahn des Commodus und seine Feindschaft gegenüber dem Senat zu gefährlich seien und der Kaiser deshalb sterben müsse. So beauftragte er einen Berufsathleten, ihn zu töten.

Die Dynastie des Severus

Der Stadtpräfekt Pertinax folgte Commodus auf den Thron. Aber als seine disziplinarische Strenge und sein Geiz die Prätorianer enttäuschten, entzog ihm Laetus die Unterstützung durch die Garde und ließ es zu, daß der neue Kaiser schon nach dreimonatiger Regierungszeit

Silberdenar der italieni-
schen Rebellen aus
dem Bundesgenossen-
krieg (bellum Marsi-
cum); er wurde in ihrer
Hauptstadt Corfinium
(umbenannt in: ITALIA)
geprägt. Die Soldaten
leisten einen Eid über
einem Schwein

Silberne Tetradrachme
des mit Rom verfeinde-
ten Königs von Pontor,
Mithridates VI. Eupator
(120 – 63 v. Chr.)

Silberdenar mit Julius
Caesar als Diktator auf
Lebenszeit (DICT. PER-
PETVO), 44. v. Chr.

Silberne Tetradrachme
mit Antonius und Kleo-
patra VII. von Ägypten,
34 – 33 v. Chr.

Relief auf der Trajansäule in Rom: die Daker greifen ein römisches Lager an

Eine Bootsladung Wein wird auf der Durance von zwei Männern flußaufwärts gezogen

Goldbüste Marc Aurels aus der
Veteranenkolonie Aventicum
(Avenches/Schweiz)

Iulia Domna, die Gattin des Septimius Severus

Bronzekopf des Septimius Severus, aus Zypern

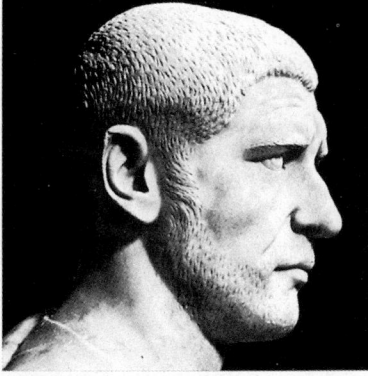

Philippus Arabs (244–249)

Konstantin der Große

Ägyptisches Mumienporträt.
Ende des 2. Jahrhunderts n. Chr.

Modell der Bäder des Caracalla (Vordergrund)

1. Denar des Decius (249–251) mit der symbolischen Darstellung der beiden pannonischen Donauprovinzen

2. Goldmedaillon des Gallienus (253–268), das einem höheren Offizier als Belohnung für treue Dienste (OB FIDEM RESERVATAM) gewidmet ist

3. Bronzemünze der Zenobia, Königin von Palmyra (269–271), geprägt in Alexandria, Ägypten, das sie erobert hatte, bevor Aurelian sie besiegte

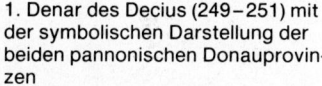

4. Goldmedaillon des Diokletian aus seiner Hauptstadt Nikomedeia (ca. 294 n. Chr.), »Jupiter dem Erhalter« geweiht (IOVI CONSERVATORI)

5. Silberdrachme des persischen Sassanidenkönigs Sapor (Schapur) I. (241–272), der den römischen Kaiser Valerian gefangennahm

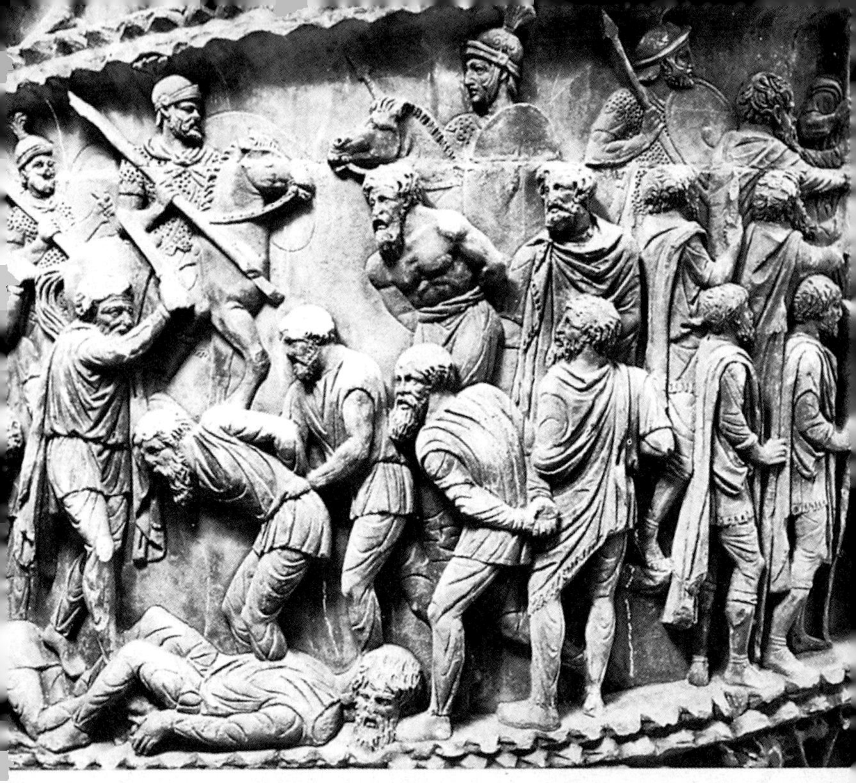

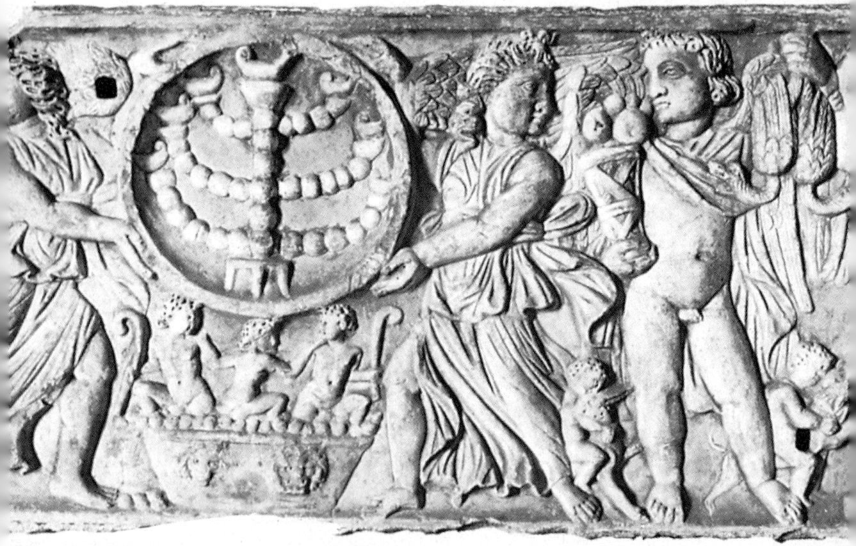

linke Seite, oben: Enthauptung germanischer Kriegsgefangener. Relief auf der Marc-Aurel-Säule, um 180 bis 193

linke Seite, unten: Jüdischer Sarkophag aus der Vigna-Rondanini-Katakombe außerhalb Roms mit der Menora (dem siebenarmigen Leuchter)

rechte Seite, oben: Stilicho (gest. 408 n. Chr.) auf einem Elfenbeindiptychon

rechte Seite, unten: Ein verstorbener kaiserlicher Beamter mit seinem Gefolge auf der Reise. Relief

Manuskriptseite (8. Jahrhundert n. Chr.) mit dem Kloster Vivarium, das Cassiodorus um 550 gegründet hat

Siegel Alarichs II., des Königs der Westgoten (484–507)

Goldmedaillon Justinians I. zur Feier der Rückeroberung Nordafrikas von den Vandalen (535 n. Chr.)

Goldmedaillon des Kaisers Valens (364–378) aus Treveri (Trier); er »triumphiert über die Barbarenvölker« (TRIVMFATOR BENT*ium* BARB*arum*)

Kämpfende Gladiatoren. Mosaik aus Curius, Zypern, 4. Jh. n. Chr.

ermordet wurde. Das erinnerte an die Ereignisse am Ende
der ersten römischen Kaiserzeit, als auch Galba wegen seines Geizes und seiner Strenge sich nicht auf dem Thron
halten konnte. Ähnliche Ereignisse wie damals wiederholten sich, und es kam zu einem lang anhaltenden Bürgerkrieg. Die chaotischen Ereignisse in den folgenden Monaten zeigten wieder deutlich, welche negativen Folgen es
hatte, daß es für die kaiserliche Nachfolge im Römischen
Reich keine festen Regeln gab, ein Mangel, der sich in den
folgenden Jahren immer katastrophaler auswirken sollte.

Der Nachfolger des Pertinax, der reiche Senator Didius
Iulianus, hatte sogar den unrühmlichen Einfall, den Thron
auf einer von den Prätorianern veranstalteten Versteigerung zu kaufen. Bald darauf ließ er den Präfekten Laetus
hinrichten und bereitete damit seiner Karriere als »Kaisermacher« ein Ende. Unmittelbar danach traf aus den Provin-

zen die Nachricht ein, daß zwei Statthalter von ihren Legionen zu Kaisern ausgerufen worden seien. Das waren der achtundvierzigjährige Nordafrikaner Severus, den seine Truppen in Carnuntum (Petronell) an der Donau in Oberpannonien auf den Schild gehoben hatten, und Niger, den die syrischen Legionen als Kaiser bejubelten. Auf Befehl des Severus ließ der Senat Didius Iulianus, der nur neun Wochen lang regiert hatte, hinrichten. Dann marschierte Severus nach Süden und nahm Rom ein. Anschließend besiegte er Niger bei Issus an der Grenze zwischen Kleinasien und Syrien. Unterdessen hatte sich Clodius Albinus, der bekannte Statthalter Britannias, zum Kaiser ernannt. Aber Severus besiegte auch den und tötete ihn (197 n. Chr.) in einer grausamen Schlacht bei Lugdunum (Lyon).

Zwar glich der Bürgerkrieg in mancher Hinsicht dem der Jahre 68-69, aber er hatte viel länger gedauert und dem Imperium bedeutend größeren Schaden zugefügt. Im Verlauf der Kämpfe waren 29 Senatoren umgekommen. Aber Severus mißtraute den überlebenden Senatoren auch weiterhin und verweigerte ihnen alle Verwaltungsämter, die er nur mit militärisch ausgebildeten Rittern besetzte.

Da die Parther seinen Feind Niger unterstützt hatten und auf römisches Gebiet vorgedrungen waren, wendete sich Severus nun gegen sie (197-199). Er nahm ihre Winterresidenz Ktesiphon ein und erneuerte die römischen Ansprüche auf Mesopotamien, versuchte aber nicht, den erfolglosen Vorstoß Trajans am Persischen Golf zu wiederholen. Er brachte jedoch den Parthern schwere Niederlagen bei, durch die ihr Land auf die Dauer entscheidend geschwächt wurde – ein Umstand, den Rom später bedauern sollte.

Bei seiner Amtsübernahme hatte Severus die Prätorianergarde durch einen aus dem Donaugebiet mitgebrachten eigenen Truppenverband von doppelter Stärke abgelöst und zugleich die Stadtpolizei wesentlich verstärkt. Bei seiner Rückkehr aus dem Osten stationierte er eine weitere Legion unmittelbar außerhalb der Hauptstadt in Albanum (Albano Laziale). Damit schuf er einen Präzedenzfall, denn bisher hatte noch kein Kaiser seine Legionen nach Italien mitgebracht. Man hat diese Maßnahme als die Absicht eines Afrikaners gedeutet, die italische Vorherrschaft über die Provinzen zu beenden. Die Lage innerhalb des Imperiums entwickelte sich auch tatsächlich in dieser Richtung. Aber das Hauptmotiv des Severus für die Stationierung seiner Verbände in Italien ist vermutlich kein politisches, sondern ein militärisches gewesen. Er hatte nämlich erkannt, daß die kaiserliche Armee eine im Zentrum stationierte Reserve brauchte, die im Notfall überallhin kommandiert werden konnte – eine Reserve, die Augustus sich nicht geschaffen hatte.

Er hatte die Zahl der römischen Legionen auf 28 festgelegt. Später ging sie infolge schwerer blutiger Verluste auf 25 zurück. Trajan hatte 30 Legionen unterhalten; Severus verstärkte die gesamte Armee auf 33, wobei der Anteil der Provinzialtruppen größer war als bisher. Severus erhöhte auch die Zahl der eingeborenen Soldaten, auf die man schon im vergangenen Jahrhundert nicht verzichtet hatte. Dabei vermehrte er insbesondere die berittenen Bogenschützen aus Osroene in Mesopotamien und Palmyra in Syrien, die überall dort eingesetzt werden konnten, wo es die Lage erforderte. Severus hatte den Mannschaftsbestand der Armee so stark vermehrt, weil er wußte, daß sich die Gesamtlage entscheidend verändert hatte; seit der Bedrohung der Grenze unter Marc Aurel war die Verteidigung des Imperiums schwieriger denn je geworden.

Außerdem wollte der Kaiser durch die Heeresvermehrung in Italien und in den Provinzen der ständigen Gefahr einer Rebellion entgegenwirken. Aus dem gleichen Grund räumte er den Offizieren eine Reihe von Sonderrechten ein und band sie dadurch fester an seine Person. Im Laufe der Zeit wurden viele ehemalige Soldaten zu Offizieren befördert, so daß die ganze Armee eine demokratische Struktur bekam. Auch die anderen Ränge im Heer wurden besser bezahlt und nach ihrem Ausscheiden besser abgefunden als bisher. Wie wir sehen werden, bedeuteten diese Neuerungen eine zusätzliche Belastung der Steuerzahler und führte in vielen Teilen des römischen Imperiums praktisch zur Vernichtung des Mittelstandes. Das war nur folgerichtig und leider nicht zu vermeiden, wenn das Imperium seine neuen militärischen Probleme bewältigen wollte.

Drei Jahre später brach Severus, begleitet von seiner Frau und zwei Söhnen, mit seiner neuen Armee nach Britannien auf, wo der Antoninuswall nach heftigen Angriffen aufständischer Stämme von der Besatzung aufgegeben worden war. Auch der Hadrianswall war von den Gegnern durchbrochen worden. Der mit starken Kräften nach Caledonia (Schottland) geführte Vorstoß, den der Kaiser unternahm, brachte, wie in diesem Gebiet üblich, keinen dauerhaften Erfolg; aber der Hadrianswall wurde ausgebessert und als wirksame Grenzbefestigung verstärkt. Doch schon bald danach starb der Kaiser bei Evoracum (York, 211). Seinen Söhnen soll er kurz vor seinem Tode folgenden Rat gegeben haben: »Bleibt einander wohlgesonnen, seid großzügig bei der Behandlung der Soldaten und kümmert euch um niemanden sonst!« Ob dieser Ausspruch authentisch ist, wissen wir nicht, auf jeden Fall hatte Severus während seiner Regierungszeit einen neuen politischen Kurs eingeschlagen und dabei den Erfordernissen einer wesentlich vergrößerten Armee den Vorrang gegeben.

Severus war ein ungewöhnlich zielstrebiger Mann, der in allen Bereichen selbst das Heft in der Hand behalten wollte. Es überrascht daher festzustellen, daß er in ebenso große Abhängigkeit von seinem Gardepräfekten geriet wie seine Vorgänger. Zweifellos war die Last der Regierungsverantwortung so gewaltig, daß selbst der energischste und tatkräftigste Herrscher einen vertrauten Ratgeber brauchte. Und als solcher erlangte der Präfekt Plautianus, ein Landsmann von Severus, einen ungewöhnlich starken Einfluß mit fast diktatorischen Vollmachten (197). Aber die Gemahlin des Kaisers, Iulia Domna, eine sehr fähige Frau, die sich mit einem eigenen Hofstaat aus Gelehrten und Schriftstellern umgab, wurde seine Feindin. Auch Caracalla, der eine unglückliche Ehe mit der Tochter des Plautianus führte, haßte seinen Schwiegervater und bewirkte schließlich seinen Sturz und Tod (208).

Severus hinterließ das Imperium seinen beiden Söhnen gemeinsam. Das war ein schwerer Fehler, denn die beiden jungen Männer haßten einander. Der temperamentvolle und gewalttätige Caracalla ließ seinen Bruder Geta fast unmittelbar nach der Thronbesteigung ermorden. 213 ging er, der bei seinen Soldaten sehr beliebt war, nach Germanien, wo er einige Stämme unterwarf und sich die Unterstützung anderer mit Subsidien erkaufte. Von dort wandte er sich nach Osten und wollte als Nachfolger Alexanders des Großen ebenso weite Gebiete erobern wie dieser. Obwohl ein Überfall auf Armenien gescheitert war, gelang es ihm dennoch, die Grenzen Mesopotamiens zu erweitern und in das nördlich davon gelegene Medien vorzustoßen. Aber bei Karrhai (Harran) fiel er einem Attentat zum Opfer (217). Der Mörder war sein mauretanischer Gardepräfekt Macrinus, der fürchtete, Caracalla könnte ihn zum Tode verurteilen und hinrichten lassen.

Macrinus war besonders stolz darauf, der erste römische Kaiser zu sein, der nicht Senator gewesen war, sondern nur dem Ritterstand angehörte. Seine Regierungszeit war nur kurz. Nachdem er den Krieg gegen die Parther zu recht ungünstigen Bedingungen beendet hatte, kürzte er den Sold seiner Legionäre, und die Armee erinnerte sich wehmütig seines Vorgängers. So gelang es der syrischen

Schwägerin des Severus, Iulia Maesa, einen Aufstand anzuzetteln, in dessen Verlauf Macrinus getötet wurde. Der neue Kaiser war Iulias vierzehnjähriger Enkel Elagabalus, der nach dem Sonnengott El-Gabal genannt wurde, dessen erblicher Priester er in Maesa, der Heimatstadt seiner Großmutter, war.

Als er, seine Großmutter und seine Mutter nach Rom kamen, beschäftigte sich der homosexuell veranlagte junge Monarch ausschließlich mit dem Tempeldienst seiner orientalischen Gottheit. Da er diesen Kult nicht den in Rom schon verbreiteten religiösen Bräuchen anglich, zog er sich die Feindschaft der Senatoren zu. Aus Sorge um ihre und ihrer Familie Zukunft wendete Maesa ihre Gunst ihrem Enkel Severus Alexander zu, dem vierzehnjährigen Sohn ihrer Tochter Iulia Mamaea. Beide Frauen bestachen die Prätorianergarde und ließen Elagabalus und seine Mutter töten. Bald darauf starb auch Maesa, aber die Machtausübung durch Frauen, ein Phänomen, das es bisher im römischen Kaiserreich noch nicht gegeben hatte, dauerte an, denn nun regierte Mamaea während der ganzen Amtszeit ihres Sohnes das Reich. Man hat zwar später behauptet, unter Alexander hätte sich der Einfluß des Senats wieder gestärkt, aber das trifft nicht zu.

Die von Mamaea geleitete Regierung war in ihren letzten Jahren damit beschäftigt, die Bedrohung der beiden wichtigsten Grenzen von außen abzuwehren. 231 n. Chr. ging sie mit ihrem Sohn nach Osten, um die nach Mesopotamien eingedrungenen Perser (Sassaniden) zurückzuwerfen. Sie hatten den parthischen König gestürzt und in Partha selbst die Macht ergriffen.* Nach für beide Seiten verlustreichen Kämpfen konnten die Römer vorübergehend die Provinz Mesopotamien zurückerobern. Doch anschließend mußten Alexander und Mamaea in den Westen zurückkehren, um einen germanischen Vorstoß gegen den Rhein abzuwehren. Sie versuchten, die germanischen

Angreifer durch Subsidien zu beschwichtigen, stießen dabei aber auf den Widerstand der Offiziere im römischen Heer, und der Versuch kostete sie schließlich das Leben (235).

Der Zerfall des Imperiums

Der Offizier, der nach dieser Meuterei zum Kaiser gewählt wurde, der hünenhafte Bauer aus dem Donaugebiet, Maximinus I., hätte sich vielleicht der äußeren Feinde Roms erwehren können, aber die Strenge, mit der er seine Untertanen behandelte, führte 238 n. Chr. zu seinem Tod. In jenem Jahr lösten nicht weniger als sieben Kaiser einander in rascher Folge ab. Der letzte von ihnen, Gordianus III., war ein dreizehnjähriger Knabe, dessen Gardepräfekt die Regierungsgeschäfte erfolgreich bis zu beider Tod in einem Feldzug im Osten führte. In der Folgezeit wurden die Regierungsgeschäfte wieder von Soldatenkaisern übernommen. Aber die ersten von ihnen schienen den Gefahren, die dem Imperium von innen und von außen drohten, nicht gewachsen zu sein. Philipp der Araber (244-249) versuchte zunächst, von diesen Gefahren abzulenken, indem er in Rom das tausendjährige Bestehen der Stadt feiern ließ. Decius (249-251), ein Landsmann des Maximinus, stürzte ihn und fiel dann selbst im Kampf gegen germanische (gotische) Stämme, die auf römisches Gebiet vordrangen. Sein Nachfolger Gallus (251-253) mußte sich nicht nur ähnlicher Germaneneinfälle erwehren, sondern hatte es auch mit einer über längere Zeit wütenden Seuche zu tun, wahrscheinlich der Pest. Als die wirtschaftliche Lage in der Folgezeit immer schwieriger wurde, geriet Valerian (253-260)

---

* Siehe S. 390 f.

in persische Gefangenschaft. Sein Sohn, Gallienus (253-268), sein Mitregent und Nachfolger, hatte es schließlich mit allen nur denkbaren innen- und außenpolitischen Schwierigkeiten zu tun.

Die innenpolitischen Probleme während dieser ganzen Periode entstanden vor allem dadurch, daß es immer häufiger zu Meutereien kam, deren Anführer die kaiserliche Macht an sich zu reißen versuchten. Von 218 bis 268 haben etwa 50 Usurpatoren den Kaisertitel für sich in Anspruch genommen, und zwar entweder in Rom selbst oder in einer der Provinzen. Von den 27 »rechtmäßigen« Kaisern im 3. Jahrhundert n. Chr. (soweit man sie von den Usurpatoren unterscheiden kann) wurden 17 von ihren eigenen Leuten ermordet – bis auf einen alle von ihren Soldaten – und zwei zum Selbstmord gezwungen. Immer wieder ernannten die Soldaten an irgendeinem Standort einen neuen Kaiser, wobei in fast allen Fällen der Vorgänger getötet wurde. Und das wiederholte sich so regelmäßig, daß es lächerlich und tragisch zugleich war.

Die Armeen an der Donau waren die stärksten, und im Verlauf der sich oft wiederholenden Bürgerkriege dieser Epoche war es meistens ihr Kandidat, der auf den Thron kam. Maximinus I. diente zwar zur Zeit seiner Thronbesteigung bei einer anderen Armee, hatte aber vorher in der Donauarmee gedient und war von einem Verband seiner Heimat nominiert worden. Auch Decius, der von einer italischen Familie abstammte, war im Donaugebiet geboren. Aber keiner von beiden blieb lange an der Macht. Die erfolgreichen Kaiser aus dieser Region sollten erst später kommen. Doch schon zu jener Zeit kamen aus dem Donaugebiet die besten Offiziere und Soldaten. Wenn sie nicht gerade damit beschäftigt waren, einen ihrer Landsleute zum Kaiser zu machen, verhielten sie sich patriotischer als die Truppen anderer Regionen. Sie waren stolz darauf, die Grenzen des Imperiums zu verteidigen, und überzeugt, daß sie mit ihrer engeren Heimat auch Italien und Rom vor feindlichen Überfällen schützten.

Anders als zu Beginn der Kaiserzeit waren die am Rhein stehenden Armeen schwächer als die an der Donau. Sie fühlten sich daher gegenüber den Donaulegionen von Rom vernachlässigt und erachteten die Haltung der römischen Regierung insofern als falsch, als sie sie daran hinderte, angesichts der Bedrohung durch die germanischen Stämme die Grenze des Imperiums wirksam verteidigen zu können. Deshalb riefen sie während einer schweren Krise Postumus (259-268) zu ihrem Kaiser aus. Er ernannte in Augusta Treverorum (Trier an der Mosel) von Rom unabhängige Konsuln und bildete seinen eigenen Senat. Seiner Regierung schloß sich nicht nur Gallien an, sondern auch Britannien und Spanien, und unter seiner sowie der Herrschaft seiner Nachfolger wurde aus Westeuropa ein großer separatistischer Staat, der mit Rom einen sogenannten kalten Krieg führte, in dessen Verlauf es von Zeit zu Zeit auch zu offenen Feindseligkeiten kam.

Die nach der Armee an der Donau zweitstärksten römischen Verbände standen im Osten, und auch sie ernannten ihre eigenen Herrscher. Der Großneffe einer syrischen Kaiserin, Elagabalus (218-222), war zum Beispiel ein Kandidat der Soldaten des Ostheeres in Syrien. Später sind noch mehrere Kaiser und Thronprätendenten von den Armeen im Osten nominiert worden, darunter auch der Sohn eines arabischen Häuptlings, Philipp der Araber (244-249).

Aber die energischsten, ausdauerndsten und gefährlichsten orientalischen Dissidenten kamen aus der Oasenstadt Palmyra (Tadmor) an der Grenze zwischen Syrien und Mesopotamien. Palmyra war Anfang des 1. Jahrhunderts n. Chr. von Rom annektiert worden, besaß eine gute Wasserversorgung und lag an einem wichtigen Verkehrsknotenpunkt in der Wüste. Seit der Regierungszeit des Severus spielten die von dort stammenden, ausgezeichneten berittenen Bogenschützen eine wichtige Rolle bei der Verteidigung der Grenzen. Die Bedeutung von Palmyra erhöhte sich, nachdem die Parther von den noch gefährlicheren Persern besiegt worden waren, denn in dieser Lage war eine solche Grenzbastion für die Römer unersetzlich. Unter Gallienus übernahm der dortige Herrscher Odenathus sogar als fast unabhängiger Verbündeter Roms den militärischen Befehl über das ganze römische Verteidigungssystem im Osten. Als er jedoch 266/267 einem Mordanschlag zum Opfer fiel, erklärte seine begabte und gebildete Witwe Zenobia ihre Unabhängigkeit und dehnte ihren ursprünglichen Herrschaftsbereich in Syrien und Mesopotamien durch die Annexion Ägyptens und eines großen Teils von Kleinasien weiter aus. Im Anschluß daran ließ sie sich mit dem Namen Augusta zur Kaiserin von Rom ausrufen und ernannte ihren Sohn zum Augustus (270 n. Chr.).

Der Zerfall des Imperiums, von dem Zenobia und Postumus riesige Gebiete abgetrennt hatten, konnte kaum noch weiter gehen. Dazu hatte er zu einer Zeit begonnen, als die äußeren Feinde Roms stärker und angriffslustiger waren als je zuvor. Die Lage an der Ost- und Nordgrenze, die sich schon 40 bis 50 Jahre früher erheblich verschärft und tiefe Besorgnis ausgelöst hatte, wurde immer bedrohlicher.

Noch zu Beginn des vorangegangenen Jahrhunderts war die Lage im Osten günstiger, denn die mit Rom verfeindeten Parther waren wesentlich geschwächt worden. Das war zum Teil die Folge der häufigen kriegerischen Auseinandersetzungen mit den Römern. Besonders der Einfall des Severus hatte ihren Einfluß auf die bis dahin von ihnen abhängigen Nachbarstaaten beeinträchtigt. Einer dieser Staaten war Persis (Fars) im Süden des chauvinistischen Iran. 223-226 fiel der Sassanidenfürst Ardasher (Artaxerxes), der das weite Gebiet zwischen dem Persischen Golf und Isfahan beherrschte, im Reich der Parther ein und stürzte den letzten parthischen Monarchen. Die Sassaniden, die nun an seiner Stelle die Herrschaft übernahmen, residierten in Ktesiphon in Babylonien, aber das religiöse Zentrum war eine heilige Stadt in der Nähe von Persepolis auf persischem Gebiet, da, wo 800 Jahre früher die berühmten persischen Könige regiert hatten.

Die Sassaniden pflegten stolz diese alte Tradition, übernahmen aber auch bereitwillig parthische Einrichtungen. Doch der neue Staat war viel mächtiger und wurde zentralistischer regiert als das Partherreich. Das Nationalbewußtsein der Perser war sehr ausgeprägt, und sie beanspruchten die Herrschaft in allen Ostgebieten als das Erbe ihrer mächtigen Vorfahren. Diese Aggressivität, die sich auf eine straffe Zentralverwaltung stützte, wirkte sich sehr negativ auf die strategische Lage Roms aus, das sich in diesem Fall einer ebenso gefährlichen militärischen Bedrohung gegenübersah wie im Norden durch die Germanen. Die persische Armee hatte ihre gepanzerten Reiterverbände durch neue, aus Adligen bestehende Einheiten verstärkt und war die modernste Offensivarmee ihrer Zeit. Den Römern war es nicht gelungen, das militärische Gleichgewicht gegenüber diesem neuen Feind herzustellen oder mit den Persern für beide Seiten befriedigende Vereinbarungen zu treffen. Bisher waren die militärischen Operationen Roms im Osten in gewissem Sinne ein Luxus gewesen, den sich die Kaiser geleistet hatten. Nun wurden sie zu einer dringenden, aber kostspieligen Notwendigkeit.

Nach heftigen, aber zunächst unentschiedenen Kämpfen im Grenzgebiet nahm Schapur I. (Sapor) (ca. 234-270) den provokanten Titel »König der Könige von Iran und Nicht-Iran« an. Er war der gefährlichste Gegner, mit dem es die römischen Kaiser bisher zu tun gehabt hatten. Jahr für Jahr stieß er tief in das Gebiet der römischen Ostprovinzen vor, und im ersten Jahr seiner Regierungszeit unternahm er drei größere Feldzüge. Dabei überrannte er ganz Mesopotamien und Armenien und vertrieb die Römer zeitweilig sogar aus der syrischen Hauptstadt Antiochia. Während des letzten dieser Feldzüge geriet der römische Kaiser Valerian 260 n. Chr. sogar in der mesopotamischen Stadt Edessa (Urfa in der Südosttürkei) in persische Gefangenschaft. Diese unrühmliche Episode wurde natürlich von der persischen Propaganda entsprechend ausgeschlachtet. Valerian brachte den Rest seines Lebens als Gefangener des persischen Königs zu. Seinem Sohn Gallienus gelang es nicht, den Vater zu befreien – vielleicht hat er es auch nicht versucht. Der einzige Trost für die Römer war der Umstand, daß Schapur I. ein Bündnisangebot des Befehlshabers im Osten, Odenathus von Palmyra, ablehnte. Diese Entscheidung und die barbarische Behandlung der von Schapur eroberten römischen Gebiete durch die Perser hatten zur Folge, daß Rom diese Provinzen schließlich zurückerobern konnte.

Zur gleichen Zeit verschlechterte sich die Lage der Römer am Rhein und an der Donau. Es war zwar schon seit Jahren an den Ufern beider Flüsse häufig zu Kämpfen gekommen, aber nun erschienen neue germanische Stämme auf dem Kriegsschauplatz, die viel gefährlicher waren als alle, mit denen es Rom bisher zu tun gehabt hatte. Es waren die Goten, die noch vor Beginn unserer Zeitrechnung ihre skandinavische Heimat verlassen hatten und an den Unterlauf der Weichsel gezogen waren. Im Verlauf des 2. Jahrhundert n. Chr. sahen sie sich durch die verschiedensten Umstände gezwungen, sich in südwestlicher Richtung weiterzubewegen, bis sie sich in der Nähe der Donaumündung niederließen. Auf dem Zuge dorthin hatten sie sich kulturell weiterentwickelt und einen gewissen politischen Zusammenhalt gefunden. Zwar waren sie militärisch unerfahren und kannten die Taktik der Belagerung nicht, übernahmen aber im Laufe der Zeit doch bestimmte Methoden der Kriegsführung von den Römern.

In den Jahren um 230 n. Chr., als die Lage in den Ostprovinzen immer bedrohlicher wurde, begannen die Goten über den Unterlauf der Donau hinweg auf römisches Gebiet vorzustoßen, und die Römer versuchten, sie mit Subsidien zu beschwichtigen. Doch während des folgenden Jahrzehnts stellte Rom seine Zahlungen ein. Wahrscheinlich haben die Römer das Geld dafür nicht mehr aufbringen können. Die darüber erzürnten Goten überschritten nun, ermutigt durch andere Unruhen im Inneren des Imperiums, den Fluß und drangen tief auf den Balkan vor (248). Der Befehlshaber der Donauarmeen, Decius, brachte dem Gegner so schwere Niederlagen bei, daß seine Truppen ihn im folgenden Jahr zum Kaiser ausriefen. Aber der Versuch, die militärische Abwehr an der Donaufront zu verstärken, erwies sich als unzureichend, denn die Goten hatten in ihrem König Kniva einen strategisch hochbegabten Führer, der für Rom eine ebenso große Bedrohung darstellte wie Schapur am anderen Ende des Reiches. Seinen großen Triumph erlebte Kniva in den Sümpfen bei Abritus (in der Nähe von Razgard, westlich von Varna), wo er die Truppen des Decius vernichtend schlug und der Kaiser selbst den Tod fand.

Die beiden mächtigen Feinde an den äußeren Grenzen des Reiches im Norden und Osten, die Germanen und die Perser, nutzten jeweils die Angriffe des anderen gegen die Römer und verwickelten sie so in einen langen, ungeheuer verlustreichen Zweifrontenkrieg, neben dem alle bisherigen Grenzkriege nur unbedeutende Plänkeleien waren. Während die Perser den Ostteil des Reiches eroberten und die Verteidigungskraft Roms durch Aufruhr und Seuchen (vielleicht die Pest) geschwächt wurde, zogen die Goten und andere Stämme plündernd und sengend durch den Balkan und stießen sogar bis in das zentrale Hochland Kleinasiens vor (253). Darüber hinaus bemächtigten sie sich in den griechischen Küstenstädten der Schiffe und eroberten die wichtigsten Schwarzmeerhäfen, was für die

Getreideversorgung Roms katastrophale Folgen hatte. Andere germanische Stämme schlossen sich ihnen mit Angriffen an Rhein und Donau an, darunter die mächtigen Stämme der Franken, die die römischen Verteidigungsanlagen am Rhein durchbrachen, Gallien und Spanien überrannten und bis nach Nordafrika kamen.

Da es einem Befehlshaber allein nicht mehr möglich war, die Abwehrkämpfe an beiden Fronten gleichzeitig zu leiten, wurden die kaiserlichen Armeen in den Gebieten, die Rom noch geblieben waren, auf zwei Befehlshaber aufgeteilt. Das war der erste Schritt auf dem Wege zur Aufteilung des Reiches in ein östliches und ein westliches. Valerian übernahm das Kommando im Osten und Gallienus das im Westen. Als Valerian in persische Gefangenschaft geraten war, kämpfte Gallienus weiter. In seinem letzten Lebensjahr (268) stellten die Goten an der Dnjestrmündung eine starke Armee und Flotte auf, wobei sie sich der Heruler bedienten, eines germanischen Stammes, der von Skandinavien kommend sich am Schwarzen Meer niedergelassen hatte, und suchten erneut Griechenland und Kleinasien heim. Schwer mit Beute beladen kehrten sie auf dem Landweg über den Balkan zurück. Dadurch war das Römische Reich seiner vollständigen Auflösung so nahe wie nie zuvor.

Die Rückgewinnung der militärischen Schlagkraft

Die nun folgende erstaunliche Entwicklung wurde mit einer radikalen Heeresreform des Gallienus eingeleitet. Von nun an waren die Offiziere Berufssssoldaten und brauchten keine Senatoren mehr zu sein. Vor allem aber stellte Gallienus eine neue, bewegliche, aus Reitern bestehende strategische Streitkraft auf, die zum ersten Mal in der bisher vorwiegend aus Infanterie bestehenden kaiserlichen Armee grundlegende Bedeutung erlangte. Das Hauptquartier der neuen Streitmacht befand sich in Mediolanum (Mailand), das nun die Funktion eines vorgeschobenen Regierungssitzes des Imperiums hatte. Mit einer solchen Truppenkonzentration in Italien nahm Gallienus einen Gedanken des Severus wieder auf, der schon früher eine Legion auf italienischem Boden stationiert hatte. Diese Maßnahme sollte später weitreichende Folgen haben: militärische, weil dem Kaiser nun eine starke Reserve zur Verfügung stand, und politische, weil Rom nicht mehr unbedingt als das Zentrum der Welt angesehen wurde. Aber eine solche Streitmacht barg trotz der damit verbundenen strategischen Vorteile auch ein großes Sicherheitsrisiko in sich, was sich bestätigte, als ihr erster Befehlshaber versuchte, sich zum Kaiser zu machen, und als ihr zweiter, der künftige Kaiser Aurelian, sich an die Spitze eines Aufruhrs stellte und Gallienus ermorden ließ.

Noch kurz vor seinem Tode hatte Gallienus mit seiner neuen Armee einen großen Sieg über seine äußeren Feinde errungen. Er griff die Goten an, als sie durch den Balkan nach Norden zogen, und besiegte sie in der blutigsten Schlacht des Jahrhunderts bei Naissus (Niš in Jugoslawien), wo 50 000 feindliche Soldaten fielen (268). Als bald darauf die Alamannen nach Italien vorstießen, schlug sie sein aus dem Donauraum stammender Nachfolger Claudius II. (268-270) am See Benacus (Gardasee) und warf anschließend die Goten nieder, was ihm den Ehrentitel Gothicus eintrug. Wenig später starb er an einer Seuche. Schließlich wurden die Goten von dem noch tüchtigeren Befehlshaber Aurelian, der den Beinamen *manu ad ferrum* (mit der Hand am Schwertgriff) trug, endgültig vertrieben. Indessen waren andere germanische Stämme über den Brenner nach Süden gezogen, doch Aurelian schlug sie in zwei Schlachten in Norditalien bei Fanum Fortunae (Fano) und vor der Festung Ticinum (Pavia).

Anschließend wendete er sich gegen die Königin Zenobia von Palmyra, eroberte Kleinasien und Ägypten zurück und brachte diese Gebiete wieder unter römische Herrschaft. Er besiegte den Heerführer der Königin in zwei Schlachten in Syrien (271). Palmyra selbst fiel in seine Hand. Der Aufstand, zu dem es daraufhin kam, wurde von Aurelian niedergeschlagen, und er ließ Zenobia in goldenen Ketten in seinem Triumphzug mitführen. Neben ihr ging Tetricus, der letzte König des Splitterstaates von Postumus im Westen. Nach dem Sieg im Osten begab sich Aurelian geradewegs nach Gallien und schlug dort die Rebellenarmee auf den Katalaunischen Feldern (bei Châlons-sur-Marne), nachdem Tetricus seine Truppen verlassen und sich ihm angeschlossen hatte (274).

Doch Aurelian wußte nur allzu gut, daß noch nicht alle Gefahren gebannt waren. So baute er eine neue Verteidigungsanlage um die Stadt Rom, die alle Stadtteile einschloß, die seit dem Bau des letzten Walles, 600 Jahre früher, hinzugekommen waren. Er erkannte auch, daß die Verteidungsstellungen an der unteren Donau, die immer wieder von Barbarenstämmen überrannt wurden, keinen sicheren Schutz mehr boten, weshalb er die zur Regierungszeit Trajans dem Imperium einverleibte Provinz Dacia aufgab und die Grenze an den Fluß zurückverlegte, um sie zu verkürzen und besser zu befestigen. Bald darauf wehrte Probus (276-282), ebenfalls ein Soldat der Donauarmee, einen massiven, in drei Stoßrichtungen erfolgenden germanischen Angriff gegen Gallien ab und vertrieb die Vandalen aus dem Balkan. Sein Prätorianerpräfekt Carus, der ihm als Kaiser folgte (282-283), führte einen weiteren Feldzug gegen die germanischen Stämme im Norden und ging dann nach Osten, um gegen die Perser zu kämpfen. Im Verlauf dieses Krieges besetzte er sogar zeitweilig ihre Hauptstadt Ktesiphon.

Im Zeitraum von nur 15 Jahren hatte sich die militärische

Lage innerhalb und außerhalb des Imperiums so verändert, daß sie kaum wiederzuerkennen war. In dieser Zeit hatte das römische Herr die erstaunlichsten Leistungen vollbracht, die es auf diesem Gebiet in der ganzen römischen Geschichte zu verzeichnen gibt. Rom hatte sich anscheinend in einem so fortgeschrittenen Zustand des Verfalls befunden, daß eine Rückgewinnung der alten Machtstellung nur schwer vorstellbar war. Aber die ungewöhnliche Begabung und Tüchtigkeit einer Reihe von Heerführern aus der Donauarmee, die zu den besten Truppenführern gehörten, die Rom je hervorgebracht hat, erreichte das scheinbar Unmögliche, so daß das Imperium gerettet wurde.

Der wirtschaftliche Zusammenbruch

Aber die Wiedererstarkung Roms hatte zu einer Zeit stattgefunden, als die Wirtschaft völlig zerrüttet war. Das machte diese Entwicklung um so erstaunlicher, forderte aber auch von den Menschen unvorstellbare Opfer. Zu Beginn des Jahrhunderts hatten Severus und Caracalla von der Zivilbevölkerung den Verzicht auf alle Annehmlichkeiten eines höheren Lebensstandards verlangt, um die Loyalität der Soldaten zu sichern. Und in dieser Hinsicht hatte sich die Politik nicht geändert.

Im Gegenteil, die Schwierigkeiten waren infolge des Zusammenbruchs des Zahlungssystems weiter gewachsen. In alter Zeit hatte man verlangt, daß die Münzen aus Edelmetall soviel Silber oder Gold enthielten, wie es dem offiziellen Münzwert entsprach, und die Öffentlichkeit lehnte die Annahme von Gold- und Silbermünzen ab, die diese Bedingungen nicht mehr erfüllten. Aber die Regierung befand sich in so großer finanzieller Not, daß sie leichtere Münzen herausgeben mußte und Silberlegierungen verwendete. Das war zwar schon seit längerer Zeit geschehen, aber im 3. Jahrhundert n. Chr. wurde es so auffällig, daß die Menschen das verfälschte Geld, mit dem der Markt überschwemmt wurde, nicht mehr annehmen wollten. So nahm die Inflation, auch nach heutigen Maßstäben, ein unglaubliches Maß an. Von 258-275 stiegen die Preise in vielen oder sogar den meisten Teilen des Imperiums trotz eines Versuchs von Aurelian, den Münzwert zu stabilisieren, um fast 1000 Prozent. Die Folge war, daß die ohnedies unter Kriegen und Seuchen schwer leidende Bevölkerung völlig verarmte.

Der Lohn der Soldaten wie auch der von anderen Beamten war praktisch wertlos geworden und mußte durch massive Geschenke oder einmalige Sonderleistungen aufgewogen werden. Doch um diese Sonderzuwendungen aufbringen zu können, mußte die Regierung die Steuern erhöhen. Das ließ sich mit der Grundsteuer und der Kopfsteuer, die normalerweise von den Provinzbewohnern zu entrichten waren, kaum mehr machen. Diese Steuerlasten waren in einem Agrarstaat wie dem römischen ungerecht verteilt, weil sie sich nicht nach der Höhe des Einkommens richteten, und in wirtschaftlich schwierigen Zeiten konnte ein bestimmter Steuersatz nicht überschritten werden. Deshalb erhoben die Kaiser nun eine besondere Einkommenssteuer, das sogenannte Krongeld. Diese wahrscheinlich von Caracalla eingeführte Sondersteuer ging auf einen republikanischen Brauch zurück, nach dem die Bürger das Gold für die Krone eines Triumphators stifteten. Jetzt wurden aus dem Gold anstelle der Krone Münzen hergestellt. Doch der ungeheure Preisanstieg konnte mit all diesen Steuern nicht ausgeglichen werden, und die Summen, die man für die Bezahlung der Soldaten brauchte, überstiegen bei weitem die Steuereinnahmen. Deshalb suchte die römische Regierung seit der Regierungszeit des Severus andere Geldquellen zu erschließen. Wo es möglich war, wurde

Privatbesitz konfisziert. Außerdem trieb man einen Teil der Steuern in Form von Naturalien ein (*annona militaris*). Das war in Notzeiten auch schon früher geschehen, wurde nun aber systematischer betrieben. Die vom Staat eingetriebenen Waren wurden an die Truppen in Form von Bekleidung, Verpflegung, Waffen und Ausrüstung ausgegeben. Da der Wert des Geldes ständig abnahm, machten diese Zuwendungen sehr bald den größten Teil des Lohnes für die Truppen aus.

Im vorangegangenen Jahrhundert waren die Kosten für die Verpflegung und Ausrüstung den Soldaten von ihrem Lohn abgezogen worden, aber angesichts der rapiden Geldentwertung geschah das nun nicht mehr. Die Zivilbevölkerung, die diese Güter zur Verfügung stellen mußte, wurde zunächst dafür bezahlt, und wir besitzen noch schriftliche Unterlagen über solche Transaktionen aus den Jahren um 230. Aber die Regierung bezahlte diese Lieferungen weit unter dem Preis, der auf dem freien Markt hätte erzielt werden können. Doch im Laufe der Zeit stellte die Regierung auch diese Zahlungen ein, und Mitte des 3. Jahrhunderts n. Chr. wurden die erzwungenen Versorgungslieferungen für die Armee nicht mehr vergütet.

Seit der Regierungszeit des Severus hatte außerdem jede Provinz die dort stationierten Truppen mit Lebensmitteln zu beliefern. Die Grundbesitzer trieben diese landwirtschaftlichen Erzeugnisse von ihren Pächtern ein, und die Beamten in den Städten mußten dafür sorgen, daß jeder Bürger das von ihm Geforderte aufbrachte. Besonders schlimm war es, daß die Höhe der Lieferungen immer wieder neu festgesetzt wurde und die Bevölkerung daher nicht wußte, welche Leistungen sie bei der nächsten Ablieferung zu erbringen hatte. Es sind Inschriften erhalten, die die Unzufriedenheit dieser Menschen dokumentieren, die sich verzweifelt gegen solche Zwangsmaßnahmen gewehrt haben.

Auf den ersten Blick mag es befremden, daß es einem so großen Imperium nicht möglich gewesen ist, eine 250 000 bis 500 000 Mann starke Armee zu unterhalten, ohne Maßnahmen zu ergreifen, die an ein frühzeitliches Wirtschaftssystem erinnern, in dem es noch kein Geld gab. Doch zur Zeit, da das Geld kaum noch einen Wert hatte, ließ sich die Armee nur noch mit diesen primitiven Methoden versorgen. In der technologisch noch rückständigen römischen Welt waren die Herstellung und der Transport von Lebensmitteln, Bekleidung und Ausrüstung sehr kostspielig. Die Soldaten brauchten diese Dinge aber in großer Menge, und sie ließen sich nur beschaffen, wenn die Bevölkerung sie zur Verfügung stellte. Es ging auch nicht nur darum, die Armee zu versorgen, sondern auch die Zivilbeamten und die Bevölkerung von Rom mußten ernährt und bekleidet werden – und wenn die Haupstadt auch keine große politische Bedeutung mehr hatte, so nahmen ihre Bewohner doch noch eine Sonderstellung als privilegierte »Parasiten« ein.

Den großen Soldatenkaisern aus dem Donauraum war es trotz dieser außerordentlichen wirtschaftlichen Schwierigkeiten gelungen, das militärische Gleichgewicht beiderseits der Grenzen des Imperiums wiederherzustellen. Das war eine erstaunliche Leistung. Dabei wurde allerdings die Bevölkerung – wenigstens außerhalb der Hauptstadt – geradezu unerträglichen Belastungen ausgesetzt.

17 Die Blütezeit des nichtchristlichen Imperiums

Der Stoizismus des Marc Aurel

Es wäre jedoch ganz falsch, wollte man diese turbulente Epoche nur als eine Zeit militärischer und wirtschaftlicher Krisen betrachten. Im Gegenteil, es war auch eine Periode großer geistiger Leistungen, und in mancher Hinsicht stellte sie sogar den Höhepunkt in der Entwicklung der heidnischen Welt dar.

Den Grundton hatte zu Beginn dieser Epoche Kaiser Marc Aurel angegeben. Er gehörte zu den wenigen Herrschern in der Geschichte der Menschheit, deren literarische Leistungen die politischen weit in den Schatten stellen. In seinen »Selbstbetrachtungen«, die später unter dem Titel *Meditationes* bekannt geworden sind, enthüllt der Kaiser, was ihn zutiefst bewegt. Es ist das berühmteste Buch, das ein Monarch jemals geschrieben hat. Die in griechischer Sprache verfaßten Selbstgespräche waren als persönliche Aufzeichnungen gedacht, und ihr Autor wollte diese Zeugnisse der Selbstprüfung und Selbstermahnung nie veröffentlichen.

Marc Aurels Haltung ist streng, er entschuldigt menschliche Schwächen nicht, sondern verlangt kompromißlos, die als richtig erkannten Grundsätze in die Tat umzusetzen. Der Mensch muß vorwärtsstreben und sich geduldig und ausdauernd um die Verwirklichung seiner höchsten Ideale bemühen. Er soll sich nach innen wenden, stark sein, von seinen Gaben und Fähigkeiten den richtigen Gebrauch machen, sich auf diese Weise selbst erneuern und den Mut finden, dieses Dasein zu tragen. Das Leben Marc Aurels war durch schwere persönliche Prüfungen gekennzeichnet. Er sagt, das Leben sei nur kurz und vergänglich und der Mensch ein flüchtiger Gast in einem fremden Land. Wir aber sollten, solange dieses Leben dauert, unsere Mitreisenden auf diesem Weg so verantwortungsbewußt, selbstlos und nachsichtig behandeln wie nur irgend möglich. Diese Haltung entspricht im großen und ganzen der alten Lehre der Stoa, aber keiner ihrer bisherigen Vertreter, auch nicht Seneca oder der jüngere, wortgewaltige, lahme ehemalige Sklave Epiktetos (ca. 55-135) aus Kleinasien, hatte bis dahin die strengen moralischen Grundsätze und gesellschaftlichen Forderungen dieser Philosophie mit solcher Härte und Dringlichkeit darzustellen gewußt. Marc Aurel war zwar ein Fatalist und glaubte, daß vieles vorherbestimmt sei und sich nicht ändern ließe, aber er erklärt doch, daß wir kraft unseres Willens manches ändern und bessern können und daß es notwendig sei, diesen Willen zu disziplinieren und in der richtigen Weise einzusetzen. Wir hätten, wie es die Stoiker immer gesagt haben, alle einen göttlichen Funken in uns, und deshalb sei es nur natürlich und recht, wenn wir uns gegenseitig als Brüder und Schwestern betrachteten, die einander mit Achtung und Liebe begegnen müßten als Mitglieder eines einzigen Kosmos, dessen irdische Manifestation trotz aller Unvollkommenheiten für den Kaiser das römische Imperium war.

Marc Aurel war bestrebt, diesen Idealen durch eine äußerst asketische Haltung, die für den Beginn der nun folgenden Periode typisch war, Nachdruck zu verleihen. Nirgends finden wir so leidenschaftliche Angriffe gegen die immer wieder im Menschen aufflackernden Begierden, die nach seiner Auffassung durch die Sinne geweckt werden. So warnt er vor den Freuden des Auges, des Ohres, des Geschmacks und der Sexualität. Zu einer Zeit, in der sich die politische Lage von Jahr zu Jahr zuspitzte und das materielle Elend um ihn her immer bedrohlichere Ausmaße annahm, verstärkten sich seine Zweifel an sich selbst. So blieb ihm nichts anderes übrig, als gegen seine depressiven Stimmungen und die Verachtung anzukämpfen, die er gegenüber Menschen und Dingen empfand, die er ablehnte. Das läßt ihn uns noch menschlicher erscheinen als die anderen Stoiker des klassischen Altertums. Er hat die sonst in der Antike oft anzutreffende Begeisterung für große materielle Leistungen und für unbegrenzte Macht weit hinter sich gelassen. Was jedoch das Streben nach Verwirklichung humaner Grundsätze betrifft, die in einer konsequent sittlichen Lebensführung zu finden sind, so bezeichnet das Glaubensbekenntnis des Marc Aurel den geistigen Höhepunkt des klassischen Heidentums und des römischen Imperiums.

Ein Zeitalter der großen Rechtsgelehrten

Das goldene Zeitalter des römischen Rechts hatte Anfang des Jahrhunderts unter Hadrian begonnen, und Marc Aurel hat viel getan, diese Entwicklung voranzubringen. Sein Rechtsberater Quintus Cervidius Scaevola war ein bekannter Jurist, der umfangreiche Aufzeichnungen hinterlassen hat. Die Rechtsgelehrten hatten erst seit kurzem damit begonnen, ihre Kommentare schriftlich festzuhalten. Diese Gewohnheit entsprach mehr der griechischen als der römischen Tradition. Viele Juristen stammten damals aus dem Osten, und obwohl das für Cervidius wahrscheinlich nicht zutrifft, bezieht er sich in seinem Werk häufig auf Fälle aus den Ostprovinzen.

Cervidius war auch der Lehrer des Kaisers Severus. Zu seiner Regierungszeit trat das goldene Zeitalter des römischen Rechts in seine zweite Phase, die vielleicht nicht ganz so fruchtbar gewesen ist wie die erste, in der jedoch die geltenden Grundsätze auf allen Gebieten ausgearbeitet und niedergeschrieben worden sind. Damit entstand das für die Nachwelt bedeutendste geistige Erbe Roms. Durch diesen schriftlichen Nachlaß erhalten wir ungewöhnlich aufschlußreiche Einblicke in die Geheimnisse des römischen Regierungs- und Verwaltungsapparates. Severus hat außerdem – dem Beispiel einiger Vorgänger folgend – die hervorragendsten Juristen seiner Zeit (einige von ihnen gehören zu den größten aller Zeiten) zu seinen Prätorianerpräfekten ernannt und ihnen wichtige Funktionen in der Rechtsprechung übertragen. Das betraf sowohl die direkte Rechtsprechung als auch die Berufungspraxis. Außerdem leiteten diese Männer die Finanzpolitik des Imperiums.

Der vielleicht aus Syrien oder Nordafrika stammende Papinian war von 203-212 Prätorianerpräfekt und ist der bekannteste römische Rechtsgelehrte. Von ihm stammt zwar keine zusammenhängende Abhandlung, aber er hat eine umfangreiche Sammlung von Gerichtsentscheidungen und ihren Begründungen angelegt. Als selbständiger Denker, der auch bereit war, seine eigene Meinung zu revidieren, und als Meister der knappen und exakten lateinischen Sprache gelangte er zu originellen und wohlbegründeten Lösungen juristischer Fragen, bei denen es ihm vor allem auf die Gleichheit vor dem Gesetz und auf Menschlichkeit ankam. Ulpian aus Tyros in Phönizien war von 222-223 Präfekt. Sein das ganze Spektrum der Rechtspflege umfassendes, umfangreiches Werk zeichnet sich durch Sachlichkeit, Objektivität und Klarheit der Gedanken aus, und es ist bewundernswert, mit welcher Leichtigkeit er die gewaltige Fülle dieses komplizierten Stoffes beherrschte. Ein weiterer Prätorianerpräfekt jener Zeit war Paulus. Sein schriftlicher Nachlaß ist der umfangreichste und enthält die *sententiae* (Rechtsmeinungen). Seine uns noch erhaltenen Schriften sind möglicherweise eine aus seinen Büchern zusammengestellte Anthologie, die auch Kommentare aus späterer Zeit enthält. Obwohl Paulus von Ulpian an Präzision übertroffen wird, scheint er ausführlicher, selbständiger und überzeugender zu argumentieren als dieser.

Als die Rechtsgelehrten unter Justinian 300 Jahre später in den *Digesten* eine Zusammenfassung des römischen Rechts erarbeiteten, stammte mehr als die Hälfte des Inhalts direkt oder indirekt von Papinian, Ulpian und Paulus.

Aber immer noch wurde vor dem Gesetz zwischen den Angehörigen der gesellschaftlichen Oberschicht, den *honestiores*, und den Angehörigen der Volksmasse, den *humiliores*, unterschieden, und diese Ungleichheit mag sogar noch größer geworden sein. Doch haben, so paradox das klingen mag, die Rechtsgelehrten damals in mancher anderen Hinsicht eine sehr aufgeklärte Haltung eingenommen. So waren sie einerseits bestrebt, an den vom römischen Recht grundsätzlich geschützten Institutionen festzuhalten, an der Familie, dem Privatbesitz und der Unantastbarkeit der Verträge, haben aber andererseits diese Begriffe in einem philanthropischen und demokratischen Sinne modifiziert und dabei besondere Rücksicht auf das menschliche Leiden genommen, für das es zu jener Zeit so viele Beispiele gab. Ulpian erklärte zum Beispiel, daß alle Menschen frei geboren seien. Die Sklaverei war nach seiner Auffassung etwas Unnatürliches. Darüber hinaus verstärkten sich die schon bestehenden Tendenzen, die Armen, Schwachen und Wehrlosen zu schützen.

Diese Bestrebungen waren jedoch nicht ausschließlich und auch nicht in erster Linie Ausdruck humanitärer Verantwortung, sondern es sollten alle Anlässe für die Unzufriedenheit und Illoyalität der Bevölkerung ausgeschaltet und es sollte dafür gesorgt werden, daß sich alle Schichten bereit fanden, dem Staat zu dienen und die schweren Steuerlasten zu tragen. Diesen fiskalischen Aspekt hat Caracalla besonders berücksichtigt, als er die berühmteste gesetzliche Verordnung des klassischen Altertums, die *con-*

stitutio Antoniniana (212/13) erließ. Sie verlieh (trotz der von Ulpian vertretenen Auffassung) praktisch der gesamten Bevölkerung des Imperiums mit Ausnahme der Sklaven das römische Bürgerrecht, dessen sich bisher nur die Bewohner Italiens und eine elitäre Minderheit der Provinzbewohner erfreut hatten. Der Zweck dieser Maßnahme war es, die Zahl derjenigen zu erhöhen, die die indirekten Erbschaftssteuern und die Abgaben für eine Sklavenbefreiung bezahlen mußten, denn diese Steuern wurden nur von römischen Bürgern erhoben. Die Verleihung des Bürgerrechts an alle Freien war daher durchaus nichts Sensationelles. Außerdem hatten sich die Unterschiede zwischen Bürgern und Nichtbürgern im Verlauf der vergangenen 100 Jahre stark verwischt. Das hatten auch die Juristen erkannt und gaben deshalb die strenge Trennung dieser beiden Gesellschaftsklassen auf. Das Gesetz des Caracalla war zwar insofern eine dramatische Entscheidung, als es endgültig mit einer alten Tradition brach, aber es war nicht epochemachend im Sinne eines allmählich fortschreitenden und schon weit vorangekommenen Prozesses der Vereinheitlichung.

Eine Vereinheitlichung und ein konkreter Fortschritt auf dem Wege zur Herstellung einer wirklichen Gleichberechtigung zeigten sich auch in der deutlichen Verbreitung des höheren Schulwesens im gleichen 3. Jahrhundert n. Chr.

Eine neue Architektur und Porträtkunst

Die gleichen Bestrebungen fanden ihren Ausdruck auch in den für die Bevölkerung Roms geschaffenen sozialen Einrichtungen, besonders in den großartigen öffentlichen Bädern, mit deren Bau Severus begonnen hatte, die jedoch nach ihrer Vollendung den Namen seines Sohnes Caracalla trugen. Es gab zum Schluß in der von der Regierung in jeder Hinsicht bevorzugten Hauptstadt elf solche öffentlichen Bäder und in fast jeder größeren Stadt des Imperiums kleinere, abgewandelte Anlagen. Sie dienten den unterschiedlichsten Zwecken. Hier konnte man nicht nur in verschieden temperiertem Wasser baden, sondern es handelte sich bei diesen Einrichtungen auch um Gemeinschaftszentren, in denen viele Menschen aus allen sozialen Schichten aus vielerlei Anlässen einen großen Teil des Tages zubrachten.

Was man in den Thermalbädern des frühen Imperiums hatte finden können, gab es nun in vergrößertem Maßstab in den Bädern des Caracalla, dazu aber noch eine ganze Reihe von Neuerungen. Die Anlage war von einer Mauer umgeben und enthielt Gärten, einen Sportplatz und Kunstsammlungen. Die Bäder im Hauptgebäude boten 1600 Personen Platz und waren mit Heizung, Wasserversorgung und Abflußleitungen ausgestattet. Hier gab es einen runden, mit einer Kuppel versehenen Raum für heiße Dampfbäder, und die zentrale Einrichtung des ganzen Komplexes war eine große, mit einem Kreuzgewölbe überdachte Halle mit einem Schwimmbecken. Die Halle mißt 60 mal 25 Meter, und in diesem riesigen Raum wirkt der einzelne Mensch fast wie ein Zwerg. Wenn das Ganze auch der menschlichen Bequemlichkeit dienen sollte, entsprach die Architektur jener Zeit doch nicht menschlichen Idealen, sondern war Ausdruck eines neuen Zeitalters, in dem das Individuum nur Teil des Ganzen war. Der architektonische Stil war auch insofern dem Geist des neuen Zeitalters angepaßt, als die schwere Last der Bögen mit ihrer vergrößerten Spannweite und monumentalen Wirkung nicht auf einer Reihe einzelstehender Säulen, sondern nur auf vier mächtigen Stützbalken ruht, die die Halle in drei Abteilungen aufteilen. Dabei wurde für alle Bögen und Stützpfeiler Mörtel verwendet, wodurch diese gewaltig in die Höhe strebende Bauweise erst ermöglicht wurde.

Die Architektur im 3. Jahrhundert war aber nicht die

einzige Kunst, in der man sich entschieden von den klassischen Vorbildern abgewendet hatte. Auch in der Porträtkunst zeigt sich eine ganz neue Richtung. Sie hatte schon seit langer Zeit zu den hervorragendsten Leistungen Roms gehört, und in diesen so bewegten Zeiten erreichten die Bildhauer eine Originialität und ein psychologisches Einfühlungsvermögen, wie man es bis dahin nicht gekannt hatte. Auch auf den Reliefs der Aureliussäule in Rom begegnet man einer anderen Welt als auf denen der Trajansäule; einer Welt, in der Kriege keine Militärparaden oder Triumphe mehr sind, sondern – wie Vergil das schon lange vorher gewußt hat – tragische Ereignisse, deren Grausamkeit die Menschen mit Schrecken erfüllt.

Die Bildhauer, die die Kaiser aus der Zeit um die Mitte des 3. Jahrhunderts porträtiert haben, zeigen großartige Studien ihrer von Sorgen zerfurchten Gesichter. Ihre Gesichter zeugen – und das ist sicher die Absicht der Künstler gewesen – von der fast unerträglichen Belastung des Kampfes um die Abwendung der Katastrophe. Der aus dem Donauraum stammende, hünenhafte Kaiser Maximinus I., der von den Senatoren gehaßt, aber doch ein hervorragender Truppenführer war, wird zum Beispiel in einem ungemein lebendig wirkenden Porträt dargestellt. Das kurzgeschnittene Haar ist ebenso wie der Bart mit leichten, raschen, pointillistischen Stichelhieben herausgearbeitet, und zwar in einer fast impressionistisch anmutenden Manier. Mit den gleichen künstlerischen Mitteln ist Philipp der Araber porträtiert, dessen bewegliches, mißtrauisches Gesicht mit den zusammengezogenen Brauen eine äußerst vitale Charakterstudie darstellt. Der Kopf des Decius ist übertrieben asymmetrisch modelliert, aber gerade das und die nervös blickenden Augen machen dieses auch auf zahlreichen Münzen wiederkehrende Gesicht besonders lebendig, und sein Nachfolger Gallus wird mit einer grotesk gefurchten Stirn gezeigt.

412

Anders als bei den naturalistischen Porträts aus früherer Zeit wirken die Gesichtszüge starr, und die anatomischen Formen sind in gewisser Weise verhärtet. Sie werden vereinfacht, und die Verzerrung der Züge entspricht nicht mehr der äußeren menschlichen Erscheinung, dafür aber den tieferen Regungen der Seele und ihrer inneren Beziehung zu einem in steter Bewegung befindlichen Universum. Einige Porträts vermitteln den Ausdruck intensivster Empfindungen, als zeigten sie das gequälte Antlitz eines Mystikers aus dem Mittelalter. Eine besondere Ausdruckskraft liegt in den Augen, deren nach oben gerichtete Iris und Pupille tief eingekerbt sind. Sie sind der Spiegel der Seele, der das innere Licht reflektiert. Sie sind die Tür, durch die der Betrachter in das Wesen der dargestellten Männer und Frauen eindringen kann. Diese Darstellungsweise entsprach einem Zeitalter, in dem die Qualen und Ängste des materiellen Lebens durch eine intensive Konzentration auf Geist und Seele ausgeglichen wurden.

Wir werden an den großen geistigen Erneuerungsprozeß der nichtchristlichen Welt erinnert, wenn wir die Porträtbüsten des Gallienus betrachten, denn hier wendet sich der Künstler von der militärischen Strenge ab, die seine Vorgänger ausgezeichnet hatte, und stellt ihn im Gewande des griechischen Philosophen dar. Er war der Schutzherr und Freund Plotins, des größten Philosophen, den das römische Imperium hervorgebracht hat.

Plotin, Mithras und Mani

Plotin wurde 205 n. Chr. in Oberägypten geboren, wahrscheinlich in Lykopolis. In Alexandria studierte er elf Jahre lang Philosophie und ließ sich in Rom als Lehrer nieder, nachdem er an einer kaiserlichen Expedition gegen die Perser teilgenommen hatte. In der Hauptstadt unterhielt er

413

enge Beziehungen zu dem kultivierten Hof des Gallienus und zog sich schließlich in die Campania zurück, wo er bald darauf starb (ca. 269/70 n. Chr.). Er lehrte in Form von Seminaren und Diskussionen, deren Inhalt er in einer Reihe von in griechischer Sprache geschriebenen Aufsätzen festhielt. Diese Aufzeichnungen waren für den Gebrauch seiner Schüler bestimmt. Einer von ihnen, Porphyrios aus Tyros, hat die Abhandlungen seines Lehrers in sechs Büchern, den *Enneaden*, zusammengestellt und herausgegeben. Jedes dieser Bücher enthält neun Aufsätze Plotins.

Für Plotin war das Universum eine lebendige, komplexe, geordnete Struktur, die in einer ununterbrochenen Folge von Entwicklungsphasen aus dem transzendenten Ersten Prinzip in das Dasein herabsteigt. Dieses Prinzip, die einzige immaterielle Quelle allen Seins und aller Werte, verströmt sich in einem unaufhörlichen Schöpfungsprozeß, der alle die verschiedenen Ebenen der Welt, wie wir sie kennen, in einem majestätischen und spontanen Fluß lebender Formen hervorbringt. Doch diese nach unten gerichtete Strahlung besitzt auch eine in der Gegenrichtung verlaufende Entsprechung, denn im ewigen Tanz kosmischer Kräfte gibt es auch eine nach oben gerichtete Energie, ein Aufsteigen zur Identifizierung und Vereinigung mit jenem einzigen Ersten Prinzip.

Dieses Eine, wie Plotin es begreift, liegt jenseits des Denkens, jenseits aller Definitionsmöglichkeiten und jenseits der menschlichen Sprache – es läßt sich durch Zahlen, Bewegung, Raum und Zeit nicht erfassen. Diese Kategorien verneint es. Zugleich ist es jedoch das Gegenteil jeder Verneinung, denn es ist die allumfassende Wirklichkeit und Güte, absolut und rein. Man hat gesagt, dieses Eine des Plotin sei der christlichen Gottesvorstellung näher als jeder andere von griechischen oder römischen Philosophen definierte Begriff. Aber dennoch besteht hier keine sehr große

Ähnlichkeit. Das Eine ist keine Macht wie der christliche Gott, die in das Geschehen auf der Erde eingreift. Es ist zwar der Schöpfer der Welt, bleibt aber außerhalb der Schöpfung und außerhalb der Kategorien des Seins. Es ist ein »Licht über dem Licht«. Bei aller schöpferischen Aktivität bleibt es selbst unverändert wie die Sonne, die alles erleuchtet, selbst aber nichts von ihrer Leuchtkraft verliert.

Aber so erhaben dieses Eine auch sein mag, der unaufhörliche Schöpfungsprozeß, der von ihm ausgeht, sorgt dafür, daß jede Ebene des Seins im Kosmos durch dieses Eine mit allen anderen Ebenen verbunden ist. Vor allem aber wiederholt sich die Struktur des Einen in der Struktur der menschlichen Wesen; sie alle haben die Möglichkeit, sich mit dem Einen zu vereinigen. Die ganze Philosophie Plotins ist darauf ausgerichtet, unsere gegenüber dem Übernatürlichen abgestumpften Sinne zu wecken, damit wir uns wieder unserer wahren Natur und der Quelle unseres Daseins bewußt werden.

Die Vermittler bei der Herstellung dieser neuen Verbindung zwischen dem Einen und dem im Körper lebenden Menschen sind der Geist und darunter die Seele. Der universale Geist ist die zeitlose Gedankenkraft, und die Seele ist die richtungweisende Energie, die von diesem Geist ausgeht. Das sind aber nicht nur die göttlichen Antriebskräfte im Universum, sondern sie sind auch in jeder einzelnen Person vorhanden und wirksam. So verderbt und wertlos der sterbliche Leib auch sein mag – Plotin verachtet alles Körperliche ebenso wie Marc Aurel –, so sind Seele und Geist eines jeden Menschen doch Stufen, über die das Individuum zu den Höhen des Einen aufsteigen kann.

Wenn der Mensch das tut, dann kann er, wenn das auch nur in ganz seltenen Fällen gelingt, das Eine erblicken und sich sogar mit ihm vereinigen. Er erreicht das, wenn er nach innen blickt. Viele ältere Philosophen haben eine solche Kontemplation empfohlen. Es ist jedoch vor allem Plotin gewesen, der darin das bewegende Mittel erkannt hat, mit dessen Hilfe sich die engen Grenzen der Körperlichkeit, des Raumes und der Zeit überwinden lassen, die dann zu nichts werden, bis wir uns mit der höchsten Wirklichkeit vereinigen. Er war überzeugt, in strenger geistiger Disziplin diese mystische Vereinigung mehr als einmal erfahren zu haben, wobei er zur persönlichen Erkenntnis des absoluten Einen gelangt sei.

Plotin war für den Westen der Wegbereiter eines Glaubens, nach dem sich die glückselige Wiedervereinigung mit dem Absoluten allein durch eine intellektuelle Disziplinierung erreichen läßt, und zwar ohne Religion und ohne Drogen. Heute wird vielfach behauptet, solche Erfahrungen vermittelten dem Menschen nichts, was außerhalb seiner selbst läge, sondern das seien Vorgänge, die sich in seinem Inneren vollzögen. Plotin hat jedoch das dringende Bedürfnis und die Kraft gehabt, diese »gesegnete Fülle« anderen zu vermitteln und ihr einen strahlenden, betörenden Glanz zu verleihen, vor dem alle politischen und wirtschaftlichen Probleme des täglichen Lebens bedeutungslos werden.

Das war eine Antwort auf die umfassende und schmerzliche Identitätskrise, die die römische Welt ergriffen hatte und die Menschen quälte. Bei seiner erfolgreichen Suche nach Selbstbestätigung und Selbstvertrauen in einem unauslotbaren Universum ist Plotin einer der edelsten Vertreter der nichtchristlichen Welt im letzten Jahrhundert ihres Bestehens. Aber sein Auftreten konnte nicht bewirken, daß die von ihm gelehrten Glaubenssätze sich wie das Christentum als Religion in allen Gesellschaftsschichten durchsetzten, denn was er zu sagen hatte, richtete sich offensichtlich nur an eine Elite, die über die entsprechenden geistigen und seelischen Kräfte verfügte.

Es hat aber zur gleichen Zeit noch einen anderen heidnischen Glauben gegeben, der neben dem christlichen um die allgemeine Annahme in der westlichen Welt kämpfte. Das war der Sonnenkult, dem Millionen im römischen Imperium anhingen und der eine Zeitlang sogar zur Staatsreligion wurde. Schon in vorgeschichtlicher Zeit hatten die Menschen, angeregt durch die Beobachtung natürlicher Vorgänge, die Sonne als wohltätige Gottheit verehrt und waren mit jedem neuen Sonnenaufgang in diesem Glauben bestärkt worden. In der griechischen Literatur hat die Verehrung der Sonne lange Zeit eine wichtige Rolle gespielt. Im klassischen Griechenland war Apollo der Sonnengott, und Platon preist ihn als den Schöpfer allen Lichts und allen Lebens. Unter Alexander dem Großen und seinen Nachfolgern verbreitete sich der Glaube an seine Macht über den ganzen Mittelmeerraum. Diese Vorstellungen entwickelten sich allmählich dahin, daß alle Gottheiten zur Sonne in Beziehung gesetzt wurden, und damit war eine monotheistische Richtung eingeschlagen.

In Rom war die Sonne schon sehr lange als Gottheit verehrt worden. Viele Jahrhunderte später symbolisierte die kreisrunde Öffnung in der Mitte der Kuppel des von Hadrian errichteten Pantheon, die von sternförmigen Rosetten umgeben war, die Sonnenscheibe. Aus dem Sonnenkult ergaben sich zudem Analogien zu der Herrschaftsform im Imperium und den ruhmreichen, einen sonnenhaften Glanz verbreitenden Kaisern. Unter Severus, dessen Gattin Iulia Domna aus Syrien stammte, wo die Sonnenverehrung im Mittelpunkt der religiösen Praxis stand, wurde dieser Kult fast zur Staatsreligion erhoben. Als ihr Großneffe Elagabalus (218-222) gegen den Widerstand traditonsbewußter Römer versuchte, die in seiner syrischen Heimat üblichen Formen der Sonnenverehrung in Rom durchzusetzen, deren exotische Riten der Bevölkerung fremd waren, kam es zu einer kurzen Unterbrechung dieser Entwicklung. Obwohl er seine Absicht nicht hatte verwirklichen können, wuchs die Zahl derer, die die Sonne in einer für sie angemesseneren Form verehrten, und die Tatsache, daß auch in den Glaubensvorstellungen des Plotin das Licht im Mittelpunkt steht, zeigt uns, wie tief diese Ideen schon in das Bewußtsein seiner Zeitgenossen eingedrungen waren. Sehr bald ließ Kaiser Aurelian der »unbesiegbaren Sonne« einen stattlichen Tempel errichten, der zum Brennpunkt des gesamten religiösen Systems im römischen Staatswesen wurde (274). Der Geburtstag des Sonnengottes wurde am 25. Dezember gefeiert.

Eine Zeitlang hatte es während einer kritischen Phase den Anschein, als könnte es zu einer Verschmelzung mit christlichen Glaubensinhalten kommen. Konstantin der Große hat in den Jahren vor der Christianisierung des Imperiums und auch noch zu Beginn dieses Prozesses eine große Zahl von Bronzemünzen mit dem Symbol des Sonnengottes prägen lassen. Darauf ist die Inschrift SOLI INVICTO COMITI (der Sonne, dem unbesiegbaren Bundesgenossen, ca. 309 n. Chr.) zu lesen. Zu diesem Zeitpunkt hätte der Sonnenkult über eine lange Periode hinweg die herrschende Religion im Mittelmeerraum werden können. Das geschah jedoch nicht, weil eine solche Gottheit zu unpersönlich war, es fehlte ihr die unmittelbare Bezogenheit auf den Menschen. Sogar die Anhänger des Kultes hatten das Gefühl, eine Gottheit, die in so unendlicher Ferne thronte, könnte die Bedürfnisse ihrer Seele nicht befriedigen, und deshalb wurde eine veränderte Form dieses Kultes, die auf solche menschlichen Sehnsüchte Rücksicht nahm, übernommen. Das war die Verehrung einer alten iranischen Gottheit, des Mithras, des Gottes der aufgehenden Sonne, des Morgenlichtes. Nach dem 1. Jahrhundert n. Chr. identifizierte man diese Gottheit mit der Sonne selbst. Aber anders als der ursprüngliche Sonnenkult hat der Mithraskult immer seinen privaten Charakter behalten. Der Staat hat ihn zwar immer geduldet, aber obwohl ungezählte Münzen mit dem Symbol der Sonne geprägt worden sind, gibt es keine einzige mit dem Abbild des Mithras. Der Mithraskult war keine Hofreligion, es gab keine öffentlich abgehaltenen Feiern, und es gab keine berufsmäßigen Mithraspriester. Diese Religion war die ganz persönliche Angelegenheit eines jeden einzelnen Gläubigen und vermittelte ihren Anhängern die Intimität, die der Sonnenkult vermissen ließ.

Der Mithraskult gewann rasch an Beliebtheit, besonders in den großen Hafenstädten und Handelszentren des Westens, wo sich viele Händler an den Gottesdiensten in den Mithrasheiligtümern beteiligten. Vor allem aber waren es die Soldaten der Armee und besonders die Offiziere, die diese Glaubensvorstellungen übernahmen und verbreiteten. Der legendäre Mithras war eine Heldengestalt, unbesiegbar wie die Sonne selbst, ein Übermensch, der besonders in kritischen Zeiten als leuchtendes Vorbild wirkte. Dazu war er eine ethische Idealgestalt, eine Verkörperung des rechten Handelns, der Wahrheitsliebe und der Pflichterfüllung. Damit entsprach er den zu dieser Zeit immer stärker werdenden asketischen Tendenzen und war ein Symbol der Zuverlässigkeit, Reinheit und Enthaltsamkeit, der Eigenschaften, die seine Anhänger in sich selbst zu entwickeln strebten. Bei den melodramatischen Einweihungsriten wurden den Initianden die erregenden Erlebnisse geboten, die in den Religionen der damaligen Zeit eine so große Rolle spielten.

Der Mithraskult vermittelte seinen Anhängern die Idealvorstellungen, die moralischen Werte und die emotionalen Kräfte, nach denen sie verlangten. In seinen Taufriten, Opfern und gemeinsamen Mahlzeiten sind Parallelen zu den Riten und Sakramenten der Christen erkennbar. Aber schließlich setzte sich das Christentum doch durch. Die »Biographie«, das heilige Buch des Mithras, war nicht überzeugend genug. Vor allem gewann der Leser daraus nicht den Eindruck, daß Mithras wirklich auf dieser Erde gelebt und den Menschen konkret geholfen hatte. Die Bildhauer stellten ihn zwar als eine Verkörperung des Mitleids dar, aber seiner Religion fehlten die Milde und das Mitempfinden, die allein in der Lage sind, die Armen in ihrem Elend zu trösten. Außerdem gab es im Mithraskult keinen Platz für die Frauen, und wie wir bei den Religionen der Isis, der Kybele und Jesu sehen, war es gerade die große Zahl der weiblichen Anhänger, die für deren Erfolg ausschlaggebend gewesen ist.

Im Mithraskult steht der iranische Sonnengott im ewigen Kampf gegen seinen das Böse verkörpernden Feind, und damit findet sich in der Sonnentheologie eine weitere in der damaligen nichtchristlichen Welt weitverbreitete Bewegung, nämlich die des Dualismus. Nach diesen Vorstellungen gab es den unauflöslichen Konflikt zwischen guten und bösen Mächten, die um die Vorherrschaft im Universum ringen. Dieser Glaube geht auf sehr frühe Vorstellungen zurück. Für Millionen von Menschen ist er die einzig mögliche Erklärung dessen, was sie in dieser Welt mit eigenen Augen sehen. Es gibt keinen Zweifel daran, daß das Böse existiert. Doch wie kann das sein, wenn ein allgütiger und allmächtiger Gott oder die Menschen liebende Götter die Welt erschaffen haben und beherrschen? Darin liegt offenbar ein Widerspruch, und deshalb glaubten viele, es müsse zwei einander entgegengesetzte Kräfte geben, eine gute und eine böse Macht, die in einem Kampf gegeneinander stehen, der bis heute nicht entschieden ist.

Die Dramendichter in Athen haben um dieses Problem gerungen und ebenso die Philosophen der griechischen Klassik. Dann gelangten persische Ideen nach Griechenland und Rom, die den Ursprung des Bösen mit der Theorie von einem dualistischen Ringen zu erklären versuchten. Allmählich entstanden die verschiedensten dualistischen Glaubensrichtungen, doch sie alle vertraten die Überzeugung, die Welt sei von bösen Mächten erschaffen worden, sie sei verderbt und müsse überwunden werden, und der Mensch könne die an die Körperlichkeit gebundene Bosheit nur überwinden, wenn er sich von allem Ungeistigen reinige. Da die menschliche Seele ein Funke des umfassenden göttlichen Lichts jenseits des Himmels ist, enthält auch jeder einzelne ein spirituelles Element. Doch der Geist ist im Körper gefangen und wartet auf seine Befreiung. Es war die Aufgabe der Dualisten, die Menschen zu lehren, mit welchen Methoden diese Befreiung erreicht werden könnte. Diese Dualisten bezeichnete man als Gnostiker. Das ist eine Ableitung von dem griechischen Wort *gnosis*, Wissen. In geheimen Einweihungsriten vermittelten sie das Wissen, das zur Erleuchtung führt. Die so Eingeweihten nahmen schon in dieser Welt eine bevorzugte Stellung ein, gewannen aber vor allem die Erlösung in der künftigen Welt, und diese Erlösung war das Ziel aller Religionen.

Die Blütezeit der dualistischen Bewegung begann um das Jahr 240 n. Chr., als der junge Perser Mani in der persischen Hauptstadt Ktesiphon und der großen griechischen Stadt Seleukia am anderen Tigrisufer mit seinen Predigten große Menschenmengen anzog. Als Zeitgenosse Plotins lehrte der spirituell und künstlerisch hochbegabte und gebildete Mani 30 Jahre lang. Er ging dabei von dem fundamentalen Gegensatz zwischen Gut und Böse, Licht und Finsternis aus. Er erklärte, in den ersten Anfängen, nach der Schöpfung des Universums, habe sich die Finsternis gegen das Licht gestellt, und die Menschheit litte noch jetzt an den Folgen dieses Ereignisses, denn der Mensch habe sich nicht gegen die Macht der Finsternis gewehrt, und diese Sünde habe unsere unvollkommene Welt hervorgebracht. Doch obwohl das Leben auch noch heute den Weg der Finsternis ginge, gäbe es eine Hoffnung, denn das Licht überstrahle allmählich alles Böse und Dunkle. Sobald diese Entwicklung beendet sei, werde ein Erlöser (den er mit

Jesus Christus identifizierte, obwohl er selbst kein Christ war) auf die Erde zurückkehren und dem Licht zum Siege verhelfen. Der menschliche Körper sei jedoch, wie auch andere Philosophen lehrten, ein Gefängnis, und der kosmische Konflikt könne nur durch asketische Selbstverleugnung jedes einzelnen menschlichen Wesens gelöst werden, das sich damit von den Fesseln des irdischen Daseins befreite.

Mani war ein genialer Organisator und wollte eine religiöse Gemeinschaft der Manichäer gründen, die schließlich zur Weltreligion werden sollte. Aber seine Auffassungen waren den Persern zu radikal, deren Könige sich den Forderungen der Vertreter der traditionellen Nationalreligion beugten und Mani hinrichten ließen (um 274/77). Aber Manis Lehre hatte zu dieser Zeit bereits viele Anhänger in Persien, und in weniger als 100 Jahren breitete sie sich in weiten Regionen des römischen Imperiums aus.

Doch die römische Regierung lehnte die Manichäer aus politischen Gründen entschieden ab, weil sie den persischen Ursprung dieser Religion als gefährlich ansah und glaubte, sie könnte zu Spaltungen innerhalb des Imperiums führen. Die Manichäer wurden daher auf alle mögliche Weise verfolgt und unterdrückt. Auch später, als das Christentum zur Staatsreligion in Rom geworden war, konnte sich der Manichäismus nicht durchsetzen. Er war zu passiv und pazifistisch, um sich in einem solchen Ringen zu behaupten, und zu asketisch und antisozial, als daß eine starke Kirche daraus hätte entstehen können. Außerdem fehlte es der Theologie der Manichäer trotz mancher interessanter Gesichtspunkte an Überzeugungskraft. Ein Beispiel dafür war das Leben des heiligen Augustinus. Als junger Mann hatte er sich den Manichäern angeschlossen, weil er sich nicht damit abfinden konnte, daß ein in seinem Wesen guter Gott das Böse erschaffen habe. Aber nach neun Jahren löste er sich vom Manichäismus, weil er sich empört gegen die Vorstellung wendete, die Gottheit bestünde aus zwei voneinander getrennten Mächten. An einen solchen Gott konnte er nicht glauben.

18 Die Allmacht von Staat und Kirche

Der neue Staat des Diokletian

Im Verlauf dieser letzten Blütezeit der nichtchristlichen Kultur hatte sich innerhalb des Römischen Reiches ein entscheidender Wandel vollzogen.

Die erste bedeutenden Persönlichkeit, die diesen Wandel herbeiführte, war der aus bescheidenen Verhältnissen kommende, in Dalmatien geborene Diokletian. Als Befehlshaber der kaiserlichen Leibwache hatte er 284 seinen Anspruch auf den Thron durchgesetzt und erhob zwei Jahre später seinen alten Kampfgefährten aus der Donauarmee, Maximian, zum Mitkaiser und Augustus. Zunächst nahmen ihn mehrere Grenzkriege in Anspruch, doch dann schuf er aus der Zweikaiserherrschaft ein neues Herrschaftssystem, in dem sich vier Herrscher die Macht teilten, die sogenannte Tetrarchie. Dazu ernannte er zwei weitere Heerführer aus der Donauarmee zu Mitkaisern oder Caesaren. Es waren Galerius aus Serdica (Sofia), dem unter seiner Oberaufsicht die Regierungsgewalt in Teilgebieten des Ostens übertragen wurde, und Constantius I. aus Naissus (Niš), der unter der Oberaufsicht von Maximian die Regierungsgewalt in bestimmten westlichen Gebieten übernahm. Die Tetrarchen residierten in vier verschiedenen Hauptstädten, in denen sie prächtige Gebäude errichten ließen. Diokletian richtete seine Residenz in Nikomedeia (Izmit) am Marmarameer ein. Damit unterstrich er die zunehmende strategische Bedeutung des Bosporus. Galerius residierte in Thessalonike (Saloniki) in Makedonien. Obwohl der Senat auch weiterhin seinen Sitz in Rom behielt, richtete Maximian seinen Hof in Mediolanum (Mailand) ein. Die Hauptstadt des Constantius war das ehemalige Augusta Treverorum, das nun Treveri (Trier) hieß. Es lag an einem Moselübergang und beherrschte den natürlichen Verbindungsweg zwischen Nordgallien und dem Rheinland. Die große Basilika, die Bäder und das römische Stadttor (die Porta Nigra) von Treveri sind bis heute erhalten.

Es war schon früher zu Teilungen des Imperiums gekommen, aber diesmal war die Aufteilung sorgfältiger und gründlicher vorgenommen worden, denn sie war als Dauereinrichtung gedacht. Dabei standen militärische Erfordernisse im Vordergrund. Außerdem sollte damit die ordnungsgemäße Nachfolge im höchsten Staatsamt gewährleistet werden. Obwohl sich die Regierungsgewalt auf vier Monarchen verteilte, bedeutete das offiziell noch keine Spaltung. Das Imperium stellte immer noch eine ungeteilte Einheit dar. Die Gesetze wurden im Namen aller vier Herrscher erlassen. Wenn ein Augustus ein Gesetz erließ, dann erkannte der andere es an, und beide Caesaren waren verpflichtet, sich nach diesem Gesetz zu richten.

Constantius und Diokletian schlugen Aufstände in Britannien (ca. 287-296) und Ägypten (293/94 und 297/98) nieder und führten nach 302 erfolgreiche Feldzüge jenseits der Grenzen an Rhein und Donau. Diokletian und Galerius kämpften auch gegen die Perser. Zunächst wurden sie geschlagen, aber dann errang Galerius einen so vollständigen Sieg wie nur wenige Römer vor ihm. Zum Andenken daran ließ er in Thessalonike einen Triumphbogen errichten.

305 entschloß sich Diokletian zu einem ganz ungewöhnlichen Schritt. Er dankte aus Gesundheitsgründen ab und

veranlaßte den widerwilligen Maximian, das gleiche zu tun. Sie zogen sich nach Split (in der Nähe von Salona – Solin – in Dalmatien) beziehungsweise Lucania (in Südwestitalien) ins Privatleben zurück, und Constantius I. und Galerius übernahmen an ihrer Stelle das Amt der Augusti.

Diokletian hatte ein beachtliches Erbe hinterlassen, denn er war der bedeutendste Organisator seit Augustus. Er hatte die Verwaltung der Provinzen reformiert und ihre Zahl von 50 auf 100 vergößert. Da das Gebiet der einzelnen Provinzen dadurch verhältnismäßig klein geworden war, hoffte man, daß die Provinzverwalter sich nicht mehr so leicht auflehnen würden, besonders da das Amt des Statthalters auch nicht mehr mit einem militärischen Kommando verbunden war. Eine weitere Neuerung war die Zusammenfassung der Provinzen zu 13 größeren Verwaltungseinheiten oder Diözesen. Diese Diözesen, die in einigen Fällen zur Bildung nationaler Gruppierungen führen sollten, wurden von *vicarii* (Vorgesetzten der Statthalter) verwaltet. Sie unterstanden wiederum den vier Prätorianerpräfekten, die den einzelnen Herrschern zugeteilt waren. Diese Männer hatten in dem neuen Regierungssystem keine militärischen Aufgaben mehr, sondern beschäftigten sich ausschließlich mit der Zivilverwaltung.

Eine weitere mit Hilfe seiner drei Mitherrscher vollbrachte bedeutende Leistung Diokletians war die völlige Umstrukturierung der römischen Armee. Dem Interesse seiner Vorgänger für bewegliche Verbände folgend stellte er eine neue berittene, vor allem aus Germanen bestehende Leibwache auf. Sie wurde nach dem Portikus vor dem Palast, an dem sie die Befehle des Kaisers entgegennahm, *scholae Palatinae* genannt und gehörte zu einem der beiden Hauptverbände, in die die Armee aufgeteilt worden war. Das war die aus vier Formationen bestehende mobile Feldarmee. Jede dieser Formationen war einem Herrscher unterstellt. Diese sogenannten *comitatenses* (Soldaten des

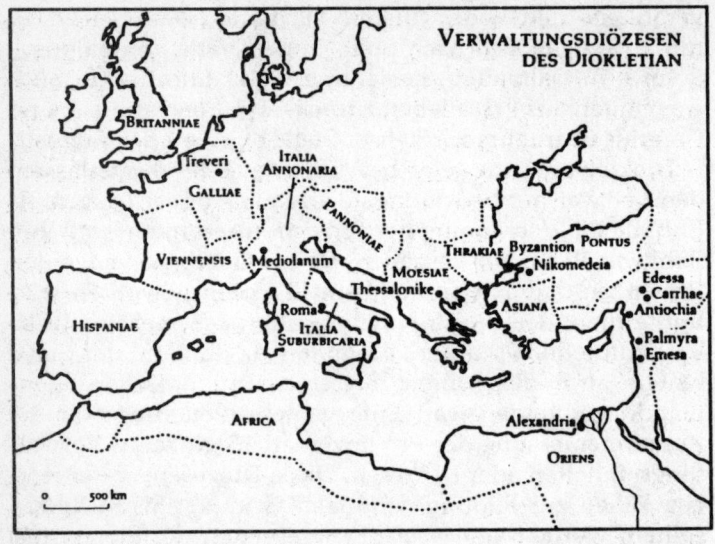

Gefolges) waren zum Teil Fußsoldaten, die Schlagkraft der Truppe lag jedoch bei der Reiterei. Der andere Hauptverband der von Diokletian geschaffenen neuen Armee bestand aus den Grenztruppen, die die inzwischen erheblich verstärkten Grenzfesten besetzt hielten. Später bezeichnete man sie ihrem Standort entsprechend als *limitanei* oder *riparienses* (Soldaten an der Grenze oder an den Flußufern). Diese Grenzschutztruppen bestanden aus jährlich neu ausgehobenen wehrpflichtigen römischen Bürgern. Man machte sich aber auch die kriegerischen Neigungen der barbarischen Stämme zunutze und setzte sie für Sonderaufgaben ein. Zahlreiche Germanen sowie auch Bewohner des kleinasiatischen Hochlandes wurden in die römische Armee aufgenommen. Außerdem baute Diokletian die bis dahin recht schwache Kriegsflotte aus.

Im ganzen Imperium standen nun eine halbe Million

oder sogar noch mehr Soldaten unter Waffen. Damit war die Armee wesentlich stärker, als sie das nach dem Ausbau durch Severus im vorangegangenen Jahrhundert gewesen war. Der Unterhalt derart starker Streitkräfte erforderte rigorose Methoden bei der Eintreibung aller Steuern, sonst hätten die hohen Kosten für das Militär nicht aufgebracht werden können. Während der vergangenen 50 Jahre hatte die gewaltige Steuerlast eine Verelendung der Bevölkerung des Imperiums zur Folge gehabt. Aber auch Diokletian konnte auf diese Steuern nicht verzichten, im Gegenteil, er erhöhte sie sogar so weit, wie das angesichts der vorhandenen Arbeitskräfte, der landwirtschaftlichen Produktivität und des Transportsystems möglich war. Aber er sorgte wenigstens dafür, daß die Steuerlast gerecht verteilt wurde.

Dazu erließ er ein Edikt, das im ganzen Imperium Höchstpreise für alle Waren, den Transport und die Löhne der Arbeiter festsetzte (301). Um die Steuern einzutreiben und die Unehrlichkeit der Heereslieferanten zu bekämpfen, mußten nach Diokletians Meinung Vertrauen und Stabilität wiederhergestellt werden, und das konnte nur geschehen, wenn man für ein stabiles Preisniveau sorgte. Seine auf diesem Gebiet erlassenen Verordnungen gehören zu den wertvollsten Dokumenten über wirtschaftliche Probleme im klassischen Altertum. Im römischen Imperium waren sie etwas ganz Neues, in Griechenland hatte man allerdings schon früher ähnliche Versuche unternommen. Da die Tetrarchen aber nicht in der Lage waren, die Produktion der Waren und den Verbrauch zu beeinflussen, konnten sie ihre Verordnungen nicht durchsetzen. Bestimmte Waren verschwanden einfach vom Markt, und die Inflation ließ sich nicht aufhalten. Um sie zu bekämpfen, hatten Diokletian und seine Kollegen den Versuch unternommen, ein neues und stabiles Währungssystem einzuführen (ca. 294). Der in diesem Währungssystem festgelegte Münzwert bildete die Grundlage für das Edikt des Diokletian. Es fehlte ihm aber das für die Prägung der neuen Edelmetallmünzen notwendige Gold und Silber. Der amtlich festgesetzte Wert der Ersatzmünzen ließ sich nicht halten, und die Preise der Waren, die mit solchen Scheidemünzen bezahlt wurden, gingen unaufhaltsam in die Höhe.

Die Kaiser unternahmen einen weiteren Versuch, die schwerbedrängten Steuerzahler zu entlasten. Für sie war es nämlich besonders unangenehm, daß die Steuern in unregelmäßigen Abständen und ohne Vorwarnung eingetrieben wurden. Um diese Unsicherheit zu beseitigen, gaben Diokletian und seine Kollegen dem ganzen Besteuerungssystem eine neue, systematische und geordnete Grundlage. In Zukunft wurde die Höhe der Abgaben in Bargeld und Naturalien nicht mehr in unregelmäßigen Zeitabständen willkürlich festgesetzt, sondern die Regierung veröffentlichte jedes Jahr zu einem bestimmten Zeitpunkt die Steuersätze. Den Steuerzahlern ging es deshalb nicht besser, aber sie wußten wenigstens, womit sie rechnen mußten. Schon früher hatten einzelne griechische Städte mit einem Jahresetat experimentiert, aber hier wurde zum ersten Mal in der Geschichte ein Budget für ein ganzes Imperium erstellt. Diese Aufgabe fiel den Prätorianerpräfekten zu, die nicht nur die *vicarii* der Diözesen zu beaufsichtigen hatten, sondern auch als Finanzminister des Imperiums fungierten, was ihre Vorgänger bereits im vorangegangenen Jahrhundert getan hatten.

Das Steuersystem, für das sie nun die Verantwortung trugen, basierte wie schon immer auf der Landwirtschaft. Man bemühte sich jedoch darum, die Ungerechtigkeiten des alten Systems zu vermeiden, bei dem die Höhe der Erträge und die Bodenqualität nicht berücksichtigt wurden. Man arbeitete ein neues Veranlagungssystem aus, nach dem landwirtschaftlich genutzer Boden nach genau berechneten Maßeinheiten abgeschätzt wurde, die sich nach den ortsüblichen Feldfrüchten, dem Ertrag und der Bodenbeschaffenheit richteten. Auf dieser Grundlage wurden auch in bestimmten Zeitabständen die Bürgerlisten zum Zwecke der Vermögensschätzung erstellt.

Aber das neue System war nicht so wirksam wie erhofft, weil es zu komplex und unabwägbar war. Es zeigten sich auch negative Folgen, denn nun wurde eine Entwicklung gefördert, für die es schon früher Anzeichen gegeben hatte: Und zwar wurden die Menschen auf dem Lande gezwungen, den Wohnsitz, an dem sie registriert waren, nicht zu verlassen und dort die gleiche Arbeit zu leisten wie ihre Vorfahren. Unter Diokletian und seinen Nachfolgern achtete man noch strenger auf die Befolgung dieses Grundsatzes, um sicherzustellen, daß die Inhaber großer Güter sich den staatlichen Zwangsmaßnahmen nicht entzogen. Darüber hinaus wendete man das gleiche System auf die Zünfte oder Vereine und alle Regierungsbeamten an.

Zur Stärkung der Verteidigungskraft des Imperiums war ein totalitäres System entstanden, das in der Theorie fast ebenso absolut war wie das von Platon empfohlene Polizeisystem. In der Praxis bestand jedoch nicht die Möglichkeit, alle von den Kaisern und ihren Rechtsberatern erdachten Zwangsmaßnahmen und Verbote wirksam durchzusetzen.

Solche Zwangsmaßnahmen waren darauf gerichtet, alle Mittel gegen innere und äußere Feinde zu mobilisieren. Die kaiserlichen Verordnungen sagen zwar nichts über die Gefahren von innen, denn man ging stillschweigend von der Annahme aus, daß die Armee grundsätzlich loyal sei; aber man betonte immer wieder die Rolle der Tetrarchen als der mächtigen Verteidiger gegen die zahlreichen äußeren Feinde. Auf den Münzen dieser Zeit werden die Kaiser immer wieder so dargestellt, wie die Römer sie sehen sollten, als starke und siegreiche militärische Führer. Diese

Männer, die allein den Katastrophen gegenüberstanden, die ihr Leben nur noch elender machen konnten, als es schon war, erschienen den Menschen natürlich viel größer als alle anderen. Die Verherrlichung der Herrscher fand im höfischen Zeremoniell ihren Ausdruck, das nun eine Pracht entfaltete, die mit der der frühen Kaiserzeit nichts mehr zu tun hatte, sondern eher mit dem Zeremoniell am verfeindeten persischen Hof zu vergleichen war.

So bildete ein riesiger Audienzsaal den Mittelpunkt des zur Festung ausgebauten Palastes in Salona (Split), wohin sich Diokletian nach seiner Abdankung zurückgezogen hatte. Unter dem Torbogen an der Stirnseite dieses Saales zeigte sich der zurückgetretene, verehrte Kaiser der Öffentlichkeit wie unter einem gewölbten Himmel, und wenn er, mit Juwelen geschmückt, vor diesem Bogen innehielt, bevor er den Thron in der einem Heiligtum ähnlichen Halle einnahm und vor dem Verlassen der Versammlung wieder einen Augenblick stehenblieb und sich der Menge zuwendete, bejubelten ihn die Menschen, als sei er das lebendige Abbild einer Gottheit.

Diese Verehrung, so glaubte man, mußte den Männern entgegengebracht werden, die den ehrwürdigen, berühmten und nun zu neuem Leben erweckten römischen Staat verkörperten. Es war der Staat, der in ihrer Person glorifiziert wurde.

Der für Rom charakteristische und patriotischste Kult war die Verehrung der Roma, und Diokletian hat als Sohn der loyalen Balkanprovinzen diesen Gedanken entschiedener vertreten als irgendein Herrscher vor ihm. Als er das Münzwesen des Imperiums erneuerte, haben er und seine Mitregenten diese Idee auf den versilberten Bronzemünzen, die im ganzen Römischen Reich im Umlauf waren, zum Ausdruck gebracht. Die Inschrift, die auf den vielen Millionen Geldstücken zu lesen war, feierte den Genius des römischen Volkes, GENIUS POPULI ROMANI. Das war eine uralte Vorstellung, und dieser Genius personifizierte die Idee Roms. Er kam aus einem Bereich, der dem menschlichen Auge nicht zugänglich war, und sorgte dafür, daß das Leben Roms und der Römer von Generation zu Generation weitergetragen wurde.

Dieses Prinzip wurde vor allem in den Kaisern selbst verkörpert. Offiziell zu erklären, daß sie Götter seien, erschien zu dieser Zeit, da das Interesse an spirituellen Dingen so stark war, nicht immer ratsam – und außerdem hatten zahlreiche vergöttlichte Fürsten in der Vergangenheit diese Deutung entwertet. Es gab jedoch eine Tradition, nach der die Herrscher als Gefährten der Götter angesehen wurden, und dieser Auffassung entsprachen Diokletian und Maximian, als sie behaupteten, Jupiter und Herkules seien die Götter, denen sie folgten, und die Patrone ihrer Häuser. Diese Gottheiten hatten für Rom eine besondere Bedeutung, und in einer Zeit, da sich der Monotheismus auf dem Vormarsch befand und die meisten olympischen Götter ihre Bedeutung zu verlieren begannen, konzentrierte sich die Regierungspropaganda auf Gottheiten wie Jupiter und Herkules, die schon in alter Zeit die Beschützer des römischen Volkes und seiner Führer gewesen waren.

Die Ausbreitung des Christentums

Die geschilderte Wiederbelebung des Heidentums mit einer viel stärkeren Tendenz, die nationalen Aspekte zu betonen als je zuvor, war von der leidenschaftlichen Verfolgung der Gläubigen begleitet, die seine schärfsten Gegner waren, der Christen. Wie schon zu früheren Zeiten entsprachen solche offiziellen Angriffe der Anschauung eines sehr großen Teils der Bevölkerung. Da die heidnischen Kulte zunehmend als Ausdruck patriotischen Verhaltens verstanden wurden, nahm die leidenschaftliche

Ablehnung der angeblich unpatriotischen Christen durch die Öffentlichkeit neue und gefährliche Formen an.

Jesus war unter Augustus geboren und unter Tiberius gekreuzigt worden. Nach seinem Tode hatte Paulus den Glauben über die jüdischen Gemeinden hinaus zu den Heiden gebracht. Aus ihren Reihen sind alle vier Evangelisten hervorgegangen. Seit der Entstehung der Evangelien war die Zahl der Christen, die allerdimgs immer noch nur eine kleine Minderheit darstellte, ständig gewachsen. 200 n. Chr. bewiesen sie mit der Kanonisierung des Neuen Testamentes, daß sie ihr ureigenstes Verständnis gefunden hatten. Man hatte eine große Zahl abweichender Schriften verworfen, und was nun in der neuen Form vorlag, war leichter zu überblicken und verständlicher als die in verwirrender Fülle vorhandenen heiligen Bücher anderer Religionen. Außerdem hatte man sich darum bemüht, die christliche Lehre mit den Auffassungen klassischer heidnischer Philosophen in Einklang zu bringen. Das hatte zuerst Iustinus aus Neapolis in Samaria getan (gest. 165/67), der erklärte, der christliche Glaube enthalte das Beste der klassischen Philosophie überhaupt. Später vertrat die christliche Schule des Clemens aus Alexandria (ca. 150-215) die gleiche Auffassung. Als dann sein Landsmann und Schüler Origenes (gest. 254/55) auftrat, hatte die Kirche in ihm zum ersten Mal einen Theologen, der Platon und andere griechische Denker gut kannte und von dem führenden Mann einer Philosophenschule persönlich unterrichtet worden war, einem Lehrer, der auch den Heiden Plotin zu seinen Jüngern zählte. Aber es gab auch weniger kompromißbereite Christen, wie zum Beispiel den temperamentvollen Nordafrikaner Tertullian (ca. 160-228), die mit dieser von der klassischen Philosophie beeinflußten Richtung durchaus nicht einverstanden waren.

Doch trotz solcher und vieler anderer Kontroversen in den Reihen der Christen nahm ihre Zahl ständig zu, und die Struktur der christlichen Kirche festigte sich. Origenes erblickte in ihr eine Parallele zum römischen Imperium, und sie war auch wirklich ein Staat im Staate. Die Kirche hatte sich vor allem in den Städten gebildet. In den ländlichen Gebieten in Afrika und im Osten gab es fanatische, nonkonformistische Strömungen wie zum Beispiel unter dem Einfluß von Tertullian. Aber die lebendigsten christlichen Gemeinden bildeten die Angehörigen der unteren und mittleren Schichten in den Städten. Besonders in den alten kleinasiatischen Stadtstaaten bildeten sich rasch lebendige Zentren, von denen aus das Christentum sich über weitere östliche Gebiete ausbreitete. Die christliche Missionstätigkeit erstreckte sich aber auch schon sehr früh bis in den Westen, und im 3. Jahrhundert beschleunigte sich dieser Prozeß. In Rom hat es im Jahr 200 wahrscheinlich etwa 10 000 Christen gegeben, und schon 100 Jahre später hatte sich diese Zahl verdreifacht.

Im Laufe der Zeit erwuchs den Bischöfen innerhalb ihrer Gemeinden uneingeschränkte Autorität, und mit der zunehmenden Bedeutung des Episkopats verloren die Ältesten und im Westen die Laien immer mehr an Einfluß. Allerdings wurde auf diese Weise die Organisation gestrafft. Der erste bedeutende Bischof in Nordafrika, Cyprianus aus Karthago (gest. 258), war von diesem System so beeindruckt, daß er stolz von der dynamischen Solidarität aller Christen sprach. Wenn es auch oft zu Meinungsverschiedenheiten über dogmatische Fragen kam, war dieses Lob doch gerechtfertigt, denn die christliche Kirche hatte eine Solidarität und organisatorische Festigkeit entwickelt, wie sie in keiner anderen Religion anzutreffen waren. Das zeigte sich besonders in der karitativen Tätigkeit der Gemeindemitglieder. Hier gab es keine Klassenunterschiede, und die Erfolge auf diesem Gebiet waren viel größer als alles, was Juden, Griechen oder Römer bisher geleistet hatten. Die Wohlfahrtseinrichtungen mit ihrer durch eine

Bank garantierten soliden Grundlage nötigten sogar den Nichtchristen Bewunderung ab. In späteren Jahren hat Kaiser Iulianus Apostata, der die Christen haßte, ihren Erfolg den karitativen Einrichtungen der Kirche zugeschrieben.

Schon seit frühester Zeit waren die Christen auf Ablehnung gestoßen. Die Griechen im Osten haben sie nie gemocht – wie sie auch die Juden ablehnten –, weil sie sich von den Gemeinwesen, in denen sie lebten, bewußt distanzierten und weil die Anhänger Jesu erklärten, sie seien auf dieser Welt nur Fremde, die sich gewissermaßen auf der Durchreise befänden. Deshalb wußten die Griechen recht wenig von ihren Lebensgewohnheiten und verdächtigten sie schlimmster Verbrechen wie Obszönität und sogar Kannibalismus.

Auch im Westen begann sich unter den Bewohnern der großen Städte eine ähnlich feindliche Haltung gegenüber den Christen zu entwickeln, als man sich näher mit ihnen zu beschäftigen begann. Sehr bald wurden die Christen auch von der Regierung in Rom abgelehnt und mit Mißtrauen beobachtet. Als die Beamten begriffen hatten, daß es zwischen Juden und Christen einen Unterschied gab, bevorzugten sie die Juden, denn ihre Religion war das Erbe ihrer Väter, während die Christen nicht auf eine solche Tradition hinweisen konnten. Schon 64 n. Chr., unter Nero, hatte man sie beschuldigt, für den Brand Roms verantwortlich zu sein. Dafür gab es aber keine stichhaltigen Gründe. Wie Tacitus berichtet, lehnte man sie in Wirklichkeit nur deshalb ab, weil sie angeblich »das Menschengeschlecht haßten«. Doch zu so heftigen Reaktionen kam es nur in Ausnahmefällen, denn im allgemeinen bemühten sich die Kaiser darum, die Öffentlichkeit zu beruhigen und die Stimmung nicht zu verderben. Während des folgenden Jahrhunderts waren sie eher geneigt, die Christen vor der feindlichen Haltung der Öffentlichkeit zu schützen, als ihnen irgendwelche Verbrechen vorzuwerfen. An Plinius den Jüngeren, den Statthalter von Bithynien, gab Trajan die folgenden schriftlichen Anweisungen: »Sie dürfen nicht vertrieben werden; wenn jemand unter Anklage gestellt und verurteilt wird, dann soll man ihn bestrafen; wenn jemand aber erklärt, er sei kein Christ, und das auch durch seine Haltung beweist – durch die Verehrung unserer Götter –, dann soll er, wenn er bereut, begnadigt werden, auch wenn er sich in der Vergangenheit noch so sehr verdächtig gemacht hat.«

Zur Regierungszeit Marc Aurels lehnten die Bewohner von Gallien und Kleinasien die christlichen Gemeinden in ihrer Mitte entschieden ab und gaben ihnen die Schuld für die militärischen Mißerfolge, das wirtschaftliche Elend und die Naturkatastrophen mit der Begründung, sie weigerten sich in unpatriotischer Weise, an der gemeinsamen Sache mitzuarbeiten. Kurz darauf ergriff Severus im ganzen Gebiet des Imperiums strenge Unterdrückungsmaßnahmen gegen sie. Er verbot jede Missionstätigkeit, und der Übertritt zum Christenum wurde unter Strafe gestellt. 235 verbannte Maximinus I., der angesichts politischer Krisen und schwerer Erdbeben Sündenböcke brauchte, rivalisierende Päpste (die Bischöfe von Rom) nach Sardinien und erließ neue, strenge Bestimmungen, die sich gegen die Christen und besonders gegen die Geistlichen richteten. Je schwieriger die Lage der Kaiser wurde, desto provozierender erschien ihnen die straffe Organisation der Christen, auch wenn es sich hier nur um eine kleine Minderheit handelte, und Decius, der in einer jüngst entdeckten Inschrift als »Erneuerer der Kulte« gepriesen wird, erklärte sich außerstande, ihre Weigerung, an den gemeinsamen heidnischen Gottesdiensten teilzunehmen, noch länger zu dulden. Er verlangte daher von jedem Christen, er müsse sich wenigstens einmal an einem der traditionellen religiösen Riten beteiligen. Wenn das geschehen war, erhielt der Betroffene von den örtlichen Opferpriestern eine Bescheinigung (*libellus*) darüber, daß er das vorgeschriebene Opfer dargebracht hatte. Man hat in Ägypten solche Dokumente gefunden.

Die Mitglieder der christlichen Kirche, und das waren vor allem Bewohner der großen Städte, konnten ihre Mitgliedschaft kaum geheimhalten und mußten ständig um ihre persönliche Sicherheit fürchten. Vielen ist es zwar gelungen, sich der verlangten Teilnahme an heidnischen Opferriten zu entziehen, aber zahlreiche andere sind, wenn sie diesem Druck nachgaben, ihrem Glauben, wenn auch nur vorübergehend, untreu geworden. Es gab aber auch einzelne, die sich weigerten, den heidnischen Göttern zu opfern, und dafür mit dem Tode bestraft wurden. Schon bei den Juden hatte es berühmte Märtyrer gegeben. Nun glaubten die Christen, die die gleichen Prüfungen bestehen mußten, sie folgten damit dem Vorbild Christi und der Apostel Petrus und Paulus. Man weihte den Märtyrern Heiligtümer und verehrte sie dort ähnlich, wie die heidnischen Helden verehrt wurden. Das stärkte den Glauben der Gemeinde, und Tertullian erklärte: »Das Blut der Christen ist die Saat (des Glaubens).« Als Kaiser Valerian in noch größere militärische und finanzielle Schwierigkeiten geriet als seine Vorgänger, verschärfte er die gegen die Christen gerichteten Maßnahmen und konfiszierte einen großen Teil des kirchlichen Besitzes. Sein Sohn Gallienus stellte die Christenverfolgungen ein, und in einer 40 Jahre dauernden, von Toleranz gekennzeichneten Periode festigte die Kirche ihre Stellung wieder.

Diese Entwicklung alarmierte viele Heiden, und der Schüler Plotins, Porphyrios, griff die Kirche mit seinem Werk *Gegen die Christen* leidenschaftlich an. Die Freunde des Porphyrios gehörten zu den Initiatoren der großen Christenverfolgung des Jahres 303. Sie wurde von Diokletian angeordnet, aber am eifrigsten betätigte sich dabei sein Mitkaiser Galerius, dessen Auffassungen von der Notwendigkeit einer Einheit auf allen Gebieten die eines militärischen Zuchtmeisters waren. Das Motiv der Gegner des Christentums war ihre Begeisterung für die alte römische Religion, die historische Tradition und die Disziplin, die nach ihrer Meinung für den Bestand des Imperiums unerläßlich waren. Ihr Ziel war es daher, das Christentum vollständig auszurotten. Es war ein Kampf auf Leben und Tod zwischen zwei Glaubensrichtungen, zwischen der alten und der neuen Ordnung.

Mit einem ersten Edikt untersagte Diokletian alle Versammlungen von Christen zum Gottesdienst und befahl die Zerstörung ihrer Kirchen und heiligen Schriften. Zwei weitere in den Ostprovinzen erlassene Edikte ordneten an, daß alle christlichen Priester festgenommen werden sollten, die nicht bereit waren, den Staatsgottheiten zu opfern. Ein viertes Edikt dehnte diese Bestimmungen auf alle Mitglieder der christlichen Kirche aus (304). Als Diokletian bald darauf zugunsten von Galerius auf seinen Thron im Ostteil des Imperiums verzichtete, verschärften sich die Maßnahmen gegen die Christen noch mehr. Die Beamtenschaft und das Militär gingen nun gemeinsam gegen sie vor, und im Laufe von zehn Jahren wurden die christlichen Gemeinden in allen Ostprovinzen und in Afrika rücksichtslos verfolgt, während es in Westeuropa relativ ruhig blieb und nur wenige Christen den Verfolgungen zum Opfer fielen. Wohl gab es einzelne, die ihren Glauben verleugneten, aber im allgemeinen leisteten die Christen entschlossen Widerstand. Dabei haben etwa 3000 Märtyrer den Tod gefunden.

Konstantin der Große

Sofort nach der Abdankung Diokletians im Jahr 305 entstand eine hoffnungslose Verwirrung, denn die Nachfolge in der Tetrarchie ließ sich nicht wie von ihm geplant regeln. Es zeigte sich, daß dieses System keine Überlebenschance hatte, wenn nicht eine so starke Persönlichkeit wie er dahinterstand. In dem allgemeinen Kampf der verschiedenen Kandidaten um die Nachfolge konnte sich Konstantin I. (Flavius Valerius Constantinus), Sohn des Constantius I., schließlich gegenüber Maxentius, dem Sohn des Maximian, 312 in einem Gefecht an der Milvischen Brücke in Rom behaupten und wurde damit alleiniger Kaiser im Westteil des Imperiums. Im folgenden Jahr übernahm Licinius unangefochten die Herrschaft im Osten. Von 323-324 besiegte Konstantin Licinius in drei großen Schlachten und blieb bis zu seinem Tode 337 Alleinherrscher im Römischen Reich.

Konstantin der Große war ein ungewöhnlich tatkräftiger Mann und davon überzeugt, daß es seine Pflicht sei, die Welt zu beherrschen und zu verändern. Während die Inflation sich beschleunigte und deshalb immer höhere Steuern erhoben werden mußten, führte er die Reformpolitik Diokletians energisch weiter, baute das Steuersystem und den Beamtenapparat aus, band seine Untertanen noch stärker an den Boden und ihre ererbten Berufe und sorgte ganz allgemein dafür, daß die Macht des Kaisers noch deutlicher in allen Lebensbereichen spürbar wurde. Während Diokletian alles darangesetzt hatte, mit Notständen fertigzuwerden, wollte Konstantin eine Monarchie errichten, die alle Zeiten überdauern sollte.

Sein besonderes Interesse galt der Heeresreform, was auf den zu seiner Regierungszeit geprägten Münzen und Medaillons zum Ausdruck kommt. Ebenso wie Diokletian nahm er sehr viele Germanen in die Armee auf, denn sie waren besonders geeignet, an der Grenze gegen die mit ihnen verfeindeten Landsleute zu kämpfen. Weil er ihre kriegerischen Tugenden schätzen gelernt hatte, als er selbst erfolgreich in ihrem Land gekämpft hatte, beförderte er viele von ihnen zu Heerführern und Offizieren. So löste er zum Beispiel die Prätorianergarde mit ihrer 350jährigen Tradition auf, weil sie auf der Seite des Maxentius gegen ihn gekämpft hatte, und übertrug ihre Aufgaben der von Diokletian geschaffenen, berittenen germanischen Leibwache (*scholae Palatinae*). Darüber hinaus wurden viele Germanen und Sarmaten (iranisches Reitervolk), die sich innerhalb des Imperiums als Siedler niedergelassen hatten, in die aus Infanterie und Kavallerie bestehenden Eliteverbände der von Diokletian geschaffenen neuen Feldarmee aufgenommen. Damit erhöhte sich die Schlagkraft der Feldarmee als einer Einsatztruppe und strategischen Reserve ganz erheblich. Sie wurde zwei Befehlshabern unterstellt, deren Stellen neu geschaffen wurden, den Oberbefehlshabern der Kavallerie und der Infanterie. Auch die Streitkräfte an der Grenze wurden neu gegliedert und verstärkt. Die Verweigerung des Wehrdienstes ließ Konstantin hart bestrafen, und sein rücksichtsloses Durchgreifen in solchen Fällen versetzte die Bevölkerung in Angst und Schrecken.

Wie seine Vorgänger glaubte auch Konstantin, daß Rom aus militärischen Gründen nicht mehr zum Regierungssitz geeignet sei. Ein Kaiser, der dort residierte, konnte nicht gleichzeitig die beiden wichtigsten Grenzen des Reiches am Rhein und an der Donau im Westen und am Euphrat im Osten beherrschen. Schon einige seiner Vorgänger hatten ihre Residenz zeitweilig an geographisch günstiger gelegenen Orten eingerichtet. Oft war ihre Wahl auf Mediolanum (Mailand) gefallen, und Konstantin hatte auch schon an verschiedenen Orten residiert, so etwa in Treveri (Trier), Arelate (Arles), Ticinum (Pavia) sowie in Sirmium

(Sremska Mitrovica) und Serdica (Sofia) auf dem Balkan, woher er stammte. Aber nun glaubte er, daß die Grenzen an der Donau und am Euphrat sich gleichzeitig am besten von Byzantion aus, an der strategisch wichtigen Meerenge des Bosporus, verteidigen ließen. Dort gründete er Konstantinopel (Constantinopolis) an der Stelle, wo heute Istanbul liegt (324-330).

Bei der Stadtplanung nahm er sich Rom zum Vorbild. So entstanden dort ein Forum und ein eigenes Senatsgebäude. Die Bevölkerung wurde von der gleichen Flotte, die auch die alte Hauptstadt Rom versorgt hatte, auf Staatskosten mit Getreide beliefert. Rom behielt zwar alle Privilegien, und Konstantinopel stand mit seinen Senatoren zunächst noch an zweiter Stelle. Aber Konstantin wollte im Laufe der Zeit in der neugegründeten Metropole die Hauptstadt des Imperiums einrichten. Mit dieser revolutionären Entscheidung bereitete er den Boden für das Mittelalter vor – und sorgte dafür, daß im Laufe der Zeit das Lateinische als Amtssprache vom Griechischen abgelöst wurde.

Noch für eine zweite, viel weiterreichende und entscheidende Entwicklung ist Konstantin verantwortlich, für die Christianisierung des Reiches. Diokletian und Valerius hatten mit der Christenverfolgung ihr Ziel nicht erreichen können. Im Laufe der Jahre zeigte sich immer deutlicher, daß die heidnischen Gemeinden diese Maßnahmen als übertrieben ansahen, denn die Bevölkerung hatte gegen die Christen in ihren Reihen weniger einzuwenden als gegen ihre tyrannischen Regenten. Deshalb hatte Galerius während seiner letzten Krankheit gemeinsam mit Konstantin und Licinius das Edikt von Serdica erlassen, mit dem allen Christen Religionsfreiheit gewährt wurde (311). Das bedeutete, daß das Christentum zum ersten Mal gesetzlich anerkannt wurde. Im Osten verzögerte sich diese Anerkennung allerdings um zwei Jahre, weil der Nachfolger des Galerius, Maximinus Daia (der von Licinius besiegt wurde), sich weigerte, diesem Gesetz Geltung zu verschaffen.

Konstantin hatte, wie er später behauptete, 312 einen Sieg an der Milvischen Brücke unter dem Zeichen des Kreuzes errungen, und im folgenden Jahr schloß er sich gemeinsam mit Licinius, der inzwischen Maximinus geschlagen hatte, mit dem Edikt von Mediolanum (Mailand) dem Toleranzedikt des Galerius an.

Konstantin hatte schon immer das dringende Bedürfnis verspürt, sich dem Schutz einer Gottheit als ihr Gefolgsmann anzuvertrauen. Eine Zeitlang hatte er sich für den Sonnengott entschieden, dessen Verehrung in seiner Familie Tradition war. Doch obwohl er diese Gottheit bis 318/19 auf den Münzen abbilden ließ, hatte sich Konstantin schon zur Zeit des Edikts von Mediolanum offiziell zum Christentum bekannt. Immer deutlicher ließ er erkennen – wie das aus zahlreichen Hinweisen in der zeitgenössischen Literatur und verschiedenen Inschriften hervorgeht –, daß er Jesus Christus mit dem Einen, der Allmacht, der Kraft gleichsetzte.

Konstantin, der von der »allergerechtesten und allerheiligsten« Religion Christi sprach, begünstigte mehrere Jahre lang ganz offen die Christen. Christliche Priester wurden – anders als die Priester anderer Religionen – von ihren kommunalen Verpflichtungen befreit, und die christlichen Kirchen in den Provinzen wurden mit staatlichen Mitteln unterstützt. Der Bischof von Rom, der Papst, residierte nun im Lateranpalast, die Kirche lehnte sich in ihrem Zeremoniell an das des kaiserlichen Hofes an, und der Kaiser gewährte ihr eine eigene Rechtsprechung. Kirche und Staat zogen am gleichen Strang. Doch je deutlicher sich der Kaiser seiner eigenen heiligen Mission bewußt wurde, desto klarer kam auf den Konzilien von Arelate (Arles) im Jahr 314 und von Nicaea (Iznik) 325 zum Ausdruck, daß er die Lage beherrschte. In Nicaea nahm der Kaiser selbst an den

Sitzungen teil, und in den Sitzungspausen mischte er sich unter die Bischöfe und scherzte mit ihnen in schlechtem Griechisch.

Doch als Konstantin der christlichen Kirche soviel Bedeutung beimaß, nahm sie im Römischen Reich noch eine verhältnismäßig unbedeutende Stellung ein. Es hatte ihr bisher an politischer, gesellschaftlicher und wirtschaftlicher Macht gefehlt. Deshalb war ihr Aufstieg zu einer beherrschenden Stellung innerhalb des Imperiums eines der überraschendsten Ereignisse in der Geschichte Roms. Man hat immer wieder versucht, die Motive des Kaisers zu analysieren und zu deuten. Es sieht so aus, als seien er und seine Berater im Laufe der Zeit zu der Überzeugung gekommen, daß die Zeit für das Christentum arbeitete, so ohnmächtig die Christen zunächst auch sein mochten – denn nur sie verfügten über die alle Lebensbereiche umfassenden Ziele und die straffe Organisation, denen es auf die Dauer gelingen konnte, die so gegensätzlichen Völker und Klassen des Imperiums in einer allumfassenden, als »katholisch« bezeichneten Harmonie, in einem universalen Geist zu vereinen. In dieser Überzeugung verfolgte er seine ökumenische Mission und wurde gegenüber anderen Glaubensrichtungen zusehends intoleranter.

Die Christianisierung des Imperiums durch Konstantin erscheint zwar zunächst als ein unerwartet kühner und überraschender Schritt, gründete sich aber auf weitblickende, staatsmännische Überlegungen. Es wäre jedoch falsch, wollte man die persönliche Bekehrung Konstantins nur als eine auf kühler Berechnung gegründete Entscheidung ansehen. Im Gegenteil, er war ein tief religiöser und starker Gefühle fähiger Mann. Aber warum hat er sich gerade für die christliche Religion entschieden und nicht etwa für den Sonnenkult, dessen Anhänger er vorher gewesen war? Der Grund ist in dem dringenden Bedürfnis nach einem persönlichen Erlöser zu sehen, und einen solchen Erlöser gab es im Sonnenkult nicht. Im Mithraskult wird zwar versucht, diese Lücke zu füllen. Aber Mithras fehlt etwas, auf das der Mensch nicht verzichten kann. Wie von anderen heidnischen Erlösern hat man auch von Mithras nie behauptet, er sei wirklich auf der Erde erschienen und habe am Geschick und an der geschichtlichen Entwicklung der Menschheit Anteil genommen. Aber von Jesus glaubte man, daß er gerade das getan hatte, daß er auf die Erde gekommen war, um alle Menschen in ergreifendster Weise von ihrem Elend zu erlösen. Deshalb war er der Erlöser, an den zu glauben die Menschen am meisten befriedigte. Und das erklärt auch, weshalb das Christentum Geist und Seele Konstantins und seiner Untertanen für sich gewonnen hat. Die Wandgemälde in den Katakomben, die Reliefs und andere Kunstwerke aus jener Zeit zeigen deutlich diese Tendenzen, denn da wird Jesus als Erlöser und werden jene Wunder dargestellt, die diese Erlösung symbolisieren. Der Erlöser der Christen und sein Handeln als Mensch auf Erden waren Glaubensinhalte, die weder die Juden noch die Anhänger des Sonnen- und des Mithraskultes verkünden konnten.

Konstantin hat die Juden mehr schlecht als recht geduldet, die christlichen Herrscher der folgenden Generation waren ihnen gegenüber viel weniger tolerant. Einerseits durfte man den Juden das Existenzrecht nicht bestreiten, denn Jesus war einer von ihnen; andererseits sollte ihnen das Leben schwergemacht werden, denn sie hatten Jesus getötet. Aber auch Christen, die von den Lehren der offiziellen Kirche abweichenden Sekten angehörten, gerieten in Schwierigkeiten. Nach den Worten des Eusebius, des theologischen Beraters am kaiserlichen Hof und ersten Kirchenhistorikers, erregte nichts mehr den Zorn Gottes als Kirchenspaltungen, denn die Kirche war der Leib Christi, der durch solche Spaltungen in Stücke gerissen wurde.

Konstantin hat sich erst am Ende seines Lebens taufen

lassen. Er hat diesen Schritt – wie viele seiner Glaubens-
brüder – so lange hinausgeschoben, bis er auf dem Totenbett nicht mehr sündigen konnte. Die Christianisierung des
Reiches war zu dieser Zeit schon weit vorangeschritten.
Petrarca hat die Bekehrung Konstantins, die zu dieser Entwicklung geführt hatte, im 14. Jahrhundert als die große
Trennungslinie zwischen dem Altertum und der dann folgenden Epoche bezeichnet. Nach diesem Wendepunkt ist
auch wirklich eine völlig neue Welt entstanden. Konstantin
selbst war sich des Umfangs und der Heiligkeit seiner Mission zutiefst bewußt. Er betrachtete sich als den dreizehnten Apostel Jesu und den messianischen Statthalter Gottes
auf Erden.

Diese Auffassung des Kaisers kommt in einem kolossa-
len Marmorkopf zum Ausdruck, der heute im Hof des
Palazzo dei Conservatori auf dem Kapitol in Rom aufgestellt ist. Das war der Mann, an dessen glanzvollem Hof die
Menschen ehrfurchtsvoll von dem »göttlichen Gesicht«
und den »von Heiligkeit geprägten Zügen« des priesterli-
chen Kaisers sprachen. Der Bildhauer hat ihm den Ausdruck eines Heiligen verliehen und so einen Kultgegen-
stand geschaffen, der schon auf die Ikonen des kommenden Byzantinischen Reiches hinweist, ein von der Gegenwart Gottes beseeltes Antlitz, das die Kraft besitzt, die in
jedem heidnischen Idol lauernden Dämonen zu bannen.
Der Marmorkopf ist drei Meter hoch und wiegt neun Ton-
nen. Er gehörte zu einem riesigen Standbild des thronen-
den Kaisers, dessen hölzerner Körper, den eine Robe aus
vergoldeter Bronze umgab, nicht mehr existiert.

Diese Kolossalstatue, neben der jeder gewöhnliche
Mensch in seiner Winzigkeit zu nichts wurde, stand in
einer der Apsiden der Basilica Nova. Das war ein profanes
Gebäude nach dem Vorbild der alten Marktbasiliken, Ver-
sammlungsraum, Gerichtshof und Kaufhalle neben dem
Forum. Aber diese Basilika unterschied sich in gewisser

Weise von ihren Vorläufern. Sie war von Maxentius angelegt und nach ihm benannt, aber Konstantin baute sie um und orientierte sich nicht mehr nach der Längs-, sondern der Querachse. In der Basilica Nova wurde der kühne Gedanke verwirklicht, die schon von den römischen Bädern her bekannte, kreuzförmig angelegte zentrale Halle als selbständiges Bauwerk zu errichten. Sie bestand aus nur drei durch riesige Stützpfeiler voneinander getrennten Abteilungen, wie wir sie bereits in den Bädern des Caracalla und des Diokletian antreffen. Das hohe Mittelschiff und die Seitenschiffe wurden durch große, halbrunde Fenster erleuchtet, wie sie in den später entstandenen romanischen Kirchen zu finden sind. Den Abschluß nach oben bildete nicht mehr eine flache Decke wie bei den alten Marktbasiliken, sondern es waren wie in den römischen Bädern große Tonnengewölbe. Von der Basilica Nova sind heute noch drei dieser Gewölbebögen erhalten, Zeugen der bedeutendsten architektonischen Leistung auf dem Höhepunkt der römischen Baukunst, die hier entdeckt hatte, wie sich der Innenraum eines monumentalen Gebäudes am eindrucksvollsten aufteilen ließ.

Später entstanden andere Basiliken, die nicht weltlichen, sondern kirchlichen Zwecken dienten. Die von Konstantin bewirkte Christianisierung regte die bedeutendsten Architekten seiner Zeit an, den Bedürfnissen der neuen Staatsreligion zu dienen, und die großartigen sakralen Bauwerke, die nun die einfachen Hauskirchen ablösten, gehörten zu ihren beachtlichsten Schöpfungen. Ebenso wie die Basilica Nova waren es rechteckige Gebäude, aber mit einer deutlichen Längsachse. Im Gegensatz zur Marktbasilika waren die Seitenschiffe vom höheren Mittelschiff nicht durch wenige massive Stützpfeiler getrennt, die die Tonnengewölbe trugen, sondern durch lange Säulenreihen, auf denen flache Architrave lagen. Auch die Decke über dem Mittelschiff war flach, denn Kreuzgewölbe, wie sie

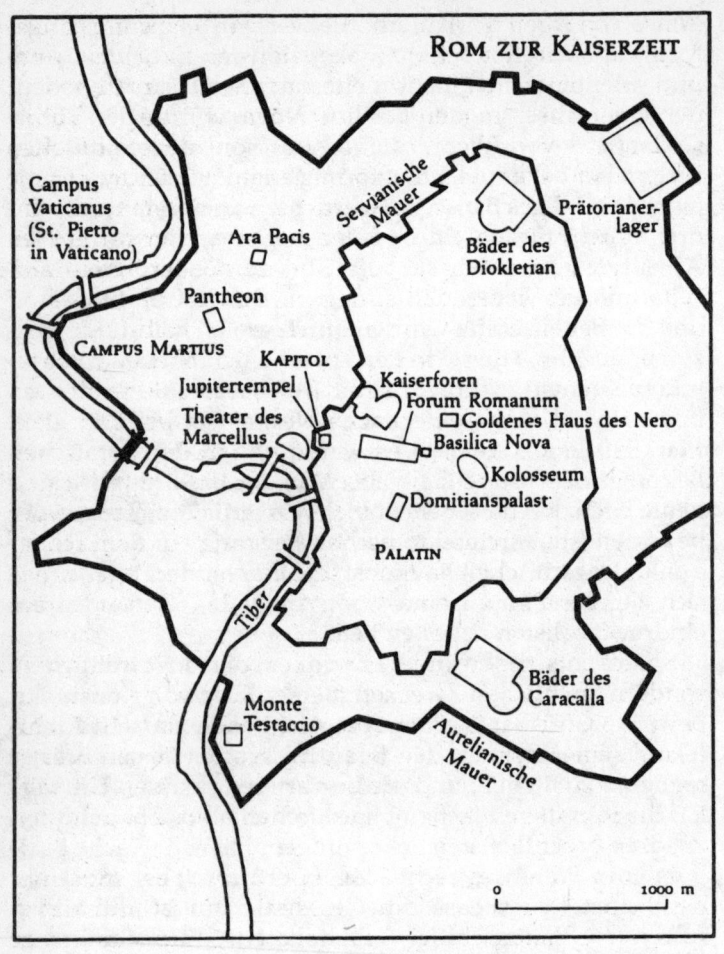

ROM ZUR KAISERZEIT

Campus
Vaticanus
(St. Pietro
in Vaticano)

Servianische
Mauer

Prätorianer-
lager

Ara Pacis

Bäder des
Diokletian

Pantheon

CAMPUS MARTIUS

KAPITOL

Jupitertempel

Kaiserforen
Forum Romanum
Goldenes Haus des Nero

Theater des
Marcellus

Basilica Nova

Kolosseum

Domitianspalast

PALATIN

Tiber

Bäder des
Caracalla

Monte
Testaccio

Aurelianische
Mauer

0   1000 m

noch in der Basilica Nova zu finden waren, hätten den
Blick abgelenkt, der sich in den christlichen, nach Osten
ausgerichteten Kirchen auf diese Richtung konzentrieren

446

sollte. Die beeindruckenden Säulenreihen zwangen das Auge, an den Seitenschiffen entlang auf das Kreuz über dem von einem Baldachin überdachten Altar zu sehen, hinter dem die zum Himmel aufstrebende Apsis den Thron des Bischofs von Rom umschloß, des Stellvertreters Gottes auf Erden. Wer das Gebäude von Westen her betrat, konnte sehen, wie die Strahlen der aufgehenden Sonne durch die Fenster in der Apsis auf den Priester fielen, der hier seiner Gemeinde gegenüberstand. Im übrigen lag der Innenraum in einem feierlichen Halbdunkel, in dem Goldmosaiken und mit Edelsteinen eingelegte Kultgeräte leuchteten.

Heute ist kaum noch etwas von den Basiliken erhalten, die Konstantin errichten ließ. Spätere Generationen haben sie abgetragen, um an denselben heiligen Orten ihre eigenen Monumente zu erbauen. Aber seine grandiosen Kirchenbauten sind zu ihrer Zeit Zeugen der gewaltigsten architektonischen Leistungen gewesen, die ein einzelner im Laufe der Geschichte Roms angeregt hat. In Rom selbst, wo sich die Gräber der unter Nero als Märtyrer gestorbenen Heiligen Petrus und Paulus befinden, und das deshalb von außerordentlicher geistlicher Bedeutung ist, gründete er die Basilika des heiligen Petrus (ca. 333-337) mit massiven Querschiffen und 16 großen Fenstern. Vor dem Bau der Basilika des heiligen Petrus hatte Konstantin neben dem Lateranpalast, der Residenz der Päpste, die nach ihm benannte Basilica Constantiniana errichten lassen, die später, in »S. Giovanni in Laterano« umbenannt, zur Stadtkirche Roms wurde.

In ihrer Nähe entstand der Zentralbau eines oktogonalen Baptisteriums, das noch heute erhalten ist und vielen späteren Gebäuden zum Vorbild diente. Konstantin hat auch sehr viel größere Zentralbauten errichten lassen, die ebenso wie die Basiliken die Architektur revolutioniert haben – aber auch von ihnen ist nichts mehr erhalten. Es waren unter anderem die in Kreuzform angelegte Kirche der heiligen Apostel in Konstantinopel und die Palastkirche des goldenen Oktogons in Antiochia, die der Harmonia geweiht war, der göttlichen Kraft, die zwischen dem Reich, der christlichen Gemeinschaft und dem Universum den Zusammenhalt herstellte. Auch in Palästina entstanden zur Zeit Konstantins bedeutende Bauwerke. In der Grabeskirche in Jerusalem wurden die Längskirche und der Zentralbau miteinander vereint, denn eine rechteckige Basilika umschloß einen als Rundbau angelegten Märtyrerschrein.

Die Nachfolger Konstantins

Konstantin hatte die Absicht, eine erbliche Dynastie zu gründen, aber dabei war ihm weniger Erfolg beschieden als bei anderen Unternehmungen. Als er 326 Kenntnis von einer Verschwörung erhielt, befahl er die Hinrichtung seiner Frau und seines aus einer früheren Ehe stammenden ältesten Sohnes. Seine drei jüngeren Söhne und zwei Söhne eines Halbbruders ließ er als Thronprätendenten erziehen, doch schon 13 Jahre nach seinem Tode waren sie alle bis auf Constantius II. nicht mehr am Leben.

Auch zur Regierungszeit des Constantius dauerten Inflation und Überbesteuerung an. Doch trotz aller wirtschaftlichen Schwierigkeiten führte er gegen die Perser Krieg und wendete sich dann nach Westen, um sich gegen Thronräuber zu wehren. Daneben sorgte er für die Stabilisierung der von seinem Vater eingeleiteten religiösen Erneuerung. Er selbst gehörte der Sekte der Arianer an, die lehrten, Christus sei mit Gott nicht wesensgleich, sondern als sein Sohn ihm untergeordnet. Unter dem fünfmal verbannten Bischof von Alexandria, Athanasius, der ein Gegner der Arianer war, wurde diese Sekte von der römischen Kirche verdrängt, aber die Bemühungen des Constantius, den theologischen Disputen ein Ende zu bereiten, weil sie das Reich zu spalten drohten, blieben erfolglos. Er ernannte seinen in Antiochia residierenden Vetter Constantius Gallus zu seinem Caesar und Thronerben. Aber 354 berief er ihn, weil er des Ungehorsams verdächtigt wurde, ab und ließ ihn hinrichten. Anschließend ernannte er Gallus' Halbbruder, Iulianus, zum Caesar. Dieser gewann mehrere Feldzüge gegen die Germanen und stellte die Rheingrenze wieder her. Daraufhin riefen ihn seine Soldaten zum Kaiser aus, wodurch der Konflikt mit Constantius II. unvermeidlich wurde. Bevor es jedoch zum entscheidenden Zusammenstoß kam, starb der Kaiser 361, und Iulianus trat die Nachfolge an.

Der neue Kaiser lehnte den christlichen Glauben, in dem er erzogen worden war, entschieden ab und erhielt später den Beinamen Apostata, weil er sich ganz von ihm losgesagt hatte. Er stellte fest, daß sich seine in Verbrechen verstrickten Verwandten seitens Konstantin des Großen nicht an das hielten, was sie lehrten. Er machte sich zum Fürsprecher des finanziell hart bedrängten Adels in den alten griechischen Städten Kleinasiens. Dort empfand man den Überfluß und Luxus am kaiserlichen Hof als abstoßend und sah die herrschende intellektuelle Verwirrung als Zerfallserscheinung an. Iulianus hatte in seiner Jugend gelehrte und gebildete Männer kennengelernt, zu denen auch sein Lehrer, ein damals hochangesehener Philosoph, gehörte. Ihm verdankte er seine Vorliebe für die klassische Literatur und die heidnischen Gottheiten. Diese Haltung kommt in den uns erhaltenen Reden, Aufsätzen und Briefen zum Ausdruck, in denen er sich sehr geschickt der griechischen Sprache bediente.

Nach seiner Thronbesteigung bekannte er sich offen zu den alten heidnischen Glaubensvorstellungen und führte die heidnischen Kulte wieder ein. Dazu gewährte er den heidnischen Religionsgemeinschaften großzügige Hilfe und versetzte sie damit in die Lage, mit dem Christentum zu konkurrieren. Schließlich verkündete er die allgemeine Religionsfreiheit. Doch dadurch wurde die christliche Kirche nicht nur ihrer finanziellen Vorrechte beraubt, sondern in den nun folgenden religiösen Wirren wurden die Christen auch strengeren Auflagen unterworfen als die Anhänger anderer Religionen. Eine besonders umstrittene Verordnung verbot ihnen sogar, in den Schulen zu lehren. Um sie noch härter zu treffen, unterstützte Iulianus die Juden, die zur Zeit, als das Christentum Staatsreligion gewesen war, mit großen Schwierigkeiten hatten kämpfen müssen. Er plante sogar den Wiederaufbau des fast 300 Jahre früher zerstörten Tempels in Jerusalem. Vielleicht hat er mit solchen Zugeständnissen auch seine Armee vor jüdischen Unruhen schützen wollen, die während seiner für die nächste Zeit geplanten Feldzüge im Osten hätten ausbrechen können. Da jedoch weder Iulianus selbst noch die Rabbiner sich für den Wiederaufbau des Tempels besonders begeisterten, denn den Juden genügte es vollauf, wenn sie ihre Synagogen als Gemeindezentren behielten, zerschlug sich der Plan des Kaisers, das Judentum auf Kosten des Christentums zu fördern.

So blieb seinem leidenschaftlichen Feldzug gegen die Christen der Erfolg versagt. Er glaubte, er habe den göttlichen Auftrag, eine kranke Gesellschaft zu heilen. Aber dieser opportunistische und verwöhnte Mann war nicht fähig, einen Kompromiß zu schließen. Er war so sehr in der klassischen Tradition verwurzelt, daß er keine Beziehungen zu den einfachen Menschen hatte und sie nicht verstand. Seine ungeschickten Versuche, gegen den Strom der Zeit zu schwimmen und das Vordringen des Christentums aufzuhalten, waren zum Scheitern verurteilt.

Auf anderen Gebieten dagegen war er erfolgreicher, denn er war ein hart arbeitender und gewissenhafter Administrator. Er bemühte sich nach Kräften, die Lage der

Stadtstaaten im östlichen Teil des Reiches zu verbessern, die ihn politisch so wirksam unterstützten. Vorübergehend gelang es ihm sogar, die Inflation einzudämmen, indem er große Mengen Goldmünzen in Umlauf brachte. Vor allem aber schritt er energisch gegen die immer umfangreicher werdende und alles durchdringende Bürokratie ein.

Sein größter Ehrgeiz war es jedoch, im Kampf gegen die Perser eine Entscheidung herbeizuführen. Sie waren während der Regierungszeit seines Vorgängers zu einer gefährlichen Bedrohung des Reiches geworden. Nach sorgfältigen Vorbereitungen drang Iulianus in einem entschlossenen Vorstoß nach Osten auf persisches Gebiet vor und besiegte 363 das persische Heer. Aber auf dem weiteren Vormarsch griffen die Perser die römischen Kolonnen immer wieder aus dem Hinterhalt an, und bei einem dieser Geplänkel wurde Iulianus tödlich verwundet. Sein Nachfolger Iovian (363-364), ein Offizier der Donauarmee, wendete sich von den beiden politischen Grundprinzipien des Iulianus wieder ab. Er schloß mit den Persern einen für das Römische Reich sehr ungünstigen Frieden und erhob als frommer Christ das Christentum wieder zur Staatsreligion.

IX Die Verwandlung Europas

19 Der Untergang des Weströmischen Reiches

Valentinian I. und Theodosius I.

364 n. Chr. rief die Armee wieder einen Soldaten der Donauarmee, Valentinian I. (Flavius Valentinianus), zum Kaiser aus. Er war der letzte bedeutende Herrscher des Westreiches. Hochgewachsen und von kräftiger Statur, blond, mit graublauen Augen war Valentinian eine eindrucksvolle Erscheinung. Obwohl seine Gegner ihn als Barbaren verachteten, hatte er eine gründliche Erziehung genossen. Er war eifersüchtig und grausam, leicht erregbar und furchtsam und mißtrauisch gegenüber seinen Zivilbeamten. Er war aber auch ein tüchtiger Soldat und tatkräftiger Organisator. Er lehnte die römische Aristokratie ab und fühlte sich besonders den Armen verpflichtet. Noch erstaunlicher war seine Toleranz gegenüber den Unterschieden in den Religionen.

Im Interesse einer wirksamen Verteidigung des Reiches hielt es Valentinian für richtig, einen zweiten Kaiser einzusetzen, und deshalb übergab er den Osten seinem Bruder Valens, der seine Residenz in Konstantinopel einrichtete. Er selbst behielt den Westen und hielt in Mediolanum hof, obwohl der Senat in Rom blieb. Die Teilung des Reiches hatte die Finanzkraft seines Teilreiches geschwächt, denn er mußte nun auf die Steuereinnahmen aus den reicheren Ostprovinzen verzichten. Aber bei seinem Tode war das Westreich stärker als je zuvor; und niemand hätte geglaubt, daß es schon sehr bald in die letzte Phase seines langen Bestehens eintreten würde.

Diese großen Erfolge hatte Valentinian seiner Wachsamkeit gegenüber einer ganzen Reihe von gefährlichen Entwicklungen zu verdanken. Zunächst waren die Germanen über den Rhein vorgestoßen und hatten die Festung Mogontiacum (Mainz) genommen. Aber der Kaiser schlug sie dreimal, marschierte dann das Neckartal hinauf und errang im Schwarzwald einen großen Sieg. Während seines siebenjährigen Aufenthaltes im Norden schuf er ein neues umfassendes Verteidigungssystem und schwächte seine Gegner, indem er Zwietracht unter den einzelnen Stämmen säte. Gleichzeitig ließen sich viele Germanen im westlichen Grenzgebiet des Imperiums als Siedler nieder. 374/75 wehrte Valentinian erneut einen starken Germanenvorstoß ab, diesmal an der mittleren und oberen Donau, und unternahm mehrere Vergeltungsaktionen. Doch wenig später erlitt er, während er sich die unverschämten Beschimpfungen germanischer Gesandter anhörte, einen Blutsturz und starb. Die Nachfolge trat sein sechzehnjähriger Sohn Gratian an.

Drei Jahre später mußte das Oströmische Reich eine seiner schwersten Niederlagen hinnehmen. Jenseits seiner Grenzen waren zwei große germanische Staaten entstanden. Die Ostgoten (Ostrogothae oder »leuchtende Goten«) hatten sich in der Ukraine und die Westgoten (Visigothae oder die »weisen Goten«) auf dem Gebiet des heutigen Rumäniens niedergelassen. Um 370 drangen die weiter ostwärts beheimateten nichtgermanischen Hunnen in das Gebiet dieser Völker vor. Der ostgotische Staat zerfiel nach einer Niederlage im Kampf gegen die überlegene Reiterei

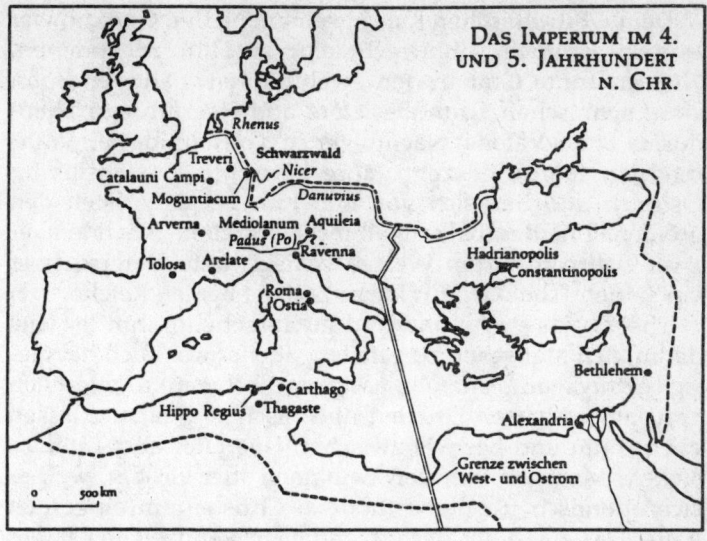

DAS IMPERIUM IM 4.
UND 5. JAHRHUNDERT
N. CHR.

Rhenus
Treveri   **Schwarzwald**
Catalauni Campi ●   *Nicer*
Moguntiacum ●   *Danuvius*
Arverna   Mediolanum   Aquileia
            Padus (Po)   Ravenna
Tolosa   Arelate   ●
            Roma ●   Hadrianopolis
            ●Ostia   ●Constantinopolis
            ●Carthago   Bethlehem●
Hippo Regius   ●Thagaste
            Alexandria
            Grenze zwischen
            West- und Ostrom

0   500 km

der Hunnen, und 200 000 Westgoten wurden von den Eindringlingen über die Donau auf oströmisches Gebiet gedrängt, wo sie die Erlaubnis erhielten, sich niederzulassen. Aber der westgotische Häuptling Fritigern, der sich über die ungerechte Behandlung seiner Landsleute durch die römischen Beamten geärgert hatte, erhob sich gegen die Römer und zog mit seinen Kriegern plündernd und sengend durch den Balkan, während andere aus dem Norden kommende Stämme ihm über die Donau folgten (376). Daraufhin begab sich Valens in Eilmärschen von Kleinasien zu diesem Kriegsschauplatz, um die Lage zu retten, und griff die Germanen bei Adrianopel (Edirne in Thrakien) an. Aber die westgotische Kavallerie trieb die römische Reiterei in die Flucht und metzelte die kaiserliche Infanterie fast bis auf den letzten Mann nieder. Auch Valens selbst fiel, und sein Leichnam wurde nicht mehr aufgefunden.

Dem weströmischen Kaiser, seinem Neffen Gratian, war es nicht gelungen, ihm rechtzeitig zu Hilfe zu kommen. Nun ernannte Gratian den zweiunddreißigjährigen Sohn eines spanischen Grundbesitzers und Heerführers, Theodosius I., zu Valens' Nachfolger in Konstantinopel. Während der folgenden zehn Jahre herrschte Theodosius im Ostreich und ließ sich von den Kaisern im Westen den größten Teil der Balkanhalbinsel abtreten. Nachdem er zwei Usurpatoren im Westen besiegt hatte, vereinigte er vor seinem Tode 395 für kurze Zeit die beiden Reiche.

Theodosius war blond und gutaussehend, ihm lag viel daran, den Menschen zu gefallen, aber er war auch habgierig, extravagant, unzuverlässig und schwankte zwischen grausamen, harten Urteilen und raschen Gnadenerlassen ebenso hin und her wie zwischen Übereifer und Tatenlosigkeit. Man gab ihm den Beinamen »der Große«, weil er sich energisch für das orthodoxe Christentum eingesetzt hatte. Das war eines der wesentlichen Kennzeichen seiner Regierung. Aber ebenso wichtig war seine Entscheidung, trotz der Katastrophe bei Adrianopel 382 eine große Anzahl westgotischer Siedler innerhalb der Reichsgrenzen aufzunehmen. Sie durften ihre eigenen Herrscher behalten, mußten den Römern aber Soldaten und landwirtschaftliche Arbeiter stellen. Sie waren die ersten einer Reihe germanischer Stämme, denen für den Dienst im römischen Heer der Status von »Föderierten« verliehen wurde.

Die Grenzen lassen sich nicht mehr verteidigen

Nach Theodosius' Tod wurde das Reich endgültig geteilt. Ostrom ging an seinen achtzehnjährigen Sohn Arcadius (383-408), und sein jüngerer Sohn, der erst elfjährige Honorius (393-423) bestieg den Thron des Westreiches in

Mediolanum. Als die Knaben heranwuchsen, erwiesen sie sich als unbegabt und untüchtig, und die Herrschaft in beiden Reichen fiel an ihre Regenten. Im Westen übernahm Stilicho, der teils römischer, teils germanischer Abstammung und mit einer Kusine des Honorius verheiratet war, die Regierung. Stilicho war zwar ein ungewöhnlich begabter und tatkräftiger Heerführer und hätte den Westen auch für eine gewisse Zeit vor dem Untergang retten können, aber sein Aufstieg wurde von zweierlei überschattet: Erstens war er dem Ostreich gegenüber feindlich eingestellt, wo er dafür sorgte, daß der Vormund des jungen Kaisers, Rufinus, ermordet wurde. Und zweitens litt Stilichos Ansehen darunter, daß er nicht bereit war, sich gegenüber dem neuen westgotischen Herrscher Alarich durchzusetzen. Dieser Stammeshäuptling war ein ungewöhnlich fähiger Mann und wurde von seinem Volk wie ein König verehrt. Alarich war mehrfach tief in italienisches Gebiet hinein vorgestoßen und hatte damit seine aggressiven Absichten bekundet. Der furchtsame Honorius war dadurch veranlaßt worden, seine Residenz von Mediolanum in die adriatische Küstenstadt Ravenna zu verlegen, die von der Landseite her durch Sümpfe geschützt wurde und einen Fluchtweg über das Meer offenließ. Aber anstatt energisch gegen Alarich vorzugehen, hielt Stilicho es für richtiger, ihn nicht zu sehr zu schwächen, damit er ihn gegen den oströmischen Staat auspielen konnte. Nachdem Stilicho 405 einen Einfall der Ostgoten unter Radagaisus bei Faesulae (Fiesole) abgewehrt hatte, plante er tatsächlich einen Feldzug gegen Ostrom.

Aber am 31. Dezember des folgenden Jahres wurden seine Pläne durch den größten und folgenschwersten Germaneneinfall im Westen durchkreuzt. An diesem Tage überschritt eine aus verschiedenen Stämmen – Vandalen, Sueben, Alanen und Burgundern – bestehende Armee das Eis des zugefrorenen Rheins, brach den halbherzigen

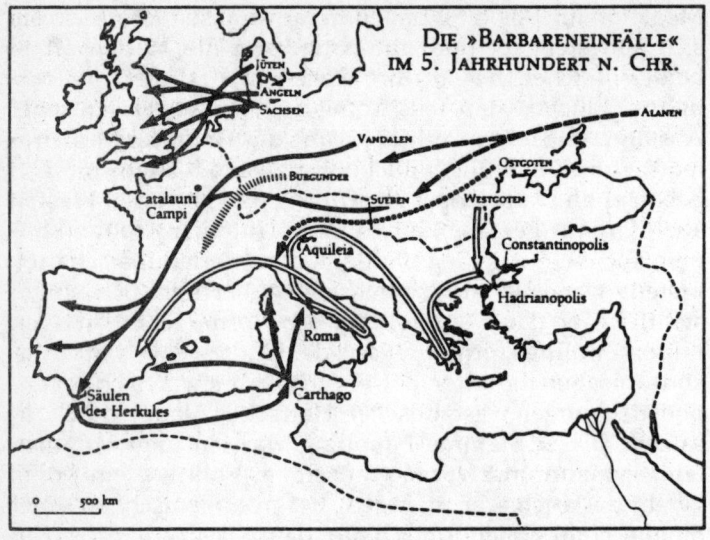

DIE »BARBARENEINFÄLLE«
IM 5. JAHRHUNDERT N. CHR.

Widerstand der Verteidiger und brandschatzte Mogontiacum (Mainz), Treveri (Trier) und viele andere Grenzstäd-
te. Dann drangen die Germanen fächerförmig in das hinter
dem Flußlauf gelegene gallische Gebiet vor, verwüsteten
alles, was am Wege lag, und zogen durch das ganze Land
bis zu den Pyrenäen. Mit wenigen Ausnahmen, wie zum
Beispiel Tolosa (Toulouse), leisteten die Städte in Gallien
dem Feind keinen Widerstand. Das war ein entscheidender
Durchbruch, denn die Rheingrenze hat sich nie wiederherstellen lassen.

Und Stilicho hat nichts Entscheidendes unternommen,
um den angreifenden Germanen Einhalt zu gebieten,
erstens weil er immer noch daran dachte, einen Feldzug
gegen Ostrom zu führen, und zweitens weil sich unter dem
Eindruck des germanischen Überfalls mehrere Usurpatoren in den römischen Armeen erhoben, die eigentlich die

Aufgabe gehabt hätten, den Gegner abzuwehren. Einer von ihnen hatte Britannien verlassen und kam aufs Festland. Britannien war nun von römischen Truppen frei und wurde allmählich von den Sachsen (Saxones) besiedelt. Stilicho wurde von den Westgoten unter starken Druck gesetzt, deren Führer Alarich aus den Schatzkammern des Westreiches 4000 Pfund Gold verlangte. Stilicho erzwang zwar die Zustimmung des Senats, aber sie war nur widerwillig gegeben, und sehr bald darauf wurde er beschuldigt, sich mit Alarich an einer Verschwörung mit dem Ziel beteiligt zu haben, seinen eigenen Sohn auf den Kaiserthron zu bringen. Dieser Vorwurf mag unzutreffend gewesen sein, aber bei einer Meuterei, die in Ticinum gegen ihn ausbrach, wurden seine Anhänger getötet. Er selbst begab sich nach Ravenna, aber Honorius ließ ihn hinrichten (408). Während der folgenden 50 Jahre ist kein Germane mehr zum Oberbefehlshaber der Armee des Westreiches ernannt worden. Unmittelbar nach seinem Tode fingen die römischen Soldaten an, die Familien der mit ihnen verbündeten germanischen Soldaten niederzumetzeln, die daraufhin zu den Westgoten überliefen.

Ihr Führer Alarich, dem nun die guten Beziehungen fehlten, die er über Stilicho mit Westrom unterhalten hatte, forderte weiterhin Geld und Land, und als diese Forderungen abgewiesen wurden, marschierte er in drei aufeinanderfolgenden Jahren bis vor die Mauern Roms. Als er dort zum ersten Mal erschien, konnten sich die Römer mit der Zahlung einer beträchtlichen Summe Geldes loskaufen, aber beim zweiten Mal setzte er den Marionettenkaiser Priscus Attalus auf den Thron, und bei seinem dritten Erscheinen öffneten ihm Verräter die Stadttore. Seine Soldaten besetzten die Hauptstadt, die seit fast 800 Jahren nicht mehr von feindlichen Truppen eingenommen worden war. Dieses Ereignis erschütterte die ganze römische Welt. Obwohl es zu Plünderungen kam und an einigen

Stellen Feuer gelegt wurde, war der Schaden aber nicht sehr groß. Die Westgoten blieben nur drei Tage in Rom.

Anschließend zog Alarich, der die Halbschwester des Kaisers, Placidia, mitnahm, weiter nach Süditalien in der Absicht, nach Nordafrika überzusetzen. Er kehrte jedoch um, starb, und seine Soldaten setzten ihn im Bett eines italienischen Flusses bei, um zu verhindern, daß sein Leichnam aufgefunden und von seinen Feinden geschändet würde.

Der bedeutendste römische Heerführer während der folgenden zehn Jahre war Constantius III. aus Naissus, der durch einen langen Hals und breiten Kopf auffiel. In dem auf die Einnahme Roms durch Alarich folgenden Jahr griff er energisch in das politische Geschehen ein. Zuerst besiegte er drei rivalisierende Thronanwärter und bestieg selbst in der Hauptstadt des einen, in Arelate (Arles), den Thron. Nach der Verwüstung von Treveri (Trier) war Arelate die bedeutendste Stadt der Westprovinzen. 413 verlieh Constantius dem germanischen Stamm der Burgunder den Status von Föderierten und erlaubte ihnen, sich in dem Gebiet westlich des Mittellaufs des Rheins niederzulassen.

Alarichs Schwager und Nachfolger, der Westgote Athaulf, hatte mit seinem Volk Italien verlassen und es im fruchtbaren Südwestgallien angesiedelt. Um seine friedlichen Absichten gegenüber dem Reich unter Beweis zu stellen, heiratete er Honorius' Halbschwester Placidia, die sein Vorgänger aus Rom entführt hatte. Honorius verweigerte jedoch die Zustimmung zu dieser Ehe, und Constantius zwang Athaulf, nach Spanien auszuweichen, wo er 415 bei Barcino (Barcelona) fiel. Sein Bruder Wallia erhielt, nachdem er für die Rückkehr Placidias zu den Römern gesorgt hatte, die Erlaubnis, mit seinen Westgoten wieder nach Westgallien zu gehen, wo er als Bundesgenosse Roms Tolosa (Toulouse) zur Hauptstadt machte (418). Die Regionalverwaltung von Arelate, in der Römer und Westgoten zusammenarbeiten sollten, erhielt von Honorius das Recht, Gallien in seinem Namen zu regieren. Diese Vereinbarung ist jedoch nie recht zur Auswirkung gekommen.

Constantius hatte Placidia im Jahr zuvor gegen ihren Willen geheiratet; sie schenkte ihm trotzdem einen Sohn. Er hatte seine Stellung inzwischen wesentlich gestärkt, und Anfang 421 ernannte ihn Honorius zum Mitkaiser im Westen. Aber die Kaiser im Osten weigerten sich, die ohne ihre Zustimmung vorgenommene Ernennung anzuerkennen. Das erzürnte Constantius III. Aber er hatte nicht die Möglichkeit, sich im Osten Genugtuung zu verschaffen, denn er starb bereits nach einer Regierungszeit von nur sieben Monaten. Wäre er am Leben geblieben, hätte er wahrscheinlich sehr energisch weiterregiert. Mit Konstantinopel hätte er sich jedoch wahrscheinlich niemals ausgesöhnt, und daher ist es durchaus zweifelhaft, ob es ihm gelungen wäre, den Untergang des Weströmischen Reiches zu verhindern.

Nach einem Streit mit Honorius suchte Placidia mit ihrem vierjährigen Sohn Valentinian III. Zuflucht in der Hauptstadt des Ostreichs. Als Honorius jedoch 423 an Wassersucht starb, kehrte sie mit Hilfe einer Armee des Ostreiches nach Italien zurück, besiegte einen Usurpator, und das Kind wurde Kaiser von Westrom (425-455). Während der ersten Jahre seiner Regierungszeit übernahm Placidia selbstherrlich die Regentschaft. Sie mußte aber mit dem aus Durostorum an der Donau (Derster oder Silistria in Bulgarien) stammenden Aetius, einem sehr tatkräftigen Mann, rechnen. In seiner Jugend hatte er einige Jahre als Geisel bei den Westgoten und bei den Hunnen zugebracht und während dieser Zeit die beiden führenden nichtrömischen Völker gut kennengelernt. Nach dem Tode des Honorius stellte er sich an die Spitze eines starken Hunnenheeres und versuchte, die Rückkehr Placidias zu verhindern. Anschließend schloß er mit ihrer Regierung Frieden, wurde für Placidia aber mit der Zeit zu mächtig. Er ging mit einer Armee nach Nordafrika, das damals der wichtigste Getreidelieferant Roms war. Das Land wurde von dem halb selbständigen Bonifatius beherrscht, einem Mann, in dem sich Frömmigkeit und die Abenteuerlust eines mittelalterlichen Ritters in seltsamer Weise vereinigten. Ebenso wie Aetius war Bonifatius zunächst Placidias Feind gewesen, hatte aber dann Frieden mit ihr geschlossen. Daraufhin spielte sie die beiden Männer gegeneinander aus. Sie selbst unterstützte Bonifatius, der aber während des folgenden Feldzugs verwundet wurde und starb (432). Damit wurde Aetius zum Oberbefehlshaber, und es gelang ihm nach kurzer Zeit, seine Stellung so weit auszubauen, daß er mächtiger wurde als Placidia selbst.

Seine dringendste Aufgabe war es, den Vandalen Einhalt zu gebieten, einem germanischen Stamm, der von Gallien nach Spanien vorgedrungen war und von dort über die Straße von Gibraltar nach Nordafrika in die für Rom lebenswichtigen Gebiete (429). Ihr tatkräftiger, weitblickkender und willensstarker König Geiserich stellte die Römer vor so schwierige Probleme, wie das noch kein Germane vor ihm getan hatte. Eine aus west- und oströmischen Verbänden bestehende Armee stellte sich ihm entgegen, versagte aber kläglich, und da die Nordgrenzen Galliens sich nicht mehr verteidigen ließen und im Lande selbst Bauernaufstände ausgebrochen waren, sah sich Westrom gezwungen, mit Geiserich Frieden zu schließen. Man entwarf einen Friedensvertrag, nach dem die Vandalen in Mauretanien und Numidien (Marokko und Westalgerien) den Status von Föderierten erhalten sollten.

Aber dieser Status war fast mit vollständiger Unabhängigkeit gleichzusetzen. Geiserich machte das vier Jahre später auch sehr deutlich, als er in das historische Kernland des römischen Nordafrika eindrang, zu dem die Kornkammer im Gebiet des heutigen Tunesien und nordöstlichen

Algerien gehörte; dabei fiel ihm auch die alte Hauptstadt Karthago in die Hände (439). Karthago war die zweitwichtigste Stadt des Weströmischen Reiches, und ihr Verlust war ein so schwerer Schlag, daß die Auflösung des Westreiches nun unvermeidlich schien. Deshalb sah sich die Regierung in Ravenna genötigt, den Vertrag mit Geiserich zu revidieren. Nach den neuen Vereinbarungen sollte er die zuletzt eroberten Gebiete behalten, aber Mauretanien und Numidien an Westrom zurückgeben. Doch er hielt sich nicht daran und behielt alles. Darüber hinaus löste er sich aus dem Bündnis mit Rom und beanspruchte die volle Eigenständigkeit in dem von ihm beherrschten Gebiet, das er damit der römischen Oberherrschaft entzog. Geiserich war nicht nur in Afrika mit beispielloser Kühnheit vorgegangen, sondern baute als erster Germane auch eine eigene Flotte, mit der er weit über die afrikanische Küste hinaus vorstieß, Italien selbst bedrohte und die Einheit des Mittelmeerraumes zum ersten Mal seit 600 Jahren ins Wanken brachte. Kein einzelner hat mehr zum Untergang des Weströmischen Reiches beigetragen als Geiserich. Aetius war es zwar gelungen, die Burgunder zu befrieden und seßhaft zu machen, er sah sich aber außerstande, Geiserich Einhalt zu gebieten.

Auch die Hunnen, die Aetius bisher viele Soldaten zur Verfügung gestellt hatten, wurden zu Feinden der Römer und kämpften zuerst gegen Ostrom und dann gegen Westrom. Der lateinische Historiker Ammianus Marcellinus schildert sie als heimtückische, gewalttätige, beutegierige Wilde und hervorragende Reiter. Anfang des 5. Jahrhunderts beherrschten sie ein riesiges Gebiet zwischen Ostsee und Donau. Hier übernahmen Attila und sein Bruder Bleda 434 die Herrschaft, doch Attila ließ seinen Bruder sehr bald ermorden. Der jähzornige, arrogante, unermüdliche, kleine Mann mit dem häßlichen Gesicht und der eingedrückten Nase wurde als »Geißel Gottes« angesehen, denn während seiner 19 Jahre dauernden Regierungszeit hat er ebensoviel zum Untergang der römischen Welt beigetragen wie Geiserich.

Während der Jahre um 440 unterhielt er zunächst freundschaftliche Beziehungen zu Aetius und führte seine Angriffe nur gegen das Ostreich, dem er zwei sehr ungünstige Verträge aufzwang. Doch dann verweigerte ihm der neue Kaiser in Konstantinopel, Marcianus (450-457), weitere Tributzahlungen, und daher wendete sich Attila gegen den Westen, um den finanziellen Verlust durch neue Raubzüge auszugleichen. Den Vorwand für diese Angriffe lieferte ihm die Schwester Valentinians III., Honoria, die ihn bat, er möge sie aus den Händen ihres Bruders befreien, der sie mit einem ungeliebten Mann verheiraten wollte. Der Hunnenkönig faßte diese Bitte als eine an ihn gerichtete Heiratserklärung auf und verlangte als Morgengabe die Hälfte des Weströmischen Reiches. Als diese Forderung jedoch abgelehnt wurde, fiel er in Gallien ein. Dort stellte sich ihm auf den Katalaunischen Feldern bei Châlons-sur-Marne eine aus römischen Truppen des Aetius und aus verbündeten Germanen bestehende Armee entgegen. Die germanischen Einheiten bestanden zum Teil aus Westgoten, deren König in einem blutigen Gemetzel fiel. Er starb jedoch im Augenblick des Sieges, des größten, den Aetius erfochten hatte. Es war die einzige Schlacht, die Attila in seinem ganzen Leben verloren hatte und die ihn zwang, Gallien zu räumen.

Aber der Gewinnn Galliens bedeutete für Italien den Anbruch einer Schreckenszeit, denn Attila und seine Hunnen überschritten im folgenden Jahr die Alpen und brandschatzten Mediolanum (Mailand) und andere größere Städte, und Aetius stand keine Armee mehr zur Verfügung, um ihn aufzuhalten. Als Attila sich anschickte, einen Nebenfluß des Po zu überschreiten, traf Papst Leo I. von Rom kommend auf dem Schlachtfeld ein. Da es in der alten römischen Hauptstadt keinen kaiserlichen Hof mehr gab, waren die Bischöfe, die Päpste, die politischen Machthaber. Papst Leo setzte seine ganze Autorität ein, und am Mincius (Mincio), einem Nebenfluß des Po, gelang es ihm, Attila zum Abzug aus Italien zu bewegen. Wahrscheinlich hatte er den König davon überzeugt, daß sich das Hunnenheer in dem von Hungersnot und Seuchen geplagten Lande nicht würde ernähren können. Auf jeden Fall zogen sich die Hunnen zurück, und Italien konnte aufatmen.

Zwei Jahre später starb Attila, und sein Reich zerfiel unter der Herrschaft seiner streitsüchtigen Söhne. Bald erhoben sich auch die von den Hunnen unterworfenen Germanen südlich der Donau und brachten ihren Unterdrückern eine vernichtende Niederlage bei. Die überlebenden Hunnen zogen sich weit nach Osten zurück (455) und haben ihre Großmachtstellung nie wieder zurückgewonnen.

Inzwischen war auch Aetius tot. Valentinian III., der ihn fälschlicherweise für einen Verräter gehalten hatte, hatte ihn 454 eigenhändig ermordet. Mehr als 20 Jahre hatte sich Aetius bemüht, die Feinde der westlichen Welt in Schach zu halten. Eine Zeitlang schien ihm das auch gelungen zu sein, aber mit seiner Ermordung begann die letzte Phase der Krise, die zum Untergang führte.

Die letzten Kaiser im Westen

Nur sechs Monate später rächten zwei barbarische Gefolgsleute des Aetius seinen Tod und ermordeten Valentinian. Zwar war der Kaiser unbedeutend, aber sein Tod war dennoch ebenso entscheidend wie der des Aetius. Er hatte keine Erben und war damit der letzte Herrscher einer Dynastie, die den Thron fast 100 Jahre innegehabt hatte.

Noch in seinem Todesjahr kam es zur Katastrophe. Der

Vandale Geiserich, dessen Flotte das Mittelmeer beherrschte, landete in Ostia und eroberte Rom. Er blieb zwei Wochen in der Stadt, und seine Soldaten plünderten sie viel grausamer und gründlicher, als es die Soldaten Alarichs während ihres kurzen Aufenthaltes getan hatten. Bei seinem Abzug nahm er Tausende von Gefangenen mit, unter ihnen auch Valentinians Witwe und zwei Töchter.

Das Weströmische Reich sollte nur noch 21 Jahre bestehen. Während dieser Zeit wurde es von neun mehr oder weniger legitimen Herrschern regiert. Sie gehörten den verschiedensten Familien an und verfügten in den meisten Fällen nur über sehr geringe Macht. Sechs von ihnen fanden ein gewaltsames Ende. Innerhalb der sich rasch auflösenden Regierung in Ravenna war der Oberbefehlshaber Ricimer die bedeutendste Persönlichkeit. Seit Stilicho war er der erste Germane, der diese Stellung wieder bekleidete. Wegen seiner germanischen Abstammung wurde ihm jedoch der kaiserliche Purpur vorenthalten. Aber als die Macht hinter dem Thron setzte er im Verlauf von 15 Jahren einen Kaiser nach dem anderen ein und auch wieder ab und trug dadurch wesentlich zur allgemeinen Instabilität bei. Sein begabtester Schützling war Maiorian (457-461), der sich in Feldzügen gegen die Germanen in Gallien und Spanien ausgezeichnet hatte, dann aber in einer Seeschlacht gegen Geiserich vor Carthago Nova (Cartagena) eine schwere Niederlage hinnehmen mußte, was Ricimer veranlaßte, ihn ermorden zu lassen. Der nächste Kandidat des Germanen, Anthemius (467-472), der auch von der Regierung in Konstantinopel unterstützt wurde, erlitt ein ähnliches Schicksal, und sehr bald nach seinem Tod starb auch Ricimer.

Nach drei weiteren Herrschern, die nur kurze Zeit an der Macht waren und unter denen die bis dahin noch loyal gebliebenen gallischen Gebiete an die nun unabhängigen Westgoten fielen, ernannte der neue militärische Oberbefehlshaber Orestes, der Attilas Sekretär gewesen war, seinen eigenen Sohn zum Kaiser in Ravenna. Der junge Mann trug die historischen Namen Romulus Augustus, wird aber meist als der kleine Augustus – Augustulus – bezeichnet. Seine Regierungszeit war die kürzeste, denn der germanische Befehlshaber einer aus germanischen Söldnern bestehenden Armee in Italien, Odoaker, verlangte für seine Landsleute, die in Italien lebten, den Status von Föderierten und Landzuweisungen, wie dies schon anderen Germanen auf weströmischem Territorium zugebilligt worden war. Als seine Forderungen unerfüllt blieben, riefen ihn seine Soldaten zu ihrem unabängigen Herrscher aus, und zwar nicht als römischen Kaiser, sondern als ihren König.

Nachdem Odoaker Ravenna eingenommen hatte, erklärte er Romulus für abgesetzt und schickte ihn in die Verbannung. Diesmal wurde jedoch kein Versuch mehr unternommen, in Westrom einen neuen Augustus einzusetzen. Auf Anregung Odoakers ließ der römische Senat die kaiserlichen Insignien Zeno überbringen, der in Konstantinopel regierte (474-491). Zeno weigerte sich jedoch, die Insignien anzunehmen, weil der vorletzte Kaiser, Iulius Nepos, den er für dieses Amt vorgeschlagen hatte, noch in Dalmatien lebte (bis 480). Da Ostrom zu dieser Zeit jedoch mit inneren Schwierigkeiten zu kämpfen hatte, unternahm Zeno nichts gegen Odoaker, der zwar höflich genug war, die Porträts von Zeno und Nepos auf den von ihm herausgegebenen Münzen zu zeigen, aber im übrigen als selbständiger Monarch in Italien herrschte wie die Könige der Vandalen und der Westgoten.

Aus diesem Grund haben spätere Historiker das Jahr 476 n. Chr. als den Zeitpunkt bezeichnet, an dem das schon seit langer Zeit in Auflösung befindliche Weströmische Reich endgültig aufgehört hat zu bestehen. In neuerer Zeit neigt man dazu, diesem Ereignis weniger Bedeutung beizumessen, weil es nur eine von vielen Begebenheiten war, die

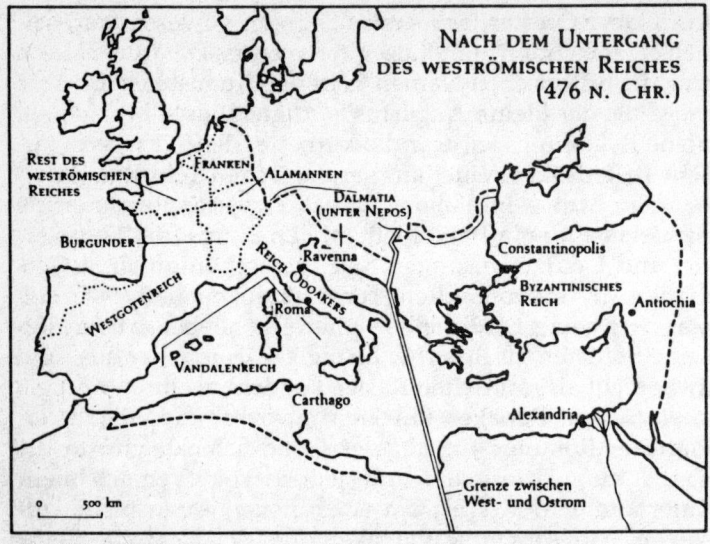

NACH DEM UNTERGANG
DES WESTRÖMISCHEN REICHES
(476 N. CHR.)

REST DES
WESTRÖMISCHEN
REICHES

FRANKEN

ALAMANNEN

DALMATIA
(UNTER NEPOS)

BURGUNDER

REICH ODOAKERS

Ravenna

Constantinopolis

BYZANTINISCHES
REICH

Antiochia

WESTGOTENREICH

Roma

VANDALENREICH

Carthago

Alexandria

0   500 km

Grenze zwischen
West- und Ostrom

insgesamt den Untergang des Westreiches zur Folge hatten. Im übrigen glich das von Odoaker in Italien geschaffene System in vieler Hinsicht den Strukturen, die andere germanische Stämme in Gallien und Spanien geschaffen hatten. Trotzdem war die erzwungene Abdankung des letzten Kaisers in Ravenna von historischer Bedeutung, denn damit war aus dem Rest des weströmischen Gebietes ein germanisches Königreich geworden. Das Weströmische Reich war untergegangen oder hatte sich in etwas Neues verwandelt, auf jeden Fall existierte es nicht mehr.

20 Die zum Untergang führende Uneinigkeit

Das Versagen der Armee

Das Weströmische Reich hatte aufgehört zu bestehen, weil es seinen äußeren Feinden unterlegen war. Es hätte sich dieser Feinde aber erwehren können, wäre es im Inneren nicht so schwach gewesen. Doch als die tödlichen Schläge fielen, hatte die Regierung nicht mehr die Kraft, sie abzuwehren. Das lag daran, daß Italien und die ganze westliche Welt im Innern hoffnungslos zerrissen waren. Diese Uneinigkeit trat sehr verschieden zutage. Und jede ihrer Erscheinungen hatte schon für sich allein katastrophale Folgen. Zusammengenommen machten sie den Widerstand gegen die Bedrohungen von außen unmöglich.

Eine Hauptursache der inneren Zerrissenheit war die Ohnmacht der Kaiser ihren Heerführern gegenüber. Das war nichts Neues. Diese Schwäche belastete das Regierungssystem des Imperiums von Anfang an, denn die Römer hatten trotz ihres großen politischen Geschicks kein System entwickelt, durch das die Nachfolge der Kaiser geregelt worden wäre. Das führte die Heerführer immer wieder in die Versuchung, die Regierungsvollmachten gewaltsam an sich zu bringen. Zur Zeit der Dynastie Valentinians I. haben mindestens zehn bis 13 Männer außerhalb seiner Familie versucht, den Thron zu besteigen. Sie alle haben ihr Ziel verfehlt, aber sie konnten doch vorübergehend eine beachtliche Anhängerschaft um sich versammeln, und die Kämpfe, die geführt werden mußten, um ihre Bemühungen zu vereiteln, haben die Reserven an Finanzmitteln und Soldaten zum großen Teil erschöpft. Der zeitgenössische Historiker Ammianus schreibt: »Welches Aufbegehren fremder Völker, welche barbarische

Grausamkeit läßt sich mit dem Schaden vergleichen, der durch Bürgerkriege angerichtet wird?«

Doch trotz all dieser Schwierigkeiten haben Valentinian I. und die Mitglieder seines Hauses während einer innenpolitisch relativ ruhigen Zeit regiert. Auf den ersten Blick überrascht das, denn keiner seiner Nachfolger ist so bedeutend gewesen, daß er die gewaltige Last der Regierungsverantwortung hätte tragen und dabei großartige Leistungen vollbringen können, ja die letzten Kaiser dieser Dynastie sind fast ausnahmslos völlig unbedeutend gewesen. Und doch blieb die Familie während der erstaunlich langen Zeitspanne von 91 Jahren an der Macht. Wie sehr diese Kontinuität zur inneren Stabilität des Reiches beigetragen hatte, ließ sich erst ermessen, als es die Dynastie nicht mehr gab und das Chaos folgte. Das zeigte sich nicht daran, daß Usurpatoren den Thron bestiegen, sondern daran, daß ein Herrschaftssystem entstand, bei dem auch die offenkundig legitimsten Kaiser nur noch Marionetten in den Händen ihrer mächtigen germanischen Heerführer waren. In geradezu lächerlich kurzen Abständen folgte ein Schwächling dem anderen, und der Umstand, daß es in Rom nie gelungen war, ein vernünftiges System für die friedliche Nachfolge zu finden, trug wesentlich zum Zerfall des westlichen Imperiums bei, der 476 n. Chr. unwiderruflich eingetreten war.

Während die Armeen des Imperiums miteinander um die Vormachtstellung rangen, konnten sie ihren Verteidigungsaufgaben nicht mehr nachkommen. Die auf das Reichsgebiet vordringenden feindlichen Heere, die ihnen an Zahl und Ausrüstung weit unterlegen waren, konnten sie nun besiegen, obwohl Rom früher oft erfolgreich gegen solche Gegner gekämpft hatte. Alarich und Geiserich befehligten Armeen, die nicht stärker waren als 40 000 beziehungsweise 20 000 Mann, während die beiden Römischen Reiche nach den *notitia Dignitatum*, einer Art Handbuch, in dem die höheren Staatsbeamten und Offiziere mit ihren Stäben für das Jahr 395 n. Chr. aufgeführt sind, gemeinsam über nicht weniger als 500 000 Soldaten verfügten. Die Hälfte dieser Streitkräfte gehörte zur weströmischen Armee, und sie waren zum größten Teil in der Nähe der Rhein- und Donaugrenze stationiert.

Doch solche Statistiken sind irreführend, denn etwa zwei Drittel der Armee des westlichen Imperiums bestanden nicht aus leistungsfähigen Feldtruppen, sondern aus den weniger beweglichen und schlechter ausgebildeten Grenzverbänden. Außerdem mußte aus ihren Einheiten Ersatz für die schweren Verluste der Feldarmee geleistet werden. Deshalb konnte Westrom kaum mehr wehrtüchtige Soldaten einsetzen als der jeweilige Gegner. Stilicho führte 405 ein Heer mit nicht viel mehr als 20 000 Mann, und dabei galt damals eine 15 000 Mann starke römische Feldarmee als durchaus ansehnlicher Kampfverband.

Die zahlenmäßige Schwäche der römischen Streitkräfte hatte ihre Ursache vor allem darin, daß die Behörden nicht in der Lage waren, die erforderlichen Rekruten einzuberufen. Anfang des 4. Jahrhunderts n. Chr. wurden die meisten jungen Soldaten zwangsweise eingezogen. Valentinian I. zum Beispiel hat jährlich mit aller Strenge neue Rekruten ausgehoben. Es gab jedoch zu viele Kriterien für wehrfähige junge Männer, nicht eingezogen zu werden. Das traf nicht nur für die Sklaven zu, die schon immer vom Dienst an der Waffe ausgeschlossen waren, sondern auch für Senatoren, Beamte, Geistliche und viele andere. Deshalb mußten die Bemühungen, alle Wehrpflichtigen der übrigen Bevölkerung einzuberufen, sehr intensiv sein. Sogar die Arbeiter auf den großen landwirtschaftlichen Besitzungen der Kaiser wurden eingezogen. Doch andere Großgrundbesitzer, die verpflichtet waren, entsprechend der Größe ihres Besitzes Rekruten zu stellen, widersetzten sich diesen Anforderungen oder gaben nur Männer frei, die sie sowieso nicht gebrauchen konnten. Sie hatten auch gute Gründe, sich solchen Anforderungen gegenüber zu wehren, weil kaum etwas unternommen wurde, die Stadtbevölkerung zum Wehrdienst zu verpflichten. Man hielt diese Männer, besonders wenn sie aus Rom kamen, für schlechte Soldaten. Daher stammten die meisten Soldaten aus der ländlichen Bevölkerung, was natürlich zur Folge hatte, daß die Landwirtschaft darunter litt. Und sie hätte es noch mehr getan, wenn es nicht einem großen Teil der dort arbeitenden Männer gelungen wäre, sich dem Dienst in der Armee zu entziehen.

Die Regierung, die erkannte, daß die bisher üblichen Einberufungsmethoden ungenügend waren, führte neue und sehr viel strengere ein. So mußte zum Beispiel ein junger Mann, dessen Vater Soldat war, ebenfalls wieder Soldat werden. Dieser Grundsatz der erblichen Verpflichtung, einen bestimmten Beruf zu ergreifen, hatte schon früher gegolten, und zwar für viele Berufe. Nun wurde er besonders auf den Soldatenberuf angewendet, und soweit die Behörden in der Lage waren, sich durchzusetzen, gingen sie zunehmend rücksichtsloser vor. Nach den Worten des heiligen Ambrosius galt der Militärdienst nicht mehr als patriotische Pflicht, sondern er war ein Sklavendienst – dem man sich nach Möglichkeit zu entziehen trachtete. Um 440 n. Chr. war es praktisch unmöglich geworden, junge Leute zum Militärdienst zu bewegen, es sei denn im äußersten Notfall. Zehn Jahre später hören wir nichts mehr davon, daß Bürger Westroms eingezogen worden sind.

Und das, obwohl man sich alle Mühe gegeben hatte, das Leben in der Armee so angenehm wie möglich zu gestalten. Schon in früherer Zeit hatte man sich darum bemüht. Konservative Kreise hatten diese Tendenzen auch scharf kritisiert, und Valentinian I. und Theodosius I. wurden beschuldigt, daß sie gegenüber den Soldaten zu nachsichtig seien – sie erlaubten ihnen zum Beispiel, als Landarbeiter etwas nebenbei zu verdienen. Andererseits wurden jedem, der sich dem Wehrdienst entziehen wollte, strenge Strafen angedroht. So sollte zum Beispiel jeder, der sich selbst verstümmelte und den Daumen abschnitt, um dienstunfähig zu werden, bei lebendigem Leibe verbrannt werden. Aber weder Zuckerbrot noch Peitsche konnten die jungen Leute dazu bewegen, sich in einer so gefährlichen und aus den Fugen geratenen Welt für den Soldatenberuf zu entscheiden.

Wie ein Gesetz aus dem Jahr 409 n. Chr. erkennen läßt, schmolz deshalb die Zahl der erblichen Verteidiger der Grenzen zusehends dahin. Die Städte waren ungeschützt, wenn die feindlichen Truppen heranrückten, und die Kräfte, die zur örtlichen Verteidigung aufgeboten werden konnten, waren viel zu schwach. Tüchtige Heerführer wie Stilicho oder Aetius konnten zwar immer noch Schlachten gewinnen, aber sehr oft stand die Niederlage der kaiserlichen Truppen schon fest, bevor sie einen germanischen oder hunnischen Krieger zu Gesicht bekamen. Außerdem wurden die Soldaten, besonders die an der Grenze stehenden, von ihren Offizieren ausgebeutet und um ihren Sold betrogen. Das lähmte natürlich ihre Schlagkraft. Aber das war nur ein Teilaspekt in einem größeren Zusammenhang. Die Soldaten konnten einfach nicht mehr begeistert werden, für den Bestand des Reiches zu kämpfen.

Da es der Regierung nicht mehr gelang, genügend Rekruten auszuheben, versuchte sie, diesen Mangel durch eine Aufbesserung der Staatsfinanzen auszugleichen. Vom 4. Jahrhundert an mußten deshalb alle, die nicht in der Armee dienen wollten, ebenso wie ihre Grundherren hohe Geldsummen als Ablösung zahlen. Damit wurden die germanischen Soldaten entlohnt, die anstelle der römischen Bürger in den Provinzen in die Armee eintraten. Auch das war an sich nichts Neues. Schon seit langer Zeit dienten Germanen im römischen Heer, und Diokletian und Konstantin hatten die germanischen Kontingente erheblich erhöht. Das geschah damals im Rahmen von Einzelverträgen, die mit den Soldaten geschlossen wurden, die sich verpflichteten, unter römischen Offizieren zu dienen. Die meisten dieser Männer kämpften tapfer und betrachteten das Imperium nicht als Feind, sondern als ihren Arbeitgeber.

Aber 382 stellte Theodosius I. dieses System auf eine ganz neue Grundlage. Die germanischen Verbündeten oder Föderierten wurden nicht mehr einzeln zum Dienst im römischen Heer angeworben, sondern es waren ganze Stämme, die unter ihren Häuptlingen in die Armee eintraten. Diese Häuptlinge bezahlten ihre Männer mit Geld und Naturalien, die sie alljährlich vom Kaiser erhielten. Dieses neue System wurde im Laufe der Zeit immer weiter ausgebaut. Zwar behaupteten seine Kritiker, auf diese Weise werde die Moral im römischen Heer untergraben, aber da man keine anderen Möglichkeiten fand, die dringend gebrauchten Soldaten zu rekrutieren, mußte man sich damit abfinden. Doch das System versagte, und dieses Versagen hat neben anderen Faktoren wesentlich zum Untergang des Weströmischen Reiches beigetragen.

Soziale Mißstände katastrophalen Ausmaßes

Das Verhältnis zwischen der Zivilbevölkerung und der Armee war gespannt. Anstatt zu kämpfen, terrorisierten die Soldaten die Bevölkerung, die sie deshalb haßte und verachtete.

Aber das Militär stieß auch aus anderen Gründen auf Ablehnung. Das waren vor allem die Steuern, die für den Unterhalt des Heeres aufgebracht werden mußten und die so unerträglich hoch waren und die Armen so belasteten, daß sie dem Staat entfremdet wurden. Die Steuergesetze Theodosius' I. zeigen zum Beispiel, daß sich der Kaiser leidenschaftlich darum bemühte, die Staatseinnahmen auf jede nur mögliche Art zu erhöhen. In einer 383 erlassenen Verfügung heißt es: »Niemand darf etwas besitzen, was nicht besteuert worden ist.« Schon seit 200 Jahren wurden die Steuerzahler unter zunehmend stärkeren Druck gesetzt, um die für den Unterhalt der Armee erforderlichen Mittel aufzubringen. Jeder neue Kaiser zog die Steuerschraube weiter an.

Aber die hohen Steuern waren nur ein Teil der von jedem Bürger für den Staat aufzubringenden Leistungen. Auch seine persönlichen Dienste wurden immer mehr in Anspruch genommen. So mußten Kohle, Holz und gelöschter Kalk für die Errichtung und den Ausbau öffentlicher Gebäude geliefert werden. Immer mehr Menschen mußten dem Staat ihre Arbeitskraft zur Verfügung stellen, und Gewalt und Folter drohten demjenigen, der versuchte, sich diesen Pflichten zu entziehen. Aber ebenso wie bei der Wehrpflicht gab es auch hier privilegierte Schichten und Stände, die solche Arbeiten nicht zu leisten brauchten. In diesem Zusammenhang nahm die Korruption unglaubliche Ausmaße an, was daraus hervorgeht, daß immer wieder versucht wurde, korrupten Praktiken Einhalt zu gebieten.

Zweifellos war es notwendig, diese Leistungen von den Bürgern zu verlangen, und zwar in Form von Bargeld, Naturalien oder Arbeitsleistung, um das Weiterbestehen der Armee und des Reiches zu gewährleisten. Aber beweist nicht das Scheitern all dieser Bemühungen, daß die Anforderungen zu hoch gewesen sind?

Das war nicht der Fall. Wahrscheinlich hätten die notwendigen Steuern aufgebracht werden können, wenn das System vernünftiger gewesen wäre. Es waren die Zwangsmaßnahmen, die so unerträglich waren, daß die Steuerhinterziehung die einzige Alternative für den Bürger war, der seine Existenz nicht aufs Spiel setzen wollte. Außerdem waren die Steuerlasten ungerecht verteilt, denn wie immer hatte die arme Landbevölkerung die schwerste Bürde zu tragen. Die Ungerechtigkeit bei der Festsetzung der Grundsteuer, die dem Staat 90 Prozent seiner Einnahmen brachte, bedeutete, daß sie viel stärker belastet wurde, als das für die Reichen der Fall war. Trotz der Bemühungen Diokletians, gleitende Steuersätze für die Ernteerträge einzuführen, hatte sich die Lage hier nicht geändert. Sie war vielmehr noch unerträglicher geworden. Im Jahr 350 hatte sich das Steueraufkommen aus diesen Quellen verdreifacht, und die Lage der in der Landwirtschaft Beschäftigten wurde immer verzweifelter. Darüber hinaus wurden die höchsten Abgaben in Naturalien, die seit vielen Jahren dazu verwendet wurden, die Regierungsbeamten zu bezahlen, in Form von Getreidelieferungen eingezogen, so daß auch hier die Bauern am meisten belastet wurden. Zwar hat man die Methoden in der Folgezeit abgewandelt und anstelle von Naturalien die Steuern wieder in Gold eingetrieben. Das half den Menschen auf dem Lande aber nichts, die kein Gold besaßen und schwer unter der galoppierenden Inflation zu leiden hatten. Außerdem litt die Wirtschaft unter den gleichen ungünstigen Umständen, wie sie seit jeher in der Antike herrschten – kostspielige Transporte und keine Weiterentwicklung in der Fertigung der Güter, wobei als Folge der Invasion fremder Völker die landwirtschaftlichen Nutzflächen immer kleiner wurden.

Die Sklaven, deren Zahl abgenommen hatte, spielten in dieser Zeit kaum eine Rolle. Es waren vielmehr die verarmten »freien« Männer und Frauen in den ländlichen Gebieten, deren Lage immer verzweifelter wurde. Sie und die Regierung standen sich in zerstörerischer, selbstmörderischer Feindschaft als Unterdrückte und Unterdrücker gegenüber. Diese tiefe soziale Kluft war die Ursache dafür, daß die für den Unterhalt der Armee benötigten Steuern nicht aufgebracht werden konnten. Weil das so war, fand sich niemand bereit, das Weströmische Reich zu verteidigen, und deshalb mußte es untergehen. Es ist wahrscheinlich diese innere Zerrissenheit gewesen, die der römischen Welt den größten Schaden zugefügt hat.

Daneben bewirkte sie auch andere radikale soziale Veränderungen. Die kleinen Bauern und landwirtschaftlichen Arbeiter, die sich außerstande sahen, ihren Lebensunterhalt zu verdienen, suchten dort Schutz, wo sie ihn finden konnten. So stellten sich ganze Dörfer formal unter die Schutzherrschaft einzelner Offiziere, die als Gegenleistung für die Dienste der Dorfbewohner deren Interessen gegenüber den kaiserlichen Steuereinnehmern vertraten. Noch größer war jedoch die Zahl der Gemeinwesen, die sich nicht unter den Schutz von Offizieren stellten, sondern deren Schutzherren die örtlichen Großgrundbesitzer waren. Viele einzelne Bürger taten für ihre Person das gleiche. Das waren Kleinbauern, die in ihrer Verzweiflung Land und Hausbesitz im Stich ließen und auf den größeren Landgütern Schutz suchten. Das war schon in den unruhigen Zeiten des 3. Jahrhunderts n. Chr. der Fall gewesen, aber nun wiederholte sich dieser Vorgang in viel größerem Umfang.

Da ein fühlbarer Mangel an landwirtschaftlichen Arbeitskräften bestand, nahmen die Großgrundbesitzer diese Leute gern auf, die für das von ihnen bearbeitete Land entweder eine Pacht zahlten, einen Teil der Ernte den Besitzern überließen oder ihren Unterhalt mit ihrer Arbeitskraft bestritten. Obgleich sie sich den Großgrundbesitzern oder den Offizieren auf Gedeih und Verderb ausgeliefert hatten, schützten ihre Patrone sie doch wenigstens vor den Übergriffen der Steuerbehörden und jagten die Steuereinnehmer davon. Doch später einigten sich die Großgrundbesitzer auf Kosten der Armen mit der Regierung, und die zu ihnen geflüchteten Menschen wurden wieder auf die Steuerlisten gesetzt. Diese Leute waren nicht eigentlich Sklaven, aber doch die Vorläufer der Leibeigenen des Mittelalters.

Einer der Kaiser, die im Hinblick auf die Freizügigkeit der Landbevölkerung einschränkende Bestimmungen erließen, war Valentinian I. Er tat das nicht, um die Armen noch tiefer ins Elend zu stoßen, sondern hinter seinen Maßnahmen standen ganz realistische Motive; denn noch schlimmer als an einen bestimmten Beruf gefesselt zu sein war es, arbeitslos zu werden und hungern zu müssen. Vor diesem Schicksal haben die Großgrundbesitzer die zu ihnen geflüchteten Kleinbauern wenigstens bewahrt. Auch in anderer Hinsicht hat sich Valentinian ernstlich darum bemüht, das Los der Armen zu erleichtern, denn er stammte selbst aus solchen Verhältnissen. Er ernannte sogar Beamte, die er als »Verteidiger des Volkes« bezeichnete (368-370). Ihr Aufgabenbereich entsprach etwa dem des heutigen Ombudsmannes; sie sollten die Unterprivilegierten »gegen die Übergriffe der Mächtigen« verteidigen. Die Prätorianerpräfekten sollten für jede Ortschaft im Weströmischen Reich einen solchen Verteidiger ernennen, und alle diese Beamten waren dem Kaiser namentlich zu melden. Aber leider haben Valentinians Nachfolger das ganze Projekt verwässert. Theodosius I. überließ die Auswahl zunächst den Stadträten, die ihrerseits für die Eintreibung der Steuern verantwortlich waren – und Honorius übertrug sie Ausschüssen, in denen die Grundbesitzer überrepräsentiert waren.

Damit hatte das System versagt. Es gab aber noch Schriftsteller, die ihre Stimme für die Unterdrückten erhoben. Der Bischof (Patriarch) von Konstantinopel, Johannes Chrysostomos (ca. 354-407), war sich der tiefen Kluft zwischen Arm und Reich in schmerzlicher Weise bewußt. Aber allen voran schilderte der Presbyter von Massilia (Marseille), Salvianus (ca. 400-nach 470), in seinem Werk *De Gubernatione Dei* (Von der Herrschaft Gottes), wie Gott die

Welt für ihre Sünden straft, ein Strafgericht, das er mit der Unterdrückung der Menschen in dieser Welt vergleicht, wie er sie erlebte. Zu der Zeit, in der er lebte, wurde die Armut ebenso wie gegen Ende des 19. Jahrhunderts als Schande empfunden. Salvianus wendete sich mit aller Leidenschaft gegen diese Haltung und war dabei so radikal, daß nur die Armen vor seinen Augen Gnade fanden. Ihre menschenunwürdige Behandlung durch die Regierung und die Reichen war für ihn ein schweres Vergehen, das er mit scharfen Worten geißelte.

Die Folge der von ihm so anschaulich geschilderten Verhältnisse war, daß Tausende von Menschen daran verzweifelten, auf ehrliche Weise ihr Brot zu verdienen, und daß sie untertauchten und sich zu Räuber- und Wegelagererbanden zusammenschlossen. Gallien wurde damals besonders schwer von solchen Banden heimgesucht. Ihre Übergriffe nahmen fast das Ausmaß einer Volkserhebung an, bei der Hehler und Stehler sich gemeinsam gegen die Grundbesitzer und die staatlichen Behörden erhoben. Aus zeitgenössischen Berichten wissen wir, daß diese *Bagaudae* – so bezeichneten sie sich selbst – sogar eine eigene Gerichtsbarkeit besaßen. »Das Todesurteil wurde an einen Eichenast angeheftet oder in die Knochen des Verurteilten eingeritzt.« – »Darf man sich darüber wundern, daß es solche Terroristenbanden gab?« fragt Salvianus und macht allein die Rücksichtslosigkeit und Grausamkeit der herrschenden Klasse für diese Mißstände verantwortlich.

Doch das Weströmische Reich hätte auch ohne Rücksichtnahme auf die Armen seinen Bestand wahren können, wenn nur die Reichen und die Regierung häufiger am gleichen Strang gezogen hätten. Sie waren sich zwar darin einig, daß die Pächter auf den Latifundien unfrei und rechtlos bleiben sollten, aber in anderen Angelegenheiten gab es zwischen den staatlichen Stellen und der Oberschicht kaum irgendwelche Gemeinsamkeiten.

Als die römische Welt zerfiel, bestand die Oberschicht aus Männern, die sich selbst zu Senatoren ernennen konnten. Und wenn der Senat als solcher auch keine größere politische Bedeutung hatte als zu Beginn der Kaiserzeit, so waren seine einzelnen Mitglieder doch mächtiger als je zuvor. Die Männer, die sich im Senatsgebäude in Rom versammelten, bekamen den Kaiser nur selten zu Gesicht, der zunächst in Mediolanum und später in Ravenna residierte. Aber gerade daher besaßen sie (ebenso wie der Papst) eine gewisse Handlungsfreiheit. Konstantin der Große kannte die Bedeutung dieser Würdenträger, von denen die meisten noch Heiden waren, deshalb suchte er sie, obwohl er ihnen den Eintritt in die Armee verwehrte, für seine Politik zu gewinnen, indem er ihnen lukrative Verwaltungsstellen anbot und es zuließ, daß sie als Konsuln oder als Inhaber anderer hoher Ämter mit großem Pomp auftraten.

In diesen Kreisen herrschten ein ausgeprägtes Klassenbewußtsein und ein geradezu unerträglicher Hochmut. Und doch war Aufsteigern der Zugang zur gesellschaftlichen Schicht der Senatoren nicht völlig verschlossen. Darüber hinaus durften sich auch Personen, die gar keinen Sitz im Senat hatten, Senatoren nennen. Das waren einige tausend Aristokraten, die nicht in der Hauptstadt lebten und die ihren Wohnsitz manchmal sogar außerhalb Italiens hatten. Diese Leute verfügten über einen unermeßlichen Grundbesitz und sind im Durchschnitt etwa fünfmal reicher gewesen als die Männer der gleichen Gesellschaftsschicht zu Beginn der Kaiserzeit. Ihre Latifundien, auf denen so viele Entwurzelte Schutz suchten, glichen kleinen Königreichen. Es waren wirtschaftlich unabhängige und in sich geschlossene soziale Einheiten, die aus Landarbeitern, Sklaven, Handwerkern, Wachen, Ordnungskräften und deren ganzem Anhang bestanden. In Gallien gab es eine besonders massive Konzentration von etwa 100 mächtigen

Großgrundbesitzern, die mit Honorius' stillschweigendem Einverständnis praktisch das Land beherrschten und später mit Zustimmung der Westgoten einen der Ihren zum Kaiser ausriefen (455).

Unter den Adligen gab es gegen Ende der Kaiserzeit beeindruckende Persönlichkeiten. Sie führten kein besonders aufwendiges Leben. Sie legten viel weniger Wert darauf als ihre Vorgänger 300 oder 400 Jahre früher. Die Vorstellung, die moderne Moralisten und manche Filmregisseure hegen, daß die westliche Welt an dem übermäßigen Luxus der Reichen zugrunde gegangen sei, ist also falsch. Es hat in der vorangegangenen Blütezeit des Reiches ein viel zügelloseres und luxuriöseres Leben gegeben als zur Zeit des Niedergangs. Viel ernster muß man dagegen den Vorwurf nehmen, daß sich die Senatoren im 4. und 5. Jahrhundert n. Chr. nicht mehr am öffentlichen Leben beteiligten. Viele von ihnen hatten keine Staatsämter inne und zogen es vor, ihren Reichtum zu genießen, ohne etwas für das Gemeinwesen zu tun. In Rom und in den Provinzen haben sie es versäumt, politisch Einfluß zu nehmen. Allerdings hat sich das kurz vor dem Untergang des Weströmischen Reiches geändert, denn die Großgrundbesitzer waren mächtiger als der Kaiser geworden, und einige von ihnen haben das ausgenutzt, um Einfluß auf die Regierungsgeschäfte zu nehmen. Doch sogar noch zu dieser Zeit gab es viele Senatoren, die sich ganz vom politischen Leben distanzierten, untätig auf ihren Besitzungen lebten und nicht anerkennen wollten, daß sie auch öffentliche Verpflichtungen hatten.

Auch Salvianus hat das als besonders schmerzlich empfunden und erklärt, je höher die gesellschaftliche Stellung eines Menschen sei, desto größer würden seine Verpflichtungen und desto schwerer seine Schuld sein, wenn er ihnen nicht nachkäme, wie das oft geschah. Durch seine Unterlassungssünden verriete ein solcher Mann das Reich und trüge zu dessen Untergang bei. Und in der Tat, obwohl sich viele Adlige mit Worten zu der Idee des »ewigen Rom« bekannten, waren sie nicht bereit, zu seiner Rettung auch nur einen Finger zu rühren. Im Gegenteil, oft handelten sie bewußt gegen das Interesse des Staates, behinderten seine Beamten, gewährten Deserteuren und Banditen Unterschlupf und handhabten das Gesetz so selbstgefällig, daß sie sogar ihre eigenen Gefängnisse unterhielten. Valentinian I. wendete sich entschieden gegen derartige Praktiken, aber seine Nachfolger – die Kaiser, die sich mit den Großgrundbesitzern über die Behandlung der Pächter geeinigt hatten – mußten sich deren Willen fügen. Dennoch lehnten die Angehörigen dieser Oberschicht die Regierung oft ab, verhöhnten die Kaiser als unkultiviert und verachteten ihre Minister.

Um die Schlagkraft ihrer Armeen zu erhalten, nahmen die kaiserlichen Beamten den Armen das Letzte und machten sich die Reichen zu Feinden – aber umsonst. Das gleiche geschah mit dem Mittelstand, der staatstragenden Schicht zwischen den ganz Armen und den sehr Reichen. Der Mittelstand war der Rückgrat der griechischen Stadtstaaten gewesen und spielte später im Römischen Reich, das ebenfalls aus zahlreichen Stadtstaaten bestand, die gleiche Rolle. Aber das Vordringen feindlicher Heere auf das Gebiet des Imperiums und die inneren Unruhen im 3. Jahrhundert n. Chr. hatten dem Mittelstand schweren Schaden zugefügt, während die Geldentwertung, die mit diesen Entwicklungen Hand in Hand ging, die Ersparnisse dieser Leute aufzehrte. Die Kaiser im 3. Jahrhundert, die mit allen Mitteln versuchten, die Staatsmacht wiederherzustellen, hatten für die altmodischen Ideale dieser bürgerlichen Bevölkerungsschicht nur wenig Verständnis. Die großen Städte, in denen die öffentlichen Arbeiten aus Kapitalmangel nicht weitergeführt werden konnten, verfielen, und im 4. und 5. Jahrhundert n. Chr. wurden die Zustände noch unhaltbarer, obwohl Iulianus und andere sich darum bemühten, den allmählichen Verfall aufzuhalten. Besonders im Westen nahm die Einwohnerzahl in den Städten rapide ab.

Den Kern des Mittelstandes hatten die *curiales* gebildet, die Mitglieder der Kurien *(curiae)*, und ihre Familien. Früher hatte der Wohlstand dieser Schicht die Städte aufblühen lassen, aber diese Zeiten waren längst vorüber. Es war die Pflicht der Kurienmitglieder und ihrer Söhne, sobald sie die Ämter der Väter übernommen hatten, von ihren Mitbürgern die Abgaben, bares Geld und Naturalien, einzuziehen, die der Staat von ihnen verlangte, und die jungen Männer zum Wehrdienst einzuberufen. Mit anderen Worten, sie waren praktisch zu Agenten des Kaisers, zu Werkzeugen der Unterdrückung geworden, und Gesellschaftskritiker wie Salvianus machten ihnen deshalb bittere Vorwürfe, teilweise zu Unrecht, denn sie waren oft in einer außerordentlich schwierigen Lage. Was sie nämlich nicht an Steuern eintreiben konnten, mußten sie aus der eigenen Tasche bezahlen. Deshalb waren die wohlhabenden Bürger vom 3. Jahrhundert n. Chr. an immer weniger bereit, in der Kurie, dem Stadtrat, mitzuarbeiten. Da die Zahl der Familien schrumpfte, die solche unangenehmen Pflichten auf sich nehmen wollten, wurde die Mitgliedschaft im Stadtrat fast nur noch vom Vater auf den Sohn vererbt, ein System, das die kaiserliche Regierung förderte, denn das entsprach dem Verfahren, wie es auch auf anderen Gebieten gehandhabt wurde, nach dem die Söhne jeweils den Beruf des Vaters ergreifen mußten.

Aber dieses überall und in gleicher Weise angewendete System hinderte die Kurienmitglieder nicht daran, ihre Ämter aufzugeben, wodurch der ganze Mittelstand des Weströmischen Reiches, dessen Kern sie darstellten, fast völlig vernichtet wurde. In einer Gesellschaft, in der diese Klasse eine so bedeutende Rolle gespielt hatte, hinterließ ihr Verschwinden ein Vakuum, das nicht wieder ausgefüllt werden konnte. Von nun an bestand die Bevölkerung in diesen Gebieten zum größten Teil nur noch aus sehr reichen und sehr armen Menschen. Sicherlich war die städtische Kultur schon immer durch ein gewisses Ungleichgewicht gekennzeichnet gewesen, denn die Städte waren Parasiten in einem Staatsgefüge mit vorwiegender Agrarstruktur. Doch auf dieses System gründete sich das Zusammenleben der Menschen in der antiken Welt, und seine praktische Vernichtung hat entscheidend zur Zerstörung und Verwandlung dieser Welt beigetragen.

Während der letzten zwei Jahrhunderte des Bestehens des Weströmischen Reiches haben die Menschen mit Ausnahme der sehr Reichen und Mächtigen immer mehr an persönlicher Freiheit und an Wohlstand verloren. Das Weströmische Reich war zu einer von äußeren Feinden belagerten Festung geworden, in der jedem einzelnen ein bestimmter Platz angewiesen worden war, den er und seine Nachkommen nicht verlassen durften. Um die hohen Rüstungskosten zu bestreiten und die Staatsmacht zu stützen, glaubte die Regierung, das Leben der Bürger mit äußerster Strenge reglementieren zu müssen. Damit wurde jedoch der Zerfall dessen, was man bewahren wollte, nur noch beschleunigt, denn gerade die Loyalität und Initiative des einzelnen, die den Bestand des Staates hätten garantieren können, gingen auf diese Weise verloren. Diese selbstmörderische Entwicklung wurde beschleunigt durch das Wirken eines überdimensionalen Beamtenapparates zur Überwachung der übrigen Bevölkerung, dessen Qualität zusehends nachließ. Der Nachwuchs in der Beamtenschaft wurde wie in anderen Berufen auch durch Erbfolge gesichert.

Seit Beginn des 4. Jahrhunderts n. Chr. war ein neuer kaiserlicher Beamtenadel entstanden, und das versetzte den jeweiligen Herrscher in die Lage, sich aus diesem Kreis

Mitarbeiter auszusuchen, mit deren Loyalität er rechnen konnte. Doch sehr bald gewannen diese neuen Beamten, die wußten, wie sehr man sie brauchte, um die benötigten Steuern einzutreiben, ein übermäßiges Selbstvertrauen und setzten sich hinter dem Rücken der Kaiser über deren Befehle und Anordnungen hinweg.

Valentinian I. und einige seiner Nachfolger haben versucht, etwas gegen solche Tendenzen zu unternehmen, und von den Zivilbeamten den gleichen Gehorsam verlangt wie von den Soldaten. Es gelang den Kaisern aber nicht, die viel zu zahlreichen Beamten daran zu hindern, daß sie ihre Macht mißbrauchten und den Einfluß des Kaisers dadurch lähmten. Es hat zwar Statthalter und Vikare sowie ihnen vorgesetzte Prätorianerpräfekte gegeben, die ihre Aufgaben gewissenhaft erledigten. Aber andere – und sie waren zahlreicher als früher – waren grausam, unmenschlich und korrupt. Das lag zum Teil daran, daß das Westreich zu arm war, um seine Beamten angemessen zu bezahlen. Man hat sich nach Kräften bemüht, die Bürokratie durch strenge Gesetze zur strikten Befolgung der Vorschriften zu zwingen, aber aus der Tatsache, daß solche Gesetze wiederholt erlassen werden mußten, ist zu entnehmen, wie wenig wirksam sie gewesen sind.

Wir kennen diese Verordnungen, weil sie 438 in einem Kodex des oströmischen Kaisers Theodosius II. zusammengefaßt worden sind, der auch von seinem westlichen Mitkaiser, Valentinian III., übernommen wurde. Dieser Kodex des Theodosius enthält Gesetze, die beide Regierungen im Verlauf von mehr als 100 Jahren erlassen haben. Sie vermitteln ein lebendiges Bild der damaligen Zustände. Einige dieser Bestimmungen sind human und Ausdruck einer aufgeklärten Haltung, aber viele andere zeugen von der fast hysterischen Neigung zu Unterdrückung und Gewalt, was sich besonders ungünstig in dem schwächeren der beiden Staaten auswirkte, im Weströmischen Reich. Die Tatsache, daß gleiche oder ähnliche Gesetze ständig neu formuliert wurden, zeigt, daß sie immer wieder umgangen oder gar nicht beachtet wurden. Die Regierung war nicht mehr Herr der Lage und unfähig, die Verhältnisse zu ändern. Die Juristen jener Zeit, die diese sehr strengen Gesetze entworfen haben, waren offenbar viel unfähiger als ihre Vorgänger. Darüber hinaus war auch die Gerichtsbarkeit ebenso wie andere Teile der Verwaltung bestechlich und korrupt. Der anonyme Verfasser einer Schrift über die Kriegsführung (*de rebus bellicis*), der Pläne für die Gliederung des Beamtenapparates und der Armee erläutert, schließt einen Aufsatz mit einem Appell an Valentinian I. und Valens: »Macht ein Ende mit der unehrlichen Gerichtsbarkeit!«

Die Herrscher, auf deren Befehl alle diese unwirksamen Edikte erlassen wurde, führten selbst ein sehr abgeschlossenes Leben und hatten keinerlei Kontakt mit ihren Untertanen und der Außenwelt, was katastrophale Folgen hatte. In Ravenna und Konstantinopel herrschte ein strenges Hofzeremoniell, und nicht nur die herrschende Klasse, sondern auch alle anderen, die es mit der Arroganz der Eunuchenkämmerer zu tun bekamen, empfanden gegenüber diesen Leuten einen unversöhnlichen Haß, weil nur diese Höflinge bestimmten, wer zur Audienz beim Kaiser vorgelassen wurde. Vergeblich prägte man auf den Münzen patriotische Schlagworte, die völlig unrealistisch waren und niemanden überzeugen konnten. Da ist von ruhmreichen Taten die Rede, und die Kaiser erklären, sie hätten »über die barbarischen Völker triumphiert«, und zwar auch dann, wenn sie schwere Niederlagen erlitten hatten. In beiden römischen Imperien gab es zwischen den Staatsoberhäuptern und ihren Untertanen einen beklagenswerten Mangel an Kommunikation.

Distanz statt Kooperation

Doch auch angesichts all dieser Mängel hätte der Untergang des Weströmischen Reiches aufgehalten werden können, wenn es eine bessere Zusammenarbeit mit dem in mancher Hinsicht glücklicheren Osrom gegeben hätte. Aber diese Zusammenarbeit war nicht nur schlecht, sondern fehlte gelegentlich ganz. Es bestand eine alte, ererbte gegenseitige Abneigung zwischen der lateinischen und der griechischen Hälfte der römischen Welt, und die Herrscher beider Teile haben allzuoft gezögert, einander zu Hilfe zu kommen. Viel eher waren sie bereit, einander in den Rücken zu fallen.

Das wurde am deutlichsten nach dem Tode Theodosius' I., als das Reich wieder in zwei Hälften aufgeteilt wurde, und zwar endgültig. Stilicho, der Oberbefehlshaber von Theodosius' Sohn Honorius im Westen, war von feindseligen Gefühlen gegenüber dem Osten besessen, wo er sogar seinen Gegenspieler Rufinus ermorden ließ. Wie wir gesehen haben, hat er es sogar gegenüber dem Westgoten Alarich an Tatkraft fehlen lassen, weil er die Regierung in Konstantinopel als den gefährlicheren Feind ansah. Als sich der Westen lange nach seinem Tod bereit fand, einen Thronanwärter aus dem Osten anzuerkennen (Anthemius, 467-472), war es zu spät. Jahrzehntelange Rivalität und Feindschaft hatten Westrom so stark geschwächt, daß es sich nicht mehr erholen konnte und bald darauf aufhörte zu existieren.

Ein weiterer Grund für die Katastrophe ist darin zu sehen, daß es den Römern nicht gelang, die Germanen, die sich in ihrer Mitte niedergelassen hatten, einzugliedern oder sich mit ihren Führern zu einigen. Die Zahl der germanischen Einwanderer war ständig gewachsen. Ein entscheidender Augenblick war, als Theodosius I. 382 n. Chr. ganzen Stämmen erlaubte, sich als autonome Verbündete in Thrakien, auf Reichsgebiet, niederzulassen, und zwar mit der Verpflichtung, unter der Führung ihrer eigenen Häuptlinge in der römischen Armee zu dienen, und im frühen 5. Jahrhundert n. Chr., als sich Westgoten und Burgunder in Gallien ansiedelten und die römischen Grundbesitzer den Neuankömmlingen mehr als ein Drittel des landwirtschaftlich nutzbaren Bodens überließen; später ist diese Fläche sogar verdoppelt worden.

Hier kann man übrigens den Anfang für die Entstehung der späteren, selbständigen europäischen Nationen sehen. Doch als die Germanen sich innerhalb der Grenzen des Römischen Reiches niederließen, hatten sie zunächst nicht den Ehrgeiz, von Rom unabhängig zu werden oder sich selbst zu verwalten, sondern wollten nur am Wohlstand der Römer und vor allem am landwirtschaftlich nutzbaren Boden teilhaben. Sogar der Westgote Alarich, der als Eroberer von Rom in die Geschichte eingegangen ist, hatte – wie der gotische Historiker Iordanes berichtet – zunächst nur eine neue Form des Zusammenlebens angestrebt und an ein einziges germanisch-römisches Volk gedacht. Sein Schwager Athaulf (410-415) hat den gleichen Gedanken sehr ausführlich erläutert und erklärt, er habe zunächst anstelle des römischen Staates ein gotisches Imperium errichten wollen, während er nun danach strebe, »die Herrlichkeit und den Ruhm Roms wiederherzustellen und mit Hilfe der den Goten innewohnenden Kraft zu vermehren«.

Aber die Römer reagierten nur halbherzig auf dieses beispiellose Angebot einer Partnerschaft. Es hat zwar einige Schriftsteller gegeben, die, angeregt von einem heidnischen oder christlichen Universalismus, von einer solchen Vielvölkerschaft schwärmten, aber das war bloße Theorie, denn auch sie haben auf der anderen Seite – wie viele ihrer Zeitgenossen – sehr deutlich zum Ausdruck gebracht, daß ihnen das Wesen und die Lebensgewohnheiten der Barbaren im Innersten zuwider waren. Sogar Salvianus, der sich mit der Begründung, diese edlen Wilden seien besser als die korrupte römische Gesellschaft, mutig für ein Zusammenleben eingesetzt hat, schreibt angeekelt vom üblen Körpergeruch der Germanen und vom Gestank ihrer Kleidung, daß die Goten wortbrüchig seien, die Alamannen trunksüchtig, die Sachsen, Franken und Heruler unberechenbar und brutal und die Alanen unbeherrschte Lüstlinge. Ähnlich lehnt der hochgebildete Bischof von Arverna (Clermont-Ferrand), Sidonius Apollinaris, der zwar den westgotischen Monarchen übertrieben schmeichelt und feststellt, daß er und sie ein gemeinsames Interesse an der Rettung des Imperiums hätten, die ungestümen, in Felle gekleideten Goten, die tätowierten Heruler und die Burgunder ab, die sich ihre Schöpfe mit ranziger Butter einschmierten und einen unerträglichen Geruch verbreiteten.

Valens' Statthalter und militärische Befehlshaber haben die westgotischen Einwanderer unverhohlen und rücksichtslos ausgebeutet. Aber noch schlimmer war es, daß die römische Bevölkerung diese unwillkommenen, fremdartigen und sie störenden neuen Nachbarn geistig und gesellschaftlich in die Isolation trieb. Die germanischen Einwanderer waren für sie der Abschaum der Menschheit, der nicht in die Gesellschaft integriert werden konnte. Deshalb errichteten sie zwischen sich und den Fremden eine Mauer aus Verachtung und Ablehnung. So verbot zum Beispiel ein Gesetz aus dem Jahr 370 n. Chr. jede Heirat zwischen Römern und Germanen. Ja, sogar das Tragen »barbarischer« Kleidung war den römischen Bürgern streng untersagt. Diese bewußte Abgrenzung verschärfte sich durch religiöse Gegensätze, denn die arianische Form des christlichen Glaubens der Germanen, die nach Auffassung der Kirchen in Rom und Konstantinopel* die Gottgleichheit Jesu leugnete, wurde als Häresie verdammt.

---

* Über den Unterschied zwischen den Glaubensinhalten der römischen Kirche im Westen und der orthodoxen im Osten siehe S. 490 und 499.

Wenn Aetius zu dieser Zeit gelebt hätte, dann wäre es ihm vielleicht gelungen, diese Entwicklung aufzuhalten, denn er kannte die Germanen gut und begegnete ihnen taktvoll. Aber er kam zu spät, und nach seinem Sturz wurde die Feindseligkeit gegenüber den Germanen zur Regel. Einige von ihnen reagierten mit demütiger Unterwürfigkeit auf diese Behandlung, aber viele andere waren nicht mehr bereit, sich der römischen Lebensweise anzupassen. So scheiterte auch das Vorhaben, geschlossene germanische Verbände in die römische Armee aufzunehmen. Ungeliebt und verachtet begannen sie das Volk zu hassen, an dessen Ruhm sie zunächst hatten teilhaben wollen. Einzelne germanische Soldaten in römischen Truppenteilen blieben im allgemeinen loyal. Aber unter den föderierten Verbänden, die zwar gelegentlich tapfer kämpften, kam es immer wieder zu Unruhen und Erhebungen. In den Jahren 409 und 422 haben sie die römische Sache regelrecht verraten, und in der Folgezeit war es kaum mehr möglich, sie zu führen, wodurch sie zu einem gefährlichen Risiko wurden.

Anstatt einer neuen Einigkeit herrschte tödliche Feindschaft zwischen Römern und Germanen. Vor nicht allzu langer Zeit, ein paar Generationen früher – als die Rassenfrage ein oft und von vielen behandeltes Thema war –, hat man behauptet, daß Rom untergegangen sei, weil die reine römische Rasse durch die Vermischung mit minderwertigen Rassen verdorben worden sei. Das Gegenteil ist eher richtig. Obwohl sich die Römer im Laufe der Jahrhunderte mit vielen anderen Völkern vermischt hatten, hatten sie ihre Ausdauer und Charakterstärke bewahrt – das beweisen ihre großen Leistungen. Der Fehler lag vielmehr darin, daß sie sich nicht genügend verändert hatten. Wären sie nur fähig gewesen, mit den Germanen auszukommen, dann hätte das westliche Reich vielleicht gerettet werden können.

In welche Richtung die Entwicklung wirklich ging, zeigte sich in erschütternder Weise beim Auftreten des Vandalen Geiserich. Er sprach nicht mehr von Koexistenz und Partnerschaft innerhalb des Reiches, sondern gründete seinen nordafrikanischen Staat als kompromißlos feindliche, selbständige Gegenkraft und richtete seine Angriffe sowohl gegen die mächtigen römischen Großgrundbesitzer als auch gegen die nichtarianische Geistlichkeit. Um die gleiche Zeit entstand in Gallien und Spanien ein westgotischer Staat unter König Euricus (466-484/85), der auch dort die offizielle Kirche mit allen Mitteln unterdrückte. In seinem Gesetzeskodex (475) lehnte er jede Verschmelzung germanischer und römischer Bevölkerungsteile in seinem Herrschaftsgebiet ab und erklärte, daß sie sich grundsätzlich voneinander unterschieden und getrennt bleiben müßten. Die Rassentrennung gehörte daher nun zu den politischen Grundsätzen auf beiden Seiten. Die Gelegenheit für eine konstruktive Einigung war verspielt, und als der letzte weströmische Kaiser, ein Jahr nachdem der Kodex des Euricus veröffentlicht worden war, zur Abdankung gezwungen wurde, war das nur die Folge derartiger Entwicklungen.

Christen und Heiden

Es gab auch noch andere, zweitrangige, wenn auch durchaus nicht immer unbedeutende Gründe für den Untergang Westroms. Einer war die wachsende Zahl der gesellschaftlichen Außenseiter, die sich weigerten, am öffentlichen Leben teilzunehmen. Vielen erschien die soziale und wirtschaftliche Lage unerträglich. Sie tauchten unter und wurden zu Feinden der Gesellschaft. Sie wurden zum Teil Eremiten, Mönche und Nonnen, die auf das Zusammenleben mit ihren Mitmenschen verzichteten wie die heutigen »Jesus-People« oder die Anhänger irgendwelcher Gurus.

Sie lösten alle Bindungen zu dem Staat, in dem sie lebten, und verhielten sich so, als hätten sie nie dazugehört.

Das Mönchtum hat seinen Ursprung in Ägypten und wurde von Athanasius, dem Bischof von Alexandria, der um 341 in Begleitung von zwei ägyptischen Mönchen nach Rom kam, in den Westen gebracht. Der heilige Martin von Tours (geb. ca. 330, gest. 397), der aus dem Donaugebiet stammte und in Gallien Klöster gründete, hat das asketische Ideal im Westen weiterverbreitet. Als Begründer einer mönchischen Bruderschaft in Aquileia in Nordostitalien (307-373) und später in Bethlehem in Palästina hat der heilige Hieronymus aus Stridon in Dalmatien (geb. ca. 348, gest. 420), der sich um die christliche Gelehrsamkeit große Verdienste erwarb, einen Bericht über das Leben der Eremiten und Mönche geschrieben und darin seine persönlichen Erfahrungen geschildert. Anfang des folgenden Jahrhunderts verfaßte Johannes Cassianus, der Gründer eines Klosters in Massilia (ca. 415), religiöse Schriften, die viele Adlige anregten, das Senatorenamt aufzugeben und sich für das Leben im Kloster zu entscheiden. Um diese Zeit bedeutete das mönchische Leben aber schon nicht mehr unbedingt das Ende der irdischen Laufbahn eines Menschen, sondern viele Mönche übernahmen geistliche Ämter und wurden Bischöfe. Das Mönchtum wurde allgemein anerkannt und gelangte schließlich durch das Wirken des heiligen Benedikt (ca. 480-547) zu hohem Ansehen. Doch in den Anfängen waren es in erster Linie Außenseiter der Gesellschaft, die im mönchischen Leben eine Zuflucht suchten. Und zu allen Seiten sind dem Staat in dem Bestreben, das geistige Erbe des Christentums im praktischen Leben angesichts einer verweltlichten Gesellschaft zu verwirklichen, dringend benötigte Arbeitskräfte und Einnahmequellen entzogen worden.

Auf lange Sicht hat sich besonders die Ehelosigkeit der Mönche ungünstig ausgewirkt, denn dadurch, daß die Zahl der Geburten zurückging, verringerte sich auch die Zahl der potentiellen Soldaten und Steuerzahler. Die Neigung zum Zölibat, die schon in den vorangegangenen 200 Jahren erkennbar war, zeigte sich nicht nur bei den Mönchen und Nonnen, sondern zog weitere Kreise. So einflußreiche Prediger wie Augustinus und Hieronymus verteidigten das Zölibat mit beredten Worten als Ideal, dem auch der gewöhnliche Mensch nachstreben sollte. Damit wurde aber in einer ohnedies schon gespaltenen Welt eine neue Kluft aufgerissen. Die Regierung erkannte die Folgen richtig und wandte sich entschieden gegen die Männer und Frauen, die sich von der Gesellschaft distanzierten, um ein Leben in der Ehelosigkeit zu führen. Sie ergriff jedoch keine Zwangsmaßnahmen, um diese Menschen zur Umkehr zu bewegen.

Doch gegen alle diejnigen, die sich nicht zur offziellen Religion oder zu der gleichen Richtung innerhalb dieser Religion bekannten, wurde rücksichtslos vorgegangen. Das war möglich, weil Konstantin der Große Kirche und Staat eng miteinander verknüpft hatte. Zunächst war der Staat der stärkere der beiden Partner, wie ein Bischof unter Valentinian I. erklärte: »Der Staat ist nicht in der Kirche, sondern die Kirche ist im Staat.« Da der Kaiser aber nicht mehr in Rom residierte, gewannen die Bischöfe in Rom, die Päpste, immer mehr an Einfluß, und Ambrosius, der Bischof von Mediolanum, der dieses Amt von 374 bis zu seinem Tode 397 innehatte, hatte die Macht der kirchlichen Hierarchie wesentlich gestärkt. Er ließ viele prächtige Kirchen bauen und machte sich dadurch einen Namen, daß er die Verehrung der Märtyrer neu belebte. Zweimal kam es auch zu Konfrontationen mit Theodosius I., aus denen der Bischof jedesmal siegreich hervorging. Nach seinem Tode ergriff der Bischof von Rom wieder die Führung. Die Päpste Innozenz I. (401-417) und Leo I. (440-461) verhandelten mit Alarich und Attila, und Leo I. hatte dabei großen

Erfolg. In dieser Zeit wurden in Rom auch großartige Kirchen gebaut.

Nach Auffassung Leos I. war eine Zusammenarbeit zwischen Staat und Kirche für beide vorteilhaft und die einzige Möglichkeit, die auseinanderbrechende westliche Welt zusammenzuhalten. Dabei nahm der Druck, den die Christen auf die Heiden ausübten, zu, und es war ein Augenblick großer symbolischer Bedeutung, als Gratian die Statue der Victoria aus dem Senatsgebäude entfernen ließ (382.). Nach seinem Tod wurde heftig über diese Maßnahme gestritten, aber die Christen setzten sich durch. In der Folgezeit erließ Theodosius I. eine ganze Reihe von Gesetzen, durch die das Heidentum restlos ausgetilgt werden sollte. Und als in Nordafrika religiöse Unruhen ausbrachen, weil man die heidnischen Tempel geschlossen hatte, veranlaßte das die Bischöfe in diesem Gebiet nur, noch mehr und noch strengere Gesetze zu verlangen, »um die letzten Reste des Götzendienstes auszumerzen.«

Augustinus, der führende Kirchenmann seiner Zeit, der begabte Schriftsteller und Gelehrte, stellte sich an die Spitze derer, die einen immer stärkeren Druck auf die weltliche Macht ausübten. Augustinus wurde in Thagaste (Souk-Ahras in Algerien) als Sohn einer christlichen Mutter geboren, die auch seinen Vater zum Christentum bekehrte. Der junge Mann genoß in Nordafrika eine sorgfältige Erziehung und wurde Lehrer für Rhetorik in Mediolanum. Nachdem er im Laufe seiner Glaubenserfahrung den verschiedensten religiösen Richtungen gefolgt war, die er in seinen mit leidenschaftlicher Selbstkritik geschriebenen *Confessiones* aufzählt, wurde er in Hippo Regius (Annaba) zum Priester geweiht, um dort vier Jahre später (395) Bischof zu werden. Von da an setzte er sich für die Zwangsbekehrung aller Heiden und der in das Heidentum zurückgefallenen Christen ein, denn Christus müsse wie ein Feldherr militärische Maßnahmen ergreifen, um die Deserteure zu den Fahnen zurückzurufen.

Die Heiden wurden allmählich zermürbt. Als aber Eugenius (392-394), der mit ihnen sympathisierte, versuchte, den Thron zu besteigen, beunruhigte das die Kirche sehr; und als Alarich 410 Rom eingenommen hatte, bekam das Heidentum neuen Auftrieb, denn viele machten die christliche Regierung für die Katastrophe verantwortlich. Diese Auffassung versuchte Augustinus in seinem Werk *De Civitate Dei* zu widerlegen. Den unmittelbaren Anstoß zu dieser Schrift gab die dringende Notwendigkeit, etwas gegen das Wiederaufleben des Heidentums zu unternehmen. Die Regierung selbst hatte noch bis in die Zeit um 440 alles getan, um dieser angeblichen Gefahr zu begegnen. Mit ihren Zwangsmaßnahmen ist es ihr auch fast gelungen, das Heidentum vollständig auszulöschen. Zunächst aber haben die Heidenverfolgungen gerade während der ersten Jahre des 5. Jahrhunderts die Gegensätze, die sie beseitigen sollten, verschärft und damit ebenfalls wesentlich zum Verfall des Weströmischen Reiches beigetragen.

Ebenso zerstörerisch wirkten sich die Konflikte innerhalb des Christentums aus. Konstantin war davon überzeugt, daß die Einheit der Christen eine dringende Notwendigkeit sei, und zwar nicht nur, weil sich Gott und Christus nicht voneinander trennen ließen, sondern auch, weil die Einheit der Kirche die beste Voraussetzung für den Zusammenhalt des Reiches sei. Aber die Meinungsverschiedenheiten innerhalb der Kirche im Hinblick auf das Zölibat der Priester, den Sündenfall und das Wesen des Heiligen Geistes blieben bestehen. Im Osten legte man besonderen Wert auf das Dogma von der einzigen höchsten Gottheit, während man im Westen die Gottgleichheit Jesu lehrte, die die Arianer bestritten. Der Historiker Ammianus Marcellinus hatte deshalb den Eindruck, daß »keine wilden Tiere den Menschen so feindlich gesonnen sind wie die meisten Christen sich in ihrem tödlichen Haß untereinander«. Wohl blieb Valentinian I. gegenüber den »Häretikern« innerhalb der Christenheit ebenso tolerant wie gegenüber den Heiden außerhalb der christlichen Glaubensgemeinschaften. Aber seine Nachfolger nahmen eine ganz andere Haltung ein, besonders Theodosius I., der gegen alle Abweichler eine große Zahl von Gesetzen und Edikten erließ. Und Augustinus, der über seine eigenen früheren Abweichungen nachdachte, war fest davon überzeugt, daß die Häretiker unter den Christen ebenso wie die Heiden gewaltsam zur Herde zurückgeführt werden müßte. Er zitiert dabei die Bibel: »Gib dem Weisen, so wird er noch weiser werden . . .« Doch was dem Weisen gegeben werden sollte, das war in Wirklichkeit nur schlimmste Unterdrückung, und im gleichen Geist hat Papst Leo I. später gesagt, es gäbe nur eine Wahrheit, und deshalb sei eine Vielfalt der Auffassungen nicht zulässig. Auch die Manichäer und Juden wurden unter den christlichen Kaisern grausamer verfolgt als unter ihren heidnischen Vorgängern. Doch durch die Verfolgungen vertieften sich nur alle Gegensätze, und die so dringend benötigte Loyalität der gesamten Bevölkerung gegenüber dem Staat wurde zur Utopie.

Die Heiden und Christen haben der Regierung, die sich vergeblich um die Erhaltung des Reiches bemühte, auch von ihrem Glauben her geschadet. Die Heiden neigten im allgemeinen dazu, sich auf den Lorbeeren einer ruhmreichen Vergangenheit auszuruhen, während die christlichen Theologen den Bürgern mit ihren Predigten die staatlichen Belange als bedeutungslos erscheinen ließen.

Was die Heiden betraf, so war ihr klassisches Erziehungssystem noch lange nicht tot. Die klassische Tradition beherrschte es noch unbestritten. Die Christen dagegen hatten im Erziehungswesen weder theoretisch noch praktisch etwas Neues entwickelt. Sogar Konstantin förderte mit Nachdruck das alte System und war nicht geneigt, den Umfang der Lehrinhalte zu erweitern. So hielten sich die Lehrer an den Hochschulen von Rom, Mediolanum und Karthago und an den berühmten Lehranstalten in Gallien auch weiter an die klassische Einteilung der sieben freien Künste. Da jedoch vier von ihnen, die Arithmetik, die Geometrie, die Astronomie und die Musik, kaum noch gelehrt wurden, konzentrierten sie sich auf die restlichen drei – das waren Grammatik, Rhetorik und Dialektik. Während des ganzen 4. Jahrhunderts belebte sich sogar das Interesse für diese überlieferten Studienfächer, wenn sich auch nach dem Verfall des Mittelstandes nur noch der Adel mit solchen Studien beschäftigte, dessen kulturelle und literarische Leistungen allerdings kaum noch eine Bedeutung hatten, wie wir aus den noch erhaltenen, sprachlich geschliffenen, aber langweiligen Gedichten und Briefen ersehen können.

Diese Werke bringen eine gefühlvolle Sehnsucht nach dem »ewigen Rom« zum Ausdruck, nach dem *Invicta Roma Aeterna* der Münzen und Medaillen. Obwohl die Ewige Stadt nicht mehr das Zentrum für die Verwaltung einer Welt war, die ihren Namen angenommen hatte, symbolisierte sie diese Welt nun in einer ganz neuen und bezeichnenden Weise. Das kam in dem Wort »Romana« zum Ausdruck. Damit war das Erbe der römischen Kultur im Westen gemeint, im Gegensatz zur gotischen, fränkischen oder alamannischen. Die Kaiser, die Offiziere und die einfachen Bürger, die aus den fernen Provinzen stammten und ihren Fuß kaum jemals auf den Boden der Stadt Rom gesetzt hatten, betrachteten sich nun als »Romanen« und legten großen Wert auf diese Bezeichnung. Weniger als zehn Jahre nach der Eroberung Roms durch Alarich glaubte der gallisch-römische Dichter Rutilius Namatianus noch ein Rom erkennen zu können, das eine höhere Wirklichkeit darstellte und unzerstörbar war:

Schutzlos ist jeder Mensch, der dich vergißt;
Dich will ich preisen, wenn die Sonne sich verdunkelt.
Wer deine Herrlichkeiten zählen wollte, Rom,
Der müßte auch die Sterne zählen können
Hoch am Firmament . . .

Rutilius war ein Heide, aber auch die Christen jener Zeit spürten noch sehr stark die Nachwirkungen des klassischen Altertums, obgleich sie ständig über den Wert des klassischen, heidnischen Erbes stritten. So sprach zum Beispiel Augustinus, der die *Aeneis* bewunderte, von *eurem* Vergil, aber *unserer* Heiligen Schrift, und er erinnerte – wie andere – daran, daß sogar die alten Israeliten »die Ägypter verderben durften«, wenn sie ägyptische Frauen zu Konkubinen nahmen. Deshalb sei es auch ihm und seinen Mitchristen erlaubt, von den heidnischen Schriftstellern das zu übernehmen, was ihnen nützlich sei.

Doch die Neigung, den Blick so fasziniert rückwärts zu wenden, führte direkt in die Katastrophe. Wenn der heidnische Schriftsteller Ammianus zum Beispiel von der Niederlage berichtet, die die Römer 378 bei Adrianopel im Kampf gegen die Westgoten hatten hinnehmen müssen, vergleicht er dieses Unglück mit den Germaneneinfällen ein halbes Jahrtausend früher. Damit will er sagen, daß Rom auch schon früher schwere Prüfungen bestanden habe und es daher keinen Grund gäbe, sie nicht wieder zu bestehen. Auch Rutilius Namatianus hat später genau das gleiche gesagt. Doch solche Vergleiche waren irreführend, denn der Germaneneinfall 500 Jahre zuvor hatte das Imperium niemals wirklich bedroht, während die Katastrophe diesmal ganz andere Ausmaße hatte. Der Schlag, den Valens 378 bei Adrianopel hinnehmen mußte, brachte das Imperium in eine so verzweifelte Lage, wie es sie bis dahin noch nie erlebt hatte. Doch die durch die klassische römische Erziehung erzeugte selbstzufriedene Sehnsucht machte es den Römern unmöglich, auf eine so neue Lage angemessen oder konstruktiv zu reagieren. »Deine Macht ist überall, wohin das Licht der Sonne scheint«, sagt Rutilius über das Römische Reich; aber er irrte sich, denn Westrom stand kurz vor dem Untergang. Es hätte dringend etwas unternommen werden müssen, und eine Haltung wie diese hinderte die Menschen daran, das Notwendige klar zu erkennen.

Andererseits haben gerade die großen christlichen Theologen, begabte und charaktervolle Männer, die in früherer Zeit wahrscheinlich dem Staat gedient hätten, andere Christen bewußt davon abgehalten, als Beamte oder Soldaten ihre Pflicht als Staatsbürger zu erfüllen. Eine solche Haltung, die sich leicht mit dem Neuen Testament begründen ließ, war zu einer Zeit verständlich, als die Christen von der Regierung verfolgt wurden; dagegen ist es erstaunlich, daß die Kirchenführer auch nach der Christianisierung des Reiches weiter an dieser alten Überzeugung festhielten, daß eine christliche Lebensführung sich nicht mit dem Staatsdienst vereinbaren ließe. Doch gerade das haben sie getan, und viele Päpste haben nicht aufgehört zu erklären, die Arbeit für die Regierung gefährde das Seelenheil der Menschen. So bat zum Beispiel der heilige Martin von Tours um seine Entlassung aus der römischen Armee, weil er ein Soldat Christi sei und deshalb nicht für sein Land kämpfen könnte. Als diese Auffassung sich unter der Bevölkerung ausbreitete, wurde auch dadurch die Widerstandskraft des Reiches gegenüber seinen äußeren Feinden geschwächt.

Diese Widerstandskraft wurde durch Augustinus weiter gelähmt. Er war zwar kein Pazifist und mußte sogar zugeben, daß es den Staat zugrunde richten müßte, wenn man die Aufforderung Christi wörtlich nähme, auch die andere Wange hinzuhalten. Aber sein umfangreiches, aus 22 Büchern bestehendes Werk *De Civitate Dei* hat die patriotische Haltung seiner Zeitgenossen dennoch unbewußt negativ beeinflußt. In diesem literarischen Meisterwerk der römischen Spätzeit, das für die Denker des Mittelalters eine der wichtigsten historischen Quellen für die Erforschung der antiken Welt gewesen ist, bemüht er die ganze heidnische Philosophie ebenso wie das christliche Dogma, um einen scharfen Gegensatz zwischen dem weltlichen Staat und seiner Entsprechung im Jenseits herauszuarbeiten. Platon und Paulus hatten schon vor ihm von einem solchen idealen Staatswesen gesprochen, aber Augustinus, der sein Buch bald nach der Plünderung Roms durch Alarich verfaßt hat, stellt den Idealstaat so packend und lebendig dar, wie dies bis dahin noch nicht geschehen war. Und er bringt mit aller Deutlichkeit zum Ausdruck, daß kein irdisches Gemeinwesen jemals hoffen darf, auf die Dauer bestehen zu bleiben. Er hatte diese Überzeugung schon lange gehabt, aber nun glaubte er, deutlicher als je zuvor zu spüren, daß der christliche Glaube die Ernte sei, die reifte, bevor der Winter mit Frost und Schnee einsetzte, mit einem Frost, der für alle irdischen Staatswesen den Tod bedeutete.

Sein irdischer Staat, der nicht nur von den Sündern dieser Welt bevölkert wird, sondern von den verderbten Männern und Frauen überall im Universum, ist ein umfassenderes Gebilde als das des Römischen Reiches. Trotzdem gilt der Pessimismus des Augustinus auch für die Zukunft der römischen Zivilisation. Er läßt sie in einem düsteren Licht erscheinen und sieht das Scheitern aller menschlichen Bemühungen voraus, die einen irdischen Staat am Leben erhalten wollen. Er übernimmt von Paulus die Lehre von der Gnade und erklärt, daß der Mensch aus eigener Kraft und ohne die Hilfe Gottes unfähig sei, irgend etwas Positives zu erreichen. Das bedeutete einen entscheidenden Bruch mit der optimistischen humanistischen Haltung, die für die klassische Welt so bezeichnend war. Männer wie der britische oder irische Theologe Pelagius, der im Geiste Ciceros den Leistungen des einzelnen einen hohen

Wert beimaß, konnten sich mit einer solchen Haltung nicht einverstanden erklären. Es kam zu leidenschaftlichen Kontroversen – wobei die Anhänger des Pelagius unterlagen.

Augustinus hatte den römischen Staat mit aller Entschiedenheit in die Schranken gewiesen. Das Interesse der irdischen Macht stand nicht mehr an erster Stelle. »Vergebt uns, wenn *unsere* Heimat über uns der *euren* Schwierigkeiten bereitet ... Ihr würdet euch noch größere Verdienste erwerben, wenn ihr dem höheren Vaterland dienen wolltet.« Je älter Augustinus wurde, desto entschiedener lehnte er jede Gleichsetzung des Christentums mit dem Römischen Reich ab. Doch realpolitisch konnte er sich nicht durchsetzen, weil die Gleichsetzung schließlich doch zustande gekommen ist. Sein Einfluß war jedoch weitreichend, und seine Weigerung, einen christlichen Staat zu akzeptieren, hat wesentlich dazu beigetragen, daß der Westen unfähig wurde, sich erfolgreich gegen seine Feinde zu wehren, und schließlich unterging.

21 Nachwirkungen

Die Nachfolgestaaten im Westen

Als das Weströmische Reich auseinanderfiel, beherrschten die Westgoten Südwestgallien und Spanien, die Burgunder Südostgallien, und die Franken hatten die Herrschaft im Norden des Landes übernommen. Doch die Westgoten und die Burgunder, die als Arianer für die örtliche römische Kirche, die ihr angehörende Bevölkerung und ihre Bischöfe, Häretiker waren, wurden 507 von den Franken besiegt, deren heidnischer Häuptling und Begründer der Merowingerdynastie, Chlodwig aus Turnacum (Tournai) (ca. 482-

511), sich mit seinen 3000 Kriegern von der römischen Kirche zum Christentum hatte bekehren lassen. Der oströmische Kaiser Anastasius I. ernannte ihn zum römischen Konsul, doch sein Reich war kein Vasallenstaat Konstantinopels, sondern der unabhängige Kern eines künftigen Nationalstaates. Chlodwig und seine Nachfolger dehnten den Herrschaftsbereich der Franken nach Osten und Süden aus, und das Frankenreich entwickelte sich im südlichen Gallien zu einem mächtigen Mittelmeerstaat mit einer reichen Kultur.

Später wurden die Merowinger allmählich zu Schattenkönigen ihrer Hausmeier, bis einer von ihnen, Pippin der Kurze, den letzten Merowinger stürzte und die Dynastie der Karolinger gründete (751), die nach seinem Vater Karl Martell benannt ist. Karl der Große (772-814) gab die bis dahin friedliche Politik seiner Familie auf und unternahm eine Reihe von Feldzügen in die nördlichen Teile Europas, in denen er seine Gegner mit Gewalt zum Christentum bekehrte. Er ernannte für die 300 Grafschaften seines Herrschaftsbereichs Verwalter und berief zweimal jährlich eine gesetzgebende Versammlung ein. Im Jahre 800 ernannte sich Karl der Große selbst zum römischen Kaiser und ließ sich in Rom von Papst Leo III. krönen.

In Spanien hatten Euricus (466-485) und Alarich II. (485-507) die Macht der Westgoten gefestigt. Nachdem sie den gallischen Teil ihres Reiches an Chlodwig hatten abtreten müssen, nahm das westgotische Reich einen eher nationalen, spanischen Charakter an, wogegen der von der römischen Kirche beeinflußte Süden Spaniens mit seinen römischen Gesetzen und den von Rom oder Byzanz geprägten Städten wie Hispalis (Sevilla) eine besondere Einheit gegenüber dem neubesiedelten Gebiet um Toletum (Toledo) blieb, dessen Bewohner ihre arianische Religion beibehielten und eine eigene Gerichtsbarkeit hatten. Das Westgotenreich erlebte vor allem unter Leowigild (568-

586) eine Blütezeit. Er annektierte weitere Gebiete auf der Iberischen Halbinsel und ließ als erster Monarch in einer ehemaligen römischen Provinz eigene Münzen prägen. Sein Nachfolger Rekkared (586-601) gab den arianischen Glauben auf, trat zur römischen Kirche über und wurde damit zum Begründer des spanischen Katholizismus.

Nach dem Tode des Propheten Mohammed (632) kam es zu einer gewaltigen Ausdehnung islamischer Macht über die Grenzen Nordafrikas hinaus bis nach Spanien. 711 drang der mohammedanische Fürst Tarik in das Land ein, und seine Nachfolger eroberten den ganzen südlichen Teil der Halbinsel und islamisierten ihn. Das christliche Königreich Spanien wurde für die nun folgenden Jahrhunderte auf den nördlichen Teil des Landes zurückgedrängt.

Nachdem sich Odoaker praktisch von Konstantinopel unabhängig gemacht hatte, gelangt es seinem ostgotischen Nachfolger Theoderich (493-526), Italien zu befrieden und wirtschaftlich erstarken zu lassen. Er behielt die römische Zivilverwaltung bei, die lateinische Literatur erlebte eine neue Blüte, und Schriftsteller wie Boëthius und Cassiodorus schlugen die Brücke zwischen der Kultur des klassischen Altertums und der des nun heraufziehenden Mittelalters. Obwohl die Ostgoten Arianer waren, wurde die römische Kirche immer mächtiger, und Papst Gelasius I. schrieb an Anastasius I., den Kaiser von Ostrom: »Die Welt wird von zwei Dingen beherrscht, der heiligen Autorität der Priesterschaft und der königlichen Macht.«

In Nordafrika waren die Beziehungen des selbständigen arianischen Königreichs der Vandalen zur römischen Kirche und zu Konstantinopel sehr wechselvoll. Aber dieser Staat blieb nicht lange bestehen. Gegen Mitte des 6. Jahrhunderts wurde er von dem Feldherrn des byzantinischen Kaisers Justinian I., von Belisarios, vollständig vernichtet, und anschließend zerstörten Belisarios und sein Nachfolger Narses auch das Ostgotenreich in Italien.

Das Überleben von Byzanz

Das Oströmische Reich, das auch das Byzantinische genannt wird, nach dem ursprünglichen Namen von Konstantinopel, blieb im Gegegnsatz zum Weströmischen Reich noch lange bestehen. Nachdem beide Reiche unter die Nachkommen Theodosius' I., Arcadius und Honorius, aufgeteilt worden waren, gelang es den Ratgebern des ersteren im Osten, die Bedrohung durch die Ostgoten unter großen Schwierigkeiten abzuwehren. Während der langen Regierungszeit von Arcadius' Sohn, Theodosius II. (408-450), lag die Macht in Konstantinopel vor allem in den Händen seiner Mutter Pulcheria. Unter dem Eindruck der Plünderung Roms durch Alarich errichtete man um Konstantinopel starke, neue Mauern und hielt sich die Hunnen mit hohen Tributzahlungen vom Leibe. Als jedoch Pulcherias thrakischer Gemahl, Marcian, Kaiser wurde (450-457), stellte er die Zahlungen an Attila ein, der sich daraufhin gegen den Westen wendete. Nach Marcians Tod kam der ebenfalls aus Thrakien stammende Leo I. (457-474) mit Hilfe eines germanischen Heerführers auf den Thron von Byzanz. Er bewahrte sein Reich vor einem Germaneneinfall mit Hilfe eines aus Kleinasien herangeführten Heeres, dessen Befehlshaber, sein Schwiegersohn Zeno, ihm als Kaiser folgte (474-491).

Während Zenos Regierungszeit brach das Weströmische Reich auseinander und hörte auf zu bestehen. Das Oströmische Reich dagegen behielt seine Macht und übernahm nominell die Führung im Westen, obwohl Zeno sich praktisch der Einmischung dort enthielt. Eines der wichtigsten Ereignisse jener Zeit war ein Streit zwischen den Kirchenführern in Rom und Konstantinopel. Es ging dabei um einen Streit, der die Christenheit in den folgenden Jahrhunderten in große Bedrängnis brachte und der schließlich dazu führte, daß zwei getrennte christliche Kirchen entstanden, die römische und die orthodoxe. Nach Zenos Tod überließ seine Witwe den Thron dem reichen Adligen Anastasius I. (491-518), dem es gelang, die Finanzen des Ostreiches wieder in Ordnung zu bringen. Iustinus I. (518-527), zu dessen Regierungszeit slawische Völker zu einer ernsten Bedrohung für den Balkan wurden, gründete eine neue Dynastie und setzte seinen Neffen, Justinian I., als Regenten ein, der ihm auf den Thron folgte (527-565). Justinian stand als treibende Kraft hinter einer der schöpferischsten Epochen der Geschichte und hat einige der prächtigsten Bauten überhaupt errichten lassen. Seine Kirche der Heiligen Weisheit (Hagia Sophia) in Konstantinopel, die die von Konstantin gebaute Basilika gleichen Namens ersetzte und noch heute steht, ist ein eindrucksvolles Symbol der tiefen Frömmigkeit, die damals in Byzanz herrschte. Als letzter Kaiser, der die lateinische Sprache besser beherrschte als die griechische, ließ Justinian einen lateinischen Gesetzeskodex zusammenstellen, an dem ein aus 16 Männern bestehender Ausschuß arbeitete. Dabei wurde das ganze römische Recht, das in mehreren Büchern mit drei Millionen Zeilen vorlag, zu einem einzigen, aus 150 000 Zeilen bestehenden Band zusammengefaßt.

Unter Justinian erlebte Ostrom eine Reihe von schweren Krisen. Es kam zu Unruhen in der Hauptstadt und zu einer der schwersten Pestepidemien in der Geschichte. Doch trotz aller Schwierigkeiten gelang es Justinians tüchtiger Verwaltung, die die Kirche beherrschte und die Geistlichkeit beriet, das Regierungssystem auf die vor ihm liegenden Aufgaben vorzubereiten, und zwar mit erstaunlicher Unbestechlichkeit und Gründlichkeit. Justinian konnte seinen Herrschaftsanspruch auch gegenüber Persien wahren, das auf dem Gipfel seiner Macht stand, bevor es den Arabern in die Hände fiel. Schließlich gelang es seinen genialen Feldherren Belisarios und Narses, Italien und Nordafrika zurückzuerobern.

Es zeigte sich jedoch, daß sich diese westlichen Gebiete auf die Dauer nicht halten ließen. Das Byzantinische Reich – Ostrom – blieb jedoch bestehen, und zwar über eine erstaunlich lange Zeit. Nur während einer kurzen Zwischenperiode von 1204-1262 geriet Byzanz unter die Herrschaft westlicher Kreuzritter, überlebte jedoch dann bis 1453, als die Hauptstadt von dem türkischen Sultan Mohammed II., einem Osmanen, erobert wurde. Während seiner tausendjährigen Geschichte war Byzanz für die westliche Kultur das Bollwerk gegen den Osten, und außerdem war Konstantinopel während dieser Zeit die bei weitem größte und prächtigste Stadt in Europa mit der am höchsten entwickelten Kultur. Obwohl diese Kultur griechisch war und in der byzantinischen Kunst römische, griechische und orientalische Elemente verschmolzen, betrachteten sich die Kaiser von Byzanz als Erben des klassischen Rom und nannten sich »Könige der Römer«. Und weil ihr Reich besser zu verteidigen war als das Westreich und weil es weniger Risse in der sozialen und wirtschaftlichen Struktur aufwies, deshalb überlebte es das Weströmische Reich um 1000 Jahre.

Epilog

Soweit es unsere zahlreichen, aber oft unzuverlässigen Quellen erlauben festzustellen, was im alten Römischen Reich geschehen ist, haben wir gesehen, wie aus dem Nichts über einen langen Zeitraum ein vielgestaltiges, blühendes Reich entstand, das schließlich zerfiel beziehungsweise sich radikal veränderte. Am Anfang stand die Gründung winziger Dörfer am Tiber, die den Ausgangspunkt für die Entwicklung eines aus den verschiedensten Völkern bestehenden, eindrucksvollen Gemeinwesens bildeten, das sich dann in einzelne Einheiten auflöste – die Vorläufer unserer modernen europäischen Nationalstaaten.

Abgewandelt hat vieles, das von Rom ausging, in diesen Nachfolgestaaten weitergelebt; die Sprache, die Regierungsform, das Recht, die Kirche, die Literartur, die Kunst sowie die Denk- und Lebensgewohnheiten waren noch lange nicht tot. Und die westliche Zivilisation ist sich seither dieser fortwirkenden römischen Elemente durchaus bewußt geblieben; man erinnert sich ihrer bis heute, und sie haben im Laufe der Geschichte eine Renaissance nach der anderen erlebt. Aber weder in der Politik noch in der Kunst haben sich die Entwicklungen genau nach dem alten Muster wiederholt, denn die Voraussetzungen sind nicht wiederholbar, weshalb uns die Geschichte Roms zwar auch heute noch gültige Lehren und Warnungen vermit-

509

telt, die jedoch insofern problematisch bleiben, als es keine exakt wiederholbaren Formen gibt.

So ist es selbstverständlich, daß wir nicht alles, was die Römer erfahren haben, noch einmal erleben wollen, auch wenn manches, was sie geleistet haben, bewundernswert ist und wir sie darum beneiden. Es gibt vieles, was wir entschieden ablehnen müssen. Ihre größten Erfolge haben sie der Anwendung von Gewalt zu verdanken, und die Kultur, die uns ihre unvergleichlichen Meisterwerke hinterlassen hat, konnte nur entstehen und am Leben bleiben, weil die Römer eine Gewaltherrschaft errichtet hatten, wie sie heute nicht mehr geduldet werden kann. Wir stehen immer noch vor der Frage, wie wir die ethnischen Probleme lösen sollen, welche die dem Römischen Reich an Größe vergleichbaren oder sogar noch größeren politischen Blöcke unserer Tage belasten, ohne ähnliche, für uns nicht mehr akzeptable Methoden anzuwenden. Wir sollten deshalb die nächste Stufe der Entwicklung betrachten, denn dann werden wir feststellen, daß auf Zeiten, in denen sich die Regierung auf Gewaltmaßnahmen stützte, immer wieder Phasen des politischen Ausgleichs folgten. Die Römer und ihre Herrscher haben in solchen Perioden einen politischen Scharfblick bewiesen, für den es weder in unserer Zeit noch in irgendeiner anderen geschichtlichen Periode Parallelen gibt. Mit anderen Worten, wenn die Römer ein neues Gebiet erobert und dem Imperium einverleibt hatten, verwalteten sie es zwar nicht mit einem nach heutigem Verständnis sehr großen Maß an sozialer Gerechtigkeit, aber doch auf bemerkenswert friedliche Weise und schufen damit in diesen Regionen einen Wohlstand, wie es ihn dort bis dahin nicht gegeben hatte.

Ein weiterer Aspekt der sozialen Bezüge im Römischen Reich, der uns zu denken gibt – auch wenn wir hier keine Lösungen für unsere Probleme finden –, betrifft das Verhältnis des einzelnen zum Gemeinwesen. In den Heldentagen der römischen Republik war das Gemeinschaftsbewußtsein ungeheuer stark, und die überall wirksame Tradition verhinderte den Aufstieg des einzelnen zu außergewöhnlich starker Macht. Wenn Cato der Ältere in seiner Geschichte der Kriege die Namen der römischen Heerführer nicht erwähnt hat, dann war das durchaus verständlich und entsprach der Auffassung, daß das Individuum sich der Gemeinschaft einzuordnen habe. Gegen Ende der republikanischen Zeiten änderten sich die Dinge, wie wir an den damals entstandenen, bewundernswerten Porträtbüsten sehen. Doch in der dann folgenden Kaiserzeit kam es zu einer radikalen Umkehr, als nämlich der Personenkult zu unglaublichen Auswüchsen führte, was in den zahlreichen überlebensgroßen Statuen der Herrscher zum Ausdruck kommt.

Der moderne Historiker jedoch widerspricht dem dadurch erweckten Anschein und erklärt, daß die Kaiser, die auf diese Weise ins Rampenlicht gestellt wurden, den Verlauf der Geschichte nicht so entscheidend beeinflußt hätten, wie die klassischen Schriftsteller behaupten; die Geschichte habe vielmehr ohne Rücksicht auf diese Einzelpersönlichkeiten ihren Lauf genommen, der in erster Linie von unausweichlichen gesellschaftlichen und wirtschaftlichen Faktoren bestimmt worden sei. Daran ist sicherlich etwas Wahres, denn das sehr persönliche Werk Suetons über die zwölf Caesaren würde uns, für sich genommen, ein völlig falsches Bild von den Ereignissen vermitteln. Wir dürfen aber auch in der anderen Richtung nicht übertreiben. Wir werden nämlich heute sehr stark von modernem, soziologischem Denken beeinflußt, gar nicht zu reden von dem Abscheu, den wir gegenüber Diktatoren unserer Zeit empfinden. Es sind jedoch gerade diese modernen Diktatoren, die uns erkennen lassen, wie falsch es wäre, alles zu leugnen, was Sueton und die anderen römischen Schriftsteller berichten. Wenn wir zum Beispiel zugeben, daß sie die politischen Tendenzen ihrer Zeit widerspiegeln, dann wäre es mit Sicherheit falsch zu behaupten, diese Tendenzen hätten die Weltgeschichte auch ohne sie in genau die gleiche Richtung getrieben. Die römische Geschichte lehrt uns sehr deutlich, derartige Trugschlüsse zu vermeiden. Ohne die ausgeprägten Persönlichkeiten und die besonderen Fähigkeiten eines Augustus oder eines Konstantin wäre die Entwicklung niemals den Weg gegangen, den sie gegangen ist.

Mit anderen Worten, die Geschichte zeigt uns, daß es auch auf die Einzelpersönlichkeit ankommt. Und das gilt nicht nur für diejenigen, die an höchster Stelle stehen. Der Historiker Tacitus, der sich entschieden gegen die unumschränkte Macht der Kaiser wendet, gibt freimütig zu, daß sie für Heldentum und große Leistungen gewöhnlicher Bürger genügend Raum ließ. Trotz aller Fesseln, durch die die römischen Schriftsteller und Dichter an ihren Staat und ihre Gesellschaft gebunden waren, haben sie eine Dichtkunst entwickelt, die viel privater und persönlicher ist als die am Gemeinwesen orientierte Dichtkunst im klassischen Griechenland.

Zwar ist es nicht notwendig, die Geschichte Roms an der Gegenwart zu messen, um zu beweisen, daß die Beschäftigung mit ihr wertvoll und anregend ist, doch heute, Mitte der 80er Jahre, ist es vielleicht gerade dieser Aspekt, der uns am stärksten fesselt. Wir, in der westlichen Welt, leben in einer Zeit, da das öffentliche Bekenntnis zu wünschenswerter und wirklich praktizierbarer Freiheit manchmal erstaunlich schnell eingeschränkt und aufgehoben wird. Wie stand Rom zu diesem Problem? Obwohl die Römer mit ihrem einzigartigen Rechtssystem einen bemerkenswerten Beitrag zur Entwicklung der Demokratie in späterer Zeit geleistet haben, ist es ihnen nicht gelungen, eine Staatsform zu entwickeln, die wir heute als Demokratie bezeichnen würden. Der untere und bei weitem größte Teil der sozialen Pyramide bestand aus einer riesigen Mehrheit, die sich nicht artikulieren konnte. Diese Menschen lebten am Rande des Existenzminimums, wie es die Masse der wirtschaftlich Schwachen in allen Gesellschaftssystemen zu allen Zeiten getan hat und auch heute noch tut. Wenn wir moralisch darüber urteilen wollen – und der Historiker sollte sich nicht grundsätzlich weigern, das zu tun –, dann können wir nur bedauern, daß Rom nicht imstande war, diese Barriere zu überwinden. Das ist aber bis in die Neuzeit auch keiner anderen Nation gelungen – und es gelingt auch heute erst zum Teil.

Nach dieser Feststellung sollten wir uns aber darüber klarwerden, *was* die Römer *wirklich* geleistet haben. Ihre ganze beeindruckende Geschichte zeigt uns nicht nur, was ein festgefügtes Gemeinwesen leisten kann, wenn alle seine Teile eng zusammenarbeiten, sondern auch, welche Möglichkeiten es in einem solchen Gemeinwesen für die Selbstverwirklichung des Individuums gibt. Auch wenn die große Mehrheit der Unterdrückten kaum etwas gewonnen hatte, so gab es doch wenigstens für die anderen, schöpferischen Elemente in dieser Gesellschaft unerhörte Gelegenheiten, ihre Individualität zu entwickeln und Großes zu leisten; die Menschen, die solche Vorteile genossen, waren Politiker, Schriftsteller, Künstler, Denker, Architekten, Techniker, Juristen und alle, die im öffentlichen Leben standen. Und es ist diese Tradition, der wir Achtung und Bewunderung entgegenbringen und die uns stolz darauf macht, daß wir zu ihren Erben gehören.

ANHANG

Zeittafel*

V. Chr.

625–600	Die Etrusker kommen nach Rom
586	Jerusalem wird von den Babyloniern eingenommen (Nebukadnezar II.)
578–534 (?)	Regierungszeit des Servius Tullius
um 563–483	Leben des Gautama Buddha
um 551–479	Leben des Konfuzius
535	Etrusker und Karthager besiegen die phönizischen Griechen vor Alalia
524	Die Etrusker werden vor Cumae geschlagen
510	Der Tyrann Hippias wird aus Athen verbannt
507 (?)	Die Tarquinier werden vertrieben, Beginn der Republik
506 (?)	Die Etrusker werden von Latinern und Cumaeern bei Aricia geschlagen
496	Die Römer besiegen die Latiner am See Regillus
494 (?)	Erste Sezession der Plebejer. Einsetzung von Volkstribunen
493	Cassius schließt einen Vertrag mit den Latinern
479	Sieg Veiis über Rom an der Cremera
471	Schaffung der nach *tribus* geordneten Versammlungen der Plebs *(concilia plebis)*
451–450	Die Decemvirate und das Zwölftafelgesetz
449	Gesetz des Valerius und Horatius
444	Einsetzung der Militärtribunen mit konsularischen Vollmachten
443	Einsetzung der Zensoren
431	Niederlage der Äquer auf dem Algidus
431–404	Peleponnesischer Krieg zwischen Athen und Sparta
425	Fidenae wird von Veii erobert
396	Untergang Veiis
um 388	Platon gründet die Akademie in Athen
387	Die Gallier besiegen die Römer an der Allia und nehmen die Stadt ein

* Die Italien betreffenden Daten bis zum 4. Jahrhundert v. Chr. sind nur annähernd richtig.

450–457	Marcianus Kaiser im Osten
451	Aetius und die Westgoten besiegen Attila auf den Katalaunischen Feldern
452	Attila wird nach seinem Einfall in Italien von Papst Leo I. aufgehalten
455	Plünderung Roms durch Geiserich
456–472	Ricimer Oberbefehlshaber im Westen. Er ernennt Kaiser und setzt sie wieder ab
457–461	Maiorianus Kaiser im Westen, gewinnt Schlachten, wird aber von den Vandalen besiegt
467–472	Anthemius Kaiser im Westen
457–474	Leo I. Kaiser im Westen
474–491	Zeno Kaiser im Osten
474–475	Iulius Nepos Kaiser im Westen (gest. 480)
475	Kodex des Königs der Westgoten, Euricus, der seine Unabängigkeit erklärt
475–476	Romulus Augustulus letzter Kaiser des Westreiches in Ravenna
476–493	Odoaker (Herulianus) König von Italien
481–511	Chlodwig, König der Franken
491–518	Anastasius I., Kaiser im Osten
507–711	Westgotisches Königreich in Spanien
518–527	Iustinus I., Kaiser in Byzanz
524	Tod des Boëthius
527–565	Justinian I., Kaiser in Byzanz
528–539	Digesta des Justinian
533	Belisarios erobert Nordafrika von den Vandalen zurück
535–553	Belisarios und Narses erobern Italien von den Ostgoten zurück
547	Tod des heiligen Benedikt
568	Die Lombarden erobern Norditalien
um 583	Tod des Cassiodòros
590–604	Papst Gregor I. der Große
632	Tod des Propheten Mohammed
636	Tod des Isidoros von Sevilla
637–711	Araber erobern das sassanidische Persien, Nordafrika und den größten Teil Spaniens
678–717	Die Araber werden vor Konstantinopel zurückgeschlagen
732	Karl Martell besiegt die Araber in Frankreich
751	Die Lombarden nehmen Ravenna ein
800	Kaiserkrönung Karls des Großen durch Papst Leo III.
962	Otto I. wird von Papst Johannes XII. zum Kaiser gekrönt
1204–1261	Kreuzritter erobern Konstantinopel (Lateinisches Reich)
1453	Die osmanischen Türken unter Mohammed II. nehmen Konstantinopel ein
1806	Das Heilige Römische Reich Deutscher Nation hört auf zu bestehen

Stammtafeln

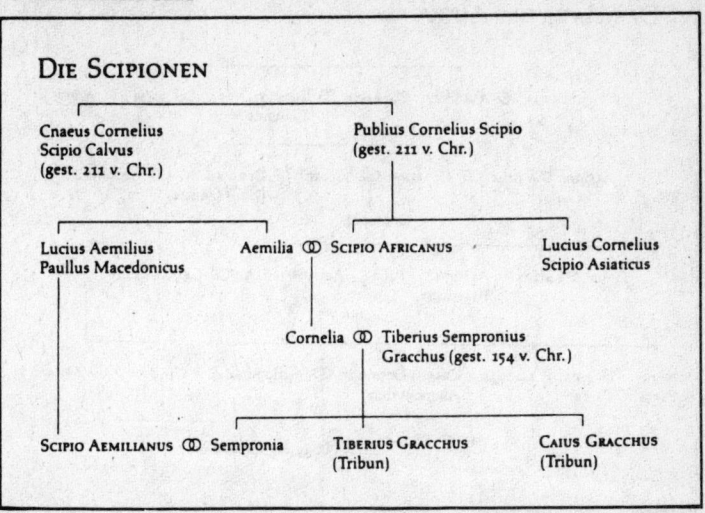

DIE SCIPIONEN

Cnaeus Cornelius
Scipio Calvus
(gest. 211 v. Chr.)

Publius Cornelius Scipio
(gest. 211 v. Chr.)

Lucius Aemilius
Paullus Macedonicus

Aemilia ⚭ SCIPIO AFRICANUS

Lucius Cornelius
Scipio Asiaticus

Cornelia ⚭ Tiberius Sempronius
Gracchus (gest. 154 v. Chr.)

SCIPIO AEMILIANUS ⚭ Sempronia

TIBERIUS GRACCHUS
(Tribun)

CAIUS GRACCHUS
(Tribun)

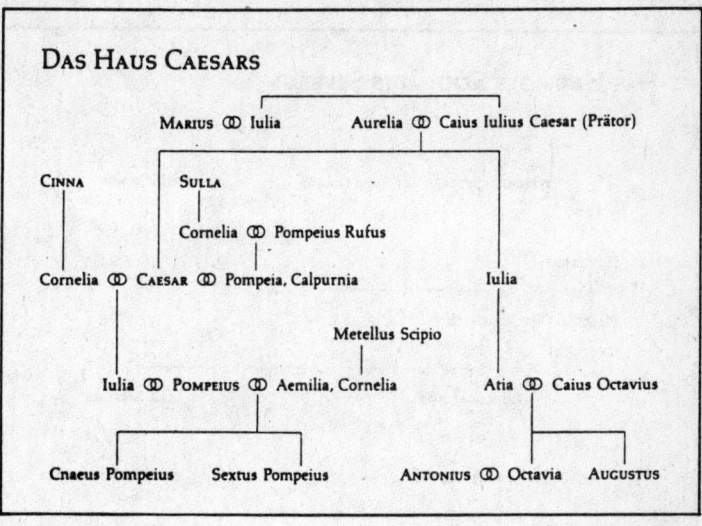

DAS HAUS CAESARS

MARIUS ⚭ Iulia

Aurelia ⚭ Caius Iulius Caesar (Prätor)

CINNA

SULLA

Cornelia ⚭ Pompeius Rufus

Cornelia ⚭ CAESAR ⚭ Pompeia, Calpurnia

Iulia

Metellus Scipio

Iulia ⚭ POMPEIUS ⚭ Aemilia, Cornelia

Atia ⚭ Caius Octavius

Cnaeus Pompeius

Sextus Pompeius

ANTONIUS ⚭ Octavia

AUGUSTUS

Das Haus des Augustus

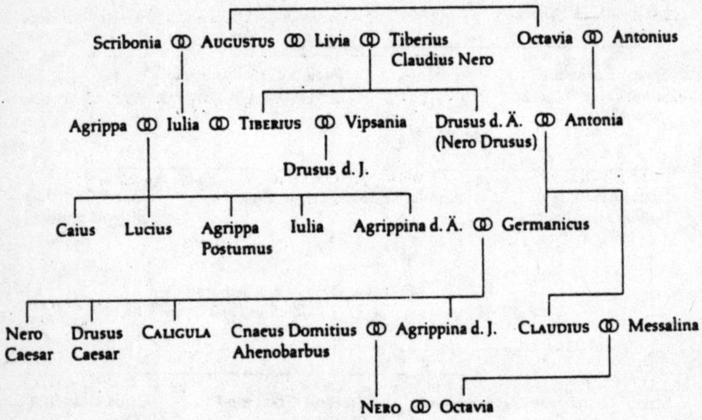

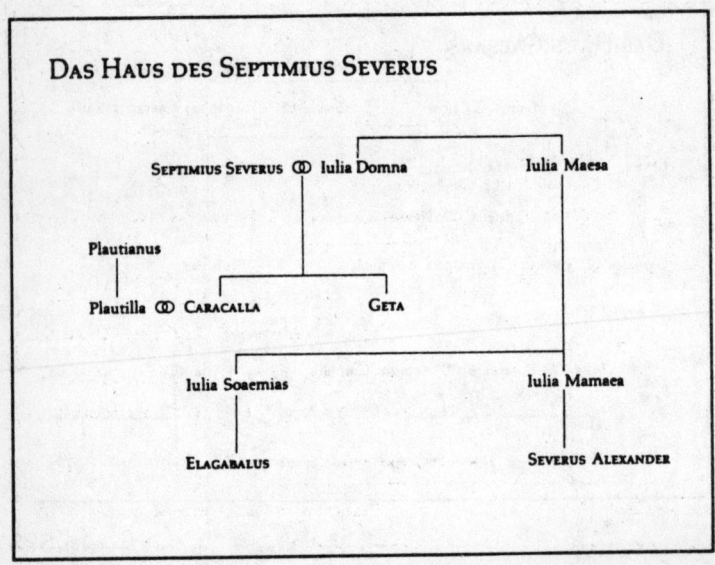

Scribonia ⚭ **Augustus** ⚭ Livia ⚭ Tiberius Claudius Nero   Octavia ⚭ Antonius

Agrippa ⚭ Iulia ⚭ **Tiberius** ⚭ Vipsania   Drusus d. Ä. ⚭ Antonia (Nero Drusus)

Drusus d. J.

Caius   Lucius   Agrippa Postumus   Iulia   Agrippina d. Ä. ⚭ Germanicus

Nero Caesar   Drusus Caesar   **Caligula**   Cnaeus Domitius Ahenobarbus ⚭ Agrippina d. J.   **Claudius** ⚭ Messalina

Nero ⚭ Octavia

Das Haus des Septimius Severus

Septimius Severus ⚭ Iulia Domna   Iulia Maesa

Plautianus

Plautilla ⚭ **Caracalla**   **Geta**

Iulia Soaemias   Iulia Mamaea

Elagabalus   **Severus Alexander**

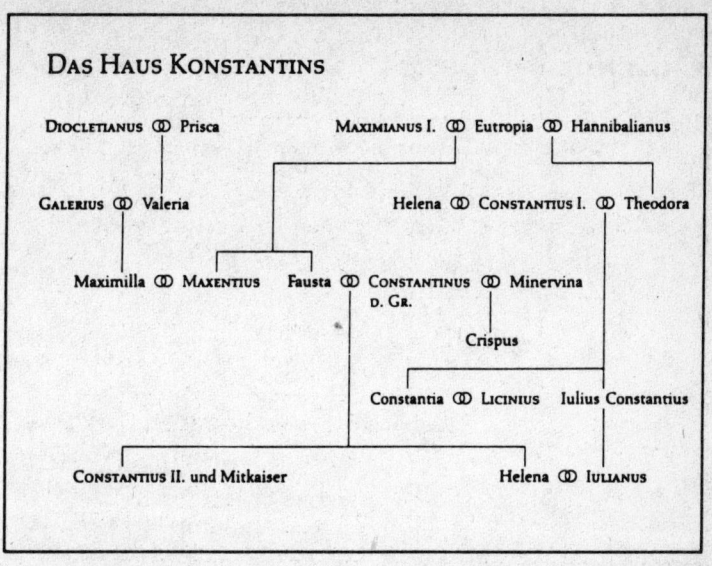

Das Haus Konstantins

Diocletianus ⚭ Prisca · Maximianus I. ⚭ Eutropia ⚭ Hannibalianus

Galerius ⚭ Valeria · Helena ⚭ Constantius I. ⚭ Theodora

Maximilla ⚭ Maxentius · Fausta ⚭ Constantinus d. Gr. ⚭ Minervina

Crispus

Constantia ⚭ Licinius · Iulius Constantius

Constantius II. und Mitkaiser · Helena ⚭ Iulianus

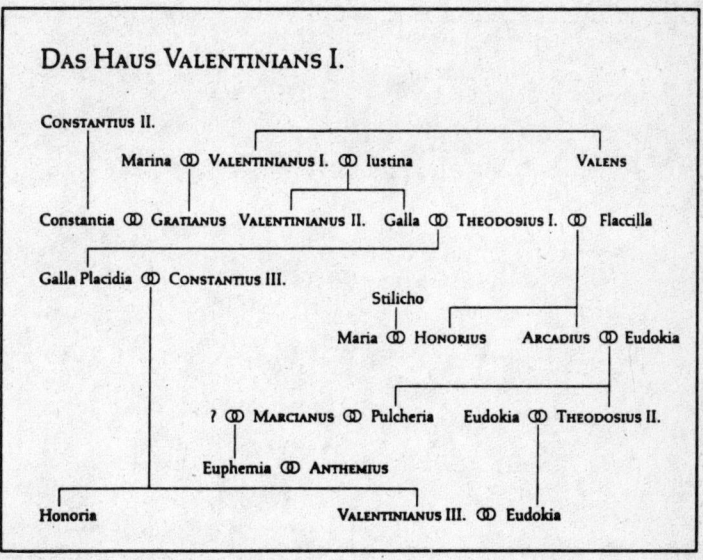

Das Haus Valentinians I.

Constantius II.

Marina ⚭ Valentinianus I. ⚭ Iustina · Valens

Constantia ⚭ Gratianus · Valentinianus II. · Galla ⚭ Theodosius I. ⚭ Flaccilla

Galla Placidia ⚭ Constantius III.

Stilicho

Maria ⚭ Honorius · Arcadius ⚭ Eudokia

? ⚭ Marcianus ⚭ Pulcheria · Eudokia ⚭ Theodosius II.

Euphemia ⚭ Anthemius

Honoria · Valentinianus III. ⚭ Eudokia

Anmerkungen

Teil I: Das etruskische Rom

1. Kapitel: Rom und Etrurien

Italien und Rom. ITALIEN: Der Name ist wahrscheinlich eine hellenisierte Form des italischen *Vitelia* (Kalbsland) und bezeichnete zunächst nur die südliche Hälfte der Stiefelspitze. SALZSTRASSE: Die Via Salaria (*sal* – Salz) führte von Rom nach Reate (Rieti) im Sabinerland. Die HÜGEL ROMS: Sie sind durch Ausbrüche der südetruskischen und der Albanervulkane entstanden. MITTLERE UND SPÄTE BRONZEZEIT: Eine Siedlungsform südlich des Po wird Terramara (*terra marna »fette Erde«*) genannt. LATIUM: Die Bezeichnung LATINI wurde zunächst für einen Stamm verwendet, der südlich von Rom am Tiber lebte. EISENZEIT: Zu diesem Kulturkreis gehören die Villanovasiedlungen, nach einer kleinen Ortschaft (Villanova) bei Bologna genannt. Die ERDBESTATTER in Latium gehörten zu einer verbreiteten Höhlenkultur, die im 7. Jahrhundert v. Chr. ihren Höhepunkt erreichte. DIE GRÜNDUNG ROMS: Nach der Sage war der Trojaner Äneas im Anschluß an die Zerstörung Trojas im Trojanischen Krieg (ca. 1100 v. Chr.) nach Italien gekommen und hatte Alba Longa gegründet, die Vorläuferin Roms. DIE ÜBERLIEFERTEN DATEN DER GRÜNDUNG ROMS: 814 v. Chr. (Timaeus); 753 v. Chr. (Varro); 751 v. Chr. (Cato d. Ä.); 748-747 v. Chr. (Fabius Pictor); 729 v. Chr. (Cincius Alimentus).
Die etruskischen Stadtstaaten. GRIECHISCHE EINFLÜSSE AUF DIE ETRUSKISCHE KUNST: Nach Pithecusae und Cumae, Korinth und Rhodos haben die jonischen Städte, besonders Phokaia, das viele Kolonien im Westen gegründet hatte, starken Einfluß genommen. Sybaris in Südostitalien hat bis zu seiner Zerstörung 510 v. Chr. eine wichtige Vermittlerrolle gespielt. METALLE IN POPULONIA: Das Kupfer kam aus Campiglia. Nach 400 v. Chr. wurden große Mengen Eisen aus den Minen des Hinterlandes in Populonia verhüttet. VOLATERRAE (Volterra): Die Hauptstadt einer Region mit reichen Erzvorkommen. VOLTUMNA: Das Geschlecht der Gottheit ist ungewiß.
Das frühe Rom. SEPTIMONTIUM: Palatium, Velia, Germalus, Caelius, Oppius, Cispius; die beiden letzten sind Ausläufer des Esquilin; einschließlich des zwischen Esquilin und Viminal tiefer gelegenen Subura sind es acht. STADTGRENZE: *Pomerium* ist der Geländestreifen entlang der Innen- und Außenwand der Mauer. Der kapitolinische Hügel lag nicht innerhalb des *pomerium*. ETRUSKISCHER HANDEL MIT ROM: Um 650 v. Chr. hatte Rom auch enge Beziehungen zu dem von Etruskern bewohnten Falerii (Civita Castellana), einer 45 Kilometer nördlich von Rom gelegenen Grenzstadt, dem Zentrum einer ganzen Gruppe faliskischer Städte.

2. Kapitel: Die etruskische Monarchie

Das etruskische Rom. GRIECHEN IN DER CAMPANIA: Zunächst auf Pithecusae und in Cumae, dann in Neapolis ca. 650 v. Chr. und Dicaearchia (lat. Puteoli, heute Pozzuoli). ETRUSKISCH-KAMPANISCHE LIGA AUS ZWÖLF VON CAPUA GEFÜHRTEN STÄDTEN: Vielleicht legendär. ETRUSKER IN LATIUM: L. ist wahrscheinlich erst nach der Campania erobert worden, weil es sumpfig war, was umstritten ist. Eine tarquinische Inschrift *(elogium)* scheint von der Eroberung neun latinischer Städte zu sprechen; Tusculum heißt »etruskische Stadt«; Grabmäler in Praeneste (Palestrina) zeigen, daß es 50 Jahre vor dem Auftreten der Tarquinier in Rom eine herrschende etruskische Klasse gab.

Die Struktur des ersten römischen Staates. LEGENDÄRE KÖNIGSLISTE: Romulus, Numa Pompilius, Tullus Hostilius, Ancus Marcius, Tarquinius Priscus, Servius Tullius, Tarquinius Superbus. REX: Dieses Wort findet sich auch auf einem in der Nähe der Regia gefundenen Becher, der vielleicht aus der Zeit um 530-510 v. Chr. stammt. Mit *rex* verwandte Worte finden sich auch in anderen indoeuropäischen Sprachen. DIE DREI FRÜHESTEN STÄMME: Tities, Ramnes, Luceres. DER SENAT: Nach der Überlieferung hatte es noch früher einen aus nur 100 Mitgliedern bestehenden Senat gegeben. POLITORIUM: Man hat bis heute 117 Gräber mit etruskischem Inhalt gefunden. TARQUINIER: Der Wahrsager *(haruspex)* Tarquinius Priscus wird auf einer Inschrift *(elogium)* aus Tarquinii erwähnt. Man nimmt an, daß auch fünf andere etruskische Städte, darunter Clusium (Chiusi) als Verbündete der Latiner gegen Tarquinius Priscus gekämpft haben. Der Felsen Tarpeium (Abhang des Kapitols) läßt sich etymologisch mit Tarquinius verbinden. Eiserne Modelle von Äxten und *fasces* (Rutenbündel) aus der Zeit um 600 v. Chr. sind bei Vetulonia gefunden worden. Die in Rom (S. Omobono) gefundenen etruskischen Keramiken aus der Zeit um 530 bis 520 v. Chr. stammen aus Vulci. KALENDER DES NUMA: Wahrscheinlich aus der Zeit der Tarquinier. Die Worte *Aprilis* (April) und *Idus* (Monatsmitte) sind etruskisch.

»Servius Tullius«. DIE SERVIANISCHEN STÄMME: Die urbanisierten Stämme (und die »Vier Regionen«) sind: Suburana (Sucusana), Esquilina, Collina, Palatina. Der kapitolinische Hügel gehörte nicht zu den »Vier Regionen«. COMITIA CENTURIATA: Ihre Einrichtung wird manchmal auf die Zeit nach 450 oder um 366 v. Chr. datiert. DER AUS 300 MITGLIEDERN BESTEHENDE SENAT: Er gründete sich auf drei Stämme und *30 curiae*. ALBA LONGA: Es beherrschte seit dem 10. Jahrhundert v. Chr. die Linie der künftigen Via Appia. Alba Longa ist vielleicht nicht älter als Rom, war zunächst aber bedeutender. Seine Zerstörung wird – was manche bezweifeln – König Tullus Hostilius zugeschrieben. Die aus dieser Stadt stammenden bedeutenden Familien in Rom waren die Julier und die Tullier. OSTIA UND DER PONS SUBLICIUS: *(sublicae,* Pfähle) werden dem legendären König Ancus Marcius zugeschrieben. MASSILIA: Gegründet von dem jonischen Phonaia (Phocaea). GRIECHISCHER EINFLUSS IN LATIUM: Er zeigt sich an manchen frühen Bronzestatuetten, die kürzlich bei Gabii (Castiglione) gefunden wurden. GRIECHISCHER ALTAR DES HERAKLES *(ara maxima)*: Beschützer des Handels; im 6. Jahrhundert v. Chr. bezahlte Rom seine Einfuhren mit Salz, Bauholz und Sklaven. DER KAPITOLINISCHE TEMPEL: Die Plattform des *cappellaccio* wurde ohne Mörtel gebaut. Der Tempel hatte Säulenreihen an den Seiten, anders als die üblichen kleineren etruskischen Tempel, die Vitruvius beschrieben hat – Jupiter, Juno und Minerva (sie entsprechen den griechischen Gottheiten Zeus, Hera und Athene) wurden bereits auf dem Kapitol verehrt, Vetus auf dem Quirinal (benannt nach dem altitalischen Gott Quirinus, der mit Romulus identifiziert wurde). GEBIETSAUSWEITUNG DURCH TARQUINIUS SUPERBUS: Antium (Anzio), Ardea und wahrscheinlich Lavinium scheinen sich (zeitweilig) militärisch der Führung Roms unterstellt zu haben. Lager (der Verbündeten) gab es bei Pometia (Pomezia), Circeii (S. Felice Circeo) und Signia (Segni).

Der Untergang der Monarchie. Sturz des Superbus: Die Ursache war angeblich eine Liebesaffäre (mit einer Frau), siehe auch den Sturz des Atheners Hippias (510 v. Chr.) wegen eines Knaben. Aricia übernahm die Führung in den Bundesversammlungen bei Ferentina. Zerstörung einer etruskischen Stadt: Gegen Ende des 6. Jahrhunderts v. Chr., S. Giovenale, bei Viterbo. Porsenna: Vielleicht ein etruskischer Titel *(purthna)*. Clusium: Am Südende des Val di Chiana. Etrusker, die in Rom eingefallen waren und sich dort ansiedelten: Mastarna (von *magister*, Heerführer?) und Caele Vibenna. Schlacht von Cumae: Der syrakusische Sieger war Hiero I. Marzabotto: Im überschwemmten Flußtal des Renus (Reno); netzartiger Straßenplan. Adria: Gab seinen Namen dem Adriatischen Meer. Spina: Über einem Netz von Kanälen auf Pfählen erbaut. Etruskische Schrift in Europa: Die skandinavischen Runen im Mittelalter hatten etruskische Buchstaben zum Vorbild.

Teil II: Die Einheit von Italien und Rom

3. Kapitel: Die Einigung Italiens

Roms feindliche Nachbarn. Latiner: Um 500 v. Chr. gab es von den ursprünglich 50 oder mehr Gemeinwesen nur noch zehn oder zwölf. Lavinium: Mindestens 13 Altäre aus dem Jahr 500 v. Chr. oder etwas früher, eine jüngst entdeckte, große Anzahl Statuen aus dem 6., aber vor allem aus dem 5. und 4. Jahrhundert v. Chr., eine an Castor und Pollux gerichtete archaische, lateinische Inschrift. Lavinium entwickelte sich zunächst parallel zu den albanischen Ortschaften und erstarkte, als letztere verfielen. Tusculum: Man hat angenommen, sein Führer Octavius Mamilius sei der Schwiegersohn des Tarquinius Superbus gewesen. Vertrag mit den Latinern: (foedus Cassianum, 493 v. Chr.), von Spurius Cassius Vecellinus geschlossen. Ardea: Die Heimat des legendären italischen (rutulischen) Führers Turnus in Vergils *Aeneis*. Vielleicht war Ardea ebenso wie Lavinium zu früherer Zeit vorübergehend in römischem Besitz. Oskisch: Das Alphabet hat sich über das Etruskische aus dem chalkidischen (euböischen) Griechisch entwickelt. Volsker: Sie stammten vom Oberlauf des Liris (Garigliano) westlich des *Fucinus lacus* und zogen über die *montes lepini* gegen Rom. Sie waren der Stamm der legendären Heldin Camilla aus Vergils *Aeneis*. Antium: Eingenommen 338 v. Chr. Die dabei erbeuteten Schiffsschnäbel waren die ersten Siegestrophäen, die in Rom öffentlich ausgestellt wurden. Sie schmückten die Rednertribüne *(rostra*, Schnäbel) auf dem Forum. Latinische Kolonien: Die ältesten waren Cora (Cori, auf 501 v. Chr. datiert), Signia (Segni, 495 v. Chr.), Velitrae (Velletri, ca. 494 v. Chr.) und Norba, 492 v. Chr. Es gab 338 v. Chr. etwa 14 dieser »alten« Kolonien *(priscae Latinae coloniae)*. Der Ausdruck *colonus* (Ansiedler, Bauer), abgeleitet von *colere*, kultivieren, weist auf den landwirtschaftlichen Charakter hin. Sabiner: Sie sind wahrscheinlich im 8. Jahrhundert v. Chr. in das Tibertal hinuntergezogen. Zu ihren Städten gehörten Reate (Rieti), Cures (an der Via Salaria) und Amiternum (S. Vittorino). Fetiales: Sie wachten über die Beziehungen zu fremden Staaten; diese Götter billigten keinen Krieg, der nicht zur Verteidigung Roms oder seiner Verbündeten geführt wurde.

Der Sieg über Veii. Veii: In Rom wurde im Falle eines feindlichen Angriffs eine Flagge auf dem Ianiculum gehißt. In Veii gab es einen Tunnel, der 27 Kilometer nördlich von Rom durch einen Höhenzug zum Tiber führte, daneben einen zweiten Abkürzungsweg, der auf halber Strecke zwischen Veii und Ostia zum Fluß führte. FABIER: 485-479/77 v. Chr. ununterbrochen Konsuln gewesen; danach eine Pause von zehn Jahren. Die Fabier teilten ihre führende Stellung mit den Liciniern. SCHLACHT VON CREMERA: Die Legende berichtet Einzelheiten, die in auffallender Weise Vorkommnissen der Schlacht bei den Thermopylen zwischen Griechen und Persern gleichen (480 v. Chr.). ZENSOREN: Die Amtszeit endete mit dem *lustrum,* der Reinigung. Die *censores* wurden nach 209 n. Chr. alle fünf Jahre ernannt. Von den *consules* übernahmen sie das Recht, die Senatoren zu wählen. CAMILLUS: Er ist angeblich fünfmal *dictator,* fünfmal Militärtribun mit konsularischen Vollmachten gewesen und hat vier Triumphe gefeiert. GEBIETSERWEITERUNGEN NACH VEII: Capena und Falerii wurden annektiert; es gab vier neue ländliche Bezirke in Rom.

Der Einfall der Gallier und seine Folgen. KELTEN: Der Latène-Stil folgt dem Hallstatt-Stil um 500 v. Chr. (Ausgrabungen in der Schweiz). Die Latène-Kelten haben von Pferden gezogene Karren erfunden. GALLIER: Plünderung Roms erwähnt von Theopopos (etwa 350 v. Chr.) und Aristoteles. Weitere Überfälle in den 360er, 350er und 340er Jahren v. Chr., die die ländliche Bevölkerung in Italien veranlaßten, Rom um Hilfe zu bitten. Später wurden die Gallier in Norditalien tüchtige Landwirte. CAERE: Häfen: Pyrgi (Santa Severa), Alsium (Palo), Punicum (Santa Marinella). Überfall von Dionysios I. von Syrakus um 384 v. Chr. FEINDSCHAFT MIT VEII: Griechischer Handel mit Caere hatte sich nach 630 v. Chr. belebt, der griechische Handel mit Veii war zurückgegangen, vielleicht weil Rom einen Teil des Territoriums von Veii annektiert hatte. HOSPITIUM MIT CAERE: ca. 360 (oder 300) v. Chr. Rom hat wahrscheinlich gemeinsam mit Caere Kolonisten nach Sardinien (ca. 378/77 v. Chr.) und Korsika (357/54 v. Chr.) geschickt. SERVIANISCHE MAUER: (4. Jahrhundert v. Chr.) an der *Grotta Oscura tufa.* CIRCUS MAXIMUS: Wahrscheinlich schon zur Zeit der Könige gebaut.

Die Römer in Latium und der Campania. LATINERKOLONIEN NACH DEM GALLIEREINFALL: Nepet (Nepi) und Sutrium (Sutri) ca. 383-382 v. Chr. Offiziell waren es von den Faliskern abhängige Gebiete. TUSCULUM: Seine Konsuln in Rom waren die Mamilii, die Fulvii, die Fonteii, die Iuventii und die Porcii. PRAENESTE: Die Via Praenestina führte nach Rom; Praeneste war eine etruskisierte latinische Stadt wie Satricum (Conca), Lanuvium (Lanuvio) und Velitrae (Velletri). FORTUNA: Die »Bringerin« (von *ferre*) wurde später mit der griechischen Tyche (Schicksal) identifiziert. CAPUA: Der Zensor Cato hat die dortigen Bronzearbeiten im 2. Jahrhundert v. Chr. gepriesen. TIBUR: Am Fluß Anio (Aniene), beherrschte die Via Valeria.

Die Samniterkriege. SAMNITEN: Sie gehörten zur Völkergemeinschaft der Sabeller. DAS RECHT, EINE NEUE STAATSANGEHÖRIGKEIT ANZUNEHMEN: Zu den persönlichen Rechten gehörte auch das Recht, eine neue Staatsangehörigkeit anzunehmen, wenn man von einer Stadt in eine andere übersiedelte *(ius migrandi* oder *mutandae civitatis).* Im 3. Jahrhundert v. Chr. wurde dieses Recht eingeschränkt, um ein zu rasches Anwachsen der Bevölkerung Roms zu verhindern, im 2. Jahrhundert v. Chr. ganz abgeschafft. Die 238 v. Chr. privilegierten latinischen Kolonien waren Ardea, Circei, Nepet, Norba, Setia, Signia und Sutrium, das war die Hälfte der *priscae Latinae coloniae.* SABINER: Nach der Erhebung von 290 v. Chr. wurde ein Teil von ihnen versklavt, den übrigen gewährte man die *civitas sine suffragio.* Cales war eine der wenigen latinischen Kolonien, denen es im 3.

Jahrhundert v. Chr. erlaubt wurde, Silbermünzen zu prägen. Andere waren Suessa Aurunca (Sessa), Paestum (ehemals Posidonia), Signia und Alba Fucens (Albe). LATINISCHE KOLONIEN: COSA: Polygonale Mauern mit gekragten Toren, wie sie noch in Signia erhalten sind. OSTIA: Stadtmauer aus Tuffstein, der aus Fidenae kam. TARRACINA: Hieß bei den Volskern Anxur. SAMNITISCHE STÄMME: Caraceni, Pentri, Caudini, Hirpini. NEAPOLIS: Hat Ende des 4. Jahrhunderts v. Chr. im Namen Roms Münzen mit der griechischen Inschrift »von den Römern« herausgegeben. VIA APPIA: Wurde 244 v. Chr. bis nach Brundisium ausgebaut. Ende des 3. Jahrhunderts v. Chr. gab es sieben größere Straßen von und nach Rom. DER DRITTE SAMNITERKRIEG: Die Lukaner hatten sich an Rom gewandt. Die Samniten siegten bei Luceria 294 v. Chr. und die Römer bei Aquilonia (Lacedogna) 293 v. Chr. MANIPEL: (Manipulus, Handvoll). Die ursprüngliche Bedeutung war ein als Flagge dienendes, an einem Pfahl befestigtes Strohbündel. Ein *manipulus* bestand aus zwei Zenturien zu je 80 Mann, die jeweils in zehn Gruppen aufgeteilt waren, denen ein Zelt und ein Maultier zur Verfügung standen. GLADIATOREN: Sie wurden zunächst Samniter genannt. Später gab es auch thrakische und gallische Gladiatoren. VERTRÄGE: Mit den Völkern von Etrurien, Umbrien, Picenum, Nordapulien und mit den Marsi. Ende des 3. Jahrhunderts v. Chr. schlossen die Römer Bündnisse über verschieden lange Zeit mit anderen etruskischen Städten (anstelle von Dauerverträgen). 130 000 QUADRATKILOMETER RÖMISCHES TERRITORIUM: Dazu gehörten 26 000 Quadratkilometer römisches und 5000 Quadratkilometer latinisches Territorium. Das System war zum Teil, wenn auch nicht in allen Fällen bewußt, von demjenigen Spartas, der panhellenischen Liga, der thessalischen Liga, der aitolischen Liga und der achaiischen Liga sowie des athenischen Stadtstaates entlehnt. MÜNZWESEN: *Aes grave*, Münzen mit einem bestimmten Wert entwickelten sich aus dem *aes signatum* in Mittelitalien (gegen Ende des 4. Jahrhunderts v. Chr.). Es waren flache Metallstücke verschiedener Größe mit einer Prägung auf einer Seite. Diese Stücke hatten sich aus formlosen, ungeprägten und nur nach dem Gewicht bewerteten *aes rude* entwickelt, die im 5. Jahrhundert v. Chr. zum Teil das Vieh als Tauschobjekt ablösten.

4. Kapitel: Der Klassenkampf

Die frühe römische Republik. KONSULN: Zunächst hat es wahrscheinlich nur einen Konsul gegeben mit dem Titel *praetor maximus*. DIKTATOREN: Ihr Amt hat sich wahrscheinlich aus dem des *praetor maximus* entwickelt. Der Diktator wurde auf Vorschlag des Senats von einem Konsul ernannt, und dieser Vorschlag wurde durch ein Gesetz bestätigt. Nur wenige der ersten Diktatoren scheinen wirklich mit allumfassender Vollmacht ausgestattet gewesen zu sein. GESETZGEBUNG: Gesetzesvorschläge konnten von allen drei Verwaltungsinstitutionen (den Magistraten, dem Senat und den Versammlungen) eingebracht werden. PATRONE: Zwischen Klient und Patron war Klageerhebung und Prozeßführung ausgeschlossen.

Patrizier und Plebejer. PLEBEJER: Die angeblich plebejischen Konsuln um 500 v. Chr. sind wahrscheinlich gar keine Plebejer, sondern Patrizier gewesen. PATRIZIER: Von den 53 im 5. Jahrhundert v. Chr. vorhandenen *gentes* (Geschlechtern) werden im 4. Jahrhundert v. Chr. nur noch 29 erwähnt; um 300 v. Chr. machten sie weniger als ein Zwanzigstel der Bevölkerung aus. LANDNAHMEN: Sie gehen auf die Zeit um 486 v. Chr. zurück. Livius spricht von sieben derartigen Vorkommnissen aus der Zeit von 441 bis 410 v. Chr. Bis zur Inbesitznahme der Apenninen gab es zu wenige Sommerweiden. CERES: Der Tempel dieser Göttin stand wahrscheinlich an der Stelle, wo sich heute die Kirche S. Maria in Cosmedin befindet. Den Kult versahen zwei plebejische Ädilen, Mitarbeiter der Volkstribunen. TYRANNEN: Nach der Überlieferung haben in den Jahren 478, 431 und 376 v. Chr. Tyrannen versucht, die Macht in Rom an sich zu reißen. HANDEL MIT GRIECHENLAND: In den Jahren 450-400 v. Chr. ist der Handel zwischen Athen und Rom stark zurückgegangen. APOLLO: Etwa 431 v. Chr. entstand auf den *prata Flaminia* an der Stelle, wo bisher ein ähnliches Heiligtum (Apollinare) gestanden hatte, ein Apollotempel. EPIDEMIEN: Milzbrand? ERNÄHRUNG: In den Jahren 508-411 v. Chr. ist es fünfmal zu schlechten Getreideernten gekommen. Etwa im 4. Jahrhundert v. Chr. wurde der minderwertige Emmerweizen zum Teil durch den neugezüchteten, besseren Brotweizen abgelöst. Der Anbau von Wein und Oliven war von den Griechen übernommen worden. Da der Anbau am Anfang schwierig war, ging die Entwicklung nur langsam voran. VERSCHULDUNG: Es gab ähnliche Schwierigkeiten wie in Griechenland im 4. Jahrhundert v. Chr. SEZESSIONEN: In den Jahren 494, 449, 448, 342 und 287 v. Chr. 494 v. Chr. ist es Menenius Agrippa angeblich gelungen, die Plebejer zu beschwichtigen. EID DER PLEBEJER: *Lex Sacrata*. Daher wahrscheinlich die falsche Überlieferung von einer Sezession auf den mons Sacer (am anderen Ufer des Anio). VOLKSTRIBUNEN: *(Tribuni plebis)* ursprünglich zwei, vier oder fünf; 449 v. Chr. waren es zehn. CONCILIUM PLEBIS: Nach ca. 287 v. Chr. unter der Bezeichnung *comitia plebis tributa* bekannt. In Anlehnung daran wurde die *comitia populi tributa* gegründet. Sie wählte die Quästoren, die *aediles curules* usw. PLEBISCITA: ca. 449 v. Chr. (?). In Zukunft betrachtete man alle Maßnahmen, die vorher von den patrizischen Senatoren sanktioniert worden waren *(patrum auctoritas)*, als allgemein bindend. Bedingungslose Anerkennung nach 339 v. Chr. (?) und/oder 287 v. Chr.

Das Zwölftafelgesetz (tabulae duodecim). DECEMVIRN: Die Namen der ersten *decemviri* scheinen bis auf einen authentisch zu sein, nicht aber die der zweiten (zu denen auch einige Plebejer gehörten). ZWÖLFTAFELGESETZ: Nach der Überlieferung haben die ersten Decemvirn zehn solcher Gesetze erlassen. Die zweiten Decemvirn fügten zwei weitere hinzu. Ein Einspruchsrecht *(provocatio)*, das nicht unbedingt zum Prozeß führen mußte, hat es vielleicht schon zur Zeit des Zwölftafelgesetzes gegeben.

Soziale Entspannung. GESETZE VON 449 V. CHR.: *Leges Valeriae Horatiae.* MASSNAHMEN VON 447 V. CHR.: Die beiden Quästoren (untergeordnete Finanzbeamte), die bis dahin von den Konsuln ernannt worden waren, wurden nun vom *concilium plebis* gewählt. Als 421 v. Chr. Plebejer zugelassen wurden, kamen zwei hinzu. Es ist oft nicht sicher, ob besondere, überlieferte »Maßnahmen« von den Patriziern als gesetzkräftig oder von den Plebejern nur als rechtsverbindlich angesehen wurden. CONCORDIA: Der Tempel des Camillus lag am Fuße des Kapitols in der Nähe des Forums. AQUA APPIA: Folgte dem Anio Vetus aus den Sabinerbergen; von kurzen Brücken überwölbt, wurde das Wasser zum Teil unterirdisch weitergeleitet. CNAEUS FLAVIUS: 304 v. Chr. kurulischer Ädil. NEUER ADEL: Seine Vormachtstellung wurde durch die Fabii Maximi gehalten, die den Senat Anfang des 3. Jahrhunderts v. Chr. beherrschten.

Teil III: Rom gegen Karthago

5. Kapitel: Die ersten Kriege gegen außeritalische Mächte

Der Einfall des Pyrrhos. TARENT: Erlebte seine Blütezeit Anfang des 4. Jahrhunderts v. Chr. unter dem Philosophen und Gelehrten Archytas. Der Versuch Tarents, im zweiten Samniterkrieg (ca. 314 v. Chr.) zu vermitteln, wurde von Rom abgelehnt. VENUSIA: Am Oberlauf des Aufidus (Ofanto); wahrscheinlich 6000 Siedler. Um die gleiche Zeit eine latinische Kolonie in Hadria oder Hatria und eine römische Kolonie in Sena Gallica wenige Jahre später. THURII: Ehemals Sybaris. GRIECHISCHE UNTERSTÜTZUNG TARENTS ENDE DES 4. JAHRHUNDERTS V. CHR.: Archidamos II. von Sparta, Alexander I. von Epeiros, Kleonymos von Sparta. PYRRHOS: Hauptstadt Ambrakia (Arta); vollendete die Hellenisierung von Epeiros. Zu seiner Armee gehörten 3000 thessalische Reiter und 2000 Bogenschützen. BENEVENTUM: Bis es 268 v. Chr., zur gleichen Zeit wie Ariminum (Rimini), latinische Kolonie wurde, hieß es Malventum. B. und A. waren die beiden am weitesten von Rom entfernten Kolonien. Diese Gründungen teilten Samnium in zwei Hälften. ÄGYPTEN: 273 v. Chr. schloß Rom einen Vertrag mit Ptolemaios II. Um 306 v. Chr. hatte Rom bereits einen Vertrag mit Rhodos geschlossen. SILBERMÜNZEN: Die Drachmen mit der Inschrift ROMANO sind 280 v. Chr. in einer süditalienischen Münzanstalt geprägt worden. Um 269 v. Chr. in Rom geprägte Münzen zeigen einen Wolf und Zwillinge. KARTHAGO: Im 4. Jahrhundert v. Chr. hatte die Stadt 400 000-500 000 Einwohner. Rom hatte zur gleichen Zeit 100 000-150 000 und Tarent 200 000. DAS KARTHAGISCHE SIZILIEN: Anfang des 7. Jahrhunderts v. Chr. wurde Panormos gegründet. Der wichtigste Hafen war Motyka bei Lilybaion (Marsala). DAS KARTHAGISCHE SARDINIEN: Neuere Ausgrabungen (z.B. am Monte Sirai) beweisen seine Bedeutung um 600 v. Chr. Der Haupthafen Nora war viel älter. KORSIKA: Um 535 v. Chr. erlitten die Griechen vor Alalia eine Niederlage. Korsika wurde anschließend von den Etruskern und später von den Karthagern beherrscht. WESTAFRIKA: Z.B. Erforschung durch Hanno vor 480 v. Chr. LANDWIRTSCHAFTLICHE SCHRIFTEN: Ein aus 32 Büchern bestehendes Werk des Mago, übersetzt auf Anordnung des römischen Senats gegen Ende des 2. Jahrhunderts v. Chr. KARTHAGER IN ROM: Vielleicht ist der Altar des Herkules (*ara maxima*) neben dem Tiber nicht nur auf Grund griechischer, sondern auch karthagischer Bedürfnisse errichtet worden, denn Herkules wurde mit der semitischen Gottheit Melkart identifiziert. VERTRÄGE MIT ROM: Es gibt eine Theorie, nach der der erste Vertrag mit den Etruskern und nicht mit den Römern geschlossen wurde. MESSANA: Wurde seit 283 v. Chr. von den Mamertini (Männer des Mars) beherrscht, Söldnern des Syrakusers Agathokles. RÖMISCHE KRIEGSFLOTTEN: Um 311 v. Chr. eine Flottille; 267 v. Chr. waren vier *quaestores Italici* (in Ostia usw.) für die Flotte verantwortlich.

Der Erste Punische Krieg. DER KRIEG: 262 v. Chr. nahm Rom Segesta und Agrigentum (Agrigento), ein Wendepunkt in der Geschichte dieser Städte. QUINQUEREMES: Sie waren besser als die veralteten *triremes*, die zwar von weniger Ruderern bemannt waren, aber alle eine sorgfältige Ausbildung als Seeleute haben mußten. Man hat auf dem Meeresgrund vor Lilybaion (Marsala) zwei karthagische Kriegsschiffe gefunden, von denen eines offenbar aus dem Ersten Punischen Krieg stammt. REGULUS: Nach der Legende war er nicht bereit, dem römischen Senat einen Friedensschluß zu empfehlen, sondern ging freiwillig zurück, um dann von den Karthagern gefoltert und getötet zu werden. LETZTE PHASE: Der junge Hamilkar Barkas (248-242 v. Chr.) errang für die Karthager, obwohl er schlecht von ihnen versorgt wurde, beachtliche Erfolge. SCHIFFSBUG: Auf Bronzemünzen aus der Zeit um 240-235 v. Chr. FRIEDENSVERTRAG: Daß den Karthagern der Zugang zu italischen Gewässern verwehrt wurde, nützte den griechischen Städten in Süditalien. PROVINZ SIZILIEN: In Syrakus und Lilybaion wurden Quästoren eingesetzt. INDIREKTE STEUERN: Sie wurden von den Städten besonders auf Einfuhren und Ausfuhren erhoben. DER SÖLDNERKRIEG (KRIEG OHNE WAFFENSTILLSTAND): Er begann in Sicca Veneria (El Kef). Libysche Phönizier und Numidier nahmen daran teil. Hanno der Große und die Latifundienbesitzer hatten ihre Versprechen nicht eingehalten.

6. Kapitel: Die römische Welt verändert sich

Eine Periode der Neuerungen. GLADIATOREN: 358 v. Chr. wurden 307 römische Gefangene in Tarquinii als Menschenopfer geschlachtet. Capua (S. Maria di Capua vetere) und Puteoli (Pozzuoli, das ehemalige Dikaiarcheia) in der Campania besaßen bis zum Bau des Kolosseums die größten Amphitheater. GRIECHISCHE KUNSTWERKE: Sie wurden zum ersten Mal im Triumphzug des Lucius Papirius Cursor, des Eroberers von Tarent, im Jahr 272 v. Chr. gezeigt. Manius Valerius Messalla zeigte 264 v. Chr. ein Gemälde, das seine Siege auf Sizilien darstellte. LIVIUS ANDRONIKOS: Nach seiner Freilassung nahm er, wie damals üblich, den Namen seines ehemaligen Besitzers an. Ulysses (Odysseus) war lange Zeit als ein italischer Held angesehen worden. Livius war wahrscheinlich der erste Schulmeister Roms. Zu den *ludi Romani* kamen die *ludi Scaenici* hinzu (240 v. Chr.). Man nahm an, daß die religiösen *ludi Tarentini*, die späteren *ludi Saeculares*, 248 (oder 249) v. Chr. eingeführt worden sind. Mit ihnen wurde die Stadt in bestimmten Zeitabständen (oft nach jeweils 100 Jahren) durch Riten gereinigt, die den Göttern der Unterwelt galten. JURISTISCHE LITERATUR: Ihr Begründer in Rom war Sextus Aelius Paetus Catus (Konsul, 198 v. Chr.).
Die Herausforderung des Flaminius. DER RAT DER PLEBEJER (CONCILIUM PLEBIS, CONCILIA PLEBIS TRIBUTA): Gründete sich 241 v. Chr. auf 35 Bezirke. GALLIER: Der *ager Gallicus* wurde um 283 v. Chr. annektiert, nachdem die Römer bei Arretium (Arezzo) 284 v. Chr. besiegt worden waren. 225 v. Chr. Einfall der Boi, Lingones, Insubres, Taurini und Gaesati.

7. Kapitel: Der Vorstoß Hannibals nach Italien

Die Karthager in Spanien. HAMILKAR BARKAS: Er hatte das Bergmassiv Heirkte hinter Panormos [(Palermo) Monte Pellegrino oder Monte Castellacio)] als Basis für seine Angriffe im Ersten Punischen Krieg in Besitz genommen und sich gemeinsam mit seinem politischen Gegner, Hanno dem Großen, an der Beendigung des Söldnerkrieges beteiligt. Er ertrank im Fluß Helike in Spanien. CAR-

THAGO NOVA: früher Mastia. SAGUNTUM: Vielleicht schon vor 226 v. Chr. als römischer Bundesgenosse anerkannt. DER VERTRAG AM EBRO: Vielleicht hat die Bedrohung der Heimat durch die Gallier Rom veranlaßt, auf die Bedingungen dieses Vertrages einzugehen.

Die Siege Hannibals. DIE EINWOHNERZAHL IM RÖMISCHEN STAAT 218 V. CHR.: Von der Gesamtbevölkerung Italiens von insgesamt 3 Millionen mit 2 Millionen Sklaven (?) und 1 400 000 Bewohnern Gallia Cisalpinas waren etwa 270 000 bis 300 000 erwachsene Römer und 640 000 männliche Verbündete. ALPEN: Hannibal hat sie irgendwo zwischen dem kleinen St. Bernhard und dem Mont Genèvre überschritten (wahrscheinlich über einen Paß des Mont Cenis oder der Genèvre-Gruppe). Alle seine 37 Elefanten scheinen den Marsch über die Alpen überlebt zu haben, haben dann aber nicht mehr lange durchgehalten. PLACENTIA: 217 v. Chr. wurden elf Legionen ins Feld geführt, darunter vier, die die Straße nach Rom blockieren sollten. Hannibal überschritt den Collina-Paß und marschierte dann zwischen Pistoria und Faesulae weiter. FABIUS MAXIMUS: Er war schon einmal, 221 v. Chr., Diktator. 217 v. Chr. wurde er von Hannibal überlistet, dem es gelang, von der Campania nach Apulien vorzustoßen. CANNAE: Am Südufer des Aufidus (Ofanto). Die Konsuln waren Lucius Aemilius Paullus und Gaius Terentius Varro (215 v. Chr.) Es wurden 25 Legionen aufgestellt. CAPUA: Die Stadt rebellierte und gab zusammen mit den von ihr abhängigen Städten Atella (Aversa) und Calatia (S. Giacomo alle Gallazze) eigene Münzen heraus, die Inschriften in der italisch-oskischen Sprache trugen. SYRAKUS: Durch einen spanischen Offizier an Marcus Claudius Marcellus, das »Schwert Roms«, verraten. Die Stadt wurde trotz der Fähigkeiten des großen Mathematikers Archimedes, der wirkungsvolle Kriegsmaschinen erfand und bauen ließ, erstürmt und eingenommen. TARENT: Durch Verrat von Hannibal genommen (die Zitadelle blieb in römischen Händen). Nach der Zurückeroberung durch die Römer geplündert. MÜNZEN: Es gab auch kleinere Einheiten als die eines Denars.

Die Scipionen in Spanien. DIE BEIDEN MÄNNER MIT NAMEN CORNELIUS SCIPIO (VATER UND ONKEL DES SCIPIO AFRICANUS): Publius, dem es nicht gelang, Hannibal am Abzug aus Spanien zu hindern, wurde bei Ticinum und Trebiae besiegt. Er kehrte 217 v. Chr. nach Spanien zurück. Cnaeus wurde 218 v. Chr. nach Spanien entsandt, wo er im folgenden Jahr vor der Ebromündung einen Seesieg errang. Die Brüder besiegten Hasdrubal Barkas bei Ibera am Ebro 215 v. Chr., 211 v. Chr. fiel Publius am Oberlauf des Baetis (Guadalquivir). Cnaeus fiel bei Ilorci in der Nähe von Carthago Nova. PUBLIUS SCIPIO DER JÜNGERE (DER SOHN DES PUBLIUS, DER SPÄTERE AFRICANUS): Er war der erste Bürger, der mit prokonsularischer Gewalt (imperium) ausgestattet wurde. STEUERN IN SPANIEN: Münzanstalten für die Herstellung von Silbermünzen entstanden in Osca (Huesca) usw. SPANISCHE HILFSTRUPPEN: Zu ihnen gehörten berittene Schleuderer von den Balearen. ITALICA: Der Fluß Baetis war auf 140 Meilen für Seeschiffe schiffbar und konnte bis zur Ebene von Corduba mit kleineren Schiffen befahren werden. REBELLIERENDE LATINISCHE KOLONIEN: Zu ihnen gehörten Ardea, Cales und Alba Fucens. Sie wurden 204 v. Chr. durch eine Verdoppelung der Steuern bestraft. Die Landwirtschaft in Italien war so erschöpft, daß Weizen aus Ägypten eingeführt werden mußte (208-207 v. Chr.).

Der Triumph des Scipio Africanus. SCIPIO IN AFRIKA: Sein erster Sieg in der großen Ebene Campi Magni (bei Souk el Kremis am Oberlauf des Bagradas -

Medjerda). ZAMA (REGIA): Hier ist es wahrscheinlich in der Ebene Draa-el-Metnan (südwestlich von Sicca Veneria) zur Schlacht gekommen. PORTRÄTKUNST: Man hat etruskische Porträtbüsten in Clusium und Caere gefunden. Nach dem 3. Jahrhundert v. Chr. gewannen hellenistische griechische Porträts allmählich an Bedeutung.

Teil IV: Die Republik als Weltreich

8. Kapitel: »Mare nostrum«

Der Untergang der griechischen Königreiche. ALEXANDER DER GROSSE: Sohn Philipps II. (359-336 v. Chr.). Die Nachfolgestaaten der hellenistischen Diadochen Alexanders wurden nach ihren Monarchen benannt. Das waren Antigonos I., Seleukos I. Nikator und Ptolemaios I. Soter (der Begründer der Dynastie der Lagiden). ILLYRER: Sie nahmen Scodra (Shkodër) und Lissos (Les, um 260 v. Chr.), Korkyra (Korfu, 229 v. Chr.). RÖMISCHES PROTEKTORAT: Apollonia (Pojani; reicher, strategisch bedeutender alter Hafen in der Bucht von Valona) und Dyrrhachion (ehemals Epidamnos, Durazzo, Durrës, 229 v. Chr.). MAKEDONIEN: Hatte fast ganz Griechenland durch den Achäischen Bund und die Eroberung Spartas 222 v. Chr. vereinigt. FRIEDE MIT PHILIPP V. (205 v. Chr.): Friede von Phoinike. ÄTOLISCHER BUND: Protektorat über Delphi im 3. Jahrhundert v. Chr. Der Ätol. Bund schloß 206 v. Chr. mit Philipp Frieden, weil Rom den Ätol. B. nicht genügend unterstützt hatte. ANTIOCHOS III.: Erwarb Armenien und unterwarf Parthia und Baktria als Vasallenreiche, überquerte den Persischen Golf und drang 212-206 v. Chr. im Kabultal ein. RHODOS UND PERGAMON: Besiegten Philipp V. in einer Seeschlacht vor Chios (201 v. Chr.). FESTUNGEN PHILIPPS V.: Demetrias (bei Volos), Chalkis, Korinth. KYNOSKEPHALAI: 3000 Makedonier wurden getötet, 5000 gefangengenommen. Philipp, der nur über eine schwache Kavallerie verfügte, konnte seine Infanterie nicht an der Flanke schützen. FLAMININUS: War 205-204 v. Chr. in Tarent und hatte dort die Gunst der Griechen erworben. HANNIBAL: Um 196 v. Chr. leitender Beamter (sufete) in Karthago; hat am Hof des Antiochos angeblich einen neuen Zug gegen Italien geplant. MAGNESIA: Der römische Heerführer war Lucius Cornelius Scipio (der den Namen Asiaticus annahm). Antiochos hatte den 30 000 Römern 75 000 Mann entgegenzustellen. Dem römischen Sieg ging ein Seesieg bei Myonnesos voraus. Der Friede von Apamea in Phrygien (Dinar, 188 v. Chr.) wurde von Cnaeus Manlius Vulso geschlossen, nachdem er die Galater (Abkommen gallischer Einwanderer) in der Mitte Kleinasiens unterworfen hatte. Der anschließende Untergang der Seleukiden hatte die unabhängige Entwicklung von Pontos, Armenien, Thrakien und Judaea zur Folge. PERSEUS: Dritter Makedonischer Krieg. Es gelang den Römern nicht, ihn 171 und 170 v. Chr. aus Tempe zu vertreiben, wohl aber im Jahr 169 v. Chr. Zwei Jahre nach Pydna starb er in Alba Fucens. EPEIROS: Wurde von den Römern überfallen, weil Epeiros ihnen nicht wirksam geholfen hatte. Bei diesem Überfall machten die Römer viele Gefangene, die sie in die Sklaverei führten. REPUBLIKEN IN MAKEDONIEN: Die Grundsteuer wurde auf die Hälfte reduziert. Selbständige Unternehmer, die mit dem Staat Verträge geschlossen hatten, betrieben Eisen- und Kupferminen. Zehn Jahre später wurden Gold- und Silberbergwerke wieder in

Betrieb genommen. Auch Illyrien wurde in drei Republiken aufgeteilt.

Roms imperialistische Politik. Rhodos nach Pydna: Der Bruder von Eumenes II. war Attalos II. Philadelphos (160-138 v. Chr.). Delos: Auch für Delos sollte die Zerstörung Korinths 146 v. Chr. vorteilhaft sein. Achaischer Bund: Hatte sich 198 v. Chr. mit Rom verbündet, aber die Beziehungen waren oft gespannt. Spanien: Die Landverbindung mit Italien wurde durch die Kultivierung der Poniederung gesichert, 200-150 v. Chr. Keltiberer: Durch Verschmelzung der iberischen Bevölkerung mit den keltischen Einwanderern Bildung einer großen Völkergemeinschaft. Vater der Gracchen: Tiberius Sempronius Gracchus, gründete die Stadt Gracchuris am Ebro (179 v. Chr.). Carteia (El Rocadillo): Erste für Soldatensöhne außerhalb Italiens gegründete römische Kolonie (171 v. Chr.). Viriathus: Sein endgültiges Lager befand sich nordwestlich von Toletum bei den Carpetanern. Seine Soldaten wurden 138 v. Chr. in Valentia angesiedelt. Numantia: Dort wurden von Scipio Aemilianus, der 134 v. Chr. auf Grund eines Sondergesetzes zum Konsul ernannt worden war, sieben Militärlager eingerichtet, die er mit einem acht Kilometer langen, doppelten Ringwall umschloß. Eine rote Schicht aus verbranntem Material zeigt, daß die Stadt niedergebrannt worden ist. Das befriedete Spanien: Um 120 v. Chr. eine große, strategisch wichtige Straße von den Pyrenäen bis nach Gibraltar gebaut. Das Straßennetz in Spanien war nicht strahlenförmig angelegt, sondern verlief der Küste entlang. Andriskos: Vierter makedonischer Krieg. A. überrannte Thessalien und wurde in Thrakien gefangengenommen. Provinz Makedonia: Dazu gehörten Epeiros und Thessalia. Mit thrakischen Häuptlingen wurden Bündnisse geschlossen. Via Egnatia: Führte von Apollonia nach Thessalonike (Saloniki), 130 v. Chr. in Kleinasien weiter ausgebaut. Karthago: 191 v. Chr. bot es die sofortige Zahlung von 40 Raten des vereinbarten Tributs an und lieferte Rom große Mengen Getreide für die Streitkräfte im Osten. Massinissa: Sein Reich erstreckte sich von Mauretanien bis zur Cyrenaika. Rom bot ihm in den 160er und 150er Jahren v. Chr. Vergünstigungen an, was ihn aber nicht an der weiteren Verfolgung seiner Pläne hinderte. Im Dritten Punischen Krieg hat man M. nicht mehr beachtet, er starb 148 v. Chr. Cato und Karthago: Sein Gegner war Publius Scipio Nasica Corculum, der es als für die Moral dienlich ansah, einen Feind zu haben, den man fürchten mußte. Dritter punischer Krieg: Zunächst kapitulierte Karthago und übergab den Römern Geiseln und Kriegsmaterial. Als die Karthager jedoch erfuhren, daß die Stadt zerstört werden sollte, kämpften sie weiter. Provinz Africa: 12 950 Quadratkilometer mit der Hauptstadt Utica, die sich den Römern angeschlossen hatte. Sieben Städte blieben »frei«. 326 v. Chr. kam der erste Statthalter auf Grund der Verlängerung der Amtsgewalt *(prorogatio)* über ein Jahr hinaus nach Africa. Die Prorogatio war damals schon allgemeine Praxis.

9. Kapitel: Die neue Gesellschaft

Senat und Adel an der Spitze des Staates. Neue Männer als Konsuln: Von 264-134 v. Chr. waren es 16 von 262, von 200-146 v. Chr. waren es 8 von 108. Von den 200 Konsuln, die 233-133 v. Chr. im Amt waren, kamen 99 aus zehn Adelsfamilien bzw. 159 aus 15 Adelsfamilien. Altersgrenzen (Minimum) für Staatsbeamte: *Lex Villia annalis* (180 v. Chr.). Dieses Gesetz schrieb wahrscheinlich auch eine zweijährige Amtspause für höhere Beamte vor. NEUE KULTE: Aesculapius (Asklepios) aus Epidauros nach der Pestepidemie 292 v. Chr., Venus Erykina aus Eryx (Erice) auf Sizilien 215 v. Chr. und Kybele aus Kleinasien 205/204 v. Chr.; 139 v. Chr. wurde der jüdische Kult vom *praetor peregrinus* verboten.

Die Entstehung einer römischen Kultur. TRAGÖDIE: Über die römische Geschichte und Legende: *fabula praetextata*. KOMÖDIE: Sie verdankte manches den rudimentären italischen Singspielen und dramatischen Skizzen der Vergangenheit. Die Komödien des Naevius waren vor allem *palliatae* (Bearbeitungen neuerer griechischer Komödien), aber auch *togatae* (Stücke über römische Themen). Schon vor 200 v. Chr. wurden in Rom Possen aufgeführt. SKLAVEN: 217 v. Chr. wurden die Saturnalien hellenisiert, dabei tauschten die Sklaven vorübergehend die Rollen mit ihren Herren. ENNIUS: Rudiae wurde von Tarent und Brundisium griechisch bzw. lateinisch beeinflußt. Ennius wurde 204 v. Chr. von Cato d. Ä. aus Sardinien in die Heimat zurückgeholt und hielt sich mit Marcus Fulvius Nobilior in Ätolien auf (189 v. Chr.). Die Annalen sind in daktylischen Hexametern verfaßt. Von seinen Satiren, die in vier oder sechs Büchern vorgelegen haben, besitzen wir heute noch 31 Zeilen. SCIPIO AFRICANUS: Nach den obskuren Gerichtsverfahren gegen die Scipionen (137, 184 v. Chr. ?), bei denen es um den Mißbrauch öffentlicher Gelder ging, zog sich Africanus krank auf sein Landgut nach Liternum (nördlich von Cumae) in die Campania zurück, wo er sehr bald starb. PERSONENKULT: Nach dem 2. Jahrhundert v. Chr. durften Staatsbeamte Statuen von sich auf öffentlichen Plätzen aufstellen lassen. Delos wurde ein bedeutendes Zentrum griechischer Bildhauerkunst und hat Rom beeinflußt. CATO DER ÄLTERE: Wurde von der Familie der Valerii gefördert. Sie waren Gegner der Scipionen. GEGEN DIE GLEICHBERECHTIGUNG DER FRAUEN: *Lex Voconia* (164 v. Chr.). 195 v. Chr. hatte sich Cato gegen die Abschaffung der im Kriege erlassenen *lex Oppia* (215 v. Chr.) gewandt, die den Frauen bestimmte Vorschriften im Hinblick auf Kleidung und Schmuck machte. 102 v. Chr. wurde die erste öffentliche Beisetzungsfeier für eine Frau abgehalten. RÖMISCHE GESCHICHTSSCHREIBUNG IN GRIECHISCHER SPRACHE: Quintus Fabius Pictor, Lucius Cincius Alimentus (beide haben am Zweiten Punischen Krieg teilgenommen). BILDUNGSWESEN: Nach dem Zweiten Punischen Krieg wurden höhere Schulen eingerichtet, in denen sogenannte *grammatici* unterrichteten. SCIPIO AEMILIANUS: Zu seinen Vertrauten gehörten Panaetius von Rhodos (um 185-109 v. Chr.), der in ganz neuer Weise den Wert des menschlichen Individuums betonte und im übrigen dazu beigetragen hat, daß der Stoizismus in das öffentliche Leben Roms einging, und Polybios aus Megalopolis (um 200 bis nach 118 v. Chr.), der eine Geschichte Roms in griechischer Sprache verfaßte. KOMÖDIE: Caecilius Statius, ein aus Gallien stammender ehemaliger Sklave (ein Insubrer, gest. 168 v. Chr.), galt im folgenden Jahrhundert als bedeutendster lateinischer Komödiendichter.

Wohlstand und Bauwesen. LUXUS: Der Lebensstil wurde luxuriöser, als die Öffentlichkeit die Beutestücke in der *ovatio* (kleiner Triumph) des Marcus Claudius Marcellus (211 v. Chr.) und den Siegesfeiern des Cnaeus Manlius Vulso (187 v. Chr.) sowie des Lucius Aemilius Paullus Macedonicus, des Siegers von Pydna, gesehen hatte. Gegen Ende des 3. Jahrhunderts v. Chr. wurden viele griechische Kunstwerke nach Rom gebracht (im Osten wurden den römischen Siegern göttliche Ehren erwiesen) und nach der Zerstörung Korinths (146

v. Chr.) viele griechische Plastiken nach Rom verschleppt. Steuern: In den 180er Jahren v. Chr. sind wahrscheinlich oft unregelmäßig direkte Steuern *(tributum)* erhoben worden. Die Bewohner Italiens mußten auch indirekte Steuern *(vectigalia)* zahlen. Dazu gehörten die Pacht für Staatsland, Bergwerke und Salzpfannen, eine fünfprozentige Steuer für die Befreiung von Sklaven und die Zölle *(portoria)*. Puteoli (ehemals Dikaiarcheia und h. Pozzuoli), das im Zweiten Punischen Krieg stark gewachsen war und 194 v. Chr. römische Kolonie wurde, war eine wichtige Zollstation und ein bedeutender Hafen. Basiliken: Sie waren oft mit Galerien, *exedrae*, und Fenstergeschossen versehen. Die ersten Basiliken entstanden in Rom in den Jahren 184, 179 und 170 v. Chr. Man nimmt heute an, daß sie sich aus den Säulenhallen der hellenistischen Architektur entwickelt haben. Torbögen in Rom: Die frühesten wurden von Lucius Stertinius (196 v. Chr.) auf dem Circus Maximus und dem Forum Boarium (Viehmarkt) errichtet; es folgten andere in den Jahren 190 und 120 v. Chr. Der älteste noch heute erhaltene Torbogen in Italien steht in Cosa (Ansedonia, um 150 v. Chr.) und hat drei Öffnungen. Die zur Kaiserzeit in Rom errichteten Triumphbögen sind die des Titus, des Septimius Severus und des Konstantin. Verwendung von Mörtel beim Tempelbau: Concordia, 121 v. Chr.; Castor und Pollux, 117 v. Chr. Aqua Marcia: Diese Wasserleitung wurde von dem Prätor Quintus Marcius Rex gebaut, der auch ältere Aquädukte reparieren ließ, und begann im oberen Aniotal. Strassen: Die Via Aemilia (187 v. Chr.) führte die Via Flaminia fort, die in Ariminum (Rimini) begann und nach Placentia (Piacenza) führte. Brücken: Nach dem Pons Aemilius wurde der Pons Mulvius (Ponte Milvio) im Verlauf der Via Flaminia gebaut (109 v. Chr.). Wandverkleidungen aus Stein: Marmorverkleidungen sind wahrscheinlich zum ersten Mal am Tempel des Iupiter Stator angebracht worden (149 v. Chr.). Häuser in Pompeji: Die italische (samnitische) Phase wird auf das 4. Jahrhundert v. Chr. datiert (z. B. das Haus des Arztes). Mitte des 3. Jahrhunderts v. Chr. wurde sie von der griechisch-hellenistischen Phase abgelöst. Einlegearbeiten als Wandschmuck (Inkrustation): Von *crusta*, Marmorplatte; die ältesten Beispiele finden wir aus der Zeit um 100 v. Chr. in Pompeji und Cosa.

Landwirtschaft und Sklaverei. Kleinbauern: Sie fanden Süditalien zur Besiedlung ungeeignet (mit Ausnahme der von Griechen besiedelten Südküste). Kleine Bauernhöfe aus der Zeit um 120 v. Chr. finden sich allerdings in Apulien und vornehmlich im Gebirge, in der Campania und in der Po-Ebene. Malaria: Kam besonders in Maremma und den Pontinischen Sümpfen vor, wahrscheinlich ist sie im Zweiten Punischen Krieg von karthagischen Soldaten eingeschleppt worden. Entlohnung der Soldaten: Um 170-122 v. Chr. bekamen sie fünf *asse* täglich, und von dieser Summe wurde ein Teil für die Verpflegung, die Kleidung und die Bewaffnung abgezogen. Beschränkung des Landbesitzes: *Leges Liciniae Sextiae* (366 v. Chr.). Getreide: Die ärmere Bevölkerung ernährte sich von grobem Vollkornbrot oder Grütze aus grobem Mehl und Wasser. Campania: Es gab z. B. in Francolise bei Capua *villae rusticae* (Landhäuser mit dazugehörigen landwirtschaftlichen Betrieben), ebenso in Posta (gegen Ende des 2. Jahrhunderts v. Chr.) und in S. Rocco (Mitte des 1. Jahrhunderts v. Chr.). Diese Landhäuser sind erst kürzlich ausgegraben worden. Etrurien: Ein Bauernhaus bei S. Giovenale aus dem Ende des 2. Jahrhunderts v. Chr. wird z. Zt. ausgegraben. Konkurrenz im Getreidehandel: Die zwischen Sizilien und Nordafrika bestehende Konkurrenz machte sich vor allem auf römischem Gebiet und in einigen Küstenstädten bemerkbar. WEIN: Wurde wahrscheinlich schon um 230 v. Chr. ausgeführt, später breitete sich der Weinbau stark aus; er wird zum ersten Mal zur Amtszeit des Konsuls Gaius Opimius erwähnt (121 v. Chr.). GEMÜSEBAU: Steckrüben, Bohnen, aber auch Obst (besonders Feigen). VIEHZUCHT: Die Bewohner Italiens aßen nur selten Fleisch, davon hauptsächlich Schweinefleisch. SKLAVEN: Auf einem Gemälde aus dem 4. Jahrhundert v. Chr. wird eine Frau mit einem Sklaven aus Neapolis dargestellt. Der Erste Sklavenkrieg verursachte Unruhen in Delos, Laurion in Attika (Silberminen), in Makedonien und in Pergamon. KOLONIEN NACH 200 V. CHR.: Die Bewohner von Gallia Cisalpina wurden gezwungen, die Hälfte ihres Territoriums abzutreten. 183 v. Chr. wurden Mutina (Modena) und Parma römische Kolonien, 189 und 181 v. Chr. Bononia (ehemals Felsina, h. Bologna) und Aquileia latinische Kolonien. Aber die latinischen Kolonien verloren an Bedeutung, weil die Siedler sich nicht mehr mit dem eingeschränkten Bürgerrecht zufriedengaben. Es wurden aber auch über viele Jahre keine neuen römischen Kolonien mehr gegründet. Römische Bürger wollten die von ihnen gepachteten Anteile am *ager publicus* nicht aufgeben, um in lat. bzw. röm. Kolonien zu gehen. SCHULDNER: Wenn sie Land besaßen, dann konnte es verkauft werden, und damit gaben sie ihre Bürgerrechte auf.

Teil V: Der Untergang der Republik

10. Kapitel: Reformen und Krieg in Italien

Die Gracchen. DIE RECHTE DER VOLKSTRIBUNEN: Konfrontationen, bei denen sie gegenüber den Konsuln und dem Senat recht behielten, gab es in den Jahren 151, 149 und 138 v. Chr. Die *lex Aelia* und die *lex Fufia* (um 150? v. Chr.) gaben Beamten das Recht, sich den Beschlüssen der plebejischen Versammlungen zu widersetzen, indem sie erklärten, die Auspizien seien ungünstig *(obnuntiatio).* PROBLEME MIT DEM GRUNDBESITZ: Es gab große Flächen des *ager publicus*, die sich in den Händen unrechtmäßiger Besitzer befanden, aber diese Zustände sind durch Gerüchte übertrieben dargestellt worden. TIBERIUS GRACCHUS: Um die Zahl der freien Arbeitskräfte zu vergrößern, wandte er sich mit scharfer Kritik gegen die Sklavenarbeit. GROLL GEGEN SCIPIO AEMILIANUS: Weil Scipio den Senat aufgefordert hatte, einen Vertrag abzulehnen, den Tiberius als Quästor in Spanien 137 v. Chr. geschlossen hatte, um die Armee des Gaius Hostilius Mancinus zu retten. DIE PARTEI DES TIBERIUS: Zu seinen Anhängern gehörte sein Schwiegervater, der *princeps senatus* Appius Claudius Pulcher. Einige Senatoren haben Tiberius unterstützt, weil sie die Entsendung des Scipio Aemilianus nach Spanien mißbilligten. Für Tiberius ergriff auch der stoische Philosoph Gaius Blossius, der einer prominenten anti-römischen Familie aus Cumae angehörte, Partei. PERGAMON: Attalos III. Philometor war letzter König von Pergamon. Nach seinem Tode besuchte Eudemos Tiberius Gracchus, denn die Könige von Pergamon waren Klienten von Tiberius Gracchus' Vater. ERMORDUNG DES TIBERIUS GRACCHUS: Für den Mordanschlag war Publius Cornelius Scipio Nasica Serapio verantwortlich. AUSSCHUSS FÜR DIE LANDZUTEILUNGEN: Im 3. Jahrhundert v. Chr. war der *ager publicus* in Italien mit Ausnahme der fruchtbaren Campania vollständig verteilt. DIE KOLONIEN DES

GAIUS GRACCHUS: Wahrscheinlich sind Neptunia (Tarent) und Scolacium (Squilla-ce) an der Stiefelspitze Italiens Handelszentren gewesen. UNZUFRIEDENHEIT DER VERBÜNDETEN: Auch die Latiner hatten Grund zur Klage, denn sie verloren um 128 v. Chr. das Recht, von einer Stadt in eine andere überzusiedeln *(ius migrandi)*. Statt dessen wurde ein neues »latinisches Recht« eingeführt, nach dem örtliche Beamte *(magistratus)* römische Bürger wurden. GERICHTSHÖFE: 149 v. Chr. wurde die *quaestio de repetundis* (ständige Gerichtshöfe für Erpressungsklagen) durch die *lex Calpurnia* eingesetzt. SENATOREN DURFTEN NICHT AN DER FINANZVERWALTUNG BETEILIGT WERDEN: *Lex Claudia* (218 v. Chr.). Als Folge davon verschafften sie sich in den Provinzen Geld. DIE FRAU DES SCIPIO AEMILIANUS: Sempronia, war die Schwester der Gracchen.

Marius. MASSILIA: Nachdem Rom 200-150 v. Chr. die Po-Ebene in Besitz genom-men hatte, war die Lage in Massilia sicherer geworden. ARVERNER: Sie wurden unter ihrem Führer Bituitus von Quintus Fabius Maximus geschlagen, der auch Patron der Allobroger wurde und ihren Namen »Allobrogicus« als Beinamen führte. Die Häduer stellten sich als Gegner der Arverner auf die Seite Roms. VIA DOMITIA: Ein alter Verkehrsweg, der schon vor 124 v. Chr. ausgebaut worden war. AQUAE SEXTIAE: Römische Kolonie seit 124 v. Chr. Noch viele Jahre nach der Schlacht gab es auf dem blutgetränkten, mit Leichen übersäten Schlachtfeld reiche Ernten. CAMPI RAUDII: Marius teilte sich das Oberkommando mit Catulus. In der Schlacht sind 120 000 Germanen gefallen. ARMEEN DES MARIUS: Stehende römische Armeen waren deutlich von Verbänden zu unterscheiden, die nur kurzfristig ausgehoben worden waren. Die Soldaten des Marius (die »Maultie-re«) schleppten eine Last von 100 Pfund mit, Waffen, Verpflegung, Kochgeschirr und Pfähle für den Bau von Palisaden. DER ERMORDETE KANDIDAT: Gaius Memmius, der sich 99 v. Chr. gegen Glaucia um das Konsulat bewarb, der wiederum Saturninus unterstützte (und mit ihm starb).

Der Krieg gegen die Italiker (der Bundesgenossenkrieg, auch *bellum Marsi-cum*). ITALISCHE ANSPRÜCHE: Die 59 v. Chr. erlassene *Lex Licinia Mucia* verlangte eine Untersuchung gegenüber Fremden, die illegal das Bürgerrecht beanspruch-ten. Die L.L.M. wurde als schroffe Zurückweisung empfunden. GALLIA CISALPINA: Wahrscheinlich unter Sulla 91 oder 89 v. Chr. römische Provinz geworden.

Sulla im Osten. MITHRADATES VI: Beherrschte fast das gesamte Küstengebiet von der Donau bis zum Kaukasus, sein Gegner war König Nikomedes IV. Philopator von Bithynien (um 94 bis 74 v. Chr.). SULLA: Besiegte den Heerführer des Mithra-dates, Archelaos, bei Chaironeia und Orchomenos. Nach dem Friedensschluß trieb er den marianischen Befehlshaber Fimbria zum Selbstmord. DER ERMORDETE PRÄTOR: Sempronius Asellio (89 v. Chr.). SCHULDENGESETZGEBUNG: Damit wurden drei Viertel aller Schulden gestrichen. Das Gesetz wurde von Lucius Valerius Flaccus eingebracht, der später bei einer von Fimbria angezettelten Meuterei in Kleinasien ermordet wurde.

11. Kapitel: Reaktion und Zusammenbruch

Die Diktatur des Sulla. DER JUNGE SULLA: Schon 88 v. Chr. hatte er begonnen, Gesetze gegen den Senat und die Tribunen einzubringen. Die Zahl der Quästo-ren wurde auf 20, die der Prätoren von sechs auf acht erhöht. Unter Sullas

Einfluß wurden immer mehr Männer, die bisher Staatsämter bekleidet hatten, als Prokonsuln und Proprätoren zur Verwaltung in die Provinzen geschickt. Die Konsuln waren nicht mehr in erster Linie mit militärischen Aufgaben betraut.

Der Aufstieg des Pompeius. LEPIDUS (78 - 77 v. Chr.): Wurde von Catulus an der Milvischen Brücke besiegt. SERTORIUS: Wurde von Perperna ermordet. POMPEIUS: Sein Sohn: Strabo. Nachdem er Sulla aus Picenum mit drei Legionen zu Hilfe gekommen war, hatte er Cnaeus Papirius Carbo in Sizilien getötet und Cinnas Schwiegersohn, Cnaeus Domitius Ahenobarbus, in Nordafrika besiegt. Pompeius heiratete die Stieftochter Sullas, Emilia (gest. 80 v. Chr.), und ging eine zweite Ehe mit Mucia, einer nahen Verwandten der Metelli, ein, von der er sich 62 v. Chr. scheiden ließ. SKLAVENAUFSTAND: Der Anführer der Sklaven war neben Spartacus bis zum Jahr 72 v. Chr. der Thraker Quintus. DER FALL VERRES: Cicero besiegte den damals führenden Redner, Quintus Hortensius Hortalus, den Verteidiger des Verres. GESETZ ÜBER DAS GESCHWORENENGERICHT: *Lex Aurelia* (70 v. Chr.) verteilte die Aufgaben der Geschworenen gleichmäßig auf Senatoren, Ritter und die *tribuni aerarii*, die zu der nach dem Vermögensstand unmittelbar unter den Rittern eingestuften Klasse gehörten. KRIEGE GEGEN DIE SEERÄUBER: Marcus Antonius (102 v. Chr.), Pompeius nach der *lex Gabinia* (67 v. Chr.). 102 v. Chr. war ein kilikisches Kommando (Kilikien in Südost-Kleinasien wurde später römische Provinz) geschaffen worden, um der Seeräuberei Einhalt zu gebieten. Die diesem Kommando zur Verfügung stehenden Kräfte wurden 64 v. Chr. verstärkt. 67 v. Chr. wurde Kreta der Provinz Cyrenaica zugeordnet. KRIEGE GEGEN MITHRADATES: Der zweite dieser Kriege wurde von Murena (81 v. Chr.) geführt, der dritte von Lucullus (74 v. Chr.) und Pompeius *(lex Manilia,* 66 v. Chr.). Lucullus hatte die aus den an asiatische Städte vergebenen Krediten fälligen Zinsen verringert und den Gläubigern verboten, mehr als einen bestimmten Prozentsatz der fälligen Zahlungen einzutreiben. Pompeius hob die Steuervergünstigungen für viele Staaten im Osten auf.

Cicero. NEUE MÄNNER: Der letzte *homo novus* war 94 v. Chr. Konsul geworden. BANKROTTER ADEL: Die Bewerber um das Konsulat standen in scharfer Konkurrenz untereinander und mußten, wenn sie Erfolg haben wollten, viel Geld ausgeben, denn nur zwei der 20 in jedem Jahr amtierenden Quästoren konnten Konsul werden. PISTORIA: Die Schlacht wurde von Marcus Petreius gewonnen; Ciceros Mitkonsul Gaius Antonius Hybrida war angeblich krank und blieb in seinem Zelt. EIN FALL, DER NACH DEN BESTIMMUNGEN DER NOTSTANDSVERORDNUNGEN BEHANDELT WURDE: Gerichtsverfahren gegen Gaius Rabirius (63 v. Chr.). HÄUSER IM 1. JAHRHUNDERT V. CHR.: Charakteristisch für die Wandmalereien jener Zeit (sog. »zweiter Stil«) sind illusionistische architektonische Ansichten wie z. B. auf einem Wandgemälde in einer kürzlich entdeckten Villa in Oplontis (Torre Annunziata). CICEROS BILDUNGSGANG: Studierte in Rom, Athen und auf Rhodos Philosophie und Rhetorik. Rhetorenschulen (Hochschulen) waren Anfang des 1. Jahrhunderts v. Chr. in Rom gegründet worden. RECHT: Quintus Mucius Scaevola Pontifex (gest. 82 v. Chr.) hat die erste systematische Abhandlung über das bürgerliche Recht veröffentlicht. PHILOSOPHIE: Zeno stammte aus Citium auf Zypern. Cicero folgte den Auffassungen des Spätstoikers Posidonius aus Apamea in Syrien (geb. um 135, gest. um 50 v. Chr.), daß die Philosophie die Mutter der Künste sei, und unterstützte die Lehrmeinung der neuen Akademie in Athen (die ihren Ursprung auf die Akademie Platons zurückführte), daß jede Dogmatik vermieden werden müsse. Die von Pompeius geschaffene Neuordnung: Sie ist von dem Historiker Macer ausführlich behandelt worden, der sich als Volkstribun 73 v. Chr. besonders für die Rechte des Volkes einsetzte. Cicero hat dieses Konzept erweitert, besonders durch die Betonung der moralischen Verantwortung der Staatsführung und dadurch, daß er den Einfluß gemäßigter Kräfte in den Landstädten stärkte *(consensus Italiae).*

Die politische Entwicklung bis zum ersten Triumvirat. Intrigen um die Bodenreform (63 v. Chr.): Cicero widersetzte sich einem umfassenden Gesetz zur Agrarreform des Rullus, das vielleicht gegen Pompeius gerichtet war. Die Veteranen verlangten eine neue *lex Valeria,* wie sie 86 v. Chr. in Kraft getreten war und die allgemeine Schuldenlast um drei Viertel verringert hatte. Getreidezuteilungen durch Cato: 62 v. Chr.; s. a. ähnliche Maßnahmen im hellenistischen Griechenland. Steuereinnehmer (Publicani): Sie hatten ihre Stellung nach dem ersten Krieg gegen Mithradates dadurch gestärkt, daß sie den Städten in Kleinasien Geld liehen, damit diese rückständige Steuern und andere Schulden bezahlen konnten.

Teil VI: Caesar und Augustus

12. Kapitel: Caesar

Das erste Konsulat Caesars. Gesetz zur Bodenreform, 59 v. Chr.: Durch die heiß umstrittene *lex Campana* auch auf die fruchtbare Campania ausgedehnt. Bibulus versuchte, das Inkrafttreten dieses Gesetzes durch eine *obnuntiatio* zu verhindern (eine Erklärung mit dem Inhalt, daß die Auspizien ungünstig seien), wie dies nach den *leges Aelia* und *Fufia* (um 150 v. Chr.) möglich war. Sein Antrag wurde auf dem Forum verworfen, und man zerbrach das offizielle Zeichen seiner Amtswürde, das Rutenbündel *(fasces).* Der von Caesar unterstützte König von Ägypten: Ptolemaios XII. Auletes (80-51 v. Chr.). Caesars Befehlsbereich: Nach den *lex Vatinia* erhielt Caesar für fünf Jahre das Prokonsulat in Gallia Cisalpina.

Der Gallische Krieg. Gallien: »Drei Teile« (nach Caesar): Belgen, Kelten und Aquitaner. Ariovist: König der Sueben, vielleicht aus dem sueb. Stamm der Triboker. 61 v. Chr. hatte er die Häduer bei Magetobria geschlagen. Sie wandten sich an der Spitze anderer gallischer Stämme an Caesar mit der Bitte, sie gegen Ariovist zu unterstützen. Clodius: Die Vereine *(collegia)* bestanden oft aus Männern, die das gleiche Handwerk betrieben. Im Normalfall bedurfte die Gründung eines Collegiums der Zustimmung des Senats. 64 v. Chr. waren sie aus politischen Gründen verboten worden, wurden aber von Clodius wieder ins Leben gerufen. Er finanzierte seine Getreideverteilung durch die Annexion Zyperns, die sein politischer Gegner Cato d. J. (58 v. Chr.) bewirkt hatte. Um 46 v. Chr. kamen diese Getreidelieferungen 320 000 Personen zugute. Cicero im Exil: 58 v. Chr. auf Veranlassung des Clodius [zürnte ihm, weil Cicero bei einem Gerichtsverfahren gegen ihn wegen der Entweihung des Kultes der »guten Göttin« (Bona Dea) 61 v. Chr. sein Alibi ins Wanken gebracht hatte]. 57 v. Chr. wurde Cicero von Pompeius nach Rom zurückgerufen. Parthia: Kernland Medien (Nordiran); die Hauptstadt des Königshauses der Arsakiden war Ekbatana (Hamadan). Die Winterresidenz befand sich in Ktesiphon (Babylonien). Die Parther beherrschten ein Gebiet zwischen Euphrat und Indus und die aus dem Fernen Osten kommenden Karawanenstraßen. IM JAHR 56 V. CHR. UNTERWORFENE GERMANISCHE STÄMME: Die Usipeten und Tencterer. AUFSTÄNDE DER BELGEN (54 V. CHR.): Treverer; Ambiorix, der Häuptling der Eburonen (Ardennen), metzelte eine Garnison in Aduatuca nieder. DAS VON DEN RÖMERN EROBERTE GALLIEN: Gallia Comata (wurde später in drei Provinzen und zwei germanische Kommandobereiche aufgeteilt). Der Mittelpunkt des Straßennetzes war das im Jahr 43 v. Chr. gegründete Lugdunum (Lyon). BEZAHLUNG DER RÖMISCHEN SOLDATEN: Sie bekamen 225 Denare im Jahr. KARRHAI (53 V. CHR.): der Sieger war Surenas, der Herrscher in Seistan (Ostiran und Südwestafghanistan) als parthischer Vasall. In der Schlacht wurden seine berittenen Bogenschützen von schnellen arabischen Kamelen mit Reservepfeilen versorgt. Zur parthischen Armee gehörten auch die Kataphrakten (schwer gerüstete Reiter mit langen Lanzen). CLODIUS ERMORDET (52 V. CHR.): Von dem Verbrecher Milo, der urspünglich auf der Seite des Pompeius stand, nun aber auf die Anklage des Pompeius hin verurteilt wurde. Cicero hat ihn im Prozeß verteidigt, er wurde nach Massilia in die Verbannung geschickt. ÜBERTRAGUNG DER BEFEHLSGEWALT AN POMPEIUS (49 V. CHR.): Der Vorschlag wurde von dem Konsul Gaius Claudius Marcellus mit Unterstützung der beiden für die nächste Amtsperiode als Konsuln vorgesehenen Männer gemacht.

Catullus und Lucretius. ALEXANDRINER: Griechische im 3. Jahrhundert v. Chr.: Kallimachos, Apollonios Rhodios, Theokritos, Euphorion. Ihre römischen Anhänger wurden als Neoteriker bezeichnet. ATOMISTEN (GRIECHISCHE): Leukippos, Demokrit (5. Jahrhundert v. Chr.).

Der Bürgerkrieg. CAESARS EINMARSCH: Die zweite Marschkolonne wandte sich gegen Arretium (Arezzo). RESERVESCHATZHAUS: Im Tempel des Saturn. CAESAR WEICHT DER ADRIATISCHEN FLOTTILLE AUS: Sie wurde von Bibulus befehligt, der bald darauf starb. ERMORDUNG DES POMPEIUS: Durch den ptolemäischen Befehlshaber Achillas und zwei römische Offiziere. KLEOPATRA: Beherrschte mehrere Sprachen, erlernte aber nicht das Lateinische. Mit ihren römischen Liebhabern hat sie zweifellos griechisch gesprochen. DIE ARMEE, DIE CAESAR ZU HILFE KAM: Mithradates von Pergamon und ein jüdischer Verband. SIEG IN KLEINASIEN: Bei Zela (Zile) gegen Pharnakes II. Bei dieser Gelegenheit hat Caesar den Ausspruch getan: »Ich kam, ich sah, ich siegte« *(veni, vidi, vici)*. ZUM ZWEITEN MAL DROHT EINE MEUTEREI (47 V. CHR.): Die Legionäre folgten Caesar von der Campania bis nach Rom, wo es ihm gelang, sie zu beschwichtigen.

Die Diktatur Caesars. DIE VON CAESAR GEGRÜNDETEN SIEDLUNGEN: Ein Veteran mit drei Kindern erhielt gewöhnlich eine Ackerfläche von mehr als 2,5 Hektar. Die Kolonien in den Provinzen wurden auf Grund und Boden errichtet, der im Besitz der Provinzen blieb. Die Kolonisten mußten Grundsteuer zahlen. Zu seinen zivilen Kolonien gehörten Korinth, Karthago und Urso (Osuna in Spanien). Gades (Cádiz) war die erste Provinzstadt, die als *municipium* das Wahlrecht erhielt, ohne daß dort eine römische Siedlung errichtet wurde. Einige Kolonien, besonders in Gallia Narbonensis und Hispania Ulterior, erhielten das latinische Bürgerrecht, das heißt, ihre Beamten wurden römische Bürger. In Gallia Cisalpina erhielten die Regionen südlich und nördlich des Po das römische Bürgerrecht bzw. das latinische Recht. MEDIZIN: Die erste Ausbildungsstätte für Ärzte in Rom wurde um 40 v. Chr. von Asklepiades aus Bithynien gegründet. VERSCHUL-

DUNG: Der Prätor Caelius (er stand mit Cicero im Briefwechsel) hat die Abschaffung der Mieten für ein Jahr (48 v. Chr.) vorgeschlagen, und der Tribun Dolabella setzte sich für ihre völlige Abschaffung ein. Caelius beteiligte sich mit Milo an einem Aufstand und wurde in Turii (Sybaris) hingerichtet. Dolabella starb erst im Jahr 43 v. Chr. CAESARS REICHTUM: Wahrscheinlich hat niemand in der ganzen römischen Geschichte so viele Goldmünzen prägen lassen wie Caesar in der Münze des Aulus Hirtius. Nach dem Gallischen Krieg war der Wert des Goldes um ein Viertel gefallen. KLEOPATRAS HALBBRUDER, DER SIE 46 V. CHR. NACH ROM BEGLEITETE: Ptolemaios XIV. Kleopatra ließ ihn 44 v. Chr. ermorden. CAESARS BIBLIOTHEKEN: Der gelehrte Schriftsteller Marcus Terentius Varro (geb. 116, gest. 27 v. Chr.) hat sie zusammengestellt. Im 4. Jahrhundert n. Chr. gab es in Rom 29 Bibliotheken, von denen wir neun kennen. KALENDER: Er wurde von Sosigenes umgestellt und später von Augustus und Papst Gregor XIII. (1582) berichtigt. MÜNZPORTRÄTS: Die Münzen aus dem frühen 1. Jahrhundert v. Chr. zeigten idealisierte Porträts von Römern aus der Frühzeit. Die ersten Münzporträts jüngst Verstorbener waren die des Sulla und seines Mitkonsuls aus dem Jahr 88 v. Chr., des Quintus Pompeius Rufus. BEAMTE: Caesar erhöhte die Zahl der Prätoren von acht auf 16, der Ädilen von vier auf sechs und der Quästoren von 20 auf 40. EXPEDITION IN DEN OSTEN: 44 v. Chr.; 16 Legionen, 10 000 Reiter und Bogenschützen. In Erwartung der längeren Abwesenheit Caesars wurden alle wichtigen Ernennungen schon zwei Jahre im voraus vorgenommen. CAESARS SEKRETÄRE (EQUITES): Der Biograph Gaius Oppius und der wohlhabende Lucius Cornelius Balbus aus Gades (Cádiz). BRUTUS: 44 v. Chr. *praetor urbanus*. Der weniger bedeutende Cassius war *praetor peregrinus*. CAESARS ERMORDUNG: Nur zwei Senatoren behaupteten, etwas zu seiner Verteidigung unternommen zu haben, Gaius Calvisius Sabinus und Lucius Marcius Censorinus.

13. Kapitel: Augustus

Das zweite Triumvirat. NAME: Gaius Octavius, dann Gaius Iulius Caesar Octavianus. LEPIDUS: Erhielt zunächst Gallia Narbonensis und Hispania Ulterior von Caesar, verlor diese Gebiete nach Philippi und wurde 40 v. Chr. mit der Verwaltung der Provinz Africa betraut. SEXTUS POMPEIUS: Errichtete eine sich auf Sizilien stützende unabhängige Herrschaft (43 v. Chr.). DER BRUDER DES ANTONIUS: Lucius Antonius, der 41 v. Chr. nach der Belagerung von Perusia (Perugia) in Gefangenschaft geriet. POLITISCHES BÜNDNIS: Zwischen Antonius, Octavian und Lepidus (40 v. Chr.); Vertrag von Brundisium. DIE MUTTER DES BRUTUS: Servilia (Mätresse Caesars, führte einen politischen Salon). Brutus' Frau war Porcia, die Tochter Catos und Witwe des Bibulus. FULVIA: Sie war schon mit Clodius und Curio verheiratet gewesen. VERSÖHNUNG: Zwischen Antonius und Octavian (37 v. Chr.); Vertrag von Tarent. REICH DER KLEOPATRA: Errichtet 37 v. Chr., vergrößert durch die *donationes* von Alexandria (34 v. Chr.). Zu den nominellen Herrschern gehörten ihr Sohn, dessen Vater angeblich Caesar war, Ptolemaios XV. Caesar (Caesarion) und die Kinder, die sie dem Antonius geboren hatte. KLIENTEN DES ANTONIUS: Asander (Kimmerischer Bosporos, 41-17 v. Chr.), Herodes der Große (Judaea), Amyntas (Galatien), Polemon (Pontos) und Archelaos (Kappadokia). PARTHISCHE KRIEGE: Parthischer Einfall in Syrien 41-40 v. Chr.; erfolgreiche Expedition des Ventidius 38 v. Chr.; Rückzug der Römer endet mit einer Katastrophe (36 v. Chr.); Armenien wird von den Römern besetzt (34 v. Chr.). DAS ENDE DES SEXTUS POMPEIUS: Flucht nach Kleinasien, stirbt im Jahr 35 v. Chr.

Das Prinzipat des Augustus. ABFINDUNG DER VETERANEN: Octavian (Augustus) hat sie fast 30 Jahre lang vor allem aus der im Bürgerkrieg gemachten Beute bezahlt. DIE KOLONIEN DES OCTAVIAN (AUGUSTUS): Hauptsächlich im Westen (in den spanischen Kolonien hat er verschiedene Münzen prägen lassen), aber auch im Osten, z. B. in der kürzlich annektierten Provinz Galatia (Lykaonia, Pisidien). Ebenso wie die Caesars waren seine Kolonien fast ausschließlich Soldatenkolonien. BEVÖLKERUNGSZAHLEN: Als Augustus starb, gab es in Italien einschließlich Gallia Cisalpinas (das seit 42 v. Chr. zu Italien gehörte) etwa anderthalb Millionen freie männliche Bewohner. Das waren nicht mehr als im Jahr 218 v. Chr. Aber die Gesamtzahl der Sklaven in Italien, einschließlich der Frauen und Kinder, mag vier Millionen betragen haben. DER AUGUSTEISCHE ADEL: Der *princeps* hatte 38 v. Chr. Livia geheiratet, die einer Adelsfamilie angehörte und vorher mit einem anderen Adligen, Tiberius Claudius Nero, verheiratet war, von dem sie zwei Söhne, Tiberius und Nero Drusus (Drusus senior) hatte. DIE »NEUEN MÄNNER« DES AUGUSTUS: Gewöhnlich militärische Befehlshaber und stellvertretende Konsuln, Männer, die im Laufe eines jeden Jahres die mächtigeren »ordentlichen« Konsuln ablösten, die im allgemeinen immer noch Adlige waren (obwohl viele Familien aus der Oberschicht ausstarben). Die *lex Valeria Cornelia* aus dem Jahr 5 n. Chr. über das Wahlverfahren erhöhte das Ansehen (aber nicht die Macht) der Oberschicht. SENATOREN: Sie brauchten, wenn sie 60 Jahre alt waren, nicht mehr an den Sitzungen teilzunehmen. GÖTTLICHE VEREHRUNG DES AUGUSTUS GEMEINSAM MIT DER GÖTTIN ROMA: Zunächst in Pergamon (Bergama) in Kleinasien und in Nikomedia (Izmit) in Bithynien; die Riten wurden von Provinzialräten (*konia, concilia*) überwacht. In Rom wurde 13 n. Chr. ein Altar gebaut, der dem *numen* (der »göttlichen Kraft«) des Augustus geweiht war. Sein *genius* wurde gemeinsam mit den *lares publici*, den Schutzgottheiten Roms, verehrt. Das Bild des Augustus wurde den Truppen mit ihren Standarten vorangetragen und von ihnen verehrt. SPANIEN: Lusitania (Portugal und Westspanien) wurde zur Regierungszeit des Augustus zu einer vom übrigen Spanien getrennten Provinz, und Tarraco (Tarragona) wurde die Hauptstadt von Hispania Citerior (Hispania Tarraconensis). REISEN: Agrippa reiste in den Osten, nach Gallien und Spanien (23-21, 20-19 v. Chr.). Augustus nach Sizilien, Griechenland und Kleinasien (22-19 v. Chr.). 20 v. Chr. wurde Armenien zum Klientelstaat, eine Entwicklung, die allgemeine Zustimmung fand. Dieser Zustand dauerte jedoch nicht lange. EHEGESETZE: *Lex de maritandis ordinibus* und *lex de adulteriis coercendis* (18 v. Chr.), ergänzt durch die *lex Papia Poppaea* (9 n. Chr.), die noch stärkere Anreize für die Ehe bot. EQUITES: Caesar beschäftigte viele Ritter als Ratgeber und Offiziere. DER TOD DES AGRIPPA: Man hat kürzlich ein Fragment der Rede gefunden, die Augustus zu seiner Beisetzung gehalten hat. BOIOHAEMUM (h. Böhmen): Das Zentrum des Reichs des Maroboduus (der Markomannen), das um 8 v. Chr. an die Stelle des Staates der Boi trat. PRÄTORIANERGARDE: Zu ihr gehörte die Kerntruppe der berittenen *speculatores* (Kuriere und Agenten des Nachrichtendienstes). Die P. wurde durch eine aus Germanen bestehende Leibwache vervollständigt. STADTPRÄFEKT: War zur Regierungszeit des Augustus ein für eine begrenzte Zeit ernannter Beamter; etwa 13 n. Chr. wurde die Stadtpräfektur zur Dauereinrichtung. FEUER-

WEHR: *Vigiles*. Sie bestand schließlich aus 7000 Freigelassenen (6 n. Chr.). SOLDATENPENSIONEN: Aus Geldmangel mußte die Dienstzeit der Soldaten oft verlängert werden. Für die Legionäre waren es normalerweise 20 Jahre, für die Truppen der Verbündeten 25 Jahre. VON AUGUSTUS IN DIE VERBANNUNG GESCHICKT: Seine Tochter Iulia (2 v. Chr.), seine Enkeltochter Iulia (8. n. Chr.) und sein Enkel Agrippa Postumus (7 n. Chr.), dessen Tod 14 n. Chr. entweder von Augustus oder von Tiberius angeordnet wurde. GEMÄLDE AUS PRIMA PORTA: Museo Nationale delle Terme, Rom; diese Gemälde wurden bisher dem pompejanischen »zweiten Stil« zugeordnet (diese Auffassung muß jedoch korrigiert werden). Der etwas später entstandene »dritte Stil« um 20 v. Chr. bis 20 n. Chr. zeigt mehr illusionistische Landschaften und Tafelbilder sowie phantastische architektonische Ansichten. STEUERN: In einigen Provinzen mußten alle Erwachsenen und in anderen nur erwachsene Männer *tributum* zahlen. BRÜCKEN: Z. B. die Alcantarabrücke über den Tagus aus 18 Bögen, von denen sechs erhalten geblieben sind. TUNNEL: Z. B. der Tunnel von Occius in Cumae, etwa 1 Kilometer lang, und der Tunnel von Neapolis nach Puteoli (800 Meter lang). WOLLE: Pompeji (das Zunfthaus der Tuchwalker, das von deren Patronin, der Priesterin Eumachia, geweiht wurde), Parma, Mediolanum (Mailand) und Patavium (Padua).

Die Wirtschaft. GLASBLÄSEREI: Die Kunst des Glasblasens ist in Sidon (Saida) in Phönikien entwickelt worden. KERAMIK: Einfache Keramiken wurden in Mutina (Modena) und Aquileia hergestellt. AUSSENHANDEL: Die Außenhandelsbeziehungen drücken sich noch heute in lateinischen und griechischen Fremdwörtern im Deutschen, Semitischen, Iranischen, Irischen und sogar in einigen indischen und mongolischen Sprachen aus. LEPTIS MAGNA: Karthagische Gründung aus dem 6. Jahrhundert v. Chr. zum Schutz gegen die Griechen. MÜNZWESEN: Münzen aus Messing (*orichalkon*: Zinklegierung) und Kupfer traten an die Stelle der unterbewerteten Bronzemünzen (Legierung mit Blei- und Zinnbeigaben), deren Prägung bis auf einige Sonderfälle in den 80er Jahren v. Chr. aufgegeben wurde). Die von den Städten herausgegebenen Bronzemünzen wurden eine Zeitlang durch eine geringe Zahl von Silbermünzen ersetzt. Die Klientelstaaten hatten ihre eigenen Silber- und Bronzemünzen; auf dem Kimmerischen Bosporos (Krim) gab es auch Goldmünzen. TRANSPORTE AUF DEM LANDWEGE: Aus dem Edikt des Diokletian zur Festsetzung der Preise ersehen wir, daß sich der Preis für eine Wagenladung Weizen mit 1200 Pfund durch den Transport über 450 Kilometer verdoppelte. FREIGELASSENE: Priester (Augustales) des Kults, in dem Augustus gemeinsam mit den Lares verehrt wurde.

Die Literatur zur Zeit des Augustus. MAECENAS: Gehörte wahrscheinlich einer Adelsfamilie aus Arretium (Arezzo) an, hatte in der Schlacht bei Aktion eine wichtige Rolle gespielt und daher mehr als einmal Augustus während seiner Abwesenheit in Rom vertreten. Seneca behauptet, er sei nachlässig und weich gewesen. Horaz dagegen schildert ihn als einen tatkräftigen Mann und scharfen Kritiker. DIE EKLOGEN DES VERGIL: Die meisten lehnen sich stilistisch an Theokrit aus Syrakus (geb. um 300, gest. um 260 v. Chr.) an. GEORGICA: Sie sind poetisch und patriotisch, ihr Inhalt gründet sich auf das landwirtschaftliche Handbuch des Marcus Terentius Varro (*Res Rusticae*, 37 v. Chr.). AENEIS: Zu dem Element des Gefühls in dieser Dichtung s. a. Apollonios Rhodios aus Alexandria, *Argonautika* (3. Jahrhundert v. Chr.). Die latinische Braut des Äneas war Lavinia. HORAZ: Geb. 65, gest. 8 v. Chr.; *Epoden und Oden* (einschließlich *carmen saeculare*) im lyrischen Versmaß (sein Vorbild für diese Formen war angeblich der um 620 v. Chr. geborene Alkeos). Die *Satiren* und *Episteln* (darunter *Ars poetica*) sind in Hexametern abgefaßt. Sein sabinisches Landgut lag vielleicht bei Digentia (Licenza), 38 Kilometer nordöstlich von Rom. PROPERTIUS: (59-47 v. Chr.); er hat Kallimachos aus Kyrene (geb. um 305, gest. um 240 v. Chr.) als seinen Lehrmeister bezeichnet. Ein zeitgenössischer Elegiendichter war Tibullus (geb. um 55 oder 48, gest. um 19 v. Chr.), dessen Patron der Soldat, Staatsmann und Redner Marcus Valerius Messalla Corvinus war (geb. 64 v. Chr., gest. 8 n. Chr.). LIVIUS: Er könnte 64 v. Chr. geboren und 12 n. Chr. gestorben sein. Sein geschichtliches Werk schließt 9 v. Chr. ab. OVIDIUS NASO: Die von ihm verfaßte Tragödie *Medea* ist verloren.

Teil VII: Der Reichsfrieden

14. *Kapitel:* Die Erben des Imperiums

Die Nachfolger des Augustus. DER OSTEN: Kappadokien (das östliche Kleinasien) und Kommagene (das nordwestliche Syrien) wurden 17 n. Chr. annektiert. DER TOD DES GERMANICUS: Cnaeus Calpurnius Piso, der kaiserliche Statthalter von Syrien, wurde im Senat des Mordes an Germanicus beschuldigt und nahm sich das Leben; er hatte den Mord begangen, sich aber des Hochverrats schuldig gemacht. ANKLAGEN WEGEN VERRATS: Nach der *lex Iulia maiestatis*. Das Gesetz ist wahrscheinlich von Iulius Caesar erlassen worden. SEIANUS: Der Sohn des Lucius Aelius Strabo aus Volsinii (Orvieto): Eine Zeitlang waren Vater und Sohn gemeinsame Prätorianerpräfekten. Bevor Seianus 31 n. Chr. Konsul wurde, stand er im Rang eines Prätors. GERMANICUS UND AGRIPPINA DIE ÄLTERE: Nero Caesar (gest. 31 n. Chr.), Drusus Caesar (gest. 33 n. Chr.) und Gaius (Caligula, der spätere Kaiser). DER ENKEL DES TIBERIUS: Tiberius Gemellus wurde 38 n. Chr. von Caligula ermordet. CALIGULAS FRAU (DIE VIERTE UND LETZTE): Caesonia. CLAUDIUS: Sohn des Nero Drusus (Drusus d. Ä., Bruder des Tiberius) und der Antonia. AUFSTAND IN DALMATIA (OBERES ILLYRICUM): Eine der beiden Provinzen, in die Illyricum um 9 n. Chr. aufgeteilt wurde; Lucius Curius Camillus Scribonianus (42 n. Chr.). BRITANNIA: Die Landung in Britannia wurde ausgelöst durch den Tod des Cunobelinus (um 9-40/43, Shakespeares Cymbeline) von den Catuvellauni. Er beherrschte ganz Südostengland. Der Aufstand seines Sohnes Caratacus wurde 51 beendet, und 50 n. Chr. wurden Veteranen in Colonia Camulodunum (Colchester) angesiedelt. Zur gleichen Zeit geschah das auch in Colonia Agrippinensis (Köln). Die Hauptstadt Britannias wurde später von Camulodunum in das größere Londinium verlegt (die Stadt deckte eine Fläche von 133,5 Hektar). In den ersten vierzig Jahren des Bestehens der Provinz Britannia wurde ein etwa 9600 Kilometer langes Straßennetz gebaut. MAURETANIA: Nach der Ermordung des Klientelkönigs Ptolemaios in Rom wurde dieses Gebiet 40 n. Chr. allmählich befriedet. THRAKIEN: Nach der Ermordung des letzten Klientelfürsten im Jahre 46 wurde das Land römische Provinz. Lykien, das südliche Kleinasien, wurde annektiert und mit Pamphylia zu einer Provinz vereinigt (43). GALLIER: Gallische Adlige wurden (durch *adlectio*) in den Senat aufgenommen, und alle römischen Bürger in Gallien durften sich um Ämter in der Hauptstadt bewerben. Das geschah nach einer Rede des Claudius, die zum größten Teil auf einer Bronzetafel in Lugdunum (Lyon) erhalten ist. MESSALINA: Großnichte des Augustus. Ihr Liebhaber, Gaius Silius, wurde 48 hingerichtet. DER NAME DES NERO: Ursprünglich Lucius (sein Vater war Cnaeus) Domitius Ahenobarbus. DIE LIEBHABEREIEN DES NERO: Zu Beginn seiner Regierungszeit verkehrte er gern mit den *pantomimi* (Tänzern). Er interessierte sich nicht nur für Musik, sondern auch für Wagenrennen (dieser Sport wurde vor allem von vier Gesellschaften betrieben). BOUDICCA: Ein von ihr angezettelter Aufstand wurde von Gaius Suetonius Paulinus (60) niedergeschlagen. DER MITPRÄFEKT DES TIGELLINUS: Faenius Rufus (65) nach einer Verschwörung, durch die Gaius Calpurnius Piso auf den Thron gebracht werden sollte, zusammen mit Seneca hingerichtet. REPUBLIKANISCHER PHILOSOPH: Thrasea Paetus, 66 zum Selbstmord gezwungen. DER FRIEDE DES CORBULO: Tiridates I. von Armenien wurde sowohl von Rom als auch von Parthia unterstützt. Nach diesen Kriegen wurden die römischen Truppen am Euphrat auf Kosten der Armeen an Rhein und Donau verstärkt. VINDEX: Besiegt von dem bedeutenden Befehlshaber in Obergermanien, Verginius Rufus, der sich weigerte, zum Kaiser ausgerufen zu werden (er wiederholte diese Weigerung im folgenden Jahr, 69).

Vier Kaiser in einem Jahr. OTHO: Fürstlichen Geblüts aus Ferentium (Ferento) in Etrurien.

Vespasian und seine Söhne. GALLISCH-GERMANISCHER AUFSTAND: 70 n. Chr. Einnahme des wichtigen Militärlagers am Rhein, Vetera (bei Birten); der ganze Flußlauf bis nach Argentorate (Straßburg) oder sogar darüber hinaus ging verloren. Cerialis nahm die Hauptstadt des Classicus, Augusta Trevirorum (Trier), ein, unterwarf ganz Gallien und trieb die Bataver in ihre Heimat zurück. RÜCKGEWINNUNG DES OBEREN RHEINS UND DER OBEREN DONAU: Decumates agri. ERSTER JÜDISCHER AUFSTAND: Masada leistete bis 73 Widerstand. DIE HERKUNFT DES VESPASIAN: Aus der sabinischen Stadt Reate (Rieti). SPANIEN: Die südliche Provinz Baetica erhielt das latinische Bürgerrecht, von 74-84 erhielten 350 spanische Ortschaften das römische Stadtrecht. STEUERN: Sie wurden in den Provinzen in einigen Fällen von Vespasian verdoppelt. Außerdem hob er die den Griechen gewährten Steuervergünstigungen auf. BILDUNGSWESEN: Quintilianus aus Calagurris (Calahorra in Spanien) war der erste vom Staat bezahlte Lehrer der Rhetorik. Lehrer erhielten die gleichen Steuervergünstigungen wie Ärzte. WIDERSTAND GEGEN VESPASIAN: Beeinflußt von stoischen und kynischen Ideen: Helvidius Priscus hingerichtet. VERSCHWÖRUNG DES CAECINA (79): Im Bündnis mit Eprius Marcellus, einem führenden Redner und Ratgeber Vespasians. BERENIKE: Tochter Agrippas I. und Schwester Agrippas II. (Nordpalästina, Südsyrien): Hatte sich während des ersten jüdischen Aufstands auf die Seite Roms gestellt. BRITANNIA: Das Landhaus von Fishbourne ist wahrscheinlich als Alterssitz für Cogidubnus, den König der Atrebaten (um 43 bis 75), einen Klienten Roms im Grenzgebiet, gebaut worden. VESUVAUSBRUCH (79 N. CHR.): Plinius d. Ä., Admiral, Historiker und Naturwissenschaftler, erstickte am Strand an den aus dem Krater ausströmenden Gasen (Schilderung dieser Ereignisse in einem Brief seines Neffen Plinius d. J. an den Historiker Tacitus). AGRICOLA UNTER DOMITIAN: Vorstoß über den Firth of Forth (Festung bei Inchtuthil) hinaus (83). GRAUPIUS MONS: Römischer Sieg (84); wahrscheinlich in der Nähe von Bennachie in Aberdeenshire. Signalstationen an der Straße, die von Ardoch nach Osten führte, bezeichnen vielleicht die Grenze nach der Rückberufung des Agricola. Auch Vindolanda (Chesterholm) ist eine zur Regierungszeit Domitians entstandene Befestigung (neuere Ausgrabungen von Kalksteintafeln). DAS SÜDWESTLICHE GERMANIEN UNTER DOMITIAN: Am Ende seiner Regierungszeit verlief die Grenze *(limes)* von der Gegend um Bonna (Bonn) zum Neckar und stieß in Rätien auf die Donau. SCHLACHTEN IN DACIA: Der Statthalter von Moesia, Oppius Sabinus, starb 85; der Prätorianerpräfekt Cornelius Fuscus 86 oder 87 n. Chr. 88 n. Chr. römischer Sieg bei Tapae (am Eisernen Tor). AUFSTAND IN OBERGERMANIEN (89): Angeführt von Lucius Antonius Saturninus. Anschließend erklärte Domitian die Kommandobereiche in Ober- und Untergermanien offiziell zu Provinzen.

Trajan, Hadrian und Antoninus. HERKUNFT TRAJANS: Geboren in Italica (Santiponce) in Baetica (Südspanien) im Jahr 53. AUS DEN PROVINZEN STAMMENDE PERSÖNLICHKEITEN: 90 wurde, soweit bekannt, der erste Konsul, der aus dem Osten stammte, gewählt, und 94 kamen zum ersten Mal beide Konsuln aus den Provinzen. ALIMENTA: In Veleia (Velleia in Norditalien) versorgte Trajan 205 ehelich geborene Knaben und 34 ehelich geborene Mädchen sowie zwei illegitime Kinder. VERWALTUNG: Wahrscheinlich hat es schon unter Domitian in einer oder mehreren Städten *curatores* gegeben; später auch in Caere (Cerveteri, 113). Zur gleichen Zeit hatte Plinius, ebenso wie ein Statthalter von Achaia (Griechenland), Sondervollmachten als *corrector*. Die Laufbahn der aus dem Ritterstand stammenden Beamten wurde in eine zivile und eine militärische unterschieden. DIE ARMEE TRAJANS: 400 000 Mann stark. Die Stärke der ersten Kohorte einer Legion wurde verdoppelt. Es gab auch einen neuen Feindnachrichtendienst *(frumentarii)*, sowie eine vor allem aus Germanen und Bewohnern des Donaugebietes (Pannonia) gebildete berittene Leibwache, die *equites singulares*. Sie war zunächst 500 und später 1000 Mann stark. DIE DAKISCHEN KRIEGE DES TRAJAN: Um 110 n. Chr. wurde neben der alten Stadt Sarmizegethusa bei Totesti eine neue römische Kolonie gegründet. Die *castella* an den Grenzbefestigungen *(limes Dacicus)*, z. B. Buciumi bei Cluj, hatten besonders prächtige und fest gebaute Tore. Die etwa 1000 Meter lange, von Apollodoros entworfene Donaubrücke war auf Steinpfeilern und hölzernen Bögen gebaut. OSTGRENZE: 105-106 wurde Arabia Petraea (Nabataea: Westjordanien und Sinai) annektiert. Die Hauptstadt wurde von Petra nach Bostra (Bosra) verlegt. Im Verlauf des gleichen Jahrhunderts nahm die Bedeutung der Stadt Gerasa (Jerash) wesentlich zu. AUFSTÄNDE IN DER JÜDISCHEN DIASPORA: Kyrene, Zypern und Ägypten. Bei den ersten beiden Aufständen ging es um die Ausschaltung der Griechen. In der Folgezeit durften sich Juden nicht mehr auf Zypern niederlassen. Aufstände wurden auch von dem parthischen König Osroes in den jüdischen Gemeinden in Babylonien geschürt. PARTHISCHE ANGRIFFE IM RÜCKEN DER RÖMER: Mesopotamien, Armenien, Adiabene (Assyria). War Trajan gezwungen, seine Eroberungsfeldzüge noch vor den jüdischen Erhebungen aufzugeben? DIE HERKUNFT HADRIANS: Geboren in Gades (Cádiz) in Baetica (Südspanien) im Jahr 76. VERSCHWÖRUNG DER VIER CONSULARES (118 N. CHR.): Zu ihnen gehörte der Mauretanier Lusius Quietus, der den Aufstand der babylonischen Juden niedergeschlagen hatte und Statthalter in Judaea gewesen war. Die Aufständischen wurden von dem Prätorianerpräfekten Attianus hingerichtet. PROVINZEN: Mit einer großen Serie von Münzen wurden einzelne Provinzen und Hadrian als ihr Besucher *(adventui Augusti)* und Erneuerer *(restitutori)* gefeiert. Im Tempel des Divus Hadrianus (Hadrianeum), der nach seinem Tode auf dem Marsfeld errichtet wurde, waren die Provinzen durch

Skulpturen symbolisiert. NIEDERLAGE IN BRITANNIA: Verlust einer ganzen Legion (117 bis 122). DIE ARMEE HADRIANS: Hadrian stellte nach dem Vorbild der Sarmaten (eines mit den Skythen verwandten Nomadenvolkes) schwer bewaffnete Reiterverbände (kataphraktoi) auf oder verstärkte sie. Außerdem setzte er vermehrt »nationale« *numeri* ein. BEFESTIGUNGSANLAGEN: Hadrian baute entlang der numidischen und der britischen Grenze Steinmauern sowie in Rätien und in Obergermanien durchlaufende hölzerne Palisaden. DIE KRIEGE HADRIANS IM WESTEN: Kleinere Erhebungen in Britannia und Mauretania. AELIUS CAESAR: Sein ursprünglicher Name war Lucius Ceionius Commodus. ANTONINUS »PIUS«: Er forderte die Vergöttlichung des Hadrian, obwohl sich der Senat nicht dafür begeistern konnte. DER ANTONINSWALL: 142 n. Chr. in Britannia; mehrmals zurückgenommen und endgültig vor Ende des Jahrhunderts festgelegt. KRIEGE DES ANTONINUS: 139-142 Unruhen bei den Briganten (in Yorkshire; einige Briten wurden auf die Decumates agri umgesiedelt) und bei den *numeri* dort sowie in Numidien, Mauretania, Syrien, Palästina (Judaea), Ägypten und dem in drei Provinzen aufgeteilten Dakien.

15. Kapitel: Die Gesellschaft zur Kaiserzeit

Kunst und Architektur. TITUSBOGEN: Zu den Beutestücken aus dem Tempel in Jerusalem gehörten die Menora (siebenarmiger Leuchter), eine silberne Trompete und ein goldenes Tablett für die Schaubrote. TRAJANSÄULE: Auf einem von Kolonnaden umgebenen Innenhof, flankiert von griechischen und lateinischen Bibliotheken hinter der Basilika, die auf der Nordseite des Trajanforums stand; vollendet 113 n. Chr. nach den Plänen des Apollodorus. POMPEJI: Ein sog. »vierter Stil« nach der Zeit um 50 n. Chr. Darin wurden die verschiedensten Themen behandelt, wie etwa phantasiereiche Versionen der architektonischen Ansichten des »zweiten Stils«. Zu den Wanddekorationen gehörten auch Stuckarbeiten. MOSAIKEN: Vom 1. bis zum 3. Jahrhundert n. Chr. waren schwarz-weiße Mosaikfußböden in Italien am beliebtesten. Muster, bei denen die ganze Fläche mit Figuren bedeckt ist, sind selten. Es gibt sie z. B. in Afrika. Wandmosaiken finden wir bereits an den Brunnen im Pompeji. DIE UNTERBRINGUNG DER SKLAVEN: Im sogenannten Haus des Menander (Pompeji) und in der Villa des Agrippa Postumus (außerhalb von Pompeji). Ein anderes Beispiel ist die Villa Plinius' d. J. in Laurentum. OSTIA: In den meisten Wohnhäusern (von denen mehr als 200 gefunden wurden) gab es Verkaufsläden. Ostia trat als wichtigster Hafen an der italienischen Westküste an die Stelle von Puteoli (Pozzuoli). DER DOMITIANSPALAST: Der Architekt war Rabirius. DIE HADRIANSVILLA: Hier befanden sich Meisterwerke griechischer Bildhauerkunst und der hadrianischen Schule, die von den Griechen beeinflußt war. PANTHEON: Es hat die Architektur der Antike kaum beeinflußt, wohl aber die der Renaissance. TEMPEL: Besonders prächtig waren die Gebäude in Heliopolis (Baalbek) in Syrien. RÖMISCHE BÄDER: Die des Agrippa, des Titus und des Trajan (später kamen die Bäder des Caracalla und des Diokletian hinzu). ARCHITEKTUR UNTER VESPASIAN: Das Forum und der Tempel des Friedens. Er ließ den kapitolinischen Tempel bauen und begann mit den Arbeiten am Kolosseum. KOLOSSEUM: Das vierte Stockwerk besteht aus durch Fenster unterbrochenen blinden Arkaden. ÄLTERE AMPHITHEATER: Das des Titus Statilius Taurus in

Rom (29 v. Chr.) war z. T. aus Holz, z..T. aus Stein errichtet; es gab aber ältere Amphitheater aus Stein in Pompeji usw. Pompeius hatte 53 v. Chr. in Rom das erste Theater aus Stein bauen lassen, Augustus baute 13 v. Chr. das dreistöckige Theater des Marcellus. Es gab in Rom drei kaiserliche Gladiatorenschulen, auch in Capua (S. Maria Capua Vetere), Ravenna und Praeneste (Palestrina) gab es welche. Möglicherweise befand sich letztere in Privatbesitz. Sogar in Petuaria (Brough-on-Humber) gab es ein Amphitheater.

Das wirtschaftliche und gesellschaftliche Ungleichgewicht. THAMUGADI: 100 n. Chr. von Trajan als römische Veteranenkolonie gegründet, war es zunächst wie ein Militärlager angelegt und wurde später wesentlich erweitert; nach Leptis Magna (ebenfalls von Trajan zur Kolonie ausgebaut) finden wir hier die vollständigsten Reste einer römischen Kolonie auf afrikanischem Boden. HAN-DEL: Griechen und Syrer erweiterten das Handelsmonopol, das sie praktisch im Mittelmeerraum hatten, und dehnten ihre Beziehungen über die aus diesem Raum hinausführenden Handelswege wesentlich aus. RHEINLAND: Zum Beispiel Tres Tabernae (Rheinzabern) und Augusta Trevirorum (Trier) mit Colonia Agrippinensis (Köln), wo sich eine bedeutende Glasbläserindustrie entwickelte. SKLAVEN: Im 2. Jahrhundert n. Chr. war es nicht mehr so gewinnbringend, in der Landwirtschaft und im Bergbau Sklaven zu beschäftigen. Die Sklaven wandten sich mit ihren Petitionen ebenso an den Kaiser wie die Angehörigen aller anderen Schichten. AELIUS ARISTIDES AUS MYSIA (117 N. CHR. oder 129-181, vielleicht auch später): An Rom: Eis Romen. S. a. Plinius d. Ä., »die gewaltige Majestät des römischen Friedens«. SALVIUS IULIANUS: Aus Pupput (?) bei Hadrumetum (Sousse), geboren um 100 n. Chr., gest. um 169 n. Chr.; verfaßte auch 90 *libri* (Bücher) *digesta*. GAIUS (ANWALT): Geboren unter Trajan (?), stammte vielleicht aus einer griechischen Provinz. HADRIAN: Bezahlte Rechtsberater gehörten zu seinem *con-silium*. RECHTSREFORMEN: Es gab u. a. Verbesserungen der rechtlichen Stellung der Frau. HUMILIORES: Sie konnten zu Prügelstrafen, Folter und Massenexekutionen verurteilt werden und hatten nicht das Recht, sich wie alle *honestiores* und nicht nur die römischen Bürger mit einem Einspruch an den Kaiser zu wenden. Der innere Widerspruch in diesem System wurde schon früher von den führenden Rechtsgelehrten Labeo (gest. 10/11 n. Chr.) und Ateius Capito (gest. 22 n. Chr.) erkannt.

Von Seneca zu Apuleius. SENECA: Sein Vater war Seneca d. Ä. (geb. um 55 v. Chr., gest. um 37/41 n. Chr.). Der jüngere Seneca war Verfasser einer wissenschaftlichen Arbeit, *Fragen zur Natur*. Sein angeblicher Briefwechsel mit dem heiligen Paulus ist eine Fälschung aus dem 4. Jahrhundert. PETRONIUS: Er wird glaubhaft mit Titus Petronius Niger identifiziert, der um 61 n. Chr. Konsul gewesen ist. Seine Gedichte scheinen, wenigstens zum Teil, Parodien auf Werke von Lucanius und Seneca zu sein, nach deren Abtreten Petronius bekannt wurde. Er verfaßte auch *Die Witwe von Ephesos*. TACITUS: Sein voller Name war wahrscheinlich Publius Cornelius Tacitus. Es steht nicht fest, ob die *Annalen* erst gegen Ende der Regierungszeit Trajans (wie man allgemein vermutet) oder zu Beginn der Regierungszeit Hadrians veröffentlicht worden sind. LUCIANUS AUS SAMOSATA (SAMSAT IN DER SÜD-TÜRKEI), UM 120 N. CHR.: In seinen in griechischer Sprache verfaßten Werken entwickelt er eine besondere Art des Dialogs nach kynischen und anderen Vorbildern. DIE SOPHISTEN IM 2. JAHRHUNDERT N. CHR.: »Zweite Aufklärung« (die erste enstand im 5. Jahrhundert v. Chr.). NEUBELEBUNG DER

ARCHAISCHEN AUSDRUCKSWEISE: Die neue Redeweise *(elocutio novella)* wurde von Fronto (geb. um 100 n. Chr., gest. um 166 n. Chr.), dem Lehrer Marc Aurels und führenden römischen Redner seiner Zeit, gefördert. ASTROLOGIE: Seit dem 2. Jahrhundert v. Chr. im östlichen Mittelmeerraum verbreitet, das Interesse daran nahm gegen Ende des folgenden Jahrhunderts auch in Italien zu. NATURWISSEN-SCHAFTEN: Der letzte bedeutende Naturwissenschaftler war Galenos aus Perga-mon (geb. 129 n. Chr., gest. um 199 n. Chr.), der das medizinische Wissen der Antike in seinem Werk zusammengefaßt hat.

Die Mysterienreligionen. MYSTERIEN: Die ältesten Mysterien, die der Demeter, waren in Eleusis (Griechenland) beheimatet; der Asklepios-(Äskulap-)Kult kam 293 v. Chr. aus Epidaurus nach Rom. Die *orgia* des Dionysos wurden 186 v. Chr. vom Senat unterdrückt.

Teil VIII: Eintritt in eine neue Welt

16. Kapitel: Zusammenbruch und Wiederaufstieg

Marc Aurel und sein Sohn. AURELIUS UND VERUS: Ursprünglich Marcus Annius Verus und Lucius Ceionius Commodus. Antoninus Pius hatte sie auf Wunsch Hadrians 138 n. Chr. adoptiert (Verus war der Sohn des Aelius Caesar). EPIDEMIE: Typhus oder Beulenpest? AURELS FEINDE IM NORDEN: Die germanischen Marko-mannen und die nicht-germanischen Sarmaten oder Jazygen im Südosten. 170 n. Chr. brannten die Germanen Opitergium (Oderzo in Norditalien) nieder. AUFSTAND IM OSTEN (175 N. CHR.): Avidius Cassius. MARC AURELS ERBE: Er überging den mit seiner Tochter Lucilla verheirateten Pompeianus. Um 182 n. Chr. zet-telte sie eine Verschwörung gegen Commodus an, wurde in die Verbannung geschickt und ermordet.

Die Dynastie des Severus. DIDIUS IULIANUS: Er bewarb sich gemeinsam mit dem Stadtpräfekten Sulpicianus um den Thron, konnte aber bei der dabei veranstal-teten Versteigerung mehr bezahlen als sein Rivale. SEVERUS: Aus Leptis Magna, das er prächtig wiederaufbauen ließ. Mehr als die Hälfte der Senatoren kamen nun aus der Provinz; etwa ein Drittel dieser *provinciales* waren Nordafrikaner. TRUPPENVERSTÄRKUNGEN IN DER HAUPTSTADT: Severus verdreifachte auch die Stärke der *vigiles*. »CARACALLA«: Ein keltisches oder germanisches Obergewand. Sein ursprünglicher Name war Bassianus. Später wurde er offiziell als Marcus Aur-elius Antoninus bezeichnet. KRIEG GEGEN DIE PARTHER: Zweimal versuchte Severus vergeblich, die Wüstenfestung Hatra zu nehmen. CARACALLAS FRAU: Plautilla. KRIEGE IM NORDEN: Die 213 n. Chr. zum ersten Mal erwähnten Alamannen wur-den geschlagen. Die Chatten (?) wurden 213 n. Chr. mit Subsidien abgefunden. ELAGABALUS: Er hieß ursprünglich Varius Avitus Bassianus; sein offizieller Name war später Marcus Aurelius Antoninus, ebenso wie der des Caracalla. DIE MUTTER DES ELAGABALUS: Iulia Soaemias. SEVERUS ALEXANDER: Sein ursprünglicher Name war Marcus Iulius Gessius Alexianus. Sein Vater war Gessius Marcianus. NORD-GRENZE: Die an der Nordgrenze stehenden Truppen wurden durch die Kriege des Severus Alexander im Osten geschwächt.

Der Zerfall des Imperiums. MAXIMINUS I.: Von Donausoldaten in Mogontiacum (Mainz) auf den Thron gebracht. MILLENNIUM: Jahrhundertspiele *(ludi saeculares)*,

248 n. Chr. DECIUS: Aus Südpannonien; er nahm den Namen Traianus an. EPIDE-
MIE: Sie dauerte mindestens bis 270 n. Chr. SÖHNE: Von Severus zu Nachfolgern
bestimmt, Maximinus, Philippos, Decius, Valerianus und Carus. DER VATER DES
PHILIPPOS: Marinus aus Trachonitis (südöstlich von Damaskus). VALERIANUS:
Folgte auf die kurze Regierungszeit des Aemilianus (253 n. Chr.). ZENOBIA: Ihr
Sohn Vaballanus Athenodoros wurde zum Augustus ernannt. Ihr Erster Minister
war der syrische Philosoph Longinus. DER LETZTE PARTHISCHE KÖNIG: Artabanus V.
SASSANIDEN: Nach Sassan, dem Großvater des Ardasher genannt. EINFÄLLE SAPORS
I. IN RÖMISCHES GEBIET: 242-244, 250-256 und 259-260 n. Chr. GOTENEINFÄLLE: Bis
nach Marcianopolis (Provadiya, westlich von Varna, 248 n. Chr.) und bis nach
Ephesos (Seldschuk) und Pessinos (Balhisar, 253 n. Chr.). FRANKEN: Sie plünder-
ten Tarraco (Tarragona), die Hauptstadt von Hispania Tarraconensi). HERULER:
Sie kamen aus Skandinavien. Einige von ihnen zogen an den Rhein, die meisten
ans Schwarze Meer.

Die Rückgewinnung der militärischen Schlagkraft. BEWEGLICHER VERBAND: Der
erste Befehlshaber Aureolus, ein Daker, revoltierte gegen Gallienus, kapitulierte
aber vor dem nächsten Kaiser Claudius II. Gothicus, der ihn hinrichten ließ.
NAISSOS: Wahrscheinlich hat Gallienus den Sieg erfochten und nicht Claudius II.
Gothicus nach seinem Tode, dem spätere Historiker dessen Erfolg zugeschrieben haben. ALAMANNEN: Sie waren 258-260 von Gallienus besiegt worden, sie-
delten aber auf den Decumates agri, die von den Römern geräumt worden
waren. DIE NIEDERLAGEN DER ZENOBIA: Zabdas wurde 271 n. Chr. bei Antiochia und
Emesa (Homs) geschlagen. DIE »AURELIANISCHE MAUER« IN ROM: 20 Kilometer lang,
mit 16 Toren und 381 rechteckigen Türmen; ursprünglich sieben Meter hoch.
DER NACHFOLGER AURELIANS: Tacitus (275-276), ein älterer Senator; besiegte die
Goten in Pontos, wurde dann aber von seinen Soldaten ermordet oder beging
Selbstmord. CARUS: Besiegte die Germanen (Quaden) und Sarmaten an der
Donau und eroberte Ktesiphon. Er war der erste Kaiser, der den Senat nicht um
die Zustimmung zu seiner Thronbesteigung gebeten hatte.

Der wirtschaftliche Zusammenbruch. AURUM CORONARIUM: Im 2. Jahrhundert v.
Chr. hatte man östlichen und hellenistischen Eroberern und römischen Feldherren goldene Kronen verliehen. BESCHWERDEN: Z. B. von Burunum (Souk-el-Khmis
in Tunesien) an Commodus gerichtet; und von libyschen Pächtern wahrscheinlich an Severus gerichtet (sie saßen auf kaiserlichen Latifundien); viele schriftliche Beschwerden finden wir auf ägyptischen Papyri.

17. Kapitel: Die Blütezeit des nichtchristlichen Imperiums

Der Stoizismus des Marc Aurel. EPIKTET (GEB. UM 55, GEST. UM 135): Aus Hierapolis
(Pamukkale) in Phrygien. MARC AUREL: Er glaubte an eine göttliche Vorsehung.
Seine Auffassung von der Kosmopolis war zum Teil von dem Stoiker Posidonios
übernommen, der lehrte, eine innere Spannung hielte das Ganze zusammen. DIE
PRÄTORIANERPRÄFEKTEN DES SEVERUS: Auch unter Antoninus Pius waren es promi-
nente Juristen. PAPINIAN: Er war 203-205 n. Chr. gemeinsam mit Plautian Präfekt.
Er wurde 212 n. Chr. von Caracalla zum Tode verurteilt und hingerichtet. ULPI-
AN: Er war der Nachfolger Papinians und wurde 223 n. Chr. von meuternden
Prätorianern ermordet. PAULUS: Schüler des Cervidius Scaevola; Nachfolger

Papinians, war vielleicht kurze Zeit gemeinsam mit Ulpian Präfekt. Verfaßte 320 Bücher. Constitutio Antoniniana: Die erhaltene Version (ein griechischer Papyrus) ist vielleicht eine Regierungserklärung und nicht das eigentliche Original der *constitutio*. Die Klasse der *dediticii* (»Kapitulanten«) war ebenso wie die Sklaven ausgeschlossen; vielleicht bestand sie vor allem aus Menschen, die vor kurzem und unter Zwang im Imperium angesiedelt worden waren (aus den sogenannten *laeti*). Es gab allerdings auch Freigelassene, die als *dediticii* bezeichnet wurden. Das offensichtliche Ziel der *constitutio* war: » . . . daß die Götter dem frommen römischen Volk günstiger gesonnen sein mögen, wenn sie von mehr Menschen verehrt werden.« Doch das in der Vergangenheit geltende nationale Recht der Griechen setzte sich dennoch gegen das kaiserliche Recht durch, wenigstens bis zu der Zeit, als Diokletian systematisch die Geltung des kaiserlichen Rechts erzwang.

Eine neue Architektur und Porträtkunst. Bäder des Caracalla: Sie hatten ein Fassungsvermögen von 76 116 096 Litern.

Plotin, Mithras und Mani. Plotin: Studierte in Alexandria als Schüler des Platonikers Ammonios Saccas, der auch Origenes' und Longinos' Lehrer war. Porphyrios (um 232-305) aus Tyros (Sur): Zuerst Schüler von Longinos, dann von Plotin. Sonnenkult: In Rom ging er auf den König Numa Pompilius zurück. Der Sonnenkult ist seit etwa dem 5. Jahrhundert v. Chr. in Griechenland als Kult des Apollo gefeiert worden. Mithras: In diesem Kult geht es um den Kampf des guten Gottes Ahuramazda gegen den Gott der Finsternis Ahriman. Mani: Er wurde von dem persischen König Bahram I. gefangengesetzt und starb um 274/77 in Gundeshapur.

18. Kapitel: Die Allmacht von Staat und Kirche

Der neue Staat des Diokletian. Diokletian: Er war der Nachfolger der Söhne des Carus, Numerian (wahrscheinlich von seinem Prätorianerpräfekten Aper ermordet) und Carinus [nach einer Schlacht gegen Diokletian bei Margum (Orašje) getötet]. Aufstand in der Provinz Britannia: Carausius (um 287-293) beherrschte offenbar das nordöstliche Gallien, Allectus (um 293-296) wurde von Asklepiodotos, dem Prätorianerpräfekten Constantius' I., besiegt. Einige Befestigungen an der britisch-sächsischen Küste stammen vielleicht aus dieser Zeit. Andere Erfolge im Norden: Constantius I. in Germanien (304-305) und fünf Siege des Diokletian an der Donau (nach 302 n. Chr.). Persischer Krieg (296-298): Diokletian und Galerius wurden bei Karrhai (Haran) von Narses I. besiegt, aber Galerius eroberte Armenien, dann Ktesiphon und annektierte fünf kleine Provinzen. Maximinian zieht sich ins Privatleben zurück: Der Palast in Piazza Armerina in Sizilien hat vielleicht ihm oder seinem Sohn Maxentius gehört. Diözesen *(dioikesis):* Jede unter einem *vicarius*, das war der offizielle Stellvertreter der Prätorianerpräfekten, zu deren Gunsten die *vicarii* im Lauf der Zeit an Einfluß verloren. Edikt zur Festlegung der Preise *(edictum de pretiis):* Das vollständigste noch erhaltene Dokument stammt aus Aezani (Emet) in Phrygien (Kleinasien). Währungsreform des Diokletian: Dabei wurde der Wert der Münzen als Edelmetall im Verhältnis zu den aus unedlem Metall geprägten zu gering eingeschätzt, so daß die Preise für Verbrauchsgüter stark anstiegen. Zeremoniell: Die Bezeichnung für den Beraterstab Kaiser Diokletians wurde geändert und war nicht mehr *consilium*, sondern *consistorium*, weil die Ratsmitglieder in Gegenwart des Kaisers nicht mehr sitzen durften, sondern stehen mußten. SPLIT: Der Palast deckte eine Fläche von 36 500 Quadratmetern. Der Grundriß entsprach dem eines römischen Militärlagers mit einer Umwallung und zivilen Gebäuden.

Die Ausbreitung des Christentums. CLEMENS VON ALEXANDRIA: »Wie kann ein reicher Mann erlöst werden?« ORIGENES: Schüler seines Vaters Leonides, des Pantaenus, des Clemens und des Ammonius Saccas (der auch der Lehrer Plotins war). Zu seinen zahlreichen Werken gehört auch eine Streitschrift gegen den Heiden Celsus. TERTULLIAN: Geboren in oder bei Karthago. Er schloß sich der extrem asketischen montanistischen Bewegung an. KYPRIANOS: Er wurde im Verlauf der von Valerian angeordneten Säuberungsaktionen hingerichtet. JUDEN: Im 2. Jahrhundert n. Chr. begann ihre Zahl im Verhältnis zu der der Christen zurückzugehen. Zwar hatte Severus den Juden ebenso wie den Christen jede Missionstätigkeit untersagt, aber ihre guten Beziehungen zu Rom festigten sich in der Provinz Syria Palaestina (dem ehemaligen Judaea) durch die Anerkennung des jüdischen Führers (Patriarchen) Juda I-ha-Nasi, des »Fürsten« (135-219). In Galiläa (Chorazin, Kapernaum, Kefr Bir'im) wurden neue Synagogen gebaut, so auch in Dura Europos am Euphrat. Die Exilarchen, die den palästinensischen Patriarchen entsprachen, standen im 3. Jahrhundert blühenden Gemeinden in Babylonien vor (Nehardea, Sura, Pumbeditha und Machuza bei Ktesiphon). CHRISTENVERFOLGUNGEN UNTER DECIUS: Papst (Bischof von Rom) Fabianus wurde hingerichtet.

Konstantin der Große. SEINE MUTTER: Helena, ein Schankmädchen aus Bithynien; sie wurde zur frommen Christin (Datum ungewiß) und starb etwa 328. KRIEGE KONSTANTINS GEGEN DIE GERMANEN: Gegen die Franken, Alamannen usw. (306-313). KONSTANTINOPEL: Hatte bis etwa 360 n. Chr. nicht viele Einwohner. Gegen Ende des Jahrhunderts gab es 4388 Privathäuser. Über die Kirchen s.u. CHRISTIANISIERUNG: In der letzten Ausgabe des Edikts von Serdica war der Name des Licinius ausgelassen. Das »Edikt von Mailand« bestand aus Verfügungen Konstantins und Licinius', die erlassen wurden, als letzterer Mediolanum (Mailand) besuchte, um Konstantins Halbschwester Constantia zu heiraten. Später wurden die gleichen Verordnungen von Licinius in Nikomedia (Izmit) erlassen. Allerdings hat Licinius, als er mit Konstantin im Streit lag, die Christenverfolgungen wieder aufgenommen. Es gibt afrikanische Meilensteine mit dem christlichen Chi-Rho-Symbol aus den Jahren 317-319. Ein Mosaik in einem Gewölbe des Mausoleums der Julier unter dem Petersdom in Rom identifiziert Christus mit der Sonne. König Tiridates III. von Armenien hatte den christlichen Glauben angenommen und ihn 298 zur Staatsreligion erklärt. DIE HÖCHSTE GOTTHEIT (SUMMUS SANCTUS DEUS): Von Hierokles verehrt und von den Truppen des Licinius 313 vor dessen Sieg über Maximinus II. Daia bei Tzirallum (in der Nähe von Edirne) in Thrakien angerufen. CHRISTLICHE GEMEINDEN: Die am besten organisierten und größten befanden sich in Antiochia und Alexandria. CHISTLICHE SEKTEN: Z. B. die Donatisten in Nordafrika, sie verdammten jeden, der zur Zeit der Christenverfolgungen des Diokletian heidnischen Göttern geopfert hatte. Sie wurden später von Konstantin (316-321) verfolgt. Er baute eine bedeutende Kirche in Cirta und benannte diese Stadt in Constantina um (h. Constantine). CHRISTLICHE KATAKOMBEN IN ROM: St. Callixtus, Sebastian, Domitilla usw. JUDEN: Katakomben in Rom,

Via Appia Pignatelli, Villa Torlonia, Vigna Rondanini. Unter Constantius II. (337-361) wurden die Juden in Rom wieder schlechter behandelt, besonders nach der Rebellion des Patricius in Palästina. HAUSKIRCHEN: Die Kirche in Dura-Europos am Euphrat wurde (232) anstelle eines Heiligtums in einem Privathaus errichtet. Aber auch schon vor der Christenverfolgung des Diokletian gab es Gebäude, die nur für die Verwendung als Kirchen gebaut worden waren. LATE-RAN: Abgeleitet vom Namen der Familie der Plautii Laterani. Die Lateranskirche ist vielleicht nicht sofort als päpstliche Kathedrale verwendet worden. ST. PETER: Errichtet über einem Petrusheiligtum, dessen heute noch vorhandenen Reste auf die Jahre 160-170 datiert werden können. Constantinus baute die *cella memoriae* des Paulus in die Basilica Ostiensis um (St. Paulus vor den Mauern). Seine großen römischen Kirchen lagen alle außerhalb der Stadtmauern, weil er die Heiden nicht provozieren wollte. »HEILIGE APOSTEL«, KONSTANTINOPEL: Unter dem konischen Dach dieser Kirche lagen eine Zeitlang die sterblichen Überreste Konstantins des Großen, des »dreizehnten Apostels«. DAS GOLDENE OKTOGON IN ANTI-OCHIA: Vorläufer der Palastkirche von Aquisgranum (Aachen) usw. PALÄSTINA (SYRIA-PALAESTINA): Außer der Grabeskirche gab es in Jerusalem auch andere große von Konstantin gebaute Kirchen (die Geburtskirche und die auf Anregung seiner Mutter Helena errichtete Himmelfahrtskirche; ebenso auch in Bethlehem und Hebron). Die von Justinian I. in Konstantinopel errichtete Kirche Santa Sophia stellt den Höhepunkt einer architektonischen Entwicklung dar, in der die Längskirche mit der Rundkirche vereinigt wurde. DIE ANGEBLICHE VERSCHWÖRUNG IM JAHR 326 N. CHR.: Von Fausta, Frau des Konstantin, und seinem ältesten Sohn Crispus (von seiner vorigen Frau Minervina; Caesar seit 316). Beide wurden hingerichtet.

Die Nachfolger Konstantins. DIE PERSISCHEN KRIEGE CONSTANTIUS' II.: Sapor II. (309 bis 379) griff dreimal die Festung Nisibis in Mesopotamien (Nüsaybin in der Südosttürkei) erfolglos an, wurde dann von diesem Vorhaben abgelenkt, weil ihn Nomadenstämme an der Ostgrenze bedrohten. ARIANISMUS: Hauptgegner des A. war Athanasios, Bischof von Alexandria (fünfmal ins Exil verbannt). GALLUS (CONSTANTIUS): Schlug Aufstände in Syria-Palaestina (Patricius) und Isauria (süd-liches Kleinasien) nieder, wurde aber zurückberufen und in Pola in Istrien (Pula im nordwestlichen Jugoslawien) hingerichtet. SIEGE DES IULIANUS ÜBER DIE GERMA-NEN (356-359): Über die Alamannen bei Argentorate (Straßburg) und über die Fran-ken. REBELLION DES IULIANUS (360): In Lutetia (Paris). DIE ERZIEHUNG DES IULIANUS: Seine Lehrer waren der Eunuch Mardonius und der heidnische Philosoph Maximus (in Ephesos); auch in Athen. WIEDERAUFBAU DES TEMPELS IN JERUSALEM: Offenbar aufge-geben, weil es dort Erdgas gab, das sich entzünden konnte. DIE VERWALTUNG DES IULIANUS: Der Beamtenapparat, die Leibwache und die Geheimpolizei *(agentes in rebus)* wurden wesentlich verkleinert. Er hat versucht, die Verwaltung in den Städten wirksamer werden zu lassen und den Stadtpräfekten größeren Einfluß zu verschaffen. PERSISCHE KRIEGE: Iulianus fiel auf dem Marsch zu einem Treffen mit einer Reservearmee. IOVIANUS: Er stammte aus Singidunum (Belgrad). Er gab Nisibis und Singara (am Dschebel Sindschar) und die Landgewinne des Galerius im Osten auf.

Teil IX: Die Verwandlung Europas

19. Kapitel: Der Untergang des Weströmischen Reiches

Valentinian I. und Theodosius I. Valentinian I.: Er stammte aus Cibalae (Vinkovci in Jugoslawien). Seine Feldzüge im Norden (365 bis 373): Sein Hauptquartier war in Lutetia (Paris) und Ambianum (Amiens, ehemals Samarobriva), um den Angriffen der Sachsen, der Picten und Scotten gegen die britischen Provinzen zu begegnen. Dann verlegte er es nach Sirmium (Sremska Mitrivica). In den Jahren 373-375 schlug er einen Aufstand des Firmus in Afrika nieder, wo es jedoch 398 noch einmal zu einem von Gildo angezettelten Aufstand kam. Gratian: Valens mußte Italien, Illyricum und Nordafrika an seinen Bruder Valentinian II. abtreten, der in Aquincum (Budapest) zum Kaiser ausgerufen wurde (375-392). Theodosius I.: Stammte aus Cauca (Coca) in Spanien.

Die Grenzen lassen sich nicht mehr verteidigen. Stilichos Frau: Serena. Alanen: Nomadisches Hirtenvolk aus der Gegend zwischen Wolga und Don. Usurpatoren nach dem Einfall: Z. B. Constantinus III. (407-411), in Britannia zum Kaiser ausgerufen, machte Arelate (Arles) zu seiner Hauptstadt. Honorius hat die Sachsen in der Provinz Britannia wahrscheinlich als *foederati* angesiedelt, um sie für ihre militärischen Dienste zu belohnen. Die dortigen Siedlungen waren in den Jahren um 420-430 wirtschaftlich noch mit dem europäischen Festland verbunden. Der Tod Alarichs: In Consentia (Cosenza), beigesetzt im Busento. Burgunder: Königreich mit der Hauptstadt Borbetomagus (Worms), um 406; 403 nach Sabaudia (Savoyen) umgesiedelt. Usurpator im Westen: Johannes (423-425). Katalaunische Felder: Hier fiel der erste Westgote, der wirklich als König angesehen werden darf, Theoderich I. Die Hunnen werden von den Germanen besiegt: Am Fluß Medao (?). Die Germanen führten ihren Angriff in der Nähe des Bodensees.

Die letzten Kaiser im Westen. Loyal gebliebenes Restgebiet in Mittelgallien: Die Auvergne mit der Hauptstadt Arverna (Clermont-Ferrand; ehemals Augustonemetum). Iulius Nepos verlor dieses Gebiet an den westgotischen König Euricus (474 n. Chr.). Arelate fiel 476 n. Chr. Untergang: Der Begriff »Mittelalter« (Beginn 476, 395, 406, 610, 800 oder 842) wurde zum ersten Mal 1688 von C. Kellner in Halle verwendet. Abbé Ferdinando Galiani (1744): »Der Untergang von Imperien: Was kann das bedeuten? Imperien sind weder oben noch unten, und deshalb gehen sie nicht unter.« Die Verwendung des Begriffs »Untergang« im Deutschen: Beatus Rhenanus (15. bis 16. Jahrhundert); s. a. den niederländischen Rechtsgelehrten und Historiker Hugo Grotius (16. bis 17. Jahrhundert).

20. Kapitel: Die zum Untergang führende Uneinigkeit

Soziale Mißstände katastrophalen Ausmaßes. Grosse Landgüter: Z. B. Burgus Iulius bei Karthago (auf einem Mosaik im Bardo-Museum, Tunis); Burgus des Leontius am Zusammenfluß von Dordogne und Garonne und die ältere, drei Stockwerke hohe Festung in Pfalzel (4. Jahrhundert). Verteidiger des Volkes: Brief Valentinians I. an seinen Prätorianerpräfekten Petronius Probus. Bagaudes: Tibatto (435 n. Chr.); Eudoxios, der zu den Hunnen floh (um 440 n. Chr.); auch in Spanien, wo sie 454 n. Chr. von Aetius vernichtend geschlagen wurden. VOLKSGERICHTSHÖFE: Erwähnt in dem in Versen verfaßten Drama *Querolus* (Der Nörgler). GALLISCHER GROSSGRUNDBESITZER ALS KAISER: Avitus (455 n. Chr.) aus Arelate; an der Krönung nahm der westgotische König Theoderich II. (453-466) teil.

Distanz statt Kooperation. ATAULF: Über die Zusammenarbeit zwischen Germanen und Römern, Bericht eines Bürgers aus Narbo (Narbonne) an den Christen Orosius. SIDONIUS APOLLINARIS: Geboren um 430, gestorben um 488, aus Lugdunum (Lyon); lobte die westgotischen Monarchen Theoderich II. und Euricus (der 471-475 gegen seinen Bruder, Theoderich II., gekämpft hatte). DER VERRAT WESTROMS DURCH DIE VERBÜNDETEN: 409 n. Chr. hinderten sie andere Germanen nicht daran, in Spanien einzufallen, und 422 n. Chr. gingen sie zu den Vandalen über.

Christen und Heiden. MÖNCHSTUM: Zuerst vom heiligen Antonius (geb. um 251 in Oberägypten) gepriesen; er organisierte seine Anhänger während der Verfolgung durch Galerius (305-306). DIE KLÖSTER DES HEILIGEN MARTIN VON TOURS: Ligugé bei Pictavi (Poitiers, ehemals Limonum) um 360 und dann Marmoutier bei Civitas Turonum (Tours, ehemals Caesarodunum). Martin, der aus Savaria in Pannonia (Szombathely in Ungarn) stammte, folgte dem Ideal des zum Teil eremitischen und zum Teil gemeinschaftlichen Lebens des heiligen Antonius. Nach 400 gründete Honoratus ein Kloster in Lerin bei Cannes. HIERONYMUS: Zahlreiche Werke, u. a. eine Übersetzung der Bibel ins Lateinische (Vulgata). JOHANNES CASSIANUS: Verfasser der *Institutes* und *Conferences*, die den heiligen Benedikt von Nursia (Norcia), den Abt von Monte Cassino (gest. um 547), stark beeinflußt haben. DIE KIRCHE LEBT IM STAAT: Bischof Optatus von Milev (Mila in Algerien). ERZWUNGENE KONFORMITÄT: Gründete sich auf Interpretationen von Texten aus dem Lukasevangelium und den Briefen des Paulus. STREITGESPRÄCH: 384 zwischen Ambrosius und dem aristokratischen heidnischen römischen Redner und Schriftsteller Symmachos (geb. um 340, gest. um 402 n. Chr.). HERKUNFT DES AUGUSTINUS: Seine Eltern waren Patricius und Monica. Er wurde in Thagaste, Madaurus und Karthago erzogen, lebte dann ein Jahr als Lehrer in Rom und ging 386 nach Mediolanum. DAS ÜBERLEBEN DES HEIDENTUMS: Gladiatorenkämpfe hat es wahrscheinlich bis 439/40 gegeben, Kämpfe zwischen Männern und wilden Tieren bis 498 und Kämpfe zwischen wilden Tieren bis 681. AUGUSTINUS ÜBER »MÖGLICHKEITEN«: An Vincentius, den donatistischen Bischof von Cartennae (Tenes). »EUER« VERGILIUS: Brief an Nectarius von Calama. »INVICTA ROMA AETERNA«: Z. B. auf einem goldenen Medaillon des Klientelfürsten Priscus Attalus. RUTILIUS NAMATIANUS: Gedicht *De Reditu Suo* (»Über seine Rückkehr«). PÄPSTE GEGEN DEN STAATSDIENST: Siricius (385-399), Innozenz I. (401 - 417). PELADIUS: Er starb nach 419. Er verfaßte einen Kommentar zu den Briefen des Paulus. Siebzig Traktate, die seine Auffassungen stützen, sind das Werk seiner Anhänger. AUGUSTINUS SETZT SICH FÜR EINE TRENNUNG VON STAAT UND KIRCHE EIN: Unter dem Einfluß des donatistischen Laientheologen Tykonios, des Verfassers der *Regeln*, der auch die Briefe des Paulus interpretiert hat.

Die Nachfolgestaaten im Westen. CHLODWIG: Sohn Childerichs I., des Fürsten eines Stammes salischer Franken. Er hatte die mit den Römern geschlossenen Verträge gehalten, gewann aber die Schlacht von Vouillé gegen die Westgoten, deren König Alarich II., der Sohn Euricus', fiel. Chlodwig hatte 486 n. Chr. einen der letzten weströmischen Vorposten in Suessiona (Soissons in Nordfrankreich) besiegt. KARL MARTELL: Er besiegte 732 ein islamisches Heer in Spanien. KARL DER GROSSE: Das Heilige Römische Reich hörte erst 1806 auf zu bestehen. HISPALIS (SEVILLA): Sein Bischof Isidorus (geb. um 560, gest. um 636) war ein bedeutender Schriftsteller und ein wichtiges Bindeglied zwischen der Antike und dem Mittelalter. NORDAFRIKA: Die islamischen Armeen begannen 640 von Ägypten aus ihren Vormarsch in westlicher Richtung und hatten 711 ganz Nordafrika erobert. OSTGOTEN: Sie eroberten ein Drittel Italiens. Sie führten ein von den ursprünglichen Landesbewohnern ganz isoliertes Leben. Theoderich der Große ließ ebenso wie die Burgunder und die Westgoten den Kopf des byzantinischen Kaisers Anastasius I. auf seinen Münzen prägen. BOËTHIUS (GEB. UM 480, GEST. 524): Hatte zunächst ein hohes Amt inne, wurde dann aber von Theoderich gefangengesetzt und hingerichtet. Im Gefängnis schrieb er sein Buch *Über den Trost der Philosophie*. CASSIODORUS (GEB. UM 490, GEST. 583): Senator, Konsul, Enzyklopädist und Theologe. Er gründete das Kloster Vivarium in seiner Heimat Kalabrien. BELISARIOS: Er besetzte Karthago und nahm den Vandalenkönig Gelimer gefangen (533); ging dann von 533-540 und von 546-549 nach Italien. NARSES: Persisch-armenischer Eunuch; eroberte von 550-554 ganz Italien und regierte es bis 567 von Ravenna aus. Die Heerführer des Justinian eroberten auch Teile von Südspanien zurück.

Das Überleben von Byzanz. DER OSTRÖMISCHE KAISER LEO I.: Er wurde von dem Alanen Aspar auf den Thron gebracht. ZENO: Aus Isauria in Kleinasien. Sein ursprünglicher Name war Tarasicodissa. Während der ersten Monate seiner Regierungszeit herrschte er gemeinsam mit seinem Sohn Leo II. (474). ANASTASIUS I.: Aus Dyrrachion (Durrës in Albanien). Seine große Münzreform bezeichnete den Beginn des byzantinischen Systems. IUSTINUS I.: Aus einem Dorf in der Nähe von Naïssus (Niš in Jugoslawien). BALKAN: Die Bulgaren überschritten die Donau und bedrohten 649 Konstantinopel. DER CORPUS JUSTINIANS I.: *Gesta* (50 Bücher mit 432 Titeln aus 2000 Werken); *codex* (kaiserliche Statuten, 8 Ausgaben); *institutiones; novellae* (neue Gesetze). Das Gesetzeswerk wurde von einem aus 16 Mitgliedern bestehenden Ausschuß verfaßt. PERSIEN: Weite Gebiete des byzantinischen Kaiserreichs gingen an den persischen König Chosroes II. Parvez (590-628) verloren. VERLUST DER WESTLICHEN EROBERUNGEN JUSTINIANS I.: 568 wurde Norditalien für die folgenden 200 Jahre von den Lombarden besiedelt. Papst Gregor der Große (590-604), der letzte geistige Führer, der die westliche mit der griechischen Kultur vereinte, verhandelte direkt mit ihnen. Die Hoffnung auf eine Vereinigung des Reiches zerschlug sich, als die Slawen im 7. Jahrhundert auf den Balkan vordrangen und Italien vom Osten trennten. Der Verlust von Nordafrika, das im 8. Jahrhundert von den Arabern erobert wurde, kam noch hinzu. DIE EINNAHME KONSTANTINOPELS (1453): Das Ende des »Mittelalters« (man hat es auch auf die Jahre 1440, 1492, 1515 und 1548 datiert).

Verzeichnis antiker Quellen

1. Lateinische Historiker

Ammianus Marcellinus (ca. 330-395 n. Chr.), Caesar Gaius Julius (100-44 v. Chr.), Cassiodorus (ca. 490-583 n. Chr.), Eutropius (4. Jahrhundert n. Chr.), Florus Annaeus (?) (2. Jahrhundert n. Chr.), Hieronymus (ca. 348-420 n. Chr.), Historia Augusta (4. Jahrhundert n. Chr.), Iordanes (6. Jahrhundert n. Chr.), Isidorus (602-636 n. Chr.), Livius Titus (64/59 v. Chr. - 12/17 n. Chr.), Nepos Cornelius (ca. 99-24 v. Chr.), Orosius Paulus (5. Jahrhundert n. Chr.), Gaius Sallustius Crispus (ca. 86-35 v. Chr.), Gaius Suetonius Tranquillus (ca. 69 - nach 130 n. Chr.), Tacitus, Publius Cornelius (ca. 56-117 n. Chr.), Valerius Maximus (1. Jahrhundert n. Chr.), Velleius Paterculus (ca. 19 v. Chr. - nach 30 n. Chr.).
Die historischen Werke der folgenden Schriftsteller sind verlorengegangen:
Cato Censorius, Marcus Porcius (234-149 v. Chr.), Licinius Macer (gest. 68 v. Chr.), Plinius d. Ä., Gaius Secundus (23-79 n. Chr.), Pollio Gaius Asinius (76 v. Chr.-4 v. Chr.), Valerius Antias (1. Jahrhundert v. Chr.), Varro Marcus Terentius (116-27 v. Chr.).

2. Griechische Historiker

Appianos (2. Jahrhundert n. Chr.), Diodoros (1. Jahrhundert v. Chr.), Dion (Dio Cassius Cocceianus, ca. 155-235 n. Chr.), Dionysios aus Halikarnassos (1. Jahrhundert v. Chr.), Eusebios (ca. 260-340 n. Chr.), Herodianos (3. Jahrhundert n. Chr.), Iosephos Flavius (1. Jahrhundert n. Chr.), Nikolaos aus Damaskos (1. Jahrhundert v. Chr.), Plutarchos Lucius/?/Mestrius (vor 50-nach 120 n. Chr.), Polybios (ca. 200-118 v. Chr.), Prokopios (ca. 500-nach 562 n. Chr.), Theodoretos (ca. 393-466 n. Chr.), Zonaras (12. Jahrhundert n. Chr.), Zosimos (ca. 500 n. Chr.).
Die historischen Werke der folgenden Schriftsteller sind verlorengegangen:
Cincius Alimentus (2. Jahrhundert v. Chr.), Claudius (10 v. Chr.-54. n. Chr.), Fabius Pictor (2. Jahrhundert v. Chr.), Poseidonios (ca. 135-50 v. Chr.).

3. Andere Quellen

Schriftsteller, deren Werke historische Informationen enthalten; Inschriften; Münzen und Medaillen; Papyri; Graffiti; Zeugnisse landwirtschaftlicher und anderer gewerblicher Tätigkeiten.

Literaturverzeichnis

Alföldi, Andreas: Römische Frühgeschichte. Kritik und Forschung seit 1964. Heidelberg 1976.

Alföldi, Maria R.: Antike Numismatik. Mainz 1978. Teil 1: Theorie und Praxis. Teil 2: Bibliographie.

Alföldy, Géza: Römische Sozialgeschichte. 2., durchges. Aufl. Wiesbaden 1979.

Altheim, Franz: Niedergang der alten Welt. Frankfurt/Main 1952. Bd. 1: Die außerrömische Welt. Bd. 2: Imperium Romanum.

Altheim, Franz: Römische Geschichte. Frankfurt/Main. Bd. 2: Bis zum Latiner Frieden 338 v. Chr. 4., erw. u. erg. Aufl. 1953.

Badian, E.: Roman Imperialism in the late republic. 2. Aufl. Oxford 1968.

Balsdon, Dacre: Die Frau in der römischen Antike. München 1979.

Barnes, Timothy David: The New Empire of Diocletian and Constantine. Cambridge, Massachusetts 1982.

Bengtson, Hermann: Römische Geschichte. 3., unveränd. Aufl. München 1979.

Bianchi Bandinelli, Ranuccio: Die römische Kunst. München 1975.

Boëthius, Axel/J. B. Ward-Perkins: Etruscan and Early Roman Architecture. 2. Aufl. Harmondsworth 1978.

Braund, David: Rome and the Friendly King. New York 1984.

Brendel, Otto J.: Prolegomena to the Study of Roman Art. New Haven, London 1979.

Brown, Peter: Welten im Aufbruch. Die Zeit der Spätantike. Bergisch Gladbach 1980.

Brunt, Peter Astbury: Italian Manpower 225 B.C. - A.D. 14. Oxford 1971.

Carcopino, Jérôme: Rom. Leben und Kultur in der Kaiserzeit. 2., verb. Aufl. Stuttgart 1979.

Carson, Robert: The Principal Coins of the Romans. London. Vol. 1: The Republic ca. 290-31 B.C. 1978. Vol. 2: The Principate, 31 B.C.-A.D. 296. 1979. Vol. 3: The Dominate. 1981.

Christ, Karl: Römische Geschichte. 2., unveränd. Aufl. Darmstadt 1976.

Christ, Karl: Die Römer. München 1979.

Christ, Karl: Geschichte der römischen Kaiserzeit: Von Augustus bis Konstantin. München 1988.

Christ, Karl (Hrsg.): Der Untergang des Römischen Reiches. Darmstadt 1970.

Crawford, Michael H.: The Roman Republican Coinage. 2 vols. Cambridge 1975.

Crawford, Michael H.: The Roman Republic. London 1978.

Crook, J. A.: Law and Life of Rome. London 1984.

Cunliffe, Barry: Rom und sein Weltreich. Bergisch Gladbach 1979.

Dahlheim, Werner: Gestalt und Herrschaft. Das provinziale Herrschaftssystem der römischen Republik. Berlin 1977.

Deininger, Jürgen: Der politische Widerstand gegen Rom in Griechenland 217-86 v. Chr. Berlin 1971.
De Martino, Francesco: Storia della costituzione romana. 2. Aufl. Neapel 1972. Vol. 1: Roma antica. Ordinamento politico.
Domaszewski, Alfred von: Die Rangordnung des römischen Heeres. 3., unveränd. Aufl. Köln, Wien 1981.

Earl, Donald: The Moral and Political Traditions of Rome. London 1984.

Finley, Moses I: Die Sklaverei in der Antike. München 1981.
Fisher, Peter: Mosaic; History and Technique. London 1971.
Friedländer, Ludwig: Darstellungen aus der Sittengeschichte Roms in der Zeit von Augustus bis zum Ausgang der Antonine. 4 Bde. (Neudr. d. 10. Aufl. 1921-1923). Aalen 1964.
Fuchs, Harald: Der geistige Widerstand gegen Rom in der antiken Welt. Berlin 1964.

Garzetti, Albino: From Tiberius to the Antonines; a history of the Roman Empire, A.D. 14-92. London 1974. (Revised translation of: L'impero da Tiberio agli Antonini . . . Bologna 1960).
Gelzer, Matthias: Vom römischen Staat. 2 Bde. Leipzig 1944.
Gesche, Helga: Rom. Welteroberer und Weltorganisator. München 1981.
Grant, Michael: Roman Imperial Money. London, New York 1954, Amsterdam 1972.
Grant, Michael: Das römische Reich am Wendepunkt. München 1972.
Grant, Michael: Der Untergang des Römischen Reiches. Bergisch Gladbach 1977.
Grant, Michael: Klassiker der antiken Geschichtsschreibung. 2. Aufl. München 1981.
Grant, Michael: Rätselhafte Etrusker. Porträt einer versunkenen Kultur. Bergisch Gladbach 1981.
Grant, Michael: The Roman Emperors. London, New York 1985.
Grant, Michael and Kitzinger, Rachel (Hrsg.): The Civilization of the Ancient Mediterannean: Greece and Rome. New York 1988.
Grimal, Pierre: Auf der Suche nach dem antiken Italien. Bergisch Gladbach 1978.
Grimal, Pierre (Hrsg.): Der Hellenismus und der Aufstieg Roms. Frankfurt/Main 1982.

Handbuch der Altertumswissenschaft. Begr. v. Iwan Müller, erw. v. Walter Otto, fortgef. v. Hermann Bengtson. München. Abt. 8. Schanz, Martin: Geschichte der römischen Literatur bis zum Gesetzgebungswerk des Kaisers Justinian. 4 Teile. 1966-1970.
Handbuch der Altertumswissenschaft. Begr. v. Iwan Müller, erw. v. Walter Otto, fortgef. v. Hermann Bengtson. München. Bd. 3, Abt. 3, Teil 5: Bengtson, Hermann: Grundriß der römischen Geschichte mit Quellenkunde. 2. Aufl. 1970.

Harris, William Vernon: War and Imperialism in Republican Rome 327-70 B.C. Oxford 1979.

Henig, Martin (Hrsg.): A Handbook of Roman Art. Oxford 1983.

Heuss, Alfred: Römische Geschichte. 4., erg. Aufl. Braunschweig 1976.

Highet, Gilbert: The Classical Tradition: Greek and Roman Influence on Western Literature. Neudruck. Oxford 1976.

Hopkins, Keith: Sociological Studies in Roman History. Cambridge 1981-1983. Vol. 1: Conquerors and Slaves. Neuaufl. 1981. Vol. 2: Death and Renewal. 1983.

Jucker, Hans: Vom Verhältnis der Römer zur bildenden Kunst der Griechen. Frankfurt/Main 1950.

Kahrstedt, Ulrich: Kulturgeschichte der römischen Kaiserzeit. 2., neubearb. Aufl. Bern 1958.

Kent, John P. C.: Die römische Münze. München 1973.

Kienast, Dietmar: Augustus. Darmstadt 1982.

Klingner, Friedrich: Römische Geisteswelt. Stuttgart 1979.

Kornemann, Ernst: Römische Geschichte. 2 Bde. 7. Aufl. Stuttgart 1977. Bd. 1: Die Zeit der Republik. Bd. 2: Die Kaiserzeit.

Kraft, Heinrich: Konstantin der Große. Darmstadt 1974.

Kromayer, Johannes/Georg Veith (Hrsg.): Heerwesen und Kriegsführung der Griechen und Römer. Neuaufl. München 1963.

Kunkel, Wolfgang: Römische Rechtsgeschichte. 10., unveränd. Aufl. Köln 1983.

Kunst der Welt. Baden-Baden. Teil 15: Heinz Kähler, Rom und sein Imperium. (Unveränd. Nachdr.) 1976.

Levi, Mario Attilio: Roma antica. Turin 1963.

Liebeschuetz, J. H. W. G.: Continuity and Change in Roman Religion. Oxford 1979.

McKay, Alexander G.: Römische Häuser, Villen und Paläste. Zürich, Freiburg 1980.

MacKendrick, Paul: Roms steinernes Erbe. Bergisch Gladbach 1980.

MacKendrick, Paul: Deutschlands römisches Erbe. Bergisch Gladbach 1980.

McMullen, Ramsay: The Roman Government's Response to Crisis, A.D. 235-337. New Haven 1976.

McMullen, Ramsay: Paganism in the Roman Empire. New Haven, London 1981.

Mansuelli, Guido Achille: Roma e il mondo romano, 2 Vols. Turin 1981.

Marquardt, Karl Joachim: Römische Staatsverwaltung. 3 Bde. (Nachdr. d. 2. Aufl. Leipzig 1881-1885.) New York 1975.

Marquardt, Karl Joachim: Das Privatleben der Römer. 2 Bde. (Nachdr. d. 2. Aufl. Leipzig 1886.) Darmstadt 1980.

Marrou, H. I.: Histoire de l'éducation dans l'antiquité. 6. Aufl. Paris 1965.

Meyer, Ernst: Römischer Staat und Staatsgedanke. 4., durchges. u. erg. Aufl. Zürich, München 1975.

Millar, Fergus: The Emperor in the Roman World. Neuaufl. London 1984.
Millar, Fergus (Hrsg.): Das römische Reich und seine Nachbarn. 9. Aufl. Frankfurt/Main 1983.
Mommsen, Theodor: Römische Geschichte. 8 Bde. München 1976.
Mommsen, Theodor: Römisches Staatsrecht. 5 Bde. (Unveränd. Nachdr. d. 3. Aufl. Berlin 1887-1888.) Graz 1952-1953.
Münzer, Friedrich: Römische Adelsparteien und Adelsfamilien. 2., unveränd. Aufl. Stuttgart 1963.

Nicolet, Claude: L'ordre équestre à l'époque républicaine. 2 vols. Paris 1966-1974.
Nicolet, Claude: Le métier de citoyen dans la Rome républicaine. Paris 1976.
Nicolet, Claude: Rome et la conquête du monde méditerranée. 2 vols. Paris 1977-1978.
Nörr, Dieter: Imperium und Polis in der hohen Prinzipatszeit. 2. Aufl. München 1969.

Palanque, Jean-Rémy: Le bas-empire. Paris 1971.
Pallottino, Massimo: Etruscologia. 6. Aufl. Mailand 1968.
Paoli, Ugo Enrico: Das Leben im alten Rom. 2., erw. Aufl. München 1961.
Petrochilos, Nicholas: Roman Attitudes to the Greeks. Athen 1974.
Pflaum, Hans Georg: Das römische Kaiserreich. Berlin 1963.
Piganiol, André: Scripta varia. Brüssel 1973.
Piganiol, André: Histoire de Rome. 6. Aufl. Paris 1977.
Pleticha, Heinrich/Otto Schönberger (Hrsg.): Die Römer. Ein Handbuch zur frühen Geschichte Europas. Bergisch Gladbach 1980.
Propyläen Kunstgeschichte. 18 Bde. 2 Abt. Hrsg. v. Kurt Bittel, Jan Fontain, Harald Keller u. a. Berlin 1966ff. Bd. 2: Theodor Kraus, Das römische Weltreich. Mit Beitr. v. Bernhard Andreas, Hubertus von Gall u. a. 1967.

Raffalt, Reinhard: Große Kaiser Roms. München 1977.
Remondon, Roger: La crise de l'empire romain. De Marc-Aurèle à Anastase. Paris 1964.
Die römische Literatur. Ein Überblick über Autoren, Werke u. Epochen von d. Anfängen bis zum Ende d. Antike, v. Christian Christandl u. a. Hrsg. v. Raimund Senoner. München 1981.
Röttgen, H. (u.a.): Die Antike und ihre Wirkung auf die Kunst Europas. Stuttgart 1982.
Rostovtzeff, Michael: Gesellschaft und Wirtschaft im Römischen Kaiserreich. 2 Bde. Leipzig 1931.
Rostovtzeff, Michael: Geschichte der alten Welt. Bremen. Bd. 2: Rom. 5. Aufl. 1970.
Rouland, Norbert: Rome, démocratie impossible? Paris 1981.

Salmon, Edward Togo: The Making of Roman Italy. London 1982.
Schefold, Karl: Pompejanische Malerei. Basel 1952.

Schneider, Helmuth: Wirtschaft und Politik. Untersuchungen zur Geschichte der späten römischen Republik. Erlangen 1974.

Scullard, H. H.: A History of the Roman World 753-146 B.C. 4. Aufl. London 1981.

Scullard, H. H.: From the Gracchi to Nero. History of Rome from 133 B.C. to A.D. 68. 5. Aufl. London 1982.

Seeck, Otto: Geschichte des Untergangs der antiken Welt. 6 Bde. (Nachdr. d. Aufl. v. 1921-1922). Stuttgart 1966.

Seel, Otto: Römertum und Latinität. Stuttgart 1964.

Shatzman, Israel: Senatorial Wealth and Roman Politics. Brüssel 1975.

Sherwin-White, Adrian Nicolas: Racial Prejudice in Imperial Rom. Cambridge 1967.

Sherwin-White, Adrian Nicolas: The Roman Citizenship. 2. Aufl. Oxford 1981.

Söllner, Alfred: Einführung in die römische Rechtsgeschichte. 3., überarb. Aufl. München 1985.

Stahl, Michael: Imperiale Herrschaft und provinziale Stadt. Göttingen 1978.

Starr, Chester G.: The Roman Empire, 27 B.C. to A.D. 476. A Study in Survival. New York 1983.

Stein, Ernst: Geschichte des spätrömischen Reiches. Bd. 1. Wien 1928.

Strong, Donald E.: Roman Art. Harmondsworth 1976.

Sutherland, C. H. V.: Roman Coins. London 1974.

Syme, Ronald: Die römische Revolution. Stuttgart 1957.

Syme, Ronald: Roman Papers. Oxford 1979.

Temporini, Hildegard (Hrsg.): Aufstieg und Niedergang der römischen Welt. Berlin 1972ff.

Toynbee, Jocelyn M. C.: The Art of the Romans. London 1965.

Vogt, Joseph: Der Niedergang Roms. Zürich 1965.

Vogt, Joseph: Sklaverei und Humanität. Wiesbaden 1972. Ergänzungsheft 1983.

Vogt, Joseph: Die römische Republik. 6., überarb. Aufl. Freiburg 1973.

Wacher, John (Hrsg.): The Roman World. London 1987.

Watson, G. R.: The Roman Soldier. London 1969.

Webster, Graham: The Roman Imperial Army. London 1979.

West, Robert: Römische Porträtplastik. 2 Bde. Rom 1970.

Wheeler, Robert Eric Mortimer: Der Fernhandel des römischen Reiches in Europa, Afrika und Asien. München, Wien 1965.

Widstrand, E.: Politik och Litteratur in antiken Rom. Gothenburg 1978.

Wilkinson, L. P.: Rom und die Römer. Porträt einer Kultur. Bergisch Gladbach 1979.

Williams, Gordon: Change and Decline. Roman Literature in the Early Empire. Berkeley, Los Angeles, London 1978.

Wissowa, Georg: Religion und Kultus der Römer. Unveränd. Nachdr. d. im Rahmen d. Handbuchs der klassischen Altertumswissenschaft als 4. Abt. des 5. Bd. 1912 erschienenen 2. Aufl. München 1971.

Zanker, Paul (Hrsg.): Hellenismus in Mittelitalien. 2 Teile. Göttingen 1976.

Verzeichnis der Karten und Pläne

Register

A

B

Bildnachweis